中国铜商文化研究资料系列丛书

国家古籍整理出版专项经费资助项目
云南『铜政四书』整理校注

《云南铜志》校注

[清] 戴瑞徵 著
杨黔云 总主编
梁晓强 校注

西南交通大学出版社
·成都·

图书在版编目（CIP）数据

《云南铜志》校注 /（清）戴瑞徵著；杨黔云总主编；梁晓强校注. —成都：西南交通大学出版社，2017.7

（云南"铜政四书"整理校注）

ISBN 978-7-5643-5632-3

Ⅰ.①云… Ⅱ.①戴… ②杨… ③梁… Ⅲ.①铜－有色金属冶金－工业史－研究－云南－清代 Ⅳ.①F426.32

中国版本图书馆 CIP 数据核字（2017）第 179845 号

云南"铜政四书"整理校注

《YUNNAN TONGZHI》JIAOZHU

《云南铜志》校注

[清]戴瑞徵 著
杨黔云 总主编
梁晓强 校 注

| 出 版 人 | 阳 晓 |
|---|---|
| 策 划 编 辑 | 黄庆斌 |
| 责 任 编 辑 | 吴 迪 |
| 助 理 编 辑 | 李施余 |
| 封 面 设 计 | 严春艳 |
| 出 版 发 行 | 西南交通大学出版社<br>（四川省成都市二环路北一段 111 号<br>西南交通大学创新大厦 21 楼） |
| 发 行 部 电 话 | 028-87600564　028-87600533 |
| 邮 政 编 码 | 610031 |
| 网　　　　址 | http://www.xnjdcbs.com |
| 印　　　　刷 | 成都市金雅迪彩色印刷有限公司 |
| 成 品 尺 寸 | 170 mm×230 mm |
| 印　　　张 | 33 |
| 字　　　数 | 507 千 |
| 版　　　次 | 2017 年 7 月第 1 版 |
| 印　　　次 | 2017 年 7 月第 1 次 |
| 书　　　号 | ISBN 978-7-5643-5632-3 |
| 定　　　价 | 98.00 元 |

图书如有印装质量问题　本社负责退换
版权所有　盗版必究　举报电话：028-87600562

# 总　序

　　铜文化作为中华文化的瑰宝，在中国历史文化发展中闪耀着璀璨的光芒。早在公元前四千多年前位于今甘肃境内的人类遗址中，考古学家们就发现了人类使用的铜制物品，这是最早发现的生活在中华大地上的人们使用的铜制物品。当然，当时的铜以天然的红铜为主。之后，公元前十六世纪至公元前十一世纪，我们的祖先进入到了青铜器时代。随即铜和铜制品成为人们生活中不可缺少的物品，伴随人们走过了历史长河，我国也因此创造了辉煌的古代文明。

　　地处边疆地区的云南，素以产铜闻名于世。《云南铜志》载："滇之产铜，由来久矣。……我朝三迤郡县，所在多有宝藏之兴轶于往代，而铜亦遂为滇之要政。"储量丰富的铜矿，为云南铜文化的产生、发展创造了条件。滇铜又以滇东北的铜而闻名，从考古发掘和文献典籍记载来看，滇东北地区产铜较早。新石器时代，滇东北地区就已有较成熟的青铜器[1]。金正耀、岑晓琴用铅同位素对商妇好墓出土的青铜器及其他商周青铜器的铜料进行分析，认为妇好墓青铜器及其他商周青铜器的铜料有的来自今滇东北的昭通、东川、会泽、巧家等地[2]。到了汉代，滇东北地区的铜已负盛名。西汉在滇东北设置朱提郡领堂琅县，其辖地为今巧家、会泽、东川一带，任乃强先生认为"堂琅"是夷语"铜"的意思。《华阳国志》也记载，堂琅产"银、铅、白铜[3]、铜"。堂琅不仅产铜，还出产铜器，从全国各地考古出土的汉代铜锡铭文记载来看，以朱提、堂琅制造的铜洗为多，说明汉代滇东北的铜器制造已经为其他地区服务了。可见，滇东北的昭通、会泽、东川等地区从汉代开始就是铜文化发达的地区之一，这也为该地区以铜为中心的地方历史文化的研究提供了前提条件。

　　云南铜矿开发最盛的时期应为明清两朝，其中尤以清朝前期的规模最大、时间最长、影响最广泛。明朝建立后，随着政治稳定、经济繁荣，社会发展对铜的需求不断增加。1382年,明王朝击败蒙古残余在云南的势力,统一云南后,云南铜矿资源得到进一步开发利用。清朝建立后,康、雍、乾时期对云南铜矿的开采,特别是对滇东北地区铜矿开采达到顶峰。据严中平先生推断,滇铜开采最盛时年产达1200万~1300万斤[4],《清史稿》对云南铜业生产经营情况的记载较为真实地反映了当时的情况:"雍正初,岁出铜八九十万,不数年,且二三百万,岁供本路鼓铸。及运湖广、江西,仅百万有奇。乾隆初,岁发铜本银百万两。四、五年间,岁出六七百万或八九百万,最多乃至千二三百万。户、工两局,暨江南、江西、浙江、福建、陕西、湖北、广东、广西、贵州九路,岁需九百余万,悉取给焉。矿厂以汤丹、碌碌、大水沟、茂麓、狮子山、大功为最,宁台、金钗、义都、发古山、九度、万象次之。大厂矿丁六七万,次亦万余。近则土民,远及黔、粤,仰食矿利者,奔走相属。正厂峒老砂竭,辄开子厂以补其额。"[5] 在这里值得一提的是,"矿丁六七万"左右的大规模铜矿如汤丹、碌碌(落雪)、大水沟皆为滇东北的铜矿。

铜矿业的大规模开发为云南,特别是滇东北地区的社会经济发展带来了深刻的影响。

**(一)促进了西南边疆地区交通运输业的发展**

清代铜运是一个浩大而又繁琐的工程,滇铜京运涉及大半个中国。云南铜矿主要分布于滇东北、滇西和滇中三个区域,零散的铜厂分布,最终构筑了复杂的铜运体系。据《滇南矿厂舆程图略》"运第七"篇:"京铜年额六百三十三万一千四百四十斤,由子厂及正厂至店,厂员运之,由各店至泸店之员递运之,由店至通州运员分运之;局铜则厂员各运至局;采铜远厂则厂员先运至省,近厂则厂员自往厂运。"由于铜运,这一地区的古驿道和商道得以修筑、受到保护,并不断开辟,促进了该地区交通业的发展。值得一提的是,由于铜运而开通了多条入川线路,"乾隆七年,盐井渡河道开通。将东川一半京铜由水运交泸","乾隆十年,镇雄州罗星渡河道开通。将寻甸由威宁发运永宁铜斤,改由罗星渡水运泸店","(乾隆)十五年,永善县黄草坪河道开通。将东川由鲁甸发运宁一半铜斤改由黄草坪水运交泸",这些入川线路成为以后滇、川人员往来、货物运输的要道。另外，乾隆十八年至二十二年任东川知府的义宁，在任期间不断勘测铜运线路，"查有连升塘、以扯一带捷近小路一条，直至昭通，将长岭子、硝厂河等站裁撤，安建于朵格一路运送，移建站房、塘房，及法纳江大木桥一座，俱系义府捐资修建"[6]，最终修建了从东店经昭店直至四川的铜运干道。

### （二）促进了清代全国铸币业的发展

清朝时期，铜钱使用的广泛度应为历朝之最，促进了铸币业的发展。从康熙至嘉庆，清朝的铸币数量从有代表性的"京局"——户部宝泉局和工部宝源局来看，是不断增长的。康熙六十年（1721），户部宝泉局和工部宝源局各铸36卯，铸钱67万余串[7]，而至嘉庆时期，据徐鼐所著的《度支辑略》钱法条记载，户部宝泉局，每年鼓铸72卯，铸钱899856串；工部宝源局，每年鼓铸70卯，铸钱437448串，如遇闰各加铸4卯[8]。自雍正七年始，朝廷在云南广泛开采铜矿以后，宝泉、宝源二局铸钱铜料主要来源于滇东北汤丹、碌碌等铜矿开采的"京铜"。云南铜原料还供应多个省份铸币，如江苏宝苏局、江西宝昌局、湖南宝南局、湖北宝武局、广东宝广局、广西宝桂局、陕西宝陕局、浙江宝浙局、福建宝福局、贵州宝黔局、贵州大定局等。滇铜广泛供应"京局"和各省局铸币，促进了清朝前期铸币业的发展。另外，铜矿开采还促进了云南本省铸币业的发展。滇铜京运和外运各省，由于路途遥远，运铜艰难，成本较高。据《续文献通考》钱币条记载，明嘉靖年间，因大量鼓铸银钱，朝廷决定在云南就近买料铸钱，以节省成本。明万历、天启年间，朝廷曾两次在滇开设钱局鼓铸铜钱。清康熙二十一年（1682），云贵总督蔡毓荣上书朝廷建议在蒙自、大理、禄丰、祥云开局铸钱。雍正元年（1723），宝云局于云南、大理、临安、沾益、建水设炉四十七座鼓铸铜钱。据《铜政便览》载，自雍正至嘉庆年间，云南省先后设云南省局、东川旧局、东川新局、顺宁局、永昌局、曲靖局、临安局、沾益局、大理局、楚雄局、广南局等十一局铸钱。各铸局虽然"复行停止，中间兴废不一"，但是比较诸局铸钱规模、数量、开设时间，地处滇东北地区的东川旧局、东川新局影响较大。

### （三）促进了中原文化的传入

由于云南铜资源储量丰富，清初朝廷实施了一系列有利于铜矿开采的政策，最终迎来了"广示招徕"的局面，内地相邻诸省的富商大贾，都远道招募铜丁，前来采矿。据《东川府志》记载：乾隆二十一年（1756），云南巡抚郭一裕奏"东川一带……各厂共计二十余处，一应炉户、砂丁及佣工、贸易之人聚集者，不下数十万人。……且查各厂往来，皆四川、贵州、湖广、江西之人"[9]。乾隆四十一年（1776），云南约有移民人口95万[10]，而矿业开发中"矿工中绝大多数是移民"[11]。大量外来移民的涌入也改变了滇东北地方的人口结构，据民国《昭通县志》载："当乾嘉盛时，鲁甸之乐马厂大旺，而江南湖广粤秦等省人蚁附麇聚，或从事开采，或就地贸易，久之遂入昭通籍。"[12]因此，随之而来的就是内地文化涌入云南。从滇东北现存众多会馆来看，会泽、昭通、巧家等地的古城都保留着众多内地移民修建的会馆。会馆是内地同乡移民建立联系的场所，是展现各地文化特色的窗口。当时涌入东川府开采铜矿的外省移民，形成一定规模和实力，并在东川地区修建的会馆有：江西人所建会馆"万寿宫"，湖南、湖北人所建会馆"寿佛寺"，福建人所建会馆"妈祖庙"，四川人所建会馆"川主宫"，贵州人所建会馆"忠烈祠"，陕西人所建会馆"关圣宫"，江苏、浙江、安徽人所建江南会馆"白衣观音阁"等。涌入昭通从事矿业开发和进行商贸活动的内地移民也建立了众多会馆，如：四川人建立的"川祖庙"，陕西人建立的"陕西庙"，江西人建立的"雷神庙"，福建人建立的"妈祖庙"以及两广会馆、两湖会馆、云南会馆、贵州会馆等。从各会馆供奉的神像、建筑风格、雕塑、绘画等来看，无论是福建人供奉的妈祖，还是江西人供奉许真君、山西人供奉关圣大帝，以及火神庙供奉的火神娘娘、马王庙供奉孙悟空、鲁班庙供奉的鲁班等，都显示出中原文化的痕迹，同时又带有各地文化的特点。建于清嘉庆二十四年（1819）的"三圣宫"（楚黔会馆），位于铜厂运送京铜至府城途中的白雾村驿站，是东川府产铜高峰时期，财力雄厚时设计建成的。三圣宫大殿内正中塑关羽，两侧为关平、周仓像，左边供孔子牌位，右边塑之文昌帝君，而故名"三圣宫"。将关羽、孔子、文昌共融于一庙之中，充分反映了当时人们对待宗教世俗的实用性及儒道合流的泛神现象。

清朝前期滇东北大规模的铜业开发，为该地区的地方历史文化内涵增添了丰富的内容。我们把以古东川府（今会泽县）为中心，大致包括滇东北会泽、东川、巧家以及相邻四川的会理、会东、通安等地域，由于铜矿开采的繁盛，而形成的独特的地方历史文化称为"铜商文化"。"铜商文化"研究除前所述的铜业开发的历史、铜运、铸币、移民与文化传播之外，还有许多内容可以挖掘，如：考古资料、地方官员的奏折、地方史志、文献通志、家谱、碑文等资料的整理与校注；铜业开发对滇东北环境影响的研究；移民与民族融合研究；铜政研究；铜的冶炼技术研究；铸币与金融发展研究；铜与东南亚、南亚经济贸易交流和文化传播的研究，等等。这些研究内容，是很有地方历史文化特色的，也是值得深入研究的。为深入开展以铜为主要研究对象的滇东北地方历史文化研究，曲靖师范学院成立了"中国铜商文化研究院"。校注云南"铜政四书"成为研究院开展工作的第一步。

研究院成立以后，针对铜商文化研究资料的繁多芜杂，确定了首先收集整理资料的工作思路。2015年，我们决定对清代铜业铜政古籍中保存完好，内容完整的四本书进行校注，合为云南"铜政四书"。四部古籍中，《云南铜志》《铜政便览》《滇南矿厂图略》三部都是清代云南督抚及产铜地方、铜政官员等必备必阅的资料。《云南铜志》系由乾嘉时期辅助云南督抚管理云南铜政数十年的昆明呈贡人戴瑞徵根据《云南铜政全书》及省府档案编纂，资料内容记载时间截止于嘉庆时，凡铜厂、陆运、京运、各省采买、铸币等的各项管理制度及经费预算等都一一备载；《铜政便览》成书于道光时期，未题何人所纂，全书共八卷，内容框架与《云南铜志》基本一致，但补充了道光时期的资料，滇铜生产衰落期的面貌得以呈现；《滇南矿厂图略》为清代状元，曾任云南巡抚的著名植物学家、矿物学家吴其濬编纂于道光年间，该书保存了丰富的清代矿冶技术资料，并有大量矿冶工具的清晰绘图。王昶的《云南铜政全书》残佚后，云南铜政的详情就以这三本资料所载最为详备了。《运铜纪程》是道光二十年京铜正运首起主运官大姚知县黎恂运铜至北京的全程往返日记，如实记载了滇铜万里京运的全部运作过程，与前三书合观，清代铜业铜政的全貌得以较为完整的呈现。

云南"铜政四书"的校注，出于为读者尽可能丰富地提供清代云南铜业铜政全貌资料的目的，主要采取资料补注的形式进行校注，在我们有限的能力范围内，尽量搜集相关资料补缀进去，期以丰富的材料启发研究的思路，所以我们的校注除非证据十足，一般不下结论性的语言。就每本书的校注而言，由于内容体例各有特点，如《云南铜志》《铜政便览》多数据，《滇南矿厂图略》多图，《运铜纪程》也可谓是游记，所以其校注要点各有侧重，校注方式不能划一，但求方式与内容的适宜。

这四本书的整理校注，得到了西南交通大学出版社的青睐，双方开展了合作，并获得2016年国家古籍整理出版专项经费的资助。具体的校注工作主要由我院青年研究人员负责完成。在校注过程中，我们也发现了一些问题：一是资料补注校注形式可能会导致校注显得繁杂，但这种校注方式也是一种新的尝试；二是补校资料缺乏与清代宫廷第一手档案资料的比对，今后我院将加强对这部分档案资料中有关铜文化资料的收集和整理；三是缺乏第一手现场调查资料，铜厂、铜运路线的调查资料补充，会使这些文献的记录更为丰富、清晰，这也是我院今后工作的重点。

经过近两年的努力，我们的云南"铜政四书"整理校注即将印刷出版，我们的研究工作也将进一步推向纵深。在此，谨向对我们的工作给予大力支持的云南省图书馆和贵州省图书馆的领导和工作人员、帮助我们成长的校内外专家学者、支持我们工作的各位校领导和职能部门的工作人员表示衷心感谢；向西南交通大学出版社的领导和云南"铜政四书"整理校注的各位编辑，以及四位校注者和研究院的其他工作人员表示感谢。祝我们的工作百尺竿头，更进一步。

杨黔云 于曲靖师范学院中国铜商文化研究院<br>
2017年6月

## 注　释

[1]　鲁甸马厂发掘的新石器时代遗址中,有铜斧、铜剑等较为成熟的青铜时代文明的代表器物。

[2]　李晓岑:《商周中原青铜的矿料来源的再研究》,《自然科学史研究》,1993(3)。

[3]　白铜是一种铜合金,呈银白色而不含银,其成分一般是铜60%、镍20%、锌20%。

[4]　严中平编著:《清代云南铜政考》,中华书局,1948:7-42。

[5]　(清)赵尔巽等撰:《清史稿》,中华书局,1978:3666。

[6]　(清)方桂修、(清)胡蔚纂、梁晓强校注:《乾隆东川府志》,云南人民出版社,2006:266-267。

[7]　《清朝文献通考》,商务印书馆,1937:4980。

[8]　戴建兵:《清嘉庆道光年间的钱币研究》,《江苏钱币》,2009(4)。

[9]　乾隆《东川府志》卷十三《鼓铸》卷首序、卷七《祠祀》,光绪三十四年重印本。

[10]　秦树才、田志勇:《绿营兵与清代移民研究》,《清史研究》,2004(3)。

[11]　李中清:《明清时期中国西南的经济发展和人口增长》,载于中国社会科学院历史研究室:《清史论丛》(第三辑),中华书局,1984:86。

[12]　民国《昭通县志》卷十《种人志》。

# 前　言

## 一、《云南铜志》的作者

《云南铜志》的作者为清代人戴瑞徵，生卒不详。道光《云南通志·艺文志》"滇人著述之书"中记："《云南铜志》八卷，戴瑞徵编。瑞徵，字云章，号华峰，呈贡人。嘉庆间，由议叙官高要县横查司巡检。"这是关于戴瑞徵生平的唯一文字记录。对于道光《云南通志》的纂修者来说，戴瑞徵属于当代人，由于其地位不高，因此惜墨如金，只记录了其任巡检一职。

戴瑞徵当时的身份实际上是封疆大吏私人聘请的一个没有出身、尚未出仕的幕僚，也就是他自己说的"予为藩幕"。由于做事认真负责、成效显著、成绩出色，经过议叙、考绩优异，被提升为广东省高要县横查巡检司巡检。高要县横查巡检司为明代设立，清代沿袭不改。《明英宗实录》卷二百四十六记："景泰五年冬十月庚寅……设广东肇庆县高要县横查巡检司。"《清史稿》卷一百十六《职官志三·外官》记："巡检司巡检，从九品。掌捕盗贼，诘奸宄。凡州、县关津险要则置。"在清代，巡检为最低级别的官员，比科举正途出身的举人地位还低，但好歹入了流，进入了仕途、做了官，可以领俸禄，而不是做书役靠工食银两生活了。

《云南铜志》采用资料截止于嘉庆十五年（1810），《铜政便览》增补的资料亦起始于嘉庆十五年，截止于道光七年（1827）。因此《云南铜志》纂成之时应该即为嘉庆十五年，之后戴瑞徵到广东赴任，离开了云南，书稿留在云南藩库，成为云南官员行政的参考资料之一。

于时负责考核戴瑞徵的云南地方当局要员分别为云贵总督伯麟（嘉庆九年至二十五年任）、云南巡抚孙玉庭（嘉庆十五年至二十年任）、云南布政使蒋攸铦（嘉庆十一年至十四年任）、云南按察使梁敦怀（嘉庆十三年任，

1

嘉庆十四年改任云南布政使，嘉庆十八年调京）。

## 二、《云南铜志》的编纂

方国瑜《〈云南铜志〉概说》（载中华书局 1983 年版《云南史料目录概说》第 729-730 页）记述：

  道光《云南通志·艺文志·云南铜志》八卷，戴瑞徵编，瑞徵字云章，号华峰，呈贡人。因经办铜政，作《云南铜志》，云南省图书馆藏抄本有题记曰"光绪纪元，偶于戴府见此书，嘉其赅备，肆无刻本，因假归，命学徒抄存一册，原稿仍归戴氏，香圃记。"有"晚香室印"一方，知为黄华抄本，后归图书馆者。

  是书凡《厂地》二卷，《京运》一卷，《陆运》一卷，《局铸》二卷，《采买》一卷，《志余》一卷。书前蒙化张登瀛序谓"呈贡戴子华峰，少负远志，储经济才而深沉不露，大吏推重之。历任方伯，聘勷铜政几三十年。以亲历周知，信今传后者，勒为一书，凡八卷，名《云南铜志》，其心苦而力勤，其事该而绪密，于制既详而有体，于法亦则而可循。在官为考绩之书，在幕为佐治之典，洵经华之提要也。华峰可以传矣。问序于瀛。"云云，则瑞徵为戴古村（淳）之父。

  书中所记止于嘉庆年事，即为嘉庆间所作而未刊者。《晓翠轩诗续钞》卷五，戴"得刘寄庵师书及诗，奉答，并求采先人《铜志》入《通志》中"四首，有"先人所遗编，华列五金利，尚冀赐采择，庶用付书记；十年箧笥中，几经孤儿泪。"之句。即在道光六年，古村居民时所作也。

  附说：

  《铜政便览》。光绪十三年夏，路南知州陈先溶得《铜政便览》钞本，布政使曾纪凤排印之以广流传。按《铜政便览》不署撰人姓名，取与戴瑞徵书相较，大都相同，而有增补纪事至道光四年。盖瑞徵之书有抄本存藩库，后经修改，不著姓名，光绪间排印此书时，亦未考究，故缺作者姓名也。

  方国瑜识。

  《云南铜志》撰成于嘉庆十五年（1810）之后，戴瑞徵被"历任方伯聘勒铜政几三十年",那么其受聘参与云南铜政管理,则必在乾隆四十五年（1780）之后。乾隆后期及嘉庆时期,为云南铜政管理又一个大转型的时期。乾隆四十年,云南布政使王太岳撰《论铜政利病状》,力陈铜政当时存在的种种弊端。乾隆四十三年,清政府核定各厂京运铜的额数。乾隆五十年,署东川知府萧文言改强行征雇百姓马匹应役运铜为由政府出钱购买马匹设立行户组织马帮进行运铜。乾隆五十二年,云南布政使王昶编纂《云南铜政全书》。嘉庆十一年,云贵总督伯麟奏改铜运启运例限由一月宽限为四十日,使运员有充裕时间精心组织运输船队。嘉庆十二年,云南布政使蒋攸铦改革运铜管理方式,运员由有亏空、年迈之人,改为"以并无亏空、年力正强为合格。"运费由运员亏空部分扣存藩库充抵,改为全额发给,使运员毫无精神及经济负担,能够全身心认真投入运铜工作中。

《云南铜志》所记,乃改制以后之情况,于时云南铜政管理基本已经理顺,彻底改变了原来那种责任、负担全部在下层,上层严逼紧催,并绝无通融之余地的严酷无情、毫无道理的管理状况,铜的生产与运输,均走上了健康持续发展的道路。如果后来不是因为鸦片战争影响了大清国运,导致国内阶级矛盾激化,农民起义风起云涌遍及全国,那么云南铜的生产、运输,仍然会恒序持续一个很长的历史时期。然而历史永远不可能有假设,历史只能是事实,历史就只是事实。

《云南铜志》写成以后,云南铜政管理措施基本完善,铜政管理政策再没有大的调整,开始因循守旧。因此《云南铜志》(后改编为《铜政便览》),便成为了云南行政当局以后进行铜政管理的一个范本。

### 三、《云南铜志》与《云南铜政全书》的联系

编纂《云南铜志》有一个重要的背景,乾隆年间,滇铜大盛,铜政为云南地方当局的重大政治项目。清代张鉴《雷塘庵主弟子记》卷六记新任云贵总督阮元于"道光六年九月十三日,入云南界至平彝县接印。十八日申刻至云南省城,进署询饬各营务及各边务、铜政、盐政"。云南铜政居然排列在盐政之前,全国唯一。云南铜政因此为世人瞩目,而捉笔操刀撰文者,亦接踵而至。始作俑者,为乾隆二十年间在云南做知县的余庆长,撰

有《铜政考》八十卷，未刻失传。踵其事者，即王昶《云南铜政全书》。

《清高宗实录》卷一千二百六十、卷一千二百九十七记："乾隆五十一年闰七月，以陕西按察使王昶为云南布政使。……乾隆五十三年正月，以江西布政使李承邺、云南布政使王昶对调。"云南布政使王昶仅仅在任一年余，即奉督抚之命撰《云南铜政全书》五十卷，分为八门。《清史稿》卷三百五《王昶传》记王昶于乾隆五十一年"迁云南布政使……以云南铜政事重，撰《铜政全书》，求调剂补救之法。旋调江西布政使。……嘉庆十一年，卒。"无独有偶，戴瑞徵于嘉庆年间撰写的《云南铜志》亦为八卷。

王昶《云南铜政全书》为汇集官方资料而编成，亦未刊刻，并无抄本传世，后来失传。《云南铜政全书》原本作为官方资料存于云南藩署，道光年间编纂《云南通志》时大量采入。

王昶《新纂云南铜政全书·凡例》记：

一、恭录上谕。滇省铜政，仰荷皇上烛照无遗，随事训饬，圣谟洋洋，承办大小臣工，皆当时时恭阅，钦遵办理。且阅《钦定鼓铸则例》，历奉上谕，皆分类恭录。今纂《铜政书》，亦仿《则例》体裁，将历年钦奉上谕，分门恭录，仰遵圣训，随事敬绎，更为亲切著明也。

一、抽课收买。《周礼·太宰》以九赋敛财贿，山泽以及币余，各有常赋。历朝矿冶有税，前明路南州铜厂有课，盖六府金谷并称，固所以资平成也。滇产五金，而铜为尤盛。本朝康熙二十四年，总督蔡毓荣始疏陈矿硐宜开，听民开采，而官收其税，每十分抽税二分，委官监收，此为铜政之始。迨四十四年，总督贝和诺复疏请官为经理，抽课收买，此为收买铜之始。见于案牍者如此，当时之奏疏部议，已散轶无存。今以抽课收买为第一门，从其朔也。雍正元年以前，经理之官《章程》屡易，各厂收买之价有上、中、下三等，又屡次议增，至无可增。因许通商，以资羡补，酌予水泄，以利攻采，是皆收买次第所有事也。铜价供支，不尽出自滇省，因纪其拨运协济。又如归公、养廉、耗、捐各铜，皆抽课之类，故汇而纪之。

一、厂地。《汉书·地理志》：俞元，怀山出铜。来维，从陆山出铜。《后汉·郡国志》：俞元，装山出铜。贲古，采山出铜、锡。滇之产铜旧矣。自蒙段窃据，画江为界，皆无可考。元产铜之所，曰中庆、金齿、临安、曲靖、澂江，率止一二处数处而已。及我朝三迤郡县皆有之，凡四十余厂，宝藏之兴，盖非前朝所能伦比，而铜亦遂为滇之要政矣。各厂为出铜之区，而各厂为运铜之路，故次即列厂、店建设为一门，序各厂各店所隶之地，予厂之数，岁出之额，历年铜数之升降。设厂设店，则有官有役，因纪其经费，运铜程站脚费，厂、店之所交关也。因牵连而书之，亦惟经费之出于铜息者，则载于此。其他采买之程站，陆运之脚费，仍于各门纪之，以免紊乱。至管理则止纪其官，人无一定，皆不具载，其由何人经理得法，而铜获极丰，亦详其年分姓名纪之。各厂中有从前封闭后得矿复开者，故于封闭之厂考其地与封闭之年详记焉。

一、京铜。《文献通考》：禹铸历山之金。《禹贡》：扬州厥贡，惟金三品。沿于江海，达于淮泗，荆州厥贡，惟金三品，浮于江淮河汉，逾于洛，至于南河，输金铸钱，以济民用，自昔已然。我皇上德协坤维，地不爱宝，滇铜之盛，亘古未有。因运京师以裕泉流，浮金沙江，逾江淮河，济达于河，远历万里，铜政莫大乎此。盖自雍正年间，滇铜运至湖北之汉口、江苏之镇江，应江、楚各省采买，已肇购运京铜之渐。嗣复在镇铸钱运京，乾隆三年，滇厂大旺，而八省采买，尽归滇省购运，于是定各厂各路陆运之法。既而开金沙江之黄草坪，又开罗星渡、盐井渡，三路水运。旋复以铸钱之铜加运于京，其间令民计程受值，舟车人力，并擅其功。自四川泸州以至京师委员，受铜、交铜，雇舟、易舟，守风、守水、守冻，引挽增夫，各省起程，沉溺打捞，追赔豁免，回滇报销，已备极委曲繁重矣，挨序纪之，为"购运京铜"门。自泸州至京，例案皆长运官所宜遵守者，向钞一册给运官，运毕缴还，今另为一册，以便书成可以刊发共知也。

一、钱法。九府圜法见于《周礼》，本于太公。汤铸于庄山，周景王铸于周昌，大抵古者多就铜山以铸钱。滇产铜多，而铸钱亦广。顺治十七年，云南开局铸钱，钱法实在铜政之先，自后分设于各府，或复或罢，或增或减，其议减议罢，损益因乎时，议增议复，酌剂因乎地，皆宜深加考究。故于案牍之中，检其奏议备录之，案牍中无可征者，则参诸省志以补之。分局题奏者，则以类相从，俾各有端委，不致分淆。其有奏议已见于他门者，设局增铸，则录其题定事宜于此门。裁减则于所裁局与炉之数节录之，以免重复，以便考证。至鼓铸余息，皆关经费，铜厂运供不前，因有参赔筹息之案，虽若无关于钱法，备录之，亦可为后此厂员垂戒。

一、采买。自滇省铜盛，而外省钱法皆资挹注。初采买滇铜，止一二省，渐遂及于九省，始本暂时通融，久之遂沿为定例，成为岁额。内府外府，同关国帑，亦铜政之未可歧视者。各省铜数不同，铜价不同，前后增减又不同，其挽运有期，迟逾有罚，差员之侵亏者予以重谴，总汇为"采买"门。筹其兑发，俱其度支，道路之险易远近，具见于此。

一、厂欠。采矿煎铜，宜有接济，铜价不能无预支之数，久之成为逋负，因有厂欠之名。雍正二年，总督高其倬奏章中已备言之，铜价之数，皆定自数十年之前，国家承平日久，生齿日繁，百物之价，数倍于前，而经费有定，采铜之价，不可议增，固准预支，俾其藉官项以资营运，而贫不能偿，暨逃亡者，逋负又倍多于前。究之帑藏所关，不可不慎。经前总督奏禁厂欠，仰荷我皇上仁覆无外，时颁恩旨蠲免，屡次皆数十万金，穷檐感激奋兴，而获铜得以无绌，今并纪为"厂欠"门。

一、考成。《周官·太宰》：以八柄驭众臣，曰日终考日成，月中考月要，岁终考岁会，第其上下，以为黜陟。滇省铜厂，一年考成，分功过而示劝惩，即岁终考岁会之法也。年终考成之外，有获铜加多，专奏升用者；有短铜悮运，特劾逮治者。统为"考成奏销"一门。其京铜、陆运奏销，另附于"京铜""陆运"。

一、志余。凡条禀议详现在通行，虽未经奏咨，而亦为省例，均行辑入。其虽未通行，而于铜政有所考证者，亦披拣辑入，以裨采择。至铜政所重者，获铜、运铜，其踩引取矿，炼矿煎铜，虽若无关于铜政，而委折多端，厂民、炉户之艰难辛苦，必深知而后能悯恤之，亦不可阙而不讲，为"志余"。凡所辑录，皆纪姓名，不没其长也。

一书分八门，而各门中又各有类，门为大纲，类为条目，一切案例，皆以类篇。其奏疏部议，分门纂录，各从其类。要在有条不紊，非敢意为割裂。又或有前后援引，重出异见，则芟其繁复，取便观览。然但加节删，不敢改易其文，庶无失当日立言之旨。

一、采录书籍，恭阅《钦定鼓铸则例》书，办运京铜及云南省鼓铸两门内，办铜、运铜之序，固已大纲毕举，始终该备，今将各条于现纂书内，分门录入例文，以资援引，未敢妄加增减。又如《大清会典》《云南省志》，或有关于滇省铜政者,又《吏部处分则例》,亦闲有为铜政所引用者,皆仿《鼓铸则例》之法,一并纂入。所录书籍,必标书名,以便稽考。

一、纂录例案之中,或于此类其议尚悬而未结,待证于他门,或大义已明,而覆咨覆奏无需纂入,则略撰数语,以便繙阅核对,一览而知。如是之类,俱用"谨按"二字以志之。

从王昶《云南铜政全书·凡例》所记与《云南铜志·目录》对照,可以知道,《云南铜志》体例为模仿《云南铜政全书》。《云南铜志》共八卷,由于《厂地》《铜运》《局铸》均分为两卷,实际各卷目名称只有"厂地""铜运""局铸""采买""志余"五项,"京铜"即铜运,"钱法"即局铸,其余三项名称一模一样。由此可见,《云南铜志》八卷连题目名称都完全来自《云南铜政全书》的八门分类。标题如此,内容自然也是以沿袭前者为主,增加后来变化的部分,并将《云南铜政全书》"抽课收买""厂欠""考成"三门内容分门别类纳入相关各卷中。

道光《云南通志·艺文志》"叙述滇事之书"记:"《云南铜政全书》五十卷,清王昶修。是编乃乾隆五十二年,昶官云南布政使时,总督富纲、巡抚谭尚忠命之纂辑。分为八门,每门中又各有其类,门为大纲,类为条目,一切案例,皆以类编纂。凡奏疏、部议,分门纂录,各从其类。有前后援引,重出叠见,到芟其繁复,取便观览,但为节芟,不改易其文。自卷一至卷七为第一门:收买抽课;卷八至卷十一为第二门:厂地;卷十二至卷二十六为第三门:京铜;卷二十七至卷三十为第四门:钱法;卷三十一至卷四十四为第五门:采卖;卷四十五至卷四十六为第六门:厂欠;卷四十七至卷四十八为第七门:考成;卷四十九至卷五十为第八门:志余。终焉。钞存藩署,未梓。"

《云南铜政全书》第三门"京铜"计有十五卷,第五门"采买"亦为十四卷,两门共有二十九卷,几占《云南铜政全书》卷目的六成。其余六门共有二十一卷,平均每门三卷半。乃是以产品的供应对象即滇铜的最终用途为重点。《云南铜志》(共八卷)引为重点的"厂地""局铸"两门(各有两卷),在《云南铜政全书》中都只各有四卷。两书编纂的目的不一样,内容重点也就完全不一致。

《云南铜政全书》分为八门五十卷,分卷过多,必然庞杂,因此许多卷的内容可想而知，定是空泛贫乏、寥寥无几。《云南铜志》各卷中《厂地》因厂数分为三十八目，《铜运》为四十目，《局铸》因局数分为十二目，《采买》和《志余》共二十目，全部共110目。然以类列，内容相对集中；只分八卷，分类更加科学，体例更加工整。

《云南铜志》晚于《云南铜政全书》二十余年修成，并且与一上任即奉命执笔的王昶完全按照官方资料体例汇编不一样，戴瑞徵被包括王昶在内的"历任方伯聘勷铜政几三十年"，不仅熟悉整个云南铜政的情况，而且以云南地方人士记地方事情，其熟知人文地理方面的优势，是只在云南做官一年半的王昶所无法相比的。此即《云南铜政全书》记云南各铜厂位置及距离府、州、县里程多有错误，而《云南铜志》更为准确的原因。

云南布政使王昶纂修《云南铜政全书》时，戴瑞徵亦在云南布政司署为书役，为王昶的直接下属，完全有可能被令与修。即使未直接参与其事，后来办理铜政时必然经常需要查阅《云南铜政全书》，心领神会、得益匪浅。并且《云南铜志》继《云南铜政全书》修成，自然在编纂方法、体例方面有所借鉴和总结，分析归纳、择善而从，最终是青出于蓝而胜于蓝。

但是由于《云南铜政全书》的存在，以及纂修者王昶地位比较高，因此也直接影响了《云南铜志》作用的发挥。道光二十四年任云南巡抚、署云贵总督的吴其濬，在其著作《滇南矿厂工器图略》下卷中即有"暇阅《云南通志》及《铜政全书》，二十一府、厅、州地方，无不出过铜厂。"而只字不提《云南铜志》。而实际上《滇南矿厂工器图略》中，就有部分材料即来自《云南铜志》，甚至照抄《云南铜志》。

当然，清廷对云南铜政的关注并没有结束，光绪年间重新启动云南铜的生产之际，各界对云南铜政的研究亦重起炉灶。光绪时期，云南铜的生产重新开启，但是时过境迁，规模远远不及前朝。而对云南铜政的研究也只需要在案头就可以完成，相较于之前要容易得多。云南布政使曾纪凤将《铜政便览》排印出版，曾署东川府知府、时官云南府同知的严庆祺撰有《迤东铜务纪实》，甚至远在香港做报社编辑的王韬亦辑有《滇南铜政考》。这些著述从分量上难以与乾嘉时期那些大部头著作相抗衡，影响亦有限。民国时期，严中平撰有研究性著作《清代云南铜政考》，开创了现代研究清代云南铜政的先河。

#### 四、《云南铜志》的版本

《云南铜志》编成于清嘉庆中，分为八卷，记事止于嘉庆十五年（1810），未刊刻，仅有抄本传世，道光《云南通志·艺文志》中已有记载。目前已知清代抄本有二，一为云南省图书馆藏光绪元年黄华抄本八卷，方国瑜对此本有介绍；一为台湾国立中央图书馆藏抄本七卷。此两抄本为同一来源，云南省图书馆藏本前七卷为同一人所抄，第八卷为另外一人所抄，应该是后来补抄并入的，可能原来只有前七卷流传在市面上，因此台湾藏抄本只有七卷。

云南省图书馆藏光绪元年黄华抄本《云南铜志》计六册，其中卷四、卷五为一册，卷六、卷七为一册，其余四卷，每卷为一册。每页十二行，每行顶格为22字，逾格为23字。素面无题目、卷次，内页有"晚香室印"一方。云南大学图书馆藏有此抄本的覆抄本，传抄过程中复增数十错字。云南大学传抄本《云南铜志》由潘先林进行点校，被列入《云南史料丛刊》第十二卷中，于2001年由云南大学出版社出版。

《铜政便览》系《云南铜志》在道光年间的另外一个类型的删节本。《铜政便览》在《云南铜志》仅仅增加了一个条目，补充了四个条目的内容，对部分文字进行了删削，其余内容一致。《铜政便览》记事止于道光七年（1827），因此其改编自《云南铜志》的时间间隔很短，才十七年的时间。《铜政便览》抄成时，《云南铜志》的作者戴瑞徵可能还活着。

《铜政便览》目前已知清代抄本有二，一为国立中央图书馆台湾分馆藏抄本，一为光绪十三年（1887）云南布政使曾纪凤（光绪十二年至十五年任）据以排印之抄本。《铜政便览》台湾藏抄本被列入《中国史学丛书三编》第一辑中，于1986年由台湾学生书局影印出版。云南图书馆藏光绪十三年曾纪凤排印本被列入《续修四库全书·史部政书类》第880册中，于2002年由上海古籍出版社影印出版。由魏明孔、魏正孔进行点校的这两个影印本的单行本，于2013年由湖南科学技术出版社出版。

台湾学生书局影印本《铜政便览》刘兆佑做《提要》云：

《铜政便览》八卷，清不著撰人，清嘉庆间钞本。此书系记载清代云南一地采铜之厂地及运输、铸铜、采买等制度与沿革经过。书不分卷，分厂地、京运、陆运、局铸、运输、铸铜、采买、杂款等项目。"厂地"分上下两部分，记录厂地三十八，子厂十八，都五十五。各厂著其坐落、经费、程站等，末附有关铜厂条例："新开子厂取结咨报"、"减额封闭"、"厂务归地方官经理"、"办铜考成"等多则。"京运"及"陆运"，则详载运费、人员、折耗、关税等事项。"局铸"则详载各局铸铜数量及有关费用等；"采买"则载录采买例限、逾限处分、拨铜章程、雇募夫马、寄存运脚、借支运脚、报销运脚及各地采买铜矿之斤数及价款。"杂款"则载与铜政有关之各种税课。撰者采用户部则条及历年格条，附注于有关资料下。清代铜政之有关资料，大致备于是编，足为研究清代经济史者之考镜也。此书传本罕见，此本为清嘉庆间钞本，原藏国立中央图书馆台湾分馆，视国立中央图书馆所藏另一钞本《云南铜志》（七卷）为详备，兹据以影印。

是《提要》叙述有三个明显的错误：其一是"清嘉庆间钞本"，这个影印本中明确记录有道光七年的资料，怎么可能是"嘉庆间钞本"？而必然是"道光间钞本"。实际上《铜政便览》正是道光年间利用《云南铜志》进行文字删削、个别条目略有增加，大部分文字和核心内容都与《云南铜志》完全一致的一个后继本。其二是"书不分卷"，这个影印本中目录和每卷题目中的确没有标卷数，但是书的每一页中脊折缝上都明明确确地写着卷数，怎么能够说"不分卷"呢？因为《云南铜志》是分了卷的，《铜政便览》照抄《云南铜志》，必然是分了卷的，并且与《云南铜志》的分卷一模一样，不仅都是八卷，连每一卷的次序也一模一样的。此《提要》开头便已说《铜政便览》为"八卷"，如此说法岂不是前后自相矛盾。其三是《铜政便览》"视国立中央图书馆所藏另一钞本《云南铜志》为详备"，《铜政便览》只是《云南铜志》的删节本，是不可能比《云南铜志》更"为详备"的，只能证明撰文者根本没有认真阅读、更不用说研究《云南铜志》，才会得出如此粗浅的结论来。"厂地三十八，子厂十八，都五十五"，说明实在是太掉以轻心了，根本就没有认真对待这件事，结论自然是离题万里，没有任何意义可言。

由于《云南铜志》未付刻，始终以抄本隐藏在戴氏家宅中，未能够在世间流传，影响极其有限。民国时期严中平在《清代云南铜政考》中，也认为已经失传而"无缘得读"。

## 五、《云南铜志》与《铜政便览》的联系与区别

戴瑞徵《云南铜志》为汇集官方资料编成,除有抄本传世外,亦作为官方资料别抄存于云南藩署,另外题名《铜政便览》,抄写时条目略有增补,而文字部分则删削不少。

《铜政便览》不仅内容全部来自《云南铜志》,文字亦比《云南铜志》抄本简略。光绪十三年排印本,为经过认真整理的精校本,错误很少,甚至比《云南铜志》抄本还准确,因此可以作为校正《云南铜志》的一个参考依据。

《铜政便览》由于抄自《云南铜志》,二者的分卷与分卷目录顺序完全一致。

卷一、卷二《厂地》,《云南铜志》每厂内容一文到底,《铜政便览》则将每厂内容分目为"坐落""经费""程站"三个部分,"坐落""经费"两个部分内容基本一致,没有进行大的改动;"程站"部分《云南铜志》叙述为自"A至B一站,B至C一站",《铜政便览》删削为:"B一站,C一站",文字因此省略。

卷三《京运》,卷五、卷六《局铸》,卷七《采买》目录及子目完全一致,文字略有删削改动,基本内容一致。卷七《采买》之子目,《云南铜志》各省仅列省名,《铜政便览》分省列子目。

卷四《陆运》,《铜政便览》比《云南铜志》增加一个条目"委管泸店"。卷八《云南铜志》标目为《志余》,《铜政便览》标目为《杂款》;《云南铜志》"修建官房"与"修建道路"为两子目,《铜政便览》合并为"修建官房道路"一子目;另外《云南铜志》子目"公廉铜斤""领本马脚""工食银两",《铜政便览》分别改为"公廉捐耗"、"驼银马脚盘费""书役工食";《铜政便览》对卷八各子目内容进行了大量删削、缩略,减少了历史形成过程的叙述,直奔现行政策主题,因此很简略。

实际上《铜政便览》仅文字上较戴瑞徵书为略,内容完全一致。其所增补纪事亦仅卷一《厂地上·宁台厂》下补记道光三年、四年开采的钱麻岭子厂、罗汉山子厂两条,补记"代办得宝坪厂减额铜"一节;卷五《局铸上·东川局旧局》下补记嘉庆十五年事;卷四《陆运》下"厂地搭运"

"各店搭运"两目之间补记"委管泸店"一目。不仅内容很有限，增补的总字数亦只有一千八百余字。因此《铜政便览》的总字数，仍然比八万余字的《云南铜志》少，内容更简略。

但是，由于《铜政便览》的存在，很大程度上替代了《云南铜志》的作用。云南当局在道光年间编纂《云南通志》的时候，由于王昶《云南铜政全书》仍然完整地保留在云南藩司，因此被大量采纳入其中。到后来光绪年间云南当局续纂《云南通志》的时候，则大量采用了保留在云南藩司中的《铜政便览》。尽管编纂两部《云南通志》之时，《云南铜志》已经修成，并且也留存在云南，但是由于戴瑞徵人微言轻，未被当道者所重视，《云南铜志》先后被两部《云南通志》纂修者所忽略。

## 六、《云南铜志》的内容及资料情况

《云南铜志》共八卷，全书原文共八万二千余字。卷一、卷二《厂地》内容占全书文字的百分之三十，详细介绍了清代云南至嘉庆年间仍然在生产的三十八个铜厂及子厂的开采场址、铜的产量、收铜价格，产铜的划分、税课、供应对象，以及运输路线、成本，费用领取地点、途程。卷一记录专拨京运的十五个铜厂的情况，卷二记录有京运、局铸、采买兼拨的八厂，以及仅供局铸、采买，无京运额铜的十五个铜厂的情况，按有无京运任务的类别先后排列。

卷三、卷四《京运》《陆运》内容占全书文字的百分之三十，详细记载了额铜、商铜的运输路线、里程、各类运输方式及费用等情况。卷三记录京运的管理方式以及整个铜运过程，包括运铜过程中的各项章程、制度的具体执行与相应的奖惩，各项费用的领取地点、开支范围、报销限制等。卷四记录各铜店的管理方式，以及云南境内抵达各水运渡口的各条铜运路线详细情况；各段路程的运费额定，各项费用的来源、开支范围、开支额度的相关规定。

卷五、卷六《局铸》内容占全书文字的百分之二十，详细记载了云南各铸钱局设立、撤销时间，开炉、停炉的具体原由，以及每个时期铸币数量、成本及获取铸息的情况。每个铸钱局铸币所需要的各种金属的来源、运输、价格，铸币过程中各种金属的配比、消耗数量、成本等。

卷七《采买》内容占全书文字的百分之十，记载了各省采买滇铜的管理方式，以及每个采买省份采买滇铜的具体情况，包括采买起始的时间，购买具体生产厂的商铜数量，至嘉庆十五年以前的各年采买情况。

卷八《志余》内容占全书文字的百分之十，记载清政府对铜厂及生产经营的管理办法，包括生产资本银的投入数量，银两的领取地点、方式以及使用范围，铜厂欠款的形成与相应处理。各税课的收取及标准、总额度，各专项开支的资金的拨放及额度。是清政府铜政的宏观管理，特别是涉及财政收入与支出政策方面的一个汇编。

与其前辈《云南铜政全书》相同，《云南铜志》的大部分内容实际上是当时朝廷相关法规、制度的类纂，相当于今天有关铜的生产经营专门法规文件汇编。

《云南铜志》资料主要是乾隆四十三年清政府核定各厂京运铜的额数，以当时仍然还在生产的各个铜厂以后的京铜额数、生产变化情况为核心。其资料上承雍正《云南通志》和王昶《云南铜政全书》，下启道光《云南通志》。康熙、雍正年间开办及还在生产的铜厂，以及乾隆时期开办的铜厂，经过乾隆时期大规模的开采，除少数资源储量比较大的铜厂外，大部分因为资源枯竭被淘汰，到了嘉庆年间，都已经关闭。《云南铜志》记录的情况，是经过一个激烈震荡过程之后，云南铜生产的一个全盛的历史状况。

《云南铜志》当时记录还在生产的三十八个铜厂，到了编纂道光《云南通志》时，又有鼎新、竜㠇、者囊三个资源有限、产量较低的小铜厂被关闭，剩下三十五个铜厂还在生产。

咸丰三年以后，洪秀全定都南京，长江下游被太平军占领，京运铜中断。光绪《东川府续志》卷一记："物产：惟铜矿自咸丰三年以前，各知府所办京铜，俱运泸店交收。自三年起，因协饷不济，奉文停止京运。又值地方兵燹，各厂废驰"，又"戎事：咸丰三年三月，汤丹回匪马二花等叛，参将明恒率师往剿，战于乌龙，官兵尽殁。……七年，江外各厂回匪叛……八年，寻甸回匪马天喜勾结倮夷袁桥保等，蔓延碧谷坝、新村一带，盘据半年，为害尤甚。知府孔昭鈖相机办理，九年二月始行收复"。云南最大的铜厂——汤丹厂、最大的铜产地——东川亦被云当地民族起义军占领，东川铜的生产全部停止。

光绪《东川府续志·叙》又记："咸丰朝回、汉内讧，阖郡蠢动，相仇杀，无休止，攻城掠邑，焚室庐殆尽。"滇南回民起义军甚至占领云南省城，杀死云贵总督潘铎。咸丰、同治时期，由于云南陷入战乱，所有铜厂全部被封闭，云南铜的生产顿时瘫痪。清政府的整个铜政体系，被彻底毁灭。

《清史稿》卷一百二十四《食货志五·钱法》记："咸丰之季，铜苦乏，申禁铜、收铜令。同治初，铸钱所资，惟商铜、废铜，当十钱减从三钱二分。"《清史稿》卷四百二十二《毓禄传》记："同治三年，擢工部侍郎，兼管钱法堂。五年，奏言：'宝源局铸当十钱，向系滇省解铜，以铜七、铅三配铸。近因滇铜久未解局，市铜低杂，致钱文轻小。例定每钱应重三钱二分，请每届收钱，以三钱为率，不及者即饬改铸'。上斥宝泉、宝源二局不职之两侍郎监督，并下吏议。"

云南回民起义被镇压以后，清朝廷企图再恢复滇铜生产及京运，已是积重难返，不可能再现辉煌了。《清史稿》卷二十一《穆宗本纪》记："同治四年九月己巳，允招商办云南铜厂。"《清史稿》卷二十三《德宗本纪》记："光绪十一年六月丁丑，谕岑毓英察云南铜矿。……十八年秋七月癸丑，谕唐炯整顿铜运。"《清史稿》卷一百二十四《食货志五·钱法》记："赏唐炯巡抚衔，专督云南铜政。"虽历经努力，然事倍功半，收效甚微，当时云南铜的产量，只为乾嘉鼎盛时期最高年产量的十分之一，远远无法满足朝廷及社会的需求。

此情此景一直沿袭一百多年，直到二十世纪下半叶，中华人民共和国成立以后，才百废重兴。随着东川矿务局、易门矿务局等一批现代化大型铜生产企业的建立，云南铜业以前所未有的态势，真正迎来了长期稳定的和平发展时期，得到全面复兴，并达到了史无前例的历史高度，为振兴中华做出了应有的贡献。

# 凡　例

此次校注以云南省图书馆藏抄本为底本。

## 一、目录与异字

1. "卷一·厂地上"除宁台厂外，其余各厂均无标目，而"卷二·厂地下"所有各厂均有标目，为统一起见，"卷一·厂地上"所有各厂均全部进行标目，文中不再一一注明。

2. "卷七·采买"各省均未标目，今照《铜政便览》，全部重新进行标目，文中不再一一注明。

3. "卷三·京运"大部分地方均使用"船"字，但是有六处地方使用"船"字的俗体字"舡"字，其余各卷均用"船"字。全书一共八十七个"船"字、六个"舡"字。为统一起见，全书统一为"船"字，文中不再一一注明。

4. "卷八·志余"为另外一人抄写，与前面各卷除笔迹有差异外，用字习惯亦不同。前面七卷"斤"字是统一的，而卷八的"斤"字全部作异写体的"觔"字。为统一起见，全书统一为"斤"字，文中不再一一注明。

5. 另外由书写习惯使然，全书将"沉"字全部写作"沈"字，三处将"搭"字写作"塔"字，全部进行改正，文中亦不一一注明。

## 二、校订与注释

对所有能够查出的误、衍文字进行纠正。

1. （ ）内者为原抄本误、衍的文字，单独出现者为应删除的衍文，后面有校订符号者，为错误的文字；

2. ［ ］内者为与《铜政便览》对照校订及增补的文字；

3.【　】内者为潘先林校订及增补的文字；

4.〖　〗内者为梁晓强校订及增补的文字。

校订文字在正文内直接进行处理，不再另外一一出校堪记。

注释文字为尾注，每卷后面附属为分析文字及相关重要资料等。

# 云南铜志序

滇，《禹贡》[1]梁南也。去京师八千里而遥，崇山巨壑中。足民惟盐[2]，裕国惟铜[3]，政体于是乎。在我朝承平百数十年，山川磅礴，铜之丰美秩于元明。所以通运、供铸、考课、定程，以迄均力、集商，凡经理之法，亦大备矣，惜而汇而集之之无其人也。呈贡戴子华峰，少负远志，储经济才而深沉不露，大吏[4]推重之。历任方伯[5]聘勤[6]铜政几三十年，以亲历周知，信今传后者，勒为一书，凡八卷，名曰《云南铜志》。其心苦而力勤，其事该而绪密，于制既详而有体，于法亦则而可循。在官为考绩[7]之书，在幕为佐治[8]之典，洵经纬精华之提要也，华峰可以传矣。其子淳，本遗命，问序于瀛。犹记华峰言："予为卑官[9]，不知宪幕[10]，戒贪缘[11]也；予为藩幕[12]，不知外官，绝嫌疑也。"并可想见华峰之品云。

古巍愚弟张登瀛[13]谨序

## 注　释

[1]《禹贡》：中国古代文献《尚书》中的一篇，顾颉刚认为出自战国时秦国人之手。全文1193字，以自然地理实体（山脉、河流等）为标志，将全国划分为九州，并对各州疆域、山脉、河流、交通、植被、土壤、物产、贡赋、少数民族等自然地理和人文地理方面的情况，进行了简单介绍。

[2] 足民惟盐：满足人民的生活需要，只有盐业。中国从汉武帝时开始，实行盐铁专卖制度，历代沿袭。汉武帝时在产盐的三十八处设置盐官，隶属大司农，以收盐税。东汉时在有关郡县设盐官。清代则在产盐之省份设立盐法道，负责盐的生产与运销。《清史稿》卷一百二十四《食货五》记："惟盐为岁入大宗，故掌国计者第附于盐而总核之。其始但有课税，除江、

浙额引由各关征收无定额外，他省每岁多者千余两，少只数百两或数十两。即陕、甘、四川号为边引，亦不满十万金。"

[3] 裕国惟铜：促使国家富裕，只有铜业。《清史稿》卷一百二十四《食货五》记："滇铜自康熙四十四年官为经理，嗣由官给工本。雍正初，岁出铜八九十万，不数年，且二三百万，岁供本路鼓铸。及运湖广、江西，仅百万有奇。乾隆初，岁发铜本银百万两，四五年间，岁出六七百万或八九百万，最多乃至千二三百万。户、工两局，暨江南、江西、浙江、福建、陕西、湖北、广东、广西、贵州九路，岁需九百余万，悉取给焉。矿厂以汤丹、碌碌、大水、茂麓、狮子山、大功为最，宁台、金钗、义都、发古山、九度、万象次之。大厂矿丁六七万，次亦万余。近则土民，远及黔、粤，仰食矿利者，奔走相属。正厂峒老砂竭，辄开子厂以补其额。故滇省铜政，累叶程功，非他项矿产可比。"清代李绂《与云南参政论铜务书》记："滇中之利，莫大于铜。当日滇中铜斤，与钱法实分为二。……天下铜斤，大半仰给于滇。

[4] 大吏：指大官。《史记·秦始皇本纪》记："群臣谏者以为诽谤，大吏持禄取容，黔首振恐。"即封疆大吏，古代指省一级长官，清代则专指总督和巡抚。《明史》卷九十《兵志二》记："当是时，都指挥使与布、按并称三司，为封疆大吏。"《清圣祖实录》卷三十一记："谕：'在外总督、巡抚，系封疆大臣，职任紧要。'"清代薛福成《庸盦笔记·骆文忠公遗爱》记："骆公督四川，凡滇、黔、陕、甘等省大吏之黜陟，及一切大政，朝廷必以谘之。"

[5] 方伯：古代诸侯中的领袖之称，谓一方之长。殷周时代一方诸侯之长。后泛称地方长官。《礼记·王制》载："千里之外设方伯。"《史记·周本纪》记："周室衰微，诸侯强并弱，齐、楚、秦、晋始大，政由方伯。"裴骃集解引郑司农曰："长诸侯为方伯。"明、清时用作对布政使的尊称。清代王韬《淞滨琐话·金玉蟾》记："荐章交上，升任黔中廉访使，旋升方伯，改授云南巡抚。"

[6] 聘勷：勷，古同"襄"，助，辅助。聘任辅佐铜政的管理。

[7] 考绩：按一定标准考核官吏的成绩。《尚书·舜典》记："三载考绩。三考，黜陟幽明。"孔安国传："三年有成，故以考功。九岁则能否幽

明有别，黜退其幽者，升进其明者。"明、清两代对在任官员均进行考核，称为考绩。清制三年一考，以"四格、六法"为升降标准。"四格"为：守、政、才、年。每格按其成绩列为称职、勤职、供职三等。"六法"为：无为、不谨、年老、有疾、浮躁、才弱。分别给以提问、革职或降级调用的处分，年老和有疾者退休。三等中一等为优，给予加级，有升任外官的优先权。二等平常留用，即保留原职不动。三等为劣，给予降级调职、直至革职处分。贪污腐化、残酷虐民者，不在考核范围，由监察部门弹劾刑处。《清史稿》卷一百十一《选举六·考绩》记："清沿明制，而品式略殊。京官曰京察，外官曰大计，吏部考功司掌之。京察以子、卯、午、酉岁，部院司员由长官考核，校以四格，悬'才、守、政、年'为鹄。分称职、勤职、供职三等。列一等者，加级记名，则加考引见备外用。纠以六法，不谨、罢软者革职，浮躁、才力不及者降调，年老、有疾者休致，注考送部。……大计以寅、巳、申、亥岁，先期藩臬、道府递察其属贤否，申之督抚，督抚核其事状，注考缮册送部覆核。才守俱优者，举以卓异。劣者，劾以六法。不入举劾者为平等。卓异官自知县而上，皆引见候旨。六法处分如京察，贪酷者特参。"

[8] 佐治：辅佐政治、协助治理。唐代分设六曹，为各州佐治之官。清代以总督、巡抚统率下之各衙门僚属为佐治之官。《清高宗实录》卷六百六十六记："乾隆二十七年秋七月，谕军机大臣等、各省首领佐杂等官：'……首领佐杂等员，职分虽属卑微，而佐治临民，亦有地方之责。'"

[9] 卑官：职位低微的官吏，一般指副县以下官员及未入流的吏员。《魏书》卷十一《后废帝》载："诏曰：'大夫之职，位秩贵显；员外之官，亦为匪贱。而下及胥吏，带领非一，高卑浑杂，有损彝章。……愿罢卑官者听为大夫及员外之职，不宜仍前散实参领。'"《旧唐书》卷一百三十五《韦执谊传》记："父浼，官卑。……王叔文用事，乃用执谊为宰相……初，执谊自卑官，常忌讳不欲人言岭南州县名。"《明史》卷六十七《舆服三·文武官冠服》记："其服色，一品斗牛，二品飞鱼，三品蟒，四、五品麒麟，六、七品虎、彪……世宗登极诏云：'……武职卑官僭用公、侯服色者，亦禁绝之。'"

[10] 宪幕：宪即宪官，为御史台或都察院的官员，因掌持刑宪典章，

故称。明代改御史台为都察院，以副都御史为各省巡抚的加衔。清代继承明制，总督加兵部尚书衔兼都察院右都御史衔，巡抚加兵部右侍郎兼都察院右副都御史衔，总督、巡抚并为宪官。幕为古代战争期间将帅办公的地方。宪幕，特指总督、巡抚办公所在地，即总督府及巡抚衙门。

[11] 夤缘：本指攀附上升，后喻攀附权贵，向上巴结。《旧唐书》卷一百七十二《令狐楚、牛僧孺、萧俛、李石传》记："赞曰'乔松孤立，萝茑夤缘，柔附凌云，岂曰能贤？'"《金史》卷八十八《石琚传》记："此役不欲烦民，丁匠皆给雇直，毋使贪吏夤缘为奸利，以兴民怨。"《明史》卷七十《选举志二》记："洪武三年，诏曰：'汉、唐及宋，取士各有定制，然但贵文学而不求德艺之全。前元待士甚优，而权豪势要，每纳奔竞之人，夤缘阿附，辄窃仕禄。'"

[12] 藩幕：即布政使的幕僚。藩即藩司或藩台，为明、清两代对地方行政长官布政使的非正式称呼。

[13] 张登瀛：字海门，一字晓岱，号小东，云南蒙化（今大理州魏山县）人，乾隆五十一年（1786）丙午科举人，历官云龙州学正。编有《育书》，与袁文揆等一同辑有《续刻滇南诗略》及《滇南文略》四十七卷。

# 目　录

《云南铜志·厂地》题解 ································································· 1

## 云南铜志·卷一 ······································································· 3

### 厂地上 ··············································································· 3

宁台厂附底马库子厂、水泄子厂 ················································· 10
得宝坪厂 ············································································· 25
大功厂附乐依山子厂、蛮浪山子厂 ············································· 28
香树坡厂 ············································································· 32
双龙厂 ················································································ 37
汤丹厂附九龙箐子厂、聚宝山子厂、观音山子厂、岔河子厂、大硔子厂 ··· 40
碌碌厂附兴隆子厂、龙宝子厂、多宝子厂、小米子厂 ························ 51
大水沟厂附联兴子厂 ······························································· 55
茂麓厂附普腻子厂 ·································································· 58
乐马厂 ················································································ 60
梅子沱厂 ············································································· 63
人老山厂 ············································································· 64
箭竹塘厂 ············································································· 66
长发坡厂 ············································································· 68
小岩坊厂 ············································································· 70

## 云南铜志·卷二 ······································································ 72

### 厂地下 ·············································································· 72

凤凰坡厂以下八厂，京运、局铸、采买兼拨 ··································· 72
红石岩厂 ············································································· 74
大兴厂 ················································································ 76

1

红坡厂 ················································· 79
　　发古厂 ················································· 80
　　大风岭厂附杉木箐子厂、大寨子厂 ·············· 83
　　紫牛坡厂 ·············································· 85
　　青龙厂附猛仰子厂 ································· 86
　　回龙厂 ················································· 89
　　白羊厂 ················································· 92
　　马龙厂 ················································· 93
　　寨子箐厂 ·············································· 95
　　秀春厂 ················································· 96
　　义都厂 ················································· 98
　　万宝厂 ················································ 100
　　大宝厂 ················································ 102
　　大美厂 ················································ 104
　　狮子尾厂 ············································· 107
　　绿硚硐厂 ············································· 109
　　鼎新厂 ················································ 110
　　竜邑厂 ················································ 110
　　者囊厂 ················································ 112
　　金钗厂 ················································ 113
　　附例 ··················································· 117
　《云南铜志》记录的三十八个铜厂基本情况 ········ 127
　　历年办铜数目清单 ································ 133
　　　附：王太岳《铜政议》(《论铜政利病状》) ········ 136

《云南铜志·京运》题解 ································· 149

云南铜志·卷三 ············································· 152
　京　运 ····················································· 152
　　运员限期 ············································· 163
　　领用砝码 ············································· 173

| 领批掣批 | 174 |
| --- | --- |
| 请领银两 | 175 |
| 拨兵护送 | 181 |
| 兑铜盘验 | 186 |
| 运铜船只 | 189 |
| 带解沉铜 | 196 |
| 整圆碎铜 | 197 |
| 沿途借支 | 200 |
| 起剥雇纤 | 201 |
| 雇纤处所 | 205 |
| 守冻开销 | 206 |
| 沉铜捞费 | 207 |
| 应纳关税 | 210 |
| 划分余铜 | 214 |
| 运员引见 | 216 |
| 运员报销 | 218 |
| 报销限期 | 223 |
| 运员短铜 | 225 |
| 险滩沉铜豁免 | 229 |
| 次险滩沉铜分赔 | 232 |
| 滩次云南省 | 234 |
| 四川省 | 239 |
| 湖南省 | 242 |
| 湖北省 | 243 |
| 江西省 | 246 |
| 附：黎恂《运铜纪程》节选 | 249 |

## 云南铜志·卷四 260

### 陆　运 260

　　东川路 262

| 寻甸路 | 271 |
| 加增运脚 | 278 |
| 厂地搭运 | 279 |
| 委管泸店 | 280 |
| 各店搭运 | 281 |
| 正额节省 | 282 |
| 额外节省 | 285 |
| 各店养廉 | 288 |
| 各店店费 | 290 |
| 卡书公费 | 294 |
| 催铜盘费 | 297 |
| 各店逾折 | 299 |
| 运泸沉铜 | 300 |
| 改煎低铜 | 302 |
| 核减铜色 | 304 |
| 附：清代昭通府旧志有关铜运的记录 | 307 |

## 《云南铜志·局铸》题解 ......... 311

## 云南铜志·卷五 ......... 312

### 局铸上 ......... 312

| 云南省局 | 317 |
| 东川局旧局 | 338 |
| 新　　局 | 349 |
| 广西局 | 357 |

## 云南铜志·卷六 ......... 364

### 局铸下 ......... 364

| 顺宁局 | 364 |
| 永昌府 | 369 |
| 曲靖局 | 371 |

临安局 ································· 374

　　沾益局 ································· 382

　　大理局 ································· 384

　　广南局 ································· 389

　　楚雄局 ································· 389

　　附：乾隆《东川府志》卷十三《鼓铸》 ············ 391

**云南铜志·卷七** ································· 403

采　买 ································· 403

　　采买例限 ································· 404

　　逾限处分 ································· 409

　　拨铜章程 ································· 411

　　雇募夫马 ································· 413

　　寄存运脚 ································· 414

　　借支运脚 ································· 414

　　报销运脚 ································· 415

　　江苏采买 ································· 417

　　江西采买 ································· 419

　　浙江采买 ································· 422

　　福建采买 ································· 425

　　湖北采买 ································· 427

　　湖南采买 ································· 431

　　陕西采买 ································· 433

　　广东采买 ································· 436

　　广西采买 ································· 439

　　贵州采买 ································· 443

**云南铜志·卷八** ································· 447

志　余 ································· 447

　　题拨铜本 ································· 447

　　白铜税课 ································· 454

铜厂额课 ·············································· 456
公廉铜斤 ·············································· 457
铜息银两 ·············································· 458
接济银两 ·············································· 459
底本银两 ·············································· 461
水泄工费 ·············································· 464
领本马脚 ·············································· 467
厂欠银两 ·············································· 469
修建官房 ·············································· 483
修理道路 ·············································· 485
工食银两 ·············································· 487

**参考文献** ·············································· 490

# 《云南铜志·厂地》题解

《云南铜志》卷一、卷二《厂地上》《厂地下》，内容为清朝乾嘉鼎盛时期云南的三十八个铜厂的位置分布、生产经营情况，京运额铜、外省采买铜的数量及其运输情况，以及各铜厂生产的铜由铜厂所在地出发，运到各规定的铜店的铜运路线、站程、铜价、运费结算地点及银两的运输路线等。

按照地域分布情况，位于滇东北地区的东川府和昭通府各有六个铜厂，分别是东川府的汤丹、碌碌、大水沟、茂麓、紫牛坡、大风岭六厂，和昭通府的乐马、梅子沱、小岩坊、人老山、箭竹塘、长发坡六厂。其中汤丹厂、碌碌厂是年产百万斤以上的巨型铜厂，大水沟、茂麓是年产数十万斤的大型铜厂，紫牛坡、大风岭、乐马、梅子沱、小岩坊、长发坡是年产数万斤的中型铜厂，人老山、箭竹塘是年产数千斤的小型铜厂。

曲靖府寻甸州有两个铜厂，澄江府路南州有四个铜厂，都是年产数万斤的中型铜厂。滇东南临安、开化两府有五个铜厂，除蒙自县金钗厂为大型铜厂外，其余都是小型铜厂。

滇中铜厂亦有很多，除易门县万宝厂、南安州香树坡厂为大型铜厂外，其余都是中、小型铜厂。滇西铜厂不多，只有五个，但顺宁府宁台厂、永北厅得宝坪厂为巨型铜厂，云龙州大功厂、白羊厂为大型铜厂，丽江府回龙厂年产七万斤，此五厂产量不可小视，一度占全省京运额铜总量的一半。

由于清政府竭泽而渔地过度开采，以及铜矿资源本身的特点，清朝乾嘉鼎盛时期的三十八个铜厂至现代只有很少的一部分还在生产，分别为东川的汤丹、碌碌（落雪）、大水沟（因民）、茂麓四厂，蒙自县金钗厂（今属个旧锡矿、伴生型铜矿），易门县的万宝厂（易门铜矿）、义都厂（易都厂），罗次县（今属禄丰县）大美厂，顺宁府（今属大理州永平县）宁台厂（永平铜钴矿），共有九厂。

其中东川铜矿、易门铜矿为储存量很大的大型铜矿，资源丰富，因此直到现在还在开采。其余为小型铜矿，大部分都是因为资源枯竭，即当时文献记录的洞老山空，在清代就已经停止了开采，如路南州五厂、永北厅（今永胜县）得宝坪厂等。中华人民共和国开发的大姚、牟定等地的铜矿（均为储存量不大的小型铜矿）以及现代勘探发现并开发的新平大红山铜矿、迪庆普朗铜矿（均属于超大型铜矿），在清代乾嘉时期并无铜厂。

　　清嘉庆二十二年编成的《滇省舆地图说》之《澄江府舆图》中的地图方位是正确的，图中路南州各铜厂的分布也是准确的，因此本次校注沿用该图。而同书《东川府舆图》中的地图方位是错误的，东川府各铜厂的分布全部是错误的，周围地区各铜厂的方位则根本没有标注。

# 云南铜志·卷一

## 厂地上[1]

　　滇之产铜[2],由来久矣。俞元[3]：怀山,来唯[4]：从陕山,见于《汉书》[5]。自蒙、段[6]窃据以来,皆无可考。元、明产铜之所,曰中庆[7]、金齿[8]、临安[9]、曲靖、澄江数处而已。我朝三迆[10]郡县,所在多有宝藏之兴,超轶〔前〕代,而铜亦遂为滇之要政。按,滇省每年额运京铜六百三十余万斤,本省局铸,外省采买,共需铜千余万斤。向有四十八厂[11],每年办铜一千一二三百万斤。拨用之外,余铜运存泸店[12],以为备贮底铜。迨各厂开采年久,矿砂衰竭,以次封闭[13]十余厂。现在开采之厂,只三十八处。其中又有酌减额铜[14]者三,尽办铜九百二三十万斤。除通商[15]之外,一年所获,实不敷用。赖有底铜存剩,并嘉庆十三、四两年间,路南各厂办铜丰旺[16],京运、局铸、采买三者,均无贻误。其三十八厂内,惟宁台、得宝、大功、香树、双龙、汤丹、碌碌、大水、茂麓、乐马、梅子沱、人老山、箭竹塘、长发、小岩等十五厂,专供京运。凤凰、红石岩、大兴、红坡、发古、大风、紫牛、青龙等八厂,兼拨京运、局铸、采买。其回龙、白羊、马龙、寨子箐、秀春、义都、万宝、大宝、大美、狮子尾、绿碘硐、鼎新、竜邑、者囊等十四厂,又宁台、香树二厂之紫板铜,专供局铸、采买之用。而金钗一厂低铜[17],则专拨采买。此各厂产铜、供运之大略也。志《厂地》。

## 注　释

[1]　厂地上：本卷单独记专供京运的十五个铜厂的情况。除排列第一

的宁台厂有标目外，其余各厂标目均缺，而卷二《厂地下》则全都有标目，今按全书统一体例，全部补充标目。本卷所记为专供京运的十五个铜厂，按产量、区位、出铜质量可以分为三类，一是产量高者，宁台、得宝坪、大功为滇西三大铜厂，汤丹、碌碌、大水沟、茂麓为东川四大铜厂，此七厂为京运铜的主要供应来源；二是运输方便者，昭通府六厂、寻甸双龙厂属于产量不大的中、小铜厂，但是全部位于铜运干道上；三是出铜质量好者，有专门生产蟹壳铜的两个铜厂：顺宁府宁台厂、南安州香树坡厂，生产的蟹壳铜全部供京运。

[2] 滇之产铜：云南素有"有色金属王国"之称，铜矿资源遍及全省。根据现代地质勘探调查的资料，云南境内储藏铜金属量超过1000万吨，仅次于西藏，居全国第二位，其中新探明的香格里拉县普朗铜矿铜储量即达650万吨。云南含铜1%以上的富矿占35%，居全国第一位。目前已经探明储量855.39万吨（保有储量695.05万吨），大型铜矿有东川铜矿（探明铜储量270.98万吨）、大红山铜矿（155.65万吨）及易门铜矿（80.6万吨）。中华人民共和国成立以后，分别建立了东川矿务局和易门矿务局两大铜生产企业。经过清代以来大规模开采，东川铜矿保有储量仍在200万吨以上，这是东川能够成为清代铜都的基础。直到今天，汤丹铜矿、大红山铜矿仍然是云南省两个最大的铜矿。清代吴其濬《滇南矿厂图略》下卷《铜厂第一》记："滇多矿，而铜为巨擘，岁供京、滇鼓铸，及两粤、黔、楚之采办，额课九百余万。……东则东川，西则宁台，其都会也。"清代徐珂《清稗类钞·矿物类》记："矿物：铜则盛产于云南及安徽、福建、山西、四川、两广，云南尤推上品。铜：乾隆以前，盛产于云南，俗所称云白铜者是也。"

[3] 俞元：汉武帝元封五年（公元前106），置俞元县，属益州郡，辖地在今澄江、江川一带。历代沿袭，南诏时废。《汉书》卷二十八《地理志第八上》记："俞元……怀山出铜。"

[4] 来唯：汉武帝元封二年（公元前109），武帝征服云南，设置益州郡，下辖二十四县，来唯县为其中之一，在今红河、元阳、绿春、金平县西部、包括越南莱州省西北部一带，后汉时废。《汉书》卷二十八《地理志第八上》记："来唯，从陆山出铜。"

[5] 《汉书》：又称《前汉书》，东汉班固（32～92）编撰的我国第一

部纪传体断代史,开创断代史的体例。记述了汉高祖元年(公元前206)至新朝的王莽地皇四年(公元23),共230年的史事。包括纪十二篇,表八篇,志十篇,传七十篇,共一百篇,八十万字。

[6] 蒙、段:即蒙氏和段氏,分别建立南诏国和大理国。蒙段亦代表云南地方历史上与中原唐、宋时期对应的南诏、大理时期。

[7] 中庆:即元代中庆路,明代改为云南府,今为昆明市。《元史》卷六十一《地理四》记:"中庆路,唐姚州。阁罗凤叛,取姚州,其子凤伽异增筑城曰柘东,六世孙券丰祐改曰善阐……元世祖征大理,凡收府八,善阐其一也。……十三年,立云南行中书省,初置郡县,遂改善阐为中庆路。"

[8] 金齿:即元代金齿等处宣抚司,明金齿卫,清永昌府,今为保山市。《元史》卷六十一《地理四·云南行省》记:"金齿等处宣抚司。其地在大理西南,兰沧江界其东,与缅地接其西。土蛮凡八种:曰金齿,曰白夷,曰僰,曰峨昌,曰骠,曰繲,曰渠罗,曰比苏。按《唐史》,茫施蛮本关南种,在永昌之南,楼居,无城郭。或漆齿,或金齿,故俗呼金齿蛮。……至元八年,分金齿、白夷为东、西两路安抚使。十二年,改西路为建宁路,东路为镇康路。十五年,改安抚为宣抚,立六路总管府。二十三年,罢两路宣抚司,并入大理、金齿等处宣抚司。"《明史》卷四十六《地理七·云南》记:"永昌军民府,元永昌府,属大理路。洪武十五年三月属布政司。十八年二月兼置金齿卫,属都司。二十三年十二月省府,升卫为金齿军民指挥使司。嘉靖元年十月罢军民司,止为卫,复置永昌军民府。领州一,县二,安抚司四,长官司三。"

[9] 临安:《元史》卷六十一《地理志四·云南行省》记:"临安路,唐隶牂州,天宝末没于南诏。蒙氏立都督府二,其一曰通海郡,段氏改为秀山郡,阿僰部蛮居之。元宪宗六年内附,以本部为万户。至元八年改为南路,十三年又改为临安路。领县二、千户一、州三。"《明史》卷四十六《地理七·云南》记:"临安府,元临安路。洪武十五年正月为府。领州六,县五,长官司九。"清袭明制,临安府地域主体为今红河哈尼族彝族自治州,治今建水县。

[10] 三迤:迤的本意是地势斜着延长。清政府在云南分设迤东、迤西、迤南三道,三迤遂成为云南的代称。

[11] 四十八厂：四十八乃乾隆后期云南铜厂的大概数目，清代各个时期云南省的铜厂数量不一。云南铜矿，在明代即已经开采，《徐霞客游记》即记有东川（明代属于四川）及顺宁府的宝台山（清代称宁台厂）产铜的情形。明代谢肇淛《滇略》卷三《产略》记："滇：有铜矿十九所，铅矿四所。"雍正《云南通志》卷十一《厂课》记云南全省共有铜厂二十个、白铜厂两个。《张允随奏稿》："乾隆十二年三月初十日，敬陈滇省铜厂情形：查滇省铜厂共有二十余处，每年产铜百余万斤。……惟汤丹、大水、碌碌三厂，铜质既高，每年产铜多至八九百万斤，少亦六七百万斤。"乾隆中后期为云南铜业之鼎盛时期，清代檀萃《滇海虞衡志·志金石第二》记："铜出于滇，凡四十八厂。最著者：东则汤丹、落雪；西则芦塘、宁台。废旧开新，繁猥难数。"王昶编《云南铜政全书》所记乾隆时期先后关闭的铜厂，计有一百余个。嘉庆时期，戴瑞徵编《云南铜志》所记当时还在生产的铜厂为三十八个（不包括子厂）。后来道光《云南通志》卷七四、七五《食货志·矿厂志·铜厂》所记鼎新、竜邑、者囊三厂亦已经关闭，当时还在生产的铜厂为三十五个。光绪时期，刘盛堂编《云南地志·物产一》记："矿物：云南金、银、铜、铁、锡、铅均产，其发现者不过十分之二三，未发现者尚十分之六七。且咸丰回乱，多因争矿起衅，大半封闭。现以铜关京运，开采尚多。……铜厂一百五十余，以东川、武定、永北、顺宁、昭通为富。……铅厂十余，以东川、曲靖为富。"然大乱之后，整个铜政体系被毁坏，元气难复，铜厂虽多，产量甚低。刘体智《异辞录》卷四记："户部诸司：通商以前，户部以山东司管盐，云南司管漕，广西司管钱法，贵州司管关。既为利薮所在，遂称盐、漕、钱、关四大司。咸丰军兴，漕粮罕至，滇铜久绝，关税为洋关所夺，于是滇、黔、桂俱降为小司，而号福建、山、陕为三大司。……江浙既平，漕运稍兴，云南司官吏复勃然起，于是称山、陕、云、福四大司。"

[12] 泸店：明朝后期两京铸钱皆用云南铜，因而开辟了由长江直接水运到京的航路。明朝政府因此在泸州设有官铜店，汇聚云南、四川等长江上游省份生产的铜，以提供两京铸钱用铜。《明熹宗实录》卷十二记："天启元年七月丁卯，户科给事中赵时用条铸钱之法言：'前议置官泸州聚铜，若铸，则以荆州为便。此两处皆当置一官，专董其事。泸之收铜，则用滇、

蜀、黔额解'。上命所司酌议速行。"这一做法为清政府所继承，泸州遂为清代京运铜长江水运的起点，泸州为清代京运铜的长江水运起点，因此清政府于乾隆七年在泸州设有云南京运铜的总店，简称泸店。今天泸州市内还保留有铜店街，位于南城下平远路至长江边，铜店街的街口正对着长江，俗又称铜码头。今铜码头旁为泸州长江大桥，铜码头即长江大桥北桥头，今仍为码头。由于京运铜、泸州铜店的管理，属于云贵总督和清廷户部的职权范围，与泸州地方没有关系，因此清代乾隆、嘉庆、光绪三部《直隶泸州志》中，对铜运、泸店均只字未提。

[13] 封闭：清乾隆年间，由于资源枯竭，朝廷大量封闭铜厂。比较重要的事件如下：道光《云南通志》卷七四《食货志·矿厂志二·铜厂上》记："附已封雾露河厂。"清代王昶《云南铜政全书》记："雾露河铜厂，坐落东川府地方。乾隆二十九年开采，岁办铜数万至数千斤不等。三十二封闭。附已封波罗箐厂。"清王昶《云南铜政全书》记："波罗箐铜厂，坐落会泽地方。乾隆三十七年开采，岁办铜数万及二十余万斤不等。三十九年封闭"。"附已封大铜山厂。"《大清会典事例·户部四十七·钱法》记："乾隆二十二年，奏准：云南宜良县大铜山新开礦硐，应作大碌子厂收交铜斤，工本、价值等项，附大碌厂报销。"清王昶《云南铜政全书》记："大铜山厂，坐落宜良县地方。乾隆二十一年开采，岁办铜数十万至百数十万斤不等。三十一年封闭。""附已封九渡箐厂。"清王昶《云南铜政全书》记："九渡箐铜厂，坐落安宁州地方。乾隆三十七年开采，岁办铜数万及数十万斤不等，四十一年封闭。""附已封老保厂。"清王昶《云南铜政全书》记："旧山箐子厂、老保铜厂，坐落和曲州地方。乾隆十九年开采，岁办铜二三十万斤至数千斤不等。二十七年封闭。""附已封翠柏厂。"清王昶《云南铜政全书》记："翠柏铜厂，坐落建水县地方。乾隆三十七年开采，岁办铜数万斤至二十余万斤不等。三十九年封闭。""附已封尖山厂。"清王昶《云南铜政全书》记："尖山铜厂，坐落宁州地方。乾隆二十四年开采，岁办铜四五十万斤。三十四年，办铜九十余万斤。后渐少，矿砂无出。四十一年封闭。"其中最重要的为大铜山厂和尖山厂，乾隆中期，一度是云南省主要产铜厂，为一时之顶梁柱。但是最终还是不如资源丰富、持续高产的东川四大铜厂、宁台厂和义都厂等。

[14] 额铜：即按照清廷规定每年定额运京的铸铜，正额四百万斤，此外尚有耗铜、余铜，每年共定额运正、耗铜六百三十三万一千四百四十斤。乾隆《钦定户部鼓铸则例》卷一记："云南每年额解京局鼓铸铜四百万斤，每百斤外加耗铜八斤，共加耗铜三十二万斤。令云南省管厂大员经手办理，委官押运至京。分解户部宝泉局三分之二，分解工部宝源局三分之一。解运京铜每正铜百斤，外带余铜三斤，内以八两为东川、寻甸运至泸州水、陆道路折耗之用，二斤八两为长运水路换船、盘滩搬运磕碰零星失落，以及添补部秤之用。共添带余铜十二万斤。倘承运各官恃有补秤余铜，故意侵盗，查出从重议处。云南每年额解京局鼓铸正铜一百七十万四千斤，每百斤照例加耗铜八斤，共加耗铜十三万六千三百二十斤。分解户部宝泉局三分之二，分解工部宝源局三分之一。每加运正铜一百斤，亦照例外带余铜三斤，内以八两为东川、寻甸运至泸州水、陆道路折耗之用，二斤八两为长运运员备抵折耗，以及添补部秤之用。共带解余铜五万一千一百二十斤。倘承运各官恃有补秤余铜，故意侵盗，查出从重议处。"《皇朝文献通考》卷十六《钱币考四》记："乾隆四年，又令云南于正额之外加运铜斤，户部奏言：'滇省解部铜斤，仅敷本年鼓铸之用，并无多余存贮。查汤丹等厂，近更旺盛，每年可办获铜八九百万斤，除办运京铜四百余万，加以本省及黔、蜀协铸，并卖给商民，共用铜不过五六百万斤。此外余剩尚多，应乘目下加旺之时，于正额之外，令该省岁增办百余万斤运赴京局'。寻议定每年添办铜一百七十万四千斤，仍由寻甸、东川两路分运，照例每百斤加耗铜八斤，仍带余铜三斤备用，分委解铜之正运、协运各官搭解。"同治《钦定户部则例》卷三十四《钱法一》记："京局铜、铅额数：户、工两局，岁需原额正铜四百万斤，加额正铜一百七十万四千斤，二共正铜五百七十万四千斤。岁由云南省办运，每正铜百斤，加运耗铜八斤，共加耗铜四十五万六千三百二十斤。又每正铜百斤，准带余铜三斤，共准带余铜十七万一千一百二十斤。计正、耗、余三项，共铜六百三十三万一千四百四十斤。除自东川、寻甸至四川省泸州，沿途例准销折余铜三万一千六百五十八斤。实应自泸州解京正、耗、余三项，共铜六百二十九万九千七百八十二斤。岁分正运四起、加运二起。正运每起，领解正、耗、余铜一百一十万四千四百五十斤。加运每起，领解正、耗、余铜九十四万九百九十一斤。

每年共计正、加六起，委员管解。抵京之日，除余铜不计外。自泸州至京，沿途仍准销折，所余留备补秤，不入收额。实应交户、工两局正、加六起正、耗铜六百一十六万三百二十斤。分该户局正运每起正、耗铜三十六万斤，加运每起正、耗铜三十万六千七百二十斤。计户部宝泉局一岁应收正、加六起正、耗铜四百一十万六千八百八十斤。"清代郑端《政学录》卷一《户部》记："钱法：宝泉局每年各关解纳铜斤计二百二十八万五千有奇，额银一十六万两；宝源局每年各关解纳铜斤计一百二十万，额银八万四千两。每文铸重一钱四分，作银一厘。每铜百斤除去耗铜及扣给工料而外，实缴青钱七千五百六十二文，值银七两五钱六分二厘。每百斤除去铜本七两，止得三钱六分二厘。每计二局三百四十八万五千铜斤之数，仅得一万二千余金之息。"清代王庆云：《石渠余记》卷五《纪铜政》记："凡运铜有加耗百分之八，有余铜百分之三。其时正运四百三十余万斤，加运一百八十余万斤。纳户局三分之二，工局三分之一。即见行《（户部）则例》解京正、耗、余三项铜六百二十九万余斤之数也。"

[15] 通商：乾隆三十八年，为鼓励厂民开矿的积极性，准许以出产铜斤十分之一听厂民自行出卖，是为"通商铜"。《清高宗实录》卷九百三十七记："乾隆三十八年六月，署云贵总督彰宝奏：'云龙州之大功山、平彝县之香冲、禄劝县之狮子山、大姚县之力苏箐，矿砂丰旺，试采煎炼，目视呈色俱高，均可设立新厂，遴委专员，驻劄山场，专司攻采，酌发工本银三四万两，分贮厂所，其炉户办获铜斤，仍照九渡箐等新厂、以一分通商例办理，其印委各官出力者，亦照例议叙'……七月甲子。谕：'新、旧各厂出产，通盘核算，无虑额铜缺少，请以余铜一分，听厂民通商自售。'"后来为了鼓励多生产铜，清政府又做出了"不拘一成通商"的规定。同治《钦定户部则例》卷三十五《钱法二·铜厂章程》记：'滇省各铜厂，采办铜斤，除岁额交足之外，有能额外多办，准于原定一成通商者，加为二成；二成通商者，加为三成。'"

[16] 办铜丰旺：《朱批奏折》记："乾隆三十四年五月廿九日，署云贵总督明德奏：'窃照滇省铜厂，虽有三十余处，其小者，每年仅产铜数千斤至二三万斤不等，惟汤丹、碌碌、大水沟、茂麓、杉木箐、金钗、宁台山、义都、尖山等九厂，每年可获铜数十万斤至二三百万斤，以供京局、

邻省及本省鼓铸之需。是内外鼓铸铜斤，全赖此九厂旺盛，始克敷用。"

[17] 低铜：相对高铜而言。矿厂生产出的包含有杂质的成品铜的含铜量有高低之分，含铜量比较低的为低铜，含铜量比较高的为高铜。金钗厂冶炼的本为锡、铜、铅混合矿，所生产的铜为锡冶炼以后的副产品，杂质含量比较高，同时由于铅亦没有提炼出来，为色泽暗淡的铜、铅混合物。清代王昶《云南铜政全书》记："铜中夹铅色暗，称为低铜。"不同类的铜清政府核定的收购价格不同，低铜原定收购价为每百斤四两，高铜为五两；提高收购价以后，低铜为每百斤四两六钱，高铜为六两。

## 宁台厂[1] 附底马库子厂、水泄子厂

宁台厂，坐落[2]顺宁府[3]地方，距下关店十二站半。乾隆九年开采，每年约出铜五六万斤至数十万斤不等，向未定额[4]、通商，亦不抽收公、廉[5]、捐、耗[6]等铜。只以办铜百斤抽收课铜[7]二十斤，官买余铜[8]八十斤。每百斤发价银五两。所收课、余铜斤，每百斤加给煎耗铜十七斤八两，连厂民补耗铜三斤二两，不给价银，共合加耗铜[9]二十斤十两。备供本省局铸，及各省采买之用。至二十五年，奏准：每办铜百斤，将抽课[10]二十斤改减为抽课十斤，另抽公、廉、捐、耗铜四斤二两，官买余铜八十五斤十四两[11]，每百斤发价银六两。三十三年，因办理缅甸军务，巡抚鄂[12]奏奉谕旨：自三十三年五月起，通省大、小铜厂，于定例价值之外，每百斤暂加银六钱[13]，连原价银需六两六钱九分八厘[14]。至三十八年，奏准通商，每百斤内，给与厂民通商铜十斤。照前抽收公、廉、捐、耗铜斤，官买余铜七十五斤十四两，每百斤发价银六两六钱九分八厘。三十九年六月，停止加价。每余铜百斤，照旧给价银六两。四十二年，因京铜短缩，总督李[15]、巡抚裴[16]奏准：于应办紫板铜[17]斤之外，每年改煎蟹壳铜二百万斤。每百斤于紫板项下，准销镕煎折耗铜二十斤七两七钱。每蟹壳铜[18]一百斤内，抽收课铜十斤，官买余铜九十斤，每百斤给价银[19]六两九钱八分七厘。其通商铜斤，系于紫板铜内发给。四十三年，奏定：宁台厂年办紫板铜九十万斤，蟹壳铜二百万斤。嘉庆三年，因得宝坪厂出铜丰旺，巡

抚江[20]奏准：于宁台厂减办铜一百万斤。自四年起，每年只办紫板铜五十万斤，蟹壳铜一百四十万斤。嗣京铜不敷，于十年经总督伯[21]、巡抚永[22]奏准，照旧每年煎办紫板铜九十万斤，蟹壳铜二百万斤。其蟹壳铜内，应办底本铜[23]十万斤，遇闰加办铜八千三百三十三斤五两四钱；应办课、余铜[24]一百九十万斤，遇闰加办铜一十五万八千三百三十三斤五两二钱。每底本铜百斤，给价银六两二钱八分八厘三毫，并不抽课、通商，系另款造册报销。其课、余铜斤，照旧抽课十斤，官买余铜九十斤，照前给价收买，发运下关店交收、转运。自厂至老牛街一站，老牛街至阿莽寨一站，阿莽寨至顺德桥一站，顺德桥至老莺坡一站，老莺坡至鸳鸯塘一站，鸳鸯塘至回子村一站，回子村至阿梅寨一站，阿梅寨至岔路一站，岔路至僄僄寨一站，僄僄寨至桥头一站，桥头至石坪村一站，石坪村至大理府城一站，大理府城至下关店半站，共十二站半[25]，每百斤给运脚银[26]一两六钱一分五厘，入于陆运项下报销。又每铜一百二十斤，支销筐篓[27]一对，给银一分七厘，于厂务项下支销。

又额办紫板铜九十万斤内，应办底本铜二万四千五百一十八斤十一两二钱，遇闰[28]加办铜二千四十三斤三两六钱；应办官商铜八十七万五千四百八十一斤四两八钱，遇闰加办铜七万二千九百五十六斤十二两四钱。每底本铜百斤，给价银五两一钱五分二厘五毫，并不抽课、通商，亦不抽收公、廉、捐、耗铜斤，系另款造册报销。其官商铜内，除厂民应得蟹壳、紫板、通商铜斤，及抽收课、廉等铜外，余铜给价收买，发运下关店交收。自厂至下关店，计十二站半。每百斤给运脚银一两二钱五分二厘一毫二丝五忽，不支筐篓。每年准支官役薪食、厂费等银一千七十三两，遇闰加增，小建[29]不除。赴迤西道[30]库请领工本[31]、运脚，自厂至大理共十二站，除扣钱本外，每千两每站给驼银、马脚、盘费等银一钱三分四厘。如拨运本省局铸铜斤，自下关店至赵州城半站，赵州至白崖一站，白崖至云南驿一站，云南驿至普淜一站，普淜至沙桥一站，沙桥至吕合一站，吕合至楚雄一站，楚雄府至广通县一站，广通县至舍资一站，舍资至禄丰县城一站，禄丰县至老鸦关一站，老鸦关至安宁州城一站，安宁州至云南省城一站，计十二站半。照奏准按京铜事例，每正、耗铜百斤，给运脚银一两六钱一分五厘，由迤西道请领发运。至采买委员自下关店领铜，发运至省[32]。每正、耗铜百斤，给运脚银一两三钱三分三厘一毫二丝五忽，由委员赴司库请领，自行雇脚发运，于厂务项下支销。

《铜政便览》增补：（嘉庆）十九年，应办额铜之外，每年代办得宝坪厂减额铜六十万斤。道光七年奏明，每年代办得宝坪厂减额铜三十万斤。通计每煎办蟹壳京铜二百九十万斤，紫板铜九十万斤。

底马库子厂[33]，于乾隆五十一年开采。自厂至栗树坪一站，栗树坪至蛮长河一站，蛮长河至宁台厂一站，共计三站。办获铜斤，运老厂转运，每百斤给运脚银三钱。每年准支厂费等银三百三十五两，遇闰加增，小建不除。

水泄子厂[34]，于乾隆五十四年开采。自厂至阿林寨一站，阿林寨至蛮长河一站，蛮长河至宁台厂一站，共计三站。办获铜斤，运交老厂转运，每百斤给脚银三钱。每年准支厂费等银三百三十五两，遇闰加增，小建不除。以上正、子厂运脚、厂费，及领银马脚，均于厂务项下支销。其办获铜斤，悉照老厂事例，通商、抽课，给价收买，运交老厂补额。

《铜政便览》增补：

钱蔴岭子厂，道光三年开采。距老厂九站。每办获转运老厂铜百斤，定给脚银九钱。

罗汉山子厂[35]，道光四年开采。距老厂七站。每办获转运老厂铜百斤，定给脚银七钱。

# 注　释

[1]　宁台厂：位于今大理州永平县厂街彝族乡，厂街乡因厂得名，清代属于顺宁府辖区。距永平县城21.5公里，辖岩北、七昌、岔路、炉塘、杨柳树、义路、老鹰坡、三村、界面、瓦金、瓦畔等12个行政村。现在探明的铜金属储藏量为四万吨。按明代《徐霞客游记·滇游日记》所记，宁台厂明代即已经在产铜了："余时闻有清净宝台山在炉塘之西，西由花桥抵沙木河大道入，其路迂，南由炉塘间道行，其路捷，余乃即从坞中南向行。……乃竟岭峡而东，半里，有峡直东者，为铜矿厂道。……缘峡口之

外，南向随流下者，往顺宁之大道也。余从岭上西转，见左崖有穹，卑口竖喉，其坠深黑，即挖矿之旧穴也。……所出皆红铜，客商来贩者四集"。雍正《云南通志》卷十一《厂课》记临江等铜厂："坐落顺宁府地方……康熙四十四年，总督贝和诺题开"。清代檀萃《厂记》："宁台诸厂，介黑惠、澜沧之间者，出铜。"清代伯麟《滇省舆地图说·顺宁府舆图》记："铜厂一，宁台知府理之。"《清高宗实录》卷六百六记："乾隆二十五年庚辰二月己丑，户部议准：'云南巡抚刘藻疏称"宁台山铜厂，硐路深远，需费较多，加增价值，办铜始能充裕，请照日见汛厂例，每毛铜每百斤，实给价银五两一钱五分"'。从之。"《大清会典事例》卷一百七十四《户部四十七·钱法》记顺宁府："宁台山铜厂，各厂年额共课银一万八百二十五两七钱九厘有奇。"清代王昶《云南铜政全书》记："宁台厂，在顺宁府顺宁县东北五百二十里。乾隆九年开采，年获铜八九万斤，后厂衰矿绝，于附近踩获水泄子厂，获铜如初。三十八年，踩获芦塘子厂，年藉获铜七十余万至三百余万不等。四十六年，定年额铜二百九十万斤，内紫板铜九十万斤，拨外省采买；蟹壳铜二百万斤，专供京运。除课、耗、公、廉、捐铜及一分通商外，每紫板铜百斤，价银五两一钱五分二厘，蟹壳铜照大功厂例，不抽公、廉、耗铜，每百斤价银六两九钱八分七厘。先系专员管理，五十一年归顺宁县管理。"清云南布政司《案册》记："嘉庆四年，因得宝坪厂旺，酌减之宁台额，每年办蟹壳铜一百四十万斤，紫板铜五十万斤。十年，仍照旧额。十六年，加办蟹壳铜六十万斤，计年办蟹壳铜二百六十万斤，紫板铜九十万斤。今年办额铜三百八十万斤，遇闰办铜四百一十一万六千六百六十六斤。迤西道专管，委员管理。"乾隆《钦定户部鼓铸则例》卷四记："运铜脚费：宁台厂至顺宁局七站，每百斤给运脚银七钱。养廉工食：宁台山厂坐落顺宁府地方，委曲江司巡检管理，每月给管厂官养廉银十五两；书记三名，每名月支工食银二两五钱；课长四名，每名月支工食银一两；巡役二十二名，每名月支工食银一两七钱；水火夫一名，月支工食银一两。每月给灯油、纸笔银一两。"清代吴其濬《滇南矿厂图略》下卷《铜厂第一》记："宁台厂，在顺宁东北五百二十里，初为小厂，继获水泄厂，铜渐旺，又获芦塘厂。发脉永昌府之宝台山，左狮右象，众山屏列，溪水绕流，产矿特盛，仍以宁台名，委员理之。乾隆四十六年，定额铜二百九十万斤，闻加二十四万斤。紫板铜九十万斤，供省铸及采买，抽课、公、廉、捐、耗一成，通商如例，余铜每百斤价银五两一钱五分二厘。蟹壳铜二百万斤，专供京运，不抽课公、廉、捐、耗，每百斤价银六两九钱八分七厘。今实办课、余、底本额京铜二百九十万斤，课、余、底本额省铜五十八万九千五百三十七斤七两。"又同书《惠第五》记："宁台厂，委员月支薪食银十五两，各役工食银一百四十八两二钱。"同治《钦定户部则例》卷三十五《钱法二》记："铜厂官役廉费：宁台厂，厂官月支银一十五两。书记三名，每名月支银二两五钱。课长四名，每名月支银一两。巡役二十二名，每名月支银一两七钱。厨役水火夫一名，月支银一两。灯油、纸笔，月支银一两。……铜厂运脚：宁台山运大理每百斤给银一两二钱；自大理至下关，每百斤给银五分二厘一毫有奇；自下关至楚雄府转运宝云局，每站每百斤给银一钱四厘二毫五丝。办运京铜，每站每百斤给银一钱二分九厘二毫。"清云南布政司《案册》记："运交大理下关店，计程十二站半，每百斤给运脚银一两六钱一分五厘；自下关至省，计程十二站半，每铜百斤给运脚银一两六钱一分五厘。采买委员，自下关发运，每百斤给银一两三钱三厘一毫二丝五忽。"《军机处录副奏折》记："嘉庆二十年四月十八日，云贵总督伯麟、云南巡抚臣孙玉庭奏：'为办铜工本查照部驳核实奏闻仰祈圣鉴事。……宁台厂每办课、余铜百斤，例销工本银六两二钱八分八厘三毫，又改煎蟹壳铜，每百斤外加煎耗铜二十斤七两七钱，照紫板例价核计，该工本银一两三分六厘。又该厂离下关店计程十二站半，发运京铜百斤，每站倒给运脚银子一钱二分九厘二毫，共该银一两六钱一分五厘，三共银八两九钱三分九厘三毫。……宁台厂每办京铜一百斤内，应给厂民一分通商铜十斤，系另于紫板项下拨给，其所办蟹壳铜百斤内，只抽课铜十斤，其余铜九十斤，每十斤给工本银六钱九分八厘，合课、余铜百斤，该工本银六两二钱八分八厘三毫'。"

[2] 坐落：指各铜厂所在地区。《云南铜志》只指出铜厂所在的府、州、县，以及到指定的铜店的运输站数，除为了多领运费而虚报的站数外（清政府的官员们对此种行为是深知肚明的，但为了吸引运户，保障铜的正常运输，是默许的），一般情况是准确的。王昶《云南铜政全书》详细指出铜厂在某府、州、县的某方数十、百里，其记录在二百里以内的铜，多是

正确的，超过二百里的铜厂，则大部分是错误的，因为绝大部分铜厂距离所在的府、州、县，一般不超过三站（90公里以内）。

[3] 顺宁府：元泰定四年（1327）置，治今云南省凤庆县。辖境为今云南省凤庆、昌宁、云县等地。明洪武十五年（1382）降为州。十七年（1384）复升为府。国民二年（1913）废。《明史》卷四十六《地理七·云南》记："顺宁府，元泰定四年十一月置。洪武十五年三月庚戌因之，己未降为州，属大理府。十七年正月仍升为府。……领州一。"

[4] 定额：清代云南铜的生产，由政府放本收铜、专买专卖，实行的是官方垄断经营的方式。同时为了保证京运铜的足额供应，对各铜厂都下达有一定的额铜生产指标。

[5] 公、廉：即公、廉之款，清代官员公费及养廉银等项的支出。清代户部每年额定支出主要有十五项，公、廉之款是其中之一。清制，外省文职养廉银在耗羡银内动支，每年造册报销。款项来源为专门征收自百姓。

[6] 捐、耗：清代所征铜课的附加课之一。云南省各铜厂，每办铜一百斤，除抽课十斤外，另抽归公、养廉、折耗铜三斤十四两三钱。按定制，以其中十二两四钱六分九厘备充折耗，以其中十二两四钱六分九厘为厂员之养廉，以其中二斤五两四钱五厘变价归公。

[7] 课铜：课即赋税。课铜为清政府征收的铜税，分小课铜、大课铜。小课铜系按月、按炉座征收，每炉两只为一座，每月抽小课铜五斤，单炉减半。大课铜系按产铜量征收，每产铜一百一十斤，征大课铜十斤，为变价征收。同治《钦定户部则例》卷三十五《钱法二·铜厂抽课》记："四川省白铜矿，会理州黎溪厂每炉二只为一座，月抽小课铜五斤，单炉一只减半。每铜一百一十斤，另征大课铜十斤。"

[8] 官买余铜：《皇朝文献通考》卷十五《钱币考三》记："雍正元年，又禁云南收铜之弊，令商民得以余铜自行贩卖。户部议言：'云南自康熙四十四年设立官铜店，官收厂铜，奉行已久，每易短少价值，加长秤头，以致矿民赔累。应令该督抚严行禁革，凡有官买，悉照市秤市价，出入画一。其额抽税铜，亦令公平抽纳，不许抑勒商民。至所产之铜，除抽税及官买供本省鼓铸外，有余听民间自行贩卖流通，毋得禁遏。'从之。"乾隆《钦定户部鼓铸则例》卷四记："余铜价值：汤丹厂并子厂九龙箐、大水沟、

碌碌厂、大凤岭、雾露河厂炉民，每炼出铜百斤，除抽收课铜十斤、耗铜五斤、捐铜四两五钱七分一厘四毫外，余铜八十四斤十一两四钱二分八厘六毫，共给价银六两四钱，合每百斤价银七两四钱五分二厘三毫八丝三忽七微七尘三渺九漠。大碌子厂、大铜山、大兴厂、大兴子厂、尖山小白厂、红坡厂，又汤丹子厂、小岩坊、溜槽山、义都厂、冷水沟并子厂、大美厂、双岩厂，每余铜百斤给价银六两九钱八分六厘六毫九忽七微二纤五尘七渺。青龙厂、寨子山、子母厂、青阳岭、者囊厂、宁台山、凤凰坡、红石岩、安库山、日见汛、香树坡、马龙厂、大屯白凹厂、罗汉山、那木扎、乐马厂、长发坡、人老山、箭竹塘、绍感溪、猛岗河、四尖山、老洞箐、九架山、张家箐、斑鸠箐等厂，每余铜百斤给价银六两收买。金钗厂收买无课铜，每铜百斤给价银四两六钱。仍将收买余铜给过价值银两，造入矿厂《奏销册》内，送部查核。"

[9] 耗铜：由于各铜厂生产出的铜的纯度限制，在重新熔炼铸钱过程中会有损耗，因此清政府将这部分损耗在收铜的时候即进行了折算。《皇朝文献通考》卷十六《钱币考四》记："乾隆四年，又议定《云南运铜条例》时，云南巡抚张允随将起运事宜分别条款具奏，经大学士等议定：耗铜宜核定也。汤丹厂铜多系九五成色，应于每百斤外加耗铜八斤，一并交纳，永为定例。余铜宜备给也。自滇至京，程途万里，水陆搬运，凡磕损失落，在所不免。应于正额百斤之外，带余铜三斤，交纳之时正额缺少，以此补足。如有余剩，即作正铜交部，归于带运数内报销。"

[10] 抽课：抽课即征税，原来规定每办铜百斤抽课二十斤，即征收20%产品税，其余听由百姓自买。《大清律例·户律·钱法·条例118.01》记："各省开采铜、铅，令道员总理、府佐官分理、州县官专管其事。凡产铜、铅之处，听民采取，税其二分，造册季报，所剩八分，任民照时价发卖。"清代王昶《云南铜政全书·凡例》记："滇产五金，而铜为尤盛。本朝康熙二十四年，总督蔡毓荣始疏陈矿硐宜开，听民开采，而官收其税，每十分抽税二分，委官监收，此为铜政之始。迨四十四年，总督贝和诺复疏请官为经理，抽课收买，此为收买铜之始。"后来改为每办铜百斤抽课十斤，即征收10%产品税，此外还有苛捐杂税。其余铜由官方收买，只余10%～20%由百姓自买。乾隆《钦定户部鼓铸则例》卷四记："抽收铜课：

每炼出铜百斤,内抽收课铜十斤,作为铜息。耗铜五斤,以一斤备运店折耗,以一斤为养廉,以三斤归公,分别支解。如耗不尽铜斤,照数变价归公,铜价解贮司库备公。又每秤毛铜三百五十斤之内,收捐铜一斤,运省变价以备金沙岁修之用。仍将每年抽收课、耗、捐铜数目,按年造册送部核销。"同治《钦定户部则例》卷三十五《钱法二·铜厂抽课》记:"云南省各铜厂,除金钗厂不抽课铜外,其余各厂每办铜一百斤,抽课十斤,又归公、养廉、折耗三斤十四两三钱四分三厘,内以十二两四钱六分九厘备折耗,以十二两四钱六分九厘厂员养廉,以二斤五两四钱五厘变价归公,又捐铜三两六钱五分七厘为岁修金沙江费用。"

[11] 十四两:此为我国独特的度量衡制之一,即每斤为十六两的特殊进制,其余度量衡仍然为十进制。《旧唐书》卷四十八《食货志上》记:"凡权衡度量之制……权衡:以秬黍中者百黍之重为铢,二十四铢为两,三两为大两,十六两为斤。"

[12] 巡抚鄂:即时任云南巡抚鄂宁。《清史列传》卷二十四记:"鄂宁(?～1770),满洲镶蓝旗人,姓西林觉罗氏,大学士鄂尔泰第四子。乾隆十二年举人。十八年,补户部笔帖式。二十二年,迁户部主事。二十三年,迁员外郎。二十四年,调银库员外郎。二十八年九月,署正红旗汉军副都统。……三十一年二月,授湖北巡抚。七月,奏言:'湖北宝武库每年额办湖南铜十万斤。今准部议停,现供铸不敷,请买汉口商铜'。下所司知之。十二月,调湖南巡抚。三十二年二月,调云南巡抚。三月,至普洱办理军务,赏戴花翎。四月,奏言:'滇省产铜,凡可开矿厂,不限远近,俱准开采。三十一年,督臣杨应琚奏:请止许距厂四十里内开挖,遵行在案。今旧厂年久矿稀,限地势有难行,请仍旧例,无论旧例,无论远近,均听开采'。诏如所议行。是时,大兵剿缅甸,云南总督杨应琚奏报多不实,命回京,以明瑞补授云南总督,并谕鄂宁查明杨应琚欺饰错谬之处具奏。……得旨:'鄂宁所奏皆实。杨应琚偾事失机,著革职,交刑部治罪。明瑞未到之先,总督印务,鄂宁暂行署理。现在一切军营应办之事,悉心筹办,务期妥协。'……三十三年正月,鄂宁旋擢云贵总督。……三十四年四月,谕曰:'鄂宁前在云贵总督任内,办理军务,俱未妥协,是以降补福建巡抚,以励后效'。……寻以云南巡抚任内失察呈贡县知县杨家驹科派累民,部议

降二级留任。十二月，谕曰：'督抚、藩臬系统辖大员，与专司稽查者尚属有间，可稍从宽贷。所有前任巡抚鄂宁，著仍降三级，赏给二等侍卫职衔'。三十五年三月，降蓝翎侍卫。七月卒。"

[13] 加银六钱：《清高宗实录》卷八百九记："乾隆三十三年戊子四月癸酉，云贵总督暂管巡抚鄂宁奏：'滇省旧铜厂，硐深矿薄，其新开子厂甚少，更兼办理军务之际，牛、马不敷，油、米、炭等杂项，到厂价昂费倍，厂民竭蹶。请每铜百斤增价银六钱，以舒厂力，俟大功告成之后，仍照旧定章程办理'。得旨：'著照所请行。'"

[14] 六两六钱九分八厘：此每百斤六两六钱九分八厘价银，并非每百斤原价六两，再加价六钱。而是"官买余铜八十五斤十四两"加价六钱，每百斤实际加价为六钱九分八厘，连原价六两合计之数。同治《钦定户部则例》卷三十五《钱法二·云南铜价》记："云南省宁台山厂紫板铜改煎蟹壳铜，办供京运，每净铜一百斤，给价银六两九钱八分七厘，并免公、廉、捐、耗铜四斤二两。"

[15] 总督李：即时任云贵总督李侍尧。《清史列传》卷二十三记："李侍尧（？～1788），汉军镶黄旗人。高祖李永芳，天命三年，以明抚顺所游击投诚，屡立战功，授一等伯，世袭，自有传。侍尧于乾隆元年授六品荫生。八年，补印务章京。……二十一年七月，署两广总督。……二十四年正月，实授两广总督。……四十二年正月，调侍尧为云贵总督。……时滇抚裴宗锡以滇铜不敷额运，奏请调剂。命侍尧悉心筹画具奏。十一月，请裁炉座，并查明炉欠，分别著赔。谕曰：'所奏仍未能善体朕意。如将有著无著之项概令摊赔，仍不脱从前陋习。著传谕李侍尧等，将旧有厂欠之项，详细核查，其有著者若干，即将炉户勒追。如逾限不交，查明家产抵补，未完之项，即于经手原放之员名下著追。无论现任、在籍，亦俱勒限追缴。如不能完，即将家赀、田产查封抵补，庶不敢迟回观望。其从前实系无著之项，查明若干，即据实开单奏明，候朕核定，降旨豁免，朕此次清厘，专在剔除积弊，即或应免无著之项稍多，亦所不惜。李侍尧不得存币项为重之心，畏首畏尾，复涉含糊，致负朕谆切训谕之意。'……五十一年三月，署户部尚书。……五十二年正月，命侍尧为闽浙总督。……五十三年十月，疾，命侍尧子侍卫毓秀前往省视。是月，卒，赐祭葬，谥恭毅。子毓秀，

仍袭伯爵。六十年正月,因侍尧前在云贵总督任内,与厂员通同偷减钱法,褫毓秀袭职,以奉尧子三等侍卫毓文袭毓秀爵。"

[16]　巡抚裴:即时任云南巡抚裴宗锡,原名二知,字午桥,1712年生,山西曲沃人,裴𢡟度之子。《清史稿》卷二百九十二《裴宗锡传》记:"入赀为同知。十五年,授山东济南同知,屡迁转。二十八年,授直隶霸昌道,迁直隶按察使。……三十二年,以母忧去官。……三十五年,宗锡服将阕,仍授直隶按察使。俄擢安徽布政使,就迁巡抚。……四十年,调云南。旋命署贵州。疏言:'贵州地处边围,请敕部拨银三十万贮司库。'从之。又疏请增设镇远税口,上严斥不许。……时上已命宗锡还云南,命交后政图思德如所议行。四十四年,以病乞解任。旋卒,赐祭葬。"

[17]　紫板铜:此铜的本色为紫色。炼铜时把矿砂与木炭相间置入大炉,矿熔沉流于炉底,在揭矿时以米汤或泥浆水浇泼矿液,使其凝结一层。揭出后则淬然入水,铜饼可成。揭一、二层后未尽渣滓,称为毛铜;三、四层后为紫板铜,含铜量为80%～85%。清代吴大勋《滇南闻见录》下卷《物部》记:"揭铜,铜、银各厂用木炭,只是杂树,惟有揭蟹壳铜,必须用松炭,非松炭不能成。出火时又须用米泔水泼之,则宝色呈露。此皆精于打厂者体认得来,其不能遽悉也。……米汤或泥浆或水浇熔液,熔液凝结一层,用钳揭出,投水中,便成铜饼,一炉可行六七饼,即紫板铜。则视需要,入蟹壳炉精炼成蟹壳铜。"

[18]　蟹壳铜:紫板铜在蟹壳炉内重炼一次,即为蟹壳铜,含铜量为90%以上。清代吴大勋《滇南闻见录》下卷《物部》记:"蟹壳铜,铜自矿中炼出,倾成圆饼,质坚实,黑色为下,高者紫色,名紫板。又加烧炼几次,质愈净,铜愈高,揭成圆片,甚薄而有边,红光灿烂,掷地金声,形色似煮熟蟹壳,故名。工费价高,送至京局,易于椎碎入炉。解京之铜,每岁正额六百余万斤,紫板与蟹壳兼办,有一定分数。"

[19]　价银:此收购价,是清政府为了调动铜厂的生产积极性,对地位比较重要、产量比较高的铜厂——中厂实行的收购价。对地位不重要、产量比较低的铜厂——小厂,仍然维持每百斤六两的收购价。

[20]　巡抚江:即时任云南巡抚江兰,《清史》无传。江兰,字芳谷,号畹香,工诗文,有集。《国朝耆献类征初编卷》九十九有传:"江兰,安

徽歙县人。由贡生遵例报捐主事，签掣兵部学习行走，乾隆三十三年补武选司主事。……乾隆四十四年十二月，授河南布政使。……五十九年五月，寻调云南按察使。六十年，补云南巡抚。……嘉庆五年正月，谕曰：'江兰玩视民瘼，饰词讳匿，百缘难辞，照部议革职'。……十二年八月卒。"

[21] 总督伯：即时任云贵总督伯麟。《清史列传》卷三十四记："伯麟（？~1823），瑚锡哈哩氏，满洲正黄旗人。乾隆三十三年，由翻译生员考取笔帖式。三十六年，中式举人，补兵部笔帖式。……五十七年正月，兼镶白旗蒙古副都统。八月，迁盛京兵部侍郎。……嘉庆三年正月，调兵部右侍郎。二月，授镶蓝旗汉军副都统。四月，授山西巡抚。……九年七月，擢云贵总督。十年，因前在山西巡抚任内失察大同镇总兵恩承阿侵扣马乾银，部议降四级调用，上改为降五级留任。……二十二年，临安边外夷人高罗衣谋逆，胁众至万余人，在澧社江外肆劫，复率众偷渡，窥伺内地，伯麟驰往，剿平之。……六月，授协办大学士，仍留总督任。……二十五年五月，召来京，授兵部尚书，兼正红旗汉军都统。九月，赐紫禁城骑马，充实录馆总裁。疏陈滇、黔边务六事，下云、贵两省督抚议行。十二月，充经筵讲官。道光元年，授体仁阁大学士，管理兵部。二年正月，调镶蓝旗满洲都统。闰三月，充殿试读卷官。……四年四月，仁宗睿皇帝实录成，赏食全俸，赐银帑。八月，卒。寻赐祭葬，予谥文慎。"《清史稿》卷三百四十三《伯麟传》记："道光元年，拜体仁阁大学士，管理兵部。寻以年老休致，仍充实录馆总裁。三年，万寿节，与十五老臣宴。逾年，卒，谥文慎。"伯麟任边圻凡十六年，廉洁爱民，士林尤感戴之。还朝后，以旗人生计为忧，疏陈调剂事宜，深中利弊。论者谓有名臣风。

[22] 巡抚永：即时任云南巡抚永保。《清史稿》卷三百四十五《永保传》记："永保（？—1808），费莫氏，满洲镶红旗人，勒保之弟也。以官学生考授内阁中书，充军机章京，迁侍读。乾隆三十七年，父温福征金川，永保赍送定边将军印，遂随军。明年，温福战殁木果木，永保冒矢石夺回父尸，袭轻车都尉，迁吏部郎中。洎金川平，追论木果木之败，咎在温福，夺世职，仍留永保原官。出为直隶口北道，历霸昌、清河两道。迁布政使，调江苏。四十九年，擢贵州巡抚，历江西、陕西。五十一年，署陕甘总督。……嘉庆元年春，湖北教匪起，永保奉诏入京，行抵西安，命偕将军恒瑞率驻

防兵二千，调陕西、广西、山东兵五千会剿。……帝怒永保拥劲旅万余，徒尾追不迎击，致贼东西横躏无忌，褫职逮京，下狱，籍其家，并褫其子侍卫宁志、宁怡职，发往热河。三年，以兄勒保擒川贼王三槐功，推恩宥释。勒保请将永保发军营效力，不许。四年，勒保为经略大臣，予永保蓝翎侍卫，赍经略印赴军。寻擢头等侍卫，署陕西巡抚。与明亮会剿张汉潮于终南华林山中，遇伏败绩；复与明亮不协，互攻讦。诏逮问，并坐前在湖北动用军需受馈遗事，论大辟，诏原之，免罪，予八品领催，自备资斧赴乌里雅苏台办事。六年，充参赞大臣。七年，授云南巡抚。八年，威远、思茅倮匪扰边，永保赴普洱，偕提督乌大经进讨。肇乱土弁刁永和闻风遁，威远倮匪亦退，擒思茅倮酋扎安波赛冈，余匪奔逸。南兴土司张辅国屡与孟连土司争界构衅，至是勘定之。永保疏陈善后事：'内地杂居夷人不法，按律惩治；土司夷境滋事，但遣兵防范，不使内窜。'诏嘉得大体，弭边衅，赏花翎。十三年，兼署贵州巡抚，调广东。寻擢两广总督，未至，卒于途。赠内大臣，诏念前劳，曾籍没，家无余赀，赐银千两治丧，谥恪敏。"

[23] 底本铜：清政府实行所谓"放本收铜"政策，矿硐开采成功以后，开采出的铜首先冲抵预发铜本，称底本铜。然矿业开发存在着风险，一旦开采失败，承办的炉户们则只有逃亡，形成所谓厂欠，这又是清政府始料未及的难题。

[24] 课、余铜：按照清政府的规定，生产出来的铜每一百斤，抽课十斤，也就是缴纳10%的产品税。剩余的铜，称余铜，可以进入商品流通环节。

[25] "发运"至"十二站半"：清代吴其濬《滇南矿厂图略》下卷《程第八》记："宁台厂距大理府关店，计程七百三十里。自厂至老牛街五十里，老牛街至阿莽寨六十里，阿莽寨至顺德桥七十里，顺德桥至老坡五十五里，老鹰坡至鸳鸯塘六十里，鸳鸯塘至回子村五十五里（顺宁县地），回子村至阿梅寨七十里，阿梅寨至岔路六十里（永平县地），岔路至猡猡寨五十五里，猡猡寨至桥头六十里，桥头至石坪村五十里（蒙化厅地），石坪村至大理府城五十五里（太和县地），大理府城至下关店三十里（赵州地）。"又同书《运第七》记："委员经管宁台厂、云龙州经管大功厂京铜，运交关店，各十二

站，每百斤脚银一两五钱三分六厘零。"宁台厂的厂运路线，按照实际地理区位及现存地名情况，应该为：由位于今永平县南部的水泄乡阿林村等铜厂所在地出发，北上经过牛街、老鹰坡、厂街乡、鸳鸯塘至岔路村，正文中的回子村、阿梅寨两站为虚领运费的挂名地点。从岔路折向东行，由七昌向东北翻山越岭经古富至桥头进入顺濞河河谷，进入大理至缅甸的传统驿道，经石坪村到大理。今天的320国道及高速公路亦在此河谷中，320国道里程为52公里。

[26] 运脚银：即脚价银。按照清政府的规定，原定每运铜、铅一百斤，每站支给脚价银八分五厘，后因物价上涨，为鼓励应役，乾隆四年制订《云南运铜条例》时，定为分两路运，所支付脚价银不等。乾隆七年，即将脚价银提高为一钱二分九厘二毫，遂为定制。《皇朝文献通考》卷十六《钱币考四》记："乾隆七年，又增定云南运铜陆路脚价。户部议定：'云南办运京局正、耗铜及余铜共六百三十三万一千四百四十斤，分两路运至永宁，向系陆路，每百斤按每站给脚价银八分五厘，以及一钱三厘不等。现在马匹稀少，食物昂贵，应准其每站以一钱二分九厘二毫之数报销。'"《清高宗实录》卷二百二十五记："乾隆九年甲子九月，户部议覆：'贵州总督兼管巡抚事务张广泗疏称"黔省威宁各厂办运京局铅斤，所需脚价，每百斤向给八分五厘。缘驮运艰难，前请量增一钱二分有奇"'。从之。"《清高宗实录》卷二百二十一记："乾隆九年甲子七月，又覆云南总督张允随奏称：'滇、黔两省办理京铜，皆由黔省之威宁州转运……又据滇、黔两省督抚请增脚价，每站一钱二分九厘零，则该处马匹，亦可雇募敷用。'得旨：'是，依议行。'"《清高宗实录》卷三百四十一记："乾隆十四年己巳五月，户部议覆：'云贵总督张允随等疏称"筹酌铜运限期脚价，并增减吏役各事宜。一、滇省每年办运铜斤，改由盐井渡、罗星渡水运泸州，其奎乡一路，仍运永宁，每处发运一百五十八万二千八百六十斤，限三个月运交完楚，长运官前赴永宁、泸州领运，统限九个月到京。一、东、昭一路铜斤，一半由东川至盐井渡，陆程十二站半，由威宁至罗星渡，陆程十站，请照东、昭例，每百斤每站支给脚价银一钱二分九厘零"'。"

[27] 筐篓：滇省运京额铜，大部分铸成七十、八十斤重的铜锭，直接以绳系于畜背鞍架上运输。蟹壳铜等为片块，必须用筐篓装载运输。《军

机处录副奏折》记："嘉庆二十年四月十八日，云贵总督伯麟、云南巡抚臣孙玉庭奏：'为办铜工本查照部驳核实奏闻仰祈圣鉴事。……办运京铜，片簿块小，必须用筐装贮，方免失落，应请仍照宁台、得宝坪等厂办运京铜之例，每运铜一百二十斤，给筐篓一对，给价银一分七厘，入册支销'。"

[28] 遇闰：遇到闰月。中国农历为阴历，每月只有29.5天，12个月为354天，比阳历少11.25天，因此每隔二十六又三分之二个月，需要加1个月，所加的这个月称"闰月"，平均每十九年有七个闰月。

[29] 小建：农历大月三十天，小月只有二十九天，也称"小尽"。清代之宪历每月下例载"某月大（或小），建某某"，建谓北斗斗柄所指，如甲子、乙丑等。后来误将大小与建字连读，因有大建、小建之称。清代魏源《圣武记》卷五记："西藏不纪天干，惟以地支所属纪年……更有闰日而无小建。"马烽、西戎《吕梁英雄传》第六十四回："第二天已是腊月二十九。这个月小建，二十九便是年除夕。"

[30] 迤西道：即迤西兵备道。《大清一统志》卷三百六十八《云南省》记："分巡迤西兵备道，雍正八年改分守永昌道，设驻大理府，辖大理、楚雄等十府。"雍正《云南通志》卷十九记："大理府：分巡迤西道署，在西门内。"清代吴其濬《滇南矿厂图略》下卷《运第七》记："迤西道收宁台、大功、回龙等厂京铜，由下关（俗称关店）运至寻甸，计陆路十六站半，每百斤脚银二两一钱三分一厘八毫。"同治《钦定户部则例》卷三十六《钱法三》记："迤西、迤东运铜：滇省办运大功、宁台二厂京铜，由厂运交下关后，即由迤西道直交寻甸，以专责成。"

[31] 请领工本：清政府对云南铜厂实行放本收铜政策，即由官方借给厂民工本，厂民以生产出的铜卖给官方冲抵。乾隆《钦定户部鼓铸则例》卷四记："请领工本：滇省各铜厂发帑官办，预给炉民工本，每领银一万两，每站给脚价、纸张、绳索、差役盘费银一两三钱四分三厘七毫五丝，俟煎获铜斤，除抽收铜课之外，余铜尽数交官抵还原发帑本，除产铜无多之小厂外，其余悉照盐课之例，按各该厂一年领发炉民工本银数，扣作十分，无论本任接任，将实欠分数，于奏销案内，分别议叙处分。如果逃亡无著，或系赤贫无力，始许报明上司查实，入于《奏销册》内，奏报豁免。"

[32] 发运至省：由下关铜店到云南省城的店运道路，全部沿着传统的驿道，其经过的十二站地名全部保留至今。分别为：大理州下关市的赵州、白崖，祥云县的云南驿镇、普淜镇；楚雄州南华县的沙桥镇，楚雄市的吕合镇、广通镇，禄丰县的舍资镇；昆明安宁市禄裱镇的老鸦关。今320国道全部沿着此古驿道修筑，里程为372公里。昆明到大理的高速公路、铁路，亦基本在此古驿道路线附近，高速公路里程为348公里。明代杨慎《滇程记》载："云南城七亭而达安宁……安宁州六亭而达禄裱……禄裱驿八亭而达禄丰，有老鸦关巡司……禄丰县七亭而达舍资……舍资四亭而达广通……广通县七亭而达楚雄府……楚雄府四亭而达吕合……吕合驿三亭而达镇南州……镇南州三亭而达沙桥……沙桥八亭而达普淜……普淜驿六亭而达云南……云南驿八亭而达定西岭，即古白崖……，定西岭六亭而达赵州……赵州三亭而达下关，故名河尾，蒙氏龙尾关也。"从云南省城到下关，一共八十亭，清代驿站里程为八百二十五里。康熙《云南通志》卷五《疆域、邮旅附》记："云南省至永昌府路考：在城堡七十里至安宁州，安宁堡六十里至禄膆堡，禄膆堡四十里至炼象关，炼象关四十里至禄丰县，禄丰县七十里至舍资，舍资堡四十五里至广通县，广通县七十里至楚雄，楚雄峨录堡七十里至吕合，吕合堡七十里至镇南沙桥，沙桥堡七十里至普淜，普淜堡六十里至云南县，云南县八十里至白崖，白崖堡八十里至下关堡，下关堡九十里至漾濞，漾濞堡八十里至打牛坪，打牛坪堡二十五里至黄连堡，黄连堡七十里至永平县，永平堡七十五里至沙木和，沙木和堡一百二十里至永昌府。"

[33] 子厂：清代吴其濬《滇南矿厂图略》下卷《铜厂第一》记："子厂：水泄厂、底马库厂、荃蓧岭厂、罗汉山厂。"明确记录宁台厂有四个子厂。

[34] 水泄子厂：位于今大理州永平县东南部的水泄彝族乡，乡政府所在地牛街河，距县城42.2公里，辖水泄、阿林、阿波、文库、咱咧、世兴、乐把、瓦厂、狮子窝9个村。

[35] 罗汉山子厂：位于永昌府保山县（今云南省保山市隆阳区）境内。本为独立铜厂，后来封闭，重新开采后由宁台厂管理，成为其子厂。乾隆《钦定户部鼓铸则例》卷四记："运铜脚费：罗汉山厂至大理局九站

半，每百斤给运脚银九钱五分。养廉工食：罗汉山厂坐落保山县地方，委永昌府管理。家人一名，月支工食银三两；书记一名，月支工食银二两四钱；客课一名，月支工食银一两；巡役四名，每名月支工食银一两七钱。每月给灯油、纸笔银一两。"清代王昶《云南铜政全书》记："罗汉山铜厂，坐落永昌府地方，乾隆二十三年开采，次年封闭。"光绪《永昌府志》卷二十二《食货志·矿厂》记："罗汉山铜厂，在保山县地方，乾隆二十三年开采，于次年封闭。又于道光五年新开，拨归宁台厂管理。"

## 得宝坪厂[1]

得宝坪厂，坐落永北[2]同知[3]地方，距下关店十站半。于乾隆五十八年开采。每年认办铜一十三万二千斤。照大功厂奏准之例，每办铜百斤内，给与厂民通商铜十斤，抽收课铜十斤，官买余铜八十斤。每百斤给价银六两九钱八分七厘。所收课、余铜斤，备供京运及本省局铸、各省采买之用。至嘉庆三年，递加至年办额铜一百二十万斤，遇闰加办铜十万斤。照旧通商、抽课，余铜给价收买，发运下关店交收转运。自厂至平和一站，平和至黑乌一站，黑乌至满官村一站，满官村至程海一站，程海至永北厅一站，永北厅至清水驿一站，清水驿至金江一站，金江至平得村一站，平得村至沙平一站，沙平至大理府城一站，大理府至下关店半站，共十站半[4]。每百斤给运脚银一两三钱五分六厘，于陆运项下支销。又每铜一百二十斤，支销筐篓一对，给银一分七厘，于厂务项下支销。如拨运本省局铸及外省采买，自厂至下关店，每百斤给运脚银一两零五分。又自下关店至省城，共十二站半，发运鼓铸铜百斤，给运脚银一两三钱三厘一毫二丝五忽，不支筐篓。每年准支官役薪食、厂费银九百两八钱，遇闰加增，小建不除。赴迤西道库请领工本、运脚，自厂至大理府，共十站。应需马脚、盘费，照例按站支销。其采买委员自下关店领铜，发运脚银一两二钱五分，由委员赴司库请领，自行雇脚发运，均于厂务项下支销。

## 注 释

[1] 得宝坪厂：清代伯麟《滇省舆地图说·永北直隶厅舆图》记："铜厂一，曰得宝坪，岁办京铜数十万。同知理之。"按照图上所标，得宝坪厂位于永北直隶厅西部金沙江边。今天地名为宝坪，即因铜厂得名。民国《云南矿产志略·第二章·铜矿》记："永胜旧名永北，产铜之处，为米里厂、大宝厂、宝坪厂、姚钱河、四方地等处。地皆居县之西北境，其东或东南距县城，山路二十余公里至六七十公里不等。"《大清会典事例》卷一百七十四《户部四十七·钱法》记："乾隆五十八年，议准：云南得宝坪厂产铜丰厚，准其开采。"清云南布政司《案册》记："得宝坪铜厂，坐落永北厅地方，年办铜一十三万二千斤。嘉庆三年，增至一百二十万斤。十六年，减为年办铜六十万斤，闰月加办五万斤。今年办额铜三十万斤，遇闰办铜三十二万五千斤。每铜百斤，抽课十斤，通商十斤，收买余铜八十斤。每百斤给价银六两九钱八分七厘。迤西道专管，永北直隶同知经管。自厂运交下关店，计程十站半，每百斤给运脚银一两三钱五分六厘六毫，自下关至省十二站半，每百斤给运脚银一两三钱三厘一毫零。委员自下关发运，每百斤给银一两三钱五分。"《军机处录副奏折》记："嘉庆二十年四月十八日，云贵总督伯麟、云南巡抚臣孙玉庭奏：'为办铜工本查照部驳核实奏闻仰祈圣鉴事。……得宝坪厂每办课、余铜百斤，例给工本银六两二钱一分六毫六丝六忽，又该厂离下关店计程十站半。发运铜每百斤，照京铜事例，每站给运脚银一钱二分九厘二毫，共该银一两三钱五分六厘六毫，二共银七两五钱六分七厘二毫六丝六忽之数，多银一两三钱七分二厘三丝四忽。……又得宝坪厂每厂民办交官商铜一百斤内，除通商十斤、抽课十斤外，余铜八十斤，照该厂事例，每余铜十斤，给工本银六钱九分八厘七毫核算，该银五两五钱八分九厘六毫，合课、余铜百斤，给工本银六两二钱一分六毫六丝六忽。若除去课铜，则与宁台厂每余铜一百斤例价银六两九钱八分七厘之数相符。"清代吴其濬《滇南矿厂图略》下卷《铜厂第一》记："得宝坪厂，在永北，南临草海，北负西山关。永北直隶厅同知理之。乾隆五十八年开。嘉庆三年，定额铜一百二十万斤。道光十四年，减为六十万斤。现减定三十万斤，闰加二万五千斤。每铜百斤，抽课十斤，通商

十斤，余铜八十斤，崇供京运。余铜每百斤价银六两九钱八分七厘。今实办课、余、额京铜二十七万斤。"又同书《惠第五》记："永北厅经管得宝坪厂，月支薪食银三两七钱五分，各役工食银一十三两八钱五分。"同治《钦定户部则例》卷三十五《钱法二·铜厂章程》记："云南得宝坪厂每出铜一百斤，抽课铜十斤，通商铜十斤，官买余铜八十斤。每余铜百斤给价银六两九钱八分七厘。每年额煎蟹壳铜一百二十万斤，由下关店转运。需筐篓一对，给银一分七厘，按年造入《运铜奏销案》内报部查核。每月准给厂费银七十四两四钱。又二、八月祭山，共银八两。按年支给，造入《铜厂奏销案》内报部查核。云南得宝坪厂每办铜百斤，准给提拉水泄工费银一钱六分九厘四毫九丝一忽五微零。该厂每年额办京铜一百二十万斤，共需银两千三十两八钱九分八厘。按数在宝云局每年所获铸息银内支给，汇入各厂《水泄银两案》内造报核销。"民国《新纂云南通志》卷六十四《物产考七·铜》记："得宝厂：现年产七八吨。"

[2] 永北：今丽江市永胜县。《清史稿》卷七十四《地理二十一·云南》记："永北直隶厅：……隶迤西道。明，北胜州，隶鹤庆府，与澜沧卫同治。康熙五年，降为属州，隶大理。……三十七年，升永北府，以永宁土府隶之。……乾隆三十五年，改直隶厅。"1912年改永北县，1932年改永胜县。

[3] 同知：明清时期官名。同知为知府的副职时，正五品；为知州的副职时，别称州同，从六品。康熙后，一些派驻在外分管某一事务的同知，逐渐成为主持当地政务的实际长官，此区域递为"厅"，是为"散厅"。这些散厅级别等同于州县，同知视如州县官，不再是副职。永北直隶厅即为散厅，级别等同于直隶州。《明史》卷七十五《职官四》记："府：知府一人，正四品；同知，正五品；通判无定员，正六品。……知府，掌一府之政，宣风化，平狱讼，均赋役，以教养百姓。……同知、通判分掌清军、巡捕、管粮、治农、水利、屯田、牧马等事。……无定员，边府同知有增至六七员者。……州：知州一人，从五品；同知，从六品；判官无定员，从七品。里不及三十而无属县，裁同知、判官。有属县，裁同知。……知州，掌一州之政。凡州二：有属州，有直隶州。属州视县，直隶州视府，而品秩则同。同知、判官，俱视其事州之繁简，以供厥职。"

[4] "发运"至"十站半"正文中：清代吴其濬《滇南矿厂图略》下

卷《运第七》记："永北同知经管得宝坪厂京铜，运交关店，十站半，每百斤脚银一两三钱五分六厘零。"又《程第八》记："得宝坪厂距大理府关店，计程六百九十里。自厂至平和五十五里，平和至黑乌六十里，黑乌至满官村六十五里，满官村至程海六十里，程海至永北厅城六十里，永北厅至清水驿七十里，清水驿至金江七十里永北厅地，金江至平得村七十五里，平得村至沙平七十五里邓川州地，沙平至大理府城七十里，大理府城至下关店三十里。"得宝坪厂的厂运路线，按照实际地理区位及现存地名情况，应该为：由位于永胜县城西的宝坪出发，向东经下黑山、梁官抵达永胜县城（原永北厅），正文中由宝坪南下绕道程海的路线是为了多领运费的虚线。永胜县城南下经清水、金江渡过金沙江转向西南，经平德村（属鹤庆县）、沙坪村（属洱源县）抵达大理。

## 大功厂[1] 附乐依山子厂、蛮浪山子厂

大功厂，坐落云龙州地方，距下关店十二站半。于乾隆三十八年开采。每年约出铜八十余万斤及一百余万斤不等，并未定额。总督彰[2]、巡抚李[3]奏准：办获铜百斤内，给与厂民通商铜十斤，抽收铜十斤，官买余铜八十斤。每百斤照加价之例，给银七两六钱八分五厘。所收课、余铜斤，备供京运及各省采买之用。三十九年六月，停止加价。每余铜百斤，给价银六两九钱八分七厘。四十三年，总督李奏定：年办额铜四十万斤。内应办底铜一万九千九百九十九斤十二两九钱，遇闰加办铜一千六百六十六斤十两四钱；应办官商铜三十八万斤三两一钱，遇闰加办铜三万一千六百六十六斤十两九钱。每底本铜百斤，给价银六两二钱八分八厘三毫，并不抽课、通商，系另款造册报销。其官商铜斤，照旧通商、抽课，余铜给价收买，发运下关店交收转运。自厂至白羊厂一站，白羊厂至狮井一站，狮井至鸡村一站，鸡村至汤橙一站，汤橙至果榔一站，果榔至云龙州城一站，云龙州城至关坪一站，关坪至丕邑一站，丕邑至江榜一站，江榜至凤羽一站，凤羽至沙坪一站，沙坪至大理府城一站，大理府至下关店半站，共十二站半[4]。每百斤给运脚银一两六钱一分五厘，于陆运项下支销。每铜一

百二十斤，支销筐篓一对，给银一分七厘，于厂务项下支销。如拨给采买铜斤，自厂至下关店，每百斤给运脚银一两一钱五分，不支筐篓。每年准支官役薪食、厂费等银八百七十六两，遇闰加增，小建不除。赴大理府库请领工本、运脚，自厂至大理，共十二站。应需马脚、盘费，照例按站支销。其采买委员自下关店领铜，发运至省，每百斤给运脚银一两二钱五分，由委员赴司库请领，自行雇脚发运，于厂务项下支销。

乐依山子厂，于乾隆五十三年开采。自厂至神登半站，神登至日溪井一站，日溪井至炭山一站，炭山至大功厂一站，共三站半。办获铜斤，应交老厂转运，每百斤给运脚银四钱三分七厘五毫。

蛮浪山子厂，于乾隆五十八年开采。自厂至八转底一站，八转底至景谷一站，景谷至乾海塘一站，乾海塘至磨外一站，磨外至猛统一站，猛统至雀山哨一站，雀山哨至大功厂半站，共七站半。每百斤给运脚银九钱三分七厘五毫。

该二子厂运脚，均于厂务项下支销，不支书、巡工食。办获铜斤，悉照老厂事例，通商、抽课，给价收买，运交老厂补额。

# 注　释

[1]　大功厂：清代伯麟《滇省舆地图说·大理府舆图》记："云龙州：铜厂二，曰白羊、曰大功。岁办京铜四十万，知州理之。"大功厂位于大理州云龙县西北的龙马山麓，今地名为大工厂。清代刘慰三《滇南志略》卷二记："大理府·云龙州：大功铜厂，在州西北三百二十里大功山，乾隆三十八年开采。"清代王昶《云南铜政全书》记："大功铜厂，在大理府云龙州西北三百二十里。乾隆三十八年开采。四十三年定年额铜四十万斤，拨京铜、局铜，初系专员管理，四十三年，归云龙州管理。"清云南布政司《案册》记："遇闰办铜四十三万三千三百三十三斤，每百斤抽课十斤，通商十斤，收买余铜八十斤，每百斤价银六两九钱八分七厘。大理府专管，云龙州经管。"清代吴其濬《滇南矿厂图略》下卷《铜厂第一》记："大功厂，在云龙大功山，右曰象山，面曰小竿场山。其形如椅，来脉绵延，包拦周

密。乾隆三十八年开。四十三年，定额铜四十万斤，闰加三万三千三百三十斤。每铜百斤，抽课、通商如例，免公、廉、捐、耗，供京运、省铸及采买。余铜每百斤价银六两九钱八分七厘。今实办课、余、底本额京铜三十六万一千九百九十九斤十五两七钱。"又同书《惠第五》记："云龙州经管大功厂，月支薪食银十五两，各役工食银四十八两。"同治《钦定户部则例》卷三十五《钱法二·铜厂运脚》记："大功厂，办运京铜，每站每百斤给脚价银一钱二分九厘二毫。"民国《新纂云南通志》卷六十四《物产考七·铜》记："大功厂：咸丰七年封闭。"

[2] 总督彰：即时任云贵总督彰宝。《清史稿》卷三百三十二《彰宝传》记："彰宝（？~1777），鄂谟讬氏，满洲镶黄旗人。乾隆十三年，自翻译举人授内阁中书。十八年，授江苏淮安海防同知。累迁江宁布政使。三十年，授山西巡抚。……三十四年，命驰驿往云南署巡抚。师征缅甸，署云贵总督，命出驻老官屯督饷，加太子太保。三十五年，奏：'永昌沿边千余里，山深径僻，应于囊宋关、缅箐山、陇川、龙陵、姚关及顺宁篾笆桥设卡驻兵。'上令实力督率。又奏：'贵州调至兵，间有老弱，现加甄汰。'上责：'彰宝现为总督，两省皆所辖，何不劾奏？'三十七年，劾云南巡抚诺木亲才识不能胜任，召还；又奏车里宣慰土司刀维屏逃匿，请裁土缺设专营，上从其议，定营名曰普安。寻实授云贵总督。三十九年，以病请解任。王锡事发，夺官，逮京师论斩。四十二年，卒于狱。"

[3] 巡抚李：即时任云南巡抚李湖。《清史稿》卷三百二十四《李湖传》记："（李）湖（？~1781），字又川，江西南昌人。乾隆四年进士。初授山东武城知县，调郯城。累迁直隶通永道，调清河道。迁直隶按察使，再迁江苏布政使。三十六年，擢贵州巡抚。三十七年，调云南。四十年，总督彰宝以贪婪得罪，责湖隐忍缄默不先劾奏，夺官，予布政使衔，往四川军营会办军需奏销。四十三年，授湖南巡抚。四十五年，调广东。湖敏于当官，在贵州规画铅运，在云南厘剔铜政，均如议行。所至以清严为政……令行法立，民咸颂之。卒，赠尚书衔，谥恭毅，祀贤良祠。"《清高宗实录》卷九百一十二记："乾隆三十七年七月丙午，户部议覆：'云南巡抚李湖奏称"黔省赴滇采买铜斤，查汤丹、大碌等厂，专供京局，其余各

厂，供本省鼓铸，及外省采买，第小厂每年只出铜数千斤至三五万斤不等，惟金钗一厂，可获铜一百数十万斤，缘成色稍低，每百斤加耗二十三斤，又补余铜一斤，例与高铜配给各省领运，黔省亦应一体办理，或铸钱色黯，可仿福建、广西等省，用白铅配铸，钱文一律光润，无庸另议提炼"，应如所奏。再称"运铜脚费，自厂至省，归滇报销，自滇至黔，归黔报销"，亦应如所奏，再滇省铜厂散处，其中远厂，应于何处截算分销，近厂不经省城者，或可无庸在滇给费，应令该抚饬司查办'。从之。"《清高宗实录》卷九百四十四记："乾隆三十八年冬十月。谕军机大臣等：'据李湖奏，省局息钱，存积过多，现在钱价渐昂，酌清出易，以平市价等因一折所办殊久明妥。……本省钱局设炉二十五座，每炉每年三十六卯，每卯铸本息钱一百二十余串，今以每年余息钱二万六千余串计算，议每炉减去八卯，通减二百卯，少铸钱二万四千九百余串，可节省铜十万余斤，以供他省凑拨之用。其现在所存息钱二十一万五千余串，除分年搭放兵饷外，余听民间换易，易出之银拨充铜本。'得旨：'如所议行，下部知之。'"

[4]"发运""十二站半"：清代吴其濬《滇南矿厂图略》下卷《程第八》记："大功厂距大理府关店，计程六百三十五里。自厂至白羊厂五十里，白羊至狮井四十里，狮井至鸡村四十五里，鸡村至汤橙四十里云龙州地，汤橙至果榔四十五里永平县地，果榔至云龙州城四十里，云龙州至关坪六十里，关坪至丕邑五十里，丕邑至江榜六十里云龙州地，江榜至凤羽五十里浪穹县地，凤羽至沙坪五十五里邓川州地，沙坪至大理府城七十里，大理府至下关店三十里。"又同书《运第七》记："……云龙州经管大功厂京铜，运交关店，各十二站半，每百斤脚银一两五钱三分六厘零。"大功厂的厂运路线，按照实际地理区位及现存地名情况，应该为：由位于今云龙县西北方的龙马山麓的大工厂出发，向东经羊毛登（原白羊厂所在地）到师井，转向南行，顺师里河经检槽、汤登、果郎抵达云龙县城，再转向东南经关坪、北斗（属永平县）进入320国道，到达大理。清云南布政司《案册》记："运至下关店，计程十二站半，每百斤给运脚银一两五钱六分五厘，照支筐篓。如拨给采买，运至下关店，每百斤运脚银一两一钱五分，不支筐篓。委员至下关运至省，每百斤给运脚银一两二钱五分。"

# 香树坡厂[1]

香树坡厂，坐落南安州地方，距省城十站半，于乾隆九年开采。每年约出铜一千七八百斤及二千四五百斤不等，并未定额、通商，亦不抽收公、廉、捐、耗。每办获铜百斤内，抽收课铜二十斤，官买余铜八十斤，每百斤给价银五两。所收课、余铜斤，备供本省局铸之用。二十五年，奏准：每办铜百斤，原抽课铜二十斤改为抽课十斤，另抽公、廉、捐、耗铜四斤二两，官买余铜八十五斤十四两，每百斤给银六两[2]。自三十三年五月起，于例定价值[3]之外，每百斤暂行加银（六两）〖六钱〗。连原给例价，合每余铜百斤，给价银六两六钱九分八厘。三十八年，奏准通商，每办铜百斤内，给与厂民通商铜十斤，照前抽收课铜及公、廉、捐、耗铜斤，官买余铜七十五斤十四两。每百斤给银六两六钱九分八厘。三十九年六月，停止加价。每余铜百斤，照旧给价银六两。四十三年，奏定：年办额铜七千四百斤。五十三年，该厂获矿丰旺，巡抚谭[4]照宁台厂改煎蟹壳铜之例，奏准于原办紫板额铜七千四百斤之外，每年煎办蟹壳铜十万斤，遇闰加办铜八千三百三十三斤，每百斤于紫板项下，准销镕炼折耗铜十七斤八两。每蟹壳铜一百斤，抽课十斤，官买余铜九十斤。每百斤给价银六两九钱八分七厘。其通商铜斤，于紫板铜内发给。所收蟹壳课、余铜斤，发运寻甸店交收转运。自厂至法脿一站，法脿至雨龙半站，雨龙至妥甸一站，妥甸至南安州城[5]一站，南安州至楚雄府城一站，共四站半。自楚雄府至省城六站。又自省城至板桥一站，板桥至杨林一站，杨林至易隆一站，易隆至寻甸一站，共四站。计自厂至寻甸，共十四站半[6]，每百斤给运脚银一两八钱七分三厘四毫，于陆运项下支销。又每铜一百二十斤，支销筐篓一对，给银一分七厘，于厂务项下支销。所有煎办蟹壳铜斤，应给厂民通商及镕炼折耗铜斤，因该厂年额铜数不敷开除，系额外加办。搭同应办年额紫板铜七千四百斤，并遇闰加办铜六百一十六斤。并照例抽收通商、课、廉等铜，余铜给价收买，发运省局或云南府仓交收。自厂至省共十站半，每百斤给运脚银一两零五分，不支筐篓。每年准支官役薪食、厂费等银九百两零八钱，遇闰加增，小建不除。又赴楚雄库请领工本、运脚，自厂至楚雄共四站半，应需马脚、盘费，照例按站均于厂务项下支销。

# 注 释

[1] 香树坡厂：清代伯麟《滇省舆地图说·楚雄府舆图》记："南安州：铜厂二，其一在香树坡者，则为易门子厂，易门县知县理之。"按照图上所标，香树坡厂位于南安州的东南部，实际地理位置在今楚雄州双柏县东南部法脿镇境内，由于厂址与易门县各铜厂相邻，均在禄汁江河谷两岸，因此统归易门县经管。民国《云南矿产志略·第二章·铜矿》记："香树坡厂，为史籍所见之名词，今则习称三家厂。本厂位于易门县之西，山路约三十公里。适居双柏、易门二县之交界处，矿体之分布，二县境内皆有，惟因历史关系，多认为隶属易门。"《大清会典事例》卷一百七十四《户部四十七·钱法》记："南安州香树坡铜厂，各厂年额共课银一万八百二十五两七钱九厘有奇。"清代王昶《云南铜政全书》记："香树坡厂，在楚雄府南安州东南二百一十五里。相传开自明时，旋开旋闭。原名凤凰山，在今厂之面山。康熙间，以矿尽移今三家村，因名三家厂，未几，亦封闭。乾隆九年，复开采。四十八年，定年额铜七千二百斤，供本省鼓铸。五十二年，改拨京铜，又令运供京铜十万斤。每铜百斤，价银六两。京铜改煎，照大功、宁台之例，每百斤给银六两九钱八分七厘。初系专员管理，后改碍嘉州判管理。"清云南布政司《案册》记："年办额铜一十万七千四百斤，遇闰办铜一十一万六千三百五十斤。每百斤抽课十斤，官买余铜九十斤。楚雄府专管，易门县经管。"乾隆《钦定户部鼓铸则例》卷四记："养廉工食：香树坡厂坐落南安州地方，委南安州管理。书记一名，月支工食银二两五钱；客课一名，月支工食银一两。每月给灯油、纸笔银五钱。"清代吴其濬《滇南矿厂图略》下卷《铜厂第一》记："香树坡厂，在南安东南二百一十五里，旧厂名凤凰山，即今厂之面山。康熙年间，以矿尽移于今所开采，其地有三家村，因名三家厂，未几亦停。乾隆九年复获矿，始以香树坡名。发脉于点苍山，由妥甸蜿蜒起伏而下，山势崇隆，以老厂山为案，以万宝、义都两厂后山为翼，大木江回环于前，颇擅形胜。易门县知县兼理之。乾隆四十八年，定额铜七千二百斤，闰加六百斤，抽课、通商如例，供省铸，每铜百斤价银六两。五十二年，加供京铜十万斤，抽课如例，每铜百斤价银六两九钱八分七厘。今实办课、余额京铜十万五百斤，课、余

额省铜二万四千二百四十斤九两六钱。"又同书《惠第五》记："易门县经管香树坡厂，月支薪食银十五两，各役工食银五十五两四钱。"

[2] 给银六两：由于生产成本不断提高，加上清政府抽课太重，原给铜价入不敷出，因此不得不进行调整。乾隆二十五年将抽课铜二十斤减为十斤，另抽公、廉、捐、耗铜四斤二两，实际只是减课五斤十四两。同时清廷将收购价格提高为六两，以鼓励、刺激生产。《清高宗实录》卷六百三十六记："乾隆二十六年辛巳五月壬子，谕军机大臣等：'爱必达等奏：滇省铜厂，自加价采办后，多获余息一折。据称二十五年青龙等厂，共办过铜一百余万斤，计多获息银二万九千余两。但此项铜斤，是否全数发卖，抑系将现存之铜，统计核算息银，共有此数。其汤丹，大碌等各厂，二十四、五两年办铜二千六百余万，共得额课息银五十余万两，此内除去额课，及起运协拨各项铜斤外，实在多余铜若干。并该督所称清完厂欠，究系作何归补，是否于二十四、五两年内，全数清完，折内尚未明晰。著传谕刘藻，令其一并详查具奏'。寻奏：'查原定铜价，每百斤给银四两，自乾隆二十五年后，两次增至六两，厂民工本渐裕，足资采办，获铜加倍，计铜一百万斤有零。该价银九万二千余两，计除给过厂民原价及厂费、脚价银，共六万二千五百余两外，该余息银二万九千余两，并非发卖获息也。至汤丹、大碌等厂，二十四、五两年来，实余铜二百四十万有零，得额课银二万一千六百五十余两。至各厂旧欠，自增价后，厂力渐舒，已于乾隆二十二、三、四、五等年将积欠银十一万余两，陆续追完。'报闻。"

[3] 例定价值：清政府官方核定的铜价，为记入《铜例案》中的定价。分别定有京铜和各省采买两类价格，每类视铜质与铜厂性质分别定价。乾隆《钦定户部鼓铸则例》卷一记："云南汤丹等厂每年额解京局、鼓铸，每正铜百斤加耗铜八斤，折净铜一百斤，给铜价银九两二钱。于运铜《奏销册》内造报核销。"《军机处录副奏折》记："嘉庆二十年四月十八日，云贵总督伯麟、云南巡抚臣孙玉庭奏：'为办铜工本查照部驳核实奏闻仰祈圣鉴事。……查各厂采办京铜，有每百斤支银七两四钱五分二厘者，有支银六两九钱八分七厘者，有支银六两者。其采办各省采买铜斤，亦有每百斤支银六两九钱八分七厘者；有支银六两者。……滇省各厂煎办铜斤，原视矿质之高下，水土之清浊，与煎办之难易，以定价值

之多寡。如各属所管之厂，有所出矿砂较高，水土相宜，只须二三火成铜，其色光润，质分较高，即可拨供京运，其所需人工炭火较少，每百斤只给银六两。又有矿虽好，而水土之性与矿质不宜，即二三火成铜，每百斤亦只给工本银六两。惟铜质较粗，饼块亦厚，不能揭成薄片，只能拨供本省局铸及外省采买之用。又有水土相宜，而矿质坚硬，必须锻炼多次，方可煎成京铜。故每百斤有给银六两九钱八分七厘者，又有给银七两四钱五分二厘者。'"同治《钦定户部则例》卷三十五《钱法二·云南铜价》记："云南省各厂开采铜斤，抽课之外，所余按厂作价抵销原借工本，归官备运。计汤丹、碌碌、金沙、凤凰、妥木、大水沟、大风岭、杉木箐各厂铜，每百斤各销价银七两四钱五分二厘有奇。大兴、大美、义都、双岩、尖山、小白、红坡、小岩坊、二租租、小中山、鲁纳寨各厂铜，每百斤各销价银六两九钱八分七厘有奇。青龙、马龙、大宝、子母、乐马、红石岩、日见汛、箭竹塘、猛冈河、凤凰坡、香树坡、长发坡、寨子山、人老山、白羊山、老洞箐、寨子箐各厂铜，每百斤各销价银六两。金钗厂铜，每百斤销价银四两六钱。云南省厂员额办京铜，连耗铜折算，每百斤销价银九两二钱。云南省宝云、宝东二局，正铸、配用各厂铜，每百斤销价银九两二钱。"

[4] 巡抚谭：即时任云南巡抚谭尚忠，《清史》无传。谭尚忠（1722～1796），字因夏，一字古愚，号荟亭，江西南丰人。清代廉吏，文学家。为人刚毅精干，敏于任事，且清廉自守，所至为民兴利除弊，廉名卓著。受知于乾嘉两朝。诗文俱善。其诗载道陈事，直抒隐臆，趋于自然。写景咏物诗清新华秀。其书法别具一格，颇享盛名。著有《纫芳斋杂著》《纫芳斋诗文集》。《国朝耆献类征初编》卷九十有传："谭尚忠，江西南丰人。由乾隆十六年进士分发户部学习。十九年期满奏留补户部主事。二十三年升员外郎。二十四年京察一等记名。二十五年记名御史，旋升郎中。二十六年授御史，仍兼户部行走。二十七年授福建兴泉永道。二十九年以厦门洋行陋规案部议革职，得旨送部引见，以员外郎用。三十年补刑部员外郎。三十四年授广东高廉道，三十五年九月擢河南按察使，三十八年调广东按察使。四十三年正月补甘肃按察使，七月擢山西布政使。……四十六年十一月擢山西巡抚。……四十七年正月调安徽巡抚。（因得罪户部侍郎兼军机大

臣和珅）降补福建按察使，四十八年二月署福建布政使。四十九年十一月升云南布政使。五十一年闰七月擢云南巡抚，十月署云贵总督。……五十二年六月奏：'滇省自乾隆二十年与粤省铜盐互易以来，递年积压铜本未归款者，九十万有奇。请自本年为始，将粤省之盐停运三年，俟铜本归清，再行奏请。至粤省需铜，仍令该省委员办运'，先后下部议行。……五十六年三月奏：'各属收缴小钱，与其运省改铸，多糜脚费，莫若于适中处所就近销毁，改铸大钱，较为便捷。'……七月奏：'云南见止省局二十炉、东川局十炉，较前所设炉座仅存四分之一。'……十月覆奏：'滇省各厂余铜，向俱给价归官收买，以供京外局铸。蒙皇上轸念商民，施恩逾格，准令厂民于办获铜斤内，分别以一成二成通商，既以调剂炉力，更裨民间动用。'……五十八年三月授刑部右侍郎，六十年充湖北乡试正考官。二月，以任云南巡抚时于钱法、铜务不能实力整顿，罚交巡抚养廉银三万两。嘉庆元年，与"千叟宴"，六月调吏部右侍郎。二年八月转左侍郎，十一月二十八日卒。六年五月，奉旨入祀乡贤祠。"

[5] 南安州城：南安州为元代设置，明清两代沿袭，辖域主要为今双柏县和楚雄市东部。《元史》卷六十一《地理四·云南行省》记："南安州，州在路东南，山岭稠叠，内一峰竦秀，林麓四周，其顶有泉。昔黑爨蛮祖瓦晟吴立栅居其上，子孙渐盛，不隶他部，至高氏封，威楚方隶焉。宪宗立摩刍千户，隶威楚万户。至元十二年，改千户为南安州，隶本路。"《明史》卷四十六《地理七·云南》记："南安州，东有健林苍山。又西南有表罗山，产银。北有舍资河。西北距府五十里。"《清史稿》卷七十四《地理二十一·云南》记："南安州难，府东南五十里。"元、明、清之南安州城在今楚雄市南部的云龙村，距楚雄市区24公里，距今双柏县城30公里，都是一站路程。

[6] "发运"至"十四站半"：清代吴其濬《滇南矿厂图略》下卷《运第七》记："易门县经管香树坡厂京铜，运交寻店，十四站半，每百斤脚银一两八钱七分三厘零。"又同书《程第八》记："香树坡厂至寻店，自厂至法腆九十里，法腆至雨龙三十里，雨龙至妥甸六十里，妥甸至南安州城七十里，南安州至楚雄府城合关店至寻店路。"香树坡厂的厂运路线，按照实际地理区位应为：由位于今楚雄州双柏县东南部的铜厂所在地出发，西行经过法腆、雨龙至妥甸（今双柏县城），转向北行经南安州城到楚雄府城。

今天的218省道双柏县至楚雄为58公里。清云南布政司《案册》记："运交寻甸站，计程十四站半，每百斤给运脚银一两八钱七分三厘四毫。每铜一百二十斤，支给筐篓一对，价银一分七厘。运省局及交省仓，计程十站半，每百斤给运脚银一两五分，不支筐篓。"

## 双龙厂[1]

双龙厂，坐落寻甸州地方，距州城二站，于乾隆四十六年开采。每年约出铜九千余斤及一万余斤不等，并未定额。遵照钦奉恩旨，不拘一成通商例，每办获铜百斤内，给与厂民通商铜二十斤，抽收课铜十斤，官买余铜七十斤。每百斤（纳）〖给〗价银六两九钱八分七厘。所收课、余铜斤，备供京运之用。四十八年，总督富[2]、巡抚刘[3]题定，年办额铜一万三千五百斤，遇闰加办铜一千一百二十五斤，照旧通商、抽课，余铜给价收买，发运寻甸店转运。自厂至红果营一站，红果营至寻甸店一站，共二站[4]，每百斤给运脚银二钱。赴迤东道[5]请领工本、运脚，自厂至寻二站，应需马脚、盘费，照例按站于厂务项下支销，不支筐篓，书、巡工食。

## 注　释

[1]　双龙厂：清代伯麟《滇省舆地图说·曲靖府舆图》记："铜厂一，曰双龙，知府理之。铜厂岁办京铜万数千斤，矿砂薄劣，薪炭倍费。"按其图上所标，双龙厂位于清水海西北、东川与寻甸交界处，在今昆明市寻甸县联合乡境内。清代王昶《云南铜政全书》记："双龙铜厂，在曲靖府寻甸州北九十五里，东距府城二百四十五里。乾隆四十六年开采。四十八年，定年额铜一万三千五百斤，运供京局。间拨本省局铜。四十七年，归曲靖府管理。"《大清会典事例》卷一百七十四《户部四十七·钱法》记："四十九年，奏准：曲靖府之双龙厂，每出铜百斤抽课铜十斤，照不拘一成例，通商铜二十斤，官买余铜七十斤，每百斤给价银六两九钱八分七厘。"清云

南布政司《案册》记："遇闰办铜一万四千六百二十五斤。迤东道专管，曲靖府经管。"清代吴其濬《滇南矿厂图略》下卷《铜厂第一》记："双龙厂，在寻甸北九十五里，距府城二百四十五里。曲靖府知府理之。乾隆四十六年开。四十八年，定额铜一万三千五百斤，闰加一千一百二十五斤，每铜百斤，抽课十斤，照不拘一成例，通商二十斤，余铜七十斤供京运或拨省铸，余铜每百斤价银六两九钱八分七厘。今实办课、余额京铜一万八百斤。子厂：茨营厂。"同治《钦定户部则例》卷三十五《钱法二·铜厂章程》记："云南曲靖府之双龙厂，每出铜一百斤，抽课铜十斤，通商铜二十斤，官买余铜七十斤，每余铜百斤给价银六两九钱八分七厘。"

[2] 总督富：即时任云贵总督富纲，《国朝列传》卷二十五有无传。富纲（1737～1800），伊尔根觉罗氏，正蓝旗满洲人。初授礼部笔帖式，乾隆二十八年由豫工例捐升主事。三十三年京察一等，引见补户部主事。三十五年以安徽庐凤道候补。三十六年五月，署理户部郎中；七月，奉旨改授陕西潼商道。三十八年擢陕西布政使。同年以布政使护理陕西巡抚。四十四年升授福建巡抚。四十六年擢云贵总督。五十八年兼署云南巡抚，五十九年改两江总督、署刑部尚书。六十年回京授吏部右侍郎。嘉庆元年授漕运总督。嘉庆三年再任云贵总督。四年丁忧离任，随后遭革职拿问。嘉庆五年二月，被揭发在云贵总督任上贪婪腐败，官风败坏，调任漕督后更变本加厉，以上缴赔补为名，向各粮道及卫弁强索摊派银数万两，赃私累累，被判死刑，十月勾决。富纲任云贵总督期间，已有贪腐行为，乾隆皇帝也曾给予警告，然其不知收敛，终坠入万劫不复之地。《清高宗实录》卷一千二百五十四记："乾隆五十一年丙午五月丙辰，谕军机大臣：'据富纲等奏"遴员督办宁台厂务"及富纲奏"滇、黔两省春收丰稔情形"二折，富纲前在福建巡抚任内，办理地方事务，未见认真，及擢用总督以后，办事亦复懦弱，经朕屡加训饬，尚知奋勉，近年趱办铜斤，皆能依限开帮，并无贻误。刘秉恬历任巡抚，其初到云南，声名甚属平常，近闻伊能遵朕教诲，痛自改悔，无似前声名平常之事，而于办理铜盐诸政，亦能迅速妥协。督抚大吏，身任封疆，总应洁己奉公，实心办事，期于无忝厥职。该督等果能事事留心，改过从善，岂惟伊等之福，且亦朕之福也。似此方能长荷朕恩，而朕亦实不愿伊等有骪法营私之事。近因富勒浑家人殷士俊等

有招摇婪索等事，查抄该犯家产赀财竟至数万，若非富勒浑知情纵容，家人等断不敢恣意婪贿若此，现已降旨革职，解赴浙省，交阿桂归案审办，可见天理昭彰。督抚等一有昧良玩法情事，无不立即败露，朕亦不能为之曲加宽贷。富纲等务须慎之又慎，即以富勒浑为前车之鉴，盖刘秉恬应慎之在己，持之以久，而富纲尤应慎在家人，以富勒浑为戒，不负朕教诲成全，谆谆诰诫之至意。所有本日朱批富纲等折，亦著伊二人同看，将此由五百里谕令知之'。"《清高宗实录》卷一千四百三十七记："乾隆五十八年九月，富纲奏"年来铜厂丰旺，除应办额铜之外，多办余铜，借款垫发，已垫给工本银一百余万两"等语，近年铜厂丰旺，固应及时收买，但该省每年额铜，应办一千五十九万余斤，而逐年借项采办余铜，又有一千三百四十余万斤，除供各省采买外，其每年解运京铜，只须六百三十三万余斤，是该省积存余铜，已属不少，今又添拨工本一百万两，随时采买，又应得余铜一千余万斤，若不随时搭解运京，纵使在滇堆积成山，亦属无用，即便搭解运京，亦觉过多无用处也。"《清仁宗实录》卷五十九记："嘉庆五年二月，谕：'富纲前任云贵总督时，不知洁己奉公，声名本属平常，嗣于漕运总督任内，恣意贪婪藉应缴赔项为名，向各粮道及卫弁等索取银两至数万之多，是以降旨将富纲革职拏问，交书麟审办。兹据书麟奏，审明富纲在漕督任内，种种婪索情节，已经富纲供认不讳，按律拟以绞决，请旨即行正法，富纲身为大员，簠簋不饬，所得赃银，多至数万……著改为绞监候，秋后处决'。"

[3] 巡抚刘：即时任云南巡抚刘秉恬。《清史列传》卷二十七记："刘秉恬（？~1800），字德引，山西洪洞人。乾隆二十一年举人。二十六年，取中明通榜，中书、军机处行走。二十九年，擢吏部主事。……三十七年六月，授四川总督。……四十一年，调吏部左侍郎。四十五年四月，调署云南巡抚。奏云：'铜与盐，为地方自然之利。何以近年来滇省屡行竭蹶，似转为地方之累？必当求其受累之由，斯可得去累之道。'上是之。四十六年八月，署云贵总督。……九月，谕：'滇省额运京铜，向来办理迟延，皆由该督抚等不能实心筹办所致。此次庚子正运、加运八起京铜，于七月内全数扫帮，办理甚为妥速。刘秉恬著交部议叙'。四十八年正月，实授云南巡抚。五十一年闰七月，调兵部侍郎。五十二年正月，调仓场侍郎。……

嘉庆四年九月，调兵部右侍郎。五年正月，调兵部左侍郎。二月，卒。"《清高宗实录》卷一千一百五十一记："乾隆四十六年二月，署云南巡抚刘秉恬奏：'滇省岁办铜斤，攸关京、外、鼓铸，请于老厂附近之区，另开子厂，以裕其源，并严禁私铸，以节其流，庶无虞耗竭'。得旨：'是，持之以久，实力为之。'"

[4] "发运"至"二站"：清代吴其濬《滇南矿厂图略》下卷《程第八》记："双龙厂至寻店，自厂至红果营五十里，红果营至寻甸店五十里。"双龙厂的厂运路线，按照实际地理区位为：由位于今昆明市寻甸县西北部的铜厂所在地出发，东南行经过红果树村（属甸沙乡，距乡政府八公里）、甸沙，进入东川至寻甸之铜运干道，直达寻甸。

[5] 迤东道：《清世宗实录》卷九十六记："雍正八年七月丙申，改云南永昌道为分巡迤西道，添设分巡迤东道一员，从云贵广西总督鄂尔泰请也。"《大清一统志》卷三百六十八《云南省》记："分巡迤东道，雍正八年设，驻寻甸州，辖云南、曲靖等十三府。乾隆三十一年，将云南、武定归驿盐道辖，普洱、元江、镇沅、临安归新设之迤南道辖，本道专辖澄江等七府、州。"雍正《云南通志》卷十九记："寻甸州：分巡迤东道署，在南门内。"清代后期铜政废弛以后，迤东道改驻曲靖府。《清史稿》卷一百一十六《职官志三》记："云南迤东道，兼驿传，驻曲靖。"清代吴其濬《滇南矿厂图略》下卷《运第七》记："迤东道接迤西道运交并收凤凰坡、红石岩、红坡、大兴、发古、香树坡、老硐坪等厂京铜，由寻甸俗称寻店至威宁州，计车站十五站，每百斤脚银九钱三分三厘零。"又同书《惠第五》记："迤东道寻店，年支养廉银四百八十两，店费等银五百二十八两。"

## 汤丹厂[1] 附九龙箐子厂、聚宝山子厂、观音山子厂、岔河子厂、大碛子厂

汤丹厂，坐落会泽县地方，距东川府城二站。原系四川省经管，雍正四年改归滇省采办。每年约出铜八九十万斤及一二百万斤不等，并未定额、通商，亦不抽收公、廉、捐、耗。每办获铜百斤内，抽收课铜十斤，官买余铜九十斤。每百斤给银六两。所收课、余铜斤，备供本省局铸，及江、楚

等省采买解京之用。雍正十二年，总督尹[2]、巡抚张[3]奏准：每办获铜百斤，内抽收课铜十斤，另抽公、廉、捐、耗铜四斤二两，官买余铜八十五斤十四两。每百斤给价银六两九钱八分七厘。乾隆二十七年，总督吴[4]、巡抚刘[5]奏准：每余铜百斤，加给银四钱六分五厘。连原给例价，共合每余铜百斤，给银七两四钱五分二厘。三十三年，因办理缅甸军务，巡抚鄂宁奏奉谕旨，自三十三年五月起，通省大、小各厂办获铜斤，于例定价值之外，每百斤暂行加银六钱。连原给例价，合每余铜百斤，给银八两一钱五分一厘。三十八年，总督彰奏准：各省办铜，照黔省之例。每百斤内给与厂民通商铜十斤，以为易换油、米之资。照前抽收课铜及公、廉、捐、耗铜斤，官买余铜七十五斤十四两。每百斤给银八两一钱五分一厘。三十九年，巡抚李奏请，自三十九年六月初一日为始，将加价停止。每余铜百斤，照旧给价银七两四钱五分二厘。四十三年，总督李侍尧奏定：年办额铜三百一十六万五千七百二十斤。嘉庆四年，因该厂矿砂质薄，出铜短缩，前布政司陈奏请酌减铜八十六万五千七百二十斤。自七年起，每年只办额铜二百三十万斤。内应办底本铜一十一万四千九百九十九斤十五两六钱，遇闰加办铜九千五百八十三斤五两三钱；应办官商铜二百一十八万五千斤四钱，遇闰加办铜一十八万二千八十三斤五两四钱。每底本铜百斤，给价银六两四钱，并不抽课、通商，亦不抽收公、廉、捐、耗，系另款造册报销。其官商铜斤，照旧通商，抽收课、廉等铜，余铜给价收买，发运东川店[6]转运。自厂至小江一站，小江至东川城一站，共二站[7]。每百斤给运脚银二钱五分。又每铜一百二十斤，支销筐篓一对，给银一分七厘。每年准支官役薪食、厂费等银一千六百六十六两八钱，遇闰加增，小建不除。又分运寻甸铜斤，自厂至钻天坡一站，钻天坡至松毛棚一站，松毛棚至双箐一站，双箐至寻甸一站，共四站，每百斤给运脚银四钱五分。赴迤东道库请领工本、运脚，自厂至寻共四站，应需马脚、盘费，照例按站于厂务项下支销。又每年准支加添役食银[8]二百九十九两六钱，于搭运节省项下支销。

九龙箐子厂[9]，于乾隆十五年开采。自厂至滥泥坪一站，滥泥坪至汤丹厂半站，共一站半。办获铜斤，运交老厂转运。每百斤给脚银一钱八分七厘。

聚宝山子厂[10]，于乾隆十八年开采，距汤丹厂一站。办获铜斤，运交老厂转运。每百斤给脚银一钱二分五厘。

观音山子厂[11]，于乾隆二十年开采，距汤丹厂一站。办获铜斤，运交老厂转运。每百斤给脚银一钱二分五厘。

岔河子厂[12]，于乾隆六十年开采。自厂至普毛村一站，普毛村至高梁地一站，高梁地至小海子一站，小海子至黄水箐一站，黄水箐至汤丹厂一站，共五站。办获铜斤，运交老厂转运。每百斤给脚银六钱二分五厘。每年准支书、巡工食，厂费等银三百一十一两八钱，遇闰加增，小建不除，均于厂务项下支销。

大碛子厂[13]，于嘉庆二年开采。自厂至糯米村一站，糯米村至牛泥塘一站，牛泥塘至法却村一站，法却村至白泥坡一站，白泥坡至菜子地一站，菜子地至汤丹厂半站，共五站半。办获铜斤，运交老厂转运。每百斤给脚银六钱八分七厘五毫。

以上五子厂[14]办获铜斤，悉照老（场）〖厂〗事例，通商、抽课，给价收买，运交老厂补额。其运脚、厂费，均于厂务项下支销，不支书、巡工食。

## 注　释

[1]　汤丹厂：位于今昆明市东川区汤丹镇，地名来自于古代铜的生产方式：即炼铜揭铜时以米汤浇泼矿液，使其凝结成紫铜板，故称为汤丹。清代倪慎枢《采铜炼铜记》云："煎炼稍有不同者，以其矿本不同，而矿所出者，亦不同也。淬、揭以清泉，则铜色黯淡，惟用米泔，则其色红活，此汤丹厂之所由名也。"1953年初成立汤丹矿，为东川矿务局下辖四大矿山之一。2001年改制为云南铜业集团下辖之金沙公司，至今仍然为云南铜业之骨干生产企业。清代伯麟《滇省舆地图说·东川府舆图》记："铜厂五，曰汤丹、碌碌、大水沟、茂麓、大风岭，皆属知府管理。东川岁办京铜三百数十万，而各厂开采日久，衰旺不时，每资腋凑。"《大清会典事例》卷一百九十四《户部四十七·钱法》记："云南会泽县汤丹铜厂各厂，年额共课银一万八百二十五两七钱九厘有奇。"旧《云南通志》记："汤丹铜厂，

坐落东川府地方。雍正四年，总督鄂尔泰题开。年该课息银一千二百两。"乾隆《钦定户部鼓铸则例》卷四记："运铜脚费：汤丹厂至东川二站，每百斤给运脚银二钱五分。又至寻甸四站，每百斤给运脚银四钱五分。又至省八站，每百斤给运脚银八钱。养廉工食：汤丹厂并子厂九龙箐厂、聚宝山厂坐落会泽县地方，委弥渡通判管理，管厂官一员，每月给养廉银三十两；书记三名，每名月支工食银三两；客课八名，每名月支工食银二两；巡役二十三名，每名月支工食银二两；练役六名，每名月支工食银二两；水火夫三名，每名月支工食银二两。又每年支销逐月开课秤收铜斤人役饭食、灯油、纸笔、杂费并逐差人赴省投文，及各路查催、押运铜斤等项银七百七两七钱。又该厂每年二、八月祭山并端阳、中秋年节犒赏等项银二百二十七两六钱二厘。二百两，每铜一百斤抽收十斤。其各厂衰旺不一，或硐老山空，另开子厂，故无额课，止于总数奏销。"清代王昶《云南铜政全书》记："汤丹厂，在东川府城西南一百六十里会泽县境内。谨案今在巧家厅境内。汤丹山绵亘七十余里。东川初隶四川，厂已开采。雍正四年，改隶云南，岁获铜数无考。雍正十一、二、三年，岁获铜二、三、四百万斤。乾隆元年至五年，岁获铜五六百万至七百五十余万斤，供京铜之外尚给各省采买，称极盛。后出铜渐少，至二百余万斤。四十三年，定年额三百一十六万余斤，专供京局。每铜百斤抽课十斤，归公铜三斤，养廉铜一斤，耗铜一斤，通商铜十斤。三百五十斤捐铜一斤，东川府管理。"清云南布政司《案册》记："嘉庆七年，定年额铜二百三十万斤，遇闰办铜二百四十九万一千六百六十九斤。每铜百斤价银七两四钱五分二厘。迤东道专管，东川府经管。"清代吴其濬《滇南矿厂图略》下卷《铜厂第一》记："汤丹厂，在巧家西北汤丹山，距郡一百六十里，背聚宝峰，面炭山坡，左为钻天坡，右为狮子坡，绵亘七十余里，高耸霄汉，鸟道千盘。《府志》云：大雪山在向化里，产大矿石，名为矿王，汤丹厂在其下。东川府知府理之。前明时开。乾隆初，获铜极盛。四十四年，定额铜三百一十六万余斤。嘉庆七年，减定二百三十万斤，闰加十九万一千六百六十九斤。每铜百斤，抽课十斤，公、廉、捐、耗四斤二两，通商十斤，尚供京运。余铜每百斤价银七两四钱五分二厘。今实办课、余、底本额京铜二百八万一千四百九十九斤十五两六钱。"又同书《惠第五》记："东川府经管汤丹厂，月支薪食银二十一两,各役工食银五十四两六钱。"同治《钦定户部则例》卷三十五《钱法二》记:"铜厂官役廉费:汤丹厂,厂官月支银三十两。客课五名,巡役四名,每名月支银二两。钻天坡看桥夫一名,月支银五钱。二、八月祭山二次,买备猪、羊等费共银八两。塘兵护送工本、赏费共银二两四钱。红花园客课一名,月支银三两二钱。硐长二名,每名月支银一两二钱。……铜厂运脚:汤丹厂运寻甸店,每百斤给银四钱五分;运东川店,每百斤给银二钱五分。九龙箐子厂运至汤丹,每百斤给银一钱八分七厘;聚宝山、观音山二子厂运至汤丹,每百斤各给银一钱二分五厘。自寻甸至威宁,计陆路十五站,每百斤给运费银九钱三分三厘三毫零。自省城请领运脚至寻甸店,计三站,每银一千两,每站给马脚银一钱三分四厘三毫七丝五忽。"

[2] 总督尹:即时任云贵总督尹继善。《清史列传》卷十八记:"尹继善(1695~1771),字元长,章佳氏,满洲镶黄旗人,大学士尹泰子。雍正元年进士,改庶吉士,散馆授编修充日讲起居注官。五年三月,迁侍讲,寻迁户部郎中;九月,往广东察审布政使官达、按察使方愿瑛受贿徇庇案得实,即署按察使。六年四月,授内阁侍读学士,协理江南河务;八月,署江苏巡抚,七年二月,实授,寻署江南河道总督。……十一年正月,调云贵广西总督。……乾隆元年,设贵州总督,以尹继善为云南总督。二年闰九月,来京陛见,以父尹泰年老乞留京,命为刑部尚书,兼管兵部事,议政处行走;十二月,充经筵讲官。三年,丁父忧。……八年二月,署两江总督。十年,实授两江总督。……十三年十月,授户部尚书、协办大学士,充国史馆总裁;十一月,军机处行走,兼正蓝旗满洲都统,命署川陕总督,嗣设四川总督,以尹继善为陕甘总督。……二十九年,晋文华殿大学士,仍留总督任。三十年四月,时尹继善年七十,恩赏"韦平介祉"匾。九月,召来京,入阁办事,兼管兵部事务。充国史馆总裁。十月,充上书房总师傅,教习庶吉士。三十一年,充会试正考官。三十二年,充经筵讲官。三十四年,兼翰林院学士。三十六年正月,上东巡,命留京办事;四月,卒,加赠太保,入祀贤良祠,寻赐祭葬,谥文端。"

[3] 巡抚张:即时任云南巡抚张允随。《清史稿》卷三百七《张允随传》记:"张允随(1693~1751),字觐臣,汉军镶黄旗人。祖一魁,福建邵武知府,有政绩,祀名宦。允随入赀为光禄寺典簿,迁江南宁国同知,

擢云南楚雄知府。雍正元年，调广南。丁母忧，总督鄂尔泰等请留司铜厂。二年，授曲靖知府，擢粮储道。鄂尔泰复荐可大任，上召入见。五年，擢按察使。未几，迁布政使。云南产铜供铸钱，宝源、宝泉二局需铜急，责委员领帑采洋铜，洋铜不时至。允随综铜厂事，察知旧厂产尚富，增其值。民乐于开采，旧厂复盛。又开大龙、汤丹诸新厂，岁得铜八九百万斤供用。乃停采洋铜，国帑省，官累亦除。八年，调贵州。未几，授云南巡抚。允随官云南久，熟知郡国利病，山川险要，苗、夷情状。……十二年，疏请于广西府开炉鼓铸。皆下部议行。乾隆二年，署云南总督。……三年，请停铸钱运京。……五年……允随请浚金沙江，上命都统新柱、四川总督尹继善会勘。疏言：'金沙江发源西域，入云南，经丽江、鹤庆、永北、姚安、武定、东川、昭通七府，至叙州入川江。东川府以下，南岸隶云南，北岸隶四川。营汛分布，田庐相望。至大井坝以上，南岸尚有田庐，北岸皆高山。山后沙马、阿都两土司地，从前舟楫所不至。自乌蒙改流设镇，云南兵米，每岁籴自四川，皆自叙州新开滩至永嘉黄草坪五百八十里，溯流而上。更上自黄草坪至金沙厂六十里，商舶往来。臣等相度，内有大汉漕、凹崖、三腔、锣锅耳诸滩险恶，应行修理。更上自金沙厂至滥田坝二百二十七里，十二滩，滥田坝最险，次则小溜筒。臣等相度开凿子河。更上自双佛滩至蜈蚣岭，十五滩相接，石巨工艰。臣等令改修陆路，以避其险。云南地处极边，民无盖藏，设遇水旱，米价增昂。今开通川道，有备无患。'上谕曰：'既可开通，妥协为之，以成此善举。'允随主办其役，计程千三百余里，费帑十余万，经年而工成。八年……授云南总督，兼管巡抚。九年，疏报东川阿坝租得铜矿，试煎，月得铜四万余斤。十年，加太子少保。十二年，授云贵总督。……十五年，入觐，授东阁大学士，兼礼部尚书，加太子太保。十六年，卒，赐祭葬，谥文和。"

[4] 总督吴：即时任云贵总督吴达善。《清史列传》卷十七记："吴达善（？～1771），满洲正红旗人，姓瓜尔佳氏。乾隆元年进士，授户部主事。六年，迁员外郎。十三年，迁国子监祭酒。十五年六月，迁光禄寺卿。十二月，擢内阁学士。十七年，授盛京礼部侍郎，寻调刑部。十八年，调兵部侍郎。十九年，调工部侍郎，兼镶红旗满洲副都统。二十年五月，授甘肃巡抚。十二月，调河南巡抚。二十六年四月，调云贵总督。二十七年六

月，兼署云南巡抚。二十九年六月，调湖广总督。七月，兼署湖北巡抚。三十一年，调陕甘总督。三十五年，兼署湖南巡抚。三十六年四月，调陕甘总督。时土尔扈特全部归顺，谕赏给羊只皮衣，吴达善办理妥速，议叙加一级。十月，卒。加恩晋太子太保，入祀贤良祠。赐祭葬如例，谥勤毅。"《清高宗实录》卷六百九十七记："乾隆二十八年十月，云贵总督吴达善奏：'滇省汤丹、碌碌厂采铜，上年奏准每百斤加银四钱，该二厂每年办铜六七百万，约需加价银二万六七十两，于本年加卯铸息内支给外，即将前年存积余银四万两，逐渐添补。查自乾隆二十七年十月奉文加价起，至本年八月止，未满一年，共办获铜七百二十余万斤，是将来加卯年息及前年存积余录心不敷加价之需，请于东川新、旧二局炉内，本年冬季每旬每炉加铸半卯，仍于铜本内借支铸本，铸出钱文，照例以一千二百文作银一两，扣解道库，除归还借款，及支销经费外，计一季可获息银一万一千九百余两，以备来年加价之需，将来每年冬季，应否加铸，届期随宜办理。'从之。"

[5] 巡抚刘：即时任云南巡抚刘藻。《清史列传》卷二十三记："刘藻（1701～1766），山东菏泽人。初名玉麟，由举人任观城教谕。乾隆元年，荐举博学鸿词，授检讨，改今名。四年，迁右中允，累迁会读，命在上书房行走。五年四月，授太常寺少卿。五月，迁右通政；六月，迁左佥都御史……六年四月，擢内阁学士；八月，充顺天乡试正考官；十二月，提督江苏学政。……二十二年三月，擢云南巡抚。……二十五年，又言：'省、临二局加卯鼓铸，请以余息补铜价，不致多费币鑫；以钱文济厂民，复可早归鼓铸，公私两便'。均如所请行。二十六年，暂署云南总督。……十二月，又请停买川铜，照旧在滇采办，从之。二十九年六月，授云贵总督。"《清史稿》卷三百二十七《刘藻传》记：刘藻，字素存，山东菏泽人。初名玉麟，以举人授观城教谕。乾隆元年，荐举博学鸿词，试一等，授检讨，更名。累迁左佥都御史。……二十一年，授陕西布政使。二十二年，擢云南巡抚。加太子少保，兼领贵州巡抚。……三十一年，移湖广总督，未行……部议夺职，留云南效力。藻闻上怒，惶迫自杀。"《清高宗实录》卷七百二十五记："乾隆二十九年甲申十二月戊戌，吏部等部议覆：'云贵总督刘藻奏称"滇省汤丹、大碌两铜厂，坐落东川府属会泽县境内，比岁以来，产铜日旺，厂众益增，两厂不下二三万人，争端易起，案件渐多。虽有丞倅

二员，分驻厂中，刑名非其所辖，呼应不灵，移县查办，延误堪虞。查东川府壤接川、黔，地方辽阔，向无府佐。澄江府地居腹裏，原设通判，与知府同城，并无承办要件，实系闲员应裁。改设东川府汤丹通判一员，办理两厂刑名，拟定字样，铸给关防。汤丹厂原有公所，将澄江通判旧署估变，量为增修。书吏、快役，拨归听用，俸廉、工食，照额支领。该通判既理刑名，应建监狱一座，汤丹厂并无城垣，未便久稽重犯，俟审定日，仍发会泽县监禁，以昭慎重"，应如所请'，从之。"

[6] 东川店：即东川铜店，简称东店。设置在东川府城（今云南省曲靖市会泽县）中，负责接收来自东川府境内各个铜厂及子厂的额铜，并转运至昭通铜店。乾隆《东川府志》卷十二《铜运》记："汤丹等厂，办出铜斤，乾隆三年以前，运贮东川铜店，或委员运赴江、广发卖，或转运四川永宁、贵州威宁拨卖，各省粮道总理。"乾隆《钦定户部鼓铸则例》卷一记："东川府承运京铜三百一十六万五千七百二十斤，每铜三百斤额准折耗八两。运至昭通府，按照陆路计程五站半。每年请领运脚银二万二千四十七两三钱。今照四站半雇运，每站每百斤给运脚银一钱二分九厘二毫，共给银一万八千四百五两四钱九分六厘八丝。自省至东川府计程八站，每领银一千两，每站给驮银马脚盘费银一钱三分四厘三毫七丝五忽。节省运脚银三千六百四十一两八钱三分九厘二丝，收贮司库，留为办铜工本之用。统于陆运并正额节省《报销册》内，报部核销。"同书卷四又记："东川铜店委会泽县管理，书记一名，月支工食银三两；巡役八名，每名月支工食银二两；搬铜店役十名，每名月支工食银二两。灯油、纸笔并差催各厂铜斤盘费年共支银一百五十九两三钱六分。仍将给过银两造入矿厂《奏销册》内，送部核销。"

[7] "发运"至"二站"：清代吴其濬《滇南矿厂图略》下卷《运第七》记："东川府经管汤丹厂京铜，运交东店二站，每百斤脚银二钱五分九龙箐子厂，每百斤一钱八分七厘；聚宝山、观音山子厂，一钱二分五厘；大矿山子厂，六钱八分七厘五毫；岔河子厂，六钱二分五厘。"又同书《程第八》记"汤丹厂至东店，计程二站。自厂至小江八十五里，小江至东川府城七十里。"汤丹厂的厂运路线，分为两路，一路为东道，运往东川铜店；一路为南道，运往寻甸铜店。两路均从汤丹厂、五龙汛驻地（今汤丹菜园子）出发。东道顺元宝山

南坡而下，经浪田坝（猴子坡）、新建村达小江边（紫牛坡塘），顺小江西岸北行至新田坝（大桥塘），与大雪厂、大水沟厂铜运马帮汇合，过小江大桥前往东川府城。雍正《东川府志》卷上《桥梁》记："小江桥：在府治西，系通汤丹厂要道，离城六十里。"乾隆《东川府志》卷之四《山川》记："猴子坡：汤丹厂大路，距城西一百里。"南道从菜园子南行，顺望厂坡而下，过普车河到小田坝（土地沟塘），沿晓光河谷溯源而上，在纸厂村过晓光河，翻越钻天坡，经半坡、四方井至乌龙坝，沿乌龙河溯源而上，经碑棋、小教场，至烂泥箐、翻越松毛棚，途经大坪子再下块河河谷进入寻甸县境内，抵达沧溪，沿块河河谷南行，途经金源、甸沙、清水海，进入寻甸城。从沧溪到寻甸，今全程为公路，与铜运驿道重合，里程 72 公里。乾隆《东川府志》卷之四《山川》记："钻天坡：长二十余里，寻甸至汤丹大路，在则补，距城西一百八十里。"

[8] 役食银：役，即官府中的差役或衙门中的衙役，又称吏役或胥吏。清代徐珂《清稗类钞·胥役类》记："胥役，皆在官之人也，大小衙署皆有之。胥吏，公家所用掌理案牍之吏也，各治其房科之事，俗称之曰书办。差役，奔走于公家，执杂役者也，亦称差人。"食银，又称饭食银或工食银。役食银，清制，各衙署中额设官役，均按月发给额定之工价饭食银，一般标准为每月银五钱，即每年银六两。《清世宗实录》卷七十五记："雍正六年戊申十一月己未，谕兵部：'……而文官只有衙役、书吏，不足备捍御之用，似应给与防护之人，尔等酌议具奏'。寻议：'……州县佐贰官亦宜酌量给与，或四名，或六名，即在本州县拣选，至所给每年工食银六两，不得以荒缺扣减。'从之。"雍正《东川府志》卷十《经费》记："东川军民府知府一员：正四品，岁支俸银一百五两。典吏门皂各役四十一名，每名年该工食银六两。共银二百四十六两。"清代何刚德《春明梦录》卷下记："饭食银每季只两三金耳。"

[9] 九龙箐子厂：清代吴其濬《滇南矿厂图略》下卷《铜厂第一》记："（汤丹厂）子厂：九龙箐厂，乾隆十六年开。"九龙箐位于昆明市东川区舍块乡政府东南十公里九龙村公所，以海拔 4344 米的古乌蒙山——绛云露山主峰雪岭为界，汤丹位于雪岭东面半坡，九龙箐位于雪岭西面半坡。由于雪岭阻隔，两地之间至今无直达公路。从子厂到汤丹老厂的运输路线为：

由九龙（海拔2800米）出发，向东沿着九龙箐沟上坡，过雪岭下的紧风口（海拔3996米，又名雪山丫口）向东下坡，过滥泥坪（海拔3100米、东川矿务局四大铜矿山之一所在地）到汤丹老厂。九龙箐到滥泥坪途距虽然只有不足十五公里，但是大部分为上坡路，故需要一站的时间。滥泥坪至汤丹山路十公里，半站，现在有盘山公路连接，路程32公里。清代王昶《云南铜政全书》记："九龙箐子厂，在汤丹厂西南一百里。乾隆十六年开采，年获铜三四十万斤。"乾隆《东川府志》卷十一《厂课》记："附汤、大两厂子厂：……九龙箐厂：离汤丹厂四十里，委杂职管，今停，悉归汤丹厂官管。"乾隆《钦定户部鼓铸则例》卷四记："运铜脚费：九龙箐子厂至汤丹厂一站半，每百斤给运脚银一钱八分七厘五毫。"

[10] 聚宝山子厂：《清高宗实录》卷四百八十五记："乾隆二十年乙亥三月己亥，云贵总督硕色、云南巡抚爱必达奏：'滇省产铜，向惟东川府属之汤丹、大水、碌碌、三厂最旺，近来汤丹等大厂，硐深矿薄，查……汤丹之聚宝山新开长兴硐，日可煎铜六百余斤，九龙箐之开库硐，日可煎铜千余斤，又碌碌厂之竹箐老硐侧另开新硐，矿沙成分颇佳，均应作为子厂'。得旨：'好。'"王昶《云南铜政全书》记："聚宝山子厂，在汤丹厂西七十里，乾隆十八年开采，年获铜五六十万斤。"乾隆《东川府志》卷十一《厂课》记："附汤、大两厂子厂。聚宝山厂：离汤丹厂三十里，归汤丹厂官管。"乾隆《钦定户部鼓铸则例》卷四记："运铜脚费：聚宝山子厂至汤丹厂一站，每百斤给运脚银一钱二分五厘。"清代吴其濬《滇南矿厂图略》下卷《铜厂第一》记："（汤丹厂）子厂：……宝山厂，在（汤丹厂）西，乾隆十八年开。"按照史料记录，聚宝山子厂位于九龙箐子厂东面，今地名已不存，位置应在雪岭附近，今属昆明市东川区汤丹镇滥泥坪办事处所辖范围。从子厂到汤丹老厂的运输路线与九龙箐子厂至老厂的路线相同。

[11] 观音山子厂：今观音山位于昆明市东川区舍块乡政府东南3.2公里云坪村公所，海拔3567米，与观音山子厂无关。王昶《云南铜政全书》记："观音山子厂，在汤丹厂西八十里，乾隆二十三年开采，年获铜三四十万斤，即在汤丹厂年额之内。"乾隆《东川府志》卷十一《厂课》记："附汤、大两厂子厂。……观音山厂：离汤丹厂三十里，归汤丹厂官管。"乾隆《钦定户部鼓铸则例》卷四记："运铜脚费：观音子厂至汤丹厂一站，每百

斤给运脚银一钱二分五厘。"清代吴其濬《滇南矿厂图略》下卷《铜厂第一》记："（汤丹厂）子厂：……观音山厂，在（汤丹厂）西，乾隆二十三年开。"按照历史文献记录，观音山子厂位于九龙箐子厂东面，今地名已不存，位置应在雪岭附近，现属东川区因民镇落雪办事处所辖范围。从子厂到汤丹老厂的运输路线与九龙箐子厂至老厂路线相同。

[12] 岔河子厂：今东川区境内以岔河为地名之处很多，但均与岔河子厂无关。按照正文记录其他子厂"其运脚、厂费，均于厂务项下支销，不支书、巡工食。"可是岔河子厂"每年准支书、巡工食，厂费等银三百一十一两八钱"，可知其是一个距离汤丹厂比较远的独立管理的厂子。按照文中厂运路线，岔河子厂到汤丹老厂的最后两站是小海子、黄水箐，分别位于由北而南的小江河谷中，因此这个子厂应该在四川会东县境内，乾隆《东川府志》卷一《分防则补图》中的普毛厂是也，清代属于东川府会泽县善长里。雍正《云南通志》卷十一《厂课》记："汤丹、普毛等铜厂：坐落东川府地方。雍正四年，总督鄂尔泰为钦奉上谕事题明，新归云南东川地方铜厂。年该课息银一千二百两，每铜一百斤，抽收十斤。其各厂衰旺不一，或硐老山空另开子厂，故无额课，止于总数奏销。"

[13] 大碛子厂：按照文中厂运路线，大碛子厂位于清代会泽县宁靖里（今曲靖市会泽县南部驾车乡）境内。乾隆《东川府志》卷八《村寨·宁靖里》载有糯租村、牛泥塘、法却村等。

[14] 子厂：按照历史资料记录，汤丹之子厂尚有裕源子厂。清代王昶《云南铜政全书》记："裕源子厂，距汤丹厂六十里，乾隆四十七年开采，年获铜八九万斤。"《大清会典事例》卷一百七十四《户部四十七·钱法》记："乾隆四十九年，奏准：东川府裕源子厂，系汤丹子厂，所有抽收铜斤价、脚等银俱归汤丹厂造报。"清代吴其濬《滇南矿厂图略》下卷《铜厂第一》记："（汤丹厂）子厂：……裕源厂，乾隆四十七年开，后停。"按照历史文献记录，裕源子厂位于聚宝山子厂、观音山子厂的东面，距离汤丹厂最近，位置应在九龙箐、聚宝山、观音山三大子厂到汤丹厂运输路线的半途，今属于昆明市东川区汤丹镇滥泥坪办事处所辖范围。从子厂到汤丹老厂的运输路线与九龙箐子厂至老厂路线相同。

# 碌碌厂[1] 附兴隆子厂、龙宝子厂、多宝子厂、小米子厂

碌碌厂，坐落会泽县地方，距东川府城三站半。原系四川省经管，雍正四年改归滇省采办。每年约出铜八九十万斤及一百余万斤不等，并未定额、通商，亦未抽收公、廉、捐、耗。每办获铜百斤内，抽收课铜十斤，官买余铜九十斤。每百斤给银六两。所收课、余铜斤，备供本省局铸，及江、楚等省采买解京之用。雍正十二年，奏准：每办获铜百斤内，抽收课铜十斤，另抽公、廉、捐、耗铜四斤二两，官买余铜八十五斤十四两。每百斤给价银六两九钱八分七厘。乾隆二十七年，奏准：每余铜百斤，加给银四钱六分五厘。连原给例价，共合每余铜百斤给银七两四钱五分二厘。自三十三年五月起，于例定价值之外，每百斤暂行加银六钱。连原给例价，合每余铜百斤，给银八两一钱五分一厘。三十八年，奏准：每办铜百斤内，给与厂民通商铜十斤，照前抽收课铜及公、廉、捐、耗铜斤，官买余铜七十五斤十四两。每百斤给银八两一钱五分一厘。三十九年六月，停止加价，每余铜百斤，照旧给价银七两四钱五分二厘。四十三年，奏定：年办额铜一百二十四万四千斤。四十六年，因礓硐覆压，屡提无效。于四十九年，总督富、巡抚刘奏准[2]，自四十六年起，酌减铜四十二万余斤，每年只办额铜八十二万三千九百九十二斤。嘉庆四年，因该厂碛砂质薄，出铜短缩，前布政使司陈奏请酌减铜二十万三千九百九十二斤。自七年起，每年少办额铜六十二万斤。内应办底板铜三万九百九十九斤十五两六钱，遇闰加办铜二千五百八十三【斤】五两三钱；应办官商铜五十八万九千斤四钱，遇闰加办铜四万九千八十三斤五两四钱。每底本铜百斤，给价银六两四钱，并不抽课、通商，亦不抽收公、廉、捐、耗，系另款造册报销。其官商铜斤，照旧通商、抽课、收廉等铜、余铜给价收买，发运东川店转运。自厂至黄草坪半站，黄草坪至小田坝一站，小田坝至尖山塘一站，尖山塘至东川府城一站，共三站半[3]。每百斤给运脚银四钱。又每运铜一百二十斤，支销筐篓一对，给银二分。又每年准【支】官役薪食、厂费等银四百三十六两六钱八分，遇闰加增，小建不除。赴迤东道库请领工本、运脚，自东川至待补一站，待补至大水塘一站，大水塘至功山一站，功山至寻甸州城一站，共四站。

计自厂至寻共七站半，应需马脚、盘费，照例按站于厂务项下支销。又每年准支加添役食银一百三十四两四钱，于搭运节省项下支销。

兴隆子厂[4]，于乾隆十九年开采。自厂至碌碌老厂四十余里。办获铜斤，照老厂事例，径运东店，归老厂报销，不支运脚。每年准支书、巡工食，厂费等银二百四两，遇闰加增，小建不除，于厂务项下支销。

龙宝子厂[5]，于乾隆十九年开采。自厂至碌碌老厂四十余里。办获铜斤，照老厂事例，径运东店，归老厂报销，不支运脚。每年准支书、巡工食，厂费等银二百四两，遇闰加增，小建不除，于厂务项下支销。

多宝子厂[6]，于乾隆六十年开采。自厂至金江渡八站，金江渡至野牛坪一站，野牛坪至一家苗一站，一家苗至烟棚子一站，烟棚子至黄草坪一站，黄草坪至碌碌厂半站，共五站半。办获铜斤，应交老厂转运。每百斤给脚银六钱八分七厘五毫。每年准支书、巡工食，厂费等银二百二十一两二钱，遇闰加增，小建不除，于厂务项下支销。

小米山子厂[7]，于嘉庆二年开采。自厂至卑各村一站，卑各村至西卡多一站，西卡多至凉山箐一站，凉山箐至黄泥井一站，黄泥井至碌碌厂一站，共五站。办获铜斤，运交老厂转运。每百斤给运脚银六钱六分五厘，于厂务项下支销，不支书、巡工食。

其各子厂办获铜斤，悉照老厂事例，通商、抽课、给价收买，发运老厂交收，转运补额。

## 注　释

[1]　碌碌厂：位于今昆明市东川区因民镇落雪地区，1953年初成立落雪矿，1970年投产，设计年产能为精矿含铜16400吨，为东川矿务局下辖四大矿山之一，现在仍有私营铜矿在此生产。《大清会典事例》卷一百七十四《户部四十七·钱法》记："会泽县碌碌铜厂，各厂年额共课银一万八百二十五两七钱九厘有奇。"清代王昶《云南铜政全书》记："雍正四年，隶滇开采，岁获铜数十万至一二百万斤不等。乾隆四十三年，定年额铜一百二十四万四千斤。四十六年，硐覆，减铜四十二万余斤，额办铜八十二万

三千九百九十二斤，专供京局。每铜百斤，价银七两四钱五分二厘。余同汤丹。龙宝子厂、兴隆子厂俱附近碌碌厂，获铜归入碌碌厂，不另支脚费。"清云南布政司《案册》记："嘉庆七年，定年额铜六十二万斤，遇闰办铜六十七万一千六百六十六斤。迤东道专管，东川府经管。"乾隆《钦定户部鼓铸则例》卷四记："运铜脚费：碌碌厂至东川三站半，每百斤给运脚银四钱。养廉工食：碌碌厂坐落会泽县地方，委曲靖府同知管理，宣威州可渡巡检协办，每月给养廉银三十两。书记三名，每名月支工食银三两；课长四名，每名月支工食银二两；巡役十八名，每名月支工食银二两；厨役水火夫二名，每名月支工食银二两。每月给灯油、纸笔银十二两。又每年端阳、中秋年节、祭山等项银四十两。又兴隆子厂设书记一名，月支工食银三两；巡役四名，每名月支工食银二两。每月给灯油、纸笔等项银五两。又每年端阳、中秋年节犒赏、祭山银十六两。又龙宝子厂设书记一名，月支工食银三两；客课二名，每名月支工食银二两；巡役四名，每名月支工食银二两。每月给灯油、纸笔银五两。又每年端阳、中秋年节犒赏、祭山银十六两。清代吴其濬《滇南矿厂图略》下卷《铜厂第一》记："碌碌厂，在会泽西，距郡一百六十里，一名落雪。山极高，气候极寒，夏月衣棉，冬多雪。东川府知府理之。旧属四川，雍正四年，改隶云南时开。乾隆四十三年，定省额铜一百二十四万四十斤。四十六年，减定八十二万三千九百九十二斤。嘉庆七年，减定六十二万斤，闰加五万一千六百六十六斤，抽收事例、价银同汤丹，专供京运。今实办课、余、底本额京铜五十六万一千一百斤。"同治《钦定户部则例》卷三十五《钱法二》记："铜厂官役廉费：碌碌厂，厂官月支银一十五两。兴隆厂、龙宝厂书记各一名，每名月支银三两。碌碌厂，客课六名，每名月支银一两。巡役二名，每名月支银一两四钱。大雪山硐长一名，月支银一两二钱。得禄山炉长一名，月支银一两二钱。兴隆厂、龙宝厂客课各二名，每名月支银二两。巡役各四名，每名月支银二两。月支灯油、纸笔银各五两。岁支祭犒银各一十六两。铜厂运脚：碌碌厂运东川店，每百斤给银四钱。"

[2] "四十九"至"奏准"：《朱批奏折》："乾隆四十九年九月十八日，云贵总督富纲、云南巡抚刘秉恬奏：'为厂铜丰啬不常，应酌盈剂虚以昭核实事。窃照滇省各厂办铜，向系尽收尽报。自乾隆四十二年奏定年额，

每岁应办额铜一千九十余万斤，于考成案内，计岁获之盈亏，定厂员之功过。迩年以来，因广开新厂，以资腋凑，较额定之数，岁增至一二百万斤不等，京运之得以依限扫帮者，实由于此。……查东川府属之碌碌厂，从前原定额铜一百二十四万四千斤，因四十六年嶞峒覆压四口，获铜顿减。……就嶞所出矿砂，每年仅办获铜八十二万三千九百余斤，计短额铜四十二万斤，并无捏饰等。……臣等伏思，铜厂之衰，既属靡常，则各厂铜额之增减，自宜核实，若必拘于原定额数，则矿多铜旺之新厂，既不免减报营私之弊；而矿衰铜绌之旧厂，或因自顾考成，转启虚报铜斤之渐，于铜政殊无裨益。……其获铜缺额者，如实系矿砂衰薄，亦准厂员据实具报，委据道府勘查属实，或应减额，或应封闭，于考成案内题报，……所有碌碌厂办铜短额，业经臣等查明，实因矿砂已竭，又兼嶞峒覆压所致，请于原定额数内，减去铜四十二万斤，即以八十二万三千九百九十二斤为一年之额。……至碌碌厂，向支薪水等费银一千七百四十两，今额铜既减，未便仍照原数支销，臣等按铜核计，应请减去银五百八十八两，实给薪水等费银一千一百五十二两。"

[3] "发运"至"三站半"：清代吴其濬《滇南矿厂图略》下卷《程第八》记："碌碌厂至东店，计程三站半。自厂至黄草坪三十五里，黄草坪至小田坝五十五里，小田坝至尖山塘六十里，尖山塘至东川府城六十五里。"碌碌厂与大水沟厂相邻，由厂地运铜至东川铜店的道路是一致的，是唯一的捷径。从落雪沟（大雪碌碌厂）出发，经过老来红，过卷槽沟（涧槽沟塘）；从因民（大水沟厂）出发，经过大荞地（大水沟塘），亦过卷槽沟，与大雪碌碌厂铜运马帮汇合。途经二二二（海子头）、杉木箐、坪子（泥膊子塘）、达朵、新田坝（大桥塘），以上地区在今昆明市东川区境内。再进入会泽县境内，过小江桥前往小江（小江塘），沿尖山沟溯源而上，过白沙坡、大石坪（尖山塘）、尾坪子（九十九渡）、小坪子、温泉（热水塘）、以礼（以濯河塘）进入会泽坝子（东川府城）。《大清会典事例》卷一百七十四《户部四十七·钱法》记："乾隆三年，又复准：自厂运至东川，有小江塘至热水塘五十余里（实际四十七里），两山壁立，中通狭涧，沿途碎石溜沙，兼以夏秋多雨，烟瘴盛发，一年内止可运铜半年。"乾隆《东川府志》卷之四《山川》记："尖山：在城西北五十里，

其颠直上云表,高十余里,为铜厂大道必经之地。"同书卷之五《桥梁》记:"踏雪桥:在小江,长十二丈,阔一丈,木制。以石为墩,上覆板屋。"清代东川汤丹《赵世家谱》记:"光绪已丑年冬,(赵开泰)以千总衔率土兵百号,押驮马百余驮,京铜一万斤,过猴子坡下小江,经踏雪桥,塘村(即小江塘)、尖山,在尾坪子遭流贼马三截抢,开泰公血战护铜,斩马三于马下,率众杀贼数十,其余溃散,京铜未损毫厘。然公亦在肋中刀,渡以礼河后,铜安抵会泽,公返热水塘,刀创迸发故世,时年二十五岁。……马三者,长毛余孽,滇北之悍贼也,官兵屡剿不得,开泰斩马三,除却铜路一巨祸。"

[4] 兴隆子厂:位于今昆明市东川区汤丹镇政府西7.5公里兴隆村公所,北距落雪(大雪碌碌厂)亦只有7公里。乾隆《东川府志》卷十一《厂课》记:"附汤、大两厂子厂。……兴隆厂:离碌碌厂三十里,归大碌厂官管。"清代吴其濬《滇南矿厂图略》下卷《铜厂第一》记:"(碌碌厂)子厂:龙宝厂;兴隆厂,后停;多宝厂;小米山厂。"

[5] 龙宝子厂:今无此地名,按照历史记录,应该位于今昆明市东川区落雪山脉上。清代刘慰三《滇南志略》卷四《东川府》记:"龙宝子厂、兴隆子厂,俱附近碌碌厂,获铜归入碌碌厂,不另支脚费。"乾隆《东川府志》卷十一《厂课》记:"附汤、大两厂子厂。……迤西厂:离碌碌厂三十里,归大碌厂官管。"

[6] 多宝子厂:按照文中厂运路线中有野牛坪,而野牛坪位于四川会东境内,多宝子厂应位于其境内。清代吴其濬《滇南矿厂图略》下卷《运第七》记:"碌碌厂京铜,运交东店,三站半,每百斤脚银四钱多宝子厂,六钱八分七厘五毫;小米山子厂,六钱二分五厘。"

[7] 小米山子厂:按照文中厂运路线推断,小米山子厂应位于清代会泽县宁靖里(今曲靖市会泽县大海乡)境内。乾隆《东川府志》卷八《村寨·宁靖里》有卑各村、西卡多、小凉山等村。

## 大水沟厂[1]附联兴子厂

大水沟厂,坐落会泽县地方,距东川府城三站半。原系四川省经管,雍正四年改归滇省采办。每年约出铜一二十万斤及四五十万斤不等,并未定额、通商,亦不抽收公、廉、捐、耗。每办获铜百斤,内抽(课收)〖收课〗铜十斤,官买余铜九十斤。每百斤给银六两。所收课、余铜斤,备供本省局铸,及江、楚等省采买解京之用。雍正十二年,奏准:每百斤内抽收课铜十斤,另抽公、廉、捐、耗铜四斤二两,官买余铜八十五斤十四两。每百斤给价银六两九钱八分七厘。乾隆二十七年,奏准:每余铜百斤,加给银四钱六分五厘。连原给例,共合每余铜百斤,给银七两四钱五分二厘。自三十三年五月起,于例定价值之外,每百斤暂行加银六钱。连原给例价,合每余铜百斤,给银八两一钱五分一厘。三十八年,奏准通商,每办铜百斤内,给与厂民通商铜十斤,照前抽收课铜及公、廉、捐、耗铜斤,官买余铜七十五斤十四两。每百斤给银八两一钱五分一厘。三十九年六月,停止加价,每百斤照旧给价银七两四钱五分二厘。四十三年,奏定:年办额铜五十一万斤。嘉庆四年,前布政使司陈奏请酌减铜十一万斤,自七年起,每年只办额铜四十万斤。内应办底本铜一万九千九百九十九斤十五两二钱,遇闰加办铜一千六百九十九斤九两九钱;应办官商铜三十八万斤(八)两,遇闰加办三万一千六百六十六斤十两七钱。每底本铜百斤,给价银六两四钱,并不抽课、通商,亦不抽收公、廉、捐、耗,系另款造册报销。其官商铜斤,照旧通商,抽收课、廉等铜,余铜给价收买,发运东川店转运。自厂至黄草坪半站,黄草坪至小田坝一站,小田坝至尖山塘一站,尖山塘至东川府城一站,共三站半。每百斤给脚银四钱。又每铜一百二十斤,支销筐篓一对,给银一分七厘。每年准支官役薪食、厂费等银五百九十八两五钱,遇闰加增,小建不除。赴迤东道库请领工本、运脚,自厂至东川三站半,由东至寻四站,共七站半。应需马脚、盘费,照例按站支销。

联兴子厂[2],于乾隆六十年开采。自厂至梅子箐一站,梅子箐至树结一站,树结至红门楼一站,红门楼至苗子村一站,苗子村至凉水井一站,凉水井至老村子一站,老村子至大水沟厂半站,共计六站半。办获铜斤,悉照老厂事例收买,运交老厂,转运补额。每百斤给运脚银八钱一分二厘五毫。每年准支书、巡工食,厂费等银一百五十九两八钱,均于厂务项下支销。

# 注　释

[1]　大水沟厂：位于今昆明市东川区西北部因民镇，1953年初成立因民矿，于1960年投产，设计年产能为精矿含铜5000吨，为东川矿务局下辖四大矿山之一，现在仍然有私营铜矿在此生产。《大清会典事例》卷一百七十四《户部四十七·钱法》记："会泽县大水沟铜厂，各厂年额共课银一万八百二十五两七钱九厘有奇。"清代王昶《云南铜政全书》记："大水沟厂，在东川府会泽县境内，雍正四年开采，年获铜一百三四十万至数十万不等。乾隆四十三年，定年额铜五十一万斤，余同汤丹。"清云南布政司《案册》记："嘉庆七年，定年额铜四十万斤，遇闰办铜四十三万三千三百三十三斤。迤东道专管，东川府经管。"乾隆《钦定户部鼓铸则例》卷四记："运铜脚费：大水沟厂至东川三站半，每百斤给运脚银四钱。养廉工食：大水沟厂坐落会泽县地方，委曲靖府同知管理，宣威州可渡巡检协办，每月给养廉银十两。书记一名，月支工食银三两；客课四名，每名月支工食银二两；巡役八名，每名月支工食银二两；厨役水火夫二名，每名月支工食银二两。每月给灯油、纸笔、杂费银十两。又每年端阳、中秋年节犒赏，并祭山猪羊等项银三十八两。"清代吴其濬《滇南矿厂图略》下卷《铜厂第一》记："大水沟厂，在巧家西南。东川府知府理之。雍正四年开。乾隆四十三年，定额铜五十一万斤。嘉庆七年，减定四十八万斤，闰加三万三千三百三十斤，抽收事例、价银同汤丹，尚供京运。今实办课、余、底本额京铜三十六万一千九百九十九斤十五两。"又同书《惠第五》记："大水沟厂，薪食银七两，各役工食银四十三两四钱。"同治《钦定户部则例》卷三十五《钱法二》记："铜厂官役廉费：大水沟厂，厂官月支银十两。书记一名，月支银三两。客课四名，每名月支银二两。巡役一十四名，每名月支银二两。厨役水火夫二名，每名月支银二两。灯油、纸笔月支银十两。祭犒岁支银三十八两。铜厂运脚：大水沟厂运东川店，每百斤给银四钱。"

[2]　联兴子厂：按照清政府的规定：子厂"其运脚、厂费，均于厂务项下支销，不支书、巡工食。"联兴子厂"每年准支书、巡工食，厂费等银一百五十九两八钱"，故应是一个距离碌碌厂比较远的独立管理的厂子。文中厂运路线中第二站为树结，树结位于今昆明市东川区西北部金沙江边，

那么可推知联兴子厂也位于今四川省会东县境内。大水沟厂后来又新开了一个聚源子厂。清代吴其濬《滇南矿厂图略》下卷《铜厂第一》记："（大水沟厂）子厂：联兴厂、聚源厂。"又同书《运第七》记："大水沟厂京铜，运交东店，三站半，每百斤脚银四钱联兴子厂，八钱一分二厘五毫；聚源子厂，一两四钱三分七厘五毫。"

## 茂麓厂[1]附普腻子厂

茂麓厂，坐落会泽县地方，距东川府城七站半，于乾隆三十三年开采。每年约出铜八九万斤及十余万斤不等，并未定额、通商。照汤丹等厂奏准之例，每办获铜百斤内，抽收课铜十斤。又抽公、廉、捐、耗银四斤二两，官买余铜八十五斤十四两。每百斤照加价之例，给银八两一钱五分一厘。所收课、余、公、廉、捐、耗铜斤，备供京运之用。三十八年，奏准通商，每办铜百斤内，给与厂民通商铜十斤，照前抽收课铜及公、廉、捐、耗铜斤，官买余铜七十五斤十四两。每百斤给银八两一钱五分一厘。三十九年六月，停止加价。每余铜百斤，照旧给价银七两四钱五分二厘。四十三年，奏定：年办额铜二十八万斤。内应办底本铜一万三千九百九十九斤十二两八钱，遇闰加办铜一千一百六十六斤十两四钱；应办官商铜二十六万六千斤三两二钱，遇闰加办铜二万二千一百六十六斤十两九钱。每办底本铜百斤，给银六两四钱，并不抽课、通商，亦不抽收公、廉、捐、耗，系另款造册报销。其官商铜斤，照旧抽收课、廉等铜，余铜给价收买，发运东川店转运。自厂至桃树坪一站，桃树坪至树结一站，树结至苗子村一站，苗子村至大水沟厂一站，大水沟至黄草坪半站，黄草坪至小田坝一站，小田坝至尖山塘一站，尖山塘至东川府城一站，共七站半[2]。每百斤给脚银八钱五分六厘。又每运铜一百二十斤，支销筐篓一对，给银二分。每年准支官役薪食、厂费等银六百三十二两，遇闰加增，小建不除。赴迤东道库请领工本、运脚，自厂至东七站半，自东至寻四站，共十一站半。应需马脚、盘费，照例按站支销。

普腻子厂[3]，于嘉庆三年开采。自厂至鲁得村一站，鲁得村至磨盘卡一站，磨盘卡至竹里箐一站，竹里箐至青龙凹一站，青龙凹至茂麓厂半站，共四站半。办获铜斤，悉照老厂事例收买，运交老厂，转运补额。每百斤给脚银五钱六分一厘五毫，均于厂务项下支销，不支书、巡工食。

## 注 释

[1] 茂麓厂：位于今昆明市东川区西北部金沙江与普渡河交汇区域的舍块乡茂麓村，现在仍然有私营铜矿在此生产。清代王昶《云南铜政全书》记："茂麓铜厂，在东川府会泽县境内。乾隆三十三年开采，岁获铜多寡不等。四十三年，定年额铜二十八万斤。余同汤丹。"清云南布政司《案册》记："遇闰办铜三十万三千三百三十三斤。迤东道专管，东川府经管。"乾隆《钦定户部鼓铸则例》卷四记："运铜脚费：茂麓子厂至大水沟厂二站半，每百斤给运脚银二钱八分五厘。"清代吴其濬《滇南矿厂图略》下卷《铜厂第一》记："茂麓厂，在巧家西北，地临金沙江，气候极热，东川府知府理之。乾隆三十三年开。四十三年，定额铜二十八万斤，闰加二万三千三百三十斤，抽收事例、价银同汤丹，专供京运。今实办课、余、底本额京铜二十五万三千三百九十五斤十五两六钱。子厂：普腻山厂。"又同书《惠第五》记："茂麓厂，薪食银十两，各役工食银四十一两。"同治《钦定户部则例》卷三十五《钱法二》记："铜厂官役廉费：茂麓厂，厂官月支银十两。书记一名，月支银三两。客课三名，每名月支银二两。巡役一十五名，每名月支银二两。厨役水火夫一名，月支银二两。灯油、纸笔月支银十两。铜厂运脚：茂麓厂运至大水沟厂，每百斤给银四钱五分六厘；运东川店，每百斤给银四钱。"

[2] "发运"至"七站半"：清代吴其濬《滇南矿厂图略》下卷《运第七》记："茂麓厂京铜，运交大水沟，四站，脚银四钱五分普腻子厂，五钱六分二厘五毫。大水沟，运交东店，三站半，每百斤脚银四钱。"又同书《程第八》记："麓厂至东店，计程七站半。自厂至桃树坪六十里，桃树坪至树结六十里，树结至苗子村五十里，苗子村至大水沟五十里，合大水沟路。"茂麓厂的厂运路线，分为两段，前段从茂麓向东经小水井村、倒马坎、桃

59

树坪到大水沟，一共三站路，正文中的树结与苗子村为虚领运费的绕线。后段与大水沟厂的厂运路线重合。

[3] 普腻子厂：按照文中厂运路线推断，普腻子厂应位于清代会泽县归治里、今昭通市巧家县境内。乾隆《东川府志》卷八《村寨·归治里》有鲁得村、磨盘卡、竹里箐等村。可是正文中普腻子厂的铜不直接运往东川府城，却先运到偏远的茂麓厂，再倒回来运往东川府城，故此是一条虚领运费的路线。

## 乐马厂[1]

乐马厂，坐落鲁甸通判[2]地方。距昭通府[3]城二站，于乾隆十八年办铜，该厂原系银厂，因硐内夹有铜气，于炼银冰燥内复行煎炼。每年约出铜五六千及二三万斤不等，并未定额、通商。照雍正十一年奏准之例，每办获铜百斤内，抽收课铜十斤。又抽收公、廉、捐、耗铜四斤二两，官买余铜八十五斤十四两，每百斤给价银六两。所收课、余、公、廉、捐、耗铜斤，备供京运之用。自三十三年五月起，于例定价值之外，每百斤暂行加银六钱。连原给例价，合每余铜百斤，给价银六两六钱九分八厘，三十八年，奏准通商，办铜百斤内，给与厂民通商铜十斤，照前抽收课铜及公、廉、捐、耗铜斤，官买余铜七十五斤十四两。每百斤给银六两六钱九分八厘。三十九年六月，停止加价，每余铜斤，照旧给价银六两。四十三年，奏定：年办额铜三万六千斤。嘉庆十二年，因该厂冰燥短缩，兼署巡抚伯于《考成册》[4]内题请酌减铜二万六千斤，每年只办额铜一万斤，遇闰加办铜八百三十三斤，照旧通商，抽收课、廉等铜，余铜给价收买，发运昭店转运。自厂至鲁店一站，鲁甸至昭通店一站，共二站[5]，每百斤给运脚银二钱五分。赴迤东道库请领工本、运脚，自厂至鸡罩卡站半，鸡罩卡至猛姑一站，孟姑至三道沟一站，三道沟至东川府城一站，共四站半。又自东至寻四站，共八站半。应需马脚、盘费，照例按站于厂务项下支销，不支筐篓、书、巡工食。

# 注 释

[1] 乐马厂：位于今昭通市鲁甸县南部的牛栏江边，为银、铜混合矿厂。清代伯麟《滇省舆地图说·昭通府舆图》记："鲁甸厅：银厂一，曰乐马，通判理之。"清代王昶《云南铜政全书》记："乐马铜厂，在昭通府鲁甸厅境内。本系银厂，因矿夹铜气，乾隆十八年，于冰煤内煎炼。四十三年，定年额铜三万六千斤，专供京运。每铜百斤价银六两。"清云南布政司《案册》记："嘉庆十二年，因冰煤短绌，减铜二万六千斤，年办铜一万斤，遇闰办铜一万八百三十三斤。迤东道专管，鲁甸通判经管。"清代吴其濬《滇南矿厂图略》下卷《铜厂第一》记："乐马厂，在鲁甸龙头山西，本系银厂，矿夹铜气，银罩所出冰煤加以煅炼，因而成铜。鲁甸厅通判理之。乾隆四十三年，定额铜三万六千斤。嘉庆十二年，减定一万斤，闰加八百三十三斤，岿供京运，每铜百斤，价银六两。今实办课、余额京铜九千斤。"又同书《银厂第二》记："乐马厂，在鲁甸南八十里龙头山，西近牛栏江。鲁甸厅通判理之。乾隆七年开，每银一两抽课银一钱五分，撒散三分，额课银六千三百五十三两余银罩冰煤出铜，见上。"乾隆《钦定户部鼓铸则例》卷四记："运铜脚费：乐马厂至昭通二站，每百斤给运脚银二钱五分八厘四毫。"同治《钦定户部则例》卷三十五《钱法二·铜厂运脚》记："乐马厂运昭通店，每百斤给脚价银二钱五分八厘。"

[2] 通判：官名。宋初始于诸州府设置，即共同处理政务之意。地位略次于州、府长官，但握有连署州、府公事和监察官吏的实权，号称监州。明清设于各府，分掌粮运及农田水利等事务，地位远较宋初为轻。在清朝，通判也称为"分府"，管辖地为厅，通判多半设立在边陲地方，以弥补知府管辖不足之处。清代另有州通判，称州判。《清史稿》卷一百十六《职官三》记："府：……通判，正六品。无定员。……州：……州判，从七品。无定员。"亦指任通判之职。宋代曾巩《太子宾客致仕陈公神道碑铭》记："用荐者通判戎州。"宋代叶廷珪《吹网录·虎丘贺方回题名》记："方回本隶右选，元祐中……通判泗州。"

[3] 昭通府：元朝置乌蒙府，明代沿袭，清代改土归流以后，云贵总督鄂尔泰以"乌则昭之，蒙则通之"，反其意改为昭通府，今为昭通市。《清

史稿》卷七十四《地理二十一·云南》记:"昭通府:最要。明,乌蒙府,寻改隶四川。雍正五年,改隶云南。六年,设流官,置恩安、永善两县,降镇雄府为州,并属府。九年,改今名。"

[4]《考成册》:考成:考,就是考察、考核;成,就是成效、绩效。考核结果与官员的升贬明确挂钩,即考成法,是中国古代官员管理的方法,由明代宰相张居正创立,万历元年开始实行,意在督促公务,考核官吏。具体做法是:六部、都察院等衙门将拟办之事按地域远近、时间缓急登记造册,限期完成,按月考查,每年总结。凡有拖延积压,违限不报者,由部、院检举,论罪处理。吏部以此作为评定官吏勤惰之依据。此为张居正整顿吏治之措施,此法推行,使官府办事效率提高,张居正的其他各项改革措施得以实施。《明史》卷二百十三《张居正传》记:"居正为政,以尊主权、课吏职、信赏罚、一号令为主。虽万里外,朝下而夕奉行。"《明神宗实录》卷八记:"隆庆六年十二月,提督两广军务兵部右侍郎殷正茂奏言:'……户部考成之法、铨部升迁之典尽归巡抚,司道、府、县奉行唯谨,无复拊绥之意,而更惧弹治之威,赂遗之门从此大启,将领殆如输户矣'。"清继明制,国初即奉行考成法。《清世祖实录》卷六记:"顺治元年七月庚戌,顺天巡抚宋权请行久任考成之法,下部知之。"《清史稿》卷一百十五《职官二》记:"顺治元年,设光禄寺……凡事并由礼部具题,劄寺遵行。十年,定各省额解银、米径送礼部,并司府、州、县考成。十五年,仍归本寺。十八年,复隶礼部。钱、粮由寺奏销,考成仍归礼部。"《清史稿》卷一百二十二《食货三·漕运》记:"漕粮为天庾正供,司运官吏考成綦严。顺治十二年,定漕、粮二道考成则例。经征州县、卫所各官,漕粮逾期未完,分别罚俸、住俸、降级、革职,责令戴罪督催,完日开复。"与考成法的实施相结合,相关部门设有《考成册》,记录相关事务。需要专门进行单独考核的,还必须另外设立考核标准、内容,做详细的《考成案》。

[5]"发运"至"二站":清代吴其濬《滇南矿厂图略》下卷《运第七》记:"鲁甸同知经管乐马厂京铜,运交昭店,二站,每百斤脚银二钱五分八厘。"又同书《程第八》记:"乐马厂至昭店,自厂至鲁甸六十里,鲁甸至昭通府六十里。"

# 梅子沱厂[1]

梅子沱厂，坐落永善县，距泸州店六站。并无礠碙，于乾隆三十六年，收买永善县金沙厂炼银冰燥，运至梅子沱地方，复行煎炼。每年约出铜三四万斤不等，并未定额、通商。照雍正十二年奏准之例，每办获铜百斤内，抽课铜十斤。又抽公、廉、捐、耗铜四斤二两，官买余铜八十五斤十四两。每百斤照加价之例，给价银八两一钱五分一厘。所收课、余、公、廉、捐、耗铜斤，备供京运之用。三十八年，奏准通商。每办铜百斤内，给与厂民通商铜十斤。照前抽收[课]铜及公、廉、捐、耗铜斤，官买余铜八十五斤十四两，每百斤给银八两一钱五分一厘。三十九年六月，停止加价。每余铜百斤，照旧给银七两四钱五分二厘。四十二年，奉部行令。按照中厂之例价，每余铜百斤，给价银六两九钱八分七厘。四十三年，奏定：年办额铜四万斤。嘉庆十二年，因金沙厂炼银冰燥渐少，兼署巡抚伯于《考成册》内，题请酌减铜二万斤。每年只办额铜二万斤，遇闰加办铜一千六百六十六斤十两七钱，照旧通商，抽收课、廉等铜，余铜给价收买，发运泸州店交收。自厂由水路运至安边，计程二百五十里。安边至叙州府城一百里，叙州府城至南溪一百九十里，南溪至（沪）【泸】州店一百五十里，共水路六百九十里[2]。每百斤给运脚银一钱六分四厘五毫。又每铜二百斤，支销筐篓一对，给银二分。赴迤东道库请领工本、运脚，自厂至黑竹箐半站，黑竹箐至罗江岸一站，罗江岸至副官村一站，副官村至半边树一站，半边树至洗沙溪一站，洗沙溪至石版溪一站，石版溪至桧溪一站，桧溪至腰塘一站，腰塘至吞都一站，吞都至那比渡一站，那比渡至米贴一站，米贴至黄草坪一站，黄草坪至码石皇沟半站，码石皇沟至新甸子一站，新甸子至冷水河一站，冷水河至昭通府城一站，共十五站。昭通府至大水塘一站，大水塘至（红）[江]底一站，（红）[江]底至以扯一站，以扯至红石岩站半，红石岩至东川府城一站，共五站半。自东至寻四站，共二十四站半。应需马脚、盘费，照例按站于厂务项下支销，不支书、巡工食。

## 注 释

[1] 梅子沱厂：清代王昶《云南铜政全书》记："梅子沱铜厂，在昭通府永善县境内，无硝硐，乾隆三十六年，收买永善县金沙厂银矿冰燥，运至梅子沱煎铜。四十三年，定年额铜四万斤，专供京运。每铜百斤价银六两九钱八分七厘。初系副官村县丞管理，四十二年，改归昭通府管理。"清云南布政司《案册》记："嘉庆十二年，冰燥短缩，年办铜二万斤，遇闰办铜二万一千六百六十六斤。迤东道专管，昭通府经管。"清代吴其濬《滇南矿厂图略》下卷《铜厂第一》记："梅子沱厂，在永善东南。昭通府知府理之。收运金沙银厂银矿冰䑋煅煎成铜。乾隆四十三年，定额铜四万斤。嘉庆十二年，减定二万斤，闰加一千六百六十六斤，专供京运，每铜百斤价银六两九钱八分七厘。今实办课、余额京铜一万八千斤。"同治《钦定户部则例》卷三十五《钱法二·铜厂运脚》记："金沙厂运泸州店，每百斤给运费等银一钱六分四厘五毫。"

[2] "发运"至"六百九十里"：梅子沱厂位于永善县金沙江边，因此其厂的厂运路线，为直接装船通过金沙江水运至泸州。清代吴其濬《滇南矿厂图略》下卷《运第七》记："昭通府经管金沙梅子沱厂京铜，运交泸店，每百斤脚银一钱六分四厘五毫。"又同书《程第八》记："金沙梅子沱厂至泸店水程，自厂至安边二百五十里，安边至叙州府一百里，叙州府至南溪一百九十里，南溪至泸店一百五十里。"

# 人老山厂[1]

人老山厂，坐落大关同知地方，距泸州店水、陆九站半，于乾隆十七年间开采。每年约出铜二三千斤及四五千斤不等，并未定额、通商。照雍正十二年奏准之例，每办获铜一百斤内，抽收课铜十斤。又抽收公、廉、捐、耗铜四斤二两，官买余铜八十五斤十四两。每百斤给价银六两。所收课、余、公、廉、捐、耗铜斤，备供京运之用。自三十三年五月八日起，于例定价值之外，每百斤暂行加银六钱。连原给例价，合每余铜百斤，给价银六两六钱九分八厘。三十八年，奏准通商。每办铜百斤内，给与厂民通商铜十斤，照前抽收课铜及公、廉、捐、耗铜斤，官买余铜七十五斤十四两。每百斤给银六两六钱九分八厘。三十九年六月，停止加价。每余铜百斤，照旧给价银六两。四十三年，奏定：年办额铜四千二百斤，遇闰加办铜三百五十斤。照旧通商，抽收课、廉等铜，余铜给价收买，发运泸州店交收。自厂至落水村一站，落水村至核桃坝一站，核桃坝至庙口半站，共陆路二站半。由庙口至泸州店水程七站，共计水、陆九站半[2]。每百斤给运脚银、筐篓等银六钱一分八厘。每年准支书、巡工食等银六十六两，遇闰加增，小建不除。赴迤东道库请领工本、运脚，自厂至核桃坝二站，又自核桃坝至大关厅城站半，大关厅至一碗水一站，一碗水至乌拉铺一站，乌拉铺至昭通府城一站，共（四）【六】站半。自昭通至东川府城共五站半，自东至甸四站，共十六站。应需马脚、盘费，照例按站于厂务项下支销。

## 注　释

[1]　人老山厂：清代伯麟《滇省舆地图说·昭通府舆图》记："大关厅：铜厂二，曰人老山、箭竹塘，同知理之。"清代王昶《云南铜政全书》记："人老山铜厂，在昭通府大关厅西北四百九十里，乾隆十七年开采。四十三年，定年额铜四千二百斤，专供京运。每铜百斤价银六两。旁：邱家湾、临江溪两处俱有礁硐，为人老山子厂，然附近老厂获铜，归并汇报。"清云南布政司《案册》记："遇闰办铜四千五百五十斤。迤东道专管，大关同知经管。"乾隆《钦定户部鼓铸则例》卷四记："运铜脚费：人老山厂至泸州店每百斤给水、陆脚价，笋筐等银六钱一分八厘。养廉工食：人老山厂坐落大关盐井渡地方，委大关同知管理。书记一名，月支工食银二两四钱；家人一名，月支工食银三两；客课二名，每名月支工食银一两二钱；巡役二名，每名月支工食银一两五钱。每月给灯油、纸笔银五钱。"清代吴其濬《滇南矿厂图略》下卷《铜厂第一》记："人老山厂，在大关西北四百九十里，发源于镇雄之长发坡，奇峰峻岭，迴环参错。大关厅同知理之。乾隆十七年开。四十三年，定额铜四千二百斤，闰加三百五十斤，专供京

65

运，每铜百斤价银六两。今实办课、余额京铜三千七百八十斤。"又同书《惠第五》记："大关厅经管人老山、箭竹塘二厂，不支薪食，月支各役工食银各五两。"同治《钦定户部则例》卷三十五《钱法二》记："铜厂官役廉费：人老山厂，书记一名，月支银三两。客课一名，月支银一两。巡役一名，月支银一两。灯油、纸笔，月支银五钱。铜厂运脚：运泸州店，每百斤给银六钱一分八厘。"

[2] "发运"至"九站半"：清代吴其濬《滇南矿厂图略》下卷《运第七》记："大关同知经管人老山厂京铜，运交泸店，水路九站半，每百斤水、陆脚价等银六钱一分八厘。箭竹塘厂京铜，运交泸店，水、陆十一站半，每百斤水、陆脚价等银一两九分九厘。"又同书《程第八》记："人老山厂至泸店，水、陆九站。自厂至落水村八十里，落水村至核桃坝九十里，核桃坝至庙口四十里，庙口至泸店水程一千四十五里。"人老山厂的厂运路线，为由位于今昭通市大关县西部的铜厂所在地出发，东行经过核桃村进入大关河河谷，再沿着大关河谷的古驿道前往豆沙关，由豆沙关码头装船，水运至泸州店。

## 箭竹塘厂[1]

箭竹塘厂，坐落大关同知，距泸州店水、陆十一[2]站半，乾隆十九年开采。每年约出铜二三千斤及四五千斤不等，并未定额、通商。照雍正十二年奏准之例，每办获铜百斤内，抽收课铜十斤。又抽公、廉、捐、耗铜四斤二两，官买余铜八十五斤十四两。每百斤给价银六两。所收课、余、公、廉、捐、耗铜斤，备供京运之用。自三十三年五月起，于例定价值之外，每百斤暂行加银六钱。连原给例价，合每余铜百斤，给价银六两六钱九分八厘。三十八年，奏准通商。每办铜百斤内，给与厂民通商铜十斤。照前抽收课铜及公、廉、捐、耗铜斤，官买余铜七十五斤十四两。每百斤给价银六两六钱九分八厘。三十九年六月，停止加价。每余铜百斤，照旧给价银六两。四十三年，奏定：年办额铜四千二百斤，遇闰加办铜三百五十斤。照旧通商，抽收课、廉等铜，余铜给价收买，发运泸州店交收。自厂至戛补一站，戛补至施施一站，施施至豆沙关一站，共陆路三站。由豆沙关水运至泸州店，水程八站半，共计水、陆十一站半[3]。每百斤给运脚、筐篓等银一两九分九厘。每年准支书、巡工食等银六十六两，遇闰加增，小建不除。赴迤东道库请领工本、运脚，自厂至戛补一站，戛补至黄水站半，黄水至牛街一站，牛街至二等坡一站，二等坡至两路口一站，两路口至长发坡一站，长发坡至林口一站，林口至奎乡一站，奎乡至落则河一站，落则河至大水塘一站，大水塘至江底一站，江底至以扯一站，以扯至红石岩站半，红石岩至东川府城一站，共十五站。自东至寻四站，共十九站。应需马脚、盘费，照例按站于厂务项下支销。

## 注　释

[1]　箭竹塘厂：清代王昶《云南铜政全书》记："箭竹塘铜厂，在昭通府大关厅西北二百三十里，地名丁木树，又名八里乡。乾隆十九年开采。四十三年，定年额铜四千二百斤，专供京运。"清云南布政司《案册》记："遇闰办铜四千五百五十五斤。每百斤价银六两。迤东道专管，大关同知经管。"乾隆《钦定户部鼓铸则例》卷四记："运铜脚费：箭竹塘厂至泸州店每百斤给水、陆脚价，箩筐等银二两九分八厘八毫。养廉工食：箭竹塘厂坐落大关地方，委大关同知管理。书记一名，月支工食银二两四钱；家人一名，月支工食银三两；客课一名，月支工食银二两四钱；巡役二名，每名月支工食银一两五钱。每月给灯油、纸笔银五钱。"同治《钦定户部则例》卷三十五《钱法二》记："铜厂官役廉费：箭竹塘厂，书记一名，月支银三两。客课一名，月支银一两。巡役一名，月支银一两。灯油、纸笔，月支银五钱。铜厂运脚：运泸州店，每百斤给银一两九分九厘。"

[2]　一：底本原作"八"，据下文"十一站半"改。

[3]　"发运"至"十一站半"：清代吴其濬《滇南矿厂图略》下卷《运第七》记："大关同知经管……箭竹塘厂京铜，运交泸店，水、陆十一站半，每百斤水、陆脚价等银一两九分九厘。"又同书《程第八》记："箭竹塘厂至泸店，水、陆十一站半。自厂至戛捕七十五里，戛捕至拖施村七十五里，

拖施村豆沙关八十五里,豆沙关至泸店水程一千四百六十二里。"箭竹塘厂位于今昭通市大关县西北老厂沟,其厂的厂运路线由铜厂所在地出发,顺高桥河河谷而下,至大关河河谷,再沿着大关河谷的古驿道前往豆沙关,由豆沙关码头装船,水运至泸州店。

## 长发坡厂[1]

　　长发坡厂,坐落镇雄州地方,距罗星渡七站,于乾隆十年开采。每年约出铜八九千斤及一万一二千斤不等,并未定额、通商。照雍正十二年奏准之例,每办获铜百斤内,抽收课铜十斤。又抽公、廉、捐、耗铜四斤二两,官买余铜八十五斤十四两。每百斤给价银六两。所收课、余、公、廉、捐、耗铜斤,备供京运之用。自三十三年五月起,于例定价值之外,每百斤暂行加银六钱。连原给例价,合每余铜百斤,给银六两六钱九分八厘。三十八年,奏准通商。每办铜百斤内,给与厂民通商铜十斤。照前抽收课铜及公、廉、捐、耗铜斤,官买余铜七十五斤十四两。每百斤给银六两六钱九分八厘。三十九年六月,停止加价。每余铜百斤,照旧给价银六两。四十三年,奏定:年办额铜一万三千斤,遇闰加办铜一千八十三斤。照旧通商,抽收课、廉等铜,余铜给价收买,发运泸州店交收。自厂至两路口一站,两路口至二等坡一站,二等坡至牛街店一站,共三站。每百斤给运脚银三钱。又自牛街店至黄水一站,黄水至花家坝一站,花家坝至石灶孔一站,石灶孔至罗星渡一站,共四站[2]。每百斤给运脚银五钱一分六厘八毫。又每铜一百六十八斤,支销筐篓一对,给银一分七厘。赴昭通府库请领工本、运脚。自厂至林口一站,林口至奎乡一站,奎乡至落则河一站,落则河至大水塘一站,大水塘至昭通府城一站,共五站。应需马脚、盘费,照例按站于厂务项下支销,不支书、巡工食。

## 注　释

[1] 长发坡厂:清代伯麟《滇省舆地图说·昭通府舆图》记:"镇雄

州：铜厂一，曰长发坡，知州理之。"位于今昭通市彝良县西北部的两河乡铜厂村。《大清会典事例》卷一百七十四《户部四十七·钱法》记："镇雄州长发坡铜厂，各厂年额共课银一万八百二十五两七钱九厘有奇。"清代王昶《云南铜政全书》记："长发坡在昭通府镇雄州境内，地名戈魁河，乾隆十年开采。东有林口、红岩、五墩坡、响水、白木坝、阿塔林，南有花桥、发绿河、山羊、拉巴、大角井，北有木冲沟、二道林、铜厂沟、麻姑箐、巴茅坡，长发坡其总名也。四十三年，定年额铜一万三千斤，专供京运。每铜百斤，价银六两。"清云南布政司《案册》记："遇闰办铜一万四千八十三斤。昭通府专管，镇雄州经管。"乾隆《钦定户部鼓铸则例》卷四记："运铜脚费：小岩坊厂至泸州店每百斤给水、陆脚价，笋筐等银六钱五分九厘四毫。"清代吴其濬《滇南矿厂图略》下卷《铜厂第一》记："长发坡厂，在镇雄西北，地名戈魁，河东有林口、红岩、五墩坡、响水、白木坝、阿塔林，南有花桥、发绿河、山羊、拉巴、大鱼井；北有木冲沟、二道林、铜厂沟、麻姑箐、巴茅坡，长发坡其总名也。镇雄州知州理之。乾隆十年开。四十三年，定额铜一万三千斤，闰加一千八十三斤，尚供京运，每铜百斤价银六两。今实办课、余额京铜一万一千七百斤。"同治《钦定户部则例》卷三十五《钱法二·铜厂运脚》记："长发坡厂运牛街店，每百斤给运费等银三钱。自牛街店运罗星渡，转运泸州店，每站每百斤给运费等银一钱二分九厘。"

[2] "发运"至"四站"：清代吴其濬《滇南矿厂图略》下卷《运第七》记："镇雄州经管长发坡厂京铜，运交牛街店，三站，每百斤脚银三钱，又至罗星渡，四站，脚银五钱一分六厘零。"又同书《程第八》记："长发坡厂至泸店，水、陆十五站。自厂至两路口四十五里，两路口至二等坡五十里，二等坡至牛街店四十五里，牛街店至黄水七十里，黄水至花家坝八十里，花家坝至石灶孔七十里，石灶孔至罗星渡五十里，罗星渡至泸店水程八站。"长发坡厂的厂运路线，按照实际地理区位为：由位于今昭通市彝良县西北部的铜厂村出发，东行经过牛街，转向东北进入四川境内，至罗星渡。

# 小岩坊厂[1]

小岩坊厂，坐落永善地方，距泸州店水路八站半，于乾隆二十四年开采。每年约出铜一万二三千斤及二万余斤不等，并未定额、通商。照雍正十二年奏准之例，每办获铜百斤内，抽【收】课铜十斤。又抽收公、廉、捐、耗铜四斤二两，官买余铜八十五斤十四两。每百斤给价银六两九钱八分七厘。所收课、余、公、廉、捐、耗铜斤，备供京运之用。自三十三年五月起，于例定价值之外，每百斤暂行加银六钱。连原给例价，合每余铜百斤，给价银七两六钱八分五厘。三十八年，奏准通商。每办铜百斤内，给与厂民通商铜十斤，照前抽收铜课及公、廉、捐、耗铜斤，官买余铜七十五斤十四两。每百斤给价银七两六钱八分五厘。三十九年六月，停止加价。每余铜百斤，照旧给价银六两九钱八分七厘。四十三年，奏定：年办额铜二万二千斤，遇闰加办铜一千八百三十三斤，照旧通商，抽收课、廉等铜，余铜给价收买，发运泸州店交收。自厂至洗沙溪半站，洗沙溪至江口一站，共陆路站半。由江口水运至泸州店，水程七站，共计水、陆八站半[2]。每百斤给运脚银、筐篓等银六钱五分九厘，赴昭通府库请领工本、运脚，自厂至洗沙溪半站，洗沙溪至石版溪一站，石版溪至桧溪一站，桧溪至腰塘一站，腰塘至吞都一站，吞都至那比渡一站，那比渡至米贴一站，米贴至黄草坪一站，黄草坪至码磴沟半站，码磴沟至新甸子一站，新甸子至冷水河一站，冷水河至昭通府城一站，共十一站。应需马脚、盘费，照例按站于厂务项下支销，不支书、巡工食。

## 注 释

[1] 小岩坊厂：清代伯麟《滇省舆地图说·昭通府舆图》记："永善县：铜厂二，曰梅子沱、曰小岩坊，知县理之。"清代王昶《云南铜政全书》记："小岩坊铜厂，在昭通府永善县北四百余里，一名细沙溪，乾隆二十五年开采。四十三年，定年额铜二万二千斤，专供京运。每铜百斤价银六两九钱八分七厘。"清云南布政司《案册》记："遇闰办铜二万三

千八百三十三斤。昭通府专管，永善县经管。"乾隆《钦定户部鼓铸则例》卷四》记："运铜脚费：长发坡厂至牛街店三站，每百斤给运脚银三钱。"清代吴其濬《滇南矿厂图略》下卷《铜厂第一》记："小岩坊厂，在永善北四百余里，一名细沙溪。永善县知县理之。乾隆二十五年开。四十三年，定额铜二万二千斤，闰加一千八百三十三斤，专供京运，每铜百斤价银六两九钱八分七厘。今实办课、余额京铜一万九千八百斤。"同治《钦定户部则例》卷三十五《钱法二·铜厂运脚》记："汤丹子厂、小岩坊厂，运泸州店，每百斤给运费等银六钱五分九厘。"

[2] "发运"至"八站半"：清代吴其濬《滇南矿厂图略》下卷《运第七》记："永善县经管小岩坊厂京铜，运交泸店，每百斤脚银六钱五分九厘。"又同书《程第八》记："小岩坊厂至泸店，水、陆八站。自厂至洗沙溪四十里，洗沙溪至江口七十里，江口至大汉漕一百四十里，大汉漕至泸店水程九百七十九里。"小岩坊厂的厂运路线，为由位于今昭通市永善县北部细沙乡境内的铜厂所在地出发，沿细沙溪而下，直达与金沙江汇合口的桧溪镇（即江口）码头装船，水运至泸州店。

# 云南铜志·卷二

## 厂地下[1]

### 凤凰坡厂[2] 以下八厂[3]，京运、局铸、采买兼拨。

凤凰坡厂，坐落路南州[4]地方。距省三站，于乾隆六年开采。每年约出铜七八千斤及一万一二千斤不等，并未定额、通商，亦不抽收公、廉、捐、耗。每办获铜百斤内，抽收课铜二十斤，官买余铜八十斤。每百斤给价银五两。所收课、余铜斤，备供京运及本省局铸、外省采买之用。二十五年，奏准：每办获铜百斤，原抽课铜二十斤改为抽课十斤，另抽公、廉、捐、耗铜四斤二两，官买余铜八十五斤十四两。每百斤给价银六两。自三十三年五月起，于例定价值之外，每百斤暂行加银六钱。连原给例价，合每余铜百斤，给价银六两六钱九分八厘。三十八年，奏准通商。每办铜百斤内，给与厂民通商铜十斤。照前抽收课铜及公、廉、捐、耗铜斤，官买余【铜】七十五斤十四两。每百斤给银六两六钱九分八厘。三十九年六月，停止加价。每余铜百斤，照旧给银六两。四十三年，奏定：年办额铜一万二千斤，遇闰加办铜一千斤。照旧通商，抽收课、廉等铜，余铜给价收买。如拨京运，自厂至阿药铺一站，阿药铺至陆凉州城一站，陆凉州至刀章铺一站，刀章铺至马龙州城一站，马龙州至寻甸州城一站，共五站。每百斤给运脚银六钱四分六厘，于陆运项下支销。如拨供省局鼓铸，自厂至北山塘一站，北山塘至汤池一站，汤池至省城一站，共三站[5]。每百斤给运脚银三钱，均不支销筐篓。每年准支书、巡工食，厂费等银七十二两，遇闰加增，小建不除。赴澄江府库请领工本、运脚。自厂至禄丰村一站，禄丰村至乌旧村一站，乌旧村至澄江府城一站，共三站。应需马脚、盘费，照例按站于厂务项下支销。如拨给各省采买铜斤，由委员赴厂，兑领发运。其自厂至剥隘运脚，系委员于备带运脚银内，自行支发，归各本省报销。

## 注　释

[1]　厂地下：本卷所记二十三个铜厂，除金钗厂为产量高但产品质量差、出产低铜的铜厂外，其余有二十个铜厂属于产量不大的中小铜厂，包括《云南铜志》成书后不久即关闭的三个铜厂。

[2]　凤凰坡厂：《大清会典事例》卷一百七十四《户部四十七·钱法》记："路南州凤凰坡铜厂，各厂年额共课银一万八百二十五两七钱九厘有奇。"清代王昶《云南铜政全书》记："凤凰坡厂，在路南州境内，距城六十里，明时开采。乾隆六年复开。四十三年，定年额铜一万二千斤，拨本省局铜，外省采买，间亦拨京铜。每铜百斤，价银六两。"清云南布政司《案册》记："遇闰办铜一万三千斤，每百斤抽课十斤，通商十斤，抽公、廉、捐、耗四斤二两，收买余铜七十五斤十四两。澄江府专管，路南州经管。"乾隆《钦定户部鼓铸则例》卷四记："运铜脚费：凤凰坡厂至省三站，每百斤给运脚银三钱。养廉工食：凤凰坡厂坐落路南州地方，委路南州管理。每月给管厂家人一名饭食银三两；课长一名，月支工食银一两；巡役一名，月支工食银一两七钱。每月给灯油、纸笔银三钱。"清代吴其濬《滇南矿厂图略》下卷《铜厂第一》记："凤凰坡厂，在路南，距城六十里。路南州知州理之。乾隆六年复开。四十三年，定额铜一万二千斤，闰加一千斤，每铜百斤，抽课十斤，公、廉、捐、耗四斤二两，通商十斤，余铜七十五斤十四两，供省铜及采买，间拨京运，余铜每百斤价银六两。今实办课、余额京铜一万八百斤。"又同书《惠第五》记："路南州经管凤凰坡、红石岩二厂，不支薪食，每厂给各役工食银五两七钱。"同治《钦定户部则例》卷三十五《钱法二》记："铜厂官役廉费：凤凰坡厂，课长一名，月支银一两。巡役一名，月支银一两七钱。坐厂家丁一名，月支银三两。灯油、纸笔，月支银三钱。铜厂运脚：运省每百斤，给银三钱。"

[3] 八厂：此为有京运任务的八个铜厂，分别为位于滇东地区且运输距离比较短的东川两厂、路南州五厂以及元江州青龙厂。

[4] 路南州：元代设置，明清两代沿袭，今为昆明市石林县。康熙《路南州志》卷一《山川》记："宝源山在州南五十里，莫卜山在州南七十里，泰来山在州南八十里，三山一连，向产铜矿，今废。……龙宝山产铜矿，今则硐老山空，虽开采，不过残砂而已。"清代伯麟《滇省舆地图说·澄江府舆图》记："路南州：铜厂五，曰凤凰坡、曰红石岩、曰大兴、曰红坡、曰发古，知州理之。"光绪《路南州乡土志》第九编《实业》"物产·矿物"条载："路南矿产，先惟产铜，熙、雍、乾、嘉间颇旺盛，南方三十里之宝山乡一带皆厂地。有所谓宝源厂、青土厂、泰来厂、象牙厂、小老厂、狮子厂、莫卜厂者，于道光间因其不盛，封闭未开。"民国《路南县志》卷一《地理志·大事记》记："清乾嘉年间，路南铜厂共四十八厂，每月所产之铜为全省冠。"民国《云南矿产志略·第二章·铜矿》记："路南铜厂，前清中叶，曾经一度开采，并有相当之产量。昔日开采地点，计有县城北十三公里之元兴及团academia二厂，与城南十公里许石子坡附近之绿矿洞等处。"

[5] "京运"至"三站"：凤凰坡厂的铜运道路，运省为西行经宜良汤池至省城。京运则北上先到陆凉州城，继续北行经马龙纳章、马龙城，转向西北至寻甸，从路南至马龙共二百一十五里。乾隆《陆凉州志》卷二《关哨》记："北至马龙州界：北关二十里至小干冲，十里至普山，十里至油鱼村，五里至搭界，村北马龙界，自搭界至马龙州城七十里。……又一路至天生关：三十里路南堡，村西南路南界，自堡至路南州城七十里。"清代吴其濬《滇南矿厂图略》下卷《运第七》记："路南州经管凤凰坡厂京铜，运交寻店，五站，每百斤脚银六钱四分六厘。"又同书《程第八》记："凤凰坡厂至寻店，自厂至阿药铺五十里，阿药铺至陆凉州城五十里，陆凉州至刀章铺四十五里，刀章铺至马龙州四十三里，马龙州至寻店四十五里。"

# 红石岩厂[1]

红石岩厂，坐落路南州地方，距省三站，于乾隆六年开采。每年约出铜七八千斤及一万一二千斤不等，并未定额、通商，亦不抽收公、廉、捐、耗。每办获铜百斤内，抽课铜二十斤，官买余铜八十斤。每百斤给价银五两。所收课、【余】铜斤，备供京运及本省局铸、各省采买之用。二十五年，奏准：每办获铜百斤，原抽课铜二十斤改为抽课十斤。另抽公、廉、捐、耗铜四斤二两，官买余铜八十五斤十四两。每百斤给价银六两。自三十三年五月起，于例定价值之外，每百斤暂行加银六钱。连原给例价，合每余铜百斤，给银六两六钱九分八厘。三十八年，奏准通商。每办获铜百斤内，给与厂民通商铜十斤。照前抽收课铜及公、廉、捐、耗铜斤，官买余〖铜〗七十五斤十四两。每百斤给银六两六钱九分八厘。三十九年六月，停止加价。每余铜百斤，照旧给价银六两。四十三年，奏定：年办额铜一万二千斤，遇闰加办铜一千斤。照旧通商，抽收课、廉等铜，余铜给价收买。如拨京运，自厂至大麦地一站，大麦地至阿药铺一站，阿药铺至寻甸州城四站，计自厂至寻甸共六站。每百斤给运脚银七钱七分五厘二毫，于陆运项下支销。如拨供省局鼓铸，自厂至省城计程共三站，与凤凰坡厂同[2]。每百斤给运脚银三钱，均不支销筐篓。每年准支书、巡工食，厂费等银七十二两，遇闰加增，小建不除。赴澄江府库请领工本、运脚，自厂至三道水一站，三道水至路则一站，路则至澄江府城一站，共三站。应需马脚、盘费，照例按站于厂务项下支销。如拨给各省采买铜斤，由委员赴厂，兑领发运。其自厂至剥隘运脚，系委员自行支销。

# 注　释

[1]　红石岩厂：在凤凰坡厂附近，因此铜运道路与之相同。清代刘慰三《滇南志略》卷五记："澄江府·路南州：红石岩厂，在路南州东六十里。"雍正《云南通志》卷十一《厂课》记："龙宝等铜厂：坐落路南州地方。……康熙四十四年，总督贝和诺题开。"《大清会典事例》卷一百七十四《户部四十七·钱法》记："路南州红石岩铜厂，各厂年额共课银一万八百二十五两七钱九厘有奇。"清代王昶《云南铜政全书》记："红石岩厂，在路南州六十里。明时，于附近之暮卜山开采，年获铜数百万斤。万历间重修西岳

庙，碑犹记其略。今厂在暮卜山之旁，名龙宝厂。省《志》载：'龙宝厂，坐落路南州地方是也。'康熙四十四年，总督贝和诺疏称：按厂抽课，犹有其名。后封闭，乾隆六年复开，始名红石岩厂。四十三年，定额铜一万二千斤，拨本省局铜，各省采买，间拨京铜。每铜百斤，价银六两。"清云南布政司《案册》记："遇闰办铜一万三千斤。澄江府专管，路南州经管。"乾隆《钦定户部鼓铸则例》卷四记："运铜脚费：红石岩至省三站，每百斤给运脚银三钱。养廉工食：红石岩厂坐落路南州地方，委路南州管理。每月给管厂家人一名饭食银三两；课长一名，月支工食银一两；巡役一名，月支工食银一两七钱。每月给灯油、纸笔银三钱。"清代吴其濬《滇南矿厂图略》下卷《铜厂第一》记："红石岩厂，在路南东六十里，暮卜山之旁，旧名龙宝厂。路南州知州理之。乾隆六年复开，改今名。四十三年，定额铜一万二千斤，闰加一千斤，供省铸及采买，间拨京运，每铜百斤价银六两。今实办课、余额京铜一万八百斤。"同治《钦定户部则例》卷三十五《钱法二》记："铜厂官役廉费：红石岩厂，课长一名，月支银一两。巡役一名，月支银一两七钱。坐厂家丁一名，月支银三两。灯油、纸笔，月支银三钱。铜厂运脚：运省每百斤给银三钱。"

[2] "京运"至"与凤凰坡厂同"：清代吴其濬《滇南矿厂图略》下卷《运第七》记："红石岩厂京铜、运交寻店，六站，每百斤脚银七钱七分五厘零。"又同书《程第八》记："红石岩厂至寻店，自厂至大麦地六十里，大麦地至阿药铺五十里，阿药铺至陆凉州城合凤凰坡厂至寻店路。"

## 大兴厂[1]

大兴厂，坐落路南州地方，距省四站，于乾隆二十三年开采。每年约出铜八九十万斤及一百余万斤不等，并未定额、通商。照雍正十二年奏准之例，每办获铜百斤内，抽收课铜十斤。又抽公、廉、捐、耗铜四斤二两，官买余铜八十五斤十四两。每百斤给价六两九钱八分七厘。所收课、余、公、廉、捐、耗铜斤，备供京运及本省局铸、各省采买之用。自三十三年五月起，于例定价值之外，每百斤暂行加银六钱。连原给例价，合每余铜百斤，给价银七两六钱八分五厘。三十八年，奏准通商。每办铜百斤内。给与厂民通商铜十斤。照前抽收课铜及公、廉、捐、耗铜斤，官买余铜七十五斤十四两。每百斤给银七两六钱八分五厘。三十九年六月，停止加价。每余铜百斤，照旧给价银六两九钱八分七厘。四十三年，奏定：年办额铜四万八千斤，遇闰加办铜四千斤。照旧通商，抽收课、廉等铜，余铜给价收买。如拨京运，自厂至回子哨一站，回子哨至陆凉州城一站，陆凉州至小哨一站，小哨至曲靖府城一站，曲靖府至松林一站，松林至关哨一站，关哨至永安铺一站，永安铺至宣威州城一站，宣威至倘塘一站，倘塘至箐头铺[2]一站，箐头铺至威宁州城一站，共十站。每百斤给运脚银一两一钱八分七厘六毫，于陆运项下支销。如拨供省局鼓铸铜斤，自厂至路南州城一站，路南州至宜良县城一站，宜良县至七甸一站，七甸至省城一站，共四站[3]。每百斤给运脚银四钱，均不支销筐篓。每年准支书、巡工食，厂费等银一百八十九两六钱，遇闰加增，小建不除。赴澄江府库请领工本、运脚，自厂至小哨一站，小哨至羊券一站，羊券至澄江府城半站，共二站半。应需马脚、盘费，照例按站于厂务项下支销。如拨给各省采买铜斤，由委员赴厂，兑领发运。其自厂至剥隘运脚，系委员自行支销。

# 注 释

[1] 大兴厂：按照清代伯麟《滇省舆地图说·澄江府舆图》及民国《路南县志》卷一《略图》所标，大兴厂位于路南州东北部，距离路南城三十里。清代刘慰三《滇南志略》卷五记："澄江府·路南州：大兴铜厂，在州境内，距城三十里。"乾隆《路南州志》卷二《物产》记："路南亦产铜矿。近今四五十年，硐老山空，难以攻采。所有红石岩、宝源等，不过淘荒洗末，以办月铜末敷。至新出大兴厂，现今弩水，尚未成效。"《清高宗实录》卷五百八十一记："乾隆二十四年己卯二月，云贵总督爱必达等奏：'据大碌厂民于附近大铜厂之路南州大兴山，踹得旺矿，成分甚高，自二十三年三月开采，至本年二月，即获铜斤百一十余万，嶆矿情形，尚在大铜厂上，近年办铜，不敷济运，从前积铜，添补将尽，得引接济，于京外鼓铸有裨'。

得旨嘉奖。"清代王昶《云南铜政全书》记："大兴铜厂，在路南州境内，距城三十里。乾隆二十三年开采。四十三年，定年额铜四万八千斤。每铜百斤，价银六两九钱八分七厘。拨局铜采买，间拨京运。遇闰办铜五万二千斤。澄江府专管，路南州经管。……腾紫箐子厂，在路南州东三十五里，开于乾隆五十一年，作为大兴子厂。"乾隆《钦定户部鼓铸则例》卷四记："运铜脚费：大兴厂至广西局四站，每百斤给运脚银四钱；又至竹园村五站，每百斤给运脚银五钱。养廉工食：大兴厂坐落路南州地方，委广南府经历管理，管厂官每月支养廉银十五两；书记三名，每名月支工食银三两；客课六名，每名月支工食银二两；巡役二十二名，每名月支工食银二两；炉洞长四名，每名月支工食银二两；厨役水火夫一名，月支工食银二两。每月给灯油、纸笔银八两。又二、八月二次祭山共支银十二两。又年支端阳、中秋年节，每节犒赏银四两。"清代吴其濬《滇南矿厂图略》下卷《铜厂第一》记："大兴厂，在路南，距城三十里。路南州知州理之。乾隆二十三年开。四十三年，定额铜四万八千斤，闰加四千斤，供省铸及采买，间拨京运，每铜百斤价银六两九钱八分七厘。今实办课、余额京、局铜四万三千二百斤。子厂：腾紫箐厂，停。"又同书《惠第五》记："大兴、红坡二厂，不支薪食，每厂给各役工食银一十三两三钱。"同治《钦定户部则例》卷三十五《钱法二》记："铜厂官役廉费：大兴厂，书记一名，月支银二两五钱。课长二名，每名月支银一两。巡役四名，每名月支银一两九钱。土练二名，每名月支银六钱。灯油、纸笔，月支银二两五钱。铜厂脚运：运省每百斤给银四钱。"

[2] 箐头铺：位于今贵州省毕节市威宁县金斗乡勺白村（又名战坡村），为金斗铺（又名箐口铺，今为金斗乡政府所在地）后一铺，毗邻云南宣威可渡关，两地隔可渡河相望，为滇黔之间的交通咽喉地之一。

[3] "京运"至"四站"：大兴厂的铜运道路，运省为西行经宜良城、官渡七甸至省城。京运则北上先到石林镇，进入今326国道，转东行经天生关、回辉哨入陆良县境，转向西北经大莫古、陆良城、板桥、越州、三宝抵达曲靖城，进入铜运大道继续北行至泸州。清代吴其濬《滇南矿厂图略》下卷《运第七》记："红坡、大兴二厂京铜，运交威店，十一站，每百斤脚银一两一钱八分七厘零。……红坡、大兴二厂铜，运局并四站，每百

斤脚银四钱。"又同书《程第八》记："大兴厂距寻店，自厂至路南州城五十里，合红坡厂至寻店路。"

## 红坡厂[1]

红坡厂，坐落路南州，距省四站，于乾隆三十五年开采。每年约出铜七八千斤及一万余斤不等，并未定额、通商。每办获铜百斤内，抽收课铜十斤。又抽公、廉、捐、耗铜四斤二两，官买余铜八十五斤十四两。照加价之例，每百斤给银七两六钱八分五厘。所收课、余、公、廉、捐、耗铜斤，备供京运及本省局铸、各省采买之用。三十八年，奏准通商。每办铜百斤内，给与厂民一分通商铜十斤。照前抽收课铜及公、廉、捐、耗铜斤，官买余铜七十五斤十四两。每百斤给银七两六钱八分五厘。三十九年六月，停止加价。每余铜百斤，照旧给银六两九钱八分七厘。四十三年，奏定：年办额铜四万八千斤，遇闰加办铜四千斤。照旧通商，抽收课、廉等铜，余铜给价收买。如拨京运，自厂至威宁计程十一站，与大兴厂同。每百斤给运脚银一两一钱八分七厘六毫，于陆运项下支销。如拨供省局鼓铸，自厂至省城计程四站，亦与大兴厂同[2]。每百斤给运脚银四钱，均不支销筐篓。每年准支官役薪食、厂费等银一百八十九两六钱，遇闰加增，小建不除。赴澄江府库请领工本、运脚，自厂至澄江府城二站半，应需马脚、盘费，照例按站于厂务项下支销。如拨给各省采买铜斤，由委员赴厂，兑领发运。其自厂至剥隘运脚，系委员自行支销。

## 注　释

[1]　红坡厂：清代王昶《云南铜政全书》记："红坡铜厂，在路南州东十五里，乾隆二十五年开采。四十三年，定年额铜四万八千斤，拨局铜及采买。每铜百斤，价银六两九钱八分七厘。"清云南布政司《案册》记："遇闰办铜五万二千斤。澄江府专管，路南州经管。"乾隆《钦定户部鼓铸

则例》卷四记:"运铜脚费:红坡厂至省四站,每百斤给运脚银四钱。"清代吴其濬《滇南矿厂图略》下卷《铜厂第一》记:"红坡厂,在路南东十五里。路南州知州理之。乾隆二十五年开。四十三年,定额铜四万八千斤,闰加四千斤,供省铸及采买,间拨京铜,每铜百斤价银六两九钱八分七厘。今实办课、余额京、局铜四万三千二百斤。"同治《钦定户部则例》卷三十五《钱法二》记:"铜厂官役廉费:红坡厂,书记一名,月支银二两五钱。课长二名,每名月支银一两。巡役一名,月支银一两九钱。土练二名,每名月支银六钱。灯油、纸笔,月支银二两五钱。铜厂运脚:运省每百斤给银四钱。"

[2] "京运"至"与大兴厂铜":清代吴其濬《滇南矿厂图略》下卷《程第八》记:"红坡厂距寻店,自厂至路南州城五十里,路南州至古城七十里,古城至易市县六十五里,易市县至易隆六十里,合老硐坪厂至寻店路。"

## 发古厂[1]

发古厂,坐落寻甸州地方,距省六站,于乾隆三十六年开采。每年约出铜二三十万斤不等,并未定额,亦不抽收公、廉、捐、耗铜斤。每办获铜百斤内,给与厂民通商铜十斤,抽收课铜十斤,官买余铜八十斤。每百斤照加价之例,给银七两六钱八分五厘。所收课、余铜斤,备供京运及本省局铸、各省采买之用。三十九年六月,停止加价。每余铜百斤,给价银六两九钱八分七厘。四十三年,奏定:年办额铜四万八千斤,遇闰加办铜四千斤。照旧通商、抽课,余铜给价收买。如拨京运,自厂至新村一站,新村至折苴一站,折苴至甸沙一站,甸沙至王家庄一站,王家庄至马龙州城一站,马龙州至黑桥一站,黑桥至遵化一站,遵化至永安铺一站,永安铺至石(了)〖丫〗口一站,石(了)〖丫〗口至可渡[2]一站,可渡至箐头铺一站,箐头铺至飞来石一站,飞来石至威宁州城一站,共十三站。每百斤给运脚银一两六钱八分六厘,于陆运项下支销。每铜一百二十斤支销筐篓一对,给银一分七厘,均于厂务项下支销。如拨供省局鼓铸,自厂至新村一站，新村至折苴一站，折苴至甸沙一站，甸沙至杨林一站，杨林至板桥一站，板桥至省城一站，共六站[3]。每百斤给运脚银七钱五分，不支筐篓。每年准支官役薪食、厂费等银三百一十二两，遇闰加增，小建不除。赴澄江府库请领工本、运脚，自厂至板桥计程五站，板桥至水海子一站，水海子至马军铺一站，马军铺至澄江府城一站，共三站。计自厂至府共八站，应需马脚、盘费，照例按站于厂务项下支销。如拨给各省采买铜斤，由委员自行赴厂，兑领发运。其自厂至剥隘运脚，系自行支销。

## 注 释

[1] 发古厂：正文"坐落寻甸州地方"是谬误，按照清代伯麟《滇省舆地图说·澄江府舆图》记："路南州：铜厂……曰发古，知州理之"，图中的发古厂绘于澄江府路南州的北部，而按照民国《路南县志》卷一《地理志》记："道路：自城北行三十五里大哨，过木龙保、普济桥、发古甸至月照山，属马龙界，共百六十里"，书中《路南县略图》中，发古甸亦标明在月照村南部。这一地域今天属于宜良县，如今月照村仍然存在，发古位于今宜良县九乡东北五里，东北距离月照村12公里。清代王昶《云南铜政全书》记："发古铜厂，在曲靖府寻甸州南四百余里，距路南州三十五里，地名教厂坝。发古山，又名桅杆山。乾隆三十七年开采。四十三年，定年额铜四万八千斤，拨局铜及各省采买，间拨京铜。每铜百斤，价银六两九钱八分七厘。初系专员管理。四十二年，以距路南近，归路南州管理。"清云南布政司《案册》记："遇闰办铜五万二千斤，澄江府专管，路南州经管。"清代吴其濬《滇南矿厂图略》下卷《铜厂第一》记："发古厂，在路南，地名教厂坝、发古山，又名桅杆山。路南州知州理之。乾隆三十七年开。四十三年，定额铜四万八千斤，闰加四千斤，供省铸及采买，间拨京运，每铜百斤价银六两九钱八分七厘。今实办课、余额京、局铜四万三千二百斤。"又同书《惠第五》记："发古厂月支薪食银十两，各役工食银十三两。"民国《新纂云南通志》卷六十四《物产考七·铜》记："发古厂：在昔年出二三十万斤，今停。"

[2] 可渡：位于今云南省宣威市杨柳乡，自古便为贵州入滇的咽喉之一。北盘江为滇黔两省自然分界线，南岸属于云南，北岸属于贵州，可在北岸却有一个名叫"旧城"的自然村属于云南可渡行政村管辖，可渡也因此横跨盘江两岸。嘉庆末立的《重修可渡桥记》有："兹可渡桥者，为京铜转输之孔道，实黔蜀往来之通衢。"可渡河上曾经建有石桥、木桥，屡次毁于洪水和火灾，因此在清代铜运历史的中大部分时间段，可渡河枯水季节由马帮涉渡，洪水期则靠船摆渡。旧城村背靠断崖，铜运驿道蜿蜒而上，是云南运铜道路中最艰险的一段。明、清两代，可渡是南来北往最频繁的驿道。可渡在2007年被列为云南省历史文化名村，可渡关驿道在2013年被列为第七批全国重点文物保护单位。明代在可渡设有可渡关军哨，另设有可渡巡检司，清初沿袭，另在可渡设有铜店。《明史》卷四十三《地理四·四川》记："乌撒军民府：……洪武十五年正月为府，属云南布政司。十六年正月改属四川布政司。十七年五月升为军民府。西有盘江，出府西乱山中，经府南为可渡河，入贵州毕节卫界，有可渡河巡检司。"《清史稿》卷四十三《地理二十一·云南》记："宣威州：……宛温水源出州南东屯，北流，纳州西境诸水，入可渡河。可渡关在焉，巡司驻此。驿一：倘塘。"《清世宗实录》卷一百二十八记："雍正十一年癸丑二月，裁云南宣威州属倘塘可渡驿丞缺，改设可渡巡检一员，仍兼管二驿事务，从署云贵广西总督高其倬请也。"

[3] "京运"至"六站"：发古厂是清代云南地方当局做为调配资源的一个特殊铜厂，其地理位置适中，因此铜运道路也极为便捷，其省运路线应该为由厂地直接运往省城，其京运路线应该为由厂地直接运往马龙州，转入通往泸州的京运大道。根本不需要经过文中所载的新村、折苴、甸沙等处，笔者以为这两条路线里面可能隐藏一个巨大的贪腐漏洞。清代吴其濬《滇南矿厂图略》下卷《运第七》记："发古厂京铜，运交威店，十三站，每百斤脚银一两六钱七分九厘零。……发古厂铜，运局六站，每百斤脚银七钱五分。"又同书《程第八》记："发古厂距威店，自厂至新村五十里，新村至折苴五十五里，折苴至甸沙五十里，甸沙至王家庄五十里，王家庄至马龙州四十七里，马龙州至黑桥六十里，黑桥至遵花铺五十五里，遵花铺至永安铺七十里，永安铺至石了口九十里，石了口至可渡九十五

里，可渡至箐头铺四十里，箐头铺至飞来石四十五里，飞来石至威宁州四十里。"

## 大风岭厂[1] 附杉木箐子厂、大寨子厂

大风岭厂，坐落会泽县地方，距东川府城六站，于乾隆十五年开采。每年约出铜二三万斤及十余万斤不等，并未定额、通商。照汤丹等厂奏准之例，每办获铜百斤内，抽收课铜十斤，又抽公、廉、捐、耗铜四斤二两，官买余铜八十五斤十四两。每百斤给价银六两九钱八分七厘。所收课、余、公、廉、捐、耗铜斤，备供京运及东川局鼓铸之用。二十七年，奏准：每余铜百斤，加给银四钱六分五厘。连原给例价，共合每余铜百斤，给银七两四钱五分二厘。自三十三年五月起，于例定价值之外，每百斤暂行加银六钱。连原给例价，合每余铜百斤，给银八两一钱五分一厘。三十八年，奏准通商。每办铜百斤内，给与厂民通商铜十斤。照前抽收课铜及公、廉、捐、耗铜斤，官买余铜七十五斤十四两。每百斤给银八两一钱五分一厘。三十九年六月，停止加价，每余铜百斤，照旧给价银七两四钱五分二厘。四十三年，奏定：年办额铜八万斤，遇闰加办铜六千六百六十六斤。照旧通商，抽收课、廉等铜，余铜给价收买，发运东川店转运，或东川局交收。自厂至处吉渡一站，处吉渡至凉水井一站，凉水井至腰店子一站，腰店子至老村子一站，老村子至尖山塘一站，尖山塘至东川府城一站，共六站[2]，每百斤给运脚银七钱五分。又每运京铜一百二十斤，支销筐篓一对，给银一分七厘，每年准支官役薪食、厂费等银五百四十两，遇闰加增，小建不除。赴迤东道库请领工本、运脚，自厂至东川六站，自东至寻四站，共十站。应需马脚、盘费，照例按站支销。

杉木箐子厂[3]，于乾隆三十四年开采。自厂至大风岭老厂二十余里。办获铜斤，照老厂事例，径运东店，归老厂报销，不支运脚。每年准支书、巡工食，厂费等银二百二十八两，遇闰加增，小建不除。

大寨子厂[4]，于乾隆三十九年开采。自厂至者那一站，者那至臭水井一站，臭水井至大风岭厂一站，共三站。办获铜斤，悉照老厂事例收买，

运交老厂，转运补额。每百斤给运脚银三钱七分五厘，均于厂务项下支销，不支书、巡工食。

## 注　释

[1]　大风岭厂：乾隆《东川府志》记为大丰岭厂。乾隆《东川府志》卷一《分防则补图》中的大丰岭厂位置标在东川府会泽县善长里（今四川省凉山州会东县境内）。由于其在金沙江北岸，因此设有渡船水手二名。乾隆《东川府志》卷十一《厂课》记："大丰岭厂：离府城三百里，原系东川府管，后改崇委杂职管理。老王山厂：离府城三百里，系大丰岭委员管理。丰裕厂：离府城一百三十里，系大丰岭委员管理。"乾隆《钦定户部鼓铸则例》卷四记："运铜脚费：大风岭厂至东川六站，每百斤给运脚银七钱五分，又装铜箩筐每对价银一分七厘。养廉工食：大风岭厂坐落会泽县地方，委汤丹厂官兼管，古寨巡检协办。管厂官月支养廉银十两；书记一名，月支工食银三两；客课三名，每名月支工食银二两；巡役六名，每名月支工食银二两；练役二名，每名月支工食银二两；又设卡房巡役二名，每名月支工食银二两；渡船水手二名，每名月支工食银二两。每月给灯油、纸笔银一两。又每年端阳、中秋年节犒赏银六两。又每年二、八月祭山银六两。"清代王昶《云南铜政全书》记："大风岭铜厂，在东川府会泽县境内，乾隆十五年开采。每年获铜数十万斤或数万斤不等。四十二年，定年额铜八万斤。余同汤丹。大寨子厂，一名杉木箐，距大风岭三站。"清云南布政司《案册》记："遇闰办铜八万六千六百六十六斤。迤东道专管，东川府经管。"清代吴其濬《滇南矿厂图略》下卷《铜厂第一》记："大风岭厂，在巧家西，金沙江外，山有风穴，每春月风极大。东川府知府理之。乾隆十五年开。四十三年，定额铜八万斤，闰加。抽收事例、价银同汤丹。原供东川局铸，局停，改供京运。今实办课、余额京铜七万二千斤。子厂：大寨厂，又名杉木箐。"又同书《惠第五》记："大风岭厂，薪食银十两，各役工食银五十二两。"同治《钦定户部则例》卷三十五《钱法二》记："铜厂官役廉费：大风岭厂，厂官月支银十两。书记一名，月支银三两。客课三名，每名月

支银二两。巡役八名，每名月支银二两。渡船水手二名，每名月支银二两。灯油、纸笔，月支银一两。祭犒，岁支银一十二两。铜厂运脚：运东川店，每百斤给银七钱五分。"

[2] "发运"至"六站"：清代吴其濬《滇南矿厂图略》下卷《程第八》记："大风岭厂至东店，计程六站。自厂至树桔渡六十里，树桔渡过金沙江至凉水井六十里，凉水井至腰店子六十五里，腰店子至老村子六十里，老村子至尖山塘六十五里，合碌碌厂路。"大风岭厂由厂地运往东川铜店的道路为：由厂出发渡过金沙江以后，翻越象鼻梁子，抵达小江边，与碌碌厂及大水沟厂的铜运马帮汇合，渡过小江沿尖山沟至东川府城。

[3] 杉木箐子厂：清代吴其濬《滇南矿厂图略》下卷《运第七》记："大风岭厂京铜，运交东店，六站，每百斤脚银七钱五分大寨，又名杉木箐子厂，三钱七分五厘。"杉木箐位于今昆明市东川区拖布卡镇政府东南五公里杉木村公所，地处大水沟厂、碌碌厂往东川府城的铜运干道上，因此杉木箐子厂的铜"径运东店，归老厂报销"，同时"每年准支书、巡工食，厂费等银二百二十八两"，是一个独立管理的子厂。

[4] 大寨子厂：位于今昭通市巧家县大寨镇，今地名由厂得名。清代属于东川府会泽县归治里，乾隆《东川府志》卷八《村寨·归治里》载有大寨村、者那村、臭水井村等。可是大寨子厂的铜并不直接运往东川府城，却是先运到金沙江对岸的的老厂，现实情况中如此来回是不太可能的，由于这个隐秘，吴其濬在《滇南矿厂图略》中将其与衫木箐子厂混淆。故此应是一个虚领运费的典范。

# 紫牛坡厂[1]

紫牛坡厂，坐落会泽县地方，距东川店二站半，于乾隆四十年开采。每年约出铜六七万斤及十万余斤不等，并未定额。每办获铜百斤内，给与厂民通商铜十斤，抽收课铜十斤。又抽公、廉、捐、耗铜四斤二两，官买余铜七十五斤十四两。每百斤给价银六两九钱八分七厘。所收课、余、公、廉、捐、耗铜斤，备供京运及东川局鼓铸之用。四十三年，奏定：年办额铜三万三千斤，遇闰加办铜二千七百五十斤。照旧通商，抽收课、廉等铜，余铜给价收买，发运东川店转运，或东川局交收。自厂至则都箐半站，则都箐至尖山塘一站，尖山塘至东川府城一站，共二站半[2]。每百斤给运脚银三钱一分二厘五毫。如拨运京铜，每一百二十斤支销筐篓一对，给银一分七厘。赴迤东道库请领工本、运脚，自厂至东川二站半，自东至寻四站，共六站半。应需马脚、盘费，照例按站于厂务项下支销，不支书、巡工食。

## 注 释

[1] 紫牛坡厂：位于今昆明市东川区铜都镇紫牛村。清代伯麟《滇省舆地图说·东川府舆图》记："会泽县：铜厂一，曰紫牛坡，知府理之。"清代王昶《云南铜政全书》记："紫牛坡铜厂，在东川府会泽县境内，乾隆四十年开采。四十三年，定年额铜三万三千斤，供东川局。每铜百斤，价银六两九钱八分七厘。余同汤丹。"清云南布政司《案册》记："遇闰办铜三万五千七百五十斤。迤东道专管，东川府经管。"清代吴其濬《滇南矿厂图略》下卷《铜厂第一》记："紫牛坡厂，在巧家西。东川府知府理之。乾隆四十年开。四十三年，定额铜三万三千斤，闰加二千七百五十斤，抽收事例同汤丹，余铜每百斤价银六两九钱八分七厘，原供东川局铸，局停，改供京运。今实办课、余额京铜二万九千七百斤。"

[2] "发运"至"二站半"：紫牛坡厂由厂地运往东川铜店的道路为：沿小江东岸北行抵达尖山塘，与碌碌厂及大水沟厂铜运马帮汇合，经尖山沟至东川府城。清代吴其濬《滇南矿厂图略》下卷《运第七》记："紫牛坡厂京铜，运交东店，二站半，每百斤脚银一钱二分五厘。"又同书《程第八》记："紫牛坡厂至东店，计程二站半。自厂至则都箐三十里，则都箐至尖山塘六十里，合碌碌厂路。"

# 青龙厂[1] 附猛仰子厂

青龙厂，坐落元江州地方，距省城六站，于康熙三十七年开采。每年约出铜二三万斤及六七万斤不等，并未定额、通商，亦不抽收公、廉、捐、耗。每办铜百斤内，抽收课铜二十斤，官买余铜八十斤。每百斤给价银五两。所收课、余铜斤，备供本省局铸之用，亦间拨京运。乾隆二十五年，奏准：每办铜百斤，原抽课铜二十斤改为抽课十斤，另抽公、廉、捐、耗铜四斤二两，官买余铜八十五斤十四两。每百斤给银六两。自三十三年五月，于例定价值之外，每百斤暂行加银六钱。连原给例价，合每余铜百斤，给价银六两六钱九分八厘。三十八年，奏准通商。每办铜百斤，内给与厂民通商铜十斤，照前抽收课铜及公、廉、捐、耗铜斤，官买余铜七十五斤十四两。每百斤给银六两六钱九分八厘。三十九年六月，停止加价，每余铜百斤，照旧给价银六两。四十三年，奏定：年办额铜六万斤，遇闰加办铜五千斤。照旧通商，抽收课、廉等铜，余铜给价收买，发运省局供铸。自厂至杨武坝一站，杨武坝至罗吕乡一站，罗吕乡至嶍峨县城一站，嶍峨县至新兴州城一站，新兴州至昆阳州城一站，共陆路五站。由昆阳州水运至省城一站，共计水、陆路六站[2]。每百斤给运脚银三钱七分三厘，不支筐篓。每年准支官役薪食、厂费等银四百四十一两六钱，遇闰加增，小建不除。赴省请领工本、运脚，自厂至省，水、陆六站。应需马脚、盘费，照例按站支销。

猛仰子厂[3]，于乾隆二十四年开采。自厂至马塘山一站，马塘山至青龙厂半站，共站半。办获铜斤，悉照老厂事例抽收，给价收买，运交老厂补额。每百斤给运脚银一钱五分，均于厂务项下支销，不支书、巡工食。如拨运京铜，自厂至省城水、陆六站，自省至寻甸四站，计自厂至寻共九站。每百斤给运脚银一两一钱八分五厘八毫，于陆运项下支销，不支筐篓。

## 注　释

[1]　青龙厂：清代伯麟《滇省舆地图说·元江州舆图》记："铜厂一，曰青龙，知州理之。"青龙厂位于今玉溪市元江县北部的青龙厂镇，今天的地名即来源于铜厂名。雍正《云南通志》卷十一《厂课》记："青龙铜厂：坐落元江府地方。……康熙四十四年，总督贝和诺题开。"《大清会典事例》

卷一百七十四《户部四十七·钱法》记："元江州青龙铜厂，各厂年额共课银一万八百二十五两七钱九厘有奇。"旧《云南通志》记："青龙铜厂，坐落元江府地方，康熙四十四年，总督贝和诺题开。四十九年，各厂收获课、息银九千六百二十五万七钱九厘三毫零，后为每年定额。每铜一百斤，抽收课铜二十斤，外收小铜九斤。"《清高宗实录》卷一百六十四记："乾隆七年壬戌夏四月戊戌，户部议覆：'云南巡抚张允随奏称"滇省向有青龙等铜厂，缘开久硐深，另于厂地前后左右，开硐煎办，或收买水燥煎铜，或地界极边，烟瘴甚盛，或厂地同属东川，抽课给价，不能与汤丹两例，自须量为调剂，以裕厂民工本，使多得铜斤，方于鼓铸有益"，应如所请，将旧有之青龙、惠隆、太和、马龙等厂，照初开例，每铜百斤，抽课二十斤，余铜以五两一百斤收买。金钗坡厂，每铜百斤，例给银四两外，增价六钱，初开之者囊、大水、碌碌、虐姑等厂，照汤丹、普毛两厂例，每铜百斤，抽课十斤，余铜以六两一百斤给价'，从之。"乾隆《钦定户部鼓铸则例》卷四记："运铜脚费：青龙厂至省水、陆六站，每运铜百斤，运脚银三钱七分三厘三毫；又至临安局五站，每百斤给运脚银五钱。养廉工食：青龙厂坐落元江府地方，委元江府管理，每月支销管厂官养廉银十两；书记一名，月支工食银一两；巡役八名，每名月支工食银一两九钱；水火夫一名，月支工食银一两；土练六名，每名月支工食银六钱。每月给灯油、纸笔银二两五钱。"清代王昶《云南铜政全书》记："青龙厂，在元江直隶州东北七十里。乾隆元年以前，获铜无考。四十三年，定年额铜六万斤，拨本省局铜，外省采买，每铜百斤，价银六两。"清云南布政司《案册》记："遇闰办铜六万五千斤，迤南道专管，元江州经管。"清代吴其濬《滇南矿厂图略》下卷《铜厂第一》记："青龙厂，在元江东北七十里，发脉于新平之磨盘山。元江直隶州知州理之。康熙年间开。乾隆四十三年，定额铜六万斤，闰加五千斤，供省铸及采买，每铜百斤价银六两。今实办课、余额省铜五万四千斤。子厂：猛仰厂。"同治《钦定户部则例》卷三十五《钱法二》记："铜厂官役廉费：青龙厂，厂官月支银十两。书记一名，月支银二两五钱。客课二名，每名月支银一两。巡役八名，每名月支银一两九钱。土练六名，每名月支银六钱。厨役水火夫一名，月支银一两。灯油、纸笔，月支银二两五钱。铜厂运脚：运省每百斤给银三钱七分三厘。"民国《新纂云南通志》

卷六十四《物产考七·铜》记:"青龙厂:因同治七年兵燹停。"

[2]  "发运"至"六站":青龙厂的厂运路线,为由青龙厂镇出发,东北行经过杨武(属新平县)、罗里(属峨山县化念镇)、峨山县城(原嶍峨县城),进入今玉溪市红塔区境内,转向北行经过红塔区(原新兴州城)至晋宁县(原昆阳州城),此一路今天为213国道贯穿,里程为142公里,亦为昆磨高速贯通,从晋宁到青龙厂镇的马鹿箐隧道出口,里程为126公里。晋宁到昆明滇池水运里程为50公里。清代吴其濬《滇南矿厂图略》下卷《运第七》记:"青龙厂铜,运局六站,每百斤脚银三钱七分七厘。"

[3]  猛仰子厂:亦在今元江县境内,位于青龙厂北方,今天地名为猛仰坝。实际位置在今铜厂冲村,距离青龙厂二十公里,文中所载其距青龙厂计一站半九十里亦为多领运费之弊。

# 回龙厂[1]

回龙厂,坐落丽江府地方,距下关店十六站半,于乾隆四十二年开采。原系铜、银兼出,每年约出铜五六万斤不等,并未定额。照乾隆三十八年奏准通商之例,每办获铜百斤内,给与厂民通商铜十斤,抽收课铜十斤,官买余铜八十斤。每百斤给价银六两。所收课、余铜斤,备供本省局铸及各省采买之用。四十三年,奏定:年办额铜七万斤,遇闰加办铜五千八百三十三斤。照旧通商、抽课,余铜给价收买,发运下关店交收。自厂至羊场一站,羊场至水基坝一站,水基坝至热水潭一站,热水潭至羊山一站,羊山至稗子沟一站,稗子沟至通甸一站,通甸至吕苴一站,吕苴至香多一站,香多至沙左一站,沙左至蒙右一站,蒙右至丽江府城一站,丽江至鹤庆州城一站,鹤庆州至三场旧一站,三场旧至三营一站,三营至沙坪一站,沙坪至大理府城一站,大理府至下关店半站,共计十六站半。每百斤给运脚银一两六钱五分。如拨运省局铜斤,自下关至省城,计程十二站半[2]。每百斤给运脚银一两三钱三厘一毫二丝五忽,均不支销筐篓。赴迤西道库请领工本、运脚,自厂至大理十六站,应需马脚、盘费,照例按站支销,不支书、巡工食。其拨给采买铜斤,系委员自赴下关店兑领。自下关运

89

至省，每百斤给运脚银一两二钱五分。委员赴司库请领、雇运，均于厂务项下支销。

## 注　释

[1]　回龙厂：其实际位置在今怒江州兰坪县北部的中排乡天银厂村，为铜、银混合矿区，清代属丽江府辖域。清代伯麟《滇省舆地图说·丽江府舆图》记："丽江县：铜厂一，曰回龙。知府理之。……剑川州：回龙厂改煎京铜局在焉。"清代·王昶《云南铜政全书》记："回龙铜厂，在丽江府丽江县西三百余里。乾隆三十八年，于河西、日甸二银厂之中踩得铜矿。四十二年，获铜。四十三年，定年额五万二千斤。四十五年，增额一万八千斤，拨采买及本省局铜。每铜百斤，抽课十斤，通商十斤，不收公、廉、耗、捐各铜。每铜百斤，价银六两。初系丽江府管理，旋改中甸同知管理。五十二年，仍归丽江府管理。……札朱子厂，在回龙厂西南一百五十里，乾隆二十九年开采，获铜归入回龙厂。来龙子厂，在回龙厂东南一百二十里，乾隆四十八年开，尚无成效，零铜归回龙厂。"清云南布政司《案册》记："遇闰办紫板铜七万五千八百三十三斤。每紫板铜百斤，价银六两。蟹壳铜百斤，价银六两九钱八分七厘。迤西道专管，丽江府经管。"《军机处录副奏折》记："嘉庆二十年四月十八日，云贵总督伯麟、云南巡抚臣孙玉庭奏：'为办铜工本查照部驳核实奏闻仰祈圣鉴事。……回龙厂向办各省采买铜斤，原定八二成色，每课、余铜百斤，例销工本银五两三钱三分三厘三毫零。自厂至下关店，运脚银一两六钱五分。今既改煎八六成色京铜，较原办采买铜色加高四色，一切人工、炭火、折耗等项，在在需费。所有回龙厂十七、十八两年铜八十万斤，既经抵补得宝坪京运之铜，所需工本、运脚等项，自应照得宝坪厂京铜事例，每课、余铜一百斤，准销工本银六两二钱一分六毫六丝六忽，又水泄银一钱八分八厘三毫零，又自厂至下关店计程十六站半，准销运脚银二两一钱三分一厘八毫，又应支厂费银七分五厘，又应支筐篓银一分四厘一毫，五共银八两六钱一分九厘八毫零，准其支销。……又回龙

厂每厂民办交官商铜一百斤,内除通商十斤,抽课十斤外,余铜八十斤,照该厂事例,每余铜十斤,给工本银六钱,该工本银四两八钱,合课、余二项铜百斤,给工本银五两三钱三分三厘三毫零,若除去课铜,仍与每余铜百斤给银六两之数相符。"清代吴其濬《滇南矿厂图略》下卷《铜厂第一》记:"回龙厂,在丽江西三百余里,地名回龙山。发脉于大雪山,至厂峰峦耸峙,后曰老山、团山,面曰光山,左右护卫曰辉山、黑山,悬岩峭壁,四面围绕。丽江府知府理之。乾隆三十八年开。四十五年,定额铜七万斤,闰加五千八百三十三斤。每铜百斤,抽课、通商如例,免抽公、廉、捐、耗。近年增供京运二万斤,每紫板铜百斤价银六两,每蟹壳铜百斤价银六两九钱八分七厘。今实办课、余额省铜六万三千斤,课、余未定额京铜二万斤。子厂:扎朱厂,在西南一百五十里;来龙厂,在东南一百二十里,并停;唎哆山厂,试采。"又同书《银厂第二》记:"回龙厂,在丽江西,近沧浪江,又外即怒江。丽江府知府理之。乾隆四十一年开,每银一两抽课银一钱五分,撒散三分,额课银三千八百九十四两余。"

[2] "发运"至"十二站半":清代吴其濬《滇南矿厂图略》下卷《运第七》记:"丽江府经管回龙厂京铜,运交关店,十六站半,每百斤脚银一两六钱五分。"又同书《程第八》记:"回龙厂距大理府关店,计程九百八十五里。自厂至羊肠四十五里,羊肠至木基坝四十五里,木基坝至热水潭五十五里,热水潭至羊山五十里,羊山至稗子沟五十五里,稗子沟至通甸五十五里,通甸至吕苴七十里,吕苴至香多六十里,香多至沙左五十五里,沙左至蒙古五十五里,蒙古至丽江府城五十里丽江县地,丽江府至鹤庆州城八十里,鹤庆州至三场白七十五里鹤庆州地,三场白至三营五十五里浪穹县地,三营至沙坪九十里邓川州地,沙坪至大理府城七十里,大理府至下关店三十里。"回龙厂的厂运路线,按照实际地理区位及现存地名情况,为由位于今怒江州兰坪县北部的中排乡天银厂村出发,至通甸河河谷,沿河谷南行,经热河塘、羊山、稗子沟,抵达通甸,再折向东行翻山越岭进入丽江地界,经利苴、香多,沿冲江河谷抵达石鼓,再东行经拉市海进入丽江城。丽江、鹤庆至大理为传统驿道,但是当时的铜运道路途经鹤庆坝子以后,并未继续南下,而是折向西南,由东坡村翻越西山——马鞍山,经三场旧、大坪进入洱源坝子,再由三营、洱源、沙坪(均属洱源县)至大理。

# 白羊厂[1]

白羊厂，坐落云龙州地方，距下关店十一站半，于乾隆三十五年开采。原系银厂，因䃰内夹有铜气，将炼银冰燥复行煎炼。每年约出铜八九万斤至十万余斤不等，并未定额、通商。照乾隆二十五年奏准之例，每办获铜百斤内，抽课铜十斤。又抽公、廉、捐、耗铜四斤二两，官买余铜八十五斤十四两。每百斤照加价之例，给银六两六钱九分八厘。所收课、余、公、廉、捐、耗铜斤，备供本省局铸、各省采买之用。三十八年，奏准：每办铜百斤内，给与厂民通商铜十斤。照前抽收课铜及公、廉、捐、耗铜斤，官买余铜七十五斤十四两。每百斤给银六两六钱九分八厘。三十九年六月，停止加价。每余铜百斤，照旧给银六两。四十三年，奏定：年办额铜十万八千斤，遇闰加办铜九千斤。照旧通商，抽收课、廉等铜，余铜给价收买，发运下关店交收。自厂至狮井一站，狮井至鸡村一站，鸡村至汤橙一站，汤橙至果榔一站，果榔至云龙州城一站，云龙州至关坪一站，关坪至丕邑一站，丕邑至江榜一站，江榜至凤羽一站，凤羽至沙坪一站，沙坪至大理府城一站，大理府至下关店半站，共十一站半，每百斤给运脚银一两一钱五分。如拨运省局，自下关至省，计程十二站半，每百斤给运脚银一两三钱三厘一毫二丝五忽，不支筐篓。每年准支书、役薪食，厂费等银三百二十二两八钱，遇闰加增，小建不除。赴大理府库请领工本、运脚，自厂至大理十一站，应需马脚、盘费，照例按站支销。其拨给采买铜斤，系委员自赴下关店兑领。自关至省，每百斤给运脚银一两二钱五分。委员赴司库请领、雇运，均于厂务项下支销。

## 注 释

[1] 白羊厂：其位置在大功厂南五十里，为大功厂铜运必经之地，因此其铜运路线与大功厂重叠。民国《云南矿产志略·第三章·铅矿》记："白羊厂铅矿，矿地在云龙县城西北六十公里。"清代王昶《云南铜政全书》记："白羊铜厂，在大理府云龙州西北二百七十里白羊山，乾隆二十五年

开采。四十三年，定年额铜十万八千斤，拨外省采买。每铜百斤，价银六两。"清云南布政司《案册》记："原系银厂，因矿内夹有铜气，将炼银冰燥复行煎炼。遇闰加铜九千斤，每百斤抽课十斤，通商十斤，抽公、廉、捐、耗四斤二两，收买余铜七十五斤十四两。每百斤给价银六两。大理府专管，云龙州经管。"清代吴其濬《滇南矿厂图略》下卷《铜厂第一》记："白羊厂，在云龙西北二百七十里白羊山。龙从龙头山来，左抱黄松山，右小水箐，山朝拱者白菜园山，回环颇逊于大功，而来龙亦高厚、绵远。原系银厂，罩出冰燥煅煎成铜。云龙州知州理之。乾隆三十五年开。四十三年，定额铜十万八千斤，闰加九千斤。每铜百斤，抽课、公、廉、捐、耗如例，供采买，余铜每百斤价银六两。今实办课、余额省铜九万七千二百斤。"又同书《银厂第二》记："白羊厂，在云龙境。云龙州知州理之。乾隆三十八年开，每银一两抽课银一钱五分，撒散三分。"同治《钦定户部则例》卷三十五《钱法二》记："铜厂官役廉费：白羊山厂，厂官月支银八两。书记一名，月支银二两五钱。客课二名，每名月支银一两。巡役六名，每名月支银一两九钱。厨役水火夫一名，月支银一两。灯油、纸笔，月支银二两。铜厂运脚：运大理、下关，每百斤给脚价银一两一钱；运永昌店，每百斤给脚价银八钱。"清云南布政司《案册》记："运下关，计程十一站半，每百斤运脚银一两一钱五分。自下关至省，计程十二站半，每百斤运脚银一两三钱三厘一毫零，不给筐篓。"

## 马龙厂[1]

马龙厂，坐落南安州地方，距省城十一站，于雍正七年开采。原系银厂，因碛内夹有铜气，将炼银冰燥复行煎炼。每年约出铜一万二三千斤及二万余斤不等，并未定额、通商，亦不抽收课铜及公、廉、捐、耗铜斤。每办获铜百斤，给炭价银三两四钱五分二厘。所收铜斤，备供本省局铸及各省采买之用。乾隆二十五年，奏准：每办铜百斤内，抽收课铜十斤，又抽公、廉、捐、耗铜四斤二两，官买余铜八十五斤十四两。每百斤给银六两。自三十三年五月起，于例定价值之外，每百斤暂行加银六钱。连原给例价，合每余铜百斤，给价银六两六钱九分八厘。三十八年，奏准通商。每办铜百斤内，给与厂民通商铜十斤。照前抽收课铜及抽公、廉、捐、耗铜斤，官买余铜七十五斤十四两。每百斤给银六两六钱九分八厘。三十九年六月，停止加价。每余铜百斤，照旧给价银六两。四十三年，奏定：年办额铜四千四百斤，遇闰加办三百六十六斤。照旧通商，抽收课、廉等铜，余铜给价收买，发运省局或云南府仓交收。自厂至旧关一站，旧关至石板河一站，石板河至三家村一站，三家村至南安州城一站，南安州至楚雄府城一站，共五站。自楚雄至省城六站，计自厂至省共十一站[2]。每百斤给运脚银一两一钱，不支筐蒌。每年准支书、巡工食银四十九两二钱，遇闰加增，小建不除。赴省领银，自厂至省城共十一站，请领工本、脚费，应需马脚、盘费，照例按站于厂务项下支销。其拨给各省采买铜斤，系委员赴云南府仓，兑领发运。

## 注　释

[1]　马龙厂：按照清代伯麟《滇省舆地图说·楚雄府舆图》所标，马龙厂位于南安州的西南部。实际地理位置在今楚雄州双柏县妥甸镇西部的马龙村委会马龙厂村，距离双柏县城所在地妥甸镇36公里，今天的地名即来源于铜厂名。民国《云南矿产志略·第三章·银矿》记："马龙厂，位于双柏县南，相距约三十五公里。"清代王昶《云南铜政全书》记："马龙铜厂，在楚雄府南安州西南二百五十里，雍正七年开采。本系银厂，每年冰燥煎铜万余斤及二万余斤不等。四十三年，定年额铜四千四百斤，供本省局铜，外省采买。每铜百斤，价银六两。南安州管理。"清云南布政司《案册》记："遇闰办铜四千七百六十六斤。迤西道专管，楚雄府经管。"乾隆《钦定户部鼓铸则例》卷四记："养廉工食：马龙厂坐落南安州地方，委呈贡县典史管理。书记一名，月支工食银（一）[二]两五钱；店役一名，月支工食银一两七钱；炉头一名，月支工食银三两；长工二名，每名月支工食银一两五钱。每月祀神香资四钱。灯油、纸笔银五钱。"清代吴其濬《滇南矿厂图略》下卷《铜厂第一》记："马龙厂，在南安西南二百五十余里，

银厂冰脿煅煎出铜。楚雄府知府理之。雍正七年开。乾隆四十三年，定额铜四千四百斤，闰加三百六十六斤，供省铸及采买，每铜百斤价银六两。今实办课、余额省铜三千九百六十斤。"同治《钦定户部则例》卷三十五《钱法二》记："铜厂官役廉费：马龙厂，书记一名，月支银一两五钱。店役一名，月支银一两七钱。炉头一名，月支银三两。长工二名，每名月支银一两五钱。祭犒，月支银四钱。"

[2] "发运"至"十一站"：清代吴其濬《滇南矿厂图略》下卷《运第七》记："马龙厂铜，运局十一站，每百斤脚银一两一钱。"马龙厂的厂运路线，为由马龙厂出发，东行经过妥甸（今双柏县城），转向北行经南安州城到楚雄府城。只有两站路程，而本书所载为五站路程，应为虚领运费编造的路线。

## 寨子箐厂[1]

寨子箐厂，坐落南安州地方，距省城十三站，于乾隆三十六年开采。每年约出铜六七千斤至万余斤不等，并未定额、通商。照乾隆二十五年奏准之例，每办获铜百斤内，抽课铜十斤。又抽公、廉、捐、耗铜四斤二两，官买余铜八十五斤十四两。每百斤照加价之例，给银六两六钱九分八厘。所收课、余、公、廉、捐、耗铜斤，备供本省局鼓铸及各省采买之用。三十八年，奏准通商。每办铜百斤，内给与厂民通商铜十斤。照前抽收课铜及公、廉、捐、耗铜斤，官买余铜七十五斤十四两。每百斤给银六两六钱九分七厘，三十九年六月，停止加价。每余铜百斤，照旧给银六两。四十三年，奏定：年办额铜一万一千一百斤，遇闰加办九百三十三斤。照旧通商，抽收课、廉等铜，余铜给价收买，发运省局或云南府仓交收。自厂至三转湾一站，三转湾至马龙厂一站，马龙厂至旧关一站，旧关至石板河一站，石板河至三家村一站，三家村至南安州城一站，共（七）〔六〕站。自楚雄至省城六站，计自厂至省共（十三）〔十二〕站[2]。每百斤给运脚银一两三钱，不支筐篓，每年准支书、巡工食银一百八两，遇闰加增，小建不除。赴省领银，自厂至省城，共十三站。请领工本、脚费，应需马脚、盘费，照例按站于厂务项下支销。其拨给各省采买铜斤，系委员赴云南府仓，兑领发运。

## 注　释

[1]　寨子箐厂：清代伯麟《滇省舆地图说·楚雄府舆图》记："南安州：铜厂二，曰马龙、曰寨子箐，知府理之。"按照图上所标，寨子箐厂位于南安州的南部。实际地理位置在今楚雄州双柏县南部的大麦地镇野牛村委会厂街村，距离双柏县城45公里，今天的地名即来源于铜厂名。清代王昶《云南铜政全书》记："寨子箐铜厂，在楚雄府南安州东北三百里，乾隆三十六年开采。四十三年，定年额铜一万一千二百斤，拨本省局铜，外省采买，南安州管理。……程站，至省十三站，运铜百斤，给脚价银一两三钱。"清云南布政司《案册》记："遇闰办铜一万二千一百三十三斤，迤西道专管，楚雄府经管。"清代吴其濬《滇南矿厂图略》下卷《铜厂第一》记："寨水箐厂，在南安东北三百余里。楚雄府知府理之。乾隆三十六年开，初在羊九塘，后移于五台山，硐在山梁下，东曰照壁山，南曰响水山，西曰麻海山，北曰三尖山，拱护完固。四十三年，定额铜一万一千二百斤，遇闰加铜九百三十三斤，供省铸及采买。今实办课、余额省铜一万八十斤。"同治《钦定户部则例》卷三十五《钱法二》记："铜厂官役廉费：寨子箐厂，厂官月支银六两。书记一名，月支银三两。课长一名，月支银二两。坐厂家丁一名，月支银一两五钱。灯油、纸笔，月支银三两。"

[2]　"发运"至"（十三）〖十二〗站"：清代吴其濬《滇南矿厂图略》下卷《运第七》记："寨子箐厂铜，运局十三站，每百斤脚银一两三钱。"寨子箐厂的厂运路线，为由厂地出发，西行进入克田河谷，转向北行经妥甸（今双柏县城）、南安州城到楚雄府城。然根据寨子箐厂及马龙厂相对位置分析，位于南安州南部的寨子箐厂铜的运输，不必经过马龙厂，再入正途，故是为虚领运费而编造的路线。

## 秀春厂 [1]

秀春厂，坐落定远县地方，距省城十站，于乾隆四十三年开采。每年约出铜一二千斤及三千余斤不等，并未定额。遵照钦奉恩旨不拘一成通商例，每办获铜百斤内，给与厂民通商铜二十斤，抽收课铜十斤，官买余铜七十斤。每百斤给价银六两九钱八分七厘。所收课、余铜斤，备供本省局铸及各省采买之用。总督富、巡抚谭题定，年办额铜四千五百斤，遇闰加办铜三百七十五斤。照旧通商，抽收课铜，余铜给价收买，发运省局交收。自厂至苴尤屯一站，苴尤屯至定远县[2]城一站，定远县至会基关一站，会基关至〖楚雄府城一站，共四站〗。楚雄府城至省六站，共十站[3]。每百斤给运脚银一两。赴楚雄府库请领工本、运脚，自厂至楚雄四站，应需马脚、盘费，照例按站于厂务项下支销。不支筐篓、书、巡工食。

## 注 释

[1] 秀春厂：清代伯麟《滇省舆地图说·楚雄府舆图》记："定远县：铜厂一，曰秀春，知县理之。"按图上所标，秀春厂位于定远县的东北部，在黑井提举东北方，实际地理位置在今楚雄州禄丰县黑井镇铜猫殿。清云南布政司《案册》记："秀春铜厂，坐落定远县地方，乾隆四十六年开采。五十年，定年额铜四千五百斤，遇闰加三百七十五斤。每百斤抽课十斤，通商二十斤，收买余铜七十斤。每百斤给价银六两九钱八分七厘。楚雄府专管，定远县兼管。运交省局，计程十站，每百斤给运脚银一两，不支筐篓。"清代吴其濬《滇南矿厂图略》下卷《铜厂第一》记："秀春厂，又名安丰子厂，在定远南一百三十里，山下有溪曰猛冈河。定远县知县理之。乾隆四十六年开。五十年，定额铜四千五百斤，闰加三百七十五斤，抽课如例，通商二成，余铜七十斤供省铸及采买，余铜每百斤价银六两九钱八分七厘。今实办课、余额省铜三千六百斤。"

[2] 定远县：元代设置，明清沿袭，民国三年（1914年）1月更名牟定县，至今仍然有牟定铜矿。《元史》卷六十一《地理四·云南》记："威楚……定远……在路北，地名目直睒，杂蛮居之。……元宪宗四年，立牟州千户，黄蓬菁为百户。至元十二年，改为定远州，黄蓬菁为南宁县，后革县为乡，改州为县，隶本路。"《明史》卷四十六《地理七·云南》记：

"楚雄府……定远……府西北。西有赤石山，东有龙川江。……有黑井、琅井二巡检司，又西南有罗平关、南有会基关二巡检司。"《清史稿》卷七十四《地理二十一志·云南》记："楚雄府……定远：府北百二十里。"

[3] "发运"至"十站"：清代吴其濬《滇南矿厂图略》下卷《运第七》记："秀春厂铜，运局十站，每百斤脚银一两。"秀春厂的厂运路线，为由厂地出发，西南行先到牟定县城（原定远县城），转向南行经过会基关直达楚雄府。会基山位于楚雄市与牟定县之间，为二者交界，原会基关位于顶峰，海拔 2452.5 米，关址无遗存，今附近无村庄。《明一统志》卷八十六记："楚雄府：会基山，在定远县南四十里。高可三千仞，连亘数百里，有五十余峰，群山之脉皆起于此。上有会溪关。"清代顾祖禹《读史方舆纪要》卷一百一十六《云南四》记："楚雄府·定远县：府西北百二十里。……会基山县南四十里。高三千仞，连亘数百里。有五十余峰，群山之脉皆起于此。上有会基关，向设兵戍守。"

## 义都厂[1]

义都厂，易门、嶍峨交界地方，距省城六站，于乾隆二十三年开采。每年约出铜十余万斤及三四十万斤不等，并未定额、通商，亦不抽收公、廉、捐、耗。每办获铜百斤内，抽收课铜二十斤，官买余铜八十斤。每百斤给价银五两。所收课、余铜斤，备供本省鼓铸及各省采买之用。二十五年，奏准：每百斤原抽课铜二十斤改为抽收课铜十斤，另抽公、廉、捐、耗铜四斤二两，官买余铜八十五斤十四两。每百斤给银六两。二十九年，巡抚刘奏准：义都、大美二厂，自二十九年五月起，每余铜百斤，加价银九钱八分七厘。连原给例价，共合给银六两九钱八分七厘。自三十三年五月起，于例定价值之外，每百斤暂行加银六钱。连原给例价，合每余铜百斤，给银七两六钱八分五厘。三十八年，奏准通商。每办铜百斤内，给与厂民通商铜十斤，照前抽收课铜及公、廉、捐、耗铜斤，官买余铜七十五斤十四两。每百斤给价银七两六钱八分五厘，三十九年六月，停止加价。每余铜百斤，照旧给价银六两九钱八分七厘。四十三年，奏定：年办额铜八万斤，遇闰加办铜六千六百六十六斤。照旧通商，抽收课、廉等铜，余铜给价收买，发运省局交收。自厂至新店房一站，新店房至大山脚一站，大山脚至二街一站，二街至九渡村一站，九渡村至混水塘一站，混水塘至省城一站，共六站[2]。每百斤给运脚银六钱，不支筐篓。每年准支官役薪食、厂费等银九百两八钱，遇闰加增，小建不除。赴云南府库请领工本、运脚，自厂至省六站，应需马脚、盘费，照例按站支销。其拨给采买铜斤，系委员自行赴厂兑领。每百斤给运脚银六钱，由委员赴司库请领、雇运，均于厂务项下支销。

# 注　释

[1] 义都厂：按照清代伯麟《滇省舆地图说·云南府舆图》所标，义都厂位于易门县的东南部。实际位置位于今玉溪市易门县的西南部禄汁镇，现在名称为易都厂或一都厂。清代王昶《云南铜政全书》记："义都铜厂，在云南府易门县西南一百里，地属临安府之嶍峨县，东距城一百五十里，山大，无名。乾隆二十三年开采，岁获铜自十数万至一百五十万不等。山势险峻，未能悠远。四十三年，定年额铜八万斤，供本省局铸，各省采买，间拨京铜。矿劣铜低，每铜百斤，价银六两九钱八分七厘。二十四年，归嶍峨县管理。二十五年以后，专员管理。四十二年，归易门县管理。"清云南布政司《案册》记："遇闰办铜八万六千六百六十六斤。每百斤抽课十斤，抽公、廉、捐、耗四斤二两，通商十斤，收买余铜七十五斤十四两。云南府专管，易门县经管。……计程六站，不支筐篓。"乾隆《钦定户部鼓铸则例》卷四记："运铜脚费：义都厂至省六站，每百斤给运脚银六钱；又至临安局九站半，每百斤给运脚银九钱五分。养廉工食：义都厂坐落嶍峨县、易门县交界地方，委寻甸易古巡检管理，管厂官每月支养廉银十五两；书记二名，每名月支工食银二两；课长四名，每名月支工食银一两；巡役十六名，每名月支工食银一两七钱；练兵六名，每名月支工食银六钱。每月给灯油、纸笔银四两。又二、八月祭山二次银八两。添设客课二名，每名月支工食银一两；巡役八名，每名月支工食银一两七钱。"清代吴其濬

《滇南矿厂图略》下卷《铜厂第一》记："义都厂，在嶍峨西一百五十里，东北距易门一百里，崇崖环抱，大山无名。易门县知县兼理之。乾隆二十三年开。四十三年，定额铜八万斤，闰加六千六百六十六斤，矿劣铜低，每铜百斤抽课、公、廉、捐、耗、通商如例，余铜七十五斤十四两，供省铸及采买，间拨京运，余铜每百斤价银六两九钱八分七厘。此厂初获铜至百五六十万，寻止获数万斤，或云峭壁削陷，兼带破势，过于险峻，未能悠久。今实办课、余额省铜七万二千斤。"同治《钦定户部则例》卷三十五《钱法二》记："铜厂官役廉费：义都厂，厂官月支银一十五两。书记二名，每名月支银二两五钱。课长六名，月每名支银一两。巡役二十四名，每名月支银一两七钱。土练六名，每名月支银六钱。灯油、纸笔，月支银四两。祭犒，岁支银八两。铜厂运脚：运省，每百斤给银六钱。"

[2] "发运"至"六站"：清代吴其濬《滇南矿厂图略》下卷《运第七》记："义都、万宝二厂铜，运局并六站，每百斤脚银六钱。"义都厂的厂运路线，为由厂地出发，东行下到禄汁江河谷，顺河谷行进到扒河与禄汁江交汇的土库房以后，沿扒河河谷顺流而上，经过十街、二街进入安宁境内达九渡村（属草铺镇），再转向东行经混水塘（今安宁市区）直达省城。

## 万宝厂[1]

万宝厂，坐落易门县[2]地方，距省城六站，于乾隆三十六年开采。每年约出铜十五六万斤及二三十万斤不等，并未定额。总督彰奏准：每办获铜百斤内，给与厂民通商铜十斤，抽收课铜十斤，官买余铜八十斤。每百斤照加价之例，给银七两六钱八分五厘。所收课、余铜斤，备供本省局铸及各省采买之用。三十九年六月，停止加价。每余铜百斤，给银六两九钱八分七厘。四十三年，奏定：年办额铜三十万斤。内应办底本铜一万五千斤，遇闰加办铜一千二百五十斤；应办官商铜二十八万五千斤，遇闰加办铜二万三千七百五十斤。每底本铜百斤，给价银六两二钱八分八厘三毫，并不抽课、通商，系另款造册报销。其官商铜斤，照旧通商、抽课，余铜给价收买，发运省局交收。自厂至永靖哨一站，永靖哨至大哨一站，大哨至三家店一站，三家店至草铺一站，草铺至读书铺一站，读书铺至省城一站，共六站[3]。每百斤给运脚银六钱，不支筐篓。每年准支官役薪食、厂费等银二百五十二两，遇闰加增，小建不除。赴云南府库请领工本、运脚，自厂至省六站，应需马脚、盘费，照例按站支销。其拨给采买铜斤，系委员自行兑领。每百斤给运脚银六钱，由委员赴司请领、雇运，均于厂务项下支销。

## 注 释

[1] 万宝厂：按照清代伯麟《滇省舆地图说·云南府舆图》所标，万宝厂位于易门县的西北部。实际位置位于今玉溪市易门县的西北部，现在名称为铜厂彝族乡。民国《云南矿产志略·第二章·铜矿》记："万宝厂居县城之西，相距山路约十五公里。昔日矿铜，罗布于礼拜寺山之花红蓬口、溜口、李子树、大水泄、大水塘及大凹子等处。铜厂居易门县之西北偏北，山路约二十公里，东南距万宝厂四五公里，市集名铜厂街。"清代王昶《云南铜政全书》记："万宝铜厂，在云南府易门县西北五十里，地名杂栗树，今为万宝山。乾隆三十六年，在附近之小黑山开采无效。三十七年，开采得铜。四十三年，定年额铜三十万斤，供本省铜，外省采买，间拨京铜。每铜百斤，价银六两九钱八分七厘。初，专员管理。四十二年，归易门县管理。"清云南布政司《案册》记："遇闰办铜三十二万五千斤。每百斤抽课十斤，通商十斤，收买余铜八十斤。云南府专管，易门县经管。发运省局计程六站，每百斤给运脚银六钱，不支筐篓。"清代吴其濬《滇南矿厂图略》下卷《铜厂第一》记："万宝厂，在易门西北五十里，地名杂栗树，今名万宝山，其脉甚远。香树坡、义都皆过峡之山，聚结于此，重峦叠嶂，环抱数十里。易门县知县理之。乾隆三十七年开。四十三年，定额铜三十万斤，闰加二万五千斤。每铜百斤，抽课十斤，通商十斤，余铜八十斤供省铸及采买，间拨京运，余铜每百斤价银六两九钱八分七厘。今实办课、余、底本额省铜二十七万一千五百斤。"

[2] 易门县：元代设置，历代沿袭。《元史》卷六十一《地理四·云南》记："昆阳州……易门，在州之西，治市坪村，世为乌蛮所居。段氏时，

高智升治善阐，奄而有之。至元四年，立洟门千户。十二年，改为县。县西有泉曰洟源。讹作易门。"《明史》卷四十六《地理七·云南》记："昆阳州……易门，州西。南有易门守御千户所，洪武二十四年置，旧县治在焉。"《清史稿》卷七十四《地理二十一·云南》记："云南府……易门，府西南二百五十里。……星宿江自禄丰入，南流，纳太和川水，又南汇大小绿汁河，入丁癸江。"《清通典·食货八·赋税》记："康熙四十九年，开采云南昆阳州子母厂、易门县塞子山厂铜矿。"清代伯麟《滇省舆地图说·云南府舆图》记："易门县：铜厂三，曰万宝、曰义都，在县境。曰香树坡，在南安州地。皆知县理之。"1953年2月15日国务院重工业部批准在云南省玉溪市易门县绿三十镇成立易门铜矿，于当年开始勘探，1958年进行基本建设，1960年正式投产，易门铜矿改革开放后改称易门矿务局，位于绿汁镇，地务清代易门境内三大铜厂（万宝厂、义都厂、香树坡厂）之间。1991年易门矿务局改制为云南玉溪矿业有限公司，并迁至玉溪城区，至今仍是云南最重要的铜生产企业。

[3]"发运"至"六站"：万宝厂的厂运路线，为由厂地出发，东南行经永靖哨、过易门县城，转北行进入至省城的大道，进入安宁境内转向东行，经草铺、读书铺直达省城。

## 大宝厂[1]

大宝厂，坐落武定州地方，距省城五站，于乾隆三十年开采。每年约出铜四五千斤及六七千斤不等，并未定额、通商。照乾隆二十五年奏准之例，每办获铜百斤内，抽收课铜十斤，又抽公、廉、捐、耗铜四斤二两，官买余铜八十五斤十四两。每百斤给价银六两。所收课、余、公、廉、捐、耗铜斤，备供本省局铸之用。自三十三年五月起，于例定价值之外，每百斤暂行加银六钱。连原给例价，合每余铜百斤，给价银六两六钱九分八厘。三十八年，奏准通商。每办铜百斤内，给与厂民通商铜十斤，照前抽收课铜及公、廉、捐、耗铜斤，官买余铜七十五斤十四西。每百斤给银六两六钱九分八厘。三十九年六月，停止加价。每余铜百斤，照旧给价银六两。

四十三年，奏定：年办额铜九千六百斤，遇闰加办铜八百斤。照旧通商，抽收课、廉等铜，余铜给价收买，发省局供铸。自厂至矣纳厂一站，矣纳厂至武定州城一站，武定州至鸡街汛一站，鸡街汛至黄土坡一站，黄土坡至省城一站，共五站[2]。每百斤给运脚银五钱。赴粮道[3]库请领工本、运脚，自厂至省共五站，应需马脚、盘费，照例按站于厂务项下支销，不支筐篓、书、巡工食。

## 注　释

[1]　大宝厂：位于今楚雄州武定县西部的猫街镇，今地名仍然为大宝山。清代王昶《云南铜政全书》记："大宝山铜厂，在武定直隶州西一百二十里。乾隆三十年开采，提挖旧硐。四十三年，定年额铜七千二百斤，拨本省局铜及外省采买。每铜百斤，价银六两。"清云南布政司《案册》记："亮地子厂、绿狮子厂，共年额铜九千六百斤，遇闰办铜一万四百斤，粮储道专管，武定州经管。"清代吴其濬《滇南矿厂图略》下卷《铜厂第一》记："大宝山厂，在州西一百二十里，近勒品甸土司，地当元马河之东。武定直隶州知州理之。来脉甚短，亦无包拦。乾隆三十年开，曰大宝山，曰狮子山，曰四尖山，后移花箐山。四十三年，定额铜七千二百斤，闰加八百斤，供省铸及采买。每铜百斤价银六两。今实办课、余额省铜八千六百四十斤。子厂：亮子地厂、绿狮子厂、马英山厂。"

[2]　"发省"至"五站"：大宝厂的厂运路线，为由厂地出发，南行经迤纳厂（今天仍为铜矿生产企业），转向东行，过武定县城转南行进入至省城大道，经富民鸡街、富民县城、昆明西山黄土坡直达省城。从迤纳厂到武定县城公路里程为32公里，武定到昆明的108国道公路里程99公里，高速公路里程为64公里。清代吴其濬《滇南矿厂图略》下卷《运第七》记："大宝厂铜，运局五站，每百斤脚银五钱。"同治《钦定户部则例》卷三十五《钱法二·铜厂运脚》记："大宝山厂，运省铜每百斤给脚价银五钱。"

[3]　粮道：即粮储道。道为清政府在地方设置的行政区划，分为由布

政使下辖的守道（如粮储道）和按察使下辖的巡道（如迤西道）两类，主官称为道员。《清史稿》卷一百十六《职官三》记："道员，正四品。……各掌分守、分巡，及河、粮、盐、茶，或兼水利、驿传，或兼关务、屯田；并佐籓、臬核官吏、课农桑，兴贤能、励风俗，简军实、固封守，以帅所属而廉察其政治。……布政使左、右参议，是为守道；按察使副使、佥事，是为巡道。……乾隆十八年，罢参政、参议、副使、佥事诸衔，特峻其品秩。"乾隆《钦定户部鼓铸则例》卷四记："粮道办理铜厂事务，每年支养廉银一千六百两。永宁地方天生桥、镇南桥、墨间塘三处，惯走私铜，每处设巡役二名，每名月支工食银二两，专司查察，年共银一百四十四两。遇闰照加，按年照数发给。"

## 大美厂[1]

大美厂，坐落罗次县[2]地方，距省城三站半，于乾隆二十八年开采。每年约出铜一二万斤及四五万斤不等，并未定额、通商。照乾隆二十五年奏准之例，每办获铜百斤内，抽收课铜十斤，又抽公、廉、捐、耗铜四斤二两，官买余铜八十五斤十四两。每百斤给银六两。所收课、余、公、廉、捐、耗铜斤，备供本省局铸及各省采买之用。二十九年，奏准：每余铜百斤，加银九钱八分七厘。连原给例价，共合给银六两九钱八分七厘。自三十三年五月起，于例定价值之外，每百斤暂行加银六钱。连原给例价，合每余铜百斤，给银七两六钱八分五厘。三十八年，奏准通商。每办铜百斤内，给与厂民通商铜十斤。照前抽收课铜及公、廉、捐、耗铜斤，官买余铜七十五斤十四两。每百斤给银七两六钱七分五厘。三十九年六月，停止加价。每余铜百斤，照旧给价银六两九钱八分七厘。四十三年，奏定：年办额铜一万二千斤。四十五年，总督福[3]、巡抚刘于四十四年《考成案》内题定，每年加办铜二万四千斤。连原定额铜，年共办铜三万六千斤，遇闰加办铜三千斤。照旧通商，抽收课廉等铜，余铜给价收买，发运省局或云南府仓交收。自厂至罗次县半站，罗次县至清水河一站，清水河至黄土坡一站，黄土坡至省城一站，共三站半[4]。每百斤给运脚银三钱五分，不支筐篓。每年准支官役薪食、厂费等银一百一十四两，遇闰加增，小建不除。赴云南府库请领工本、运脚，自厂至省三站半，应需马脚、盘费，照例按站于厂务项下支销。其拨给采买铜斤，系委员赴云南府仓，兑领发运。

## 注　释

[1] 大美厂：按照清代伯麟《滇省舆地图说·云南府舆图》记："罗次县：铜厂一，曰大美，知县理之。"按图上所标，大美厂位于罗次县的西南部，实际位置在旧罗次县北面、今楚雄州禄丰县仁兴镇革里村委会铜矺箐村，现在仍有小型铜矿山在生产。海拔2664米的铜矺山，是禄丰县海拔最高点。清代王昶《云南铜政全书》记："大美铜厂，在云南府罗次县北三十里，乾隆二十八年开采，四十三年，定年额铜一万二千斤。四十四年，增铜二万四千斤，分拨局铜，外省采买。每铜百斤，价银六两九钱八分七厘。"清云南布政司《案册》记："遇闰办铜三万九千斤。每百斤抽课十斤，抽公、廉、捐、耗四斤二两，通商十斤，收买余铜七十五斤十四两。云南府专管，罗次县经管。"乾隆《钦定户部鼓铸则例》卷四记："运铜脚费：大美厂至省三站半，每百斤给运脚银三钱五分；落水洞厂至省九站，每百斤给运脚银九钱。养廉工食：冷水沟并子厂大美厂坐落罗次县地方，委罗次县典史管理，管厂官每月支养廉银八两；书记一名，月支工食银三两；客课二名，每名月支工食银二两；巡役六名，每名月支工食银二两。每月给灯油、纸笔银三两。"清代吴其濬《滇南矿厂图略》下卷《铜厂第一》记："大美厂，在罗次北三十里，发脉于观音山，以照壁山为案，有一溪曰冷水沟，为洗矿、开炉之所。罗次县知县理之。乾隆二十八年开。四十四年，定额铜二万四千斤，闰加一万五千斤。每铜百斤，抽课十斤，公、廉、捐、耗四斤二两，通商十斤，收买余铜七十五斤十四两，供省铸及采买，余铜每百斤价银六两九钱八分七厘。今实办课、余额省铜三万二千四百斤。子厂：老硐箐厂。"民国《新纂云南通志》卷六十四《物产考七·铜》记："大美铜矿，大旺于清康熙年间，后因乏资停歇。"

[2] 罗次县：南诏大理国时期为滇东三十七部之一罗部（即罗县）。元代改设罗次县，历代沿袭。1958年撤县，并入楚雄州禄丰县。《元史》卷六十一《地理四·云南省》记："罗次：在州北，治压磨吕白村，本乌蛮罗部，地险俗悍。至元十二年，因罗部立罗次州，隶中庆路。二十四年，改州为县。二十七年，隶安宁州。"《明史》卷四十六《地理七·云南》记："罗次：府西北。旧属安宁州，弘治十三年八月改属府。西有星宿河，自武定府流入。又有沙摩溪，即安宁河。南有炼象关巡检司。"《清史稿》卷七十四《地理志·云南》记："罗次：府西北百三十里。……东北有苴么崼哀山，绵亘县西，两峰相望。易江北流入禄丰。金水河东北流，纳青龙山南、北二溪水，又折西北，汇碧城河水、东渠河水，折西亦入禄丰，名星宿江。北：炼象关。"

[3] 总督福：即时任云贵总督福康安。《清史列传》卷二十六记："福康安，满洲镶黄旗人，姓富察氏。曾祖米斯翰，户部尚书；祖李荣保，察哈尔总管：俱追封一等公。父傅恒，大学士，一等忠勇公，追赠郡王爵衔。米斯翰、傅恒均有传。乾隆三十二年，福康安由闲散袭云骑尉，授三等侍卫，命在乾清门行走。三十四年，擢二等侍卫，命御前行走。三十五年，擢头等侍卫。三十六年，授户部右侍郎、镶蓝旗蒙古副都统。三十七年，调镶黄旗满洲副都统。……四十一年四月，擢镶白旗蒙古都统。七月，赏戴双眼花翎。九月，调正白旗满洲都统。十月，赐紫禁城骑马。四十二年，授吉林将军。四十三年，调盛京将军。四十五年，授云贵总督。寻奏：'铜厂立法宜详，用人尤要。应实稽查各厂，专理、兼理官任事后，所得铜数，以凭甄别。初试者必察其贪廉勤惰，用定劝惩，以冀厂内多一得力之人。即于将来铜政有裨。至私钱毁于既行之后，尤须禁于未铸之先，私铸黑白，利在多铅少铜。滇省前禁私铜，未禁私铅，是以奸民于附近铅厂卖鬻私铅，易滋私铸。若铅、铜于官给印券，通商额铅外，有券外夹带及无券之铅，严禁无漏。则奸民无利可图，势将日止。'又奏：'滇铜多为开采，以裕其源，无庸加价。'皆从之。……四十六年八月，调四川总督，兼署成都将军。……四十七年八月，擢御前大臣，加太子太保。四十八年四月，命来京，署工部尚书。……五十四年正月，调两广总督。……五十九年七月，调云贵总督。……嘉庆元年五月，卒于军。着晋封郡王爵衔，赏内帑银一

万两，经理丧事。九月，命入祀昭忠祠、贤良祠，从其父傅恒配享太庙。予谥文襄，赐祭葬如例。"

[4] "发运"至"三站半"：大美厂的厂运路线，为由厂地出发，南行经碧城镇（原罗次县城）转向东南，进入昆明西山，过黄土坡直达省城。清代吴其濬《滇南矿厂图略》下卷《运第七》记："大美厂铜，运局三站半，每百斤脚银三钱五分。"同治《钦定户部则例》卷三十五《钱法二·铜厂运脚》记："大美厂，运省，每百斤给脚价银三钱五分。"清云南布政司《案册》记："运省局或云南府仓，计程三站半，不支筐篓。"

# 狮子尾厂[1]

狮子尾厂，坐落禄劝县地方，距省九站，于乾隆三十八年开采。每年约出铜一二万斤不等，并未定额。总督彰、巡抚李奏准：每办获铜一百斤内，给与厂民通商铜十斤，抽课十斤，官买余铜八十斤。照加价之例，给银七两六钱八分五厘。所收课、余铜斤，备供本省局铸，及各省采买之用。三十九年六月，停止加价。每余铜一百斤，给银六两九钱八分七厘。四十三年，奏定：狮子尾厂年办额铜六千斤，遇闰加办铜五百斤。照旧通商、抽课，【余】铜照前给价收买。所收铜斤，系运省局或运府仓交收。自厂至普及一站，普及至大隔一站，大隔至撒甸汛一站，撒甸汛至倮黑塘一站，倮黑塘至者末塘一站，者末塘至武定州城一站，武定州至鸡街汛一站，鸡街汛至黄土坡一站，黄土坡至省城一站，共九站。每百斤给运脚银九钱。如改归东川府经管，自厂至马路塘一站，马路塘至撒撒厂一站，撒撒厂至凤毛岭一站，凤毛岭至发窝一站，发窝至会理村一站，会理村至小铜厂一站，小铜厂至鸡罩卡一站，鸡罩卡至孟姑一站，孟姑至三道沟一站，三道沟至东川府城一站，共十站[2]。发运东局铜斤，每百斤给运脚银一两。赴省请领工本、运脚，计九站。应需马脚、盘费，照例按站于厂务项下支销，不支筐篓，书、巡工食。

# 注 释

[1] 狮子尾厂：清代伯麟《滇省舆地图说·武定州舆图》记："禄劝县：铜厂一，曰狮子尾，为东川子厂，东川府知府理之。"按图上所标，狮子尾厂位于金沙江北岸，今四川省会东县鹿鹤村乡境内，清代属于云南省武定州禄劝县辖域。"清代刘慰三《滇南志略》卷六记："禄劝县：厂江渡，渡金沙江，通狮子尾厂。"清代王昶《云南铜政全书》记："狮子尾铜厂，在武定州禄劝县北二百余里，开于明时，矿尽封闭。乾隆三十七年复开，地名元宝山。四十三年，定年额铜二千四百斤。四十五年，增额铜三千六百斤，拨本省局铜、外省采买，每铜百斤，抽课十斤，通商十斤，不收公、廉、耗、捐各铜。每铜百斤，价银六两九钱八分七厘。禄劝县管理。"清云南布政司《案册》记："遇闰办铜六千五百斤。迤东道专管，东川府经管。"清代吴其濬《滇南矿厂图略》下卷《铜厂第一》记："狮子尾厂，在禄劝北二百余里，地名元宝山，山如伏狮，厂在山尾，故名狮子厂。山本在金沙江外，此厂在江内局面稍小。东川府知府兼理之。前明时开，后停。乾隆三十七年复开。四十三年，定额铜二千四百斤。四十五年增为三千六百斤，闰加二千九百斤。每铜百斤，抽课十斤，通商十斤，余铜八十斤免抽公、廉、捐、耗，供省铸及采买，余铜每百斤价银六两九钱八分七厘。嗣以近东川小水沟，拨归东川府改办京铜。今实办课、余额京铜五千四百斤。"

[2] "运省局"至"十站"：狮子尾厂运往省城的厂运路线为：先渡金沙江进入云南，沿江边至撒营盘（撒甸），经过禄劝县城、富民县城达省城。今天昆明至禄劝县城公路里程为90公里，禄劝县城至撒营盘镇公路里程为80公里，撒营盘镇至金沙江边公路里程为60公里。运往东川府城厂运路线为：沿金沙江北岸江边道路向西北而行至吉兆卡（鸡罩卡），在三江口渡过金沙江进入云南巧家县蒙姑（孟姑），上沟抵达会泽县城。清代吴其濬《滇南矿厂图略》下卷《运第七》记："狮子尾厂京铜，运交东店，十站，每百斤脚银一两二钱九分二厘。"又同书《程第八》记："狮子尾厂至东店，计程十站。自厂至马路塘六十里禄劝县地，马路塘至撒撒厂五十五里，撒撒厂至凤毛岭五十五里，凤毛岭至发窝七十里，发窝至会理村六十里，会理村至小铜厂五十里，小铜厂至鸡罩卡六十里四川会理州地，鸡罩卡至孟

姑六十五里会泽县地,孟姑至三道沟六十里,三道沟至东川府城六十里。"

## 绿矿硐厂[1]

绿矿硐厂,坐落宁州地方,距省六站,于嘉庆十一年开采。办获铜一万七千余斤。照嘉庆十年奏准之例,每办铜百斤内,给与厂民通商铜二十斤,抽收课铜十斤,官买余铜七十斤。每百斤给价银六两九钱八分七厘。所收课、余铜斤,专供本省局铸之用。十四年,总督伯于十三年《考成册》内题定,年办额铜一万二千斤,遇闰加办铜一千斤。照前通商、抽课,余铜给价收买,发运省局供铸。自厂至宁州城一站,宁州至甸苴关一站,甸苴关至江川县城一站,江川县至晋宁州城一站,晋宁州至呈贡县城一站,呈贡县至省城一站,共六站[2]。每百斤给运脚银六钱。赴临安府库请领工本、运脚,计程一站。应需马脚、盘费,照例按站于厂务项下支销。不支筐篓,书、巡工食。

## 注 释

[1] 绿矿硐厂:清代伯麟《滇省舆地图说·临安府舆图》记:"宁州:铜厂一,曰碌矿硐,知州理之。"按照图上所标,绿矿硐厂位于宁州东面南盘江边,今属玉溪市华宁县盘溪镇。清云南布政司《案册》记:"绿矿硐铜厂,坐落宁州地方。嘉庆十一年开采。十三年,定年额铜一万二千斤,遇闰加办铜一千斤,每百斤抽课十斤,通商二十斤,收买余铜七十斤。每百斤价银六两九钱八分七厘。临安府专管,宁州经管。运交省局,计程六站,每百斤给运脚银六钱,不支筐篓。"清代吴其濬《滇南矿厂图略》下卷《铜厂第一》记:"绿矿硐厂,在宁州北。宁州知州理之。嘉庆十一年开。十三年,定额铜一万二千斤,闰加一千斤,每铜百斤,抽课如例,通商二成,余铜七十斤供省铸,余铜每百斤价银六两九钱八分七厘。今实办课、余额省铜九千七百斤。"

[2] "发运"至"六站":清代吴其濬《滇南矿厂图略》下卷《运第七》

记："绿矿硐厂铜，运局六站，每百斤脚银六钱。"绿硑硐厂的厂运路线，为由厂地出发，西行经宁州城（今华宁县城），过甸苴关（今属江川县雄关乡）、江川县城转向北上，过晋宁县城（今晋城）、呈贡县城直达省城。

## 鼎新厂[1]

鼎新厂，坐落建水县地方，距省七站，于嘉庆十一年开采。办获铜六千一百余斤。照嘉庆十年巡抚永奏准之例，每办铜百斤内，给与厂民通商铜二十斤，抽收课铜十斤，官买余铜七十斤。每百斤给价银六两九钱八分七厘。所收课、余铜斤，专供本省局铸之用。十三年，总督伯于十二年《考成册》内题定，年办额铜六千斤，遇闰加办铜五百斤。照前通商、抽课，余铜给价收买，发运省局供铸。自厂至临安府城一站，临安府至馆驿一站，馆驿至通海县城一站，通海县至江川县城一站，江川县至晋宁州城一站，晋宁州至呈贡县城一站，呈贡县至省城一站，共七站[2]。每百斤给运脚银七钱。赴临安府库请领工本、运脚，计程一站。应需马脚、盘费，照例按站于厂务项下支销。不支筐篓、书、巡工食。

### 注　释

[1]　鼎新厂：其余史料无记录。按照运铜路线推断，鼎新厂应该位于临安府城境内，并且距府城（今红河州建水县）较近。今建水县城临安镇东南的新寨村委会有一铜厂村，距离临安镇16.5公里。

[2]　"发运省"至"七站"：鼎新厂的厂运路线，为由厂地出发，经临安府城（今建水县城）后，即北上进入通往省城大道，即由建水过曲江镇馆驿村、通海县城、江川县城、晋宁县城（今晋城）、呈贡县城直达省城。

## 竜邙厂[1]

竜邙厂，坐落文山县地方，距开化府二站，于乾隆三十三年开采。

每年约出铜七八千斤及万余斤不等，并未定额、通商。照二十五年奏准之例，每办获铜百斤内，抽课铜十斤，又抽公、廉、捐、耗铜四斤二两，官买余铜八十五斤十四两。每百斤照加价之例，给银六两六钱九分八厘。所收课、余、公、廉、捐、耗铜斤，备供各省采买之用。三十八年，奏准通商。每铜百斤内，给与厂民通商铜十斤。照前抽收课铜及公、廉、捐、耗铜。官买余铜七十五斤十四两。每百斤给银六两六钱九分八厘。三十九年六月，停止加价。每余铜百斤，照旧给价银六两。四十三年，奏定：年办额铜八千斤，遇闰加办铜六百六十六斤。照旧通商，抽收课、廉等铜，余铜给价收买，由委员自行赴厂兑领。自厂至新铺一站，新铺至开化府城一站，开化府至江那一站，江那至阿鸡一站，阿鸡至阿记得一站，阿记得至土库房一站，土库房至广南府城一站，广南府至高枧槽一站，高枧槽至蜈蚣箐一站，蜈蚣箐至响水一站，响水至土富州一站，土富州至泗亭一站，泗亭至皈朝一站，皈朝至者桑一站，者桑至剥隘一站，共十五站[2]。每百斤给运脚银一两九钱三分八厘，由委员备带运脚银内支发，归各本省报销。每年准支书、巡工食等银四十八两，遇闰加增，小建不除。赴开化府库请领工本、运脚，计程二站。应需马脚、盘费，照例按站于厂务项下支销。

## 注 释

[1] 竜邑厂：其余史料无记录。按照运铜路线推断，竜邑厂应该位于文山县的南方，并且距县城比较远。因此今天文山县城所在地开化镇下辖的两个距城不足十公里的铜厂村，都不应该是该厂原址。

[2] "自厂"至"十五站"：此为竜邑厂运铜出省的路程。具体路线为由厂地出发，经开化府城（今文山县城）后，进入通往省外（广西）大道，北上过砚山县城江那后，转向东行，经广南府城（今广南县城）、土富州城（今富宁县城）达剥隘。道光《广南府志》卷二《塘汛（附）》记："广南府达广西渌冲路考：由府城六十里至高枧槽，五十里至蜈蚣箐，五十里至响水，六十里至普厅，五十里至泗亭，五十里至平岭（即皈朝），六十里至者

桑，五十里至剥隘，六十里至广西渌冲。通计共四百八十里。广南府达开化路考：由府城五十里至安排，七十里至阿记得，六十里至阿鸡，七十里至江那汛，七十里至开化城。通计共三百二十里。"《清高宗实录》卷八百九十三记："乾隆三十六年辛卯九月己未，吏部议准：'前署云贵总督德福等奏称"滇省土富州分驻佐杂，查有普厅塘地方，系土富州要路，为运铜必经之所，请将广南府经历移驻，催趱铜运，稽查村寨，酌增民壮六名，以供役使，铸给广南府分防普厅塘经历印"'。从之。"

## 者囊厂[1]

者囊厂，坐落文山县地方，距开化府四站，于雍正八年开采。每年约出铜十八九万斤及二十一二万斤不等，并未定额、通商，亦不抽收公、廉、捐、耗。照汤丹厂之例，每办获铜百斤内，抽收课铜十斤，官买余铜九十斤，每百斤给价银六两。所收课、余铜斤，原供本省局铸之用。雍正十二年，奏准：每办获铜百斤内，抽课铜十斤，另抽公、廉、捐、耗铜四斤二两，官买余铜八十五斤十四两。每百斤照旧给价银六两。自乾隆三十三年五月起，于例定价值之外，每百斤暂行加银六钱。连原给例价，合每余铜百斤，给价银六两六钱九分八厘。三十八年，奏准通商。每办铜百斤内，给与厂民通商铜十斤。照前抽收课铜及公、廉、捐、耗铜斤，官买余铜七十五斤十四两。每百斤给银六两六钱九分八厘。三十九年六月，停止加价。每余铜百斤，照旧给价银六两。四十三年，奏定：年办额铜四千斤，遇闰加办铜三百三十三斤。照旧通商，抽收课、廉等铜，余铜给价收买，拨给采买，由委员赴厂兑领发运。自厂至东由一站，东由至安乐一站，安乐至锡板一站，锡板至开化府一站，共四站。自开化府至剥隘十三站，计自厂至剥隘共十七站[2]。每百斤给脚银二两一钱九分六厘四毫，系委员备带运脚银内自行支发，归各本省报销。每年准支书、巡工食银十二两，遇闰加增，小建不除。赴开化府请领工本、运脚，计程四站。应需马脚、盘费，照例按站于厂务项下支销。

## 注 释

[1] 者囊厂：位于今文山州麻栗坡县杨万乡铜厂村。雍正《云南通志》卷十一《厂课》记："者囊铜厂，坐落开化府地方。……康熙四十四年，总督贝和诺题开。"乾隆《钦定户部鼓铸则例》卷四"记：运铜脚费：者囊厂至临安局十站，每百斤给运脚银一两八分三厘三毫。养廉工食：者囊厂坐落文山县地方，委文山县管理。办事家人一名，月支工食银三两；书记一名，月支工食银二两五钱；客课四名，每名月支工食银一两；巡役四名，每名月支工食银一两七钱；土练一名，每名月支工食银六钱；水火夫一名，月支工食银八钱。每月给灯油、纸笔银五钱。"清代王昶《云南铜政全书》记："在文山县东南百九十里逢春里者囊寨。四十三年，定年额铜四千斤，每铜百斤，价银六两。文山县管理。"道光《云南通志》卷七五《食货志·矿厂三·铜厂下》记："附已封者囊厂：……今已封闭，年分无考。"

[2] "发运"至"十七站"：者囊厂的厂运路线为由厂地出发西行达八布，沿八布河谷继续西行，经西畴安乐转向西北，过锡板进入文山县城，之后的路线即为通往省外（广西）的大道。

## 金钗厂[1]

金钗厂，坐落蒙自县地方，自何时开采无案可稽。惟查雍正年间《奏销册》造，每年获铜二三十万斤，并未定额、通商，亦不抽课及公、廉、捐、耗铜斤。因该厂采获硐内，微有银气，每百斤只给价银四两，内抽收小课银一钱。雍正十三年《奏销册》内声明，因开采年久，硐老山空，详准每百斤加价银六钱，连原给例价，共合给银四两六钱。内抽小课银一钱，实给价银四两五钱。所收铜斤，原供本省鼓铸之用。乾隆五年，总督庆[2]奏准：该厂铜斤，每百斤加耗二十三斤，即可配铸青钱[3]，每百斤卖银九两，较洋铜之价减省。委员赍解样铜、样钱，赴湖北、江、浙等省试铸，与样钱相仿。自后该厂所出铜斤，即供各省采买，并本省鼓铸。自三十三年五月起，于例定价值之外，每百斤暂行加银六钱。连原给例价，合每铜百斤，给银五两二钱。三十八年，奏准通商。每办铜百斤内，给与厂民通商铜十斤，官买无课、余铜九十斤。每百斤给银五两二钱。照前每官商铜百斤，抽收小课银一钱。三十九年六月，停止加价。每余铜百斤，给银四两六钱，内抽收小课银一钱。四十三年，奏定：年办额铜九十万，遇闰加办铜七万五千斤。照前通商，抽收小课，余铜给价收买，发运蒙自县店存贮，兑给各省采买。自厂至莺歌塘一站，莺歌塘至县店半站，共站半。每百斤给脚银一钱五分，不支筐篓。每年准支官役薪食、厂费等银四百五十二两四钱，遇闰加增，小建不除。赴临安府库请领工本、运脚，自厂至个旧一站，个旧至板枝花一站，板枝花至临安府城一站，共三站。应需马脚、盘费，照例按站于厂务项下支销。四十八年，题准：将本省局铸原用该厂铜斤，停止拨用，改用各厂高铜（记）【配】铸。又委员赴县店，兑领铜斤。自蒙自县店至猛拉一站，猛拉至呀拉冲一站，呀拉冲至擦黑一站，擦黑至阿迷州属熊洞一站，熊洞至文山县属芹菜塘一站，芹菜塘至宝宁县属阿鸡一站，阿鸡至阿记得一站，阿记得至土库房一站，土库房至广南府城一站，广南府至高枧槽一站，高枧槽至蜈蚣箐一站，蜈蚣箐至响水一站，响水至土富州一站，土富州至泗亭一站，泗亭至皈朝一站，皈朝至者（乐）【桑】一站，者桑至剥隘一站，共十七站[4]。每百斤给运脚银二两一钱九分六厘四毫，系委员于备带运脚银内支发，归各省报销。

## 注 释

[1] 金钗厂：根据现代勘探资料，个旧锡矿是包含有十五种金属的多金属矿床，已探明金属储存量为720万吨，其中铅308万吨、锡180万吨、铜152万吨、锌53万吨、钨14万吨、银2400吨。虽然此地铜的比重不是很大，但是对于铸钱来说，则是一个天然的优良矿料供应点，铸钱所需要的四大金属全部齐全。《清高宗实录》卷一百二十一记："乾隆五年庚申闰六月，云南总督庆复、巡抚张允随奏报：'遵照部议，改铸青钱，以杜私销之弊，但青钱须搭配点铜，滇省点铜甚贵，赴粤采买，工费颇多，势不能行。查云南个旧厂板锡，虽少逊点铜，而色兼青白，堪以配铸，臣等亲

至省局，面令炉役试铸，铸出钱与青钱无异，并较现铸黄钱稍有节省'。得旨，'所办甚妥'。"清代伯麟《滇省舆地图说·临安府舆图》记："蒙自县：铜厂一，曰龙树，知县理之。"雍正《云南通志》卷十一《厂课》记："金钗等铜厂：坐落蒙自县地方……康熙四十四年，总督贝和诺题开。"嘉庆《临安府志》卷六《厂课》记："金钗坡铜厂，坐落蒙自县地方，距县城一站，省城八站。开自前明，国朝康熙四十四年奏明开采，每出铜百斤，不抽课铜，只收小课银一钱。通商铜十斤，官买余铜九十斤，每百斤价银四两六钱。每年额办正商铜九十万斤，拨给外省采买，系该县管理。"《大清会典事例》卷一百七十四《户部四十七·钱法》记："蒙自县金钗铜厂，各厂年额共课银一万八百二十五两七钱九厘。"旧《云南通志》记："金钗等铜厂，坐落蒙自县地方。康熙四十四年，总督贝和诺题开，无定额。四十九年，收获各厂课、息银九千六百二十五两七分九厘三毫零，后为每年定额。每铜一百斤，抽收课铜二十斤，外收小铜九斤。"清代王昶《云南铜政全书》记："金钗厂，在临安府蒙自县西南九十里。年获铜一二十万至一百六十万。四十三年，定年额铜九十万斤。铜中夹铅，色黯，称低铜，止供各省采买。一成通商，不抽课。因矿内夹有银气，每铜百斤价银四两六钱，内抽小课银一钱。"清云南布政司《案册》记："遇闰办铜九十七万斤。临安府专管，蒙自县经管。"乾隆《钦定户部鼓铸则例》卷四记："运铜脚费：金钗厂至省八站，每百斤给运脚银八钱三分四厘；又至蒙自县一站，每百斤给运脚银一钱五分；又至临安局三站，每百斤给运脚银三钱二分。养廉工食：金钗厂坐落蒙自县地方，委蒙自县管理，每月支销管厂官养廉银十两；书记一名，月支工食银二两五钱；客课四名，每名月支工食银一两；巡役六名，每名月支工食银一两九钱；练役二名，每名月支工食银一两九钱；土练五名，每名月支工食银六钱。每月给灯油、纸笔银三两。如发临安局，每次给盘费银四钱。"清代吴其濬《滇南矿厂图略》下卷《铜厂第一》记："金钗厂，在蒙自西南九十里。蒙自县知县理之。康熙四十四年开。乾隆四十年，定额铜九十万斤，闰加七万斤，免抽课及公、廉、捐、耗，一成通商。铜中夹铅，色暗称低铜，专供采买，余铜每百斤价银四两六钱。铅有银气，带抽小课一钱。今实办无课、余采铜四十五万斤。子厂：老硐坪厂，建水猛喇掌寨地，道光十三年开，抽课通商如例，供京运，今实办课、余京铜四十万斤。"同治《钦定户部则例》卷三十五《钱法二》记："铜厂官役廉费：金钗厂，厂官月支银十两。书记一名，月支银二两五钱。客课四名，每名月支银一两。巡役六名，每名月支银一两九钱。站役二名，每名月支银一两九钱。土练五名，每名月支银六钱。灯油、纸笔，月支银三两。铜厂运脚：自厂运蒙自县店，每百斤给银一钱五分；自厂运省，每百斤给银八钱三分四厘，自省至宝东局，每站每百斤给银一钱二分五厘。"

[2] 总督庆：即时任云贵总督庆复。《清史稿》卷二百九十七《庆复传》记："庆复（？～1749），字瑞园，佟佳氏，满州镶黄旗人，佟国维第六子。雍正五年，袭一等公，授散秩大臣。迁銮仪使，兼领武备院事。七年，授正白旗汉军副都统。八年，迁正蓝旗汉军都统。九年，列议政大臣。十一年，授工部尚书，署刑部，调户部。十二年，授领侍卫内大臣。十三年，高宗即位，命代平郡王福彭为定边大将军，出北路。乾隆元年，准噶尔乞和，罢兵。……二年，授两江总督。劾江西巡抚俞兆岳贪鄙营私，夺官，论如律。……移督云、贵。四年，加太子少保。五年……又疏言钱价日昂，请省城增十炉，临安增五炉，发饷银七钱三。下部议行。又分疏请开姚州盐井，南安州属噁嘉、大小猛光、回子门诸地招垦，浚治金沙江。旋移督两广……复移督川、陕。……十年……寻授庆复文华殿大学士，仍留总督。……寻加庆复太子太保。……十二年，大金川土酋莎罗奔为乱，上授张广泗川陕总督，召庆复入阁治事，命兼管兵部。寻广泗奏言讯土司汪结，言班滚尚匿如郎未死，庆复得班滚子沙加七立，为更名德昌喇嘛，令仍居班滚大碉，冒称经堂。上责庆复欺罔，夺官待罪。……令军机大臣会讯，按律定拟，坐贻误军机律论斩。十四年九月，赐自尽。"

[3] 青钱：即青铜钱。按照规定合金比例制造的铜钱为黄色，称为黄钱。与黄钱相对应的青钱，含锡的比例较高，又称夹锡钱，青铜钱脆而易碎，被视为恶钱。金钗厂铜含锡较高，适合铸造青钱。《旧唐书》卷四十八《食货志上》记："开元五年，车驾往东都，宋璟知政事，奏请一切禁断恶钱。……百姓乃以上青钱充恶钱纳之，其小恶者或沉之于江湖，以免罪戾。于是市井不通，物价腾起，流闻京师。隐之贬官，璟因之罢相，乃以张嘉贞知政事。嘉贞乃弛其禁，人乃安之。"《宋史》卷一百八十《食货二下·钱币》记："钱有铜、铁二等……夹锡钱最后出，宋之钱法至是而坏。……蜀

平，听仍用铁钱。……太平兴国四年，始开其禁，而铁钱不出境，令民输租及榷利，铁钱十纳铜钱一。……凡铸钱用铜三斤十两，铅一斤八两，锡八两，得钱千，重五斤。……又诏秦、凤等路即凤翔府斜谷置监，已而所铸钱青铜夹锡，脆恶易毁，罢之。……初，蔡京主行夹锡钱，诏铸于陕西，亦命转运副使许天启推行。其法以夹锡钱一折铜钱二，每缗用铜八斤，黑锡半之，白锡又半之。"《清史稿》卷一百二十四《食货五·钱法》记："浙江布政使张若震言钱贵弊在私毁。如使配合铜、铅，参入点锡，铸成青钱，则销者无利。试之验，因采其议，铸与黄钱兼行。"《皇朝通典》卷十《食货十·钱币》记："乾隆五年，增云南炉局十座，及临安局炉五座，其钱照青钱式。又以云南改铸青钱，需用点锡，赴粤采买不易，准其以个旧厂版锡搭配鼓铸。"《皇朝文献通考》卷十六《钱币考四》记："乾隆五年，又定云南鼓铸青钱配用版锡，户部议定改铸青钱，需用点锡，而点锡产自广东，自滇至粤采办不易。云南蒙自县之个旧厂，产有版锡，应准其就近收买，配搭鼓铸。"

[4] "发运"至"十七站"：金钗厂的铜运路线，为由厂地出发，先达蒙自，由蒙自东行经猛拉、亚拉冲进入文山州境内，转向东北经砚山县所属差黑、熊洞坝、阿基，进入文山县（开化府）至广南县（广南府）大道，之后路线即为通往省外（广西）的大道。清云南布政司《案册》记："自厂至县，计程站半，又委员领铜运至剥隘，计程十七站，每百斤给运脚银二两一钱九分六厘四毫，于备带运脚银内支发。"

# 附例[1]

新开子厂取结咨报[2]

新开各子厂，从前俱系详明入册造报，并不专案详咨。嘉庆十一年，巡抚永条奏铜务章程案内，声明嗣后踩有新出子厂，概准二成通商，八成交官收买。如出铜丰旺，足敷官额，再行酌量加增通商。奉部议："今俟踩获子厂之日，切实查明，取结报部。"（《户部则例》[3]内未载。）

铜厂减额封闭

滇省各厂，采办铜斤，如遇碘砂无出，或应减额，或应封闭。前于乾隆四十九年，总督富、巡抚刘奏准：许厂员据实具报，委据道府勘查属实，于《考成案》[4]内题报办理等因。此后各厂或封闭，或减额，详奉批准，即于《考成册》内声明其详，题文内并不声叙。嘉庆十四年，奉部行令，于详题文内题报，不得（谨）〖仅〗于册内声登，致碍办理。（《户部则例》内未载。）

厂务悉归地方官经管[5]

滇省各铜厂，从前系派委正印、佐杂等官经管，并无一定。乾隆四十二年，总督李、巡抚裴奏准：悉归地方正印官经管。并声明，即有繁剧地方，离厂较远，正印官不能照料，必须另委专员经管者，亦宜改委州县、丞卒等官经理等因，遵照办理，俱未专案咨报。嘉庆十二年，于登复（六）〖当〗年《考成案》内声明，嗣后如有必须委【员】管办之厂，将改委缘由，专案报部查核。

办铜考成[6]

滇省各厂，从前采办铜斤，向无定额。均系按照各厂员册，报办获铜数，入册奏销，并未核计多寡，议叙议处[7]。

乾隆四十三年，总督李具奏：滇省各厂办获铜斤，系由厂员随意填报，全无稽核。今就各厂现在月报，核计多寡，酌定年额[8]，划分十二股，按月计数勒交。如有缺额，令于一月内题补。倘三月之后，不能补足，即将本员撤回，于《考成案》内议处。若能于月额之外多办，于《考成案》内议叙，奉部复准。四十三年考成，即按月划分十股之案造报。（此条户部载入《例册》。）

至四十六年，总督福、巡抚刘会奏：各厂从前定额，原就一年十二月之数，按月划分，核计盈缩，以定考成。而一年之内，天时地利各有不同，因之办获铜斤，亦多寡不一。若（今）【令】一二月内补足，势所不能。应请统限一年，入于《考成案》内开参，奉部复准。自四十四年起，各厂年办额铜，即照奏定统限一年之例，划分十股。核计多办少办分数，分别议叙议处。（此条户部未经载入《例册》。）

厂员少办[9]，不及一分者，罚俸[10]六个月。少办一分以上者，罚俸一年。欠二分、三分者，降一级留任[11]。欠四分、五分，降一级调用。欠六分以上者，降二级调用。欠七分者，降三级调用。七分以上未及八分、及八分以上未及九分者，俱革职。

专管道府督催，欠不及一分者，停其升转[12]。一分以上者，降俸一级。二分、三分者，降职一级。欠四分、五分者，降职三级。欠六分、七分者，降职四级。俱令戴罪督催，停其升转，完日开复[13]。欠八分以上者，革职。

藩司总理各厂，如少办不及一分者，停其升转。如已升任，于现任内罚俸一年。少办一分以上者，藩司降俸一级。二分、三分，降职一级。少办四分、五分者，降职三级。少办六分、七分者，降职四级[14]。俱令戴罪督催，停其升转，完日开复。少办八分以上者，革职。

又巡抚统辖各厂，少办不及一分，免议。少办一分者，罚俸三个月。少办二分者，罚俸六个月。少办三分者，罚俸九个月。四分者，罚俸一年。五分者，降俸一级。六分者，降俸二级。七分者，降职一级。八分，降职二级。俱停其升转，戴罪督催，完日开复。

如于月额之外，多获铜斤，至一分以上者，纪录[15]一次。二分以上者，纪录二次。三分以上者，纪录三次。四分以上者，加一级。五分以上者，加二级。遇有数多者，以次递加[16]，加至七级为止。经管厂员及该管道府，均照此一律议叙，但不准抵别案降罚。又短铜降罚之案，如有钱粮、运功加级[17]，方准抵销。

又总理藩司及统辖巡抚，系（案）〖按〗通省各厂额数核计。多办不及一分，例不议叙。一分以上者，纪录一次。二分以上者，纪录二次。三分以上者，纪录三次。

# 注　释

[1]　附例：即附属条例。此下记录的四条，皆为云南地方当局制订并报请清廷认可的，但是并没有进入清政府《户部则例》的地方铜政管理条例。第一条核心内容为"新开子厂，概准二成通商，八成交官收买。"以鼓励民众积极参与铜矿的开发。第二、三两条为必须将有关变动情况及时报户部考核、查验。

[2] 咨报：咨即咨文，为清代同级别衙门相互往来的公文，这里特指云贵总督、云南巡抚与清朝廷户部之间的公文。咨报即相互之间的情况通报、备案公文报告。《清史稿》卷一百十四《职官一》记："刑部……山西司……并理军机处、内阁、翰林院……文移，及各省年例咨报之案。"《清史稿》卷一百四十《兵十一·制造》记，（光绪二十五年）又令各疆臣："将每年所造枪件子药若干，据实上闻，并按季咨报户部、神机营查核"。

[3] 《户部则例》：则例，指依据法令或成案作为定例。《户部则例》又称《钦定户部则例》，为由清朝廷户部编纂的有关户部管理制度汇编，由皇帝批准颁布作为行政执行的标准和范本。第一部《户部则例》于乾隆四十一年编成，并定制五年一修。从乾隆四十一年（1776）至同治十二年（1873），先后修订过十五次。目前比较通行的本子有：乾隆四十六年（1781）武英殿刻本一百二十六卷首一卷、道光十一年（1831）刻本一百卷、同治十三年（1874）刻本一百卷。本次校注，笔者用的是同治十三年刻本，为最后修订的版本，内容有差异部分，并参考乾隆本和道光本。《清史稿》卷一百四十六《艺文二》记："《户部则例》一百二十【六】卷，乾隆四十一年，于敏中等奉敕撰。《户部则例》一百卷，同治十二年，潘祖荫等奉敕撰。"

[4] 《考成案》：《朱批奏折》："乾隆五十年五月二十二日，云贵总督富纲、云南巡抚刘秉恬奏：'为汇核滇省各厂岁获铜数循例恭折奏闻事。窃查滇省新旧大小各厂，通岁获铜数目，例应汇核，恭折奏报。臣等行据云南布政使费淳查明，乾隆四十九年，各厂通共办获铜一千二百五万二百五十一斤零，汇造清册，详请核奏前来。臣等检齐各铜厂逐月报折，细加稽核，内汤丹、碌碌、大水、茂麓四厂，获铜五百二十三万二千八百二十三斤零；宁台等二十八厂，获铜四百九十五万九千六百八十六斤零；大功等十四厂，获铜一百七十六万四千七百八十七斤零；又拖海等三厂，获铜九万二千九百五十三斤；通计获铜一千二百五万二百五十一斤零。查各厂定额，每年共应办铜一千五十九万九千九百一十二斤，今四十九年分办获铜一千二百五万二百五十一斤零，较年额多办铜一百四十五万三百三十九斤零，除照例按月入于各厂《考成案》内分析题咨查议外，所有乾隆四十九年分各厂办获铜数，理合缮具清单，循例恭折奏闻'。"

[5] 厂务悉归地方官经管:《清高宗实录》卷三百八十六记:"乾隆十六年辛未夏四月庚午,云南巡抚爱必达奏:'滇省铜厂,惟汤丹、大水、碌碌三处最旺,向系管理铜务粮储道在省遥制,仅委杂职一员,同该道幕友、家人,赴厂经理,诸弊丛生,致多厂欠。请嗣后各委现任同知、通判,或试用丞倅等官往驻,办理发银收铜一切事务,月给养廉银三十两'。报闻。"《清高宗实录》卷五百二十三记:"乾隆二十一年丙子九月,云贵总督恒文、云南巡抚郭一裕奏:'委管汤丹厂、云南府同知周祚锦丁忧,请留管厂务'。得旨:'不必破此例。'"《清高宗实录》卷八百十八记:"乾隆三十三年戊子九月乙未,协办大学士公副将军署云贵总督阿里衮、云南巡抚明德奏:'滇省铜厂三十余处,向系粮道专管,布政司无稽核之责。金、银、铅厂二十九处,又系布政司专管,本地道府概不得过问。均属未协。请将各处金、银、铜、铅厂,如系州县管理者,责成本地知府专管,本道稽查,如系府厅管理者,责成本道专管,统归布政司总理。至粮道既不管铜厂,事务太简,查驿盐道管驿站盐务,政事颇繁,请将驿盐道所辖之云南、武定二府,改归粮道管理,所有该道等应换印信,咨部换给'。得旨:'如所议行。'"《清高宗实录》卷一千四十一记:"乾隆四十二年丁酉九月,大学士管云贵总督李侍尧、云南巡抚裴宗锡等奏:'请嗣后铜厂厂务,悉归地方官经管,即繁剧地方,离厂较远,正印官不能照料,亦宜改委州县、丞倅等官经理。各厂现委杂职,概行彻退,酌量地方远近,厂分大小,分派各府厅、州县及试用正印人员,接手承办,实力采煎。如果办铜宽裕,奏请议叙,倘有短缺,即行参处',得旨:'嘉奖。'"同治《钦定户部则例》卷三十五《钱法二·派官管厂》记:"滇省铜厂悉归地方官经管,傥有繁剧地方,离厂较远,正印官不能照料,亦改委州县、丞卒等官经理,酌量地方远近,厂分大小,分派各府、厅、州、县及试用正印人员承办。如果办铜宽裕,照例奏请议述。傥有短缺,即行参处。"

[6] 办铜考成:《钦定户部则例》卷三十六《钱法三·办铜考成》记:"滇省每年应办额铜,按月分股计数勒交。如缺少铜斤之厂,一两月不能补足量,予过。傥至三月以后,将本员撤回,入于《铜政考成案》内声明议处,另行委员管理。若能于月额之外多获铜斤,小则记功,大则议叙,入于《考成案》内办理。云南各铜厂情形时异,有获铜丰旺多于旧额者,

均令据实报增，仍于《考成案》内计其多办，声请议叙。倘因额铜已敷，将余铜走私盗卖，该督抚即行严参治罪。其获铜缺额者，如实系矿砂衰薄，亦准厂员据实具报，委道府勘查属实，或应减额，或应封闭，于《考成案》内题报。如系厂员调剂失宜，以致短额，仍计其少办分数，声请议处。滇省承办铜斤运员，自厂运泸，如逾例限，革职，发往新疆效力。厂员缺额七分以上者，革职，仍令在厂协同催办，如一年后，仍不足额，即照例发往新疆效力。"《大清律例·户律·钱法·条例137.17》记："承办铜斤之厂员、运员，不以公事为心，因循怠惰，以致厂铜缺额、运泸逾限者，均革职发往新疆效力。数年后厂铜日旺，渐有积余，泸店底铜亦日增充裕，遇有天时之不齐，物力之偶绌，间有缺额迟运为数无几者，户部再行核酌情形，请旨办理。"

[7] 议叙议处：清代依据考成法，对官员的奖惩制度之一。奖励叫"议叙"，惩罚叫"议处"。《清高宗实录》卷九十二记："乾隆四年五月，刑部议覆：'奉天府府尹吴应枚疏称"奉天造办赌具案犯，向系枷责外结，并不具题。地方各官，亦无议叙议处之条，请嗣后年底汇题。仍将原委造册报部，旗民各官，实力查拏者议叙，疏忽纵徇者议处"'。"《清高宗实录》卷一千五十一记："乾隆四十三年戊戌二月戊申，吏部议奏：'大学士管云贵总督李侍尧、云南巡抚裴宗锡奏请酌定铜厂议叙、议处《条例》。查滇省大小各厂，原定有按月勒交之数，请嗣后缺额限三月内补足，其不能补足者，月计分数查参。如欠不及一分者，罚俸六个月；一分以上者，罚俸一年；二分三分者，降一级留任；四分五分者，降一级调用；六分以上者，以次递降；至八分以上者，革职。其余额外多获者，亦按分数议叙，如多获一分以上者，纪录一次，亦以次递加，至四分以上者，加一级，五分以上者，以次倍之。著为例'。从之。"清代吴其濬《滇南矿厂图略》下卷《考第六》记："凡滇厂皆地方官理之，其有职任繁剧，而距厂辽远，不能兼理者，则委专员理之。酌远近、别大小，量材而任，宽裕者叙，短缺者议。凡滇省应办额铜，按月均分记数解交，缺者补足，一两月不能足，记过；三月后不能足，则檄彻，听议别委员接理之。若月额外获铜多者，小则记功，大则请叙。凡滇厂情形靡定，有丰旺多于旧额者，据实报增，计其多办之数，请叙。若以额铜已足，走私盗卖，即治其罪。其缺额者，实系矿砂衰薄，

准厂员据实具报，委大员勘察属实，或减额，或停采，随案题报。如厂员调剂失宜，以致短额，仍以少办之数，请议，甚者随时纠劾。"

[8] 酌定年额：乾隆四十三年，云贵总督李侍尧奏请朝廷，将云南各铜厂的生产纳入考成范围。制订了各铜厂的年产量，即年额，作为办铜官员的一项主要考核指标，纳入《考成案》，进行年度量化考核，并载入了《户部例册》。由但于要求过严，执行比较困难，因此清廷不得不进行适当的调整，将考核期限由一个季度放宽到了一年。

[9] 少办：《大清会典事例》卷一百四《吏部八十八·处分》记："乾隆四十七年，奏准：滇省各铜厂，除产铜无多之厂照旧办理外，其余大小各厂，俱按出铜确数，画分十二股，按月核计，以十分之数查察，其欠不及一分者，罚俸六个月。欠一分以上者，罚俸一年。欠二分、三分者，降一级留任。欠四分、五分，降一级调用。欠六分以上者，降二级调用。欠七分者，降三级调用。七分以上未及八分、及八分以上未及九分者，俱革职。"清代吴其濬《滇南矿厂图略》下卷《考第六》记："凡承办铜斤，如厂铜缺额，运泸迟延，其厂员、运员均遣戍。至缺额八分以上及未及八分者，均褫职，仍在厂协同催办，一年后仍不足额，亦即遣戍。"

[10] 罚俸：为清政府处罚官员的方式之一，是官员因过而停发薪俸若干时间的一种处分。清政府处罚官员，分为经济处罚、行政处罚、刑事处罚三类。经济处罚有罚俸，即停发一段时间薪俸、俸银充公；降俸，即降低领支俸禄的等级；住俸，即停俸，停发俸禄。行政处罚有停职戴罪，降级降职，革职以及免除职务等。犯罪则处以刑事处罚，有充军、处死等。经济处罚、行政处罚系适用于日常过错，可以豁免。而能力有限、考绩不合格及犯罪等，不在豁免范围。《清世祖实录》卷八十三记："顺治十一年夏四月庚辰，颁诏天下，诏曰：……内外文武官员，除大计处分、城池失守外，有因公事讹误革职、降级、罚俸、戴罪、住俸等项，并见在议革、议降、议罚者，各该衙门悉与奏明宽宥。"

[11] 降一级留任：降级留任，简称降用。清制，官员受降级留任处分者，照所降之级支俸而仍留现职。清政府官员职与级是分离的。职务是实的，有职才有权。级别附属在职务上，为加在职务之外的头衔。加级降级对职务不一定有影响，因此可以降级留任，即级别降低，但保留原来的

职务和岗位。而降级调用，则必须脱离原来岗位，异地予以任用。《清史稿》卷一百二十六《河渠志一·黄河》记："六月……（礼部尚书李）鸿藻言郑、工两坝，共进占六百一十四丈，尚余口门三十余丈，因伏秋暴涨，人力难施，请缓俟秋汛稍平，接续举办。上严旨切责，褫（署河道总督李）鹤年职，与（河道总督）成孚并戍军台。鸿藻、（河南巡抚倪）文蔚均降三级留任。以广东巡抚吴大澄署河道总督。"

[12] 升转：官职的提升与调动。官职的提升为升，同级平调为转。停其升转，为清政府对官员的处罚措施之一，即留在原位任职，等待处理结果。《清世祖实录》卷八十八记："顺治十二年春正月，户部议覆：'户科都给事中朱之弼疏言"布政使、知府、直隶州知州，俱应通计所属钱粮完欠，照州县一体参罚。十分全完者，优升；欠一分者，罚俸六个月，照常升转；欠二分者，住俸；欠三分者，降俸一级；欠四分者，降俸二级；欠五分者，降职一级；欠六分者，降职二级；俱戴罪督催，停其升转，俟完日开复。欠七分者，降职一级调用；欠八分者，降职二级调用；欠九分、十分者，革职"。从之。"

[13] 开复：指清代官吏被降革后恢复其原官或原衔。清朝制度，除三年大计之处罚为永久性的处罚外，一般行政处罚都有一定的期限，系临时性的处罚。与关联的责任相结合，任务完成后，处罚即撤销。即便已经降级降职，处罚满三年，没有发生新的责任处罚，即恢复原来职务和级别，即开复原职。革职系永久性处罚，不在开复范围。《大清会典事例·吏部五十三·官员开复》记："内外官员有因事故降级留任者，三年无过，方准开复。"被处罚人员，还可以按照捐官的规定，花钱买回原职，称为捐复。《清史稿》卷一百十二《选举七》记："官吏缘事罢谴，降革留任，非数年无过，不得开复。……乾隆九年，值赈捐，复部议捐复条款，京察、大计及犯私罪者，降调人员，无论是否因公，及比照六法条例，武职军政纠参及贪婪者，不准捐复。因公诖误无余罪，悉得捐复。三十五年，帝念降革留任人员，因公处分，辄停升转，诏许捐复。"

[14] 降职四级：降职即降低职务，为清政府依据考成处罚官员的措施之一。一般情况下，官员以县级及以下人员为多，一个七、八品县官，降职四级以上就没有职务了，等于革职，因此处罚只能以降职四级为限。

《清世祖实录》卷七十九记:"顺治十年十二月丁巳,定仓粮考成则例。各州县官未完一、二、三分者,住俸;四、五分者、降俸一级;六、七分者,降职一级;八、九分者,降职二级;十分者,革职。俱戴罪督催。限文到三月内催完,方准开复。粮道以合属通计,未完一分者,免议;二、三、四分者,住俸;五、六、七分者,降俸一级;八、九分者,降职一级;十分者,降职二级。俱戴罪督催,仍限三月内催完开复。"

[15] 纪录:为清政府奖励官员的措施之一。对官员的奖赏叫做"议叙",分为"纪录"和"加级"两种,各有三等。最低等的是"纪录一次",累积三次,便为"加一级",再上为"加一级纪录一次",到"加一级纪录三次"晋升为"加二级",依此类推累进,直到"加三级"为止,共有十二等。《清会典·吏部》卷十一记载:"凡议叙之法有二:一曰纪录,其等三;二曰加级,合之,其等十有二。"凡官员得到议叙,遇有升迁可随带以示荣誉,对于考核也是具有评定优劣等次的依据。官员因过受降级、罚俸处分时,可以本人所得之"加级、纪录"抵消。如纪录一次抵消罚俸六个月,军功纪录一次抵消罚俸一年,纪录四次可抵消降一级等。《清世祖实录》卷一百十八记:"顺治十五年六月丙子,定加级功过相抵例,凡纪录二次或荐二次者,准免降一级,其应加级之官,如有级可加,仍照例加级。无可加者,遇应加一级,改为纪录二次。"

[16] 递加:清政府奖励官员的最高措施,就是晋升官职,办铜也是如此。《清高宗实录》卷八百七十六记:"乾隆三十六年辛卯春正月,户部等部议覆:'署云南巡抚诺穆亲奏调剂铜厂事宜"……一、滇省多产铜之处,地方官报开新厂,向无奖励,未免任意迁延",请嗣后于报开新厂内,有每年获铜二十万斤以上者,纪录一次;三十万斤以上者,纪录二次;四十万斤以上者,纪录三次;五十万斤以上者,加一级;八十万斤以上者,准奏请升用。……'从之。"清代张鉴《雷塘庵主弟子记》卷六记:"道光七年丁亥五月,广西直隶州知州丁锡群所管宁台厂额外多办铜斤八十余万,照例奏请以知府升用,以示鼓励。……道光八年四月,大人以准升开化府知府丁锡群分所办宁台铜厂除正额外多办铜八十余万斤,查该员本有军功花翎,因事革职,捐复原官。奏请赏还花翎,奉旨准赏还。……道光九年己丑五月,大人以景东厅同知陈桐生接管宁台铜厂,在正额外多办铜至百万

余斤,奏请鼓励,以为通省厂员之励,乃请赏加知府衔。六月十二日蒙恩赏到。"

[17] 加级:为清政府奖励官员的措施之一。加级不等于升官,但是加级可以抵消处罚。且加级是有上限的,最多可以加至七级,除军功以外,靠平时日常事功来加级,不是那么容易做到的。《清世祖实录》卷一百二十记:"顺治十五年九月戊申,谕吏部:'嗣后应加级官员,著照应加之级,定议兼衔,其加级著停止'。"《清康熙实录》卷之四记:"顺治十八年闰七月庚子,谕吏部、兵部:'向来文武各官捐助银米,各部议定有纪录、加级、授官之例……必实著劳绩,方可加级授官,若止以捐助银、米,遽行加级授官,非慎重名器之意。嗣后凡捐助银、米者,俱不必加级授官,仍与纪录'。"

# 《云南铜志》记录的三十八个铜厂基本情况

| 厂 名 | 坐 落 | 运 往 | 站 数 | 乾隆四十三年额铜（斤） | 嘉庆十五年办铜（斤） |
|---|---|---|---|---|---|
| 宁 台 | 顺宁府 | 下关店 | 十二站半 | 2,900,000 | 1,900,000 |
| 得宝坪 | 永北厅 | 下关店 | 十站半 |  | 1,200,000 |
| 大 功 | 云龙州 | 下关店 | 十二站半 | 400,000 | 400,000 |
| 香树坡 | 南安州 | 省 城 | 十站半 | 7,400 | 100,000 |
| 双 龙 | 寻甸州 | 寻甸店 | 二 站 |  | 13,500 |
| 汤 丹 | 会泽县 | 东川店 | 二 站 | 3,165,720 | 2,300,000 |
| 碌 碌 | 会泽县 | 东川店 | 三站半 | 1,244,000 | 620,000 |
| 大水沟 | 会泽县 | 东川店 | 三站半 | 510,000 | 400,000 |
| 茂 麓 | 会泽县 | 东川店 | 七站半 | 280,000 | 280,000 |
| 乐 马 | 鲁甸厅 | 昭通府 | 二 站 | 36,000 | 10,000 |
| 梅子沱 | 永善县 | 泸州店 | 六 站 | 40,000 | 20,000 |
| 人老山 | 大关厅 | 泸州店 | 九站半 | 4,200 | 4,200 |
| 箭竹塘 | 大关厅 | 泸州店 | 十八站半 | 4,200 | 4,200 |
| 长发坡 | 镇雄州 | 罗星渡 | 七 站 | 13,000 | 13,000 |
| 小岩坊 | 永善县 | 泸州店 | 八站半 | 22,000 | 22,000 |
| 凤凰坡 | 路南州 | 省 城 | 三 站 | 12,000 | 12,000 |
| 红石岩 | 路南州 | 省 城 | 三 站 | 12,000 | 12,000 |
| 大 兴 | 路南州 | 省 城 | 四 站 | 48,000 | 48,000 |
| 红 坡 | 路南州 | 省 城 | 四 站 | 48,000 | 48,000 |
| 发 古 | 寻甸州 | 省 城 | 六 站 | 48,000 | 48,000 |

续表

| 厂 名 | 坐 落 | 运 往 | 站 数 | 乾隆四十三年额铜（斤） | 嘉庆十五年办铜（斤） |
|---|---|---|---|---|---|
| 大风岭 | 会泽县 | 东川店 | 六 站 | 80,000 | 80,000 |
| 紫牛坡 | 会泽县 | 东川店 | 二站半 | 33,000 | 33,000 |
| 青 龙 | 元江州 | 省 城 | 六 站 | 60,000 | 60,000 |
| 回 龙 | 丽江府 | 下关店 | 十六站半 | 70,000 | 70,000 |
| 白 羊 | 云龙州 | 下关店 | 十一站半 | 108,000 | 108,000 |
| 马 龙 | 南安州 | 省 城 | 十一站 | 4,400 | 4,400 |
| 寨子箐 | 南安州 | 省 城 | 十三站 | 11,100 | 11,100 |
| 秀 春 | 定远县 | 省 城 | 十 站 |  | 4,500 |
| 义 都 | 易门县 | 省 城 | 六 站 | 80,000 | 80,000 |
| 万 宝 | 易门县 | 省 城 | 六 站 | 300,000 | 300,000 |
| 大 宝 | 武定州 | 省 城 | 五 站 | 9,600 | 9,600 |
| 大 美 | 罗次县 | 省 城 | 三站半 | 12,000 | 36,000 |
| 狮子尾 | 禄劝县 | 省 城 | 九 站 | 6,000 | 6,000 |
| 绿硔硐 | 宁 州 | 省 城 | 六 站 |  | 12,000 |
| 鼎 新 | 建水县 | 省 城 | 七 站 |  | 6,000 |
| 竜邑 | 文山县 | 开化府 | 二 站 | 8,000 | 8,000 |
| 者 囊 | 文山县 | 开化府 | 四 站 | 4,000 | 4,000 |
| 金 钗 | 蒙自县 | 蒙自县 | 一站半 | 900,000 | 900,000 |
| 合 计 |  |  |  | 10,480,620 | 9,187,500 |

### 按照方位排列

| 厂　名 | 坐　落 | 运　往 | 站　数 | 运脚银两 | 陆路每站 | 备　注 |
|---|---|---|---|---|---|---|
| 乐　马 | 鲁甸厅 | 昭通府 | 二　站 | 0.25 | 0.125 | |
| 梅子沱 | 永善县 | 泸州店 | 六　站 | 0.1645 | | 水路六站 |
| 小岩坊 | 永善县 | 泸州店 | 八站半 | 0.659 | | 水路七站 |
| 人老山 | 大关厅 | 泸州店 | 九站半 | 0.618 | | 水路七站 |
| 箭竹塘 | 大关厅 | 泸州店 | 十一站半 | 1.099 | | 水路八站半 |
| 长发坡 | 镇雄州 | 罗星渡 | 七　站 | 0.8168 | 0.1167 | |
| 汤　丹 | 会泽县 | 东川店 | 二　站 | 0.25 | 0.125 | |
| 紫牛坡 | 会泽县 | 东川店 | 二站半 | 0.3125 | 0.125 | |
| 碌碌、大水沟 | 会泽县 | 东川店 | 三站半 | 0.4 | 0.1143 | |
| 大风岭 | 会泽县 | 东川店 | 六　站 | 0.75 | 0.125 | |
| 茂　麓 | 会泽县 | 东川店 | 七站半 | 0.856 | 0.1141 | |
| 汤　丹 | 会泽县 | 寻甸店 | 四　站 | 0.45 | 0.1125 | |
| 双　龙 | 寻甸州 | 寻甸店 | 二　站 | 0.2 | 0.1 | |
| 凤凰坡 | 路南州 | 寻甸店 | 五　站 | 0.646 | 0.1292 | |
| 红石岩 | 路南州 | 寻甸店 | 六　站 | 0.7752 | 0.1292 | |
| 大　兴 | 路南州 | 威宁店 | 十　站 | 1.1876 | 0.11876 | |
| 红　坡 | 路南州 | 威宁店 | 十一站 | 1.1876 | 0.108 | |
| 发　古 | 路南州 | 威宁店 | 十三站 | 1.686 | 0.1297 | |
| 凤凰坡、红石岩 | 路南州 | 省　城 | 三　站 | 0.3 | 0.1 | |
| 大兴、红坡 | 路南州 | 省　城 | 四　站 | 0.4 | 0.1 | |
| 发　古 | 路南州 | 省　城 | 六　站 | 0.75 | 0.125 | |
| 大　美 | 罗次县 | 省　城 | 三站半 | 0.35 | 0.1 | |
| 大　宝 | 武定州 | 省　城 | 五　站 | 0.5 | 0.1 | |
| 义都、万宝 | 易门县 | 省　城 | 六　站 | 0.6 | 0.1 | |
| 青　龙 | 元江州 | 省　城 | 六　站 | 0.373 | | 水路一站 |
| 绿碛硐 | 宁　州 | 省　城 | 六　站 | 0.6 | 0.1 | |

129

续表

| 厂　名 | 坐　落 | 运　往 | 站　数 | 运脚银两 | 陆路每站 | 备　注 |
|---|---|---|---|---|---|---|
| 鼎　新 | 建水县 | 省　城 | 七　站 | 0.7 | 0.1 | |
| 狮子尾 | 禄劝县 | 省　城 | 九　站 | 0.9 | 0.1 | |
| 秀　春 | 定远县 | 省　城 | 十　站 | 1 | 0.1 | |
| 香树坡 | 南安州 | 寻甸店 | 十四站半 | 1.8734 | 0.1292 | |
| 马　龙 | 南安州 | 省　城 | 十一站 | 1.1 | 0.1 | |
| 寨子箐 | 南安州 | 省　城 | 十三站 | 1.3 | 0.1 | |
| 竜　邑 | 文山县 | 剥　隘 | 十五站 | 1.938 | 0.1292 | |
| 者　囊 | 文山县 | 剥　隘 | 十七站 | 2.1964 | 0.1292 | |
| 金　钗 | 蒙自县 | 剥　隘 | 十七站 | 2.1964 | 0.1292 | |
| 得宝坪 | 永北厅 | 下关店 | 十站半 | 1.356 | 0.1292 | |
| 白　羊 | 云龙州 | 下关店 | 十一站半 | 1.15 | 0.1 | |
| 大　功 | 云龙州 | 下关店 | 十二站半 | 1.615 | 0.1292 | |
| 宁　台 | 顺宁府 | 下关店 | 十二站半 | 1.615 | 0.1292 | |
| 回　龙 | 丽江府 | 下关店 | 十六站半 | 1.65 | 0.1 | |

按照产量排列

| 厂名 | 定额（万斤） 乾隆43年 | 定额（万斤） 嘉庆15年 | 价银 两/百斤 | 购铜总银两（两） 乾隆43年 | 购铜总银两（两） 嘉庆15年 |
|---|---|---|---|---|---|
| 汤丹 | 316.572 | 230 | 7.452 | 235,910 | 171,396 |
| 宁台 | 290 | 190 | 6.987 | 202,623 | 132,753 |
| 碌碌 | 124.4 | 62 | 7.452 | 92,703 | 46,202 |
| 得宝坪 |  | 120 | 6.987 |  | 83,844 |
| 金钗 | 90 | 90 | 4.6 | 41,400 | 41,400 |
| 大水沟 | 51 | 40 | 7.452 | 38,005 | 29,808 |
| 大功 | 40 | 40 | 6.987 | 27,948 | 27,948 |
| 万宝 | 30 | 30 | 6.987 | 20,961 | 20,961 |
| 茂麓 | 28 | 28 | 7.452 | 20,866 | 20,866 |
| 白羊 | 10.8 | 10.8 | 6 | 6480 | 6480 |
| 香树坡 | 0.74 | 10 | 6 | 444 | 6000 |
| 义都 | 8 | 8 | 6.987 | 5590 | 5590 |
| 大风岭 | 8 | 8 | 7.452 | 5962 | 5962 |
| 回龙 | 7 | 7 | 6 | 4200 | 4200 |
| 青龙 | 6 | 6 | 6 | 3600 | 3600 |
| 大兴 | 4.8 | 4.8 | 6.987 | 3354 | 3354 |
| 红坡 | 4.8 | 4.8 | 6.987 | 3354 | 3354 |
| 发古 | 4.8 | 4.8 | 6.987 | 3354 | 3354 |
| 紫牛坡 | 3.3 | 3.3 | 6.987 | 2306 | 2306 |
| 梅子沱 | 4 | 2 | 6.987 | 2795 | 1397 |
| 小岩坊 | 2.2 | 2.2 | 6.987 | 1537 | 1537 |
| 大美 | 1.2 | 3.6 | 6.987 | 838 | 2515 |
| 乐马 | 3.6 | 1 | 6 | 2160 | 600 |
| 双龙 |  | 1.35 | 6.987 |  | 943 |
| 长发坡 | 1.3 | 1.3 | 6 | 780 | 780 |

续表

| 厂名 | 定额（万斤）乾隆43年 | 定额（万斤）嘉庆15年 | 价银 两/百斤 | 购铜总银两（两）乾隆43年 | 购铜总银两（两）嘉庆15年 |
|---|---|---|---|---|---|
| 凤凰坡 | 1.2 | 1.2 | 6 | 720 | 720 |
| 红石岩 | 1.2 | 1.2 | 6 | 720 | 720 |
| 绿硔硐 |  | 1.2 | 6.987 |  | 838 |
| 寨子箐 | 1.11 | 1.11 | 6 | 666 | 666 |
| 大宝 | 0.96 | 0.96 | 6 | 576 | 576 |
| 竜邑 | 0.8 | 0.8 | 6 | 480 | 480 |
| 狮子尾 | 0.6 | 0.6 | 6.987 | 419 | 419 |
| 鼎新 |  | 0.6 | 6.987 |  | 419 |
| 秀春 |  | 0.45 | 6.987 |  | 314 |
| 马龙 | 0.44 | 0.44 | 6 | 264 | 264 |
| 人老山 | 0.42 | 0.42 | 6 | 252 | 252 |
| 箭竹塘 | 0.42 | 0.42 | 6 | 252 | 252 |
| 者囊 | 0.4 | 0.4 | 6 | 240 | 240 |
| 合计 | 1048.062 | 918.75 |  | 731,759 | 633,310 |

# 历年办铜数目清单

今将乾隆元年起至三十四年各厂办获铜斤数目，开列清单，恭呈御览。
计开：

| | |
|---|---|
| 乾隆元年 | 办铜七百五十九万八千九百余斤； |
| 乾隆二年 | 办铜一千零八万九千一百余斤； |
| 乾隆三年 | 办铜一千四十五万七千九百余斤； |
| 乾隆四年 | 办铜九百四十二万五百余斤； |
| 乾隆五年 | 办铜八百四十三万四千六百余斤； |
| 乾隆六年 | 办铜七百五十四万五千五百余斤； |
| 乾隆七年 | 办铜八百七十五万七千八百余斤； |
| 乾隆八年 | 办铜九百二十九万七百余斤； |
| 乾隆九年 | 办铜九百二十四万九千二百余斤； |
| 乾隆十年 | 办铜八百二十八万一千三百余斤； |
| 乾隆十一年 | 办铜八百四十二万一千一百余斤； |
| 乾隆十二年 | 办铜八百五十四万二千七百余斤； |
| 乾隆十三年 | 办铜一千零三十四万七千七百余斤； |
| 乾隆十四年 | 办铜一千一百九十二万四百余斤； |
| 乾隆十五年 | 办铜一千零五万六千二百余斤； |
| 乾隆十六年 | 办铜一千零七十万二千余斤； |
| 乾隆十七年 | 办铜八百一十五万一千八百余斤； |
| 乾隆十八年 | 办铜七百五十一万一百余斤； |
| 乾隆十九年 | 办铜一千零九十五万二百余斤； |
| 乾隆二十年 | 办铜八百三十八万七千一百余斤； |
| 乾隆二十一年 | 办铜六百二十六万二千四百余斤； |
| 乾隆二十二年 | 办铜九百八十二万四千九百余斤； |

乾隆二十三年　　办铜一千零一十七万三千一百余斤；
乾隆二十四年　　办铜一千二百七十六万一百余斤；
乾隆二十五年　　办铜一千二百一十二万八千八百余斤；
乾隆二十六年　　办铜一千一百七十一万二千五百余斤；
乾隆二十七年　　办铜一千二百二十六万二千五百余斤；
乾隆二十八年　　办铜一千二百七十六万六千余斤；
乾隆二十九年　　办铜一千三百七十八万一千余斤；
乾隆三十年　　　办铜一千一百八十七万五千九百余斤；
乾隆三十一年　　办铜八百一十二万三千三百余斤；
乾隆三十二年　　办铜七百三十九万四千余斤；
乾隆三十三年　　办铜七百七十五万七千余斤；
乾隆三十四年　　办铜九百七十四万三千八百余斤。

（第一历史档案馆：乾隆三十五年《军机处录副奏折》）

乾隆五十年五月二十二日，云贵总督富纲、云南巡抚刘秉恬奏："为汇核滇省各厂岁获铜数循例恭折奏闻事。窃查滇省新旧大小各厂，通岁获铜数目，例应汇核，恭折奏报。臣等行据云南布政使费淳查明，乾隆四十九年，各厂通共办铜一千二百五万二百五十一斤零，汇造清册，详请核奏前来。臣等检齐各铜厂逐月报折，细加稽核，内汤丹、碌碌、大水、茂麓四厂，获铜五百二十三万二千八百二十三斤零；宁台等二十八厂，获铜四百九十五万九千六百八十六斤零；大功等十四厂，获铜一百七十六万四千七百八十七斤零；又拖海等三厂，获铜九万二千九百五十三斤；通计获铜一千二百五万二百五十一斤零。查各厂定额，每年共应办铜一千五十九万九千九百一十二斤，今四十九年分办获铜一千二百五万二百五十一斤零，较年额多办铜一百四十五万三百三十九斤零，除照例按月入于各厂《考成案》内分析题咨查议外，所有乾隆四十九年分各厂办获铜数，理合缮具清单，循例恭折奏闻"。

（第一历史档案馆：《朱批奏折》）

按照清政府的规定，云南各铜厂"大厂每余铜百斤，给价银七两四钱五分二厘。中厂每余铜百斤，给价银六两九钱八分七厘。小厂每余铜百斤，给价银六两。金钗厂低铜，每百斤给价银四两六钱。"在实际操作中，属于大厂的只有东川府管理的五个产量大、高产持续时间长的五大厂。属于中厂范围的，有滇西三大厂、路南三大厂、易门两大厂、昭通两大厂、东川紫牛坡厂、寻甸双龙厂、禄劝县狮子尾厂、罗次大美厂。至于滇东南地区三个小厂：绿硔硐厂、鼎新厂、秀春厂，由于系新开，清政府为了调动民众的开铜积极性，特意按照中厂价格收购，以作为示范，因此中厂一共有十七家。此外，金钗厂属高产量的低铜生产厂，其余十五家全部属于小厂。

乾隆四十三年，云南各铜厂生产铜 10,472,220 斤，清政府收买这些铜花费银两为 731,757 两，平均每百斤价银 6.9876 两。嘉庆十五年，云南各铜厂生产铜 9,189,100 斤，清政府收买这些铜花费银两为 639,251 两，平均每百斤价银 6.9 两。这两个统计数字比较完整的年度的数据证明：经过数十年的连续开采，那些起决定性作用的、产量较高的大厂和中厂，已经逐渐枯竭，产铜量在不断下降，清政府是靠新开子厂及提高新厂产量来维系铜的总供应量。

# 附：王太岳《铜政议》(《论铜政利病状》)

云南布政使王太岳《铜政议》利九千三百余言，为有清一代批评清政府铜政最激烈、最有价值的文章。《清史列传》卷七十二《文苑传三·王太岳传》记："王太岳，字基平，直隶定兴人，乾隆七年进士。……三十三年，擢湖北按察史……三十六年，调云南按察使。三十七年，擢布政使。是年，以审拟逃兵宽纵落职。四十二年，命在《四库全书》馆为总纂官。……在云南，闵铜政之弊，于是旁搜博汛，指利害所由来，其言铜政之要，必宽给价，给价足，然后厂聚集，厂众集，然后开采广，广采则铜多，铜多则用裕。又言云南山高脉厚，出产矿砂，诚使加以人力，穿峡成堂，则初辟之矿，入必不深，而工亦不费，兼地僻林萃，炭亦易得。论尤切中当时，补救厘剔，厥功甚伟，滇人祀之贤祠。著有《清虚山房集》《芥子先生集》，凡二十四卷。"

王太岳的《铜政议》，首先于道光六年（1826）被收入贺长龄（道光二十五年擢云贵总督兼署云南巡抚）领衔编纂的《皇朝经世文编》卷五十二《户政二十七·钱币上》中，篇名为《铜政议》，分为上、下篇；后又于道光二十四年（1844）被云贵总督吴其濬编入所著《滇南矿厂图略》下卷中，篇名为《论铜政利病状》。两篇为同一文章，然在两个不同的版本中，不仅名称不同，并且连文内的用词亦有差别，不得不进行整理。（）为贺长龄《皇朝经世文编》中《铜政议》文，【】为吴其濬《滇南矿厂图略》中《论铜政利病状》文。从所存两文互异文字对照分析，《铜政议》错误很少，应为原文；《论铜政议病状》错误多，应为抄文。

# 论铜政利病状

云南布政使王太岳

乾隆四十年

窃照滇南，地处荒裔，言政理者，必以铜政为先。然自（设）官置厂以来，未六十年，而官民交病，进退两穷。或比之"救荒无奇策"，何也？盖今日铜政之难，其在采办者四，而在输运者一。

一曰：官给之价，难再议加也。乾隆十九年，前巡抚爱必达，以汤丹铜价实少八钱有奇，奏请蒙恩许半给，则加四钱二分三厘六毫。越二年，前巡抚郭一裕请以东川铸息充补铜本，则又加四钱二分三厘六毫。越六年，前总督吴达善通筹各局加铸，再请增给铜价，则又奉（特旨）加银四钱。又越六年，前巡抚鄂宁，复以陈请，（遵旨）则又暂加六钱。越三年，始停暂加之价。于是汤丹、大水、碌碌、茂麓等厂，遂以六两四钱为定价。而青龙山等二十余小厂，旧时定价三两八九钱、四两一二钱者，亦于乾隆二十四年，前巡抚刘藻奏奉谕旨，既照汤丹旧例，每铜百斤，定以五两一钱五分有奇收买。即金钗最低之铜，亦以四两之旧价，加银六钱。朝廷之德意，至为厚矣。然行之数年，辄以困敝告，岂诚人情之无厌哉，限于旧定之价过少，虽累加而莫能偿也。夫粤、蜀与滇比邻，而四川之铜，以九两、十两买百斤，广西以十三两买百斤，何以云南独有节缩乎？江阴杨文定公名时抚滇，奏陈《铜厂利弊疏》云：各厂工本，多寡不一，牵配合计，每百斤价银九两二钱。其后凡有计息、议赔，莫不以此为常率。至买铜，则定以四两以至六两。然且课铜出其中，养廉、公费出其中，转运、耗损出其中，捐输金江修费出其中，即其所谓六两者，实得五两一钱有奇。非惟较蜀、粤之价，几减其半，即按之云南本价，亦特十六七耳。故曰：旧定之价过少也。然在当时，莫有异辞，而今乃病其少者，何也？旧时滇铜，听人取携，自康熙四十四年，始请官为经理，岁有常课。既而官给工本，逋欠稍多，则又收铜归本，官自售卖。至雍正之初，始议开鼓铸、运京局，以疏销积铜。其实岁收之铜，不过八九十万。又后数年，亦不过二三百万。比于今日，十才二三。是名为归官，而厂民之私以为利者，犹且八九。官价之多寡，固不较也。自后讲求益详，综核益密，向之隐盗者，至是而厘剔毕尽。于是厂民无复纤毫之赢溢，而官价之不足，始无所以取偿，是其所以病也。兹硐路已深，近山林木已尽，夫工、炭价，（一皆）数倍于前，而又益以（深）课长之掊克，地保之科派，官役之往来供亿。于是向之所谓本息、课运、役食、杂用，以及厂欠、路耗，并计其中，而后又有九两二钱之实价者。今则专计工本而已。几于此，厂民（实）受价六两四钱之外，尚须贴费一两八九钱而后足。问所从出，不过移后补前，支左而右绌，他日之累，有不可胜言者矣。夫铜价之不足，厂民之困惫，至于如此，然而未有以加价请者，何也？诚知度支之稽制有经，非可以发棠之请数相尝试也。且虽加以四钱、六钱之价，而积困犹未遽苏也。故曰：官给之价，难议加也。采办之难，此其一也。

一曰：取用之数，不能议减也。盖滇铜之供运京外者，亦尝一二议减矣。乾隆三十二年，云南巡抚鄂宁，以各厂采铜，才得五百余万，不能复供诸路之买，咨请自为区划。准户部议，留是年加运之京铜及明年头纲铜，以供诸路买铸，于是云南减运二百六十余万斤。后三年，云贵总督明德又以去年获铜虽几千万，然自运供京局及留滇鼓铸外，仅余铜一百三十万斤，以偿连年积逋九百二十余万，犹且不足，难复遍应八路之求，因请概停各路采买。准户部议奏，许缓补解京铜，酌停江南、江西两道采买，于是云南减买五十余万斤。后半年，前（巡）抚【院】明德，又以各路委官，在滇候领铜四百一十余万，以去年滇铜所余一百余万计之，四年乃可足给。此四年之中，非特截留及缺交京铜不能补运，而各省岁买滇铜二百余万，积（之）【至】数载，将有八九百万，愈难为计，因请裁减云南铸钱及各路买铜之数。准户部议奏，许停云南之临安、大理、顺宁、广西府，并东川新设各局铸钱。又暂减陕西、广西、贵州、湖北买铜六十三万斤，于是云南得减办二百余万。通计前后缓减五百余万，厂民之气力乃稍舒矣。

夫滇铜之始归官买也，岁供本路铸钱九万余千，及运湖广、江西钱四万串计，才需用一百一万斤耳。至雍正五年，滇厂获铜三百数十万斤，始议发运镇江、汉口各一百余万，听江南、湖南、湖北受买。至雍正十年，发运广西钱六万二千余串，亦仅需铜四十余万斤。其明年，钦奉（世宗宪皇帝）谕旨，议于广西府设局开铸，岁运京钱三十四万四千六十二串，计亦只需铜一百六十六万三千余斤。乾隆二年，总督尹文端公继善，又以浙江承买洋铜,逋欠滋积,京局岁需洋铜、滇铜率四百万斤,请【准】敕江浙赴滇买铜二百万斤。云南依准部文,解运京钱之外,仍解京钱三十余万,以足二百万之数。而直隶总督李卫,又以他处远买滇铜转解,孰与云南径运京局,由是各省供京之正铜及加耗,悉归云南办解,然尚止于四百四十【四】万也。未几,而议以停运京钱之正、耗铜,改为加运京铜一百八十九万余斤矣。又未几,而福建采买二十余万斤矣,湖北采买五十余万斤矣,浙江采买二十余万斤矣,贵州采买四十八万余斤矣,【江西买三十余万斤矣,广西采买四十六万斤矣】。既而,广西以盐易铜十六万余斤矣,既而,陕西罢买川铜,改买滇铜三十五万,寻又增为四十万斤矣。于是云南岁需(措)【备】铜九百余万,而后足供京外之取,而滇局鼓铸,尚不与焉。夫天地之产,常须留有余以待滋息,独滇铜率以一年之入,给一年之用,比于竭流而渔,鲜能继矣。又况一年之用,几溢于一年之(入)【出】,此凶年取盈之术也,(故曰):【皆由】取给之数过多也。尝稽滇铜之【采】产,其初(之)一二百万斤者不论矣。自乾隆四、五年以来,大抵岁产六七百万耳,多者八九百万耳,其最多者千有余万,至于一千二三百万止矣。今乾隆三十八年、三十九年,皆以一千二百数十万告,此滇铜极盛之时,未尝减于他日也。然而不能给者,惟取之者多也。向时江、安、闽、浙买滇铜以代洋铜,议者以滇铜衰盛靡常,当多为之备,仍责江、浙官收商买洋铜,以冀充裕。及请滇铜径运京师,以其(溢)余留湖广,而商办洋铜,则听江、浙收买(铸钱)。议者又以滇铜虽有余,尚须筹备,以供京局,若遽留楚供铸,设(令)将来京铜有缺,所关不细。又议,浙江收买洋铜,亦须存贮,滇铜(或)【若】缺,仍可运京接济,即近岁截留京铜,部议亦以滇铜实有缺乏情形,当即通筹(接济)【酌剂】,是皆以三十年之通制国用,为天下计,非独为滇计也。至于今日,而京师之运额,既无可缺,而自江南、江西以外,尚有浙、闽、黔、粤、秦、楚诸路开铸,纷纷并举。一则曰:此民之用也,饷钱也,不可少也。再则曰:炉且停矣,待铸极矣,不可迟也。而滇之铜政骚然矣。夫以云南之产,不能留供云南之用,而裁铸钱以畀诸路。诸路之用铜者,均被其利,而产铜之云南,独受其害。其产愈多,则求之益众,而责之益急,然则云南之铜,何时足用乎?故曰:取用之数,不能议减也。供办之难,此其二也。

139

一曰：大厂之逋累，积重莫苏也。谨按杨文定公奏陈《铜政利弊疏》云：运户多出（彝）【夷】倮，或山行野宿，中道被窃；或马、牛病毙，弃铜而走；或奸民盗卖，无可追偿。又硐民皆五方无业之人，领本到手，往往私费，无力开采；亦有开硐无成，虚费工本；更或采铜既有，而偷卖私销；贫乏逃亡，悬项累累，名曰"厂欠"。由此观之，自有官厂，即有厂欠，非一日矣。然其时，凡有无追之厂欠，并得乞恩贷免。故岁岁采铜数倍于前，而厂民之逋欠，亦复数倍。司厂之员，惧遭苛谴，少其数以报上官。而每至数年，辄有巨万之积欠，则有不可以豁除请者矣。上官以其实欠，而莫能豁也，于是委曲迁就，以姑补其（阙）【缺】。乾隆二十三年，奏请预备汤丹等厂工本银十二万五千两，所以偿厂欠也。三十三年，逮治综理铜政，及司厂之员，着赔银七万五千余两，所以厘厂欠也。三十七年，除豁免之令，而于发价时，每以百两收银一两，大约岁发七十万两，可收七千余两，籍而贮之，以备逃亡，亦所以减厂欠也。至于开采之远，工费之多，官本之不足，（则）莫有（为之计）【计之】者。故不数年，而厂欠又复如旧。三十七年冬，均考厂库，以稽厂欠，前、后厂官赔补数万斤外，仍有民欠十三万余两。重蒙（皇）恩旨，特下指挥，俾筹利便，然后厂铜得以十一通商，而以铸息代之偿欠，今之东川局加铸是也。然加铸之息，悉以偿厂欠，通商之铜，又以（输局供铸）【供局铸】。至于未足之工本，依然无措也。是以旧逋方去，新欠已来，未两年间，又不可赀算矣。自顷定议，每以岁终，责取无欠结状，由所隶上司加之保结，由是连岁无厂欠之名。然工本之不足，厂民不能徒手枵腹而攻采也，则为之量借油、米、炉炭，以资工作，而责其输铜于官，以此羁縻厂民，曰：尔第力采，我能尔济。厂民亦以此（糊其口）【饵其上】曰：官幸活我，我且力采以赎前负。上下相蒙，不过觊幸于万有一遇之堂矿。是虽讳避厂欠，而积其欠借不归之油、米、炉炭，亦复不下巨万之值，要之皆出公帑也。蚩蚩之氓，何知大义？彼其所以俯首受役，（敝）【弊】形体而不辞者，孳孳为利耳。至于利之莫图，而官帑之逋负，且日迫其后，而厂民始无望矣。夫厂以出铜，民（无）【亡】厂为业，民无所望，厂何有焉？区区三五官吏之（请）【讲】求，其于铜政庸有济乎？故曰：大厂之逋累，积重莫苏也。采办之难，此其三也。

一曰：小厂之收买，涣散莫纪也。云南矿厂，其旧且大者，汤丹、碌碌、大水、茂麓为最，而宁台、金钗、义都次之。新厂之大者，狮子山、大功为最，而发古山、九度、万象诸厂次之。至如青龙山、日见汛、凤凰坡、红石岩、大风岭诸厂，并处僻远，（矿硐深窅），常在丛山乱箐之间。而如大屯、白凹、人老、箐竹、金沙、小岩，又皆界连黔、蜀，径路杂出。奸顽无籍，贪利细民，往往潜伏其间，盗采（盗铸）【铸钱】，选踞高冈深林，预为走路。一遇地方兵役，纵迹勾捕，则纷然骇散，莫可寻追。其在厂地采矿，又皆游惰穷民，苟图谋食，既无赀力深开远入，仅就山肤寻苗，而取矿经采之处，比之鸡窝，采获之矿，谓之草皮草荒。是虽名为采铜，实皆侥幸尝试【已耳】。（一引）【矿路】既断，又觅他引，一处不获，又易他处，往来纷籍，莫知定方。是故一厂之所，而采者动有数十区，地之相去，近者数里，远者一二十里或数十里，虽官吏之善察者，固有不能周尽矣。加以此曹不领官本，无所统一，其自为计也。本出无聊，既非恒业，何所顾惜，有则取之，无则去之。便（于就）则（取）【就】之，不便（于就）则去之。如是而绳以官法，课以常科，则有散而走耳，何能縻乎？官厂者见其然也，故常莫可谁何，而惟一二客长、锅头是倚。厂民得矿，皆由客长平其多寡，而输之锅头，炉房因其矿质，几锻几揭，而成铜焉。每以一炉之铜，纳官二三十斤，酬客长、锅头几斤，余则听其怀携，远卖他方，核其实数，曾不及汤丹厂之百一。夫以滇之矿厂之多，诸路取求之广，而惟二三大厂是资。其余小厂，环布森列，以几十数，而合计几十厂之铜，比之二三大厂，不能半焉。则大厂安得不困？故曰：小厂之收买，涣散莫纪也。采办之难，此其四也。

若夫转运之难，又可略言矣。夫滇，僻壤也。著籍之户，才四十万，其畜马、牛者，十一二耳。此四十万户，分隶八十七郡邑，其在通途而（为）转运所必由者，十二三耳。由此言之，滇之马、牛，不过六七万，而运铜之马、牛，不过二三万，盖其大较矣。滇既有岁运京铜六百三十万，又益诸路之采买，与滇之鼓铸，岁运铜千二百万，计马、牛之所任，牛可载八十斤，马力倍之，一千余万之铜，盖非十万匹、头不办矣。然民间马、牛，只供田作，不能多畜以待应官。岁一受雇，可运铜三四百万，其余八九百万斤者，尚须马、牛七八万，而滇固已穷矣。乾隆三年，廷议广西府局发运京钱，陆用牛一万四千头、马九千匹，水用船三千只。念其雇集不易，恐更扰民，辄许停铸。是年云南奏言：滇铜运京，事在经始，江、安、闽、浙之二百万，未能一时发运。准户部议，运京许宽至明年，而江、浙诸路之铜，且需后命。凡以规时审势，不欲强以所必不能也。又前件议云：户部有现铜三百万，工部稍不足，可且借拨。又乾隆三十五年，议云：户、工两局库，有现铜四百五十万，云南尚有两年运铜，计可衔接抵局者，仍八百余万。自后滇之发运，源源无绝，以供京局铸钱，有盈无（绌）【缺】，其截发挂欠铜三百五十余万，均可着缓补解，此其为滇之官民计者，持论何恕？而其为国用计者，（论事）又何详也？今则不然，户局有铜二百五十万，合工部之铜三四百万，滇铜之发运在道，岁内均可继至者，千有余万。其视往时，略无所减，而议者且切切，焉有不继之忧。于是云南岁又加运旧欠铜八十万斤，通前为七百一十余万，而滇益困矣。且夫转运之法，(著)【着】令固已甚详矣。初时京铜改由滇运，起运之日，必咨经过地方，并令防卫、催稽、守风、守水、守冻。又令所在官司，核实（转）报咨（部）。其后以运官或有买货重载，淹留迟运，兼责沿途官弁，驱促遄行，徇隐有罚。其后又以纳铜不如本数，议请申用雍正二年采办洋铜之例，运不依限者，褫职戴罪；管运委解之上官，并夺其官，领职如故。其有盗卖诸弊，本官按治如律，并责上官分赔。又改定运限，自永宁至通州，限以九月，其在汉口、仪征换篓、换船，限以六十日。自守冻【而】外，守风、阻水之限，不复计除。运铜入境，并由所在官弁，依(期)【限】申报【具】奏(闻)，而滇、蜀亦复会商，以永宁、泸州搬铜打包，限五十五日。其由永宁抵合江，由重庆府抵江津，并听所在镇、道稽查，委官催督。或有无故逗遛，地方官弁匿不实报者，并予纠劾。其后以铜船停泊，阻塞挽漕，又议缘江道路，委游击、都司押运，自仪征以下，并听巡漕御史催趱，运官虽欲饰诈迁延，固不得矣。又积疲之后，户部方日月考课，于是巡抚与布政使躬历诸厂，以求采运之宜，而责巡道周环按视，以课转运之勤怠，而察其停、寄、盗、匿。其自守丞以下，州、县之长，与簿尉巡检之官，往来相属，符檄交驰，弁役四出，所在官吏，日（惴惴）【懦懦】焉救过之不暇，而厨传骚然矣。尝考乾隆二年，滇有余铜三百（七十四）【四十七】万，故能筹洋铜之停买。十七年，有积铜一千八九百余万，故能给诸路之取求。二十四年以后，有大兴、大铜二厂，骤增铜四百余万，故能贴运京钱，岁无缺滞，此如水利，其积不厚，而日疏决之，则涸可立待，势固然（也）【矣】。今司运之官，惧罹罪责，既皆增价雇募，然犹不免以人易畜，官司责之吏役，吏役责之乡保里民，每（籑）【赢】数日之粮，以应一日之役，中间科索抑派，重为民扰。喜事之吏，驱率老幼，横施鞭打，瘁民生而亏政体，非小故也。故曰：转运之难，此其五也。

具此五难，是以滇之铜政，有"救荒无奇策"之喻。虽然，荒固不可不救，而铜固不可不办，不可不运也。窃尝求前人之论议，厝注得失之所由，其有已效于昔，而可试行于今（日）者，曰：多筹息钱，以益铜价也；通计有无，以限买铜也；稍宽考成，以舒厂困也；实给工本，以广开采也；预借雇值，以集牛、马也。云南之铜，供户、工二部，供浙、闽诸路，供本路、州、郡饩饷，其为用也大矣。故铜政之要，必宽给价，（给）价足而后厂众集，厂众集而后开采广，广采则铜多，铜多则用裕。前巡抚爱必达疏云：汤丹、大水等厂，开采之初，办铜无多，迨后岁办铜六七百万，及八九百万。今几三十年，课、耗、余息，不下数百万金。近年矿砂渐薄，窝路日远，近厂柴薪（伐）【待】尽，炭价倍增。聚集人多，油、米益贵。每年京外鼓铸，需铜一千万余斤，炉民工本不敷，岁出之铜，势必日减。洋铜既难采办，滇铜倘复缺少，京外鼓铸，何所取资？前巡抚刘藻以汤丹、大碌不敷工本，两经奏允加价，厂民感奋。大铜厂本年办铜六十万，大兴厂夏、秋雨集停工，尚有铜三百七八十万，各厂总计共铜一千二百余万。历岁办铜之多，无逾于此，实蒙特允，初未见有不许也。今之去昔，近者十年，远者二十余年，所云嶅硐日远、攻采日难者，又益甚矣。而顾云发棠之请，不可数尝者，何也？有铜本斯有铜息，有铸钱斯有铸息。故曰：有益下而不损上者，不可不讲也。按：乾隆十八年，东川增设新局五十座，加铸钱二十二万余千，备给铜、铅工本之外，岁赢息银四万三千余两，九年之间，遂有积息四十余万。自是以后，云南始有公贮之钱，而铜本不足，亦稍稍知（有）【所】取给矣。二十二年，东川加半卯之铸，岁收息银三万七千余两，以补汤丹、大水四厂工本之不足。二十五年，以东川铸息不敷加价，又请于会城、临安两局，各加铸半卯。二十八年，再请加给铜价，则又于东川新、旧局，冬季三月旬加半卯。三十年，又以铜厂采获加多，东川铸息尚少，则又请【每年】、每月、（每旬），各加铸半卯。并以加汤丹诸厂之铜价，而大理亦开（钱局）【局钱】，岁获息八千余两，以资大兴、大铜、义都三厂之戽水采铜，先后十二年间，加铸增局，至五六而未已。滇之钱法与铜政相为表里，盖已久矣。以厂民之铜铸钱，即以铸钱之息与厂，费不他筹，泽不泛及，而此数十厂、百千万众，皆有以苏困穷而谋饱煖，积其欢呼翔踊之气，铜即不增，亦断无减，于以维持铜政，绵衍泉流，所谓"多铸息钱，以益铜本"者，此也。

取给之数，诚不可议减矣。诸路之所自有，与其缓急之实，不可不察也。往者江南、江西、浙江、福建、陕西、湖北、广东、广西、贵州九路之铜，皆买诸滇，沓至迭来，滇是以日不暇给。夫圣朝天下一家，其在诸路者，与在滇之备贮，（固）【因】无异也。窃见去年陕西奏开宁羌矿硐，越两月余，已获现铜二千四百斤，仍有生砂，又可炼铜五六千斤。由此鎚凿深入，真脉显露，久大可期。又湖北奏开咸丰、宣恩两县矿厂，先后炼铜已得一万五千余斤，将来获利必倍。盖见之邮报者如此。【今】秦、楚开采皆年余矣，其获铜也，少亦当有数万，而采买之滇铜如故，必核其自有之数，则此二邦者固可减买也。贵州本设二十炉，继而减铸二十三卯，采买滇铜亦减十万，顷岁又减五炉，议以铜四十四万七千斤，岁为常率，而滇铜仍实买三十九万六百六十斤。至于黔铜，则减七万，将以易且安者自予，而劳且费者予滇，非平情之论也，是故黔之采买亦可减也。又今年陕西奏言：局铜现有二十五万一千四百余斤，加以商运洋铜五万，当有三十余万。委官领买之滇铜六十二万六千二百斤，且当继至，以此计之，是陕西（已）【以】有铜九十余万，而又有新开之矿厂，产铜方未可量，此一路之采（买），非惟可减，抑亦可停矣。又闽、浙、湖北及江南、江西旧买洋铜，每百斤价皆十七两五钱，而滇铜价止十一两，较少六两五钱，其改买宜矣。然此诸路者，其运费、杂支，每铜百斤，例销之银亦且五六两，合之买价，常有十六七两，其视洋铜之价，未见大有多寡。加以各路运官贴费，自一二千至五六千，则已与洋铜等价矣。以此相权，滇铜实不如洋铜之便，则此数路者，并可停买也。诚使核其实用，则岁可减拨百数十万，而滇铜必日裕矣。所谓"通计有无，以限买铜"者，此也。

厂欠之实，见杨文定公始筹厂务之年，后乃日加无已，逮其积欠已多，始以例请放免。其放免者，又特逃亡物故之民。而身有厂欠，受现价、采现铜，而纳不及数者，不与焉。是故放免常少，而逋欠常多。乾隆十六年，议以官发铜本，依经征盐课例，以完欠分数考课。厂官堕征之（罚）【法】，止于夺俸，厂官尚得籍其实欠之数，以要一岁之收，于采固无害也。其后以厂欠积至十三万，而督理之官，自监司以下，并皆逮治追偿，寻以铜少不能给诸路之采买，遂以借拨运京之额铜二百六十几万者，计其虚值，而议以实罚，于诸厂之官，罚金至十有四万。寻【又】以需铜日急，严责厂官限数办铜，其限多而获少者，既予削夺。或乃惧罹纠劾，多报（铜斤）【斤重】，则又以虚出通关，按治如律，罪至于死，斯诚铜厂之厄会矣。夫大小诸厂，炉户、砂丁之属，众至千万，所恃以调其甘苦，时其缓急者，惟厂官耳。顾且使之进退狼狈，莫所适从，至于如此，铜政尚可望乎？【故曰：岁供之铜，犹累累千百万者，幸也。】由今计之，将欲慎核名实，规图久远，蕲以兴铜政、裨国计，则非宽厂官之考成不可。何也？近岁之法，既以岁终取其（所）欠结状，而所辖之上司，又复月计而季汇之，厂官不敢复多发价，必按其纳铜之多寡，一如预给之数，而后给价继采，是诚可以杜厂欠矣。然而采铜之费，每百斤实少一两八九钱者，顾安出乎？给之不足，则民力不支，将散而罢采；欲足给之，而欠仍无已，必不见许于上官，是又一厄也。然则今之岁有铜千百万者，何恃乎？预借之底本，与所谓接济之油、米，固所赖以赡厂民之匮乏，而通厂政之穷者也。谨按：乾隆二十三年，预借汤丹厂工本银五万两，以五年限完；又借大水、碌碌厂工本银七万五千两，以十年限完。皆于季发铜本之外，特又加借，使厂民气力宽舒，从容攻采，故能（多）得铜以偿夙逋也。三十六年，又请借（发），特奉谕旨："以从前借多扣少，厂民宽裕，今借数既少，扣数转多，且分限三年，较前加迫，恐承领之户，畏难观望，日后籍口迁延，更所不免"。仰见圣明如神，坐照万里，而当时又以日久逋逃，新旧更易为虑，不敢宽期多发，仅借两月底本银七万数千两，而以四年限完，厂民本价之外，得此补助，虽其宽裕之气，不及前借，而犹倚以支延且三四载，此预借底本之效也。又自三十四年、三十七年，先后陈请（借）【备】贮油、米、炭薪以资厂民，厂民乃能尽以月受铜价，雇募砂丁，而以官贷之油、米，资其日用，故无惰采，斯又所谓接济者之效也。今月扣之借本，消除且尽，独油、米之货，当以铜价计偿，而迟久未能者，犹且仍岁加积，继此不已，万一上官不谅，而责以逋慢，坐以亏挪，则厂官何（所）【以】逃罪，是又他日无穷之祸，而为今日之隐忧者也。

前岁云南新开七厂，条具四事，户部议曰："炉户、砂丁，类皆贫民，不能自措工本，赖有预领官银，资其攻采，硐矿赢绌不齐，不能绝无逃欠，若概令经放之员，依数完偿，恐预留余地，惮于给发，转妨铜政"，信哉斯言，可谓通达大计者矣。今诚宽厂官之考成，俾得以时贷借油、米，而无他日亏缺之诛。又仿二十三年预借之法，多其数而宽以岁时，则厂官无迫挟畏阻之心，而厂民有日月舒长之适，上下相乐，以毕力于矿厂，而铜政不振起，采办不加多者，未之有也。所谓"宽考成以舒厂困"者，此也。

小厂之开，涣散莫纪矣。求所以统一之、整齐之者，不可不亟也。窃见乾隆二十五年，前巡抚刘藻奏言：中外鼓铸，取给汤丹、大碌者十八九。至（余）【于】诸小厂，奇零凑集，不过十之一二。然土中求矿，衰盛靡常，自须开采新礄，预为之计，庶几此缩彼盈，源源不匮。今各小厂旁近之地，非无引苗，惟以开挖大矿，类须经年累月，厂民十百为群，通力合作，借垫之费，极为繁（巨）【钜】，幸而获矿，炼铜输官，乃给价（其）【甚】微，不惟无利可图，且不免于耗本，断难竭蹶从事。又奏（云）【言】：青龙等厂，乾隆二十四年，连闰十有三月，共获铜四十八万。自二十五年二月，奉旨加价，至二十六年三月初旬，亦（阅）十有三月，共获铜一百余万。所获余息，加给铜价之外，实存银二万九千数百两，较二十四年，多息银一万有奇。而各厂民亦多得价银一万二千余两，感戴圣恩，洵为惠而不费。又三十三年，前巡抚明德奏明，言云南山高脉厚，到处出产矿砂，但能经理得宜，非惟裨益铜务，而数千万谋食穷民，亦得（藉）【借】以资生。由此观之，小厂非无利也。诚使加以人力，穿（峡）【硖】成堂，则初辟之矿，入不必深，而工不必费。又其地僻人少，林木蔚萃，采伐既便，炭亦易得，较大厂攻采之费，当有事半而功倍者，尤不可不亟图也。今厂民既皆徒手掠取，而一出于侥幸尝试之为。而为厂官者，徒（于）【欲】坐守抽分之课，外此已无多求。是故诸小厂非无矿也，货弃于地，莫为惜也。又况盗卖、盗铸，其为漏卮，又不知几何哉！小厂之铜，岁不及汤丹、大水诸大厂之十一者，实由于此。诚于厂之近邑招徕土著之民，联以什伍之籍，又择其愿朴持重者为之长，于是假之以底本，益之以油、米、薪炭，则涣散之众，皆有所系属，久且倚为恒业，虽驱之犹不去也。然后示以约束，董以课程，作其方振之气，厚其已集之力，使皆穿石破峡，以求进山之矿，而无半途之（废）【费】，虽有不成者寡矣。若更开曲靖、广西之铸局，而以息钱加铜价，则宣威、沾益诸山之铜，不复走黔，路南、建水、蒙自诸山之铜，无复走粤，安见小厂不可转为大也。所谓"实给工本，以广开采"者，此也。

滇之牛、马诚少矣，滇之（所）储备又虚矣。而部局犹以待铸为言，移牒趣运，急于星火，殆未权于缓急之实者也。铜运之在滇境者，后先踵接，依次抵泸，既以乙岁之铜，补甲岁之运；又将以乙岁之运，待丙岁之铜。而泸州之旋收旋兑者，亦略不停息，则又终无储备之日矣。夫惟宽以半岁之期会，然后泸州有三四百万之储，储之既多，则兑者方去，而运者既来，是常有余贮也。如是，而凡运官之至者，皆可以时兑发，次第启行，在泸既无坐守之劳，在途（亦）【又】有催督之令，运何为而迟哉？又京局现停加卯，用铜【悉】如常额。自今年五、六月以后，云南癸巳、甲午两岁，入运之铜，皆当相继抵京，计供宝源、宝泉两局之鼓铸，可至四十二年之七月。今乙未之铜，又开运矣，明年秋、冬，及其次年之春、夏，又当有六百三十余万之铜抵局。则【由】今至于四十三年之夏，京局（故）【固】无缺铜也。诚使丙申头纲之铜，例以明年八月开运者，计宽至次年三月，而以十二月为八运告竣之期，不过丁酉之岁末月，而皆当依次运京，此似缓而实之计也。

若夫筹运之法，固非可以滇少马、牛自谢也。则尝窃取往籍而考之，始云南之铸钱运京也。由广西府陆运，以达广南之板蚌，舟行以达粤西之百色，而后迤逦入汉，而广西、广南之间，经由十九厅、州、县，各以地之远近大小，雇牛递运，少者数十头，多者三五百【头】至一千二百，并以先期给价雇募，每年夏、秋，触冒瘴雾，人、牛皆病，故常畏阻不前。既又官买马、牛，制车设传，以马五百八十八匹，分设七驿；又以牛三百七十八头，车三百七十八辆，分设九驿，递供转运。会部议改运滇铜，乃停广西之铸，而以江、安、浙、闽及湖北、湖南、广东之额铜并停买，归滇运京。于是滇之征耗四百四十余万，悉由东川径运永宁。其后以寻甸、威宁，亦可达永宁也。乃分二百二十万，由寻甸转运，而东川之由昭通、镇雄以达永宁者，尚二百二十万。其后又以广西停铸之钱，合其正、耗、余铜，通计一百八十九万一千四百四十斤，并令依数解京，是为加运之铜，亦由东川、寻甸分运。至乾隆七年，而昭通之盐井渡始通，则东川之运铜，半由水运，以抵泸州，半由陆运，以抵永宁。十年，威宁之罗星渡又通，则寻甸陆运之铜，既过威宁，又可舟行以抵泸州矣。十四年，金沙江以迄工告，而永善黄草坪以下之水，亦堪通运，于是东川达于昭通之铜，皆分出于盐井、黄草坪之二水，与寻甸之运铜，并得径抵泸州矣。然东川、昭通之马、牛，亦非尽出所治，黔、蜀之马，与旁近郡县之牛，盖尝居其大半。雇募之法，先由官验马、牛，烙以火印，借以买价，每以马一匹，借银七两；牛四头、车一辆，借以六两。比其载运，则半给官价，而扣存其半，以销前借。扣销既尽，则又借之，往来周旋，如环无端。故其受雇皆有熟户，领运皆有恒期，互保皆有常侣，经纪皆有定规。日月既久，官民相习，虽有空乏，而无逋逃，亦雇运之一策也。今宣威既踵此而试行之矣，使寻甸及在威宁之司运者，皆行此法，以岁领之运价，申明上（官）【司】，预借运户，多买马、牛，常使供运，滇产虽乏，庶有济乎。然犹有难焉者，诸路之采买，雇运常迟也。顷岁定议滇铜，每以冬夏之秒，计数分拨，大小之厂，各以地之远近、铜之多寡，而拨之采买，委官远至，东驰西逐，废旷时日。是以今年始议，得胜、日见、白羊诸远厂之铜，皆自本厂运至下关，由大理府转发，黔、粤之买铜者，鲜远涉矣。而义都、青龙诸近厂，与云南府以下之厂，犹须诸路委官就往买铜，自雇自运，咸会（百）【白】色，然后登舟，主客之势，呼应既难，又以农事，牛、马无暇，夏、秋瘴盛，更多间阻，是故部牒数下，而云南之报出境者，常虑迟也。往时临安、路南之铜，皆运弥勒县之竹园村，以待诸路委官之买运，其后以委官之守候历时，爰有赴厂领运之议。然其时，实以云南缺铜，不能以时给买，非运贮竹园村之失也。诚使减诸路之采买，而尽运迤西诸（厂）【路】之铜，贮之云南府，以知府综其发运。又运临安、路南之铜，（运）【尽】贮之竹园村，以收发责之巡检。如是，则诸路委官，至辄买运去耳，岂复有奔走旷废之时哉？若更依仿运钱之制，以诸路陆运之价，分发缘路郡县，各募运户，借以官本，多买马、牛，按站接运，比于置邮。夏、秋尽撤马、牛，归农停运，则人、马无瘴疠之忧，委官有安闲之乐。于其暇时，又分寻甸运铜之半，由广西、广南，达于（百）【白】色，并如运钱之旧，即运京之铜，亦且加速，一举而三善备焉矣。惟择其可（采而纳）【而采纳】焉。

# 《云南铜志·京运》题解

《云南铜志》卷三《京运》,内容为京运铜的管理方式以及整个铜运过程。包括解铜官员——运员的委派,铜运经费的请领与支销,办理相关铜运的手续、程序,铜运每一个阶段的时间限制,铜运的整个途程及有关突发事件的处置,相关责任的分担与奖惩措施。

清代为了使云南运铜有章可循,于乾隆四年,专门制定了《云南运铜条例》,又称《铜运章程》,为云南运铜管理的基本准则。虽然现在不能看到这个《铜运章程》的原始文本,但是其全部内容,都保留在清朝政府的《户部则例》中。《云南铜志》本身也是一个执行范本,清代云南地方当局将《云南铜志》缩略为《铜政便览》,就是一个最好的例证。

至于云南运铜过程的实际情况,道光二十年(1840),在云南卸任云州(今临沧市云县)知州的贵州遵义人黎恂,曾被选派为京铜运输的运员,完成任务以后,写有《运铜纪程》三卷,详细记录了整个额铜的运输过程及相关情况。

黎恂(1785—1863),字雪楼,一字迪九,晚号拙叟,贵州遵义东乡禹门(今遵义县红花岗区新舟镇)人。黎安理长子,幼从父学,中嘉庆十五年(1810)举人,复中十九年甲戌科三甲七名进士。分发浙江桐乡知县,任内曾三次充任浙江省乡试同考官。二十四年,父故,扶丧归里守制,将其薪俸积蓄购买珍本典籍几十箱,运回遵义沙滩,供黎氏子弟研读。回乡后,一边研读经史,一边开馆授徒,从游者数十百人,郑珍、莫友芝、黎兆勋等均受其教诲。道光十四年(1834)入京候选,被拣发云南,先后任平彝(今曲靖市富源县)、新平、大姚等县知县,云州知州(道光十九年秋、1839年免)、姚州知州等,道光三十年(1850)任东川府巧家厅同知。为官体察民情,政声卓异。道光二十年,他被选派为京铜运输的运员之时,有人告诉他:"运员窃官铜多,或至报沉失二三万斤,部费私囊皆出此。"

黎恂答道："欺君事我不为也！"可见其这在"潜规则"盛行的官场，无疑是个异类。其完成京铜运输任务以后，写有《运铜纪程》两卷，还作有《捞铜》等诗。咸丰元年（1851）称病返黔，晚年益埋头治学。一生研治宋学和史学，工诗和古文，著有《蛉虫斋诗文集》《读史纪要》《千家诗注》《四书纂义》《北上纪程》《运铜纪程》等，主修《大姚县志》十六卷（道光二十五年刊刻）。生平事迹见郑珍《云南东川府巧家厅同知舅氏雪楼黎先生行状》(《郑珍集·文集》，贵州人民出版社1994年版)。

《京运纪程》两卷、《回黔纪程》一卷，合称《运铜纪程》，计三卷，黎恂著，未刊刻。黎恂弟黎恺、子黎庶昌于光绪十四年担任驻日公使期间，编有《黎氏家集》，刊刻于日本使署。全书目录中共收录黎氏及部分弟子著述三十一集一百二十四卷，附录四集六卷，其中注明"未刊""有别刻本版印"或"别刊"，而存目者居多，实际收录著述十三篇三十八卷。《运铜纪程》亦在存目中，未纳入《黎氏家集》中。

民国时期任可澄编《黔南丛书》时，本拟将《运铜纪程》列入，在拟就的计划中，已在第十一集列目。后《黔南丛书》只编成七集，第十一集未编成，《运铜纪程》亦未能列入《黔南丛书》中。后任可澄与杨恩元编辑《贵州文献季刊》时，将《运铜纪程》列入第三、四期连载，亦只刊出原稿内容八十页左右（全部内容为三百页，每页九行，每行二十三字，共五万余字），此书因此得以部分传世。

陈琳主编《贵州省古籍联合目录》（贵州人民出版社2007年版）第150页有如下记录：

02488△√回黔纪程/（清）黎恂撰．—民国贵阳凌惕安抄本—1册.21x25cm.1

02491△√运铜纪程/（清）黎恂撰．—民国贵阳凌惕安抄本—3册.21x25cm.1

02497√京运纪程　二卷/（清）黎恂撰．—民国抄本—存 1 册；17.7x24.6cm.1

民国贵州著名藏书家凌惕安，后亦为贵州省文献征辑馆（任可澄、杨恩元分任正副馆长）馆员，访得黎恂《京运纪程》上下两卷，于1932年与黎恂《回黔纪程》一卷合抄为《运铜纪程》三册（每册首页皆有凌惕安印章）。这批书后来归贵州省文献征辑馆所有。中华人民共和国成立后，由贵州省档案馆接收。1950年，这批书由贵州省档案馆移交贵州省图书馆保管，后一直存于贵州省图书馆古籍善本库中。

这批书在贵州省图书馆书目中并没有记录，因此一般也查不到，只是在《贵州省古籍联合目录》中有记载。笔者因研究需要，千里往筑寻源，刨根问底，终于在贵州省图书馆基藏库中追寻到这批书的下落。

《云南铜志·京运》为京运铜的有关政策的汇编，而黎恂《运铜纪程》则是京运铜实际过程的真实记录，是本人的亲身经历，不仅有其对京运铜整个路途历程的具体描写，并且有启程、沿途及至京交铜整个过程中，具体执行清政府的各项制度规定、办理各种手续、请领发放缴纳各项费税的每个细节的详细记录，资料尤其难得。前者为宏观，后者为微观，二者相得益彰。《运铜纪程》中所记录的运铜过程中的具体操作，许多都与清政府的文件规定相去甚远。如铜运的起始日期，按照规定每两起之间间隔一个月到两个月，但是道光二十年正运一起官黎恂，与正运二起官庆霖及道光十九年加运二起官项仙舟，几乎一起出发，途中是结伴而行的。这是由于农历十月份左右已过长江洪峰期，江水趋向平缓，行船比较安全。同时若船队整个冬季都在长江下游及江南运河中行进，就不存在守冻的问题了。这可能是清政府针对实际情况所做出的调整，更有利于京运铜的安全运输。

# 云南铜志·卷三

## 京 运

《禹贡》："荆、扬二州，咸贡金三品。"[1]《文献通考》[2]："禹铸历山之金。"是诚输金铸钱[3]之始。我朝德协坤维[4]，地不爱宝[5]。滇铜之盛，亘古未有。而运铜至京之肇端，以及承运[6]之原委，可历数焉。

按：京局需用铜斤，向系湖南、湖北、广东三省，每年赴滇采办运京每年办铜一百六十六万四千斤，其起自何年，无案可考。嗣于雍正十一年，钦奉上谕，饬令滇省，就近铸钱解京。滇省即于乾隆元年起，在广西府即今之广西州[7]设炉铸钱。每年办运京钱三十四万四千六百余串，委员由广西陆路运至广南府属板蚌地方下船每百斤给运脚八钱五分八厘八毫零。附搭漕船，解京交收。自乾隆元年起，至五年三月止，计解运过京钱四年。其湖南、湖北、广东三省，采办滇铜，运至雍正十三年止。

乾隆二年，奉部奏明，江苏、安徽、浙江、福建、江西五省，原办洋铜二百七十七万一千一百余斤。并湖南、湖北、广东三省，原办滇铜一百六十六万四千斤，二共铜四百四十三万五千一百余斤。自三年戊午运为始，每年以四百万斤为率，于滇、洋两处各办运二百万斤，解京交收。旋即停办洋铜，令江、安、浙、闽四省，每省赴滇采办铜五十万斤。其滇省应办铜二百万斤，内除鼓铸解京钱文，动用铜一百六十六万四千斤外，尚应运铜三十三万六千斤。派委正印一员、佐杂一员，于东川店兑领，运至四川永宁县下船，由泸州、重庆、汉口、仪征、通州，运京交收。

四年，奉部行令，将江、安、浙、闽四省应办滇铜二百万斤并归滇省办解。滇省连运原铜三十三万六千斤，共办运铜二百万斤，二共办运铜四百万斤。每百斤加耗、余铜十一斤，计四、五两年，每年滇省共办运京铜[8]四百四十四万斤。除沿途折耗铜二万二千二百斤外，实运铜四百四十一万七千八百斤。分作八运[9]，每运派委正印一员、佐杂一员，领运铜五十五万二千二百二十五斤。于四川永宁店[10]兑领下船，由泸州、重庆、汉口、仪征、通州，运京交收。嗣广西府局停铸，六年，奉部文，将广西局原用铸铜及铸耗，共铜一百七十万四千斤，一并加运解京。每百斤照加耗、余铜十一斤，共计正、耗、余铜一百八十九万一千四百四十斤。除沿途折耗铜九千四百五十七斤三两二钱，实运铜一百八十八万一千九百八十二斤十二两八钱。分作四运[11]，每运委佐杂一员，领运铜四十七万四百九十五斤十一两二钱。于永宁店兑领下船，由泸州、重庆运至汉口。湖北拨给站船，委员协运至仪征。江南换给站船，委员协运至京交收。

七年，盐井渡开通，分运铜斤。于泸州设店起，正、加运员领铜，即于泸州、永宁二店领运。

九年，将正运八起，并为四运[12]。每运委正印一员、佐杂一员，领运铜一百一十万四千四百五十斤。其加运四起，并为二起。每运委佐杂二员[13]，运铜九十四万九百九十一斤六两四钱。仍于泸州、永宁二店兑发。十六年，将永宁店裁撤，统归泸州收发。

二十四年，将四正运并为三运[14]，每运派委正印一员、佐杂一员，领运铜一百四十七万二千六百斤。加运两起[15]合为一起，委正印一员、佐杂一员，领运铜一百八十八万一千九百八十二斤十二两八钱。

二十六年，将三正运一加运共四运，每运委丞倅[16]或牧令[17]二员，均分领运，停止派委佐杂。自此正运分为六起，每起领运铜七十三万六千三百斤。加运分为两起，每起领运铜九十四万九百九十一斤六两四钱。

至嘉庆十二年，总督伯、巡抚永奏明，将正运六起并为四起，每起领运铜一百一十万四千四百五十斤。加运两起照旧，每起领运铜九十四万九百九十一斤六两四钱。计六起共派委丞倅或牧令六员，每年共领运铜六百二十九万九千七百八十二斤十二两八钱。

此办运京铜之《章程》[18]，要皆随时斟酌，务期归于至当者。志《京运》。

## 注　释

[1] "《禹贡》"至"三品"：《尚书·禹贡》原文为"淮海惟扬州……厥贡惟金三品"及"荆及衡阳惟荆州……厥贡羽、毛、齿、革惟金三品"。

[2] 《文献通考》：元朝马端临撰，以唐朝杜佑《通典》为蓝本，将《通典》上之八门增扩为二十四门，为记载上古至宋宁宗嘉定末年的历代典章制度的政书，十通之一。元大德十一年（1307）成书。全书348卷，附考证3卷，分为24考，其中田赋、钱币、户口、职役、征榷、市籴、土贡、国用、选举、学校、职官、郊社、宗庙、王礼、乐、兵、刑、舆地、四裔等19考多沿用《通典》旧有史料，并新增经籍、帝系、封建、象纬、物异5考，以《经籍考》最有成就。《文献通考》作为一部记叙中国历代典章制度的专著，与司马光的《资治通鉴》相辅相成。《文献通考》材料较《通典》翔实，体例较《通志》严谨，于宋代制度尤为详备，因而是政书中最有价值之作。《四库全书总目提要》评曰："（《文献通考》）虽稍逊《通典》之简严，而详瞻实为过之，非郑樵《通志》所及也。"正文所引之文出自《文献通考》卷八《钱币考一》记："禹以历山之金铸币。"

[3]　铸钱：用铜铸成的钱币。萧清《中国古代货币史》云："清朝的货币制度，虽然是以银为主，银、钱并用，可是民间使用的主要还都是铜钱。由于白银未发展成为铸币形式，因而人们手中有时保有一块小银锭或者碎银，但当实际使用时，则仍多是先到钱铺或商店兑换铜钱，然后才用于购买日用什物或各种零星支付。所以，铜钱是与人民日常生活最为密切的货币。"清代除政府铸钱外，各地方割据政权及农民政权亦在铸钱。清代徐珂《清稗类钞·度支类》记："诸寇钱文：开国以来之诸寇，皆尝窃大号，铸钱文，郑成功曰'常平'，孙可望曰'兴朝'，吴三桂曰'利用'，耿精忠曰'裕民'，迤西土酋王耀祖曰'大庆'，洪秀全曰'太平天国'是也。"清代刘献廷《广阳杂记》卷一记："台湾延平王郑氏，起于明天启

四年甲子，至清康熙二十二年癸亥，福建提督施烺逼降之。……清康熙二十二年，明永历三十五年也。【郑氏铸常平】钱，大于康熙钱，重一钱六分，以红铜为之，每千文作银二两。"

[4] 坤维：指大地之中央，正中。《隋书》卷六《礼仪一》："四方帝各依其方，黄帝居坤维。"

[5] 地不爱宝：爱，吝惜。大地不吝啬它的宝藏，多指地下有宝物出土。典出《礼记·礼运》："故天不爱其道，地不爱其宝，人不爱其情。"

[6] 承运：同治《钦定户部则例》卷三十六《钱法三》记："威宁、镇雄运铜：云南运铜，自威宁至镇雄，计陆路五站，责成威宁州承运。自镇雄至罗星渡，计陆路五站，责成镇雄州承运。旧令威宁州一手承运。除照旧例，每站每百斤给运脚银一钱二分九厘二毫外，每铜一百六十斤加给脚价银四钱八分，令威宁、镇雄二州分领。又每铜一百六十八斤给筐篓、木牌一副，价银二分，内分给威宁州一分五厘，分给镇雄州五厘。均于乾隆四十六年奏添。自罗星渡至泸州店，计水程八站，亦责成镇雄州承运，仍照旧例，每百斤给水脚银二钱九分。"

[7] 广西州：即广西直隶州，辖弥勒、师宗、维摩（今丘北）三属，治今泸西县。《明史》卷四十六《地理七·云南》记："广西府：元广西路。洪武十五年三月为府……领州三。"《清史稿》卷七十四《地理二十一·云南》记："广西直隶州：隶迤东道。明广西府，领州三。康熙八年，省维摩州，改置三乡县。九年，省入师宗。雍正九年，设师宗州，州同驻旧维摩州之丘北。乾隆三十五年，降府为直隶州，降师宗、弥勒为县，降丘北同知为县丞。道光二十年，升丘北县丞为县。"

[8] 办运京铜：清朝办运京铜的政策，前后期完全不同。政府经过在实践中对政策不断调整，使之逐渐由不合情理，向切合实际方向转化。清代陈康祺《郎潜纪闻二笔》卷一《滇省运铜差之苦累》记："乾末嘉初，滇省运铜为最苦之差。一经派出，即身家不保。推其原故，凡全滇属员中，有亏短者，有才具短绌者，有年迈者，本管道府即具报，委令运铜。于承领运脚时，即秉明藩司，将所短各数扣留藩库，以至委员赤手动身，止有卖铜一法。所短过多，或报沉失，或交不足数，至参革而止。此数十年弊政也。自蒋砺堂相国攸铦（蒋攸铦于嘉庆十一年十一月至十四年三月为云

南布政使）任滇藩，查得铜厂内有提拉水泄一项，每年应发银二十万两，八成给发，扣存二成，得四万两。于四正运，每船津贴银八千两，副运减半，于起运时给发一半，船至湖北全给之。保举运员，须本管府、道加考，以并无亏空、年力正强为合格。此法行至道光年，尚无更变，人不以为畏途矣。见崇庆杨袭侯国桢（杨国桢于嘉庆二十五年十一月至道光二年十二月为云南按察使，未曾担任过云南布政使）自定《年谱》，杨亦道光初藩云南者。今滇铜久不采运，旧章未必遵行，录此以为讲铜政者之一助。"清代严烺《重铜运以杜弊累疏》记："臣伏查滇省，岁运京铜六百余万斤，向由滇省委员解运户、工二局……臣窃以为：滇省运员之累有二，其一在滇，其一在京。在滇者，往往运铜多委亏空之员，希图当下扣其运费，以补亏款，夫州县有亏，原宜因时题参，而运费之应领于滇者，不下六七千，一经扣抵，难以敷用，此泸州领铜时，即有卖铜之弊。又不敷用，复有沿途盗卖之弊也。其不肖州县，或缺分本无亏空，一闻委运之信，即将官项入橐，装点亏空，明求藩司扣其运费，而一路卖铜为费者，亦时有之。种种积弊，皆宜急除。应请旨敕下云南巡抚，于每岁派员解运时，查其本任亏欠，在一千两以内者，立即追完，方准发给运费，饬催起行。数至一千两以外者，即行指名题参，另换他员解运。至于滇省应领运费，毋得丝毫扣抵，庶运员长途有资，各顾考成，不至盗卖官铜，自取罪戾。"清代洪亮吉《滇系序·滇省铜盐利害论》记："铜之害，其在官者，州县必实缺，方运京铜。往返率五六年，摄缺者少亦四五辈。夔门则有守候之虞，江行则有沉溺之责，津门则有剥运之苦，交户、工二部，则胥吏勒索百端，不至罄其家不止。甚至有戕其身者，已屡见奏牍。"清道光五年任云贵总督赵慎畛《榆巢杂识》下卷记："节馈：向闻吏、户、兵、工四部书吏，尝有馈节之事，良由关系铨选、财赋，吏胥有所取，乃有所馈也。阳山郑贯亭、栖霞年松崖先后官工部都水司，值节馈送，皆峻却之。近宝泉钱局事发，亏短铜斤七十余万，各任监督，皆以收受节礼罹重罪。噫！有守之可贵也如此。"《清高宗实录》卷一千三百十二记："云南委员署琅盐井提举参革通判林大本，沉铜六万七百五十斤有奇。禄劝县参革知县檀萃，沉铜六万五千八百斤有奇。"清朝乾隆时期和嘉庆前期，云南地方当局以戴罪之官办运京铜，处置与发配罪犯无异。《云南铜志》所记，乃改制以后之制度，已没有原来那样严酷。并且由于大幅度增加了运费，只要在途中不出沉船事故，办运京铜对于运铜官员来说，是一件获利颇丰的美差。

[9] 八运：指每年滇铜京运的次数。《皇朝文献通考》卷十六《钱币考四》记："乾隆四年，又议定《云南运铜条例》时，云南巡抚张允随将起运事宜分别条款具奏，经大学士等议定：铜斤起程宜分八运也。每年额铜应以五十万斤为一运，委滇省现任府佐或州县官一员为正运，杂职官一员为协运。计铜四百万斤，需府佐州县八员、杂职八员。"京运次数后历经调整，先后经过四次、六次、八次反复变化。乾隆四年，户部首次核定为八次，六年加运四次，共十二次，然而每次只运四五十万斤铜，次数频繁，调用官员（二十人）太多，运铜夫役甚众，费用高昂，风险太大。乾隆九年改为六次，调用官员十二人。二十四年，更改为四次，调用官员八人，但是每次运铜为一百四十七万或一百八十八万斤之多，风险极高。因此仅仅执行两年即被迫改为八次，调用官员八人，运铜夫役减半，如此比较合理，因此连续执行四十六年未改。《皇朝文献通考》卷十七《钱币考五》记："乾隆二十六年，又更定云南办解京铜仍分八运，罢协运官。户部奏言：'滇省承办京局，正加四运铜斤，向定每运委正运官一人，协运官一人，一同起程。在途一切雇船、搬载，俱系正、协二员协同办理。历年各运依限解到者固多，而到京迟滞者亦复不少，总由二员合运，责任不专，未免互相推诿。应请将额解京铜，仍分为八运，作为六正运、两加运，每运俱委同知、通判、知州、知县等官管解，以专责成，不必再委杂职官为协运。每年仍避出川江夏涨之期，将八运均匀起解。'从之。"《清仁宗实录》卷一百七十一记："嘉庆十一年十一月，户部议准：'云贵总督伯麟等议奏"滇铜正运六起、加运二起，请将正运六起改为正运四起分运，每起领运正、耗、余铜一百十万四千四百五十斤，应支水脚杂费，照所增铜数支给，其节省二运养廉银及滇省公捐八起帮费，俱加给正运、加运六起运员分支。又委员在泸州兑铜，例限一月，今改六正运为四正运，应予限四十日"'。从之。"嘉庆十二年，又改为六次，调用官员六人，直到道光二十年，云南省云州知州贵州人黎恂被派委为正运一起官时，仍未改动，故此例连续执行亦为四十年以上。

[10] 永宁店：《清史稿》卷六十九《地理十六·四川》记："永宁直

隶州：……乾隆元年，升为叙永直隶厅，以永宁县来属。……永宁河亦曰界首河，一源自小井坝入，迳城西，一源自铁矢坎入，合北流，通江溪自贵州入，纳鱼漕溪注之，入纳溪，合大江。"清政府利用永宁河水运京铜，故在在四川永宁县（今泸州市叙永县）城中设置了官铜店，乾隆十六年裁撤，京运铜统归泸州店。乾隆《钦定户部鼓铸则例》卷四记："永宁城内中所街租赁店房一所，堆贮铜斤，每月租银十五两。年共银一百八十两。遇闰照加，按年支给。"《清高宗实录》卷一百八十记："乾隆七年壬戌十二月丙戌朔，吏部议覆：'云南巡抚张允随奏称"滇省解运京铜，威宁、永宁二处铜店，委员收发，其长运各官，自滇至永，计程二十三站，酌定运官自滇起程，限二十三日到永，如沿途逗遛逾限，即行咨参，其处分统听部议"等语，应如所请，将各运官照在京衙门行查事件之例，违限一日至十日者，罚俸一个月，十日以上者三个月，二十日以上者六个月，三十日以上者一年。如果中途患病及阻滞等情，俱令该员呈明，该地方官出具印结，于参案内声明，以凭免议'。从之。"

[11] 分作四运：《皇朝文献通考》卷十六《钱币考四》记："乾隆六年，又更定云南承办正运、加运额铜分为六运。户部议定：'滇省办解京局正额铜斤，向定为八运，今应合为四运。每运委正运官一人，协运官一人，共领正铜一百万斤，及耗铜八万斤，余铜三万斤，一同起解。水脚杂费，照数支发。其搬运出厂，以九十日为一运，每年均分四运起程。至加运铜斤，向定为四运，今亦应合为二运，每运委杂职官二人，共领正铜八十五万二千斤，及耗铜六万八千一百六十斤，余铜二万五千五百六十斤，一同起解。'"《皇朝文献通考》卷十七《钱币考五》记："乾隆二十三年，更定云南办解京铜并为四运。先是户部奏言：'云南解铜多有沉失，总缘川江之险甚于他处，而其风狂、水急，每在四、五、六月间。滇省第二运铜抵川，正当其时，宜令分摊，以为避险之计，请饬该省督抚妥议。'寻四川总督开泰协同云南巡抚刘藻议奏：'滇铜解京向分为正、加六运，每隔两月即令一运起程。故虽遇川江盛涨之时，不得不依限前行，致有覆溺之患，自应酌量变通。但正运铜斤，系运官沿途雇船直抵通州。而加运之铜，自汉口以下，即拨地方站船递送。若将正运之铜，分派与加运官带解，则报销水脚未免参差。请将四正运并作三运，二加运并作一运，共为正、加四运。每

岁七月内开头运，九月内开二运，十一月内开三运，次年二月内开加运。每正运仍系相隔两月起解，加运铜数较多，宽予一月之限，亦属均匀。既可避夏涨之险，而正运、加运各归原款，一切打包、换船诸事，亦可以次办理。'户部议如所请，从之。"

[12] 并为四运：《清高宗实录》卷一百八十九记："乾隆八年癸亥四月甲辰，户部议覆：'云南巡抚张允随疏称"滇省办运京铜，自乾隆五年以后，八运并作四运，正运官只府佐、州县一员，不能兼顾，请将正、协运官，合为一运，委府佐或州县一员为正运，杂职一员为协运"，应如所请。至加运铜斤，亦应照额铜之例，将四运并为二运，每运亦委二员领运'。从之。"

[13] 委佐杂二员：《清高宗实录》卷一百三十一记："乾隆五年庚申十一月乙酉，户部议覆：'云南总督公庆复疏称"滇省额办京铜，先经巡抚张允随议，并八运为四运，查向来运官在东川、寻甸领铜，脚户每不能按限挽运。本年由寻甸、东川两路分运至永宁交收，令长运官赴永宁领运，现在办理无误，可以经久"等语，应如所请，照该抚原议，将八运并为四运。今长运官俱赴永宁领铜，按限償运，其承运、收发等官，亦准设立。所有应给养廉，除承运雇脚之东川、昭通、寻甸、镇雄等府、州，俱照原题支给外，至所请收发官月给百两之处，查承运官月给养廉，自四十两至六十两不等，收发官亦应依照支给。再每运委正、协运官三员，领铜一百万斤，为数倍多，亦应如所请，将所减正运官一员，月费银十五两，加给每员各五两'。从之。"

[14] 并为三运：《清高宗实录》卷五百六十二记："乾隆二十三年戊寅五月戊戌，署理湖北巡抚庄有恭奏：'据云南抚臣刘藻咨称"滇省岁办京铜，向分正、加六运，每遇川江盛涨，碍难违限，多至沉失"，经户部议以川江水急，惟在五、六月间，欲将二运分摊前后五运，以为避险之计。经滇省议称"正运铜斤，系沿途雇船，加运之铜，系拨船递运。若将正运派加，未免参差互歧，请将四正运并为三运，两加运合为一运，每岁七月开头运，九月开二运，十一月开三运，次年二月开加运，一切换船等事，可以次第办理"等语。查四、五两月，不特川江盛涨，即楚北归州一带，亦皆难行。但每岁汉口换船，系两湖公应，兹据各司道会议。湖北原存站船

五十八只，湖南站船二十四只，从前滇省加运京铜，头运到楚，例拨湖北船十二只，湖南船十只，二运止派湖北船二十只，轮流应付。今两运加铜合为一运，其两运站船，亦应并为一运，计拨湖北船三十二只，【湖】南省船十只，足敷接运。倘遇船只拆造之年，若照往例兴修，未免有误。请定于正月具题，二月完工，庶可接运。又滇铜两运合一，运员酌减，止派正、协三员，楚省委员不过照料，亦须南、北二省，各派一员，足敷照料。均如所议'。从之。"乾隆《钦定户部鼓铸则例》卷一记："每年额解京局正铜四百万斤，耗铜三十二万斤，余铜十二万斤。内除每百斤陆路折耗八两，共折耗铜二万二千二百斤外，实应解正、耗、余铜四百四十一万七千八百斤。分为三运起解，每运领解正铜一百三十三万三千三百三十三斤零，耗铜十万六千六百六十六斤零，分解户部宝泉局三分之二，工部宝源局三分之一，余铜三万二千六百斤。每运委府佐、州县二员为正运官，均分起运，遵照奏准起运日期，先后开行运抵通州。"

[15] 加运两起：乾隆《钦定户部鼓铸则例》卷一记："每年加运京局正铜一百七十万四千斤，耗铜十三万六千三百二十斤，余铜五万一千一百二十斤。内除每百斤陆路折耗八两，共折耗铜九千四百五十八斤外，实应解正、耗、余铜一百八十八万一千九百八十二斤。委府佐、州县二员为正运官，均分起解，遵照奏准起运日期，先后开行运抵通州。分解户部宝泉局三分之二，工部宝源局三分之一。"

[16] 丞倅：指副职。丞、倅都是副职，皆佐贰之官。清代王韬《淞滨琐话·金玉蟾》记："君果欲官，妾能谋之。然丞倅、府县，分位太卑。"《清史稿》卷一百二十二《食货三·漕运》记："清初，都运漕粮官吏，参酌明制。总理漕事者为漕运总督。分辖则有粮储道。监兑押运则有同知、通判。趱运则有沿河镇道将领等官。……兑竣，亲督到淮，不得委丞倅代押。"

[17] 牧令：牧为两汉六朝州刺史的代称，明清泛指知州。令即县令，旧时指称地方长官。清代陈康祺《郎潜纪闻》卷八记："吾恨不从牧令出身，事事由实践。"《官场现形记》第五十三回："毛令不但熟悉洋务，连着各国通商条约都背得出的，实为牧令中不可多得之员。"《清世宗实录》卷二十三记："雍正二年甲辰八月甲辰，户部等衙门议覆：'两江总督查弼纳奏言

"江南为财赋重地,而苏、松、常三府之州、县尤为烦剧,额征赋税,款项繁多,狱讼刑名,案牍纷积,为牧令者,即有肆应之才,亦难治理"'。《清史稿》卷二百十四《后妃·文宗孝钦显皇后》记:"并当整饬营伍,修明武备,选任贤能牧令,与民休息。"

[18]《章程》:即《云南运铜条例》,又称《铜运章程》,为乾隆四年云南巡抚张允随奏定。《清高宗实录》卷七十二记:"乾隆三年戊午秋七月己未,大学士等议覆:'云南巡抚张允随奏称滇省办运京铜各事宜"一、汤丹厂铜斤,挽运京局,必先运至东川府,然后再运威宁,沿途行走甚难,今查由厂至威宁,另有车路可通,请分作两路并运。一、张家湾为铜斤交兑之所,请设立监督一员驻劄,以司稽查。一、自滇至京,程途万里,办运官员养廉、盘费,宜分别酌给,其沿途一切费用,俱请于运铜案内照数造销。一、滇省办运铜数既多,所有额外加解铜斤,请暂行停运,俟一年之后,酌量增解"。均应如所请,至所称运京钱文,分作三年带运,虽为趱运铜斤起见,但京师现在钱价昂贵,应令按期解部,以为添搭兵饷之用'。得旨:'依议速行。'"《皇朝文献通考》卷十六《钱币考四》记:"乾隆四年,又议定《云南运铜条例》时,云南巡抚张允随将起运事宜分别条款具奏。"清代王庆云《石渠余记》卷五《纪铜政》记:"凡运铜有加耗百分之八,有余铜百分之三。沿途有催趱、稽查、沉失,至今《铜运章程》,半皆允随所定。"《清高宗实录》卷三百四十一记:"乾隆十四年己巳五月乙丑,户部议奏:'酌定铜运各款:一、铜斤亏缺宜分赔,查采办洋铜例内载"铜斤报解后,即分咨沿途催偿,设有盗卖等弊,解官按律究拟,著落追赔,委解各上司分赔"等语。请嗣后如沿途盗卖,解官名下不能追赔,亦照例著落委解不慎各上司分赔,并严加议处。一、运解宜定限期,查自永宁至汉口,限四个月,已属宽裕,汉口抵通五个月,系照漕船例,惟在汉口、仪征换船、换篓停留日期,例报地方官转详咨部扣除。运官借词稽延,嗣后汉口限四十日,仪征二十日,统核自永抵通,定限十一个月,如逾一月以上,照例查参,领解官革职,委解上司降三级留任。至守风、守水,定限已宽,不准扣算。再每运正、协二员,倘沿途有沉溺打捞等事,即令一员前运,如逾限,亦不准扣算。一、加运宜遴员领解,每年四正运,委府佐、州县一员,佐杂一员,二加运,但委佐杂二员,嗣后正、加运俱

委府佐、州县一员为正运官，佐杂一员为协运官。一、办解铅锡，与运铜事同一例，应均照例办理。至运送饷鞘，经由陆路，与运铜不同，按站拨送，定例綦严，应再行令各督抚饬属详慎稽查，违、误照例参究'。从之。"《清高宗实录》卷三百四十一记："乾隆十四年己巳五月壬申，户部议覆：'云贵总督张允随等疏称筹酌铜运限期、脚价并增减吏役各事宜 "一、滇省每年办运铜斤，改由盐井渡、罗星渡水运泸州，其奎乡一路，仍运永宁，每处发运一百五十八万二千八百六十斤，限三个月运交完楚。长运官前赴永宁、泸州领运，统限九个月到京。一、东、昭一路铜斤，一半由东川至盐井渡，陆程十二站半，由威宁至罗星渡，陆程十站。请照东、昭例每百斤、每站支给脚价银一钱二分九厘零。一、威宁既运铜一半，其委员虽常川驻劄，应于原支养廉内减银四十两，书记一名照旧。至泸州牧发金江、盐井渡等处铜斤，仍系永宁委员兼管，应照旧支给养廉，并书记一名，搬夫八名。一、东川铜斤，半由盐井渡转运，半由白布戛过合租江至奎乡、镇雄转运，请于牛栏江酌留渡船水手四名，合租江添设渡船水手四名。又五眼洞、娱彩河两处水手，应各减半，五眼洞酌留四名，娱彩河酌留二名。至永宁天生桥地方，系镇雄一带军道，应仍设巡役二名，其镇南桥脉闸塘，原设巡役，均应裁。一、盐井、罗星两渡，新开河道，两旁瀑布溪流，夏、秋盛涨，沙石冲落，并陆路桥梁马道，每多坍塌，应于节省项内留银三百两，作岁修之用，令昭通府大关同知经理。一、铜斤运抵泸州，仍照例每百斤于长运官杂费项下支销所需绳、篓银"，均应如所题办理'。从之。"《清高宗实录》卷三百六十记："乾隆十五年庚午三月丙午，户部议覆：'升任云贵总督张允随奏新定滇省改运京铜事宜 "一、自黄草坪水运至泸州，需船四百五十二只，事繁费重，请自黄草坪至新滩，另设站船一百二十只，每船水手四。自新滩至泸州，平水三站，另雇大船接运。如黄草坪有货船、米船之便，可长运至泸，较站船又省，当饬属随时酌办。一、自东川运至黄草坪，请于金沙江沿途各站贮铜内，酌量抵拨，毋用尽由东川起运，以省脚力。一、自东川陆运永宁，原议以金沙江试运铜抵补，今查沿江各站，及运存泸州贮铜，已敷永宁四年陆运之额，请即以此项拨解京局，暂停永宁陆运。一、黄草坪、盐井渡两路，请责成东川府为承运，至鲁甸，昭通府为接运，半至盐井渡，半至黄草坪，分交大关同知、永善县为转运，副官村县丞为协运，各分别月给养廉。一、向例自东、寻运至永宁，准百斤内耗半斤，今由黄草坪转运泸州，请定耗铜如例。一、自黄草坪以至泸州，遇沉溺，请照川江之例，勘实具结题豁。一、改由黄草坪上船，应抽拨弁兵巡防照管，共安塘几处，派兵几名，行昭通镇、府查议。自黄草坪至那比渡，应令普安营拨兵巡防，其酌派彻退之处，移川省查办，一并报部。一、黄草坪各站，请于分运接运之处，建屋堆贮，各酌设书记、铜夫"。查所奏各条内，惟沉铜请豁一节，黄草坪至泸州，水程不过五百余里，且系新开滩河，站船递运，非川江大河可比，未便援照题豁，余均应如所请'。从之。"

## 运员限期[1]

滇省每年应需人员，向系派委[2]正运六员，加运二员，共八员。于通省丞倅、牧令内，由该管府道拣选[3]，出具考语、保结，移送藩司衙门，详明督抚，派委领运。

嘉庆十一年，总督伯、巡抚永奏明：自丁卯年起，将正运六起并为四起，其加运两起仍循其旧，每年共计正、加六起[4]。

正运一起，委员应于五月到省，办理文件。六月底自省起程[5]，定限[6]二十三日抵泸。受兑铜斤，定限四十日，于九月初十日，自泸开行。

正运二起，委员于七月到省，办理文件。八月初十日自省起程，九月初三日抵泸。受兑铜斤，定限四十日，于十月二十日，自泸开行。

正运三起，委员于八月到省，办理文件。九月二十日自省起程，十月十三日抵泸。受兑铜斤。定限四十日，于十一月三十日，自泸开行。

正运四起[7]，委员于九月到省，办理文件。十月三十日自省起程，十一月二十三日抵泸。受兑铜斤，定限四十日，于次年正月初十日，自泸开行。

加运一起，委员于十一月到省，办理文件。十二月初十日自省起程，次年正月初三日抵泸。受兑铜斤，定限三十日，于二月初十日，自泸开行。

加运二起[8]，委员于十二月到省，办理文件。次年正月初十日自省起程，二月初三日抵泸。受兑铜斤，定限三十日，于三月初十日，自泸开行。迟延即应议处。

至正、加运员，自泸州至重庆，定限二十日，在重庆换船、提包、过载，定限二十五日。自重庆至汉口，定限四十日。在汉口换船、换篓、过载，定限三十日。自汉口至仪征，定限二十八日。在仪征换船、换篓、过载，定限三十日。自仪征至山东鱼台县，定限四十四日五时。自山东鱼台县[至]直隶景州，定限四十一日三时。自直隶景州至通州，定限三十六日。共定限九个月二十五日。

其沿途遇有患病、守风[9]、守水[10]、阻冻[11]、让漕[12]、起剥、过坝[13]、修船等事，均应报明地方官，取结出结[14]，咨部咨滇，方准扣除。至沿途守风，不过四日。守水，不得过八日。倘间遇江水异涨，有实在不能依八日之限冒险开行者，所在道府查验实在情形，取结具报，准其扣除。如有逗留地方，官弁徇情，代为捏饰，及道府督催不力，一并严参议处。

又运京铜斤，如正限之外，运员逾限不及一月者，降一级留任，委解上司罚俸一年。逾一月以上者，降一级调用。两月以上者，降二级调用。三月以上者，降三级调用。四月以上者，降四级调用。至五月以上者，革职。委解上司，仍各降三级留任。

## 注　释

[1]　运员限期：清廷制订的运员期限共有四种。从昆明到泸州行程二十三天，泸州装船四十天，长江、大运河水路运程九个月二十五天（即290天）。这个按照理想模式制订的期限为一年时间，因此清政府规定运铜期间运员的养廉银按一年发给。如果没有特殊情况或沉船事故，一般是能够按期完成的。如遇特殊情况，则有临时性停船期限，须由所在地地方官证明，分为四日、八日等限制。回程自京师到昆明，以九十九日为限。《清高宗实录》卷一千一十记："乾隆四十一年丙申六月辛亥，增定解运铜、铅开行迟延处分，吏部议奏：'铜、铅各运，定例二、八月开行，各运员自滇、黔赴泸州、重庆，以及开行抵通，俱有例限及迟延处分。而未开行以前，该员

恃无限例，竟有迟逾数月者，自应增定处分，以重责成。请嗣后将委员在泸州、重庆耽延不按限开行者，逾限不及一月，降一级留任，上司罚俸一年，逾限一月降一级调用，两月以上降二级调用，三月以上降三级调用，四月以上降四级调用，五月以上革职，上司各降三级留任'。从之。"《大清会典事例》卷一百七十四《户部四十七·钱法》记："奏准：云南运解京铜委员，自泸州领兑雇船装载，限三十五日；由泸州至重庆，限二十日；在重庆换船过载，限二十五日；重庆抵汉口，限四十日抵通州，连换船展限，限七月。统计自泸抵通，共限九月二十五日。"同书《吏部八十八·处分》记："又奏准：云南解运京铜，自泸州领兑，限三十五日开行以后，及汉口换船、换篓，定限九月二十五日，统限十一个月。照漕船定例，依限抵通。"乾隆《钦定户部鼓铸则例》卷一记："每运自泸州开秤，以及领铜、打包、雇船、装载、扫帮，并且重庆开船运至汉口，统限四个月内。自泸州过秤、雇船、装载，定限五十五日。自泸州至重庆换船、过载，定限二十日。自重庆至湖北巴东县，定限二十日。自巴东县至汉口，定限二十五日。四川、湖广照依原定限期趱运，或有余日，仍可摊入湖广程限内办理。自汉口领铜运至通州，定限五月。在汉口换船、换篓，定限四十日。在仪征换船、换篓，定限二十日。统计定限十一月。承运官如果能实力趱运，如期解部，即行奏明，交部议叙。如逾期一个月以上，即行查参。领解官革职戴罪，管解委解上司，降三级留任。承运各官沿途如遇守冻、守闸、封峡、起剥等事，及在川江、大江、黄河，如遇守风、守水日期，该督抚查明确实，取具地方官印结送部，准其扣除。倘若沿途或有沉溺打捞需时，及该运官有患病事故，平水河道守风、守水，不准借端逗留。如有逾违，照例查参。"同治《钦定户部则例》卷三十六《钱法三》记："长运铜、铅程限。长运官赴泸州领铜，自云南省城至泸州限二十三日，每岁头正运令于九月初十日自泸州开行。二正运十月二十日开行。三正运十一月三十日开行。四正运次年正月初十日开行。加运一起，二月初十日开行。加运二起，三月初十日开行。正运四起，委员在泸州领铜、打包、雇船、装载，各定限四十日。加运两起，各定限三十日。自泸州开行运抵通州，均定限九个月二十五日。合每起自滇至京、自京回滇统限十七个月零七日。"《皇朝文献通考》卷十六《钱币考四》记："乾隆四年，又定云南运铜限期。户部议定：从前江浙承办洋铜自起运之后限以半年到京，今云南道里较远，应加展三月，限以九月到京。每运挨次计算，如有逾限，仍将领解官照旧例议处。"《皇朝文献通考》卷十七《钱币考五》记："乾隆十四年，又申定云南运铜限期。户部议言：'云南解运京铜，向令长运官由四川接运至京，自川至汉口定限四月，汉口抵通州定限五月。至于汉口、仪征，例须换船，一切搬运过载，于汉口定限四十日，仪征定限二十日，通计自领铜抵通、定，限十有一月。如逾限一月，照例将领运官革职、戴罪，管解、委解上司官降三级留任。如遇守冻之时，地方官察明咨部，照例扣除。至守风、守水日期，均不准扣算。再每运铜，均有正、协领运官二人，沿途或有沉失打捞等事，即令一人先运。其每船准装铜七万斤，不得减船重载，及私带货物。所过之境，令地方官弁照漕船之例，按站催趱。并将入境、出境日期报部察核。倘无故停留，及有盗卖等弊，地方官不实力催行及私隐不报，照隐庇例，降三级调用。督抚一并议处。其交铜之后，自京回滇，以九十九日为限。至加运铜，向系杂职官二人管解，未免职卑任重，嗣后亦照正铜例委府佐、州县一人为正运，杂职一人为协运。'从之。"《清高宗实录》卷七百五记："乾隆二十九年甲申二月丁未，户部奏：'量铜船运京，遇有封闸、封峡、起剥等事，例限不在扣算之内，而其情实所时有，请嗣后令该督抚查明取结咨部，准其扣除。至守风、守水，旧例均未议及，或遇风信陕发，水势暴涨，必令冒险前进，于运铜所关甚重，亦请令该督抚确查咨部扣算。再滇铜运抵北河，起剥换船，时所不免，势须分次递进，不能全帮抵通。但自头剥抵通后，全数运竣，向未定有限期，请嗣后责运员上紧剥运，如间遇粮船拥挤，或水浅阻滞，令运员先将实情报明地方官，加结报部，准其展限一月至两月不等，逾限照例题参'。从之。"乾隆《钦定户部鼓铸则例》卷一记："铜斤运抵北河起剥、换船，自头剥抵通州，即陆续运到。其中间遇粮船拥挤，沿途阻滞，募剥维艰，运员先报明地方官加结报部查核，准其展限一个月，多者不得逾两个月之限。如有逾违，即将该运官照例题参。"《皇朝文献通考》卷十八《钱币考六》记："乾隆四十一年，又户部议：'运京铜、铅，经吏部以运员开行以后，定有逾限处分。而开行以前迟逾，向无定例。伏思处分之轻重，总以限期为权衡，其未经开行与既经开行，责任各有攸归，自应分晰酌定，以昭画一。查向来运铜委员，抵泸州领兑、过秤、打包、雇船、装运，定限五十五日者，原因在永宁、泸州两地分领，予限是以宽余。今既在泸州一处领兑较便，应酌减二十日，止准扣限三十五日，作为开行以前之定例。……又在重庆雇船开行，限二十五日，应请均作为开行以前之定例。合计前后限期虽分，而于旧例仍无增减。嗣后运员任意逗遛，以致开行逾限者，即照违限议处，不准扣除定限。如此，则各该员自顾考成，益加迅速赶办，于京运实属有裨'。从之。"

[2] 派委：同治《钦定户部则例》卷三十六《钱法三·运员事宜》记："滇省运京委员于府佐、州县中选派年壮晓事练习铜务者领办。如将衰庸迟钝之员滥委，致有贻误，即将该员及该上司一并参处。滇铜运京，每年正运四起，加运二起，共须委官六员，责成迤东、迤西二道各保二员，粮储、迤南二道各保一员，由该管府、州出具考语，由道加考移司。如所保之人，经该督抚验系衰庸，即将保举道、府、州与扶同详委之藩司一并查参，分别议处。既经派委，非实有事故，不准辗转改委，致启规避掩饰之弊。"《清高宗实录》卷八百九十七记："乾隆三十六年辛卯十一月，礼部议准署云南巡抚诺穆亲奏称：'滇省现任同知、通判、知州、知县内，每年办运京铜，往返奉差在外者，约二十四员。"《清高宗实录》卷九百八十九记："乾隆四十年乙未八月甲辰，户部等部奏：'云、贵办运铜、铅，需员实多，两省额设州县，不敷差委。查现行川运例，捐纳知县，不准分发，然当此需人之际，当稍为变通，请将捐纳知县，准其加捐，分发云、贵二省，委运铜、铅，如运完无误，遇有该省应归月选知县，无论何项出缺，俱准题补，不必拘定年限，并免其试署，至试俸仍照旧例'。从之。"《清高宗实录》卷九百九十一记："乾隆四十年乙未九月庚午，吏部等部议覆：'户部侍郎高朴奏称"捐纳知县，向有准捐分发之条，又本年八月新例，以云、贵铜、铅需员解运，议将捐纳知县，准其加捐，分发云、贵二省。今既各省准捐前议自无庸另办，惟是该二省解运铜、铅需员较多，若照小省应发人数而计，恐不敷委用，应请云南分发二十员，贵州分发十二员，令报捐人员通行签掣，其掣得云、贵者，到省时，无庸拘定一年之限，该督抚即酌量题署实缺，令其承运铜、铅，如办理无误，回任时，即题请实授，亦不拘年限"'。从之。"《清高宗实录》卷一千三十五记："乾隆四十二年丁酉六月壬戌，户部议：'滇省运铜、铅各员，在途病故，如系江南仪征县以南，该督抚飞咨

本省，另委丞倅接办，如在仪征以北，即由沿途督抚遣员接运，不必再咨原省'。从之。"

[3] 拣选：乾隆《钦定户部鼓铸则例》卷一记："每年办运京铜需用府佐、州县等官，在于滇省现任府佐、州县及部发人员内酌量派委起解。如有未敷，应添若干，该省督抚题请拣发。"《清高宗实录》卷八百四十八记："乾隆三十四年己丑十二月庚戌，刑部等部议覆：'御史胡翘元奏称"解运京铜，请令该督抚于已得实缺者选派，不许滥委试用人员"等语。查滇省正、加四运铜，定例派正印等官，分八起领解，需用多员，若拘定久任之人，恐致不敷。臣等酌议，于现任各官外，其试用人员，已署州县者准委，分发初到者，不得滥派，至解送官犯，惟择现任员弁押解，不准差委试用效力等员'。从之。"《清仁宗实录》卷一百五十九记："嘉庆十一年丙寅四月丙申，谕：'又据奏"滇省派员运铜试用人员约居其半，此项人员，一经委运铜斤，补缺较难。请嗣后运铜各员依限解交足额者，实缺人员于引见后听候谕旨酌加鼓励，其试用人员于引见后归于吏部月选即用人员内，通掣各省即行铨选，在该员等自无不奋勉承办"等语。此一条著交吏部详议具奏'。寻部议：'承运各员内，无论同知、知州、通判、知县，如系实授缘事离任，仍发原省，或起复赴补拣发之员，俱归双单月铨选，得缺后卓异应升之案，带于新任，遇有升缺，照例升用。如有委用曾经题署，尚未实授，仍赴原省。及初任拣发承运之同知、知州、通判，归双单月各积各缺，与正班人员分缺闲用。其知县一项，归双单月无论是否积缺，一并积算，五缺后选用一人。如系初任分发试用之员，无论何项，均令仍回原省，不论从前到省先后，及应题、应调、应选各缺，俱准补用。得缺后将卓异应升之案，改为加一级。再黔省运铅，与滇省运铜事同一例，请援照办理'。从之。"

[4] 正、加六起：《清仁宗实录》卷一百五十九记："嘉庆十一年丙寅夏四月丙申，谕：'御史叶绍楏奏"筹画滇省运铜事宜"一折，所奏不为无见。据称"滇铜每年八运，其中正运六起，加运二起，正运铜斤数目，较之加运本少二十余万斤，请于正运内减去一运，将此运铜七十余万斤，分于正运五起均摊，每运各加十四万余斤，共只八十余万斤，不过添船一二只，照料不患难周。其所减一运之应给运脚等项，全数摊给五起运员分领，

计摊领项内，可期有余以补不足"等语。此一条著交滇省、抚悉心妥议，如果可行，即将应如何均摊之处，详议章程具奏'。"《清仁宗实录》卷一百七十一记："嘉庆十一年十一月，户部议准云贵总督伯麟等议奏：'滇铜正运六起、加运二起，请将正运六起改为正运四起分运，每起领运正、耗、余铜一百十万四千四百五十斤，应支水脚、杂费，照所增铜数支给，其节省二运养廉银及滇省公、捐、八起帮费，俱加给正运、加运六起运员分支。又委员在泸州兑铜，例限一月，今改六正运为四正运，应予限四十日'。从之。"御史叶绍楏此项奏议经云贵总督伯麟、云南巡抚永保合计妥议后，将正运六起直接合并为四起，加运二起依旧，上报朝廷获准以后，成为定例。

[5] 自省起程：按照道光二十年正运一起运员黎恂撰《运铜纪程》所记，在省城办理完有关文件以后，由昆明到泸州的路径，亦是当时铜运的店运路线。

[6] 定限：即运铜时限。乾隆《钦定户部鼓铸则例》卷一记："长运各员自滇省赴泸州领铜，定限二十三日。将自滇省起程日期报部，以便行文。沿途督抚转饬地方文武官弁催趱。如沿途逗留逾限，即行咨部查参。经管泸州店，发运京铜。昭通府分防抚夷同知接受东川、寻甸两路运到铜斤，分为四起秤发交长运各官领运。头正运官二员，于头年十一月详委，三月中旬到省，四月中旬自省赴泸州领铜，五月中旬泸州开秤，领运正、耗、余铜一百四十七万二千六百斤，于八月泸州起程开头运。二头正运官二员，领运正、耗、余铜一百四十七万二千六百斤，隔两月于十月泸州起程开二运。三头正运官二员，领运正、耗、余铜一百四十七万二千六百斤，隔两月于十二月泸州起程开三运。加运官二员，领运正、耗、余铜一百八十八万一千九百八十二斤，于十二月初到泸州预办船只、筐篓，于次年二月泸州起程开加运。二运、三运，以及加运，详委到省起程各限期，亦照上运相隔两月，挨次办理。"同治《钦定户部则例》卷三十六《钱法三·长运铜铅程限》记："长运官赴泸州领铜，自云南省城至泸州，限二十三日，每岁头正运令于九月初十日自泸州开行，二正运十月二十日开行，三正运十一月三十日开行，四正运次年正月初十日开行，加运一起二月初十日开行，加运二起三月初十日开行。运抵通州，均定限九个月二十五日。合每起自滇至京、自京回滇，统限十七个月零七日。京铜长运抵通，无故逾限

至一月以上者，题参。如沿途实系封峡封闸、过关查验、让漕守冻，及在川江、大江、黄河阻风、阻水，所过省份结报有案，日期明确者，方予扣除。在沿途守风，不得过四日。守水，不得过八日。船只抵关，随时验放，毋许留难。其头运铜斤例于九月开行，扣至次年九月已逾正限，不准守冻。……如遇夏、秋水涨，必须起拨，阻守风水等事，令该县详报该管道府亲诣查勘，取结加结，据实申报。该管督抚将实应扣日期预行送部，准其扣展。如运员任意逗留，以及地方官抚同捏报，经该督抚查出，即行据实揭参。……运官回任，部给执照，限以一百一十日。若归途打捞沉铜，或患病，准其取结扣除，无故违限，照赴任迟延例议处。"

[7] 正运四起：清代吴其濬《滇南矿厂图略》下卷《运第七》记："正运四起，每起在泸领运铜一百一十万四千四百五十斤。四川永宁道库领自泸至汉水脚银三千六十三两六钱，新增舵水工食银二百七十三两六钱；湖北归州新滩剥费银一百八十二两三钱一厘；湖北藩库领自汉至仪水脚银二千六百八两五钱；江宁藩库领自仪至通水脚银四千五十一两五钱；直隶天津道库领剥费银五百两。共领银一万零六百七十九两五钱一厘，杂费银一千六百一十七两，养廉银一千二百二十六两二钱四分八厘五毫。"

[8] 加运二起：清代吴其濬《滇南矿厂图略》下卷《运第七》记："加运二起，每起在泸领运铜九十四万九百九十一斤。四川永宁道库领自泸至汉水脚银二千六百一十两一钱八分七厘，新增自重至汉舵水工食银二百三十四两四钱；湖北归州新滩剥费银一百五十五两三钱七分八厘，酌添起剥雇纤银五百两；直隶天津道库领剥费银四百两。共银三千八百九十九两九钱六分五厘，杂费银一千四百一十六两二钱五分，养廉银八百一十七两四钱九分九厘。"

[9] 守风：等候适合行船的风势。三国时魏人邯郸淳《笑林》记："姚彪与张温俱至武昌，遇吴兴沉珩于江渚，守风，粮用尽，遣人从彪贷盐一百斛。"《初刻拍案惊奇》卷一记："却如此守风呆坐，心里焦躁。"长江中下游江阔水缓，又处于平原地区，船运极易受到暴风影响，如遇风高浪急，必须停船以避。然风暴（包括台风）最猛烈的情况持续时间也就三两天，因此清廷规定"沿途守风，不过四日。"乾隆《钦定户部鼓铸则例》卷一记："铜斤船只如遇守风、守水，日期总以三、五日为准，不

得过期。如果阻滞有因，运员即行报明地方官，一面据情通报，一面即亲身赴该处查勘。如果并无借词捏饰，出具切实印结申送，并于汇编出境文内声叙具奏。地方官不行实力稽查，不亲身查验，通同捏报者，即行指名题参。"《大清会典事例》卷一百七十四《户部四十七·钱法》记："又奏准：运铜自泸州至仪征，各督抚派委守备以上武职沿途查催，傥实系守风、守水，该委员会同出结报明，地方官加结，以凭查核。其仪征以北皆系内河，即有守风、守水、守闸、起拨等事，定限甚宽，不准扣除。……复准：铜、铅道经川江，凡遇守风、守水，令运员报明地方官，一面据情通报，一面即赴该处查堪，如果无藉词捏饰，于出境文内出结汇报。"《皇朝文献通考》卷十七《钱币考五》记："乾隆二十九年，定滇铜运京守风、守水及封闸、封峡程限。户部议言：'滇铜自四川泸州运至通州，以十一月为期。或遇途次守冻，例准扣除。并无守风、守水及封闸、封峡等一定程限，承运各官往往任意耽延。查滇铜至京程途，原非一日，途中风水顺逆，既难逆计。当川峡盛涨，更难冒险前进。至运河闸座所以蓄泄水势，以济漕运，及封闭之日，各项船只，例不开放。而铜船至京，又无他道可以绕越，兼旬守候，势所不免。应交沿途督抚，遇有铜船到境，实系封闸、封峡，及遇水浅起剥，查明属实，取结报部，以便扣限。其有风信骤发、水势暴涨，事出偶遭，一并准其照例扣除。如平水河道，人力可施，不得藉端逗遛，各船分起解运，应令节次抵通，亦不得任意后先稽延时日，违者查核。'从之。"

[10] 守水：长江水路以川江段险滩最多，最险莫过于三峡。明代宋应星《天工开物·舟车第九·杂舟》记："中夏至中秋，川水封峡，则断绝行舟数月。过此消退，方通往来。"因此清政府制订的长江水运期限，开行时间皆在当年九月至次年三月上旬，就是有意识地避开了洪水期运船在川江段、特别是在三峡中航行。《大清会典事例》卷一百七十四《户部四十七·钱法》记："奏准：至江湖守风不得过四日，守水不得过八日。傥间遇江水异涨，有实在不能依八日之限开行者，令该道府大员查验情形，据实结报。傥地方官弁徇情捏饰，及道府督催不力、扶同出结等弊，一并严参议处。"《清高宗实录》卷一千三百八十四记："乾隆五十六年辛亥八月，四川总督鄂辉条奏铜运事宜：'铜、铅船只，每年春、夏在二、

三、四、五等月，秋、冬在八、九、十、十一等月，按八个月放行，其六、七、十二、正月，俱停开运。并咨明云贵督抚饬令运员豫为料理，查照月分，按起如期到川领运'。"按清代黎恂《运铜纪程》所记，三月上旬开船的加运二起，亦推迟到九月，与下年正运一起同时开行，也是为了避开川江洪水期。但是洪水期长江暴涨，以及临时性暴雨造成的洪水，则是无法避免的。因此临时停船，以避开洪峰，即守水，其期限亦列入相关规定。

[11] 阻冻：指冬天北方河流河面冻结，不能航行，航运受阻。对于京铜运输而言，主要是在大运河的北段有此情况。唐人杜牧《汴河阻冻》诗云："千里长河初冻时，玉珂瑶佩响参差。浮生恰似冰底水，日夜东流人不知。"

[12] 让漕："民以食为天"，皇帝也不能例外，大运河的开凿，就是为了南粮北调。与定都北京的明朝一样，清代亦以漕运为第一要务，即经大运河向京师运粮。《明史》卷七十九《食货三》记："太祖都金陵，四方贡赋，由江以达京师，道近而易。自成祖迁燕，道里辽远，法凡三变。初支运，次兑运、支运相参，至支运悉变为长运而制定。……运船之数，永乐至景泰，大小无定，为数至多。天顺以后，定船万一千七百七十，官军十二万人。"明政府还设漕运总督专督漕运，清沿明制。《清史稿》卷一百二十二《食货三》记："清初，漕政仍明制，用屯丁长运。……各省漕船，原数万四百五十五号。嘉庆十四年，除改折分带、坍荒裁减，实存六千二百四十二艘。……清初，都运漕粮官吏，参酌明制。总理漕事者为漕运总督。"大运河粮船前后接踵，水道拥挤不堪，故一年才行百余艘的铜船，必须让粮船先行，称为让漕。《清史稿》卷一百二十二《食货三》又记："初，运河中铜、铅船及木排，往往肆意横行，民船多畏而让之。粮船北上，亦为所阻。至是令巡漕御史转饬沿途文武员弁，将运漕船催趱先行，余船尾随，循次前进，恃强争先、不遵约束者，罪之。"

[13] 过坝：即过闸。人们常在运河等中设置船闸，以水力浮运船只过坝，常见的有单、多级船闸和单、多线船闸。清户部右侍郎曹溶《明漕运志》记："（永乐）十四年，设淮安之清河、福兴，徐州之头沽、金沟，山东之谷亭、鲁桥等闸，各置官，于是漕运始达通州。"

[14] 出结：出具事情已了结或事情属实的加盖印鉴的证明。《大清会典事例》卷一百七十三《户部四十六·钱法》记："又议准：凡遇铜、铅入境，由地方官查验，出境时即具出境印结申报。如在境捏报遭风失水情弊，该地方官即申报本省督抚题参。……乾隆二十一年，复准：滇省运铜各员，沿途守风、守水、守冻，以及起拨、雇纤，不会同地方官取结报部者，一概不准报销、扣限。如地方官勒掯不转报者，查出参处。"

## 领用砝码[1]

正、加各运委员，赴泸领兑铜斤。泸店所用砝码，原照部颁制给，较对画一，惟运员在泸受兑及沿途盘查，到京交收，均应比对。前经请自壬子运为始，每起自滇起程时，照部颁砝码，制给铅码一副。计四个，每个重二十五斤，共重一百斤。较准画一，码上镌明"照依部颁制给运员"字样，交给运官。到泸先与泸店砝码较准，后再兑铜斤，并令一路携带。如遇盘验、过秤之所，及通州打包，均可呈验。到京部局交铜时，分两不齐，亦可较兑，以杜弊端。俟铜斤到部，交收完竣，即将所领砝码，呈缴工部销毁，不准私行带回。

## 注　释

[1]　领用砝码：《皇朝文献通考》卷十五《钱币考三》记："雍正十一年，定各省办铜预颁部铸法马。户、工二部奏言：'各省解到之铜，赴局交收，用部定法马弹兑，每与批解数目短少，其故因从前采办皆用市秤，视部法较轻，是以数目不符。其所缺之铜，行令补解，往往承办之人与领解之员互相推诿，以致不能按期交纳。请嗣后江苏等八省皆照依部存经制法马，每省铸给四副，令各督抚将上下两运额铜，俱照部颁法马兑收兑解，不得仍用市秤。并将所颁法马，令领解官携带至局，收铜之时，监督将局存法马较准合一，然后兑收。至云南省亦应铸给法马一副，各省赴滇办铜，

照此收买.'从之."《钦定户部则例》卷三十六《钱法三》记:"泸店兑发京铜,先将运员所带法马与泸店兑铜法马较准,即令运员行敲平弹兑,于领铜钤结内填写'自行敲平,并无短少'字样,并置连三小票,每兑铜百斤填注尖圆块数,一张发交船户查收点验,一张交运员自行存查,一张收存泸店备查。其兑铜敲平时,并令船户在旁看视,如装船后沿途盘拨,查有尖圆块数不符,即将船户严行究办。"

## 领批掣批[1]

运员解部铜斤,每起滇省发给户部户科、工部工科咨批各一件,赴部呈投。如所运铜斤照额全数交足者,由部印批,发交运员祗领,回滇呈送藩司衙门备案。如有沉失、逾折、挂欠者,部中将原批扣留,俟沉失、挂欠铜斤办理完结,买补带解清楚,部中始将批回印发,咨滇备案。其正、加运员,所领余铜,原备沿途盘剥折耗,并添补局秤之需,并不具批解部。

又正、加运员,应解户部司务厅铜,批饭食银两,系运员到京交铜时,自行具批完解,掣批回滇,呈送藩司衙门备案。

## 注 释

[1] 领批掣批:领取和投掣各种批文、批件。《皇朝文献通考》卷十六《钱币考四》记:"乾隆六年,又移铜房于通州,令坐粮厅兼管铜务。先是张家湾设立铜房,每铜船到湾,监督与云南委驻之转运官按数称收,一面给发回批,领运官即回滇报销,一面自张家湾转运至京局。……嗣后,滇省径具批解局铜斤抵通州,交坐粮厅起运至大通桥……云南原委之转运官,亦裁去一员,止留杂职一员,移驻通州,协理投掣文批之事。至二十六年,复议铜斤至京,既有坐粮厅及大通桥监督为之转运,且领运官既押铜至局,则一应文批自应由运官办理,无庸更委一员承办,令云南将转运之杂职官一并撤回。"

# 请领银两[1]

正运每起，在四川泸州店，领运正、耗、余铜一百一十万四千四百五十斤。

应领：自泸至汉水脚银三千六十三两六钱。

又应领：沿途杂费银[2]一千四百三十七两三钱。

又应领：湖北归州新滩剥费[3]银一百八十二两三钱一厘。

又应领：新增自重至汉舵水工食银二百七十三两六钱。

又应领：新增杂费银一十九两五钱。

又应领：一年养廉银[4]一千二百二十六两二钱四分八厘五毫。

共应领银六千二百二两五钱四分九厘五毫。系由滇省解交四川永宁道查收、存贮。俟运员抵泸，查明泸州、重庆两处应给银数，分别给发运员承领。

又在湖北藩库，请领自汉口至仪征水脚银[5]二千六百八两五钱。

又在江宁藩库，请领自仪征至通州水脚银四千五十一两五钱。由滇省详请发给咨文并领银，交运员带赴楚、江二省呈投请领。连在四川请领，共银一万二千八百六十二两五钱四分九厘五毫。俟铜斤运抵京局，交收完竣，回滇将支用过银两，按款分晰，造册报销。

又每起在滇请领帮费银[6]二千五百两，又在通州请领帮费银一千五百两，二共领银四千两。系于各厂请领工本银内，每百两扣收银一两四钱，每员发给银一千五百两。又于各官养廉银内捐扣，每员发给银一千五百两。又于正额节省银内，每员给予银一千两，共合四千两，俱不入册报销。

加运每起，在四川泸州店领运正、耗、余铜九十四万九百九十八斤六两四钱。

应领：自泸至汉水脚银二千六百一十两一钱八分七厘。

又应领：沿途杂费银一千一百六十三两五钱一分五厘。

又应领：湖北归州新滩剥费银一百五十五两三钱七分八厘。

又应领：新增自重至汉舵水工食银二百三十四两四钱。

又应领：新增杂费银一十六两二钱五分。

又应领：酌添起剥[7]雇纤[8]银五百两。

175

又应领：一年养廉银八百一十七两四钱九分九厘。

共应领银五千五百九十七两二钱二分九厘。系由滇省解交四川永宁道查收、存贮。俟运抵泸，查明泸州、重庆两处应给银数，分别给发承领。其自汉口至仪征，系由湖北拨给站船。自仪征至通州，系江南拨给站船，不给水脚。其前项领过银两，俟铜斤运抵京局，交收完竣，回滇将支用过银两，按款分晰，造册报销。

又每起在滇请领帮费银一千八百两。又在通州请领帮费银一千二百两。二共领银三千两。系于各厂请领工本银内，每百两扣收银一两四钱，每员发给银一千两。又于各官养廉银内捐扣，每员发给银一千两。又于正额节省银内，每员给予银一千两，共银三千两，俱不入册报销。

再正、加各员，带解节年沉失、挂欠、买补铜斤数目，多寡无定。所有应需自泸至京水脚等银，系按铜核明，解赴四川交永宁道查收、存贮。俟运员抵泸，查明泸州、重庆两处应给银数，分别给发，回滇造册报销带解铜斤，向系按五年一次，详咨带解。

## 注　释

[1]　请领银两：正运每起共领自泸州至通州水脚银九千七百二十三两六钱，每百斤计八钱八分四毫，总共领银两一万六千八百六十二两五钱四分九厘五毫，每百斤计一两五钱二分六厘八毫二丝。加运每起共领自泸州至汉口水脚银二千六百一十两一钱八分七厘，每百斤计二钱六分三厘三毫七丝，每百斤计八钱六分六厘三毫九丝，总共领银两八千五百九十七两二钱二分九厘，每百斤计八钱六分七厘五毫。如加上自汉口至通州利用站船豁免水脚银每百斤六钱三厘二丝，每百斤计一两四钱七分五毫二丝。同治《钦定户部则例》卷三十六《钱法三》记："分给京铜运费。云南省委员领解京铜，应领自泸州至重庆、重庆至汉口水脚杂费、拨费、舵水工食、养廉等项银两，分为两段给领。每正运一起，应给银六千四百二两五钱四分九厘零，内自泸州至重庆应给正带铜斤水脚杂费、养廉等银一千六百四十五两九钱七分五厘；又应给自重庆至汉口水脚、养廉、舵水工食等银三千

七百一十九两五钱一分三厘,一并在于泸州给领。其重庆以下,应给杂费、拨费等银一千三十七两六分一厘,俟运员抵重庆时,照数发给,承领应用。每加运一起,应领银五千六百九十七两二钱二分九厘。内自泸州至重庆应给正带铜斤水脚、杂费、养廉等银一千三百二十两八钱六厘;又应给自重庆至汉口水脚、养廉、舵水工食等银二千九百五十四两五钱五分,一并在于泸州给领。其重庆以下,应给杂费、拨费等银一千四百二十一两八钱七分三厘,俟运员抵重庆时,照数发给,承领应用。正、加六起,共应给银三万七千四两六钱五分六厘,内水脚等银三万五千九百六十四两六钱九分六厘,在于每年协拨铜本银内支销。其湖北归州新滩拨费银一千三十九两九钱六分,在于东川、威宁搭运铜斤节省银内动用。滇省先期委员解交川省藩司衙门查收,责成该藩司逐运封固,加贴印花,发交泸州、重庆收贮,俟运员到彼,验明原封,出具钤领,照数按段给领。滇省于各运员起程时,按运发给执照二张,交运员收执,俟抵川请领府用。所有各运,议给帮费银两在滇省发给,帮费共二万二千两,在滇给发一万三千六百两,其八千四百两在通州给发。以资运员自滇省赴泸招募人役、雇备车马之需,毋得稍有扣底。又,运员应需船只,如在泸州雇运至汉口,其自泸至汉水脚等银,即由泸州全数给领。如在重庆雇用者,仍分别封送重庆,交川东道查收,转发运员承领。"

[2] 杂费银:《清高宗实录》卷一百七十六记:"乾隆七年壬戌冬十月己亥,户部议准:'云南巡抚张允随奏称"滇省解运京铜,正运官每员月给养廉、杂费银八十两,协运官每员月给养廉杂费银四十五两"'。从之。"同治《钦定户部则例》卷三十六《钱法三》记:"水运官役廉费。京铜泸州承领长运部局水路长运官,正运四起,每运官一员,月支养廉、役食、杂费银一百一两一钱九分九厘有奇,由省起程至回省日止,按一十七个月七日支给。加运两起,每运官一员,月支养廉、役食、杂费银六十八两一钱二分四厘,由省起程至回省日止,按一十七个月二日支给。如遇守冻,按日加支数减正支之半,守风、守水不准加支。……铜斤由泸州雇船长运,沿途背铜夫价,自泸州下船装载,重庆换船过载,汉口卸船上店,离店下船,仪征换船过载,先后按每百斤各给银三厘。沿途过船水脚,自泸州前赴重庆,每百斤给水脚银六分五厘。前赴汉口,每百斤原给银一钱九分,又二

载添船案内增给银二分四厘七毫七丝零,给银二钱一分四厘七毫七丝有奇,每起新增杂费银一十九两五钱。前赴仪征,每百斤给银一钱八分。前赴通州,每百斤给银三钱四分。如铜斤在天津全行起拨,每百斤扣自天津至通州水脚银三分七厘六忽零。加运铜斤夫价与正运同。水脚一项,自泸州至重庆,照正运支销,自重庆至汉口,每百斤原给银一钱九分,又减载添船案内增给银二分四厘九毫零,给银二钱一分四厘九毫九忽有奇,每起新增杂费银一十六两二钱五分。自汉口北上,拨用湖广站船接运,各站凡遇站船不敷添雇民船,每百斤给水脚一两六分二厘五毫。前抵江宁换拨坞船接运,抵通卸载回空。铜斤抵通,由普济等五闸运京,每百斤抗吊载拨价银五厘,落崖抗价银二厘,石坝里河至大通桥脚价银二分四厘,普济等四闸抗价银一分八厘,大通桥抗价银二厘七毫,遇闸河水涸、水冻,雇车运至大通桥,每百斤给银二分九厘五毫。大通桥车户运局给银三分四厘。"乾隆《钦定户部鼓铸则例》卷一记:"办运京局正、加各运,每正运官一员,每月给养廉并家人跟役杂费银六十八两一钱二分四厘九毫七丝五忽零。运员养廉银五十一两九分三厘零,家人跟役杂费银一十七两三分一厘零。运员自云南起程,赴泸州领铜,准支二十三日。自泸州至通州,准支九个月。在汉口、仪征换船、换篓,准支两个月。自通州打包募车运局,准支两个月。自京回云南,准支九十九日。共计十七个月零二日。养廉、杂费银,俟铜运告竣,造册报销。"清代吴其濬《滇南矿厂图略》下卷《舟第九》记:"凡滇省运铜,减载添船,自重庆至汉口,每正运一起,添船四只,于额领水脚、杂费外,加给船水工食银一百八十二两四钱,杂费银一十三两;每加运一起,添船五只,于额领水脚、杂费外,加给船水工食银二百三十四两四钱,杂费银十六两二钱五分。于京铜项下动支,据实入册造销。"

[3] 新滩剥费:新滩位于湖北归州、今秭归县的西陵峡中的兵书宝剑峡和牛肝马肺峡之间。宋代范成大《吴船录》记:"新滩旧名豪三峡,晋、汉时山再崩塞,故名新滩。"新滩是川江重要的险滩,在川江航运史上,因地质灾害而断航的险滩,只有新滩一处。船过新滩,须拉纤上滩,货物盘滩,即先卸货,空船过滩,再装运原货,因此会产生盘剥费。但在江水平缓时,船亦能够载货过滩。《清高宗实录》卷九百四十五记:"乾隆三十八年癸巳十月,湖北巡抚陈辉祖奏:'归州新滩剥运铜、铅,定例虽在冬春,

但江流涨落不齐，势难拘定月分，请于秋末、春仲，责令该州协同分驻新滩之州判查勘，酌定应停、应剥起止日期，庶剥费均归核实'。得旨：'好，自应如是办理。'"清人何人鹤《竹枝词》云："巴峡千峰走怒涛，新滩石出利如刀。弄篙的要行家手，未是行家休弄篙。"民谣则唱道："打新滩来绞新滩，祷告山神保平安。血汗累干船打烂，要过新滩难上难。"三峡大坝建成以后，新滩被淹没在库底，不复存在。

[4] 养廉银：为清朝特有的官员之薪给制度。养廉银制度起于雍正年间，于耗羡归公后实行。支发各官员的养廉银，有一定的标准，主要依据各官员地位的高低以及任所的事务繁简。据光绪《大清会典事例》记载，各级官员的养廉银为：总督13,000～20,000两，巡抚10,000～15,000两，布政使5000～9000两，按察使3000～8444两，道员1500～6000两，知府800～4000两，知州500～2000两，知县400～2259两，同知400～1600两。当时云南执行的标准为：总督20,000两，巡抚10,000两，布政使8000两，按察使5000两，道员3500～5900两，知府1200～2000两，知州900～2000两，知县800～1200两，同知400～1600两，在全国各省中是比较高的标准。至于运铜官员的养廉银，最初为按月发给。《皇朝文献通考》卷十六《钱币考四》记："乾隆四年，又议定《云南运铜条例》时，云南巡抚张允随将起运事宜分别条款具奏，经大学士等议定：办员之养廉宜为酌给也。查汤丹等厂收买称发铜斤，向系粮道管理。今自厂起运，凡雇备运脚，仍照旧责成料理，其本任养廉已敷支用外，其由厂至寻甸换车转运，应委寻甸州协同运员办理；由厂至东川换马转运，应委东川府协同运员办理。各府州养廉仅敷本任之用，应酌行添给。至长运之府佐或州县官，每月给养廉银六十两，杂费二十两。杂职官每月给养廉银三十两，杂费十五两。"后来改为一次性发给，由于运京额铜任务期限为一年，因此核定的养廉银也为一年之数。清廷实行高薪养廉，用意在于制止官员的腐败行为，可惜养廉银并没有起到应有的作用。有清一代官员的腐败，无论是在数量上还是在手法上，都达到了历史的新高，窝案频发，乾隆皇帝的宠臣和珅还成为中国历史上最大的贪官。可见没有对权力的运用进行有效的监督，不从根本上解决贪腐问题，无论用什么方法养廉，都是不可能成功的。

[5] "请领"至"水脚银"：云南运京额铜自泸州至通州一路水脚银，

运员除在泸州领银自己携带以外,途中分别在湖北武昌藩库和江宁藩库(原在仪征县库)领取下一段路程的运费。请领水脚银数根据运铜数量而定,因此各个时期每起铜运领取水脚银不同。《清高宗实录》卷四百一记:"乾隆十六年辛未十月壬戌,户部议准:'云南巡抚爱必达奏称"滇省运铜水脚银,抵汉口、仪征支用,向由他省解滇,往返滋费,请令协拨铜本各省,将水脚银自汉口至仪征一万四百三十四两,拨湖北武昌司库,自仪征至通州一万六千二百六两,拨江南仪征县库,运员到彼支领"'。从之。"清代黎恂《运铜纪程》记:"道光二十年十二月二十日丙子,全帮抵汉阳江滨停泊。……二十五日辛巳,具禀领藩库应给水脚银。……道光二十一年三月十八日癸卯,雇小舟入江宁城,办文领水脚银两。……二十三日戊申,领水脚银五千三百两。"

[6] 帮费银:为清代漕政名目,是支给承运漕粮、额铜的帮船贴费之一种。《清高宗实录》卷三百八十四记:"乾隆十六年辛未三月,户部议准:'原任湖北巡抚唐绥祖疏称"湖北漕粮少而漕船多,每船应得之耗米、水脚等项亦少,运丁拮据,经前抚彭树葵等题请裁船四十八只,即将裁船之帮费,增运之耗米,添给存运各船",经部覆准……将裁船屯田帮费银,加给现运各船'。从之。"同治《钦定户部则例》卷三十六《钱法三》记:"分给京铜运费:京铜正、加六起,每起于陆运省项下给银一千两,又于云南帮费项下每起给银三千两。……滇省办运京铜帮费银两,向在滇省全数给发,庚午年(乾隆十五年)始行划拨。正运四起,每起划拨银一千五百两,共银六千两。加运二起,每起划拨银一千二百两,共银二千四百两。就近由直录司库按数发贮坐粮厅库,俟各员运铜抵通,按运给发领用。滇省每年于题拨铜本案内声明扣除,在于帮费项下拨还归款。……长运铜、铅程限:云南每年正运四起、加运两起,委员办运京铜,嘉庆十二年,奏准:正运每起于本省帮费项下给银三千两,加运每起于帮费项下给银二千两。又于陆运节省项下正、加每运,概增帮费银一千两。"又《钦定户部则例》卷三十五《钱法二·铜本》记:"又停止沿途借支之例,增给各运经费银一万三千两。道光八年奏案:分给正运四起、加运两起支领,正运每起该银二千五百两,加运每起该银一千五百两。"《清宣宗实录》卷一百四十一记:"道光八年戊子八月庚寅,谕:'阮元等奏"筹议增给运铜经费银两"一折,

滇省历年运员，沿途借支水脚银两，虽经随时报部，于报销找领银内扣还，但找领之项，不敷拨抵，仍应于运员名下著追，往往有名无实，以致借款虚悬。该督等议请增给运费，即将借支之例停止，计每年正运每起增给银二千五百两，加运每起增给银一千五百两，正加六起，共需银一万三千两。除于奏销盐课溢余留半案内，每年动支银六千两入册造报外，尚不敷银七千两，由本省筹捐办理。著照所请，此项增给运费，即自道光八年起，查照水脚等款之例，由湖北、江宁二省藩库各半发给，作正开销，滇省于请拨铜本银内扣除，并照支领帮费成案，免其入册报销。至本年各起运员，将次前赴（滥）【泸】州领运，著该部飞咨各省停止借支，并令湖北、江宁二省，查照应增正、加运费各数，动款支给，俟滇省下届请拨铜本案内声请扣除。自此次奏定章程，该运员等不得以经费不敷，仍前滥借，致滋流弊。该部知道'。"《清宣宗实录》卷三百七十五记："道光二十二年壬寅六月，云贵总督桂良等奏：'遵旨筹议节用，请将滇省岁修塘房银四千六百两有奇，暂行停发。开化等府缉捕经费银八千五百两，办铜各厂员薪水银二千两有奇，俱减半扣发。解运京铜委员增给经费银一万三千两，酌减一成扣发'。下部议，从之。"

[7] 起剥：驳运。剥，通"驳"。清人陈文述《船户叹》诗云："粮船载货兼载米，米多起剥须民船。"清代商盘《起剥行》云："古城墩前春水涸，楚舸吴艘齐起剥。"起剥，又作起拨，即铜运船帮分段航行时每一新航段的开拨。

[8] 雇纤：《大清会典事例》卷一百七十三《户部四十六·钱法》记："滇省运铜照黔省运铅之例，沿途需用船只，长雇、短雇专责运员随时办理，事竣回滇，据实造销。沿途或遇水浅暴涨，起拨、雇纤，该运员具报地方官查明确实，结报本省督抚核实，俟运员向滇造册请销。如有浮捏，即将运员及出结之地方官一并参处。"

# 拨兵护送[1]

正、加各运委员承运铜斤，经过沿途地方，滇省于运员起程时，详请督抚，佥给兵牌[2]，交给运员领赍。正运每起，派拨弁兵十九名，健役十名。加运每起，派拨弁兵十六名，健役八名护送。沿途各省督抚，将藩臬大员开单请旨，每省酌派一员经理其事。俟铜船到境，各派勤干道府一员，会同滇省委员照料，押送出境，递相交替。仍通饬沿途各属小心护送。并照催漕之例，会同营员，派拨兵役，催儹[3]防护。经过川江险滩[4]，地方文武员弁，预带兵役、水手、滩师[5]，在滩所守候护送。值闸河行漕之时，责成巡漕御史[6]查催。其滇省发给运员兵牌，俟铜斤到京交收后，将兵牌呈送兵部查销，换给照票祗领，回滇咨送兵部查销。

## 注 释

[1] 拨兵护送：《皇朝文献通考》卷十六《钱币考四》记："乾隆四年，又议定《云南运铜条例》时，云南巡抚张允随将起运事宜分别条款具奏，经大学士等议定：沿途之保护宜先定章程也。铜斤经过地方，文武各官均有巡防之责，应行令各督抚，饬令员弁实力防护，催儹前进。如在瞿塘、三峡及江、湖、黄河等处偶遇风涛沉失，地方官选拨兵役协同打捞。实系无从打捞者，出具保结，题请豁免。若长运官役有沿途盗卖等情形，亦令该地方官严行查察，报明该省督抚，题参论罪。"《大清会典事例》卷一百七十三《户部四十六·钱法》记："奏准：凡铜、铅船只经过险滩，该地方官会同营汛，带领兵役并谙练水手，先在各滩伺候，或有失事，立即防护抢救，并将各运起程日期，先行分程前途，计程守候，不致临期有误。"《清高宗实录》卷一千三百七十记："乾隆五十六年辛亥春正月，两江总督孙士毅奏：'筹议《护送京铜章程》，铜船自湖北蕲州地方，即与江西九江府属德化县交界，经安徽之池州、太平，江苏之江宁、扬州、淮安、徐州，方始出境，道里迢遥，江面居其大半，若仅派道府一员押送，耳目难周，且恐非本属，呼应不灵。臣悉心筹议，除江宁巡道本有经理换船之责，江宁府即令该道专查督运，其余责成该管知府各于所辖地方，接替押送，所有楚、黔、粤等省办运京铅点锡，及各省采买铜、铅过境，亦一体办理。其运自浙、闽等省铜、铅及各省在苏采买洋铜，应由镇江、常州、苏州者，

亦责成该府知府押送，均严察妥护，不令任意逗留。如有偷卖沉溺等事，严参罚赔示儆'。得旨：'好，实力为之。'"《清高宗实录》卷一千三百七十二记："乾隆五十六年辛亥二月辛亥，山东巡抚惠龄奏：'筹议《护送京铜章程》，东省铜船过境，自峄县至德州一千余里，河道绵长，必资大员弹压，查峄县至济宁，俱衮沂曹济道管辖，济宁至德州，系济东泰武临道管辖，请责成该二道于各所属境接替押送，设法严催，如该道等遇事公出，峄县至济宁，即派运河道，济宁至德州，即派督粮道，务令迅速遄行，如实遇风暴，沉溺铜斤，未能全获，亦只令该运员酌留家丁，同地方官打捞，俟全获补解，庶免误运'。得旨：'实力为之。'"清代吴其濬《滇南矿厂图略》下卷《舟第九》记："凡铜、铅船过境，沿途地方官照催漕例，会同营员派拨兵役催趱、防护铜斤正运，每起拨兵十三名，健役其名；加运，每起拨兵十六名，健役八名。经过川江险滩地方，员弁豫带兵役、水手在滩所照护。"同治《钦定户部则例》卷三十六《钱法三·沿途护送查催》记："铜、铅船只过境，地方官照催漕例、会同营员派拨兵役催趱防护。铜斤正运每起拨兵十三名，健役七名。加运每起，拨兵十六名，健役八名护送。经过川江险滩，地方员弁预带兵役、水手在滩所候护。值闸河行漕之时，并责催漕各官一体催趱前进。倘息缓从事，照催漕船不力例议处。"

[2] 兵牌：指派兵护送的牌照，又称护牌，为运铜船只安全通过的凭据。由船只经过地方的地方官将经过时间、有无事故、案情等记录在牌上，贴上印花，以备详查。乾隆《钦定户部鼓铸则例》卷一记："佥给兵牌：每年办理正、加八起京铜，该抚于委解时，一面缮给兵牌、咨批，给发各该运员领齐，照拨兵役护送。一面将该员起程日期，预行报部。户部、工部行文沿途督抚转饬文武专、兼各官，将正运每起派拨兵丁一十三名、健役七名，加运每起派拨兵丁一十六名、健役八名，俟各运员领运铜斤到次，照催漕例，上紧驱趱，毋许片刻停泊。并令地方官将出境、入境日期即为转报督抚，按日期确查，即令报部查核。倘该地方官不实力催行，立即参处。如该督抚不行严查，以致所属息缓从事，一并议处。黏贴印花：解运京铜于起解时，该抚佥给兵牌，即将该运员起程日期，预行报部。户部、工部行文沿途督抚转饬地方员弁，拨派兵役防护、催趱。并令沿途文武官弁，逐站黏贴印花，注明月日，按递护送，将入境、出境各日期报部查核。

183

如遇守风、守冻等事，即于印花内据实填注。倘运员有竟行越过，下站查出并无上站黏贴印花者，该地方官立即详报咨参，并令该运员于到京日，投交兵部查核。铜船开行，即令首站一面黏贴印花，派拨兵役护送，一面专差星飞知会下站接应，逐站交替如上站。如上站并未专差知会，以致运员候贴印花迟误者，即令下站据实揭报请参。"清代吴其濬《滇南矿厂图略》下卷《舟第九》记："凡运员起程，本省给与护牌，沿途入境，均令运员先期知会地方官。经过之日，地方官察无别项弊窦，即于护牌内粘贴印花，注明经过月日守风、守冻，亦即注明。一面知会下站，一面具结申报，该督抚将是否在川江、大江、黄河之处，于奏报折内逐细声明，并将印结送部，俟运员抵通后核察。"

[3] 催儧：儧，音zǎn，赶快，加快。催儧，即催赶，促使加快速度，又作催趱。乾隆《钦定户部鼓铸则例》卷一记："沿途催趱：解官自泸州领铜起程之日，即派委该州州判送至重庆，令重庆府忠州、万县、夔州府，送至巴东县，入湖广界，交替接送，该地方官各就所辖地方探有铜船信息，星赴该处，逐一盘验清楚，备移以下州县，照数查点。出境时该地方官即具出境印结申报该管上司，并知会接省地方官一体严查。倘铜斤缺少，立即飞报滇省，该地方官不得因有盘查之责，籍端稽延不顾运员守候，以致误限。如有在境捏报遭风、失火情事，该地方官立即申报本省督抚，题参究拟。解官如有携带货物在水路、马头逗留售卖，借称守风、守水等事，该地方官立即举报货物入官，地方官不据实举报者，察出一并参究。"同卷记："滇省铜斤，自泸州上船时，设木牌将铜斤斤数、船身入水尺寸填注明白，令沿途地方官查照木牌填注数目，实力稽查，催趱前进，不许片刻停泊。并查明该船是否照例更换，以及有无多装铜斤、私带货物。出具印结，送部查核。"《大清会典事例》卷一百七十三《户部四十六·钱法》记："奏准：滇、黔办运铜、铅，由永宁至泸州，责成永宁道及叙永厅催运。江津至巫山，责成川东道及江北厅催运。会拨弁兵护送，毋许片刻停留。……又奏准：铜斤自泸上船，设立木牌，填注斤数、船身入水尺寸，令沿途地方官查照木牌，实力稽查催趱，并严查船只是否照例更换，以及违例装货等弊，出结报部。如地方官扶同捏饰，查出一并指参。其守风、守水，总以三、五日为准，不得过期。如果阻滞有因，多需时日，据实报明所在督

抚，查勘确实，奏明交部存查。"《清德宗实录》卷二百九记："光绪十一年乙酉六月己巳，又谕：'户部奏"稽查云南运铜各员期满，请旨更换"一折，云南办解六起二批京铜，现据咨报起程，此后续办铜斤，次第运解。……严饬各道府及沿途地方文武员弁，认真稽查，催趱护送前进，如有无故逗遛，及盗卖短少等弊，详报该督抚严行查处'。"《清仁宗实录》卷一百六十二记："嘉庆十一年丙寅六月甲申，谕内阁：'户部奏"本年滇省头运铜船系于八月开帮，沿途经过省分，请各派藩臬一员照料"一折，已于单内派出矣。京运铜、铅，攸关鼓铸，乾隆间曾钦奉谕旨，特派藩臬大员经理其事，业经定有章程，系指滇铜而言，其实钱局需用铜、铅并重，近年以来，各该省办理拘泥，于滇铜过境之日，尚知照料催趱，而于铅船到境时，则不复留意，以致节年京局需用铅斤，多有迟滞，殊于鼓铸有碍，嗣后铜船、铅船沿途经过之处，著责成派出之各该省藩臬等，一体实力催趱，毋得少有延误'。"

[4] 险滩：乾隆《钦定户部鼓铸则例》卷一记："铜、铅经过险滩，饬令该地方同知、通判，会同营汛带领兵役、谙练水手，预先在滩所伺候，以备不虞，或有失事，立即防护抢救。如同知、通判公出，即令正印有司亲身前往。倘有险滩数处，该州县一身难以兼顾者，分派佐杂一体预备料理。同治《钦定户部则例》卷三十六《钱法三》记："经过险滩，应刊刻一纸，遇铜船入境，交给运员，传知各船户、水手，留心趋避。并令各州县在险滩两岸插立标记，避免冒险行走。临期多添人夫照料，派游击、都司查催、押送，以昭慎重。"清代吴其濬《滇南矿厂图略》下卷《舟第九》记："凡险滩，地方官刊刻一纸交铜船运员，传示各船相度趋避，并于两岸插立标记。俾免涉险，临期多添夫役，委游击、都司察催、押送，以昭慎重。"

[5] 滩师：旧制在通航的江河险滩处，每滩由地方推荐当地人中对河流水性与礁石状况很熟悉、有丰富经验者，由官方聘请随船指导、护船过滩，其名为滩师，与现代港口的引水员职能相同。《清高宗实录》卷一千三百八十四记："乾隆五十六年辛亥八月，四川总督鄂辉条奏铜运事宜：'各险滩处所，酌募滩师四五名，按所在州、县捐给工食，令其常川在滩，专放铜、铅船只，如过滩安稳，听运员量加犒赏，如有失事，将该滩师革退，

枷示河干，仍令各地方官将应行添设滩师之处，及滩师姓名造册查报。"清代吴其濬《滇南矿厂图略》下卷《舟第九》记："凡险滩，酌募滩师四五名，捐给工食，放滩安稳者赏，有失则罚，有滩州、县，不得滥将未经练习之人充数。"同治《钦定户部则例》卷三十六《钱法三》记："川江各险滩处所，酌募滩师四五名，按所在州、县捐给工食，令其常川在滩，专放铜、铅船只，如过滩安稳，听运员量加犒赏，如有失事，将该滩师革退，枷示河干，以昭炯戒。仍令该督抚严饬该管州县，不得视为具文，滥将未经练习之人调补充数。"

[6] 巡漕御史：明清两代，以大运河为交通命脉的漕运是朝廷组织经济流通、维护政治统治的重要基础，清廷除设有漕运总督负责漕粮运输、漕船修造等事务外，还经常派遣巡漕御史代表朝廷巡视漕运。清代为确保漕运安全，于淮安、济宁、天津、通州四个运河沿线城市设置巡漕御史，稽察本段漕运。《清史稿》卷一百二十二《食货三·漕运》记："巡漕御史，本明官，顺治初省。雍正七年，以粮船过淮陋规甚多，并夹带禁物，遣御史二，赴淮安专司稽察。粮船抵通，亦御史二稽察之。乾隆二年，设巡漕御史四：一驻淮安，巡察江南江口至山东交境；一驻济宁，巡察山东台庄至北直交境；一驻天津，巡察至山东交境；一驻通州，巡察至天津。"

## 兑铜盘验[1]

正、加运员，在四川泸州店领运铜斤。责成四川永宁道，督同泸州知州，及运员与泸店委员，先将运员在滇所领铅码，与泸店砝码较准画一，然后秤兑铜斤。俟全数兑竣，取具运员钤领，店员出具钤结。一面申送滇省，详咨沿途督抚，转饬查验盘兑。一面催令运员开行，及申报四川总督，飞饬川东道[2]，俟铜斤到渝，委江北厅逐一过秤、出结。由川东道飞饬夔关[3]查验，出结具报。其自夔关以下，令上站之员，开具铜斤细数清册，递交下游接护之员，按数查验。如无短少情弊，即具结[4]放行，运抵汉口、仪征换船、过载，湖北、江南督抚，饬令护送大员，眼同[5]运员盘查过秤，具结申报。如铜斤交局，有亏短，将运员奏明，先交吏部议处。并查明，如系沿途盗卖[6]及沉（夫）[失]，惟沿途派出之员是问。如系泸店短发，即将在泸各员，照例参办。

## 注　释

[1]　兑铜盘验：同治《钦定户部则例》卷三十六《钱法三·沿途护送查催》记："滇省办运京铜，责令永宁道亲赴泸州店，督饬店运各员，用部颁法马，秤足具结核转。所过重庆、汉口、仪征等处，责令川东道、汉黄德道、江南巡道眼同运员认真秤验，足数具结申报。抵通时由坐粮厅会同通永道秤兑后转运分解。如下站秤兑短少，即将上站验员及运员一并参处。"清代吴其濬《滇南矿厂图略》下卷《舟第九》记："凡秤铜，令永宁道督同泸州知州、运员及泸店委员，用部颁法马监兑秤收，具结加转，飞饬川东道。俟铜斤到重庆，委江北厅同运员逐一过秤，出具切实印结，又由川东道飞饬夔关察验。凡运船，自重庆以下，令上站之员，将分装各船编列字号，开具每船装载斤数、块数及船身喫水尺寸，船户人等姓名，造册移知。下站按册察验，如无短少情弊，即具结放行；倘船户、水手有中途逃匿者，拏治。凡接护之地方官，遇运船到境，即饬押送人役严密巡逻，毋任船户等乘隙滋弊。至汉口、仪征换船过载，令湖广、江南督抚饬令护送大员，同运官盘察过秤，具结申报。"同治《钦定户部则例》卷三十四《钱法一·兑收铜铅》记："铜船运抵通州，限两个月全数进局，坐粮厅、大通桥各监督接准部札，各按限起运，不得藉词等候钱法堂催札，致有迟误。部局兑收铜斤，令监督坐秤弹兑，运员家人提包上秤，其抛散铜块，均令捡起，一律撒手平兑，不得假手吏役、秤夫人等任意轻重，致启弊窦。铜色以十成为则，递至九五、九成，八五、八成等色，亦准兑收。八成以上准作八五，八五以上准作九成，九成以上准作九五，九五以上准作十成，以下不准交纳。其成色低潮牵杂者，该监督公同运官熔化净铜，照斤数作十成秤收。所亏斤数，著落该省赔解，办官参处。凡办铜价值，总按十成铜色给发，其验在十成以下，八成以上者，责令承办官按成减价报销。"

[2] 川东道：明代设置，为驻扎于巴县、达州、涪州的道台之称谓。清代专指驻扎于巴县的分巡兵备道，又称重夔兵备道。《明史》卷七十五《职官志四》记："上下川东道，驻涪州（今涪陵市）。"《清史稿》卷一百十六《职官三》记："川东道，兼驿传，驻重庆。"其负责管理重庆府、夔州府（今万州市）、绥定府（今达州市）、忠州直隶州、酉阳直隶州、石砫直隶厅（今湖北恩施）等36县。1891年重庆开埠通商后，由其负责管理，被称为重庆海关道。管辖范围相当于今天重庆市全境和鄂西土家族苗族自治州。

[3] 夔关：鸦片战争前为我国最大的商税常关，设在四川东部的夔州（今重庆奉节），是长江上的重要关口，对过往川江的商船征收商税，其通关厘税一直是四川第一大税收来源，为全省最主要的财政支柱。雍正《四川通志》载："康熙五年十月二十七日四川巡抚张德地题本称：'夔郡实系吴楚上游，明季于斯设税。自叛逆盘踞，夔路梗塞，是税淹废。兹寇平时宁，舟楫稍通，仍宜于此设税，俾一府佐经理征收。自是裕如，较之僻处便可以一倍十。'"康熙《夔州府志》载："康熙八年，奉旨设关，以通判兼摄。十二年因吴逆之乱，税关中止。至十九年，下东荡平，关复设。康熙二十二年纂修《会典》，奉部文令，同知专管。"《清史稿》卷一百十四《职官一》记："夔关，（四川）总督兼管，委知府监收。"

[4] 具结：置于保证书的约束下做某事。旧时由官署提出表示负责保证的文件。《警世通言·金令史美婢酬秀童》记："要六房中择家道殷实老成无过犯的，当堂拈阄，各吏具结申报上司，若新参及役将满者，俱不许阄。"《老残游记》第十八回："白公说：'王辅庭叫他具结回去罢。'"

[5] 眼同：亲眼随同，眼见为实。《清高宗实录》卷一百三十一记："乾隆五年庚申十一月丙戌，户部议覆：'直隶总督孙嘉淦等疏称"滇省运铜至京，俟到坝后，会同铜务监督，率委员齐赴坝口，眼同点验挈秤。令经纪用闸河剥船，运抵大通桥，转运至京"'。"同治《钦定户部则例》卷三十六《钱法三·沿途护送查催》记："滇省办运京铜，所过重庆、汉口、仪征等处，责令川东道、汉黄德道、江南巡道眼同运员认真秤验，足数具结申报。"

[6] 沿途盗卖：乾隆《钦定户部鼓铸则例》卷一记："运员沿途如有

盗卖铜斤情弊，按律究拟，所欠铜斤著落追赔。如运官名下不能追赔，即于委解不慎之上司名下分赔还项，并严加议处。"

## 运铜船只[1]

滇省正、加委员，在泸领运铜斤所需船只，责成永宁道督同泸州知州，雇募小船，装运[2]重庆。至重庆，应需大船，责成川东道督同江北同知雇募夹䑸中船[3]，装运汉口。至汉口换船[4]，责成汉黄德道[5]督同汉阳府同知，雇募川（浆）〖桨〗船[6]，装运仪征。至仪征换船，责成江宁巡道督同仪征县，雇募骆驼船[7]，装运通州。其所雇船[8]只，务须验明船身坚固结实、板厚钉密。船户、水手、头舵人等，务择熟谙水性、风色路径、身家殷实之人，方准雇募驾驶，以免偷漏、盗卖、沉失之虞。

其加运委员铜斤，运抵汉口，所需船只，系由湖北拨给站船[9]，并委佐杂一员，协同运至江南仪征县。将铜斤交卸，协运委员即押船回楚销差。仪征另拨站船，委员协同运至通州，将铜斤交卸，协运委员即押船回江销差。其拨给装[运]之船，如遇遭风打坏，由原省查明原用制价若干，除捞获板片变抵之外，应赔银若干，咨部。在于船头名下，分赔一半。该（者）省协运委员，分赔一半中十分之二，滇省运员分赔一半中之十分之八，咨滇，在于运员名下着追。俟追获，详咨原省，作正开销。滇省留为办铜工本之用，于每年题拨铜本时，声明计除。

## 注　释

[1]　运铜船只：从泸州到汉口的运铜船只，原为运铜委员自己临时雇用，运到重庆再换船运到汉口。《清高宗实录》卷一千一百九十记："乾隆四十八年癸卯冬十月壬戌，谕：'据福康安面奏"滇黔运京铜、铅，向例在重庆府另行打造船只，雇备水手，装载开行。至交卸铜斤后，又将船只拆卸变价。前在川省滇省任内时，曾经查询，但该委员等，拘泥成例，多称

装运铜、铅,必将船身板片加厚,是以须另行打造。川省运装货物,大船颇多坚实可用,嗣后只须挑用坚实货船,按照市价雇用,毋庸制造。复行委员往查,再行具奏间,其时适届卸任,未知此项船只,现在作何办理,请交李世杰酌定具奏"等语。福康安所奏,颇切中事理,制造船只,运送铜、铅,既多糜费,而水手又临时雇备,不特人与船不相习,且沿途碰磕损伤,俱与伊等漠不相关。其各省屡报沉溺铜、铅之故,安知不由于此。若谓装运铜、铅,必须船身坚固,则民间贩载货物之大船,岂皆胶舟而不可用,而所装之货,又岂俱系柔细质轻者耶。即一船不敷装载,何妨多雇数船,以资浮送。但福康安在任时,曾经办有头绪,李世杰接任后,是否委员查办,何以并未奏及,著传谕李世杰详悉查明酌核,迅速具奏'。"乾隆《钦定户部鼓铸则例》卷一记:"每运应先期慎选亲信、妥当家人赴渝关雇募船只。俟运官一到重庆,即可搬铜、过载。又泸州、重庆等处换船、装载铜斤,令将船只挨次编号,每船装铜若干包,每包若干斤,该地方官会同委员过秤登记,同开帮日期一并申报,并移明前途接护州县,设遇疏虞,不得以少报多。倘有盗卖,即便随时查考。至铜船入境,令该地方文武官弁,会差兵役押护,即时出境交替,并将入境、出境日期,报明督抚,转行咨户、工二部查核。泸州所属之合江县、重庆府所属之江津县至巫山县一带,令该管巡道,并所在镇协就近随时稽查,并发令箭委员督催。如运员无故逗留,及地方官弁徇情故纵,或代捏守风、守水呈报蒙混等事,一经察出,该督抚立即严参议处。"后来改为运铜委员负责雇人打造,从泸州直接运到汉口。道光二十年,正运一起官、云州知州黎恂的运铜船只,即是派遣其子在泸州督造。对承揽造船之人的资格,清政府亦进行了严格的限制。《清高宗实录》卷一千三百八十四记:"乾隆五十六年辛亥八月,四川总督鄂辉条奏铜运事宜:'川江重载大船,只能顺流而下,不能逆挽上行,是以铜船到川另有包造船只之人,名曰揽头。此等人属江北同知专管,包揽牟利,弊端百出。应饬令江北同知,在各揽头中,慎选殷实老成之人,令其承充,取结造册,呈报各衙门备查,一得运京起程之信,于此数人中,挨次派令造船承值。造完日,令江北同知就近察验,如有板薄钉稀,将揽头责处,并饬改造。头舵水手,责令按船配雇,如有疏失,照例追出原领脚价,并枷示河干,不许再行揽载,将船只变价,以充捞费。倘运员到川,或有私用册内无名揽头，混行包揽承载，许江北同知查报核办'。"乾隆《钦定户部鼓铸则例》卷一记："该运员等，凡经过地方，铜船到境，务将船只数目报明地方官，令其按船查点，以防减船、重载等弊。如该地方官扶同捏饰，不行实力稽查，将该地方官一并指参，交部议处。如人力役、船户附搭客货私行夹带者，严拿究处。运铜船只如遇风行不顺，江水暴涨，即令该运员暂为停候，不得贪程冒险。并将守候日期报部查核。倘借端逗留，即行据实查参。"清代吴其濬《滇南矿厂图略》下卷《舟第九》记："凡运船，运员慎雇坚固、宽大民船，泸州会同州牧验明、取具，船户切实保认各结。重庆会同江北厅察验取结，其值照市给发，不经地方官，以防胥役勾串并革除揽头名目。或径雇抵通州，或雇至汉口、江宁换船，听运员自行相机办理。"同治《钦定户部则例》卷三十六《钱法三》记："云南、贵州等省委员办运京局铜、铅，所需船只，沿途俱责令道员督属代为雇办。……滇、黔等省办运京局铜、铅船只，于泸州、重庆两处，该运员会同地方官慎选坚固、结实、宽大民船雇用。如在泸州雇用者，即由泸州会同验明取具，各该船户切实保认各结装载。如在重庆雇用者，由江北厅查验取结办理。并责成永宁、川东二道，督率妥办。其雇船价值，按照市价给发，毋庸地方官议给，以防胥役勾串之弊。至装载船只，或径雇至通州，或止雇至汉口、江宁，另行换船、过载，听运员自行相机办理，仍照加运京铜之例，会同该地方官协同雇募，以期妥速……将揽头名目，永远革除，倘仍有胥役勾串船行勒掯情弊，运员移明地方官，严行惩办。"

[2] 装运：装载运输。清政府为了铜运的安全，船只的装载量，有明确的规定。《清高宗实录》卷一百七十四记："乾隆七年壬戌九月戊午，户部议准：'云南巡抚张允随疏称"运铜船只，若用头号大船，尽量装载，未免转掉不灵，十损二三。查有夹鯱、秃尾中船，较大船平稳，八分装载，可以无虞。应令各运官会同地方官雇募，运官、水手，不得夹带米石货物"'。从之。"《清高宗实录》卷一百八十记："乾隆七年壬戌十二月丙申，户部议覆：'四川巡抚硕色奏称"滇省运铜，应通饬运官，在重庆府地方，协同该管官，雇募坚固船只，装载只以八分为率，不许过重。如人役附搭客货者，严拏究处，若运官图利私装，即揭参"'。"清代吴其濬《滇南矿厂图略》下卷《舟第九》记："凡装运，每船以八分载为度，应载铜、铅之数，

191

令地方官核明申报。如大船缺少，或值水涸雇剥小船，亦将实在船数及应载铜数移明，前途察验。倘减船重载，带货营私者，举其货，罚其人；盗卖者，抵罪。凡重庆至宜昌，节节险滩，每夹鳅船一只，以装载万斤为限，余船每只各五万斤，零数仅数千斤至二万数千斤者，准其分船洒带，若三万斤以上者，别载一船，仍取大小适中。若船小载重及以大船夹带者，皆有罚。"

[3] 夹䲡船：即夹鳅船清代川江中的一种运输船，船型如鳅，故名。明代宋应星《天工开物·舟车第九·杂舟》记："四川八橹等船。凡川水源通江、汉，然川船达荆州而止，此下则更舟矣。……其舟制腹圆而首尾尖狭，所以辟滩浪云。"《清高宗实录》卷一千三百八十四记："乾隆五十六年辛亥八月，四川总督鄂辉条奏铜运事宜。向例装载铜船，每夹鳅船一只，以七万斤为率，但查重庆至宜昌，寸节皆滩，装载过重，转掉欠灵。今拟酌装五万斤，并饬经过地方官，协同运员严查船户，毋许违例夹带私货，仍致笨滞难行，至一入长江，并无滩险，到楚换载，仍以每船七万斤为限。"乾隆《钦定户部鼓铸则例》卷一记："解运京铜，该运官会同地方官在四川雇募夹鳅、秃尾两项中船，每船载铜七万斤为率，连船内所用梢夫并各夫行李以八分载为度，不得额外加增。"同治《钦定户部则例》卷三十六《钱法三》记："自重庆至宜昌，寸节皆滩，每夹鳅船一只酌装铜、铅五万斤。一入长江，并无险滩，到楚换载，以七万斤为限。"

[4] 换船：京运额铜的水运路途的长江航段，由于长江各个江段的地理环境、水流、航道情况不同，调配使用的船因功能不同，船型完全不一样，因此需要在汉口、仪征换船两次，以适应长江下游及大运河中不同的航道。《皇朝文献通考》卷十六《钱币考四》记："乾隆四年，又议定《云南运铜条例》时，云南巡抚张允随将起运事宜分别条款具奏，经大学士等议定：其在汉口、仪征等处均须换船，凡一应打包、换篓、搬运、过载之费，令运官按日登记，回滇之时据实造报。"清代吴其濬《滇南矿厂图略》下卷《舟第九》记："凡云、贵运京铜、铅船只，永宁责成永宁道督同永宁知县、泸州知州代雇，重庆责成东川道督同江北同知代雇，汉口责成汉黄德道督同汉阳府同知代雇，仪征责成江宁监巡道督同仪征知县代雇，淮扬道催趱前进，如有疏失船户等，追价惩之。"

[5] 汉黄德道：清朝设置在湖北的兵备道之一，因辖汉阳、黄州、德安三府而得名，原驻黄州，后移驻汉口。《清史稿》卷一百十六《职官三》记："湖北汉黄德道，兼水利，驻汉口。"

[6] 川（桨）〖桨〗船：即明代的课船。长江中下游水阔流缓，需要以人工划桨提高行船速度。明代宋应星《天工开物·舟车第九·杂舟》记："江汉课船，身甚狭小而长，上列十余仓，每仓容止一人卧息。首尾共桨六把，小桅篷一座。风涛之中恃有多桨挟持。不遇逆风，一昼夜顺水行四百余里，逆水亦行百余里。国朝盐课，淮、扬数颇多，故设此运银，名曰课船。行人欲速者亦买之。其船南自章、贡，西自荆、襄，达于瓜、仪而止。"清代张朝璘《请造役船禁封民船疏》记："查江右路当冲要，兵马不时往来，舟楫必需，支应何出，势必封捉民船，动至千百余只，未封之先，商贾闻风远遁，既封之后，长江绝无片帆。设或兵马接续而来，凡山河僻岸，无不穷搜远觅，以求足数，不特商民已不堪命，而军机由此迟误矣。……臣不能不虑始及终，特捐发俸赀，打造大船三只，小船五只，先为兴工，而合省各官，有能输助急公者，听其自便，此臣捐造之公议也。……据该道报称各县陆续解验，共造完木楼红桨船一十八只，茅篷船二百零四只，共二百二十二只，共银一万五百一十九两零。又提督镇臣与司道府厅州县各官捐资乐输，共造完大船二十八只，中小船一百零七只，共一百三十五只，共银一万四千五百八十五两。二项共造完大中小木楼红桨、茅篷等船三百五十七只，俱已先后竣工，解泊省河，交与驿传道总理，编列字号，竖牌为记。《江西通志》载。"

[7] 骆驼船：大运河水流平缓几乎静止，行船只能依靠风力及人工牵引，因此需要雇纤夫拉纤，纤夫成行排列蹒跚而行，波峰起伏、形如骆驼，因名为骆驼船。大运河运船又称漕船，有一定的要求和定式。清代朱之锡《运闸运船宜整理疏》记："一曰船式。重运自过淮后，经由黄、运两河，抵通交纳，黄河逆水溜急，运河源流细微，必须船米轻便，然后可衔尾速挽，是以漕船名曰浅船。……浅船头梢底栈，俱有定式，龙口梁阔不过一丈，深不过四尺。……经过黄、运两河，不难相连而进，而一遇重船，在黄河则合帮人夫，逐船倒纤，始得过溜。在运河则守板蓄水，集船起剥，倍费时日，一程间断，积而数程，相距必远。在后船只，固被阻压，即前

船之在下闸者，缘上闸候水封闭，过时无水下注，亦不得不停桡以待。两河之水势犹昨，而今昔之船米迥殊，虽沿河各官俱凛遵功令，百计催趱，亦岂能别有异术，使之飞渡哉。"清代阿桂《申明粮船定式疏》记："查雍正年间，部臣原议，成造漕船，本有定式，如有私放宽大者，漕臣即将粮道题参治罪。嗣以年久废弛，各船每届拆造，渐放高大，以希多载私货，并将高深丈尺，逐渐加增，致漕船过于高大，入水太深，不特牵挽维艰，舟行濡滞，抑且行驶招风，易于失事。"

[8] 雇船：雇佣运铜船只。乾隆《钦定户部鼓铸则例》卷一记："载运铜斤船只头舵、水手，责成该地方官协同运员选择有身家船户并熟练头舵、水手，倘有不谙路径、风色，致有沉溺等事，将原雇之地方官报部照'官员解送匠役，不将良工解送，以不谙之人塞责者，罚俸六个月'例，罚俸六个月。如实系风水骤发，非人力所能防护，该管官查明具结申报，将原雇之地方官免其议处。"《皇朝文献通考》卷十七《钱币考五》记："乾隆十五年，又定沉失铜、铅处分。……至运铜之船，令地方官雇觅，倘以不谙行船之人塞责，致有覆溺者，将地方官罚六月俸，照漕船失风例，仍停升转一年，责令协同运官实力打捞。限内获半者免议，全无捞获，与数不及半者，各罚一年俸。……十六年，又更定沉失铜、铅处分之例。……其地方官不慎选船户，以致沉失者，照例罚俸。如实系风水骤发，非人力所能防范者，该管官申报，将雇船之官免议。"

[9] 站船：旧指在航程中驿站递次接待的官船。明代王圻《三才图会·器用四·站船》记："此官府所坐之船，谓之站者，就驿中之程言耳。"《清仁宗实录》卷一百六十一记："嘉庆十一年丙寅五月乙亥，谕：'直隶旧设官剥船一千五百只，内以一百只专运铜、铅，其一千四百只豫备剥运粮石，历年办理无误……剥运铜、铅船一百只是否足数，一并详悉查明据实具奏'。"乾隆《钦定户部鼓铸则例》卷一记："站船派装加运：加运铜斤于滇省委员起程，即将到汉口、江宁日期预行知照江南、湖广，令湖北派拨站船，每只装铜四万斤；湖南派拨站船，每只装铜三万二千斤协运。江宁、湖北拨站船三十二只，湖南拨站船十只，湖北、湖南各委府佐或杂职一员协运。俟铜斤到汉口，令委员点明过载，协运江宁交替。府佐给盘费银四十两，杂职给盘费银二十两，均于各本省公项银内支销。倘站船有因公赴

差未回，或惊损修舱，不敷运铜者，该省督抚即行添雇民船装载，运至江宁交替。每百斤给水脚银六分二厘五毫，在于该省地丁银内动支给拨。俟铜斤运竣，即将用过水脚银两造册题销。并将拨给船数及过载起程日期、协运各员职名报明户部查核。至湖北、湖南二省站船，每于拆造之年，定于正月内题明，一面动项兴修，严督趱造，勒限二月底完工。接运用过工价银两，造册报明工部核销。江宁省派拨站船装运、加运铜斤，用头号省坞站船，每只装铜五万五千斤，需船二十六只；三号省坞站船，每只装铜三万六千斤，需船十三只。委府佐一员、杂职一员协运通州交卸，即令协运之员督押回空站船趱驾回省，其解交掣批等事，听滇省委员经理。府佐给盘费银四十两，杂职给盘费银二十两，在于存公项项下动支给发，年底造成报销。并将拨用船只数目及起程日期，报明户部查核。"清代吴其濬《滇南矿厂图略》下卷《舟第九》记："凡加运京铜，运至汉口拨湖南站船十只，每只装铜三万二千斤；湖北站船三十二只，每只装铜四万斤。江宁换拨头号坞船二十六只，每只装铜五万五千斤；三号坞船十三只，每只装铜三万六千斤，抵通卸载回次。"《清宣宗实录》卷二百九十一记："道光十六年丙申冬十月丁亥，谕军机大臣等，寄谕云贵总督伊里布、云南巡抚何煊：'据御史袁文祥奏：云南铜务，每年正运四起，由运员领银办船，直送天津。加运二起，运员领银办船，止到汉口。由汉口更换站船二十只，湖北委佐贰一员，弹压回空。及至江南，更换站船二十只，俗名马包子船。此项船只船丁、头工，勾串各船，招集匪徒，沿途滋扰，江南委试用佐杂一员弹压，该委员得此以为美差，包庇匪徒，任其讹诈，或串同船丁，向运员恶借银两，是铜船水手，扰害地方，由于地棍之插入，实由于协运委员之包庇。若将加运改照正运，一体由运员直办船只，送至天津，则诸弊可免。且查汉口站船二十只，应领水脚银一千余两；江南站船二十只，应领各费银四千余两；又湖北委员帮费银三百余两，江南委员帮费银一千余两；并站船修造各项，所费更钜，加运一改，则站船可裁，繁费既可节省，铜运自必迅速等语。铜船水手，沿途讹诈，最为地方之害，不可不设法办理。著该督等体察情形，将加运二起改照正运办理之处，是否可行，确切查明，据实具奏。将此谕令知之。'"《清宣宗实录》卷二百九十六记："道光十七年丁酉夏四月甲子，云贵总督伊里布奏：'遵议御史袁文祥奏云南铜务，每年正运四起，由运员领银办船，直送天津，加运二起，运员领银办船，止到汉口，由汉口更换站船，至江南复换站船，将加运铜船改照正运办理，庶该运员于船丁人等，尤易稽查约束'。从之。"

## 带解沉铜

正、加各运委员，如遇在途遭风，沉溺铜斤[1]，例准运员在滩打捞[2]，定限十日。如限内捞获，即另雇船只，装载归帮。如十日内不能全数捞获，将所获铜斤，一面装运行进。其未获铜斤，运员酌留亲信、家人在滩，协同地方官上紧打捞。如有捞获，交地方官存贮，咨滇委员带解[3]。

凡沉失铜斤，如系正运之铜，即委正运之员带解；加运之铜，即委加运之员带解。正运铜斤，应需自汉口至仪征，每百斤水脚银二钱三分六厘一毫八丝九微一尘二渺五末。自仪征至通州，每百斤水脚银三钱六分六厘八毫三丝四忽一微七纤八渺。按照带解铜数多寡，核计应领银数，填入咨文内，并发给运员领银报照声明，在于扣存原运委员沉铜水脚银内，发给承领办运。其原扣沉铜水脚银两，统俟沉铜办理完结，除发给带解额外，如有余剩，听楚、江二省核实报销。至加运铜斤，系由湖北、江南拨给站船，不给水脚。凡带解加运之铜，其水脚银两，俱系带解之员自行垫给，回滇报销，找发给领。

## 注　释

[1]　沉溺铜斤：《清高宗实录》卷一千三百三十五记："乾隆五十四年己酉七月辛亥，定《沉溺铜斤每月奏报例》，谕：'据陈用敷奏报滇省铜船过境日期一折，内称"云南委员漆炳文领运五十三年三运一起京铜七十六万一千七百九十三斤，在湖北归州沉溺铜七万斤"等语。运京铜斤，事关鼓铸，沿途自应小心运送，今滇省领运之铜，在湖北归州地方，沉溺至七万斤之多，殊属可惜。著传谕毕沅、惠龄，即饬所属查明，务

期捞获,并谕沿途各督抚,嗣后遇有铜船过境,沉溺若干,捞获若干,必须每月奏报,以便随时查验,庶督抚等实力督率地方官认真查办,不致视为具文也'。"

[2] 在滩打捞:由于长江水道险滩极多,运河河道地处沿海平原,易受台风影响。一支运铜船队船只数量在十几、二十余艘,途中难免不遇到危急情况而发生沉船事故,因此必须留人在滩打捞。《大清会典事例》卷一百七十四《户部四十七·钱法》记:"复准:铜、铅遇有沉溺,令运员同地方官试探打捞,拟限十日,将捞获铜、铅先行归帮起运,未获者留运员家人协同地方丁役打捞,免致违限稽迟。"《清高宗实录》卷三百七十三记:"乾隆十五年庚午九月己巳,户部议覆:'四川总督策楞奏称"滇黔运京铜、铅,每有沉溺,请定打捞限期,应如所奏。嗣后如有沉失,酌留协运之员,或运员亲属家人,会同该地方文武员弁,勒限一年打捞。限满无获,及捞不足数,运员赔补。所沉铜、铅,听自行打捞,报明照厂价收买,不许私售。至运船头舵、水手,责成地方官雇募,并立定处分之处",亦应如所奏。遇铜、铅到境,即协同运员,雇觅有身家船户,并熟练头舵、水手。倘因所雇不妥,致有沉溺,将该地方官照"官员解送匠役,不将良工解送,以不谙之人塞责者,罚俸六个月"之例议处。如实系风水骤发,非人力可施者,免议。再一年限内,运员如有升迁事故,仍留在川打捞,俟事竣,分别赴任回籍。该地方文武官,照"漕船失风"例处分外,仍于限内停其升转,协同打捞。获过半者,免议。限满无获,或不及半,罚俸一年。至运员于满后赔补,应照"江海挽运,漂流米谷"例,革职,限一年赔完,开复;逾年赔完,免罪、不准开复;二年不完,照律治罪严追'。从之。"

[3] 带解:指由后面的运铜船帮帮助前面已经开走的船帮带运捞起的沉铜,还有一种情况是:官方为了减少运费支出,强令船帮免费带运规定额数之外的铜。

## 整圆碎铜[1]

正、加各运委员,领运铜斤内凡整圆铜斤,不拘百斤之数,或百斤以外，或不足百斤，均准捆作一包。由泸店委员编列字号[2]，造册申司详请，咨送户、工二部，并户、工部钱法堂[3]查核。其零星碎小之铜，仿照解饷之式，改用木桶装盛。每百斤装为一桶，将块数、斤重于桶面上注明，外绕铁箍裹束，装订坚固。于运员扫帮[4]后，泸店委员，将兑发每起碎铜装桶数目，造具桶数清册，申送详咨四川、湖南、湖北、江西、安徽、江南、山东、直隶各督抚，转饬查验。并咨送户、工二部，及户、工部钱法堂，查核兑收。

## 注 释

[1] 整圆碎铜：乾隆《钦定户部鼓铸则例》卷一记："滇省解运京铜，整圆之块、碎小之块，各令分包。整圆者每包或百斤，以外或不足百斤，均准封为一包。碎小者务令足百斤之数，然后封包。其块数、斤数，用一木牌开明钉于包皮之外，并开明连包皮共若干斤，过秤时连包秤兑，不许逐处拆动。"除了对碎铜进行封包之外，为防止掺假，清政府并规定运铜必须照出炉时形成的完整形状，不得随意弄碎。清代吴其濬《滇南矿厂图略》下卷《考第六》记："凡滇省运铜，该管道府查验，务须镕化纯洁、圆整，大块不得藉称激碎，配兑挽杂。零星间有配搭碎块，改用木桶装盛，块数、斤数注明桶面，逐起造册，咨部查验、兑收。其直由该省通融酌办，不准报销。"

[2] 编列字号：在铜块上錾凿厂名、年份、姓氏等。同治《钦定户部则例》卷三十六《钱法三》记："京铜漏凿字样处分：滇省各厂办运京铜，逐块錾凿厂名、年分、姓氏等字样。如有无字低铜，责成首店捡提退还改煎补錾。如首店含糊秤收转交，即由次店据实禀报，责成首店改煎补錾，厂员免议。傥次店含糊秤收转交，即由下店据实禀报，责成次店改煎补錾，首店之员免议，以此递推至长运委员为止。抵京交局仍有无字低铜，除将该委员职名咨送吏部于应得低铜处分外，再比照低铜分数例议处。"

[3] 钱法堂：清代由于户部、工部均经管铸币等钱法事务，因此在户、工两部中，都设有钱法堂，由两部右侍郎管理。《清史稿》卷一百十四《职官一》记："天聪五年，设户部。顺治元年，置尚书、侍郎，右侍郎管钱法

堂事。……天聪五年,设工部。顺治元年,置尚书、侍郎各官,右侍郎兼管钱法。"清代严烺《重铜运以杜弊累疏》记:"在京之累,则户、工两局胥吏需索是也。前年童焕曾破案之后,奸胥稍知敛迹。然法以防小人,则防维不厌其密。闻铜运抵大通桥时,运员即与户、工两局书吏,往来关说,使费议定,交贿后始能进局,否则百般刁难,必致兑收无日。臣查江南道御史,有稽查户局之责;陕西道御史,有稽查工局之责。每月到局,监放饷钱,应请嗣后于铜运抵大通桥时,令大通桥监督,报明两道御史,酌限十日,或十五日,即令起运进局。仍着户、工两局,知照两道御史,统于十日内传该运员眼同兑收,以杜胥吏任意需索、累月搁压之弊。至交收明白,仍将有无亏短挂欠,及曾否依限兑收,知照江南、陕西两道御史查核。且恐兑收时,胥吏等上下其手,运员无可如何。除户工两部管理钱法堂侍郎,不时到局查验外,应请照御史监放饷钱之例,饬令满、汉科道,每月轮流一人监兑,倘有上下其手,得贿则以少报多,无贿则以多报少,一经查出,立即奏请将该书役等,拿送刑部究办。庶胥吏等有所警畏,运员不受需索、抑勒。如运员有亏短铜斤过多者,即将其亏短实数先行奏闻,再听户部照例核参。如此办理,不惟胥吏无所售其奸,即运员亦不敢盗卖短少,似属两有裨益,庶以仰副我皇上慎重铜运,体恤运员之心于万一矣。"

[4] 扫帮:帮、群、伙。一次铜运船队为一帮,船队开行谓开帮,离散船只归队称为归帮,船只全部聚拢停泊地,称为齐帮。扫帮即彻底完成运铜任务。《清高宗实录》卷一千二十八记:"乾隆四十二年丁酉三月,谕军机大臣等:据图思德奏,自乾隆三十二、三等年,办铜短缩,已不敷额运之数,又将泸店底铜,拨给外省,办理益形拮据,恳将领运京铜,展至次年正月开帮,七月扫帮,俾厂期宽展,得以从容办理,不致再有贻误等语。滇省铜运,前据户部奏:额运京铜,开行延缓,请将管厂各员,并专辖之司道,以及从前奏报不实之督抚,查明议处,当经依议允行。并传旨申饬图思德,令其明白回奏,并令李侍尧、裴宗锡妥议具奏矣。今图思德复以泸店并无底铜,另请展限,此折若批交部议,该部必按例议驳,于筹办铜务全局,不能实有裨益,今李侍尧已赴新任,阿桂亦在滇省,两人皆能办事之人,着即传谕,令其会同悉心通盘筹画,将此后如何采办足额,筹备底铜充裕,以期赶赴例限,不致厂运各员,再有短少迟延之处,悉心妥议,据实具奏。"

## 沿途借支[1]

正、加各运委员，在途遭风沉铜，及起剥、雇纤、守冻[2]等事，原领水脚费等项银两不敷应用，例准报明所在地方官，查明属实，出结申报。各本省上司核明，酌量借给，咨部咨滇。俟运员差竣回滇，在于该员名下，照数酌追，完解清楚。详咨借银省分，作正开销。滇省将追获银两，留为办铜工本之用。于每年题拨铜本银两案内，声明计除。如运员事故，力不能完者，查明任籍，并无财产隐寄，取结详咨，在于派委该员运铜之各上司名下，按以十股摊赔。俟完解清楚，详咨报拨清款。

## 注 释

[1] 沿途借支：《清高宗实录》卷八百八十六记："乾隆三十六年辛卯六月乙亥，户部议覆：'安徽巡抚裴宗锡奏称"云南省运京铜，所需水脚银两，例系委员在本省及汉口、仪征等处三次支领。中途遇有沉溺，需用捞费，即在该地方库贮杂项钱粮项下借给，取具该地方印结，报部核销。于该运员应得养廉、水脚银内，如数扣缴归款。至湖南、贵州、广东三省，运京铅、锡，及各省采买铜、铅，所需水脚银两，委员在本省全领，中途遇有沉溺，需用捞费，委员自行给发，并不借支库项。请嗣后照京铜之例，于库项一体借给，仍移咨该员照数扣解还款"。应如所请，至办运铜、铅，遇有沉失，运员报明时，地方官立即会同查勘，具结呈报。如有捏报，即报该上司将运员奏参，倘扶同徇隐，发觉后，所费银两分赔，仍一并严参治罪'。从之。"同治《钦定户部则例》卷三十六《钱法三》记："滇省铜运委员遇有坏船等事，借支水脚银，督抚按其程途远近酌量借给，不得过五百两。其有沉溺坐船将原领运脚银物均被遗失者，该督抚一面查明咨部，一面核实酌借，亦不得过一千两，并令该地方官出具印结送部，由户部行文滇、黔各省，将该员所借银两于回省时照数扣还归款，知会该省作正开销。如地方官扶同捏报，滥行借给，以致无著，即于滥借之地方官名下分别著赔。……运费不敷，向准沿途借支。自增给各运经费以后，道光八年，

奏准：一概不准在途支借，以杜冒滥。"

[2] 守冻：等候开冻。《清高宗实录》卷三百四十四记："乾隆十四年己巳秋七月壬子，户部议覆：'云南巡抚图尔炳阿奏称"滇省办运京铜，运官应支养廉，除在原定正限内抵通者准全支外，至守风、守水、守冻等日，养廉减半，杂费仍按月全支"等语。查守冻期内养廉，应令沿途督抚查无逗遛别情，准减半支给，杂费一体减半。其守风、守水日期，例俱不准扣算，所请支给一半养廉之处，毋庸议。又称"沿途用过水脚银，令川楚等省督抚，饬各地方官，将运官所雇船只水脚各费，据实确查，登簿盖印，扶同浮开，事发一并查参"等语，亦应如所奏行'，得旨：'依议'。"《皇朝文献通考》卷十八《钱币考六》记："乾隆三十八年，定铜运抵津后，不许开报守冻之例。大学士于敏中等奏：'铜运攸关铸务，例限綦严。运员任锡绂、陈希泽、黄斌等，守冻与抵通或同时，而行阻互异，或一运而咨报各殊。且一人所运之铜，或两地守冻，其中显有徇隐捏饰情弊。'奉上谕：'铜运船只，既抵天津一带，距京已近，铜斤非米粮可比，即属冻河之缘，原可改从陆运，皆因运员等恃有守冻之例，遂尔藉词迁延，嗣后铜运抵津后，概不准开报守冻。如遇冻河，即令其陆运进京，则支吾守冻之弊，不除自绝。'著为例。"

## 起剥雇纤[1]

正、加各运委员，经过各省，例准起剥处所：

湖北归州新滩，定例全行起剥。自新滩剥至黑岩子归载[2]，计程四十里，每百斤准销水脚银三分。

江南宝应县白田铺，例准起六存四[3]，剥至黄浦归载，计程二十里，每百斤准销水脚银二分七厘。

清河县清江闸，例准起六存四，剥至神海庙归载，计程二十五里，每百斤准销水脚银二分五厘。

清河县福兴闸，例准起六存四，剥至豆（瓣）[瓣]集归载，计程三十里，每百斤准销水脚银三分五厘。

桃源县众兴集，例准起六存四，剥至宿迁县归载，计程一百里，每百斤准销水脚银四分。

宿迁县关口，例准起六存四，剥至邳州归载，计程一百二十里，每百斤准销水脚银七分五厘。

邳州猫儿窝，例准起六存四，剥至山东峄县台庄归载，计程九十里，每百斤准销水脚银五分二厘。

山东峄县台庄，例准起五存五，剥至滕县朱姬庄归载，计程一百四里，每百斤准销水脚银六分。

滕县十字河，例准起四存六，剥至夏（销）[镇]归载，计程十六里，每百斤准销水脚银五厘九毫。

济宁州枣林闸，例准起五存五，剥至南旺归载，计程一百四里，每百斤准销水脚银六分四厘。

临清州板闸口，例准起六存四，剥至唐官屯归载，计程七百二十里，每百斤准销水脚银六分五厘。

直隶天津县，例准全行起剥至通州，每百斤准销水脚银六分九厘。

以上起剥共十二处。凡正运各起委员，在山东临清以上各处起剥铜斤，支用水脚银两，均准照数报销。并不在于原给水脚银内扣除。惟在天津全剥铜斤至通州，每百斤支用水脚银六分九厘，应在于原给自仪征至通州每百斤例给水脚银三钱四分内扣除。自天津至通州，银三分七厘六忽八微，只准销银三钱二厘九毫九丝三忽二微。如在天津剥系起六存四，所有起六铜斤，每百斤支用水脚银六分九厘，准其如数报销，毋庸在于原给水脚银内扣缴。

至加运委员，在仪征换船，运至通州，系用江宁站船装运。所有在天津全剥铜斤至通州，每百斤支用水脚银六分九厘，亦准照数报销。再起剥各处内，有前运在此起剥，而后运又不起剥者；又有前运不在此起剥，而后运又起剥者，原无一定。惟随时查勘水势情形，听运员酌量办理，会同地方官雇募，给发取结，回滇报销。

嘉庆十四年，户部奏明：正、加各运委员，由仪征至通州起剥，不得过八次。内除天津一次另行核计外，其余起剥，正运每起所用剥费，不得过一千八百两；加运每起，不得过一千六百两。

# 注 释

[1] 起剥雇纤：起剥即起拨。雇纤，在大运河中，因水流平缓，一些地段必须使用人工拉纤才能行船。乾隆《钦定户部鼓铸则例》卷一记："起剥雇纤：解运京铜，泸州运至通州，沿途应需船只长雇、短雇，专责运员随时相机办理。至运官在泸州店领铜雇夫背铜下船，每百斤给银三厘。泸州运至重庆，每百斤给水脚银六分五厘。铜斤至重庆，雇夫提包过载，每百斤给夫价银三厘。重庆至汉口，每百斤给水脚银一钱九分。汉口雇夫背铜上店下船，每百斤各给夫价银三厘。汉口运至仪征，每百斤给水脚银一钱八分。仪征雇夫提包过载，每百斤给夫价银三厘。仪征至通州，每百斤给水脚银三钱四分。加运铜斤，自泸州至汉口，照正运之例支给。自汉口起以下，俱系派拨站船装运。只支在汉口雇夫背铜上店下船，仪征雇夫提包过载，每百斤各给夫价银三厘，不支水脚。铜斤守冻，雇夫背铜上店下船，每百斤正、加俱准各给夫价银三厘，又每百斤给杂费银一钱二分七厘二毫。统俟事竣之日，造册送部核销。如有浮冒，责令该运员名下追赔。解运京铜，承运各官沿途如有守风、守水、守冻及起剥、雇纤等事，即行就近具报该处地方官即时查明确实，具结详报本省督抚，转行报部，并咨滇省查照。俟该运员回省核实，造册请销。如有浮捏，即将运员及出结之地方官一并参处，著落分赔。倘运员等不即时报明该地方官者，不准展限。如遇水大、水浅，必须起剥、雇纤等事，不会同地方官取结送部者，其所需剥费、夫价等项银两，不拘需费若干，一概不准报销。如该运员既经具报，而该地方官勒掯不为转报者，查出一并参处。"清代吴其濬《滇南矿厂图略》下卷《舟第九》记："凡运船经过江河险隘处所，水浅之时，应须起剥，均令地方官会同运员妥协办理。统计铜、铅长运至京，即值水涸，每运起剥总不得过八次。天津至通州一次起剥，每百斤给银六分九厘，其余沿途剥费，正运铜斤每起不得过一千八百两，雇纤工价不得过二百四十两；加运铜斤，每起不得过一千六百两，雇纤工价不得过二百一十两；铅斤每起在途剥费不得过二千两，雇纤工价不得过二百七十两。令沿途地方官将用过银数，出结送部，浮冒者按限著追。凡铜、铅运抵天津，雇船起剥，向系起六

存四。如原船实系破漏,不能前进,会同天津县全行起剥,一体报销,原船水脚银两应截至天津县止。由津至通州,计程三百二十里,每铜百斤合银三分七厘六忽零,每铅百斤合银四分五厘六毫六丝五忽零,于水脚银内照数扣除。"同治《钦定户部则例》卷三十六《钱法三·起拨》记:"铜、铅船只经过江河险隘处所水浅之时,应须起拨,均令地方官会同运员妥协办理。统计铜、铅长运至京,即值水涸,每运起拨,总不得过八次。内除天津至通州一次起拨,每百斤给银六分九厘,其余沿途拨费,正运铜斤每起不得过一千八百两,雇纤工价不得过二百四十两。加运铜斤每起不得过一千六百两,雇纤工价不得过二百一十两。令沿途地方官将用过银数出结送部,倘运员任意多开,由部驳饬,将核减银两,按限著追。京铜抵天津,全行起拨所需拨费银二千八百两,分为六起,正运四起,每起领银五百两,加运两起,每起领银四百两,预于铜本银内照数由直隶司库拨储天津道库,俟各运员抵津,按起支给,滇省每年于题拨铜本案内,声明扣除。"

[2] 归载:运铜船只经过三峡险滩及大运河与黄河汇合处,为了防止重船难控而发生沉船沉铜事故,须将铜卸下搬运过滩,用小船轻载渡过险滩或黄河后,再将铜装入运铜船只中,称为归载。清代黎恂《运铜纪程》记:"道光二十年十二月初三日己未,过牛肝马肺峡,峡水尚平。旋过空舱,峡江中石堆现出,高五六丈……船触暗石必坏。每年铜、铅舟过此,往往沉溺。即客舟亦常失事。故新滩起剥必过空舱方归载。……道光二十一年四月十八日壬寅,促行户运铜归载。十九日癸卯,行户用小车八十运铜至剥船。"

[3] 起六存四:由于位于高闸位的运河水浅,铜船不能满载行进,必须卸下四成至六成的铜,用其他船只运载,则需要发生新的水脚银开销。有时征集不到船只,则改为陆运,用车辆、马匹运输到下一站。同治《钦定户部则例》卷三十六《钱法三·起拨》记:"铜、铅运抵天津,雇船起拨,向系起六存四。如原船实系破漏,不能前进,会同天津县全行起拨,一体报销。原船水脚银两,应截至天津县止。天津至通州,计程三百二十里,合每铜百斤,扣银三分七厘六忽零,于水脚银内照数扣除。"

## 雇纤处所

江南仪征县，例准每船添雇纤夫十名，拉至天妃闸[1]，计程三百七十里，每名准销夫价银一两零七分。

甘泉县[2]洋子桥地方，每船例准添雇纤夫十名，拉至天妃闸止，计程三百六十里，每名准销夫价银九钱六分。

清河县豆（辦）[瓣]集，例准每船添雇纤夫十二名，拉至山东分水龙王庙止，计程七百九十里，每名准销夫价银一两四钱四分八厘。

桃源县古城地方，例准每船添雇纤夫十二名，拉至山东汶上县南旺止，计程七百三十里，每名准销夫价银一两四钱。

以上雇纤四处，凡正、加各起委员，到彼查勘水势情形。如必须添雇纤夫者，均应会同地方官雇募，给发取结，回滇将支用银两造册报销。

嘉庆十二年，户部奏明：正、加各起委员雇纤一项，惟在内河一带，按照历运准销之数，每起不得过一百六十两。自丙寅[3]头运为始，嗣后均照此办理。

## 注 释

[1] 天妃闸：又名惠济闸，在今江苏省淮安市淮阴区（清代为淮安府清河县，与今河北省清河县同名）码头镇马头村，为大运河上最著名的控水闸门。光绪《清河县志》记："惠济正闸，原名新庄闸，又名天妃闸，旧在惠济祠后。明永乐中陈瑄建，嘉靖中改移于南，名通济，万历六年潘季驯又移甘罗城东，康熙十九年又移烂泥浅之上，即七里旧闸，而改名惠济，四十年复移建于旧运口之头草坝。雍正十年，移建七里沟即今处。闸丑山未向，金门宽二丈四尺。乾隆十一年、二十三年、四十年，嘉庆十五年，道光二十年（1840）皆拆修。闸上有升关坝，又有钳口坝，下有束水坝。"在咸丰五年黄河于河南兰阳（今兰考）铜瓦厢决口北徙，结束夺淮入海的历史以前，由于黄河经淮河入海，天妃闸为控制黄河泥水灌入运河的中心枢纽，地位极为重要。《清史稿》卷一百二十七《河渠二·运河》记："明

初江南各漕，自瓜、仪至清江浦，由天妃闸入黄。后黄水内灌，潘季驯始移运口于新庄闸，纳清避黄，仍以天妃名。然口距黄、淮交会处仅二百丈，黄仍内灌，运河垫高，年年挑浚不已。"因此，清朝廷非常重视天妃闸的维护。《清圣祖实录》卷二十三、二十五记："康熙六年丁未八月戊戌，山东道御史徐越疏言：漕河以天妃闸为咽喉，而天妃闸口受黄、淮二流，黄水不分，淮水万不能导。……请敕河漕诸臣，速将黄家嘴地方，旧有形势之支河，挑浚成渠，使分黄河之势以下海，更于桃源、宿迁等县而上，多开支河，以分上流之汕涌，于安东云梯关而下，宣泄下海水道，以接黄流之湍溜，其清河口沙洲，速行挑去，天妃闸内河底，及时挑浚，使淮水刷沙入江，而天妃坝及遥湾，增筑石工，自是一劳永逸，有济通漕者也，下部详议"，"康熙七年戊申五月癸亥，河道总督杨茂勋疏言：黄河水沙相平，常苦淤决……若不急治，为患非小，必于天妃闸外筑坝，逼黄引淮出口，淮、黄相抵，归海自顺，下部议行"。清朝时康熙、乾隆均亲自视察过天妃闸。《清圣祖实录》卷一百一十七记："康熙二十三年甲子十一月庚午，御舟泊清河县天妃闸。"《清高宗实录》卷三百八十记："乾隆十六年辛未春正月丙子，上诣皇太后御舟问安，渡黄河，至天妃闸，阅下埽。"1958年，淮沭河开挖之后，这段运河被废弃，天妃闸于1968年被炸毁。由于当时淮安位于大运河与黄河的交汇处，对于漕运至关重要，因此清朝的河道总督府与漕运总督府，均设在淮安城中，遗址至今保存完好。

[2] 甘泉县：清代所置的县，在今江苏省扬州市境内。雍正九年（1731）析江都县置，治所在今江苏扬州市甘泉街道，属扬州府。1912年甘泉县撤销，复并入江都县。与历史上及今天仍然存在陕西省延安市中部的甘泉县无关。《清史稿》卷五十八《地理五·江苏》记："扬州府……州三，县七。……（雍正）九年，析江都置甘泉。"

[3] 丙寅：即嘉庆十一年。由于此项规定在嘉庆十二年由户部核准时，上一年的铜运还在进行中，没有完成，此为令行即禁止的行为。

## 守冻开销

运员铜船，在仪征以北遇冻，报明地方官，照例守冻。

正、加各起运员，自四川泸州店领铜开行，运抵江南仪征以北内河一带。如时值冬令，河水冻结，船只不能行进，准报明所在地方官，出结转报，准其守冻。租房堆贮铜斤，每月准销房租银五两。雇夫背铜上岸、下船，每百斤准销夫价银六厘。每船准销看船头舵二名，每名日给盐菜银二分。打冰水手二名，每名日给盐菜银二分。文武（衛）[衙]门派拨兵役四名，协同看守铜斤，每名日给灯油、木炭银二分五厘。运员准支一半养廉。冻解开行，更换绳索，每根准销绳价银六厘。雇夫捆铜，每包准销夫价银五厘。

其（头）[加]运铜斤，如遇守冻，一切均不准支销。[1]

## 注　释

[1] "其"至"支销"：此项规定，《云南铜志》与《铜政便览》的记录不同，按照嘉庆年间执行的制度，头运在九月初十开船，冬季末春季初在长江下游，除非发生严重误期，是不可能遇冻的，故正常情况不会发生守冻，经费自然不准报销，因此《云南铜志》的记录是正确的。但是按照道光中期执行的制度，加运二起与正运一起一同出发，加运一起还要早一个月，情况基本一致，因此《铜政便览》的记录也是正确的。但《铜政便览》后文多了一句话："此条《户部则例》未载。"乾隆《钦定户部鼓铸则例》卷一记："运铜官员因守冻停泊，沿途督抚查明确实，并无捏故逗留情弊，运官每月准支减半养廉、杂费银两。守风、守水停泊，不准支给减半养廉、杂费银。取具地方官守冻日期印结，报部查核。"《大清会典事例》卷一百七十四《户部四十七·钱法》记："又奏办滇省办运京铜，其头运两起例于八月开行，扣至次年八、九月已逾正限，尽可抵通，不准守冻。倘抵津遇冻，即令委官自出运费，陆运交局。若在山东境内遇冻，迟误更甚，即照逾限例严参。"

## 沉铜捞费[1]

正、加各运委员运京铜斤，如有在途沉失者，均应查明沉铜处所，水深丈尺各若干，分别办理。如水深在三丈以外者，每百斤准销捞费银三钱。每水摸[2]一名，日给饭食银四分。如水深在四丈以外者，每百斤准销捞费银四钱。每水摸一名，日给饭食银四分。俟运员回滇，分晰报销。所销银两，在于铜息银内动支，俟奉部核复扣抵。沿途借支之项，如有不敷，饬追完解。如无借支者，发给运员承领。如沉铜打捞无获，或捞不足数者，其捞费及水摸工食，不准报销。

## 注 释

[1] 沉铜捞费：沉铜打捞费用。《大清会典事例》卷一百七十四《户部四十七·钱法》记："奏准：沿途沉溺铜斤，打捞夫役费用，在该地方库贮杂项钱粮项下暂行借给，仍于运员应领银内扣缴。其捞费工价，照准销成例，分别平、险核销，不许地方官任意浮开。沉溺全获，准与报销。若无获及捞不足数，其捞费统于运员名下扣还。"乾隆《钦定户部鼓铸则例》卷一记："运铜各员，如遇中途沉铜，即查明包数，报明地方官实力打捞。所需夫役费用，在于处地方库贮杂项钱粮项下暂行给发，仍于该运员应领银内如数扣缴。其捞费分别平、险给发，地方官不得任意多开报部照例核销。解运京铜，遇有沉失，以沉溺之日起，统限一年捞获。令运员留亲属、家人协同该地方文武员弁实力打捞。如一年限内无获，以及捞不足数，不在三峡险隘地方，即著落该运员名下赔补解部。至赔补沉铜，应照'江海挽运漂流米谷'例，将该运员题参革职。限一年内赔完，准其开复。如逾限一年赔完，免罪，不准其开复。二年之内尚未赔完，照例治罪严追。沉溺铜斤，照厂地工本、运脚一例著落赔补。所沉铜斤，听该运员自行打捞，捞获之日，即准给还，报明该地方官照厂价收买，不许私卖，以杜弊端。收买之铜，拨给委员带解，以为凑解京局之数。沉溺铜斤，一年限内运员如系升任别省及丁忧者，俱令前至打捞处所，协同打捞。事竣，始准回任、赴任、回籍。该管地方文武各官，遇有铜船沉溺，照'漕船失风'例处分。仍于一年限内停其升转，责令运员实力打捞。限内能捞获过半者，免其查议。捞获过半者，将该

地方文武各官罚俸一年。"清代吴其濬《滇南矿厂图略》下卷《耗第十》记："凡险滩沉溺，打捞全获，水深四丈以外者，每获百斤给工费银四钱；四丈以内者，给工费银三钱；水深八九尺未及一丈者，给工费银一钱，水摸饭食给银四分。至难以施力，酌量情形，不必过于勉强，以致水摸有涉险轻生之事。其运员会同地方试探打捞，定限十日，将捞获铜斤归帮，开行前进。未获者，摘留运员家丁，交地方官督同看守打捞。其著名险滩，沉溺无获，文武各官出具保结，准其题豁，仍严捏报之罚。如系次滩，除捞获外，运员赔十分之七，地方官赔十分之三。其险滩不会同地方官打捞者，虽全获，不准报销捞费。"同治《钦定户部则例》卷三十六《钱法三》记："铜、铅沉溺打捞：打捞沉铜，用两船相夹，中设木架用大锚、大石系粗绳坠于江中，名曰帮船，饬令运员亲属雇备船只紧贴帮船住宿防守，沿江州县亦差丁役在彼一同查察，以杜水摸人等偷漏之弊。沉溺铜、铅打捞全获，水深四丈以外者，每获百斤给工费银四钱。水深四丈以内者，每获百斤给工费银三钱。水深八九尺未及一丈者，每百斤给工费银一钱。水摸每名，每百斤均给饭食银四分。"

[2] 水摸：发生沉船事故以后，雇佣当地水手下水打捞沉铜，此等水手以在水下摸铜为业，故称水摸。《清高宗实录》卷一千三百八十四记："乾隆五十六年辛亥八月，四川总督鄂辉条奏铜运事宜：'如遇铜、铅失事，即雇水摸打捞，于水摸中选诚实一人，点为水摸头，专司督率，如一月内全获，于例给工价外，另赏银五十两，限外十日或半月内全获，以次递减，三月内全获者，毋庸奖赏，倘限内捞获稀少，或逾限不及一半，将水摸头枷责，如捏报偷摸情弊，加倍治罪'。下军机大臣会部议行。"同治《钦定户部则例》卷三十六《钱法三》记："铜、铅沉溺打捞：铜、铅沉溺，雇募水摸探量水势，设法打捞，并于水摸中选诚实一人，点为水摸头，专司督率，如能一月内全获者，于例给工价之外，令该处地方官赏银五十两，限外十日或半月内全获者，以次递减。所赏银两该督抚捐、廉发还。三月内全获者，毋庸奖赏。倘限内捞获稀少，或逾限不及一半者，将水摸头严行比责、枷示河干。如捏报偷摸情弊，加倍治罪。"

# 应纳关税[1]

运员领售余铜[2]，经过各省，应纳关税银两。

内四川夔关《税例》：红铜每百斤，应征银三钱六分。

江西九江关例：不征收货税，只征船料。运员备带余铜，如系同正铜装载，其船料银两，业据船户完纳，毋庸另征。

安徽芜湖关《税例》：每铜百斤，应完户关正税银一钱六分。加一六铜斤银二分五厘六毫，加三水脚银四分八厘。又应完工关正税铜斤水脚银[3]一分三厘八毫六丝。合每百斤，应征银二钱四分八厘。

江南龙江关《税例》：每铜百斤，应完工关正税银七分五厘二毫四丝。又另征加一饭食银七厘五毫二丝四忽。合每百斤，应征银八分三厘。

由闸关《则例》：每铜百斤，应征正、耗税银一钱一分。

扬州关《则例》：每铜百斤，应征正税银一钱，加一耗银一分。合每百斤，应征银一钱一分。

淮安关《则例》：每铜百斤。应征正税银一钱二分，耗银一分二厘。合每百斤，应征银一钱三分二厘。

宿迁关《则例》：每铜百斤，应征正税银二钱五分，耗银二分五厘。合每百斤，应征银二钱七分五厘。

山东临清关《则例》：每铜百斤，应征正税银二钱一分三厘，耗银加一钱二分一厘三毫，补税银二钱一厘，单料银一厘。合共每百斤，应征银四钱三分七厘。

直隶天津关《则例》：每铜百斤，应征税银六钱七分。

通州关税《则例》：每铜百斤，应征正税银三分六厘，加一火耗银三厘六毫。合每百斤，应征银四分。

以上自四川夔关起，至直隶通州止，每铜百斤，共应征税、耗等银二两四钱六分五厘。

凡运铜各员到京，将应交户部铜斤，按额交收足数。如有下剩余铜，准其领售。其应完各关税、料银两，照前核算。遵照定例，每完纳关税银一百两，随解部库饭食银[4]一两五钱。又每完关税饭食银一百两，应解添平银二两。共计应完关税、饭食、添平等银若干，于运员回滇报销后，造册咨部。俟奉核复咨滇，在于运员名下追缴，留为滇省办铜工本之用。于题拨铜本银两时，声明计除，拨解部库清款。其应纳崇文门税银[5]，均系运员在京，自赴崇文门完纳。

## 注　释

[1]　应纳关税：这里应纳的关税，指的是对运员多带及领售的余铜部分征税。正常运输的额铜，直接运交户部、工部，沿途是免税的。《清宣宗实录》卷八十九记："道光五年乙酉九月壬寅，谕：'琦善奏"剥运铜、铅船只，请免报税"一折，滇、黔等省运京铜、铅，并湖南省办运铅斤，因御黄坝难以启放，原船不能抵通，该督现将剥运漕粮回空船只装载接运，船户未免滋累，加恩著照所请，运京铜、铅各船，应纳宿迁、临清、天津等关船料税银，免其完纳。该部知道'。"

[2]　领售余铜：铜运任务完成，额铜交钱局后，所剩余的铜，由运员领出售卖。每正运一起，领运铜一百一十万四千四百五十斤。其中额解铜一百零八万斤，余铜为二万四千四百五十斤，作为预备沿途盘剥折耗，也用于其他原因（如沉铜捞获不足）添补局秤之需，例由运官交足额铜以后，领出自售，收入归己。一般情况下，市场铜价高于钱局收购价。但也有例外，如道光二十一年，市场供应充裕，铜市为行商垄断，铜价反低于钱局，黎恂等运官不得不陈请钱局收购。《清高宗实录》卷三百八十七记："乾隆十六年辛未四月癸未，谕：'户部所议"铜、铅交局赢余之处"，奏称滇省办运铜斤，每百斤给有余铜三斤，以备折耗添秤之用，额铜交足外，余剩令其尽数交局。解局铜、铅，既有定额，不足者责令赔补，则赢余者即当听其售卖。盖赢余已在正额之外，即不得谓之官物，如应尽解尽收，则从前竟可不必定以额数矣。足额已可完公，又谁肯尽交余数，徒有尽交之名，而余铜未尝不留存私售。朕办理庶务，惟期行实政而去虚名，铜、铅交局，一遵定额，正额交足，所有余剩铜、铅，应听其售卖，以济京师民用，未尝不可。但官解之余，而私售漏税，则不可行，而且启弊，惟令据实纳税，隐匿者治以漏税之罪足矣。此折著发还另议，寻议奏嗣后，领

运各员交局后，将实存赢余数目，报明户、工二部，行崇文门监督，按照经过各关应交税课，通盘核算，照例纳税。如以多报少，即照漏税律治罪。再查铜、铅抵通、抵湾，即照汉口、仪征换、船篓之例，限两个月，全数交局。如遇阴雨泥泞，或铜、铅并到，车脚难觅，令转运之通州坐粮厅、张湾巡检，据实报明，逾限捏饰，将解员及转运之员，一并议处'。从之。"乾隆《钦定户部鼓铸则例》卷一记："铜斤抵通州坐粮厅，率同长运官将正、耗、余铜包数，先行呈报其正、耗铜斤，令该解员全数运局兑收，余铜存于通州，俟宝泉、宝源二局秤收时，如有不敷，将存通州余铜提取加补。统俟交足后，令将添补秤头，以及实在余剩铜斤数目，取具报明户、工二部，转行崇文门监督，按照应交税课核算，照例纳税，听其售卖。其应纳沿途各关税课，运员差竣回省之日，于应找银内，照数扣存，汇达解部，由坐粮厅查明，出结报部。倘有以多报少，或先行私卖情弊，一经查出，即将该解员照漏税例治罪。并行文滇省，将余剩铜斤沿途所用运脚，于奏销案内，照数扣除报部。"《皇朝文献通考》卷十七《钱币考五》记："乾隆十六年，又定解局盈余铜、铅，听运官报税，自行售卖。奉上谕：'户部所议铜、铅交局盈余之处奏称：滇省运铜，每百斤给有余铜三斤，以供折耗之用，额铜交足外，余剩令其尽数交局，余铅亦照此例。看来从前成例，似是而非，解局铜、铅既有定额，不足者责令赔补，则盈余者即当听其售卖。盖盈余已在正额之外，即不得谓之官物，如应尽解尽收，则从前竟可不必定以额数矣。正额已完，又谁肯尽力？余数听其自售，以济京师民用，未尝不可。但以官解之余而私售漏税，则不可行，而且启弊，惟令据实纳税足矣。'寻户部议定：凡交局所余铜、铅及点锡，令运员据实报明，移咨崇文门，照数纳税。户部即将余剩数目，行知经过各关，核算税银，转行各督抚。俟委员差竣回省之时，于应领养廉项内扣留解部，如有以多报少隐匿等弊，一经察出，即照漏税例治罪。"

[3] 铜斤水脚银：即水路运铜的费用。其来源为清代专门征收的关税——铜斤水脚银税。清制，凡京城所需铜、铅，例由云南、贵州、四川等省办运解京，其运送铜斤之水脚银，由崇文门、天津关、临清关等关征解。凡各关征收税银均有定额，其额有正额及赢余，其应征铜斤水脚银，各关亦有定额。如光绪时，崇文门关、天津关、临清关额征铜斤水

脚银各七千六百九十二两余，闽海关额征铜斤水脚银七千两等。按定制，各关正额及赢余定数，倘有亏短，按分数分别议处，所亏银两著该关监督勒限赔补。其额定之铜斤水脚银俱归正额一体解户部，若有亏缺，亦按亏短正额例处理。

[4] 解部库饭食银：乾隆《钦定户部鼓铸则例》卷一记："每年题请预拨铜斤工本、运脚、养廉、杂费等项银八十五万两……内应解户、工二部宝泉、宝源二局官吏饭食等项银六万四千四百五十五两。……解运京铜每百斤，解部饭食银一两一钱三分。在于协拨铜本银内按数拨解通州坐粮厅存贮，按两月分解户、工二部。统造入办铜案内汇总，报明户部核销。"

[5] 崇文门税银：明代迁都北京以后，通惠河码头从积水潭迁到东便门附近的大通桥下，从而使距大通桥只有咫尺之遥的崇文门成了各种商品的集散地和批发商的聚集地，也是征收各种商税的最佳场所。崇文门税关是明清两代全国最大的税关，每年征收的税额，居全国各大税关之首。崇文门税关成立于明弘治六年（1493），成为统管北京九门进出货物、征收商税的总衙门，该衙门设在崇文门外大街路东（今内蒙古自治区驻京办事处所在地，崇外大街28号），直至民国十九年（1930）撤销，前后共存在四百三十七年。崇文门税银亦用作铜本，《皇朝文献通考》卷十三《钱币考一》记："又议令崇文门及天津、临清、淮安三关各动支税银一万两，办铜解宝泉局。……（乾隆）二十二年，崇文门及天津、扬州二关每处各支银一万两，各办铜十五万三千八百四十六斤有奇"。清代崇文门税关设正、副监督各一人，由皇帝从满族王公大臣中选派，任期一年，隔一年可以再任，不得连任。《清史稿》卷一百二十五《食货六》记："（乾隆）二十七年……定崇文门两翼税差期满，由部开列满、蒙大学士、尚书、都统、侍郎、副都统等职名，请简更代，遂为永制。"监督下设正、副总办委员各一人，堂委二人，帮办委员二人，待遇极其优厚，清代崇彝《道咸以来朝野杂记》记："余充崇文门税关帮办委员，岁约可得四五千金（年收入四五千两银子）。据云监督岁入亦不过数万金。彼时视此差遂为京官最优者"。运京额铜是免税的，但必须在崇文门进行点验。乾隆《钦定户部鼓铸则例》卷一记："铜抵通州坐粮厅点验后，按铜数核给脚、抗等价，饬令经纪转运。其水、陆

俱由运员亲自管押赴桥、赴局。铜斤起运时，坐粮厅呈报户、工二部局及仓场总督、崇文门。大通桥至崇文门公文，交运员收执，俟大通桥起车转运之日，填送日期，亲诣投递崇文门，派员点验放行。铜斤运局车辆至朝阳门、崇文门，差公文房书吏一名，带领官货行经纪二名，前往查点包、捆、车数，给发大票，令铜斤进门赴局，并知照户、工二局照数查收。"

## 划分余铜[1]

正、加各起运员，自泸起行以后，有在途事故，经过省分奏明，委员接运。

所有正运，每起例给余铜二万四千四百五十斤，按照省分远近划给。自四川泸州店领铜，运至重庆交替者，分给原运员余铜一千五百斤。自泸州由重庆运湖北汉口交替者，分给原运员余铜三千斤。自泸州由重庆、汉口，运至江南仪征县交替者，分给原运员余铜四千五百斤。自泸州由重庆、汉口、仪征，至山东台儿庄交替者，分给原运员余铜六千斤。自泸州由重庆、汉口、仪征、台儿庄，运至德州卫交替者，分给原运员余铜七千五百斤。惟接运省分，地方无定，不拘在于何省接替，除按段划给外，仍划给盘交折耗铜一千五百斤。其划剩余铜，全数给与接运之员，以为沿途折耗，及到部交收添补秤头之需。

其加运委员，每起例给余铜二万八百三十一斤六两四钱。运员遇有事故，经过省分委员接运，亦按照远近划给。自泸州运至重庆交替者，分给余铜一千二百斤。自泸州由重庆运至汉口交替者，分给余铜二千四百斤。自泸州由重庆、汉口，运至仪征交替者，分给余铜三千六百斤。自泸州由重庆、汉口、仪征，运至台儿庄交替者，分给余铜四千八百斤。自泸州由重庆、汉口、仪征、台儿庄，运至德州卫交替者，分给余铜六千斤。不拘在何处交替，除按段划给外，仍划给盘交折耗铜一千二百斤。其划剩余铜，全数给与接运之员，以为沿途折耗，并到部交收添补秤头之需。

至正、加委员带解、挂欠、沉失、豁免各款铜斤，所给余铜，均照前核算划给。

# 注 释

[1] 划分余铜：同治《钦定户部则例》卷三十六《钱法三·运员事宜》记："滇省运铜委员遇有事故，沿途委员接运，其原领正运余铜，照现在正运四起领运之数，按段分给。自四川泸州运至重庆，自重庆运至湖北汉口，自汉口运至江南仪征县，自仪征县运至山东峄县台儿庄，自台儿庄运至德州，每省各给余铜一千五百斤。又盘交折耗给予余铜一千五百斤。分剩余铜，全数给与接运之员承领，以为沿途折耗、添补局秤之需。至加运两起，每起原领余铜照正运划分之例，每省各给余铜一千二百斤。其盘兑交代亦给予折耗余铜一千二百斤。分剩余铜，全数给与接运之员承领。至带解余铜，亦照正、加各运，按省分段划给之数分给。其接运盘交省分无定，应给余铜，按照道里远近，照数划给，以昭公允。所有接运委员，交剩余铜，仍照例准其纳税领售。"清代吴其濬《滇南矿厂图略》下卷《耗第十》记："凡余铜，每正铜百斤例带余铜三斤之内，以八两为泸州以前折耗逾额折耗，在运官名下，照定价勒追交，厂官于运限内补足，以二斤八两为泸州以后折耗及京局添秤之用。添秤所余，准运官领售，仍纳崇文门税，运官豫售，以漏税论。其应纳沿途关税。云南巡抚于运官回省日，饬在应领养廉等银内，按则扣存汇解，并将原给运京水脚扣除奏销。凡余铜随正抵通，应由坐粮厅验贮，听钱局提取添秤。中途遇有沉溺，现到正铜不敷收兑，将所带余铜尽数抵收。若有余，仍准纳税领售。凡钱局饬提余铜，由运官雇车，不给运脚。如抵铜不敷，即令照数赔补，每百斤缴价银十三两一钱三分七厘零，仍令厂员买足搭运此项旧例亦有逾折，定额后，经奏明停止。"清代黎恂《运铜纪程》记："道光二十一年十一月十七日丁卯，晴。铜运在泸，例载余铜二万四千四百五十斤，抵京后，如途中正、耗铜有沉溺或秤不足数，即以余铜抵补，若正项铜交足无亏，则余铜给运员变卖。除纳沿途关税外，余银归运员，以示体恤，此国恩也。故自夔关至崇文门，皆呈税簿，关吏注明纳税数目，到部总计应纳若干，仍檄运员解缴。此项余铜抵通，存贮民房，俟正、耗铜运局交清，禀请部给行知，赴通由坐粮厅验，方准运铜入都，发商售卖，乃定例也。近年都中铜价甚贱，乏商承买，有山右刘四者居奇垄断、抑勒运员。余偕余宗山、项仙洲筹议援例赴户部具呈，

请入奏，恳官为承买。……十二月十五日甲午，阴，微雪。余铜呈请官买，户部于本日入奏，已奉旨允准。"

## 运员引见[1]

办运京铜正、加各运委员，自滇至京，长途万里，经历川河长江之险，往返三载，跋涉劳累。前钦奉恩旨："各省知县以上官员，因公事差委，或解饷，或解颜料，或解铜斤等项到京者，于事将完结之前两三日，该部堂官奏明，带来引见。钦此。"又于嘉庆四年正月内，奉部议奏，滇、黔二省委员解运铜、铅，承运足数之员，核扣程限无逾，户部照例带领引见后知照吏部，如系实授丞倅、州县，其任内并无不合例事故，与卓异之例相符者，准其入于卓异班内，按照引见日期，与各项人员，较先后升用。其题署人员，俟题准实授后，任内并无不合例事故，亦准其入于卓异班内，以实授奉旨之日，较先后升用等因具奏。奉旨："部议是。钦此。"嗣于嘉庆十一年，奏请三省递运京铜案内，钦奉上谕："滇省运京铜斤，向系由该省派员解送。嗣据永保奏请，分省递运[2]。经楚省奏明，照议办理。今江苏因河工、海防，及办理漕务，均关紧要，难以再派运铜，自系实在情形。江省既不能接运，断无只令楚省委员接运之理。看来三省递运一事，势属难行。着仍循旧定章程，滇省委员径运进京，以归简易。至该员等由滇起解押运，长运跋涉，经历风涛、苦累情形，朕所素知。将来该委员运送到京后，果能解交足额，并无迟误逾限之处，该部带领引见时，朕必当酌量施恩，加之鼓励。钦此。"所有正、加各运委员，自滇起程时，由藩司出具考语，详请督抚发给咨文，交各运员领赍赴部。各员所运铜斤，照额交足，户部即奏明，带领引见。如所运铜斤有沉失、逾折、挂欠、短少者，不准带领引见。

## 注 释

[1] 运员引见：清政府对运铜官员的一种奖励措施，运员顺利完成京

铜运输任务以后，如没有出现大的差错，即由皇帝召见一次，以示褒奖勉励。乾隆《钦定户部鼓铸则例》卷一记："解官引见：雍正三年十月初五日，奉旨：'各省知县以上官员因公事差委，或解饷、或解颜料、或解铜斤等项到京者，于事将完结之前两三日，令该部堂官奉明，带来引见。钦此'。"《大清会典事例》卷一百七十四《户部四十七·钱法》记："又奏准：解运铜、铅、点锡各员，如未经受及试用候补者，准令出考咨部。倘运竣后并无短欠、逾限，亦令一体引见。"《清代官员履历档案全编》有："乾隆二十二年十一月，解铜官一员，云南省景东府同知汪大镛，仓场侍郎双庆、罗源汉带领引见。……乾隆四十八年，太子太保文华殿大学士管理户部事务忠襄伯和珅等带领引见：解铜官一员，云南省沾益州知州朱士鳌。"受引见者即被列入三年大计考核优等——卓异行列，有优先受提拔任用或补缺的好处。《清仁宗实录》卷一百五十九记："滇省派员运铜承运各员……遇有升缺，照例升用。如有委用曾经题署，尚未实授……俱准补用，得缺后将卓异应升之案，改为加一级。"同治《钦定户部则例》卷三十六《钱法三·运员事宜》记："滇、黔委员承运铜、铅到京交局，并无短少，核扣程限，亦无迟逾，带领引见。……知照吏部，分别叙用。如在仪征以北接运，准其于现任内加一级。"

[2] 分省递运：滇铜运京，跨越数省，运员在途达两年，辛苦异常不计，还成天担惊受怕，千方百计避免险滩、大风、黄河激浪造成船损铜沉，然而沉铜事故仍屡有发生，运员受累终身。云南历任巡抚经管其事，深知其害。为了分散风险，云南巡抚费淳在乾隆五十五年曾经建议运京铜分省递运，未获准。嘉庆七年，永保调任云南巡抚，再次陈请，始获准。然实施不久，即被他省借故推脱，复归旧制。此上谕见于《清仁宗实录》卷一百五十七"嘉庆十一年二月辛巳"条。清代严烺《重铜运以杜弊累疏》云："滇省岁运京铜六百余万斤，向由滇省委员解运户、工二局。嗣经云南巡抚奏请分省递运，准行在案。本年二月，复奉上谕：'三省递运一事，势属难行，覆照部议，仍循旧定章程，滇省委员径送进京。以归简易。钦此'。"《清高宗实录》卷一千三百六十八记："乾隆五十五年庚戌十二月戊午，谕：'向来滇省办运京铜八起，皆派云南官员领运，自泸州至京，程途甚远，涉历江河，屡换船只，运员等人地生疏，雇觅他省舵工、水手，多非素习，

往往防护疏虞，铜船致有沉溺。今费淳奏请"承运京铜，令滇员运至重庆交替，自重庆至汉口、仪征等处，例应换船之所，即由各省选派人员更换递运。令其雇觅妥船，慎选舵、水，可免沉溺之虞"等语。户部照该藩司所奏核覆，固属慎重铜务起见。惟是各省水程辽远，自重庆至汉口，自汉口至仪征，再由运河进京。中间相距各数千里，每至交替处所，凡递运委员，不能不盘查秤兑，或因斤秤短少，成色高低，额外需添；或因结报无亏，借端勒索，递相交卸。则递有稽延，势必辗转长途，逾违程限。是欲杜弊而转致有违限、误运之渐，不足以专责成而昭慎重。嗣后自应仍令滇省委员长运到京，庶责有专司，不致互相诿卸。但所历之四川、湖南、湖北、江西、江苏、安徽、山东、直隶地方，皆非滇员本省。如江路经过险滩、河道提溜打闸、雇觅人夫，呼应究恐不灵，且遇有沉溺等事，亦恐该员借端影射，不可不派委大员经理稽查。所有滇铜经过之处，四川著派鄂辉，湖南著派冯光熊，湖北著派福宁，两江著派孙士毅，山东著派惠龄，直隶著派梁肯堂，于铜船到境时，各派勤干或道或府一员，会同滇员照料押运。出境后递相交替，仍通饬各属小心护送。令各该督抚等定章程，如何督同道府大员及地方官稽查弹压代雇船只之处，妥议具奏，不得仅以出境入境日期一奏了事。倘有沉溺短少，惟派出之该督抚是问。嗣后每年滇省奏到铜运开帮时，即照此次办理章程，将沿途各省藩臬大员开单，候朕每省酌派一员，经理其事，俾各有专责，毋致推诿，则盗卖短少之弊，自可永除。所有户部核覆费淳陈奏各条，俱毋庸议'。"

## 运员报销

正、加各运委员，于四川泸州店领运铜斤，由泸州、重庆、汉口、仪征、通州运至京局。

正运委员领运正、耗、余铜一百一十万四千四百五十斤，内分交户部三分之二正、耗铜七十二万斤，（八）【分】交工部三分之一正、耗铜三十六万斤。加运委员领运正、耗、余铜九十四万九百九十一斤六两四钱，内分交户部三分之二正、耗铜六十一万三千四百四十斤，分交工部三分之一正、耗铜三十万六千七百二十斤。所解铜斤，沿途如有沉失，其水脚杂费，即应扣除，造报领售。余铜亦应按照铜数多寡，将水脚杂费扣除。

所有正运铜斤，在泸雇夫背铜下船，每百斤准销夫价银三厘。自泸雇船装运重庆，每百斤准销水脚银六分五厘。在重雇夫提包、过载，每百斤准销夫价银三厘。

自重雇船装运汉口，每百斤准销水脚银二钱一分四厘七毫七丝。在汉口雇夫背铜上岸、下船，每百斤准销夫价银六厘。

自汉口雇船装运仪征，每百斤准销水脚银一钱八分。在仪征雇夫提包、过载，每百斤准销夫价银三厘。

自仪征雇船装运通州，每百斤准销水脚银三钱四分。

又在湖北归州新滩，每船添雇头舵[1]二名，每名准销工价银五钱。又东湖县雀儿尾滩，每船添雇滩师二名，每名准销工价银五钱按：以雇用船二十二只核算。

又天妃闸设立绞关[2]四副，每副用夫六十名，每名准销工价银六分。又过黄河，每原船一只，雇带船一只，每只准销银一两。又过黄河入口、出口，每船雇提溜夫二十五名，每名准销夫价银六分。又过双金闸[3]，每船雇提溜夫二十五名，每名准销夫价银六分按：以雇用船十二只核算。

又铜船运抵台儿庄，过后新屯庄、丁庙、万年、巨梁桥、新庄、韩庄等八闸，每闸雇拉闸夫六十名，每名准销夫价银六分。又经枣林闸、施家庄、仲城闸、新闸、新庄、石佛、赵村、在城、天井、草桥、通济寺、前柳林等十三闸，每闸雇拉夫五十名，每名准销夫价银六分。

铜斤交局[4]，每百斤准销抗铜、堆铜夫价小制钱[5]八文。看守铜斤，租搭窝铺，准销灯油、木炭小制钱五千二百五十文均按以每钱一千八百文，作银一两算。

又自（汉）【滇】起程，赴泸领铜，由泸州、重庆、汉口、仪征、天津、通州运至京局。每百斤准销篓绳、夫价、房租、灯笼、油蜡、酬江[6]、犒赏等项杂费银一钱二分九厘如遇害守冻，支销银两，准其另行入册报销，不在定例准销银一钱二分九厘之内。

又自滇至泸、至京，并自京回滇，准支十七个月七日，每月养廉银一百一两一钱九分九厘如在途守冻，例准按月减半支销。

又运员起剥地方，及次数多寡，原无一定。嘉庆十四年，奉部奏明酌定。正运每起起剥，不得过八次。除天津一次另行核计外，其余用银，不得过一千八百两之数。又天津全剥铜斤，每百斤准销银六分九厘。

又雇纤一项，嘉庆十二年，奉部酌定。每运雇纤，不得过一百六十两之数。

以上正运委员，自滇起程，赴泸领铜，运至京局，按铜、按船计算。共合每百斤准销水脚、起剥、夫价、养廉等项银一两三钱六分七厘五毫一丝三微。内除天津全剥铜斤，每百斤应扣原给自津至通水脚银三分七厘六忽八微外，实合每百斤准销银一两三钱三分五毫三忽五微。

加运铜斤，在泸雇夫背铜下船，每百斤准销夫价银三厘。自泸州雇船装运重庆，每百斤准销水脚银六分五厘。在重雇夫提包、过载，每百斤准销夫价银三厘。自重庆雇船装运汉口，每百斤准销水脚银二钱一分四厘九毫九丝八微八纤。在汉口雇夫背铜上岸、下船，每百斤准销夫价银六厘。在仪征雇夫提包、过载，每百斤准销夫价银三厘其自汉至仪、自仪至通应需船只，系由湖北、江南拨给站船，并不支销水脚银两。

又在湖北归州新滩，每船添雇头舵二名，每名准销工价银五钱。又东湖县雀儿尾滩，每船添雇滩师二名，每名准销工价银五钱按：以用船十八只算。

又天妃闸设立绞关四副，每副用夫六十名，每名准销工价银六分。又过黄河入口、出口，每船雇提溜夫二十五名，每名准销夫价银六分。又过双金闸，每船雇提溜夫二十五名，每名准销夫价银六分按：以用船十五只算。

又铜船运抵台儿庄，过后新屯庄、丁庙、万年、巨梁桥、新庄、韩庄等八闸，每闸雇拉闸夫六十名，每名准销夫价银六分。又经枣林闸、施家庄、仲城闸、新闸、新庄、石佛、赵村、在城、天井、草桥、通济寺、前柳林等十三闸，每闸雇拉闸夫五十名，每名准销夫价银六分。

铜斤交局，每百斤准销抗铜、堆铜夫价小制钱八文。看守铜斤，租搭窝铺，准销灯油、木炭小制钱五千三百文均以每钱一千八百文，作银一两算。

又自滇起程，赴泸领铜，由泸州、重庆、汉口、仪征、天津、通州运至京局。每百斤准销篾绳、夫价、房租、灯笼、油蜡、酬江、犒赏等项杂费银一钱二分九厘如遇守冻，支销银两，准其另行入册报销，不在定例准销银一钱二分九厘之内。

又自滇至泸、至京，并自京回滇，准支十七个月二日，每月养廉银六十八两一钱二分四厘如在途守冻，例准按月减半支销。

又起剥地方，及次数多寡，原无一定。嘉庆十四年，奉部奏明酌定。加运每起起剥，不得过八次。除天津一次另行核计外，其余用银，不得过一千六百两之数。又天津全剥铜斤，每百斤准销银六分九厘。

又雇纤一项，嘉庆十二年，奉部酌定。每运雇纤，不得过一百六十两之数。

以上加运委员，自滇起程，赴（汉）〖泸〗领铜，运至京局，按铜、按船计算。共合每百斤准销水脚、起剥、夫价、杂费、养廉等项银八钱二分六厘八丝八忽四纤。

# 注释

[1] 头舵：即船的掌舵人，相当于现代的船长。正文中指专门聘请的头舵，为临时驾船的掌舵，是带船航行过滩的人。《清世宗实录》卷二十三记："雍正二年甲辰八月乙未，谕江南、浙江、江西、湖广、山东、河南督抚等：'漕船关系紧要，朕前降谕上谕曰：除本船正副旗丁外，其头舵水手，皆应择用本军，庶各知守法，不敢误漕生事，此虽系总漕专责，然亦有关地方之事，尔等当严饬所属粮道、都司、卫、所等官，务使清查什军，毋令隐漏规避。头舵、水手，作何更换，换去之人，作何安插。毋令失所，俱宜协同总漕，悉心筹画商确，实力奉行，以为永远之计'。"

[2] 绞关：清代重建天妃闸时，只是考虑对黄河泥水的阻隔，并没有考虑漕船的顺利过闸问题，因此设置了绞关。后来因确实不便漕运，重新修筑了纤道。《清仁宗实录》卷二百八记："嘉庆十四年己巳三月壬戌，谕军机大臣等：'萨彬图奏"河口浅滞情形"一折，据称"黄水倒灌，高于清水二尺八九寸，粮艘上闸，两边俱无纤路，仅仗划船绞关，步步徐进，以致前停后拥，请敕下河臣等上紧赶办纤路"等语。漕粮转输，为国家经久要务，屡经降旨，令伊等先其所急，所有修筑纤道一事，自系至急之工，乃该督等并不赶紧豫办，临时惟仗用划船纤挽，以致迟慢，现在帮船已多

停泊,以后再值风水长发,平铺散漫,又将如何纤挽,览奏深为焦虑,南粮关系天庚,上年北来之米,多有潮湿,以致交仓后旋即蒸变,本年南粮,昨复据该漕督奏称"溧阳帮船于过淮盘验时亦带潮湿,恐有霉变,地方漕运官员,办理均属不善,而目前帮船行走,复因河口倒灌,纤道不修,又致稽阻",该督等所司何事,竟不豫为经理乎?铁保、吴璥、徐端,均著传旨严行申饬,著即将此段纤道,上紧设法趱办,并即如何办理,何日可以补筑竣事,无碍船行,先行由驿驰奏。设竟迟缓贻误,彼时亦不待朕惩办,伊等应得何罪,即自行议上,朕惟执法办理,不能曲为宽贷也。凛之'。"

[3] 双金闸:位于清代淮安府清河县(今淮安市淮阴区凌桥乡)境内,是淮北盐河与中河交汇处的节制闸。双金闸最初建于康熙二十四年(1685),因汛期黄河在清口处向运河倒灌,河道总督靳辅"奏请于清河县治西建双金门大闸一座,闸下挑引河万丈,分减黄流归海,有裨运道",双金闸,是双金门大闸简称,每孔宽为一丈八尺,双门总宽三丈六尺。双金闸汛期时承担减水闸的作用,向盐河分流黄河河水,降低清口枢纽的黄河水位,可使清口黄河水位下降一二尺,便于漕船渡黄。1957年,淮沭新河开挖,彻底截断盐河通道,双金闸逐渐废弃。现双金闸保存状况良好,成为世界文化遗产——大运河的景点之一。

[4] 铜斤交局:乾隆《钦定户部鼓铸则例》卷一记:"铜船运抵通州,令坐粮厅、大通桥监督随到随运,定限两个月内全数交局,或漕粮同时并到,及偶逢阴雨泥泞之时,实在不能依限运局,即令仓场侍郎查明咨部,准其展限。如有捏饰情弊,即将承办之员一并交部议处。铜斤运至大通桥,著大通桥监督掣点明白,交车户运送进局,俟户、工二局收明铜斤,发给实收之日,即令该运员回省报销。运员掣批送滇省备案,如有短少挂欠,责令该运员照完补。运员带解、买补沉失铜斤,令滇省将分解户、工二部铜数饬知运员,到通州时呈报坐粮厅,转户、工二局铜斤交足后,批回仍令带解之员,掣回滇省查销。铜抵通州到桥,并水、陆起运,饬令运员自行雇觅夫役看守防护,以及散捆打包。各运铜斤交局,如有短秤铜斤,令宝泉、宝源二局监督给发运员运票一张,赴坐粮厅验明铜数,即行给发运员自行雇车运局交收,仍行知大通桥、崇文门验票放行。铜斤到局,募夫搬运,下车上堆,每百斤给夫价银六厘。令各运官在于水脚项下动用,

回省据实报销。如有浮冒情弊，即行指名题参。解部铜斤，该省巡抚一面将应解铜斤正、耗、余铜各数，及委解姓名、日期报明户、工二科。一面出具朱限文批，饬令管解官员，照依定限，亲赍赴科投报。俟铜斤交竣，掣获部批实收之日，即行送科，一并验发。倘有违例不报不验，并逾限误公者，户、工二科，立即查明指参。"

[5] 制钱：按当时政府统一规定的标准铸造并能够在全国范围流通使用的规范钱币。《明史》卷八十一《食货五·钱钞》记："凡纳赎收税，历代钱、制钱各收其半；无制钱即收旧钱，二以当一。制钱者，国朝钱也。"《皇朝通典》卷十《食货十·钱币》记："雍正三年，令云南各局鼓铸制钱，听其流通各省，以便民用，不必禁止出境。《皇朝文献通考》卷十五《钱币考三》记：雍正五年，（云南）其鼓铸制钱，除本省搭放流通外，以四万串发运四川、湖广、广西等省，令各督抚动藩库银，每制钱一串易银一两，交云南解官领回，接济工本。各省所收钱，搭放兵饷，如钱轻薄不合式，许各督抚禀奏，将云南监局官交部议处。从之。"清代徐珂《清稗类钞·度支类》记："钱法源流：国朝制钱，以康、乾两朝所铸为最，皆取给于滇铜。"

[6] 酹江：即祭江，为我国古代祭祀仪式的一种。祭江时在江边摆上香案，供上祭品，如猪、羊、牛、鸡、鸭、鱼等，然后等待江神来品尝。人们用这种方式祈求航运过程中一路平安。清代黎恂《运铜纪程》中即记录了多次发生在运铜过程中的祭江仪式。

## 报销限期[1]

正、加运员承运铜斤，赴部交收，掣获实收呈明，回滇销差[2]。户部发给执照，定限九十九日到滇。如有在途患病耽延，应报明所在地方官，查验属实，具结申报本省督抚，咨部咨滇，申送藩司衙门查核，扣明限期，详咨户部查销。如有逾违交限者，即查开运员职名，送部查议。其造册[报]销，以运员到滇之日起，定限一月，造册申司。藩司复核文册详题，亦限一月。如有迟延，即将职名于详题文内声明，咨部议处。

又正、加运员，交铜事竣，如有事故，呈明户部，遣属赴滇报销。照运员回滇之例，户部填给执照，定限九十九日到滇。如托故逗留，私行回籍[3]，逾违定限者，于呈缴户部执照案内查明。本员如已病故，免其查议。如本员系丁忧告病者，将本员职名送部，听候查议。将迟延之该家属，发县严行惩治。如该家属实因患病耽延，报明地方官，取有印结呈送者，准其将耽延日期扣除，免其惩处。

## 注 释

[1] 报销限期：运铜费用报销的期限。乾隆《钦定户部鼓铸则例》卷一记："报销期限：滇省每年陆运京铜，用过脚费、筐篓，并官员养廉、工食等项银两，俟永善县承运黄草坪一路铜斤，撤站运交泸州收清全完后，于七月初一日起，统限三个月令各地方官分晰造册申道，该道汇造总册，于十一月初旬移司转详，于十二月内具题，如有逾限，即行详参。长运各官领运铜斤，解至京局兑交清楚，回省之日，统俟到省之日起限，勒限一月，造册申道，如有迟延，即行参处。粮道复核文册，移送藩司，亦定限一月，倘有逾限，于报销疏内，声明听部议处。水、陆两路解运京铜，用过一切运费，俟水运报销齐全之日，分别准销核减，汇同铜本以及铜斤成色等项银两，造总册报部核销。"《清高宗实录》卷六百七记："乾隆二十五年庚辰二月，云南巡抚刘藻议覆：'原任布政使傅靖奏称"运铜各员，回滇报销，原令一月内造册申报粮道，但未定有逾限参处之例，不免任意稽延"。应于正、协运官回省日，勒限一月申报，如迟参处至粮道覆核移司，亦应定限一月，如有逾延，统于报销册内声明，听部议处'。报闻。"《大清会典事例》卷一百七十四《户部四十七·钱法》记："又奏准：铜斤运京交局，回滇报销，于到省之日起，勒限一月造册申送，迟延参处。其由道复核送司，亦定限一月。倘有逾限，于报销疏内声明，听部议处。"

[2] 回滇销差：运铜完成后返云南销差的期限。乾隆《钦定户部鼓铸则例》卷一记："运员解运京铜，于铜斤交足之后，该运员即将回省日期报部，户部一面发给实收，一面将该运员自京起程，并回省定限九十九日，

填发执照行知云南巡抚并知照吏部,俟该运员回省后,即将执照送部查销。如果中途患病,令该员报明该地方官查验结报。倘无故迟延,照赴任违限例参处。"《皇朝文献通考》卷十七《钱币考五》记:"乾隆十八年,定云南运铜官给照回省之例。户部议言:'滇省每年解铜,需正、协运官十二员。事竣回滇,虽原定有九十九日之限,但在京收铜、补耗,迟速不齐,该员藉端逗遛,或于起程后沿途停滞,皆所不免。嗣后交完铜斤,将回滇日期报明户部,给发实收,即将起程日期填给执照,行知云南督抚兼知。详吏部如入京时在途有沉失未获之铜,应赴原处打捞者,即知照该处督抚,饬地方官验明执照,协同捞取。并将运员入境、起程日期,先后移咨滇省,如有迟延,据实参处。'从之。"

[3] 私行回籍:这条规定也有可通融的地方。黎恂于道光二十一年辛丑八月二十日运铜抵京,顺利完成运铜任务。于次年壬寅二月初四日出京,四月十九日绕道回贵州遵义故乡。六月初六日复由家启行,于七月初十日还抵昆明销差。其由京到滇计五个多月,超过了"定限九十九日"及不许"私行回籍"的规定,并未受到任何处分。黎恂为此还专门著有《回黔日记》。其回云南以后,又被重新任命为新平县知县。这是因为与黎恂一同运铜的帮手、学生姚世俊,因在铜运过程中操劳过甚,运铜到京后即染病亡故,黎恂被批准送其棺返乡。

## 运员短铜

正、加各员解部铜斤,有较额运之数交收短少者,除沉失之外,所短铜斤,由户、工二部核明具奏。将该运员先行革职,咨滇。将应赔铜价,及水、陆运脚银两,查照定例,按以每短铜一百斤,应添买余铜三斤[1],于寻甸店拨卖,每百斤应缴价银九两二钱。正、余铜斤,共应缴价银九两四钱七分六厘。

自寻甸至威宁,车站十五站[2],应缴正、余铜斤运脚银九钱六分一厘三毫三丝二忽。自寻甸至威宁,例准折耗铜五两四钱九分三厘外,应缴自威宁至镇雄陆路五站,正、余铜一百二斤十两五钱七厘,运脚银六钱六分三厘一毫六丝二忽，又应缴筐篓、木牌银九分一厘六丝五忽。

自威宁至镇雄，例准折耗铜一两二分七厘外，应缴自镇雄至罗星渡陆路五站正、余铜一百二斤九两四钱八分，运脚银六钱六分二厘七毫四丝七忽。自罗星渡至泸州店，水路八站，应缴正、余铜斤水脚银二钱九分七厘五毫一丝八忽，又应缴筐篓、木牌银三厘五丝。

自镇雄至泸州，例准折耗铜一两七钱九厘。自泸州至通州，应缴正、余铜一百二斤七两七钱七分一厘，水脚银八钱九分七厘七毫七丝四忽，沿途杂费银八分五厘六丝三忽。又应缴自通州至京局车脚银八分一厘九毫八丝八忽。计每铜百斤，应缴正、余铜价，水、陆运脚，杂费等银一十三两一钱三分七厘七毫九丝九忽。

按照所短铜数，核明应赔银两，详咨部科查照。俟运员回滇报销，将应赔银两，以到滇之日起限。银数在一千两以下者，限半年完缴。一千两以上至三千两者，限一年完缴。三千两以上至五千两者，限二年完缴。五千两以上至一万两者，限三年完缴。一万两以上至二万两以内者，限四年完缴。依限全完，详题开复。如逾限不完，详请题参革任。将应完短铜价、脚，并沿途借支银两，一并咨籍着追。如原籍无可追缴，饬查历过任所，如无隐寄，取结详咨，在于派该员运铜之各上司名下，按以十股摊赔。内出结保送之该管府、州，应赔四股。巡道如考移司，应赔三股。藩司据结详委，应赔一股。督抚据详批准，各应赔一股。至直隶厅、州，并无该管知府，应赔银两，无力完缴，在于佥派各上司名下，按以十股分赔。内巡道出结保送，应赔四股。藩司据结详委，应赔二股。督抚据详批准，各应赔二股。俟各该员赔补全完，买铜补运清款。

运员回滇丁忧，应赔短少部局铜斤价、脚银两。俟服阕回滇之日，按照原限追缴。查嘉庆九年，头运二起委员原署赵州[3]试用知县黄祖锡，应赔短少铜斤、价脚银八千五百八十余两。以该员于嘉庆十二年十一月初一日回滇报销之日起，例限三年完缴。据该员将初限应完银两，如数完缴司库。其二、三两限应完银两，尚未届限，该员即奉文丁忧回籍。咨奉部复，准俟该员服阕回滇之日，按照原限追缴完解。

【运】员在途丁忧回籍，守制服满，铨选他省，应赔短少部局铜斤、价脚银两，照新例分限完缴。查嘉庆元年，加运二起委员原任他郎[4]通判常连，应赔短少铜斤、价脚银两。该员因丁忧，无力完缴。奉部准俟服满得缺，在于新任完缴。【该】员补授四川宁远府通判，其应赔银两数在一万两以上，已经四川总督勒[5]奏请，查照定例，分限五年完缴。该员应赔银数较多，再请宽限一年。钦奉朱批："依议，钦此。"乃遵咨滇查照。

## 注 释

[1] 余铜三斤：同治《钦定户部则例》卷三十六《钱法三·余铜》记："每铜百斤例带余铜三斤之内，以八两为泸州以前折耗，逾额折耗，在运官名下照定价勒追交厂官，于运限内补足。以二斤八两为泸州以后折耗及京局添秤之用。添秤所余，准运官领售，仍由部核咨崇文门，照例科税，运官预售，以漏税论。其应纳沿途关税，云南巡抚于运官回省日，饬在应领养廉等银内按则扣存汇解，并将原给运京水脚扣除奏销。凡余铜随正抵通，应由坐粮厅验贮号房，听钱局添秤提取。若中途遇有沉溺，现到正铜不敷收兑，将所带余铜尽数运局作抵，抵收有余，仍准纳税售卖。凡钱局饬提余铜，由运官雇车补交，不另开销运脚。"《大清会典事例》卷一百七十四《户部四十七·钱法》记："乾隆三年，复准：每正铜百斤外，带余铜三斤，如正铜秤少，即将余铜加足。如有余剩，即作正铜交部归项报销。"

[2] 车站十五站：《云南铜志》统一记录为"自寻甸至威宁，车站十五站。"按照实际地理区位情况分析，由寻甸至宣威来宾铺的道路，都在平地和丘陵地带，没有大山、河谷阻隔，行车没有任何问题。然而宣威来宾铺到威宁白马塘的道路全部在山区，大部分路段不能行车，特别是可渡河的北岸为断崖，人马爬坡都很吃力，在古代根本没有通车的条件。同治《钦定户部则例》卷三十五《钱法二》记："寻甸州至宣威州，车运六站半；宣威州至威宁州，马运八站半。"这才是正确的记录。道光《云南通志》卷七六《食货志·矿厂四·京铜》记："寻甸一路，自寻甸至宣威六站半，给车脚银四钱四厘四毫四丝三忽。宣威至威宁八站半，给银五钱二分八厘八毫八丝七忽。威宁至罗星渡，每百斤每站给马脚银一钱二分九厘二毫。"今日寻甸至宣威全程为公路，里程172公里，在当时计车运六站半。今日宣

威由可渡至威宁全程也修通了公路，里程为107公里，实际上在当时只有四站路程，黎恂走过这段路，计程二百四十三里，由于其兼有代运护送银两的任务，故行进速度比较快，每天八十里，只走了三天，途中分别在宣威倘塘驿和威宁金斗铺住宿。运铜马帮每天只能走六十里，通常还必须在可渡住宿一晚。当时计为车运八站半，就是为了弥补马帮运输的费用比车运高一倍的差额，否则就不可能有人应役。

[3] 赵州：南诏国时设置，大理国改为天水郡，元代复改为赵州。《元史》卷六十一《地理四》记："大理路军民总管府……领司一、县一、府二、州五。……赵州，昔为罗落蛮所居地。蒙氏立国，有十睑，赵川睑其一也。夷语，睑若州。皮罗阁置赵郡，阁罗凤改为州，段氏改天水郡。宪宗七年立赵睑千户，隶大理下万户。至元十一年改为州，又于白崖睑立建宁县，隶本州，即古勃弄地。二十五年，县革入州，隶大理路。"明清两代沿袭元制，均隶大理府。《清史稿》卷七十四《地理二十一·云南》记："大理府……赵州：府南六十里。"1913年撤销建制，今大理市凤仪镇为旧赵州治。

[4] 他郎：即他郎厅。明代设他郎寨长官司，后改为恭顺州。清代设他郎厅，均隶元江府。《明史》卷四十六《地理七·云南》记："元江军民府……恭顺州，本他郎寨长官司，嘉靖中改州。"《清史稿》卷七十四《地理二十一·云南》记："他郎厅：府东北百六十里。明，恭顺土州。顺治十八年，省入元江府。雍正十年设厅。乾隆三十五年改属府。"乾隆三十五年，元江府降为元江直隶州，因他郎厅不便归州管辖，遂改隶普洱府。1913年，废厅改为他郎县，隶属迤南道（普洱）。1915年，因地方人士嫌他郎一词不雅顺，以境内之阿墨江为名，呈批后改他郎县为墨江县。1950年5月，墨江哈尼族自治县成立。

[5] 总督勒：即时任云贵总督勒保。《清史列传》卷二十九记："勒保（1739~1819），费莫氏，满洲镶红旗人。父温福，大学士、定边将军，自有传。乾隆二十一年，勒保由监生充清字经馆誊录。二十四年，议叙，以笔帖式用。二十七年九月，补中书科笔帖式。十一月，充军机章京。……四十八年，调正蓝旗满洲副都统，寻迁兵部右侍郎，均留库伦办事。五十年，召来京，命仍在军机章京上行走。……五十一年九月，授山西巡抚。

五十二年七月，署陕甘总督……六十年六月，调云贵总督。……嘉庆三年正月，调四川总督。……十四年四月，以勒保七十生辰，赐御书"宣勤介景"匾额。十二月，擢武英殿大学士，仍留总督任。……十六年正月，授两江总督。六月，召来京，复授武英殿大学士，管理吏部，兼镶蓝旗满洲都统。……二十四年四月，以勒保八十生辰，赐御书"延年养福"匾额。八月，卒。寻赐祭葬，予谥文襄。"《清史稿》卷三百四十四《勒保传》记："勒保，字宜轩，费莫氏，满洲镶红旗人，大学士温福子。由中书科笔帖式充军机章京。……（乾隆）六十年，勒保调云贵总督。……（嘉庆）十四年，拜武英殿大学士，仍留总督任。十五年，召来京供职。坐在四川隐匿名揭帖未奏，降授工部尚书，调刑部。十六年，出为两江总督。寻内召，复授武英殿大学士，管理吏部，改兵部，授领侍卫内大臣。十八年，充军机大臣，兼管理籓院。十九年，以病乞休，食威勤伯全俸。二十四年，卒，诏赠一等侯，谥文襄。勒保短小精悍，多智数。知其父金川之役以刚愎败，一反所为，寄心膂于诸将帅，优礼寮属，俾各尽其长，卒成大功。晚入阁，益敛锋芒，结同朝之欢，而内分泾、渭。既罢相，帝眷注不衰，命皇四子瑞亲王娶其女，以恩礼终。"

## 险滩沉铜豁免[1]

　　正、加各运委员运京铜斤，如有在途沉失者，勒限一年，实力打捞。限满无获，由沉铜省分查明。如系奏定极险之滩，人力难施，实在不能捞获者，取具水摸甘结，地方文武员弁印结，由府、道加结，咨部、咨滇。俟奉到部文，会疏保题[2]豁免。

　　所免铜斤，照例每百斤添买余铜三斤，于寻甸店拨卖，每百斤价银七两四钱五分二厘。计正、余铜一百三斤，应需价银七两六钱七分五厘五毫六丝。又应需自寻甸至威宁十五站，正、余铜一百三斤运脚银九钱六分一厘三毫三丝二忽。又前项正、余铜一百三斤，除自寻甸至威宁，例准折耗铜五两四钱九分三厘外，应需自威宁至镇雄五站，正、余铜一百二斤十两五钱七厘运脚银六钱六分三厘一毫六丝二忽，筐篓、木牌银九厘一毫六丝五忽。又自威宁至镇雄五站，例准折耗铜一两二分七厘外，应需自镇雄至罗星渡五站，正、余铜一百二斤九两四钱八分运脚银六钱六分二厘七毫四钱七忽。自罗星渡至泸州店八站，正、余铜斤水脚银二钱九分七厘五毫一丝八忽，筐篓、木牌银三厘五丝。自镇雄至泸州水、陆十三站，除例准折耗铜一两七钱九厘，实自泸州发运铜一百二斤七两七钱七分一厘。

如截至汉口止，每百斤应需正、余水脚银二钱八分四厘二毫八丝，杂费银八分五厘六丝五忽二微。共计每百斤，应需铜价，水、陆运脚，杂费等银十两六钱四分一厘八毫七丝九忽二微。如截至仪征止，每百斤应需水脚银一钱九分，杂费银一分五厘，共应需银十两八钱四分六厘八毫七丝九忽二微。

总按沉铜处所，核计应需铜价、水脚详咨，在于铜息银内动支。俟奉到部复，将动支银两，分别收入厂务陆运京铜项下，买铜补运清款。其自仪征以下[3]，并无险滩，从无豁免之案。

## 注　释

[1]　险滩沉铜豁免：据下文之叙述，只有"一等极险之滩"沉铜方能够豁免，并列出了所有一等极险之滩的位置、名称。且沉余事故还必须按照规定程序报批，最后经朝廷批准，方能够豁免。乾隆《钦定户部鼓铸则例》卷一记："沉溺铜斤，实系瞿塘三峡、江、湖、黄河险隘之处，确系会同地方官拣选殷实船户，熟练舵工、水手，并遵照定数装载，并无浮溢、私带等弊。实力打捞一年无获，或捞不足数，准地方文武各官查勘，确实出结呈报本省督抚，移咨滇省会疏保题豁免。仍将所免铜斤令云南巡抚照数补解。所需价、脚，在于铜厂余息项下动支办运。倘有不肖运员捏报川江等处沉溺，该地方文武各官扶同徇隐等弊，该督抚即行据实题参，并将保题之各督抚一并严加议处，著落分赔。"《皇朝文献通考》卷十七《钱币考五》记："乾隆十五年，又定沉失铜、铅处分。户部议定：'运京铜、铅，偶遇中途覆溺，限以一年捞获。运员于限内，遇有升迁、事故，仍留沉失之处打捞，俟事竣之日，分别赴任、回籍。如限满无获，及获不及数，即题参革职。限

一年内照数赔补,准予开复。所失铜、铅,仍听其自便捞取,报官给价收买。如逾年始赔完者,免罪不准开复。二年不完,照例治罪严追。至运铜之船,令地方官雇觅,倘以不谙行船之人塞责。致有覆溺者,将地方官罚六月俸,照漕船失风例,仍停升转一年,责令协同运官实力打捞。限内获半者免议,全无捞获,与数不及半者,各罚一年俸。'……十六年,又更定沉失铜、铅处分之例。户部议定:'额运内沉失铜、铅,原议一年捞获,有正、协二员者,留协运官在沉失之处。无协运者,留亲属家人,并令境内文武官协同办理。限内无获及获不及数,如不在险隘之地,即将运员题参赔补。倘实系瞿塘三峡、长江、大湖及黄河诸险,准地方官出结报该管督抚,移咨原办铜、铅本省督抚,会疏保题,将沉失铜船照数办解,免运官议处分赔。其地方官不慎选船户,以致沉失者,照例罚俸。如实系风水骤发,非人力所能防范者,该管官申报,将雇船之官免议。'"光绪《大清会典事例》卷一百四《吏部八十八·处分》记:"嘉庆五年,又奏准:云南、贵州运京铜、铅,遇有沉溺,若系定例险滩,地方官结保该省督抚,移咨云南、贵州会疏题请免议。在次险滩沉溺,例应赔交脚价银两者,亦准免议。傥有不肖运员,捏报江川等处沉溺,地方各官扶同徇隐,该督抚即据实题参,将运员革职,地方官降一级调用。督抚徇隐据题,亦降一级调用。"《清高宗实录》卷八百十七记:"乾隆三十三年戊子八月己卯,豁免云南运铜因风沉溺铜四万三千八百八十九斤。"同书卷八百三十三记:"乾隆三十四年己丑四月庚辰,豁免云南运解乾隆三十一年分第三运第二起,遭风沉失铜五万八千八百斤有奇。"同书卷八百五十三记:"乾隆三十五年庚寅二月丁丑,豁免云南遇风沉没运京铜四万九千八十七斤。"同书卷九百二十七记:"乾隆三十八年癸巳二月戊子,豁免云南沉溺铜一万六千五百斤。"同书卷九百六十记:"乾隆三十九年甲午五月丁酉,豁免云南乾隆三十五年第三运沉溺铜十六万三千九百六十斤有奇。"同书卷九百六十一记:"乾隆三十九年甲午六月丁未,豁免云南乾隆三十五年第二运二起沉溺铜一十五万四百五十斤有奇。"同书卷一千二百七十八记:"乾隆五十二年丁未三月壬子,豁免云南委员黄韶音沉失铜六万九百四十斤有奇。"同书卷一千三百三十八记:"乾隆五十四年己酉九月庚寅,豁免云南运员遭风沉溺铜六万七千二百一十斤。"同书卷一千三百六十九记:"乾隆五十五年庚戌十二月甲子,豁免云南解京遭风沉溺铜七万斤。"

同书卷一千四百六记："乾隆五十七年壬子六月庚辰，豁免云南运京沉失铜四万四千三十斤有奇。"同书卷一千四百九记："乾隆五十七年壬子七月乙卯，豁免云南运京沉溺铜六万六千斤有奇。"同书卷一千四百五十五记："乾隆五十九年甲寅六月乙亥，豁免云南运京沉溺铜六万六千九百斤有奇。"同书卷一千四百五十六记："乾隆五十九年甲寅秋七月癸巳，豁免云南运京乾隆五十二年分沉溺铜一万一千斤。"

[2] 会疏保题：《皇朝文献通考》卷十七《钱币考五》记："乾隆十六年，又更定沉失铜、铅处分之例。户部议定：'……倘实系瞿塘三峡、长江大湖及黄河诸险，准地方官出结报该管督抚，移咨原办铜、铅本省督抚，会疏保题，将沉失铜船照数办解，免运官议处分赔。乾隆十年，肆运官辛文兴等在四川云阳县磁庄子滩沉溺铜斤，经查明实系险滩，万难打捞，请准照例豁免。'"《军机处录副奏折》记："乾隆廿三年（1758）四月廿九日，兵部侍郎兼都察院右副都御史、巡抚云南兼建昌毕节等处地方赞理军务兼督川贵饷加一级臣刘藻谨题：'为奏明请旨事，该臣看得滇省办运京铜，如在瞿塘三峡、江、湖、黄河险隘之处，偶遇沉溺，例应查明，题请豁免。兹据管理铜务粮储道罗源浩会详：乾隆拾年肆运官辛文兴等在四川云阳县磁庄子滩沉溺，未获铜叁万壹千肆百贰拾陆斤，经川省查明，该滩实系著名险滩，水急滩高，巨石鳞砌，万难打捞，查与豁免之例相符，将送到印结，详题豁免前来，臣覆查无异，会题请旨'。"

[3] 仪征以下：仪征以下航道为大运河内河航道，自然无任何险滩，但"从无豁免之案"是不确切的。按照清政府的规定，除长江沿途各险滩外，还有"大湖及黄河诸险"在豁免之列，因此在大湖中及跨渡黄河时沉船，沉铜难以打捞，亦可以会疏保题豁免。本卷末附例中，就有该类事例。

## 次险滩沉铜分赔[1]

正、加各运委员运京铜斤，如有在途沉失者，勒限一年，实力打捞。限满无获，由沉铜省分查明。如系次险之滩，实在不能捞获者，取其印甘各结，咨部、咨滇。所沉铜斤，照例每百斤添买余铜三斤，于寻甸店拨卖，每百斤价银九两二钱，计正、余铜一百三斤，应缴价银九两四钱七分六厘。又应缴自寻甸至威宁十五站，正、余铜一百三斤运脚银九钱六分一厘三毫三丝二忽。又前项正、余铜一百三斤，除自寻甸至威宁例准折耗铜五两四钱九分三厘外，应缴自威宁至镇雄五站，正、余铜一百二斤十两五钱七厘运脚银六钱六分三厘一毫六丝二忽，筐篓、木牌银九厘一毫六丝五忽。又自威宁至镇雄五站，例准折耗铜一两二分七厘外，应缴自镇雄至罗星渡五站，正、余铜一百二斤九两四钱八分运脚银六钱六分二厘七毫四丝七忽。自罗星渡至泸州店八站，正余铜斤水脚银二钱九分七厘五毫一丝八忽，筐篓、木牌银三厘五丝。自镇雄至泸州水、陆十三站，除例准折耗铜一两七钱九厘，实自泸州发运铜一百二斤七两七钱七分一厘。

如截至汉口止，每百斤应缴正、余水脚银二钱八分四厘二毫八丝，杂费银八分五厘六丝五忽二微。共计每百斤应缴铜价，水、陆运脚，杂费等银十二两四钱四分二厘三毫一丝九忽二微。如截至仪征止，每百斤应缴水脚银一钱九分，杂费银一分五厘，共应缴银十二两六钱四分七厘三毫一丝九忽二微。如截至通州止，每百斤应缴水脚银二钱四分六厘，杂费银二分，共应缴铜价，水、陆运脚、杂费等银一十三两一分三厘三毫一丝九忽二微。

总按沉铜处所，核计应缴铜价，水、陆运脚等银详咨。在沉铜处所之地方官名下，分赔十分之三。运员名下，分赔十分之七。所有地方官应赔银两，俟追获咨滇至日在于京铜项下动放，搭同追获运员应赔银两，分别交入厂务陆运京项下，买铜补还清款。

如运员应赔银两，追缴无获，实在产尽无追，历过任所，亦查无隐寄，即将所少银两，在于佥派该员运铜之各上司名下分赔。内出结保送之该管府、州，应赔四股。巡道加考移司，应赔三股。藩司据结详委，应赔一股。至直隶厅、州，并无该管知府，应赔银两，无力完缴，在于佥派各上司名下，按以十股分赔。内巡道出结保送，应赔四股。藩司据结详委，应赔二股。督抚据详批准，各应赔二股。俟各该员赔补全完，买铜补运清款。

## 注 释

[1] 分赔：区分责任，分别赔偿。《皇朝文献通考》卷十七《钱币考五》记："乾隆十四年，又奉上谕：'刑部议奏厘革云南解铜官吴兴远等亏缺铜斤一案。该解官等，始以漫不经心，致铜斤沉失侵损，迨捞获才及得半，辄以全获呈报。复于沿途将铜斤辗转售卖，玩视官物，一至于此。即此一案亏缺铜七万有余，其他侵蚀之案，更不知凡几。向来劣员侵渔之习，大率类是。该上司或明知而姑听之，俾得任意欺朦，酿成积弊，但已往之事，姑不必问。此案该督抚不能慎选贤员，办理不善，着传旨申饬。其所有侵亏铜斤银两，部议该管上司按股分赔，着即勒限完缴，以资鼓铸。仍将如何分赔抵补之处，具折奏闻。嗣后运铜事宜，务须加意慎重。其沿途经过各省督抚，朕已传谕，令其将委员守风、守冻及有无事故之处奏闻。至铜、铅船，只于云、贵省起运，何日出境，亦着该督抚随时折奏。如仍蹈前辙，滥行差委，致有前项情弊，惟该督抚是问。'"

## 滩次[1]
## 云南省

镇雄州，自罗星渡水运泸店京铜，经由各滩，内：黄果滩、管环滩、霞巴滩、鱼脊梁滩、祖师滩、火井坑滩、虎嶂滩、罗家滩、前门滩、对读滩、木僭滩、锅饼滩、石宝滩、门槛滩、大摆子滩、美美滩、白果滩、柳公夹滩、石板滩、将军柱滩、大卧滩、荔枝滩、圈七滩、瓦窑滩、石盘滩、后门滩、老鸦滩、水（滩）[罐]子滩、孝儿嘴滩、对溪滩、老瓦沱滩、大线溪滩、大鸥头滩、铜礦滩、牯牛滩、长腰滩、双硐子滩、猪脸滩、土地滩、乾岩滩、大水头滩、猪拱窝滩、大僭滩、大木三滩、小僭滩、大苏滩、蛇皮溪滩、新开滩。

以上四十八滩，均非险滩。如有遭风，沉失铜斤，打捞无获，核明应赔铜价、运脚等银，照数在于承运之员名下追缴，买铜补还清款。

大关同知，自豆沙关水运泸店京铜，经由各滩[2]，内：白果滩、下寨滩、坎路滩、横碛子滩、新滩、小龙拱沱滩、黑焰溪滩、上水毛碉滩、长碛滩、黄果滩、鱼箭滩、黄葛滩、观竹岩滩、黄毛坝滩、犁头湾滩、三锅庄滩、猪钻碉滩、荔枝滩、龙拱沱滩、猪圈门滩、大圈滩、小溪口滩、老鸦滩、佛殿滩、下水毛碉滩、板凳滩、鸦莺滩、鸡翅膀滩、九龙滩、黄果漕滩、丁山碛滩、打扒沱滩、普耳渡滩、穿龙滩、石灶孔滩、大铜鼓滩、大白龙滩、小白龙滩、龙门石滩、新岩碛滩、马鞍滩、马三档滩、串龙门滩、门坎滩、马跳坎滩、大石新滩、小孔滩、雾露连滩、黄角滩、洛岸连滩、洛岸溪滩、蕉岩连滩、大木滩、青果滩、犀牛滩、观音滩、将军石滩、小风滩、石老连滩、小铜鼓滩、新碛滩、石宝霞滩、米子滩、鱼孔滩、临江溪滩、永保碛滩、大孔滩、离梗滩、石板滩、犁园滩、黄毛滩、羊牯幢滩、小木滩、板凳滩、土地滩、雀儿滩、嶷山碛滩、三倒拐滩、黄莲滩、老鸦滩、候家滩、鸡公滩、小窝比滩、大风滩、新墩滩、老蒋滩、界牌滩、响水碉滩、大石盘滩、永宁碛滩、梅子漩滩、羊古滩、猫儿滩、马落碉滩、干鱼滩、两岸溪滩、石磨滩、大鱼孔滩、小新滩、高滩、明滩、大窝比滩。

以上一百零二滩，均非险滩。如有遭风，沉失铜斤，打捞无获，核明应赔铜价、运脚等银，照数在于承运之员名下追缴，买铜补还清款。

永善县，自黄草坪水运[3]泸店京铜，经由各滩[4]，内：黄坪三滩、干田坝滩、金锁关滩、蕉岩石滩、犁园滩、小佛子滩、中石板滩、米贴滩、江心石滩、鼓渍岩滩、窝洛滩、神农滩、小雾基滩、溜水岩滩、硝厂滩、硫磺滩、三堆石滩、磨盘滩、小狮子口滩、大狮子口滩、神龙滩、那比渡滩、车亭子滩、牛鼻滩、豆沙溪滩、猪肚石滩、贵担子滩、门坎山滩、长岩坊滩、贵溪滩、冥长坊滩、狗碉子滩、鹦歌嘴滩、横梁子滩、撒水坝滩、四方石滩、羊角滩、枣核滩、摆定滩、小汉漕滩、鸡肝石滩、杉木滩、大芭蕉滩、小芭蕉滩、手扒岩滩、阎王扁滩、叶滩、焦岩子滩、锣锅耳滩、乾溪三滩、锁水滩、机子滩、石板溪滩、鱼儿滩、滥滩、犁园滩、小没溪滩、大汶溪滩、头继梁滩、巨梁滩。

以上六十滩，俱系次险之滩。如有遇风，沉失铜斤，打捞无获，核明应赔铜价、运脚等银，在于承运之员名下追缴，买铜补运清款。

又沙河滩、黑铁关滩、大佛子滩、乌鸦滩、大雾基滩、小虎跃滩、大虎跃滩、溜桶子滩、特衣滩、小锅圈岩滩、大猫滩、冬瓜滩、大汉漕滩、木孔滩、苦竹滩、凹岩三腔滩、新开滩、大锅圈岩滩。

以上十八滩，均系险滩。如有遇风，沉失铜斤，打捞无获照例取结，题请豁免。其应需铜价、运脚等银，于铜息银两内动支，买铜补运清款。

## 注　释

[1]　滩次：此为从云南、四川各铜运水运起点到江西境内的整个京运水运过程中，所经过的各滩的情况。这些滩次连在一起，就是京运长江水运到江西的整个途程。清代吴其濬《滇南矿厂图略》下卷《程第八》记："泸州至京长运并系水程。自泸州经石鼻子滩至合江县六百里，合江县经观音背滩至江津县三百六十里。江津县经水银口滩、观音背滩、蜂窝子滩、钻皂子滩、乌龟石滩、黑水滩、峨嵬滩、门堆子滩、马岭滩、钜梁滩至巴县二百四十里。巴县至长寿县一百八十里。长寿县经黄鱼岭滩、群猪滩至涪州二百二十里；涪州经巑碑梁滩至酆都县九十里，酆都县经鱼硐子滩、折尾子滩至忠州一百二十里；忠州经大湖塘滩至万县一百二十里。万县经东洋子滩、庙矶子滩、瞿塘马岭滩、宝塔滩、磁庄滩至云阳县一百二十里。云阳县经青岩子滩、二沱滩、瞿塘滟滪滩、石板峡滩、小黑石滩至奉节县一百三十里，奉节县经大黑石滩、龙宝滩、空房滩、跳石滩、库套子滩、大磨滩、黄金藏滩、香炉滩至巫山县八十里。巫山县经鳊鱼溪滩、金扁担滩又名磨刀滩、作油滩、三松子滩、泉急滩又名金鸡滩，又名母猪滩、青竹漂滩、横梁滩至湖北巴东县一百五十里。巴东县经上八斗滩、下八斗滩、石门滩、泄滩、饭甑老滩、老虎石滩、叱滩、乌牛石滩、莲花三漩滩、居原三泡滩、下石门滩、金盘碛滩、锯齿滩、上尾滩、黄牛滩、耍和尚滩、白狗悬滩、新滩、头滩、癞子石滩、鸡心石、新滩二滩、天平石、豆子石、新滩三滩、射洪碛滩、鼓沉滩、萧家朱滩、崆岭峡滩、大二三朱石、南丈朱滩、龙须沱滩至归州九十里。归州经锅龙子滩、沾山朱滩、大峰朱滩、瓮硐滩、玳石滩、渣波滩、红石子滩、南沱三漩滩、严希沱滩、黄颡洞滩、石牌滩、偏牢滩、白龙洞滩、楠木坑至东湖县九十里。东湖县经狼牙碛至宜城县九

十里，宜城县经鸡翅膀滩、雀儿尾滩、独杨沙滩至枝江县九十里，枝江县经采穴口滩至松滋县九十里，松滋县经鱼儿尾滩、簸箕滩、太保滩、老龙滩、马家寨、晒谷坪、荆州关至江陵县一百二十里；江陵县经叫湖堤至公安县一百六十里。公安县经袁家埠、杨林市、藕池、山矶嘴、齐公桥、季家嘴、土地港、壶套至石首县一百二十里，石首县至监利县一百二十里，监利县经九龙滩、上返嘴至巴陵县一百三十里。巴陵县经上翻嘴、下翻嘴、荆河脑、白螺矶、杨林矶至嘉鱼县一百里，嘉鱼县经谷花洲、石头口磡、石矶头塘、上牌洲塘、汪家洲塘、小林塘又名小洲，江夏县地、鲤鱼滲、杨泗矶、青山矶、白浒镇至汉阳县二百五十里。汉阳县经邓家口、通津、东江脑、乌石矶、九矶头、大军山、四官殿、杨林口至黄冈县二百四十里，黄冈县经阳城河、叶家洲、三江口、下新河、王荒武昌县地、猴子矶、赵家矶、龙蟠矶、燕矶大冶县地、西塞矶至蕲州二百七十里，蕲州经沸源口即参舆矶，广济县地、牛栏矶、大矶头至江西德化县一百八十里。德化县过关，经梅家洲、团洲、白水港、新洲、回峰矶、套口、杨家洲、八里江至湖口县六十里，湖口县经屏峰矶、上钟山、下钟山、柘矶、香炉墩、下石嘴、桂家林、秦家洲、何家套星子县地、渚溪、洋澜、谢师塘、长岭、青山、蓼花池、左蠡、将军庙、南关州、火焰山、青溪料至彭泽县九十里，彭泽县至安徽东流县九十里东流县至怀宁县八十里，怀宁县至贵池县一百六十里，贵池县至铜陵县一百里，铜陵县至繁昌县九十里，繁昌县至芜湖县九十里，芜湖县过关至当涂县七十里，当涂县至江宁府龙江关一百二十里。"清代黎恂《运铜纪程》记："自永宁至泸州，水路共四百十里。……自泸州至重庆，水路共五百三十里。……自重庆至夔州，水路共一千一百一十五里。……自夔州至宜昌，水路共六百里。……自宜昌至汉阳，水路共一千二百八十里。……自汉阳至九江府，水路共五百四十里。……自九江至大通镇，水路共五百里。"

[2] "豆沙关"至"各滩"：清代吴其濬《滇南矿厂图略》下卷《程第八》记："自豆沙关背运下船经龙拱沱滩、猪圈口滩至盐井渡，经黄角滩、打扒陀滩、青菜滩、新滩、花塘、白龙滩、九龙滩、张家滩、高滩至叙州府。经木头号至江安县，由江安至纳溪县，由纳溪至泸州。盐井渡以下河道，有丁山碛滩、黄果漕滩、门槛滩、土地滩、明滩、梅子漩滩、龙门石滩，沙石冲积，岁皆修之，动支节省银三百两。"

[3] 黄草坪水运：嘉庆《大清会典事例》卷一百七十四《户部四十七·钱法》记："题准：黄草坪水运泸州铜斤，路经金江，计水程五百八十里，内稍险、次险者五十七滩，最险者十八滩。如遇铜斤沉溺，按最险、次险滩势，照江、湖、黄河沉失铜斤之例分别办理。倘运官捏报及地方官扶同徇隐，照例议处著赔。"光绪《大清会典事例》卷二百一十五《户部六十四·钱法》记："道光元年，议准：滇省派驻黄草坪收铜、收票委官一员，每月给月费银十两，纸、笔杂费银二两；书记一名，月给饭食银二两；巡役四名，每名月给工食银一两五钱。均在原定水脚银九钱七分三厘零数内支用，不准另行动拨。"清代吴其濬《滇南矿厂图略》下卷《惠第五》记："永善县坪店，年支养廉银三百两，支半年书巡、搬夫、工伙银二百一十两。"

[4] "黄草坪"至"各滩"：清代吴其濬《滇南矿厂图略》下卷《程第八》记："昭店至黄坪店。坪店至泸店，计水程八站。自黄草坪至大雾基一百三十七里，经一十六滩，大雾基至锅圈岩一百三十九里，经二十一滩，锅圈岩至汉漕，又至新开滩二站，新开滩至泸店五站。凡经金沙江、沙河滩、大猁子滩、黑铁关滩、乌鸦滩、大雾基滩、大虎跳岩滩、溜桶子滩、特衣滩、小锅圈岩滩、大锅圈岩滩、大猫滩、冬瓜滩、大汉漕滩、木孔滩、凹崖三腔滩、小虎跳岩滩、苦竹滩、新开滩险、利远滩、羊角滩、枣核滩、大芭蕉滩、石板滩、象鼻头滩、象鼻二滩、黄草三滩、千田坝滩、金锁关滩、焦石崖滩、梨园滩、小猁子滩、中石板滩、木贴滩、江心石滩、鼓渍岩滩、窝洛滩、神农滩、小雾基滩、溜水岩滩、硝厂滩、硫磺滩、三堆石滩、磨盘滩、小狮子口滩、大狮子口滩、坤龙滩、那比渡滩、车亭子滩、豆沙溪滩、贵担子滩、溜筒子滩、猪肚石滩、门槛三滩、长岩坊滩、贵溪滩、算长滩、沟硐子滩、鹦哥滩、横梁子滩、撒水坝滩、四方石滩次险，遇有石块壅阻，皆岁修之。镕铁为器，断木为桩，凿石烧灰，逐段疏剔，岁支节省银一千两。"乾隆《钦定户部鼓铸则例》卷一"记：金江沉铜豁免：金江黄草坪承运京铜，路经十八险滩，滩名载陆路运脚款内。果系陡急，人力不能施展，准地方官结报督抚保题豁免，所免铜斤动支、铜斤余息，照数买补还项报部。倘捏称险隘地方官扶同徇隐，该督抚滥行题豁者，一经查出，即行指名题参。并将保题之、抚一并严加议处，铜斤著落分赔。"

# 四川省

泸州属：金盘碛滩、螃蟹碛滩、小里滩、瓦窑滩、老泸州滩。

合江县属：罐子口滩、连石三滩、淘竹子滩、猴子石滩、折桅子滩、钳口滩、石盘滩。

江津县属：石牛榔滩、金刚背滩、双漩子滩、羊角滩、大鸡脑滩、凤窝碛滩、黄石龙滩、灭虎碛滩。

巴县属：龙门滩、鸡心石滩、青石子滩、牛头溪滩、猪肠子滩、鲜鱼滩、鸡公嘴滩、落公滩、洗布滩、白丈梁、白鹤滩、殷头梁滩、野鸡滩。

江北厅属：观音滩、殷家梁滩。

长寿县属：王家滩、张公滩、养蚕滩、龙舌滩。

涪州属：平峰滩、饿鬼滩、龙王沱滩、陡岩滩、白穴滩、黄梁滩、马盼滩、麻堆滩、青岩滩。

酆都县属：观音滩。

忠州属：滑石滩、鎏珠背滩、凤凰子滩。

万县属：黑虎碛滩、双鱼子滩、石古峡滩、窄小子滩、席佛面滩、磨刀滩、大石盘滩、明镜滩、黄泥滩、高栀子滩、猴子石滩。

云阳县属：塔江滩、马粪沱滩、盘沱滩、二郎滩、青草滩。

奉节县属：男女孔滩、老码滩、八母子滩、白马滩、饿鬼滩、铁柱溪滩。

巫山县属：均匀沱滩、九墩子滩、三缆子滩、虎须子滩、系朽子滩、焦滩、下马滩、老鼠凑滩、霸王锄滩、小磨滩。

以上八十四滩，均系次险之滩。遇有遭风，沉失铜斤，打捞一年，限满无获，核明应赔铜价、运脚等银，着落地方官分赔十分之三，运员分赔十分之七，买铜补还清款。

又合江县属：石鼻子滩。

江津县属：观音背滩。

巴县属：观音背滩、蜂窝子滩、钻皂子滩、乌龟石滩、黑石滩、峨嵬滩、门堆子滩、马岭滩、钜梁滩、水银口滩。

涪州属：黄鱼岭滩、群猪滩。

酆都县属：巉碑梁滩。

忠州属：鱼硐子滩、折尾子滩。

万县属：大湖塘滩。

云阳县属：马岭滩、宝塔滩、磁庄滩、东洋子滩、庙矶子滩[1]。

奉节县属：青岩子滩、二沱滩、滟滪滩、石板峡滩、小黑石滩。

巫山县属：大黑石滩[2]、龙宝滩、空望滩、跳石滩、库套子滩[3]、大磨滩、黄金藏滩、香炉滩。

以上三十六滩，均系一等极险之滩[4]。遇有遭风，沉失铜斤，打捞一年，限满无获，由该地方官取结、加结、咨部、咨滇，会疏保题豁免。其应需铜价、运脚等银，于铜息银内动支，买铜补运清款。

## 注 释

[1] 庙矶子滩：《清高宗实录》卷一千三百六十九记："乾隆五十五年庚戌十二月丙寅，谕曰：'保宁奏"云南委运京铜之宁洱县萧霖，在巴县甘溪口遇风船坏，沉铜六万斤，嗣据该县暨运员上紧打捞，业已全数捞获，行至云阳县庙矶滩后，碰沉铜七万斤。一月之内，两次沉溺，其为漫不经心，已可概见。请将萧霖交部严加议处，沉铜如限满无获，不准豁免"等语。所奏甚为公当，滇员运送京铜，最关紧要，不容屡次疏虞，乃该运员萧霖于巴县地方碰沉铜斤，甫经捞获，复有沉溺之事，不惟疏于防范，且恐有铜斤短缺，捏报沉溺情弊。萧霖著交部严加议处，所有沉溺铜斤，除捞获外，余著该员照数赔补，以示惩儆。保宁系伊犁将军暂署总督，并不存五日京兆之见，于此等事件，竟能不避嫌怨，严参办理，尚属可嘉，保宁著交部议叙'。"

[2] 大黑石滩：《清高宗实录》卷一千三百三十四记："乾隆五十四年己酉秋七月戊子，谕军机大臣等：'据刘秉恬奏"云南委员黄澍、领运京铜九十四万一千九百余斤，行至四川大湖滩、大黑石滩暨湖北江陵县马家赛地方，三次遭风沉溺，除捞获外，共计未获铜二十万余斤，该员存费留人，在彼打捞，殊非慎重铜运之道。请嗣后铜、铅、锡船过境，遇有沉溺，即令道

府大员，驰往确勘，并催令上紧捞获"等语。铜斤沉溺，至二十余万之多，虽经该委员留人在彼，不过有名无实，安能尽数捞获，并恐照料不及，或被人潜行盗取，均未可定，且安知非船户人等串通作弊，尤不可不严查确勘。刘秉恬请派大员往验，所奏尚是，著传谕李世杰、毕沅等，即派道府一员，前赴大湖滩、马家赛等处，督率地方官，多雇熟识水性人夫，务将黄澍所报沉溺铜斤，速行全数捞获。嗣后该督抚等，于铜、铅、锡船过境，遇有禀报沉溺之事，务须照此办理，勿任有捏报盗卖等弊。将此并谕刘秉恬知之'。"

[3] 库套子滩：《清高宗实录》卷一千四百四十五记："乾隆五十九年甲寅正月乙巳，谕军机大臣曰：'孙士毅奏"捞获沉溺铜、铅数目"一折，内称"川省有云南委员和费颜，在巫山县大磨滩、库套子滩共沉铜十万一千七百余斤，大磨滩已获一千七百十二斤，库套子滩无获"等语。铜、铅沉溺，自应即时设法打捞，以期尽数捞获，今该委员所解铜斤，沉溺十万一千七百余斤，而捞获之数仅止百分之一，自系该地方官不能督率水摸人等实力打捞。并或任听伊等将铜斤潜匿水底，过后盗卖，以致日久无获。昨因水摸等偷捞铜斤，必在沿江铺户销售，降旨令督抚等务须实力查察，杜绝弊端。今巫山县地方沉铜无获，自必有此等情弊，此系惠龄任内之事，可见该抚于此等事不过视为具文，并未督率地方官认真查办，实属怠玩，惠龄著传旨申饬。仍著孙士毅即严饬所属，赶紧设法打捞，并遵照节降谕旨，严密查察水摸人等，毋任有偷捞盗卖情弊，以期沉铜速行报获，方为妥善'。"

[4] 一等极险之滩：为清政府所核定的即使发生沉失铜、铅打捞无获，亦可以得到豁免的长江中最险之滩，因此在各类文献中明确记录下了这些险滩，个别滩名用字略有不同，一共为176滩。本卷记湖北省境内一等极险之滩有"一百二滩"，实际上只有101滩，《铜政便览》照抄亦随之漏记，少记一滩为黄冈县境内的王荒五里滩。按照同治《钦定户部则例》卷三十六《钱法三·险滩豁免》记："四川合江县石鼻子滩，江津县观音背滩，巴县水银口滩、观音背滩、蜂窝子滩、鑽皂子滩、乌龟石滩、黑石滩、峨嵬滩、门堆子滩、马岭滩、钜梁滩，涪州黄鱼岭滩、群猪滩，酆都县巉碑梁滩，忠州鱼洞子滩、折尾子滩，万县大湖塘滩，云阳县东洋子滩、庙矶子滩、瞿塘马岭滩、宝塔滩、磁庄滩，奉节县青岩子滩、二沱滩、瞿塘沲濆滩、石板峡滩、小黑石滩，巫山县大黑石滩、龙宝滩、空房滩、跳石滩、

241

库套子滩、大磨滩、黄金藏滩、香炉滩。湖北巴东县鳊鱼溪滩、金匾担滩又名磨刀滩、作油滩、三松子滩、泉急滩又名金鸡滩、又名母猪滩、青竹漂滩、横梁滩，归州上八斗滩、下八斗滩、石门滩、泄滩、饭甑老滩、老虎石滩、叱滩、乌牛石滩、莲花三漩滩、居原三泡滩、下石门滩、金盘碛滩、锯齿滩、上尾滩、黄牛滩、耍和尚滩、白狗悬滩、新滩头滩、癞子石、鸡心石、新滩二滩、天平石、豆子石、新滩三滩、射洪碛滩、鼓沉滩、萧家朱滩、崆岭峡滩、大二三硃石、南丈硃滩、北丈硃滩、龙须沱滩，东湖县锅龙子滩、沾山朱滩、大峰朱滩、瓮洞滩、玳石滩、渣波滩、红石子滩、南沱三漩滩、严希沱滩、黄颡洞滩、石牌滩、偏牢滩、白龙洞滩、楠木坑，宜都县狼牙碛，枝江县鸡翅膀滩、雀儿尾滩、独扬沙滩、松滋县来穴口滩、江陵县鱼儿尾滩、簸箕滩、太保滩、老龙滩、马家寨滩、晒谷坪滩，石首县袁家埠、杨林市、藕池、山矶嘴、齐公桥、季家嘴、土地港、壶瓶套，公安县阧湖堤，监利县九龙滩、上返嘴，嘉鱼县谷花洲、石头口塘、石矶头塘、簰洲塘、汪家洲塘、小林塘又名小洲，江夏县鲤鱼潊、杨泗矶、青山矶、白浒镇，汉阳县邓家口、通津、东江脑、乌石矶、九矶头、大军山、四官殿、杨林口，黄冈县阳城河、叶家洲、三江口、下新河、王荒五里，武昌县猴子矶、赵家矶、龙蟠矶、燕矶，大冶县西塞矶，蕲州漳源口、即参奥矶，广济县牛关矶、大矶头。湖南巴陵县上翻嘴、下翻嘴、荆河脑、白螺矶、杨林矶。江西德化县梅家洲、团洲、白水港、新洲、回峰矶、套口、杨家洲、八里江，彭泽县金刚料、小孤洑、小孤矶、马当矶，湖口县屏峰矶、老鸦矶、上钟山、下钟山、柘矶、香炉墩、下石嘴、桂家林、秦张洲、何家套，星子县渚溪、洋澜、谢师塘、长岭、青山、蓼花池、左蠡、将军庙、南关州、火焰山、青溪料。以上各省险滩，沉溺铜、铅无获，均准其保题豁免。如豁免之后，查出并非危险及捏报情弊，即将查勘之员及保题上司一并严加议处，着落分赔。"

## 湖南省

巴陵县属：观音洲、新堤、象骨港、六溪口、龙口。

以上五滩，均系[次]险之滩。遇有遭风，沉失铜斤，打捞一年，限满无获，核明应赔铜价、运脚等银，着落地方官分赔十分之三，运员分赔十分之七，买铜补运清款。

又上翻嘴、下翻嘴、荆河脑、白螺矶、杨林矶。

以上五滩，均系一等极险之滩。遇有遭风，沉失铜斤，打捞一年，限满无获，由该地方官取结、加结、咨部、咨滇，会疏保题豁免。其应需铜价、运脚等银，于铜息银内动支，买铜补运清还款。

## 湖北省

归州属：牪牛石滩、羊背滩。

东湖县属：使劲滩、南虎滩、北虎滩、清水滩、马鞍滩、喜滩、胡敬滩、神勘子滩、黄毛滩、青草滩、罗镜滩、虎牙滩。

宜都县属：秤杆碛滩、马鬃碛滩。

枝江县属：饿鬼脐滩、石鼓滩、罐子滩、郑矴滩、鸡公滩。

松滋县属：李家滩。

江陵县属：白鹤套滩、炒米沟滩、吴秀湾滩。

石首县属：吴席湾滩、杨发脑滩、观音阁滩、侯家脑滩。

监利县属：下返嘴滩。

嘉鱼县属：倒口塘滩、傅家滩、六溪口滩、江口塘滩、夏田寺塘滩、黑坡塘滩、王家港滩、新洲塘滩、龙口塘滩、汪家洲塘滩、田家口塘滩。

江夏县属：下沙湫滩、关门洲滩、和尚矶滩、龙床矶滩、白眼洲滩、铁石矶滩、红庙矶滩、观音矶滩。

汉阳县属：小林滩、嵩洲滩、姚家湖滩、还原洲滩、饶子湖滩、新滩、纱帽山滩、小军山滩、虾蟆矶滩、火巷滩、三里坡滩、新河口滩、张王矶滩、禹公矶滩、马王庙滩、晒网洲滩、汉河口滩、男姆滩、月湖口滩、五显庙滩、大觉巷滩、森森林滩、栖贤寺滩、雨花林滩、涢口滩。

武昌县属：泥矶滩、碛矶滩、黄家矶滩、张家矶滩、石板滩。

兴国州属：虾蟆矶滩、猴儿矶滩、下山矶滩、鹤矶滩、武亮矶滩、牛山矶滩、富池镇上半边山滩。

大（治）【冶】县属：黄石矶滩、拦江矶滩、道士洑滩。

蕲水县属：巴河滩、乌江庙滩、兰溪口滩、回风矶滩。

蕲州属：散花洲滩、茅山镇滩、对矶洲滩。

广济县属：乌林港滩、严众洲滩、堡子墩滩。

黄梅县属：龙坪镇滩、新开镇滩、清江镇滩。

以上一百二滩、均系次险之滩。遇有遭风，沉失铜斤，打捞一年，限满无获，应赔铜价、运脚银两，着落地方官分赔十分之三，运员分赔十分之七，买铜补运清款。

又巴东县属：鳊鱼溪滩、金匾担摊、作油滩、三松子滩、泉急滩、青竹漂滩、横梁滩。

归州属：上八斗滩、下八斗滩、上石门滩、泄滩、饭甑脑滩、老虎石滩、叱滩[1]、乌牛石滩、莲花三漩滩、屈原三泡滩、下石门滩、金盘碛滩、钜齿滩、上尾滩、黄牛滩、要和尚滩、白狗悬滩、新滩头滩、癞子石滩、鸡心石滩、新滩二滩、天平石滩、豆子石滩、新滩三滩、射洪碛滩、鼓沉滩、萧家朱滩、崆岭峡滩、大二三硃石滩、南丈硃滩、北丈硃滩、龙须沱滩。

东湖县属：锅笼子滩、沽山朱滩[2]、大峰朱滩、瓮洞滩、玳石滩、渣波滩、红石子滩、南沱三漩滩、严希沱滩、黄颡洞滩、石牌滩、偏牢滩、白龙洞滩、楠木坑滩。

宜都县属：狼牙碛滩。

枝江县属：鸡翅膀滩、雀儿尾滩、独扬沙滩。

松滋县属：来穴口滩。

江陵县属：鱼儿尾滩、簸箕滩、太保滩、老龙滩、马家赛滩、晒谷坪滩。

石首县属：袁家埠滩、杨林市滩、藕池滩、山矶嘴滩、齐公桥滩、季家嘴滩、土地港滩、壶瓶滗滩。

公安县属：刬斜堤滩。

监利县属：九龙滩、上返嘴滩。

嘉鱼县属：谷花洲滩、石头口塘滩、石矶头塘滩、簰洲塘滩。

江夏县属：鲤鱼潭滩、杨泗矶滩、青山矶滩。

汉阳县属：邓家口滩[3]、通津滩、东江脑滩、乌石矶滩、九矶头滩、大军山滩、四官殿滩、杨林口滩。

黄冈县属：杨城河滩、叶家洲滩、三江口滩、下新河滩、〖王荒五里滩〗。

武昌县属：猴子矶滩、赵家矶滩、龙蟠矶滩、燕矶滩。

大冶县属：西塞矶滩。

蕲州属：漳源口滩。

广济县属：牛关矶滩、大矶头滩。

以上一百二滩，均系一等极险之滩。遇有遭风，沉失铜斤，打捞一年，限满无获，由该地方官取结、加结，咨部、咨滇，会疏保题豁免。其应需铜价、运脚等银，于铜息银内动支，买铜补运清款。

# 注 释

[1] 叱滩：《清高宗实录》卷四十七记："乾隆十七年壬申正月癸未，谕军机大臣等：'漕运总督瑚宝奏报"铜船入汛出汛日期"一折，内称"云南委员黄有德、沈良遇，领解乾隆十六年正、耗铜九十四万余斤，行至归州叱滩雷门洞、宜昌府黄颡洞等处，损船二只，共沉溺铜十五万一千余斤"等语。向来各省委解铜船，中途沉溺，有实系遇险遭风者，亦有不肖劣员沿途盗卖捏报者，此次黄有德等，沉溺铜斤至十五万余之多，其中似不无情弊，著传谕硕色令其严行确查，毋任该委员等任意侵盗，以饱私橐。至沿途各督抚虽系隔省，但船只既在境内，即与有查察之责，前经该部定议通饬在案，嗣后务宜实力稽查，以杜积弊，不得但据委员禀报之词入奏，视为奉行故事而已。著各督抚奏事之便，一并传谕知之'。"

[2] 沾山朱滩：《清高宗实录》卷一千三百三十记："乾隆五十四年己酉闰五月癸巳，谕军机大臣曰：'毓奇奏"铜船过境"一折，内称"云南委员张景熠领运戊申年头起运京铜斤，在东湖、石首二县沉溺未获铜一十四万一千八百五十斤"等语。运京铜斤，事关鼓铸，沿途自应小心运送，毋使稍有沉溺，今云南运解京铜，在东湖、石首二县，沉溺铜至一十四万一千余斤之多，岂不可惜。湖广东湖等处，并非有名险滩，船只即偶有碰损，何至沉溺如许之多，且铜斤沉重，落水不患漂失，即或少有陷失，亦不应

全行沉没，多至数万，此必系运员亏缺铜斤，捏称遭风沉溺，或系船户、水手偷卖，故将船底凿漏，沉溺铜斤，临时既可得捞摸之费，而事后又可私赴该处，潜取售卖渔利，二者必居一于此。著传谕沿途各督抚严饬所属，嗣后遇有铜、铅船只过境，运员申报沉溺者，务须严密查验，毋任稍有捏饰。如查系委员船户等装点舞弊，即据实参奏严办，以示惩儆。所有此项沉溺铜斤，即著湖广总督等饬属查明，是否实在沉溺，抑系委员水手、船户捏报之处，据实覆奏，勿任狡饰'。寻湖广总督毕沅等奏：'查东湖县之沾山朱滩，实系三峡中著名险滩，运员张景熠铜船，前在该处陡遇暴风，将船碰碎，沉铜七万一千斤，又于石首县之藕池地方，因回溜甚急，风狂势猛，两船对碰，坏船一只，沉铜七万一千斤，并无盗卖捏报、故为凿漏及事后潜取等弊。但打捞尚未及十分之一，据称现因水涨不能兴工，俟水稍退，即饬上紧捞取'。得旨：'地方官如不实力，即行参处，今水退，全捞获否。'"

[3] 邓家口滩：《清仁宗实录》卷一百四十四记："嘉庆十年乙丑五月庚子，谕：'瑚图礼奏"滇省运京铜船遭风沉溺情形"一折。据称"滇省委员程球，领运京铜在楚省汉阳县新滩邓家口地方，陡遇狂风，沉溺铜船十只，并淹毙丁役、舵水十二名，沉失铜五十万八千余斤，尚未全数捞获"等语。汉阳县邓家口地方，系属著名险滩，该运员领解铜船，驶至该处江面，猝遇狂风巨浪，沉溺船只，实因人力难施，尚非疏于防护，其丁役、舵水等因迎浪抢救，致被淹毙，情殊可悯。著该抚查明给予赏恤埋葬银两，所有沉失铜斤，除已捞获三十七万余斤，盘验起运外，其未获沉铜十三万八千余斤，仍著该抚饬属上紧打捞务获，并著官给捞费，至损失船只及打捞沉铜或有未能足数者，俱加恩免令该员赔偿，以示体恤'。"

# 江西省

德化县属：梅家洲、团洲、白水港、新洲、回峰矶、套口、杨家洲、八里江。

彭泽县属：金刚料、小孤洑、小孤矶、马当矶。

湖口县属：屏峰矶、老鸦矶、上钟山、下钟山、柘矶、香炉墩、下石嘴、桂家林、秦张洲、何家套。

星子县属：渚溪、洋澜、谢师塘、长岭、青山、蓼花池、左蠡、将军庙、南关州、火焰山、青溪料。

以上三十三滩，均系一等极险之滩。遇有遭风，沉失铜斤，打捞一年，限满无获，由该地方官取结、加结、咨部、咨滇，会疏保题豁免。其应需铜价、运脚等银，于铜息银内动支，买铜补运清款。

至安徽、江南、山东、直隶等省滩（欠）【次】[1]，并未奉准。

各省造册咨滇。

惟乾隆五十七年，三运二起官熊学滩，在江南清河县黄河中心，遭风坏船沉溺，打捞未获铜斤，奉部议，令地方官与运员各半分赔。又嘉庆九年，二运一起官刘继桂，在直隶通州榆林庄，遭风坏船沉溺，打捞未获铜斤。奉部议，令地方官分赔十分之三，运员分赔十分之七。

又乾隆四十七年，二运一起官史褒，在安徽桐城县三江口，遭风坏船沉溺，未获铜斤。经安徽具奏，奉旨豁免。又嘉庆八年，三运一起官谢樟，在江南上元县黄天荡，遭风坏船沉溺，未获铜斤。经江省具奏，奉旨豁免在案。

又江西彭泽县搁排洲，安徽贵池县太子矶、仙姑殿，江南清河县杨家庄、高家马头、惠济闸、头坝，桃源县众兴集，宿迁县水工印州、窑湾，山东泽县候迁闸、王家庄、万年闸，武城孟古庄，腾县朱姬庄、湖心、刘昌庄，鱼台县南阳湖，济宁洲仲浅闸，博平县土桥、贾立庄，东平州刑家浅，德州柘园镇，直隶交河县水月寺，吴桥县莫家湾。历年各运在彼，遭风沉溺铜斤，均已打捞全获，并无赔免之案。

## 注　释

[1]"安徽"至"滩（欠）【次】"：京运长江水运至江苏仪征为止，以后即转入大运河水运。大运河为人工河，没有了自然险滩，也就无法设定滩次。但是大运河为了提高水位，在许多地方设置了水闸，这些水闸又成为了险隘之处。清代吴其濬《滇南矿厂图略》下卷《程第八》记："江宁府过关至仪征县一百二十里。入淮河，上水至扬州府七十里，至高邮州一百

二十里，至宝应县一百二十里，至淮安府山阳县八十里，过淮关，至清河县四十里。入闸，经福兴头闸、通济二闸、天地惠济三闸至五坝五里。过黄河，进杨家庄口十里，至仲兴集七十里，桃源县二里，至白洋河七十里，至古城驿五花桥十五里，至濬溜闸二十里，至宿迁县二十里。宿迁县过关至九龙庙十里，至上闸关皂河闸三十里，至利运闸三十里，至马庄闸十五里，至徐州府邳州十里，至河城闸三十里，至河清闸二十里，至梁王闸二十里，至黄陵庄十七里，至台儿庄三里。过内八闸、台庄闸至至鲦鱼诞六里，至峄县侯仙闸十二里，至顿庄闸八里，至丁庙闸七厘，至万年闸六里，至张庄闸六里，至石闸六里，至胜德闸六里，至湖口韩庄闸二十三里，至郗山三十里，至彰五闸二十里。至滕县夏镇闸三十里，至杨家庄闸十五里，至宋家闸三十里，至桥头闸五十里，至利建闸十二里，至沛县十八里。至南阳闸一里，至枣林闸十二里，至施庄闸十二里，至仲家闸六里，至鱼台县六里，至新闸三里，至新庄闸二里，至石佛闸十八里，至赵村闸六里，至济宁府在城闸六里。至天井闸一里，至南门桥闸一里，至草桥闸一里七分，至安居闸十八里，至通济闸十八里，至寺前闸三十里，至钜野县南旺闸十二里，至南柳林闸十里，至分水龙王庙十二里，至北柳林闸五里，至开河闸十二里，至嘉祥县袁家口闸十六里，至安山闸三十里。至汶上县代庙闸三十里，至张秋镇三十里，至荆门上闸十二里，至荆门下闸二里，至东平州阿城上闸八里，至阿城下闸二里，至七级上闸、七级下闸十二里，至寿张县十二里。至阳谷县周家店闸六里，至李海雾闸十二里，至聊城县通济闸二十里。至梁家乡闸十八里，至土桥闸十八里，至永通闸三十里，至戴家湾闸十八里，至临清州四十里。临清州过关砖闸至板闸二里，出口，下御河至宝塔湾十五里，至油坊四十里，至渡口驿十八里，至武城县三十里。至甲马营四十里，至郑家口四十里，至故城县七十里。入直隶境，至四女寺三十一里，至桑园四十里，至安林三十里，至吴桥县连镇四十里，至东光县三十里，至泊头四十里，至南皮县薛家窝三十里。至砖河四十里，至沧州三十里，至新集四十里，至青县三十里。至流河四十里，至陈家屯三十里，至静海县四十里，至独流十八里，至杨柳青四十里，至天津县天津关三十里。天津县过关起剥，至武清县一百八十里，至通州一百四十里，盘五坝至大通桥四十里。"

# 附：黎恂《运铜纪程》节选

## 运 铜 纪 程

云南省顺宁府云州卸任知州　黎　恂

道光二十年庚子二月，派委本年正运一起京铜，以限期待七月住会城守候。五、六两月办理领文等事，并领自滇至泸水脚银二千五百两。铜运每年六起，自泸至汉阳，各起水脚银三万七千余两。向例一起官，带解至泸，亦具文请领。

七月中旬，雇觅夫、马，整理行装。计用银鞘驮马二十匹……

二十六日甲寅，阴。……盖年来兆熙、兆祺、兆淳、兆普皆随侍在滇。上秋自云州撤任回省，冬间已遣兆祺归。今夏五月，复遣兆熙洎随人高照偕船户先赴泸州造船，并遣兆淳、兆普同行至毕节……

二十九日丁巳，阴晴。山路陡峻，行五十里至可渡河，交贵州威宁州界。溪阔不过数丈，而水甚迅急，桥坏以舟渡行者。……

八月初一日戊午，阴晴。山路上下颇狭。住威宁州，贵西兵备道洎总兵官驻此。……

十三日庚午……未刻，抵永宁县。计程八十里。永宁夹溪分二城，东为叙永厅，西为永宁县。川盐舟于此起载，黔铅于此置局运泸，故市肆颇繁盛。……上次加运二起之项仙舟同日出滇城，至板桥渠先行，询之恒君，今晨方解缆去。

自滇城至永宁县，陆路共一千四百二十里。

……

十六日癸酉，晴。午刻抵纳溪县入川江自永宁至纳溪，水程三百七十里。未刻，抵泸州，移入公寓。计水程一百五十里。兆熙督船户所造舟已成十三只。夜热甚。

自永宁至泸州，水路共四百十里。

十七日甲戌，晴。谒护永宁道吕太守廷虚，并候贺州判登举、邹吏目家模，铜店滇员夏钟山大令铭修、谌春泉大令厚泽……

十九日丙子，晴。交带解水脚银赴州库，余本运应领六千余两扣存。……

二十一日戊寅，阴雨。终日发船户甘长顺船价银三千两。

……

二十六日癸未，晴。赴局开秤兑铜六百斤，监兑管少尉应龙，常州人也。

……

九月初一日戊子，阴。各舟均修舱齐，全计大船八，中船十四。

……

初八日乙未，阴雨。与船户议包办自汉阳至天津水脚。缘在滇只议船户承办至汉阳，而船归余售。今视其人办事可靠，是以允令经理至津，且以坚其志。

……

十八日乙巳，阴。兑铜六万四千四百五十斤，又兑换尖铜二万一千七百斤，圆载，共兑正、耗铜一百十万四千四百五十斤。

……

二十六日癸丑，阴。……二起京铜运官庆宝斋通守霖至泸。

……

二十八日乙卯，晴霁。加运项仙舟全帮开行。……

十月初一日丁巳，阴晴。点梢橃撒夫入船，全帮计大船八只，中船十四只，兵牌船一只，划船三只，小划船二十二只，共用人夫九百六十名。铜运一役，川江非梢撒不能行，每船多至四、五十人。盖撒八枝，每枝须六人，搬梢之时，撒夫十余人助力，船头方能转动。又每船梢撒夫内必有领首二人，每值下滩督催群夫用力，手执竹片，视惰者即扑之，喧呶嘈杂，令人不堪。内经工、头工、柁工三名，系选择充役，余皆无赖之徒，或杂以乞丐、贼匪。大难稽查。既虑其逃，又虑其泊后上岸窃劫滋扰，为行江一大累。然惟铜、铅差船则然，客船无是也。

初二日戊午，阴晴。午刻，扫帮开行，江水比前消数尺矣。泊黄梅易。……

初三日己未，阴雨。过罐口滩，水势汹涌，第八号中船入罐碰岩石损坏，沉铜五万斤。余在滩，乘划船查视来舟，瞥见此舟半浮半沉，急命飞桡渡江，坏船内仅存二三人，余皆溺毙，得登岸者亦逃矣。尾随坏船行十余里，始命人持竹缆上岸拴系巨石，船底早脱，经工等附载货物均漂流无存。晚，全帮泊合江县。计水程一百四十里。夜往候高敞堂大令殿臣……嘱派役打捞沉铜。

初四日庚申，阴。雇水摸，议捞铜，招工房吏，叙文移知县汛。晚候汛弁苏君及高大令，赠高君土仪，渠亦馈烛、肘等物。

……

初六日壬戌，阴雨冥濛。俟后舡至，方发签放舟行，仍乘快划尾随过尤溪，至盐井石，加运项仙舟亦坏一船于此。……午抵江津县，往候张静山大令其仁……滇之太和人也。嘱以兵牌……

初七日癸亥，晴霁。……午刻，抵重庆府，泊梁沱。……

自泸州至重庆，水路共五百三十里。……

十一日丁卯，阴。雇小舟偕姚生泝江至鑵口督办捞铜诸事。

……

十五日辛未，阴。过史坝沱，有镇市，向来铜、铅船自泸开行至此，齐帮处也。午刻，抵合江，询之罐口捞铜已有成数。……

十六日壬申，阴。行三十里，抵罐口捞铜，方获三万余斤。其沉溺在急湍处，水深不过二三丈，而奔流汹涌。用小舟八九只，下碇于洪涛白浪中，水摸数十人，轮流没水，一人上则一人下，赤体以布横结于腰，而以长绳系其间，如獭入水捕鱼然。入者稍顷，舟上人挽绳而出之，或摸获百斤，或只获小块，或竟空手而出。大约此辈恃打捞为利薮，铜沉水底，彼皆审知，藉词不肯捞尽，留待运官去后，黑夜无人，渠辈始入水取出，私卖分肥，乃沿江水摸之积弊也。余驾小舟，亲视打捞半时，晚宿滩侧别船中。

……

二十八日甲申……遣家丁田贵赴合江换印花……

三十日丙戌，阴。姚生信至，已获沉铜四万七千斤。

十一月初一日丁亥，晴。

初（一）[二]日戊子，阴。……晚姚生、高照等自鑽口捞铜毕，载剥船至。

初三日己丑，阴。兑捞获铜斤，装重买第八号（般）【船】，计少数千余斤。

……

十一日丁酉，晴。点梢桡掣夫入船，视泸州有加。向例自泸雇役至渝，复由巴县江北厅饬夫行，另雇送宜昌。自渝以下滩愈险，用夫愈众，而渝州五方杂处，应役尤多匪类，此次由船户自雇者半。午刻，全帮开行，东风大厉。晚泊唐家沱，即铜锣峡口之上也。计水程三十五里。命兆熙住头船，家丁田贵侍姚生住尾船，家丁高照住兵牌船。余坐船列为第六号，亦铜运旧例。随行益以杨鸿、张升二人，皆自家乡来者。

……

十三日己亥，晴。下台盘子滩，登岸鸣钲扬旗放铳，每一舟至，以钲铳助其势，谓之扎滩，盖下滩争胜在须臾间。每船用夫数十名，全恃险滩用力，官在岸督视之，则用力益奋。稍有懈者，其长立蓬上鞭扑之，众声鼓噪，船上、岸上钲铳齐鸣，箭发鸟逝，瞬息已过一舟矣。扎滩一次，例赏夫役酒钱，谓之打宽。……

十八日甲辰，晴。……申刻，过云阳县，城倚小山之半，楼堞甚小。……有盐利，自汉以来，皆置官司。今湖北巴东以下，禁川盐入境，而铜、铅舟向于云阳一带私载盐斤入楚，希图倍售获利，关津查出，运官往往受累。……

十九日乙巳，晴。余偕兆熙乘划船先至东洋子，登岸扎滩，怒涛汹涌，漩渍洄洑，江面逼峡，水势不舒，洄流倒冲。第八号船转入江南，回流盘旋，不得出。第九号续下，两舟几至对撞，幸八号船忽顺急浪斜入江北，洄流里去，九号船得斜行让过，岸上人为之胆落。……余视各船过毕，飞桨至庙矶滩头，众船皆下尽，奔流陡迅异常。犹及见尾船如箭弩之速，幸江面阔而直，故舟行无碍。此二滩素称极险，闻水再高四五尺，尤难行。余来及水平尚为稳适，犹不免惊心动魄也。下滩五里齐帮，东风急，不敢行，遂泊。敬给头柁滩钱十余千，众夫获宽钱数十千。……

二十一日丁未，晴。午刻，抵夔州府。……

自重庆至夔州，水路共一千一百一十五里。

……

二十三日己酉，阴晴。关税遣人查验各船毕，余命田贵赴府讨关讫。……

二十五日辛亥，阴雨，大风。头船强开行，不二里，而前梢折断，遂泊。群舟已开行者，亦泊。搜查各船私盐，搜出者抛入江中，盖巫山亦经工等揽载私盐之地。其盐以小舟装载，顺流附大舟行，乘便移入。倘收检不严，一经关卡查出，累及运员矣。夜风愈大，各船摇撼动荡，蓬上大声怒吼，樯竿掀簸，走石飞沙，令人震掉。平生行江所仅见也。

……

二十七日癸丑。遣高照泝流至巫山县，报守风。盖铜、铅舟经过州、县境，例有定限，沿途兵役护送，地方官载明入境、出境时日，粘贴印花于兵牌，到部呈验。如守风、水、闸坝等项羁延，随处呈报咨展，此向例也。午刻，风息开霁，发签放船，峡水颇平。将晚，抵新崩滩，急命后舟停泊。……

二十八日甲寅，晴。巳刻，出门扇峡，至官渡口停泊，卡官查私盐毕，大舟先行，余乘快划行三十里，至湖北巴东县，呼吏至舟，予以移知入境空白文结，即行。……

二十九日乙卯……香溪口即白狗峡，两崖如削，俗称兵书宝剑峡。入峡数里即新滩，舟皆泊于峡中，南岸崖下距滩二里许，余偕船户等往视滩，水骇浪飞，奔望而生畏。舵工云："癞子石未现，尚可放标。"盖新滩为峡江绝险处，每年十月以后，铜、铅舟至此，例应起剥。设同知一员，驻滩岸，专司其事。惟起剥羁延时日，各运皆冒险放标，幸而无损，仍由新滩同知出起剥钤结申报。然子石若现，滩水陡立，非剥载断不能下也。……

(二)【三】十日丙辰，晴。守风峡口，并与头柁人等议放标费。

十二月初一日丁巳，阴晴。放众舟下新滩……此滩恶名雄三峡，汉、晋时山再崩塞江，所以名。……《入蜀纪》云：新滩两岸，南曰官漕，北曰龙门。龙门水尤湍急，多暗石。官漕差可行，亦多锐石，故为峡中最险处。余船皆由北漕，有二舟自南漕下，亦平顺。众舟下三滩即泊。余往谒

253

署同知李通判，山阴人也。初莅仕途，妄自尊大。乞伊结报案，索费甚奢。归舟给头柁人等放标钱，每舟六千，计费青蚨一百三十余千文。

初二日戊午，晴。放各船毕，命高照往送署同知土仪议费，往返数四，予百五十金，始允出印结。……

初三日己未，晴。过马肝峡，悬岩上石如牛、马肝、肺状，俗称牛肝马肺峡，峡水尚平。旋过空舲峡，江中石堆现出，高五六丈，船户先在此札滩。余乘小舟至，亦登磐石，视群舟过。石嶙峋挺立，水盛时最易坏船，此时水虽落江底，尚有乱石。舵工不善趋避，船触暗石必坏。每年铜、铅舟至此，往往沉溺。即客舟亦常失事。故新滩起剥必过空舲方归载，今放标直下，获保平稳，私以为幸。……

自夔州至宜昌，水路共六百里。

……

初十日丙寅，阴。……舟至宜昌，渝送夫役尽去，另雇水手，然每船不过十余人矣。……

二十日丙子，晴。……申刻，全帮抵汉阳江滨停泊。……向例铜、铅舟至此，修舱并载，予限四十日。盖川江滩石之险，于斯始脱矣。

自宜昌至汉阳，水路共一千二百八十里。

……

二十五日辛巳，阴雨。具禀领藩库应给水脚银。

……

初八日甲午……夜，雪，具文赴藩库借支养廉银三百两。……

十二日戊戌，晴霁。雪渐融，各舟修舱毕。大船八只不敷，买民船三只补之，价五百金有余。中船原载铜各五万斤，提出并载各大船，其船弃而不用，售之，每舟仅值钱十余千，不及泸州原价十分之二。船户拆数只，修补大船，余材以作柴薪。盖自泸至汉，中船一项，已枉费六七百金矣。

……

（二月）十二日丁卯。……午刻，抵九江府琵琶亭上北岸。……

自汉阳至九江府，水路共五百四十里。

……

二十三日戊寅。雨雪终日，住溘浦十日矣，而关税未清，给库纹银四百四十两，始允。夜，雪堆蓬。

二十四日己卯，阴。守风，不能行。……

（三月）初六日辛卯。……未刻，抵大通镇，泊大通河，源出青阳、铜陵诸山，中汇流至大通镇，入大江，盖贵池、铜陵接壤处也。镇市颇盛。……

自九江至大通镇，水路共五百里。

……

十二日丁酉，晴。泊芜湖，候查验，给关税银二百两……

十七日壬寅，阴晴。候关吏查验木料。

十八日癸卯，晴。饭后，雇小舟入江宁城。……办文领水脚银两。群舟验讫，开至草鞋夹，齐帮停泊。……

十九日甲辰。具禀借领藩库养廉银五百两。……

（三月）二十三日戊申……领水脚银五千三百两。……

二十八日癸丑……领藩库借养廉银五百金。……

闰三月初五日己未……两淮候补盐库大使童君宝善惟斋，山阴人也，解铜本赴滇，谈片时，同饭毕始别。申刻，抵仪征县内河。……

初八日壬戌……黔委员王对山于清江闸触坏头船。……

初十日甲子……至清江闸，舟小由月河小闸挽上。询王对山沉船打捞若干，捞手云水深难汲取。复行十五里抵高板头，全帮船皆泊于此。各船纷纷提载，盖铜舟至此，例应提载十分之六发交行户，俟舟上三闸，灌塘渡黄后，乃由行户转运归载焉。……

十八日壬申……计天妃三闸，大闸水势汹涌，粮艘、铜铅舟往往至此破坏。大抵舟出闸门，非缴关之夫一鼓作气，则船头被水冲殁，缴缆必断，全舟倒退，顷刻间，莫救矣。此次，余不惜重费，给青蚨至四百千，始伙群力鼓助，平稳无虞。甚矣！闸之难上也。群舟挽至太平河停泊，余反寓舍。……

二十一日乙亥……自淮安回高板头。黔铅运二起尹晓湖、滇铜运二起庆宝斋船均至。……

（四月）初十日甲午……未刻，开御黄坝引黄河水灌入，奔流汹涌，堵坝芦秸、泥土随水推卸入塘，浪高数尺，盖先将清水坝堵闭湖水不得入塘，

255

又先将塘水由涵洞放出，塘内水低数尺，黄水高数尺，故开坝后籍急流以刷泥沙，俟塘水与黄河平，粮艘始可出黄也。凡开坝，达官必至，河督麟庆督官弁数十驻河岸，车马喧阗、帆樯杂沓，逐处扰扰纷纷。……

十四日戊戌……十一舟均泊北岸，舟既渡黄，渐次脱险。……

十九日癸卯……行户用小车八十运铜至剥船。……

二十三日丁未。步行赴黄河岸，遂过渡至杨庄舟中，查视收铜。各后帮船均已进口。行户铜运至舟侧，以帮船拥挤，未能兑收。……

二十八日壬子……收铜毕。

二十九日癸丑……遣高照赴清河县，移知收铜讫，并贴印花。……

（五月）初八日辛酉……黎明，舟人助力挽后六舟上亨济闸，行五里抵宿迁关，呈送税簿。……

（六月）二十二日甲辰……过戴家庙闸，运河水满，铜、铅舟与粮船分东西岸行，两无妨碍。晚抵临清州。

二十三日乙巳……赴关投税簿，申报铜斤数目，舟人纳船税。……

（七月）初十日壬戌……巳刻，舟抵天津关，呈税簿查验讫。

十三日乙丑……遣人送剥费三百金至天津县，具文领出天津道库剥费银五百两。……

二十日壬申……始获剥船数只提铜。……

二十八日庚辰……无剥船，停以待。饭后，复送剥费二百金至天津县，并面催剥船。……

八月初一日壬午……提铜七十万斤毕，促经纪发各剥船水脚银。此项剥价，向例移交天津县，经手者从中克扣，经纪领出不敷，复向各行店需索津贴，经纪又从中侵蚀，仍不敷，往往以乙运之剥价挪给甲运之船。弊端百出，互相羁延，催促数四不应，可恶也夫！……

十二日癸巳……经纪来，命同核算发给各剥船价钱毕。运铜自泸雇船，船户运至天津而止，提载后，船归船户变卖，此向例也。近年天津木厂，积材山拥，不甚行销，买船料者绝少，是以船户卖十一舟价仅千二百两。而甘船户沿途长支水脚银至二千金有余，除将卖船银抵还，并卖杂物偿银二百余金外，尚欠银六百两有余，无如之何。以其途中尽心竭力，获保平稳抵津也，不敷之数，咸贷免焉。……

十五日丙申……酉刻，抵通州，寓铜局内街连姓民舍。……统计自泸至通，水程八千零五十里。

十六日丁酉……晨，赴局阅视。前头剥船于初七日到，兆熙等已收铜四十余万斤贮局矣。……

二十五日丙午……铜局夫役捆铜。

（九月）初二日癸丑。具文申坐粮厅验铜。连日遣人助项仙洲押剥船至大通桥。……

十二日癸亥……坐粮厅来局验铜。……

二十日辛未……州判给船四只，将铜全数发剥讫，派叶兴等八人押往，余及姚生雇轿车二辆，携行李由陆路赴大通桥。申刻，抵月河寺。桥局收铜。……

二十三日甲戌……桥局收铜毕，遂捆铜。

（十月）初三日癸未……入城视馆舍。便道候经管崇文门税簿，并请发票验入之。书吏王姓，所谓铜王其人也。

初四日甲申……桥局捆铜毕。

初五日乙酉，大风。入城候户部徐书吏、工部路书吏，皆经管铜斤交局事宜者也，各付车价二百金。

初六日丙戌……铜王来报，已请发票出，明日可发铜运局。

初七日丁亥……发车运铜，由东便门赴户局，余亦雇车至局阅视。……

初十日庚寅……户局铜运毕。午后，发车运铜，由齐化门赴工局。……

十二日壬辰……工局铜亦运毕。

十三日癸巳……赴工局阅视。铜入局后，须人看守，户局派张升、晏发、陈二（家中雇工）、石小七（轿役）四人，工局派杨洪、陈贵（轿役）二人。……

十五日乙未……晨，谒王满唐侍郎、同年玮庆，以现管户部钱法堂事务也。……

二十一日辛丑……王满唐侍郎赴户验铜铅，余及项仙洲、王对山、尹晓湖偕往。……

（十一月）初八日戊午……赴工局交铜十万斤。……

初十日庚申……赴工局交铜十万斤，公交三十六万斤毕。……

十二日壬戌，大风。赴户局交铜十八万斤。……

十七日丁卯……户局交铜七万斤，共七十二万斤足数。移行李归馆寓。守铜丁役亦出局。铜运在泸，例载余铜二万四千四百五十斤，抵京后，如途中正耗铜有沉溺或秤不足数，即以余铜抵补，若正项铜交足无亏，则余铜给运员变卖。除纳沿途关税外，余银归运员，以示体恤，此国恩也。故自夔关至崇文门，皆呈税簿，关吏注明纳税数目，到部总计应纳若干，仍檄运员解缴。此项余铜抵通，存贮民房，俟正耗铜运局交清，禀请部给行知，赴通由坐粮厅验，方准运铜入都，发商售卖，乃定例也。近年都中铜价甚贱，乏商承买，有山右刘四者居奇垄断、抑勒运员。余偕余宗山、项仙洲筹议援例赴户部具呈，请入奏，恳官为承买。晡后，往谒王薱唐侍郎，面嘱此事。……

十九日己巳，大风。送户、工两局实收，交广西司吏王质夫处，项仙洲亦往，酌议官买余铜事。盖以承办一切，仍託王质夫故。……

二十一日辛未……偕余宗山、项仙洲赴王质夫宅，议定卖余铜实领价银数目。……

（十二月）初三日壬午……铜差交足，例得引见，是日赴户部广西司验到，同往者项仙洲、尹晓湖，洎余三人。

十一日庚寅，晴。卯刻，皇上御门办事。辰刻，户部带领引见于养心殿。仰瞻圣容，较甲午冬瞻觐时稍觉清减矣。海疆多事，大河溃溢，睿念焦劳，未识何日方靖鲸波而奏安澜也。巳刻，归馆。……

十二日辛卯……备文申报滇省督抚、藩宪，报明铜斤在部交足，并禀知周雨亭、张方山两太守，由提塘发递。……

十五日甲午，微雪。余铜呈请官买，户部于本日入奏，已奉旨允准。……

二十日己亥……辰刻，赴局。巳、午刻，余、项二君方至，监督封篆后，坐以待之。开秤兑余及余君铜，未及半，而广西司司官来信，云奉善侍郎命，明日来局视兑收，监督遂停兑。各散。……

二十三日甲辰……雇车回通州，知铜已于二十一日收毕。……

二十四日癸卯，避风未出。户部传领卖铜价银，余不能往，遣田贵等赴，浼余宗山代领，计领银三千三百八十两零，携归者二千一百两零，余作领费矣。旋命人持领回银分交工、户书吏处未楚之费。万苦千辛,皆为人作嫁衣裳也。……

道光二十二年壬寅正月二十六日乙亥……广西司书吏王质夫送给回滇部照,拟二十八日偕尹晓湖结伴行,以无车止。……

(四月)十九日丁酉……未刻,抵家。……

(六月)初六日癸未……卯刻,携兆祺自家启行。

(七月)初十日丙辰……行四十里,午刻抵昆明会城。是役也,往反计二年,往历水陆程途一万里,反历水陆程途六千五百里,自渝重赴鑲口视捞铜,洎沿途纤道留顿之程不计焉。凡历府境四十五,历厅、州、县境一百十五,并志之,以备遗忘。

道光二十二年七月初十日……抵昆明会城,是役也,往返计二年……

# 云南铜志·卷四

## 陆　运[1]

　　铜斤由川运京，已详于京运一。而由厂至泸，道里不一，于是又有东、寻两店之设。按：东、寻两路[2]陆运，自乾隆四年起，每年办运正、耗、余京铜四百四十四万斤，由两路各半分运[3]。六年，广西局停铸京钱，加运正、耗、余铜一百八十九万一千四百四十斤。连原运，共年运正、耗铜六百三十三万一千四百四十斤。盖历年以来，奉有成规矣。志《陆运》。

## 注　释

　　[1] 陆运：清代吴其濬《滇南矿厂图略》下卷《运第七》记："京铜年额六百三十三万一千四百四十斤，由子厂及正厂至店，厂员运之；由各店至泸店，店员递运之；由泸店至通州，运员分运之。局铜则厂员各运至局，采铜远厂则厂员先运至省，近厂则厂员自往厂运。"

　　[2] 东、寻两路：清政府根据铜运道路沿途人力资源、畜力资源的具体情况，将云南铜运分为两条道路分别承担运铜任务。《皇朝文献通考》卷十六《钱币考四》记："乾隆四年，又议定《云南运铜条例》时，云南巡抚张允随将起运事宜分别条款具奏，经大学士等议定：铜斤出厂宜分两路也。办运京局俱系汤丹等厂，铜产在深山，由厂运至水次，计陆路约有二十三站。查自厂至东川山路崎岖，难于多运。而威宁以下又当滇、黔、蜀三省冲衢，不能多雇运脚。今应将铜斤分为两路，各二百万斤，半自厂由寻甸经贵州之威宁转运至永宁，半自厂由东川经昭通、镇雄转运至永宁，然后

从水路接运到京。"同治《钦定户部则例》卷三十六《钱法三·寻甸东川运铜》记："云南省汤丹、大水、碌碌等厂，一岁办抵四川泸州备运京局正、耗、余三项共铜六百三十三万一千四百四十斤，由厂发交寻甸、东川两路各半分运。寻甸一路，分运一半，铜三百一十六万五千七百二十斤。自厂至寻甸州，马运四站。寻甸州至宣威州，车运六站半。宣威州至威宁州，马运八站半。威宁州至罗星渡，马运十站。罗星渡至南广洞，水运五站。南广洞至泸州，水运三站，自寻甸至此，限一年运竣。东川一路，分运一半，铜三百一十六万五千七百二十斤。自厂至东川府，马运三站半。东川府至昭通府，马运五站半。昭通以下再行分半，两路转运，一由昭通至豆沙关，马运六站。豆沙关至盐井渡，设立站船，水运过渡。盐井渡至泸州，水运二十站，自东川由豆沙关至此，限一年运竣。由昭通至黄草坪，马运三站半，自东川至此，限一年运竣。黄草坪至泸州，水运七站，限六个月运竣。"

[3] 分运：分路运输。清代王庆云《石渠余记》卷五《纪铜政》记："其运道，半由寻甸至威宁，半由东川经昭通、镇雄，皆转至永宁水运。"《皇朝文献通考》卷十七《钱币考五》记："乾隆十三年，又更定云南办铜分路起运之例。云贵总督张允随奏言：'滇省办运京铜，先经议定由寻甸、东川两处陆路运至永宁，交长运官由水路接运至京。寻甸、威宁一路，每年运正、耗、余铜三百十六万五千余斤，每百斤需脚价银二两六钱有奇。东川、昭通一路，每年运正、耗、余铜三百十六万五千余斤，每百斤需脚价银二两五钱有奇。后因昭通一路，系新辟苗疆，马匹雇募不敷，已奏开盐井渡河道，将东川额运铜内酌分一半，改由盐井渡水运至泸州，每百斤较昭通陆路节省银三钱二分有奇。复因威宁一路，与黔铅同运，马匹仍属不敷，奏开罗星渡河道，将寻甸额运铜内酌分一半，改由罗星渡水运至泸州，每百斤较威宁陆路节省银一钱八分有奇。嗣后自寻甸、东川以下，遂分为四路，每路各运铜一百五十八万二千余斤，历年办运无误。见在滇省开修金沙江直通四川，已疏浚完工，舟行无阻，请将威宁一路陆运铜斤，改由金沙江之小江口，水运至泸州，交长运官转运京局，较之陆运每百斤节省银七钱二分有奇。俟将来船只日增，再将昭通一路陆运铜斤，悉改由水运。'户部议如所请，从之。"

# 东川路[1]

东川店，系东川府管理。运至鲁甸，陆路四站，每站每百斤给运脚银一钱二分九厘二毫。每铜一百六十八斤，给筐篓一对，价银一分七厘。每三百斤，准折耗铜半斤。每领银一千两，每站给驼银、马脚、盘费银一钱三分四厘三毫七丝五忽。

鲁甸店，系昭通府管理。运至奎乡，陆路四站。运脚、折耗、马脚，照东店事例，按站支销，惟筐篓每对只给银一分一厘五毫六丝。

奎乡店，系镇雄州管理。运至四川永宁，陆路十二站。运脚、筐篓、折耗、马脚，均照东店事例，按站支销。

永宁收兑铜斤，系大关同知管理。长运各官，自永宁领铜，由泸州水运京局交收。自永宁至泸州，水路一站。每百斤给水脚银[2]九分。

七年，大关盐井渡河道[3]开通。将东川由鲁甸、奎乡发运永宁京铜三百一十六万五千七百二十斤内，以一半仍由鲁甸、奎乡发运永宁。其余一半，改由盐井渡，水运泸店交收。自东川至鲁甸，陆路四站。仍系东川府承运，运脚、筐篓、折耗、马脚，照旧支销。自鲁甸至盐井渡，陆路八站。半系昭通府承运，运脚、筐篓、马脚，照旧按站支销。惟折耗每三百斤，准折耗铜十两。盐井渡至泸洲，水路八站。系大关同知承运，每百斤给水脚、杂费等银七钱二分九厘。每百斤给筐篓一个，价银一分五厘。每三百斤只准折耗铜六两，马脚照旧支给。

又泸州铜店，于乾隆七年安设，委大关同知管理。至三十年，改委[4]佐杂前往驻扎管理。四十四年，改委丞倅、州县管理，佐杂帮办。四十九年，改委知府及丞倅管理，一年一换。至今循照办理。

十五年，永善县金江下游黄草坪河道[5]开通。将东川由鲁甸、奎乡发运永宁一半铜一百五十余万斤，改由黄草坪水运泸店交收，即将奎乡店裁撤。自东至鲁甸，仍系东川府承运，运脚、筐篓、折耗、马脚，照旧支销。自鲁甸至黄草坪，陆路五站。系昭通府承运，运脚照例按站支给，筐篓、折耗、马脚，亦照旧支销。黄草坪至泸州，水路八站。系永善县承运，每百斤给水脚、食米、杂费、筐篓等银九钱二分四厘二毫。每三百斤准折耗铜半斤。赴省请领运脚，自永善至省，计程十七站，应需马脚、盘费，照例按站支销。

十七年，将鲁甸铜店裁撤，于昭通府设店[6]。东川铜斤运昭通交收，陆路五站半，每站每百斤给运脚银一钱二分九厘二毫。每铜一百六十八斤，给筐篓一对，价银一分七厘。每三百斤，准折耗铜半斤，赴省请领运脚。自东川至省，计程八站，应需马脚、盘费，照例按站支销，至今循照办理。

十七年，豆沙关至盐井渡河道开通，将昭通由豆沙关陆运至盐井渡一站铜斤，改由豆沙关水运[7]。昭通铜斤，只运至豆沙关交收，运脚照例按站支销，筐篓、折耗、马脚，仍照旧支销。豆沙关至盐井渡，水程一站，归大关同知承运。每百斤照领运脚银一钱二分九厘二毫。连自盐井渡至泸州水路八站，每百斤给银七钱二分九厘。共给水脚、杂费等银八钱五分八厘二毫。每百斤给筐篓一个，价银一分五厘。每三百斤准折耗铜六两。赴省请领运脚，自大关至省，计程十八站，应需马脚、盘费，照例按站支销。

昭通府接收东店铜斤，各半分运豆沙关[8]、黄草坪[9]二店交收。自昭通至豆沙关，陆路六站。至黄草坪，陆路三站半。每站每百斤，给运脚银一钱二分九厘二毫。每铜一百六十八斤，给筐篓一对，价银一分一厘五毫六丝。每发运关店铜三百斤，准折耗铜十两。发运坪店铜三百斤，准折耗半斤。赴省请领运脚，自昭通至省，计程十三站，应需马脚、盘费，照例按站支销，至今循照办理。

## 注 释

[1] 东川路：《皇朝文献通考》卷十六《钱币考四》记："乾隆四年，又更定云南运铜之例。……其东川一路，委令东川府为承运官，自东川运至鲁甸。自鲁甸运至奎乡，即令昭通府镇雄州为承运官，并令鲁甸通判、奎乡州同协同，办理雇脚，转运至永宁水次。"《清高宗实录》卷八十五记："乾隆四年春正月，云南总督庆复奏：'滇铜运道，自东川起，由昭通过镇雄，直达川属之永宁，最为捷径，施工开辟，便可与威宁两路分运。但由昭通过镇雄境内，有黔省数十里地方，插入滇界，请即拨归滇省管辖。又自厂至东川，所经小江塘及寻甸一路，尚多阻塞，亦应一例开修'。得旨：'办理甚属妥协，可嘉之至。'又奏：'滇省煮盐柴薪，多向他处购买，工本

263

愈重，灶户不免拮据，请于近井山场种树，以备日后樵苏之用。'得旨：'此亦可行之事也，但须极力查察，必使百姓不知种树之滋扰，而暗受种树之利益可耳。'"清代吴其濬《滇南矿厂图略》下卷《运第七》记："东川府接自办汤丹等厂运交京铜，自东川俗称东店运至昭通，计程五站半，每百斤脚银七钱九厘零。昭通府接东川运交并收乐马等厂京铜，由昭通俗称昭店分运大关厅豆沙关今至盐井渡，计程六站，每百斤脚银七钱七分四厘零。分运永善县黄草坪陆路三站半，每百斤脚银四钱五分一厘零。大关厅接昭通运交并自办人老、箭竹等厂京铜，由豆沙关今在盐井渡，故俗称井店至泸州，每百斤水脚等银八钱五分八厘零"又同书《惠第五》记："东川府东店，年支养廉银七百二十两，店费等银六百二十七两三钱六分。"

[2] 水脚银：清政府核定的水路运输费用即为水脚银，为每站每百斤给运脚银九分，是马匹驮运费用的七成之数。水路运输不仅节省费用，而且不受应役畜力的限制。可是云南境内由于大部分河道滩多流激，不能全程通航，最终被开通利用的河道只有金沙江、大关河、南广河、永宁河四条河流的下游地段。

[3] 盐井渡河道：即由今昭通市盐津县盐井镇起，顺昭通境内大关河、横江而下，至四川宜宾市注入金沙江的河道。此河道是经云贵总督张允随倡议疏浚，最终开通。《清高宗实录》卷一百六十一记："乾隆七年壬戌二月，云贵总督张允随奏：'昭通府地阻舟楫，物贵民艰，查盐井渡水达川江，可通商运，自渡至叙州府安边汛七十二滩，惟黄角磺等十一险滩，宜大疏凿，暂须起剥，余只略修，并开纤道，其自昭通抵渡，旱路崎岖九处，开广便行。现运铜赴渡入船，脚费多省，以积省之费，开修险滩，帑不靡而功可就，不独昭、东各郡，物价得平。即黔省威宁等处，亦可运米流通'。得旨：'既已试行有效，即照所议办理可也。'"《清高宗实录》卷二百三十一记："乾隆九年甲子十二月己未，云南总督张允随奏：'大关境内盐井渡通川河道，与金沙江相为表里，经奏请借动陆运铜脚开修，凡阅三载，业已工程完竣。铜运坦行，商货骈集，克收成效，所有用过工费银六千七百八十五两，即将水运京铜省出脚价归款。并酌定岁修银三百两，亦于节省项下支销。至承办官员，大关同知、今升丽江府知府樊好仁等，皆能实心出力，合并声明'。得旨：'此事卿担当妥办之处，实可嘉悦。若如所言，

永收利赖之益，则甚美而又尽善矣。至在工官员，勤劳可嘉，有旨议叙。'寻谕：'据云南总督张允随奏称：开修盐井渡通川河道，工程已经告竣，铜运坦行，所有承办此案工程之大关同知、今升丽江府知府樊好仁，协同监修之镇雄州吏目缪之琳，大关游击、今升奇兵营参将萧得功，昭通镇把总杨英、陈玉，皆能实心出力等语，樊好仁等在工效力，勤劳可嘉，俱著交部议叙。'"乾隆《钦定户部鼓铸则例》卷一记："盐井渡、罗星渡岁修：东川、寻甸两路分运京铜，由盐井渡、罗星渡运铜至四川叙州一带河道、桥梁每遇夏、秋水发盛涨，沙石冲落，并陆路桥梁、马道每多坍塌，该二渡每年于运铜节省脚价项下各酌留银三百两，以为岁修道路之用，每于水落之时，饬令各该地方官先行详勘确估报修，工竣据实造册，咨送工部核销。仍将动用运铜节省脚价银两数目，造入运节省册内报明户部查核。"

[4] 改委：清代最初的京运铜，由永宁店领运，泸州未设铜店。乾隆七年，泸州始设铜店，其地位还不是很重要，因此委大关同知兼管。乾隆十六年时，永宁店裁撤，京运铜统归泸州收发，泸州铜店成为京运铜的汇集地和总店，地位变得很重要，委员兼管的方式已经滞后。至乾隆三十年，不得不改委官员专管。以后泸州铜店地位越来越重要，委派管理官员的级别也越来越高，逐渐由佐杂、州县，升至知府。泸州地位亦十分重要，清政府川南永宁道即驻扎在泸州。清政府为了使铜运顺畅，明令永宁道等地方官辖下有关铜务事项，受云南督抚节制。《清史稿》卷六十九《地理十六·四川》："泸州直隶州：要，冲，繁，难。川南永宁道治所。"乾隆《钦定户部鼓铸则例》卷一记："四川永宁等处地方官受云南督抚节制：解运京铜经过地方，自永宁运铜至巫山，应令云南督抚节制。由永宁道暨所辖之叙永厅永宁县、泸州纳溪县，并川东道暨所辖之重庆府江津县、巴县、长寿县，涪州丰都县，夔州府万县、云阳县、奉节县、巫山县。自黄草坪运铜至泸州，应令云南督抚节制。由永宁道暨所辖之叙州府雷波卫黄瑯所屏山县、宜宾县、南溪县，泸州并所属之江安县。凡有铜务关系等事，统受云南督抚节制，以重责成。"

[5] 黄草坪河道：黄草坪河道的开凿疏浚工程，为清政府开辟金沙江下游水运航道工程的下半段部分。金沙江下游航道工程在雍正末年由云贵总督鄂尔泰开始策划。乾隆五年，由于铜运急需，云南总督庆复、巡抚张

允随大力倡导实施。由于原任云贵总督、陕甘总督尹继善的反对，而反复朝议、查勘，最终经乾隆皇帝批准实施。工程于乾隆五年末开工，至乾隆十三年四月完工，历时八年。河道下段自永善黄草坪至宜宾新开滩航行无大碍，可是上段自东川小江口至永善黄草坪，部分险滩在当时的情况下，根本无法凿开，实施铜运以后，毁船沉铜事故不断，朝议大哗。清廷重新派遣户部尚书舒赫德、湖广总督新柱前往查勘，最终不得已放弃上段水运，铜斤复由东川陆路运转黄草坪上船。《清高宗实录》卷一百二十三记："乾隆五年庚申七月丁酉，大学士等议覆：'云南总督公庆复等奏"开凿通川河道，实为滇省大利，已两次委员查勘，自东川府，由小江口入金沙江，泝流至新开滩，一路直通四川泸州，虽崎岖险阻，要皆人力可施，堪以化险为平，以资利济。惟沿江一带，人烟稀少，募匠设厂，远运米粮，工费约需数十万金。滇省现运铜斤，若得改由水运，每岁可省运脚之半，约计三四年，省出运费，足以兴修永远钜工"等语。查此项工程，千数百里，长滩巨石，必令兴修之后，食货转输，一劳永逸。庶国帑不至虚糜，应令该督等遴委贤员，确实估计，详慎举行。至估计一定，经秋水涸，有宜先动帑金，将紧要工段，开凿疏通者，应如所请，随时奏闻办理。至来春先用木簰试运铜斤之处，恐河道方开，遽欲试运，若稍不妥顺，反足以挠成议，应令从缓酌办。再木欺古夷境，为新开河道必经之地，应令委员善为招抚，期于永远安辑，庶无后虑'。从之。"《清高宗实录》卷一百八十一记："乾隆七年壬戌十二月壬子，大学士等议奏云南金沙江通川工程：'据钦差都统新柱疏称"……其黄草坪至金沙厂六十里河道，为商贾贩运米盐旧路，内有大汉漕等滩，水势险急，冬春之际，商贾虽有行走，而起载多艰。今应细加勘估，将可以施工之处，酌量修理，以利舟楫。其上游自金沙厂至濛田坝一十二滩，现在陆续开修。但双佛滩等处，石巨工艰，纵加疏凿，下水仍属堪虞，是以改修陆路两站，以避一十五滩之险。今张允随拟冬春之际，先修上游未竣各工，俟来秋再专修下游"等语。复据署督张允随绘进《金沙江全图》，并疏称"上游除濛田坝等八滩已完工外，尚有已修未竣之小溜筒、濯云二滩，及未修之对平等七滩，俱应今冬疏凿，约计明春水长以前可竣，至臣先议发铜二十四万斤试运之处，应于小江口、双龙潭至石州滩，一百七十里内，安设橄船十五只，每船约可运铜万斤，即于十二月起,先行装载,陆续运赴石州滩。其改为陆运之地,俱应建店房、铜房、马棚,共十五间。金沙厂河口,应建铜房十五间,已估计建盖,并雇募驮脚,以资接运"等语。查金沙江上下游,既可次第开修,应即兴工,并先行试运铜斤,以定将来每年应运之实数,所需工费,统令工竣核实报销'。从之。"《清高宗实录》卷三百一十七记:"乾隆十三年戊辰六月,云贵总督张允随奏:'金沙江各滩,上年因水长停工,臣于九月间,令司道雇募工匠,于水落时兴工,江水自正月中旬后渐消,凡各滩水底,碍船巨石俱露,至二、三两月,较常年涸至丈余,凡碍船之石,无不錾凿,自上年十二月开工,至本年四月,工俱告竣,于二月底开船运铜,至四月中,共运过铜三十二万二千余斤,安稳无虞,自蜈蚣岭至双佛一带险滩,尽皆开通'。得旨:'览奏俱悉,卿督率有方,成千古未成之钜工,甚可嘉也。'"《清高宗实录》卷三百三十五记:"乾隆十四年己巳二月,谕:'云南所开金沙江水道,工费浩繁,经该部议驳,究于运铜事宜,是否有益,著舒赫德于查阅营伍之便,并行履勘,湖广总督新柱,从前曾经奉差勘阅,于该处形势源委,尚为详悉,亦著驰驿前往,会同履勘'。"《清高宗实录》卷三百四十三记:"乾隆十四年己巳六月壬辰,钦差户部尚书舒赫德奏:'履勘金沙江工程,上游之蜈蚣岭至下游黄草坪,滩溜最险,此数百里隔截,自然天险,无取流通。而蜈蚣岭最险一十五处,尚不能尽废陆运,且老滩枂比,铜运实难。嗣后请将铜由厂陆运,到黄草坪上船,直运至新开滩平水,以抵泸州为便'。又称:'蜈蚣岭以上巧家营对面,前经滇督招出木欺古二十一寨地方,现安汛兵百名,巡检一员。今既不由此路运铜,应将原设官弁撤回,川省有似此安设者,亦令一体查彻。惟每岁运铜时,于黄草坪一带营汛内,酌抽汛兵,安塘数处照管。其自黄草坪至那比渡百里之间,应于铜船行时,令普安营酌拨弁兵巡防,俱停运彻退。又滇铜水、陆两运,驼马、船只均就永宁、叙州等处雇觅,奸民领价逃匿,追捕无从,滇员未免掣肘。请敕四川所属叙、永等处地方官员,于关系运铜一事,并受云南督抚节制。'奏入,下军机大臣会部速议行。"乾隆《东川府志》卷十二《铜运》记:"乾隆十四年,钦差九门提督舒赫德、湖广总督新柱,查勘金江蜈蚣岭,至黄草坪老滩,节次铜运实难,请将铜斤由厂陆运到黄草坪上船,直运到新开滩平水处,以抵泸州为便。自小江口起,至滥田坝一带水运,奏请停止。所有额铜仍行改由鲁甸接收，直运黄草坪上船，转运泸州。"《清高宗实录》卷三百六十记："乾隆十五年庚午三月丙戌，户部议准：'四川总督策楞疏称"金沙江水运京铜，改由黄草坪各事宜：一、金沙江水势汹涌，自叙、泸一带，赴黄草坪，系逆流而上，趱行需时，应用船若干，须委员豫雇，倘黄草坪有船可雇，或可就近打造，临时酌办。一、金沙江护运京铜，向于川省异石滩、象鼻岭、大雾基、锅圈崖等处，分设四塘，每塘拨兵五名催儹，今既将上游蜈蚣岭等，改为陆运，除大雾基、锅圈崖二塘，仍照旧设，其异石滩、象鼻岭二塘兵应（彻）【撤】回，于黄草坪对岸之臭水河安设，其自那比渡、上至雾基滩、下至虎跳等处，陡崖绝壁，兵无可栖，应令沿江汛弁，督率目兵，于就近水次查催。一、运铜经过地方，自永宁至巫山，则永宁道所辖之叙永厅、泸州、永宁、纳溪、合江等州、县，川东道所辖之重庆府、江津、巴县、长寿、涪州、忠州、酆都、夔州府、万县、云阳、奉节、巫山等州、县，自黄草坪至泸州，则永宁道所辖之叙州府、雷波卫、黄螂所、屏山、宜宾、南溪等县，俱应受云南节制，以重责成"'。从之。"

[6] 昭通府店：简称昭店，设在昭通府城内，为接受东店来铜的一个中转站。由昭通府城往金沙江运输，则又分为两路：西路运往黄草坪，北路运往豆沙关，最终汇集到泸州总店。清代吴其濬《滇南矿厂图略》下卷《程第八》记："东店至昭店，计程五站半。自东川城至红石崖一站，红石崖至天申塘半站，天申塘至以扯汛一站，以扯汛至江底渡法戛江一站，江底至大水塘一站，大水塘至昭通府城一站。……昭店至豆沙关，计程六站。自昭通府城至乌扯铺一站，乌扯铺至一碗水一站，一碗水至雄魁汛一站，雄魁汛至千海子一站，千海子至七里铺一站，七里铺至豆沙关一站。……昭店至黄坪店。"又同书《惠第五》记："昭通府昭店，年支养廉银七百二十两，催铜盘费银一百八十两。"

[7] 豆沙关水运：豆沙关，又称石门关，位于今昭通市盐津县与大关县之间，属盐津县豆沙镇，距离盐津县城盐井镇23公里。为五尺道——石门道上最著名的关隘，所谓"一夫当关，万夫莫开"非彼莫属。豆沙关矗立在大关河上，对岸为百尺绝壁，依水为险，水路可达盐井渡。乾隆十七年，大关河水道经过疏浚，由盐井渡延伸至豆沙关，水运由此增加一站。今云南昭通至四川宜宾的公路中间一段全部沿着大关河——横江河岸修

筑，从豆沙镇到安边镇公路（亦即水路）里程为121公里。清代吴其濬《滇南矿厂图略》下卷《程第八》记："豆沙关店今至盐井渡，称井店至泸店水程少一站，陆程多一站，计水程一千四百五里。自豆沙关背运下船经龙拱沱滩、猪圈口滩至盐井渡，经黄角滩、打扒陀滩、青菜滩、新滩、花塘、白龙滩、九龙滩、张家滩、高滩至叙州府。经木头号至江安县，由江安至纳溪县，由纳溪至泸州。盐井渡以下河道，有丁山碛滩、黄果漕滩、门槛滩、土地滩、明滩、梅子漩滩、龙门石滩，沙石冲积，岁皆修之，动支节省银三百两。"又同书《惠第五》记："大关厅井店，年支养廉银三百六十两，店费等银一百八十七两二钱。"

[8] 分运豆沙关：乾隆《钦定户部鼓铸则例》卷一记："昭通府接运东川承运京铜，分运豆沙关，由盐井渡转运泸州一半，铜一百五十八万二千八百六十斤，每铜三百斤额准折耗八两。自昭通运铜至豆沙关，计程六站。每站每铜百斤给运脚银一钱二分九厘二毫，共该运脚银一万二千二百四十九两八钱八分一毫六丝八忽八微。每请领银一千两，自省雇马驮运至昭通府，计程十三站，每站给驮银马脚、盘费银一钱三分四厘三毫七丝五忽。按年造入运铜奏销册内报部查核。大关同知接运京铜，今豆沙关改易站船七只，水运至盐井渡。每船一只，设水手夫役四名，每名月给工价饭食银三两，岁共需银一千零八两。如遇闰月，照数在于额外节省银内动支放给。豆沙关雇夫背铜下河、上载装舱，往回四里，每夫二名，抬铜一百斤给夫价银一分二厘，共运脚银一百八十九两二钱三分九厘一丝三忽，归于盐井渡至泸州脚费项下开销给放。豆沙关至龙拱沱滩，建设铜房五间，添设书记一名，月给工食饭食银三两，共银三十六两。秤手二名，每名月给工食饭食银二两，共银四十八两。如遇闰月，亦照数在于额外节省银内动支放给。自龙拱沱滩雇夫背铜至猪圈门滩，往回六里，每夫二名，抬铜一百斤给夫价银二分，共运脚银三百一十五两三钱八分四厘八毫五丝五忽。又猪圈门滩至盐井渡，每铜一百斤给水脚银一百五十七两六钱九分二厘四毫二丝七忽五微。通共需银一千五百六十五两七分七厘二毫八丝二忽五微。岁共节省水运脚费银四百七十二两三钱八厘八毫八丝八忽，归入盐井渡节省项下。按年分别入册报部查核。其所设站船，令水手管业，每年不给添修、拆修之费。至岁修河路，统于盐井渡额定岁修银三百两内通融办理。

盐井渡运铜转运泸州，每铜一百斤，照永宁运至泸州之例，给水脚银九分，共该水脚银一千四百一十九两二钱三分一厘八毫四丝七忽五微。今自盐井渡雇用民船水运至泸州，计程二十站，每百斤给船价、夫价等项银七钱三分九厘，较之东川陆运至永宁转运至泸州，每百斤节省运脚银三钱三分。内盐井渡买备装铜筐篓，每只价银一分五厘。雇夫点收铜斤、过秤、背送堆贮，以及装铜捆包，每百斤给夫价银一分。看守铜斤，雇夫二名支更巡防，每夫给饭银一两二钱，遇闰照数支给。铜斤运抵泸州，堆贮铜斤租房一所，每月给房租银一两，统造入运铜奏销并节省各报销册内，按年分别造册报部查核。"

[9] 分运黄草坪：乾隆《钦定户部鼓铸则例》卷一记："昭通府接运东川承运京铜，分运黄草坪转运泸州店一半，铜一百五十八万二千八百六十斤，每铜三百斤额准折耗八两。自昭通运至黄草坪，计程三站半。每站每铜一百斤给脚价银一钱二分九厘二毫，共运脚银七千一百四十五两七钱六分三厘四毫三丝一忽八微。每请领银一千两，自省雇马驮运至昭通府，计程十三站，每站给驮银马脚、盘费银一钱三分四厘三毫七丝五忽。统造入运铜奏销册内报部查核。永善县接运昭通府分运黄草坪转运泸州店一半，铜一百五十八万二千八百六十斤，每铜三百斤额准折耗八两。自黄草坪领铜站运泸州，计水程七站。合每铜一百斤给水脚银九钱二分四厘二毫零，较之威宁陆运，每百斤节省运脚银六钱八分二厘零。共需水脚银一万四千五百八十两二分九厘四毫七丝九忽六微。每请领银一千两，自省至黄草坪，计程十七站，每站给驮银马脚、盘费银一钱三分四厘三毫七丝五忽。自黄草坪运至大雾基滩一站，计水程一百三十七里，内沙河滩、黑铁关滩、大佛子滩、乌鸦滩，共计四滩。自大雾基滩至大锅圈岩滩一站，计水程一百三十九里，内大雾基滩、大虎跳滩、小虎跳滩、溜桶子滩、特衣滩、小锅圈岩滩，共计六滩。自大锅圈岩滩至大汉漕滩一站，计水程一百零五里，内大锅圈岩滩、大猫滩、冬瓜滩，共计三滩。自大汉漕滩至新开滩一站，计水程一百九十九里，内大汉漕滩、木孔滩、苦竹滩、凹岩滩、新开滩，共计五滩。共计水程四站，每站安设站船三十只，共安设站船一百二十只。每船一只，设水手四名，每月共给工价、盐菜银一十二两六钱，食米一石五斗。每站铜一百斤，给水脚银一钱四分四厘，食米一升七合一勺四抄二

撮八圭五粒七颗一粟。内大锅圈岩滩至新开滩二站，只给水手工价、盐菜银一十二两六钱，不给食米。节省米价系额外节省之项，应归入额外节省之项下，按年解缴充公。黄草坪自开运起，定限六个月运泸州告竣，夏、秋水大停运六个月，存站共雇留船六十只，每站共雇留船一十五只。每只留看船水手一名，每月给盐菜银一两二钱，食米三京斗。又雾基滩、锅圈岩滩各设渡船一只。每只每月给工价、盐菜银一十二两六钱，食米一石五斗。至前项应给米石价银，照永善县每年采买兵米之例，照依时价支给。如有浮冒侵隐情弊，即行据实查参。黄草坪领铜开运祭江，备买牲醴，需银九两。又黄草坪发运，每铜一百斤，用竹篓一只，每只价银一分。自新开滩雇募客船装铜转运泸州，平水计程三站，每铜一百斤，给水脚银一钱，例不给食米。自铜船运至泸州，河边背铜至店，每百斤给夫价银三厘。统于运铜奏销并正额节省各报销册内，分晰报部查核。黄草坪、大雾基滩、大锅圈岩滩、大汉漕滩、新开滩五处，每处各设书记一名，每月给工伙银三两；每处各设搬铜夫二名，每名每月给工伙银二两。均按照铜斤到站接收起止之日支给，以六个月为限。起运限期：每岁办运京铜六百三十三万一千四百四十斤，内东川府知府承运京铜三百一十六万五千七百二十斤，运至昭通府，分运豆沙关、黄草坪两处，转运泸州店。自东川府雇马运至昭通，交昭通府知府接运，定限一年。自昭通府接运京铜三百一十六万五千七百二十斤，内分运一半，铜一百五十八万二千八百六十斤，发交昭通府分防大关同知接运，由豆沙关设立站船，转运盐井渡，至泸州交收，统限一年。分运一半，铜一百五十八万二千八百六十斤，于本年正月初一日自厂起运，统限一年，于岁内全数运抵黄草坪，发交永善县知县接运。由黄草坪水运大雾基滩、锅圈岩滩、大汉漕滩、新开滩，运至泸州店。自永善县于本年十月初一日开运，次年三月底全数运抵泸州，定限六个月。"

## 寻甸路[1]

寻甸店，系寻甸州管理。运至贵州威宁，计车站十五站。每百斤给车脚银[2]一两，每三百斤准折耗铜一斤，不给筐篓。每请领银一千两，每站给驼银、马脚、盘费银一钱三分四厘三毫七丝五忽于十六年，将车路修平直。每百斤只给车脚银九钱三分三厘三毫三丝三忽。每三百斤准折耗铜一斤，不给筐篓。四十年，将寻甸发运威宁铜斤，改归寻甸、宣威二州，按界分运。寻甸至宣威，系寻甸州承运。宣威至威宁，系宣威州承运。四十六年，将寻、宣二州分运铜斤，改归曲靖府承运。嘉庆四年，寻甸铜斤改归迤东道承运，运脚、折耗悉照旧支销。赴省请领运脚，自寻至省，计程三站。应需马脚、盘费，按站支销，至今循照办理。

威宁店，系鲁店通判管理。运至四川永宁，陆路十三站。每站每百斤给运脚银一钱二分九厘二毫，筐篓、折耗银、马脚，照东店事例支销。十年，镇雄州罗星渡河道[3]开通，将寻甸由威宁发运永宁铜斤，改由罗星渡水运泸店交收。自威宁至罗星渡，陆路十站，每站每百斤，给运脚制银一钱二分九厘二毫。自罗星渡至南广硐，水路五站，每百斤给水脚银九分。每铜一百六十八斤，给筐篓、木牌一付，价银二分。每铜三百斤，准折耗铜半斤，驼银、马脚照旧支给。三十五年，将威宁铜店[4]归镇雄州管理。四十四年，改归（咸）[威]宁州管理。自威宁至镇雄，陆路五站。每站每百斤，给运脚银一钱二分九厘二毫。每铜一百六十八斤，给筐篓、木牌一付，价银一分五厘。每三百斤准折耗铜三两。赴省请领运脚，自威宁至省，计程十站，应需马脚、盘费，照例按站支销，至今循照办理。

镇雄店[5]，接运威宁铜斤，系镇雄州管理。自镇雄至罗星渡，陆路五站，每站每百斤给运脚银一钱二分九厘二毫。自罗星渡由广南至泸州，水路八站，每百斤给水脚银二钱九分。每铜一百六十八斤，给筐篓、木牌一付，价银五厘。每三百斤，准折耗铜五两。赴省请领运脚，自镇雄至省，计程十五站，应需马脚、盘费，按站支销，至今循照办理。

下关铜店[6]，接运大功、宁台等厂京铜，系大理府管理。运至楚雄，陆路六站半。每站每百斤，给运脚银一钱二分九厘二毫。每铜一百六十八斤，给筐篓一对，价银一分七厘。每百斤准折耗铜三两五钱。赴省每领银一千两，每站给驼银、马脚银、盘费一钱三分四厘三毫七丝五忽。

楚雄店[7]，系楚雄府管理。运至省城，（六）[陆]路六站。运脚、马脚照大理府事例支销，筐篓每对给银一分一厘五毫六丝。每百斤准折耗铜三两。

省城店[8]，系云南府管理。运至寻店，陆路四站。运脚照大理府事例支销，筐篓照楚雄府事例支销。惟折耗每铜百斤，只准折耗铜一两五钱，不给驼银、马脚、盘费。

四十四年，将下关店改归迤西道经管，直运寻店交收。自下关至寻店，陆路十六站半，运脚照前支销。自关至寻，每铜一百六十八斤，给筐篓一对，价银一分七厘。每百斤准折耗[铜]半斤。赴省请领运脚，自关至省，计程十二站半，应需马脚、盘费，照例按站支销，至今循照办理。

# 注　释

[1]　寻甸路：寻甸一路，自寻甸至贵州威宁，全部为传统驿路，按照清代驿站里程计，共七百三十里。《皇朝文献通考》卷十六《钱币考四》记："乾隆四年，又更定云南运铜之例。户部议定：滇省解铜原分八运，每运委正运官一人、协运官一人。今应酌量变通，每府佐或州县官一人，领铜五十万斤，每杂职官二人，领铜五十万斤，先后分解。至从前运员即在寻甸、东川领铜，雇觅车、马，各行户每多催趱不前，有误限期，实不如专责地方官雇觅为便。嗣后铜斤，自厂分运，其寻甸一路，委令寻甸州为承运官，自寻甸用车运至贵州之威宁，预先委员驻扎威宁，雇脚转运至永宁水次。其东川一路，委令东川府为承运官，自东川运至鲁甸。自鲁甸运至奎乡，即令昭通府镇雄州为承运官，并令鲁甸通判、奎乡州同协同办理雇脚，转运至永宁水次。至解京之正运、协运官，竟令其赴永宁领铜，由水路接运，按限交纳，迟误者分别交部议处。其加运铜亦照正额之例分为四运，每四十二万六千斤为一运，委员起解。"康熙《云南通志》卷五《疆域、邮旅附》记："云南省至贵州普安州路考：滇阳驿三十里至板桥驿，板桥驿六十里至杨林驿，杨林驿七十里至易隆驿，易隆驿八十里至马龙驿，马龙驿七十里至南宁驿，南宁驿五十里至白水驿，白水驿六十里至多罗驿，多罗驿六十里至亦资孔，亦资孔驿六十里至普安州，驿属黔设。云南省至交水分路向四川永宁卫路考：南宁驿五十里至松林驿，松林驿七十里至炎方驿，炎方驿八十里至沾益驿，沾益驿八十里至倘塘驿，倘塘驿五十里至可渡驿，可渡驿九十里至乌撒卫，乌撒卫七百三十里达永宁卫，四川界。"明代《徐霞客游记·滇游日记六》记："初夜柱人谓余：'有间道自寻甸出交水甚近，

但其径多错,乃近日东川驼铜之骑所出。无同行之旅,不可独去,须从响水走鸡头村大道。'乃余不趋响水而登翠峰。问道于山僧,俱云:'山后虽即驼铜道,然路错难行,须仍出鸡头为便。'……然见所云径路反大,而所云往鸡头大路者反小甚,心感之。……余乃从驼马路转西北。"明代刘文征《滇志》卷四《旅途志·陆路》记:"乌撒入蜀旧路:由交水(今云南省曲靖市沾益县城)西北出发,前行五亭便到达松林驿(在州南一百六十里),平陂相半。旧名普鲁吉,今以名堡。从松林驿前行七亭而达炎方驿,有火忽都堡。从炎方驿前行八亭即达沾益州(今宣威市),与乌撒(卫)后所同城。……沾益州八亭而达倘塘驿(在州北八十里),有倘塘站,隶黔中,实滇、黔、蜀错绣地。从倘塘驿到达可度(渡),五亭之遥。有大溪出山谷中,清而驶,梁以巨木,横溪上,曰可渡桥,因以名驿,隶四川乌撒府(今贵州省威宁县)。其站曰普德归。有石牙,有石井中哨,石岩路渐峻。滇疆止于石岩。可度九亭而达乌撒卫,有四川乌撒府,与卫同城。……乌撒八亭而达瓦店。……瓦店七亭而达黑张(今贵州省赫章县)。"从曲靖到威宁共有七驿四十二亭。清代吴其濬《滇南矿厂图略》下卷《程第八》记:"寻店至威店,计陆路十五站。自州城东门外兔儿河,经乌龙潭至发打头一站,自发打头经凉水井、海通、青麦地至叭得一站。叭得经白土、格勺至得威一站,得威经黄龙硐、小发土至赤章一站,赤章经大坡山、七道湾、稻堆山、吃水塘、飞松岭至改衣一站,改衣经阿汪坡至三塘水一站,三塘水经古宗坡、柳树村至黄土冲一站,黄土冲经干海子、小湾河底、长岭子至宣威州城一站,宣威州东门外王家海子经募宗坡、吹风岭、梁王冲、太平地至来宾铺一站,来宾铺经牛泥塘、长坡、通南铺至旧堡子一站,旧堡子经木瓜箐、七里店、老鸦林至周福桥一站,周福桥经木瓜哨、三转湾、埃脚石、水塘铺、乱石湾至可渡桥一站,可渡河有木桥今渡经杨桥湾至箐头铺一站,箐头铺经红石崖至飞来石一站,飞来石经康家海、石桥梯、簸箕湾至威宁州城一站。皆系牛车挽运,砌石不便行车,土路易于埃陷,旧届五六年请修一次,道光十九年已逾十年,题修糜银二千一百两有奇。"

[2] 车脚银:清政府核定的马匹运输费用为每站每百斤给运脚银一钱二分九厘二毫。由于当时没有足够的马匹来承担铜运,因此在道路情况允许的条件下,便采取车运方式,运铜车辆由牛来拖拽。清代菊如《滇行纪

略》记："自平彝（今曲靖市富源县）至省，均系泥途，居民可用牛车载物来往。山亦平远，无复欹崎历落之状。"清政府核定的车辆运输费用（即车脚银），为每站每百斤给运脚银六分二厘二毫二丝二忽，不及马匹驮运费用的一半。但由于云南境内大部分地区为起伏很大的山区，不能够行车，因此铜运也只有地处滇东夷平面中心地带、地势比较平缓的寻甸至宣威一段，能够采用车辆运输的方式。乾隆《钦定户部鼓铸则例》卷一记："寻甸州发运威宁店转运京铜三百一十六万五千七百二十斤，每铜三百斤额准折耗一斤，自寻甸运铜至威宁，计马站十站，折车行十五站。每车一辆装铜三百斤，每铜百斤给车脚银一两，共给车脚银三两。今运铜车路改修平直，省车行一站，计十四站。每车一辆装运铜三百斤，给车脚银二两八钱，节省车脚银二钱。合每铜一百斤，实给车脚银九钱三分三厘三毫三丝三忽零，共需车脚银二万九千五百四十六两七钱二分。每请领银一千两，自省雇马驮运至寻甸，计程三站，每站给驮马脚银一钱三分四厘三毫七丝五忽。统于运铜奏销并正铜节省案内分别造册报部查核。"

[3] 罗星渡河道：罗星渡简称罗渡，在今四川省宜宾市珙县罗渡苗族乡。乾隆十年，罗星渡水路开通，滇铜不再运至永宁，改运罗星渡上船，再由南广河河道水路进入长江航运抵达泸州。南广河为长江右岸一级支流，古称符黑水、符江。发源于云南省昭通市威信县高田乡打铁岩村，自四川省宜宾市高县南广镇汇入长江，河流全长约232公里，其中罗星渡以下河段约长160公里，清代铜运水路为五站。《清高宗实录》卷二百二十九记："乾隆九年甲子十一月，云南总督张允随奏：'请开修川省接壤滇境之罗星渡河一道，可以直达川江，分运威宁铜斤，每年计节省陆路运脚银二千九百六十两零，照例借项动支，约二年所省脚价，即可归款，不特铜运得济，滇民往来，亦有裨益'。得旨：'既称有益，妥酌为之。'"《清高宗实录》卷二百四十三记："乾隆十年乙丑六月，又谕：'据云南总督张允随奏称"开修罗星渡河道工程，业已告竣，铜舟毫无阻碍，所有承办此案之粮储道宫尔劝，鲁甸通判金文宗，镇雄参将龙有印，云南同知徐柄，威信州州判许肇坤，试用州判席椿，镇雄营千总戴君锡、把总李恺，皆能实心出力"等语。宫尔劝等，在工效力，勤劳可嘉，著交部议叙'。"清代吴其濬《滇南矿厂图略》下卷《程第八》记："罗星渡至泸店，计水程八站。自罗星渡至

木滩一站，木滩至儳滩一站，儳滩至南广一站，南广至泸州五站。凡运铜陆路，险窄处岁修之。罗星渡至南广河道，乾隆十年开通，有小瓦灰滩、瓜爬滩、老瓦沱滩、美美滩、小摆子滩、双硐子滩、五义子滩、干岩子滩、土地滩、前门滩、后门滩、锅椿滩、将军滩、张家滩、大浴三滩、鹅项颈滩、石板滩、黄格溪滩、长摇滩、大叶滩、大儳滩、鱼脊滩、牛捆滩、大井坑滩、张公岩滩、三毫滩、斗水滩、锅饼滩、半边箭滩、观音滩、猫脸滩、溪滩、小苏滩、长腰滩、罗家滩、中渡滩、蛇皮滩、柳公夹滩、深根子滩、小角车滩、石马孔滩、葛布滩、大线滩、青滩、打鱼坝滩、铜罐滩、荔支滩、龟背滩、大卧滩、鳖甲石滩、石鸡滩、瓦窝滩、母猪滩、峦堆滩、大坝滩、干溪滩、圈七滩，本系山溪，大雨沙淤石积，亦岁修之，岁支节省银三百两。"

[4] 威宁铜店：简称威店，设在贵州省威宁州城中，接受来自云南寻甸铜店的来铜，转运至罗星渡装船运往泸州总店。清代吴其濬《滇南矿厂图略》下卷《运第七》记："威宁州接迤东道运交京铜，由威宁俗称威店至镇雄州，计程五站，每百斤脚银六钱四分五厘零。"又同书《程第八》记："威店至镇雄州，计程五站。自威宁州城至高枧漕一站，高枧漕至阿箕车一站，阿箕车至菩隆塘一站，菩隆塘至桃园一站，桃园至镇雄州城一站。"又同书《惠第五》记："威宁州威店，年支养廉银三百两，店费等银二百七十六两。"

[5] 镇雄店：简称镇店，设在镇雄州城中，为威店运往罗星渡的中转站。乾隆《钦定户部鼓铸则例》卷一记："滇省办运京铜，镇雄店每年给房租银二十四两。书记一名，月支工伙银二两四钱；搬夫二名，每名月支工伙银一两八钱；巡役一名，月支工伙银一两八钱。每月灯油、纸笔银二两五钱。年共支银一百四十七两六钱。罗星渡店每年给房租银二十四两。书记一名，月支工伙银二两四钱；搬夫四名，每名月支工伙银一两八钱。每月灯油、纸笔银二两五钱。年共支银一百六十九两二钱。南广店每年给房租银一十六两。书记一名，月支工伙银二两四钱；搬夫二名，每名月支工伙银一两八钱。每月灯油、纸笔银二两。年共支银一百一十二两。以上共支银四百二十八两八钱，遇闰照数加增，均在于司库搭运节省项下动支，仍将动用银两造册报部核销"。清代吴其濬《滇南矿厂图略》下卷《运第

七》记:"镇雄州接威宁州运交京铜,由镇雄俗称镇店至泸州,计水、陆十三站,每百斤脚银九钱三分六厘。"又同书《程第八》记:"镇店至罗星渡,计陆程五站。自镇雄州城经板桥、刷布岭至古芒部一站,古芒部经陆井塘、黑泥孔、野猪箐至雨洒河一站,雨洒河经黄土坡、鹦哥嘴至花蛇岭一站,花蛇岭经连三坡、三岔路至中村一站,中村经落亥至罗星渡一站。"又同书《惠第五》记:"镇雄州镇店,年支养廉银九百两,店费等银四百七十五两六钱。"

[6] 下关铜店:简称关店,迤西道在大理下关设立的官铜店,汇集来自滇西各铜厂的铜,负责整个滇西地区各铜厂生产出的铜的收购,以及京运铜和外省采买铜的运输。东运至省城及寻店。清代吴其濬《滇南矿厂图略》下卷《程第八》记:"关店距寻店计程一千一百八十里。自下关至赵州城三十里,赵州至红崖六十里赵州地,红崖至云南驿九十五里云南驿地,云南驿至普淜七十里姚州地,普淜至沙桥九十里镇南州地,沙桥至吕合六十五里,吕合至楚雄府城六十里楚雄县地,楚雄府至广通县城七十里,广通县至舍资七十里广通县地,舍资至禄丰县城九十里,禄丰县至老鸦关七十里禄丰县地,老鸦关至安宁州城八十五里,安宁州至省城七十五里,省城至板桥四十里昆明县地,板桥至杨林六十里嵩明县地,杨林至易隆七十五里寻甸州地,易隆至寻店七十五里。"又同书《惠第五》记:"迤西道关店,年支店费等银一百八十六两,催铜盘费银六百九十六两。"

[7] 楚雄店:迤西道在楚雄设立的官铜店,负责转运关店来铜。嘉庆《楚雄县志》卷二《衙署》记:"迤西道铜局在西门外。"

[8] 省城店:在省城设立的铜店。《皇朝文献通考》卷十四《钱币考二》记:"康熙四十四年,又议令云南省城设立官铜店:'时云南广开铜厂,总督贝和诺题定,按厂抽纳税铜,每年变价将课息银报部,复请于额例抽纳外,预发工本收买余铜,各铜厂每斤价银三四分以至五六分不等。发运省城,设立官铜店,卖给官商,以供各省承办、京局额铜之用。每百斤定价九两二钱,除归还铜本及由厂运省脚费等项外,所获余息尽数归充公用。'从之。臣等谨按云南地多山矿,在唐宋时越在外服,元明有金银之课,而铜之开采尚少。且民间日用多以海𧴩,而未尝用钱。明嘉靖、万历时,虽暂开铸局,即行停止。至本朝于是年始盛开矿产,凡元江府、顺宁府、开

化府、昆阳州、易门县、宁州、蒙自县、路南州、和曲州、禄劝州、赵州、永平县等处各设铜厂，嗣后开采日增，京局皆资用焉。洵乎天地之宝，必有待而后兴也'。"

## 加增运脚[1]

威宁州至罗星渡，陆路十站，每年额运京铜三百一十五万五千一百六十七斤零。先系威宁州承运，因马匹稀少，添雇民夫背运，额给运脚不敷食用。乾隆四十一年，前任总督图[2]奏明：每运铜一百斤，于原给运脚之外，每站加给银三分。年共需银九千一十余两，于省城、东川二局铸息银内动支。四十六年，改归威宁、镇雄二州分运。自威宁至镇雄，计程陆路五站，归威宁州承运。自镇雄至罗星渡，陆路五站，归镇雄州承运。其加运银两，各半分支。继因省、东二局停铸，加脚银两无款支发，于五十九年起，咨奉部复，在于正额节省银内动支，按年入册报销。其罗星渡至泸州，水程八站，系镇雄州承运，不给加脚。

## 注 释

[1] 加增运脚：增加运铜费用。同治《钦定户部则例》卷三十六《钱法三》记："威宁、镇雄运铜：威宁、镇雄二州转运京铜至罗星渡，例给脚价不敷往回食用，每年加增银九千余两，即于正额节省运脚银内动支拨给。"《皇朝文献通考》卷十八《钱币考六》记："乾隆四十一年，署云贵总督觉罗图思德等言：'滇省解交京铜六百余万斤，由寻甸、东川两路分运泸州，其中牛驮、马载脚价尚属敷用。唯自威宁州至镇雄州所属之罗星渡，计程十站，山路崎岖，近年马匹稀少，俱系雇夫背运，两夫背运一码，重一百六十斤，给脚银二两。往返一月，食用不敷，夫役每多逃匿。今酌议，每铜一码，加增银四钱八分，约需加脚九千余两，亦请于加给铜价内，每两扣银五分八厘零，即可如数扣增，不必另筹款项'。得旨允行。"

[2]　总督图：即时任云贵总督图思德。《清史稿》卷三百三十二《觉罗图思德传》记："觉罗图思德（？～1779），满洲镶黄旗人。初自诸生授光禄寺笔帖式。累迁户部员外郎。外授江南常镇道。再迁贵州布政使。乾隆三十七年，擢巡抚，疏言：'贵州威宁玛姑柞子厂、水城福集厂产黑、白铅，岁供京局及各省鼓铸。厂员营私滞运，请立条款，严处分'。并下部议行。三十九年，署云贵总督。上令出驻永昌，并谕以防边事重，视前政彰宝旧日章程益加奋勉。抵任后，疏言：'清厘彰宝移交文牍，永昌军需造销牵混，应请各归各款，以清眉目。造解京箭，各镇协称现多损坏，与彰宝原奏不符；又有批准保山等厅、县添买仓谷，亦滋疑义'。寻劾保山知县王锡、永平知县沈文亨侵亏仓谷，请夺官鞫治。上命侍郎袁守侗驰驿往按，锡言彰宝勒索供应四万余，致亏短兵粮，上震怒，逮彰宝治罪。图思德以箭二十万解四川军营，上嘉之。十一月，兼署云南巡抚。……四十二年，又奏得鲁蕴欲将所留杨重英、苏尔相、多朝相等送还，并叩关纳贡。上念受降事重，图思德不能胜其任，命大学士阿桂赴云南主持。调李侍尧云贵总督，图思德回贵州巡抚任。四十四年，擢湖广总督。卒，赐祭葬，谥恭恝。"

# 厂地搭运[1]

汤丹、大水、碌碌三厂，发运东店铜斤，每百斤搭运五斤，不给运脚。嗣续经开采之乐马、茂麓、发古三厂，发运各店、局铜斤，亦照汤丹等厂之例，每百斤搭运五斤，不给运脚。核计该六厂搭运铜斤，年约节省运脚银四百二三十两不等，系奏明作为汤丹、碌碌二厂加添役食之用。嘉庆五年，奉部复准，照该二厂减额铜数，汤丹厂年支银二百九十九两六钱，碌碌厂年支银一百三十四两四钱，按年造册咨销。此外，各厂发运各店、局铜斤，并无搭运节省。

## 注　释

[1]　厂地搭运：这是一种转移支出，以马帮无偿驮运而节省的费用，

贴补为汤丹、碌碌两大铜厂新增役食费用，亦是一种双重剥削的行为。乾隆《钦定户部鼓铸则例》卷四记："运铜脚费：各厂运铜，每百斤搭运五斤，不领脚价，即以节省运脚银两，留为厂地公事之用。年底核实，造具收支细数清册，报部核销。如有余剩，存贮该厂，以为修理桥梁、官房之用。如有不敷，樽节办理。倘有浮冒等弊，据行查参，勒追还项。"

## 委管泸店[1]

凡泸州铜店，额设委员二名，专司收领各店京铜，发兑各起京运，一年一换。按：泸店设于乾隆七年，向委大关同知管理。三十七年，改委佐杂驻店管理。四十四年，改委丞倅、州县管理，佐杂帮办。四十九年，改委知府、丞倅、州县，不用佐杂。

## 注　释

[1]　委管泸店：潘先林按：此条据《铜政便览》增补。而实际上此条内容在本卷《东川路》条目中已经存在，《铜政便览》只是将其独立列为一条而已。乾隆《钦定户部鼓铸则例》卷一记："委管泸州店昭通府分防大关抚夷同知，接收东川、寻甸两路运到铜斤，过秤分发长运各官，领解京局。经管泸州店昭通府分防大关抚夷同知，每月给养廉银一百两，遇闰不准加给养廉。设书记一名，月给工伙银三两；搬铜夫十二名，每名月给工伙银二两。遇闰准其照数支给。统于运铜奏销案内，分息造册报明户部核销。至泸州店堆贮铜斤房屋一所，每月给房租银一两，在于汤丹等厂归公铜斤变价银内支给报销。"同治《钦定户部则例》卷三十六《钱法三》记："凡厂铜抵泸州，滇省于丞倅、州县中专委二员赴泸店收发铜斤，一年一换。每于年底先行委员协办，相间更替，不致遽易生手。"

## 各店搭运

东、甸两路陆运京铜，自乾隆四年起，应给运脚，俱系每站每百斤给银一钱二分九厘二毫，并无节省。八年，每运铜一百斤，搭运五斤，不给运脚。所有下关、寻店、威宁、镇雄、东川、昭通、永善等七店，及香树坡、大兴、红坡、发古、凤凰坡、红石岩等六厂，每年铜斤应扣节省银两，自六七千两、八九千两至万余两不等，按年收入搭运节省[1]项下，支放催铜各员盘费，并卡书、工伙、修理运铜道路、新增运员、湖北归州新滩剥费，及拨补各官无力完缴应赔部局、改煎低潮铁砂铜斤、火工、铅价等款动用外，余银报拨充饷，按年造册报销。至镇雄州水运泸店京铜，并无节省。大关同知水运京铜节省银两，系归入额外节省项下造报。

## 注 释

[1] 搭运节省：乾隆《钦定户部鼓铸则例》卷一记："搭运节省脚价：滇省东川、寻甸两路，每岁承运京铜六百三十三万一千四百四十斤。内东川府一路承运京铜三百一十六万五千七百二十斤，运至昭通府。每铜一百斤，搭运铜五斤，共该搭运铜一十五万七百四十八斤九两。自东川至昭通，计程四站半，每铜百斤，每站节省脚价银一钱二分九厘二毫，共节省银八百七十六两四钱五分二厘一毫四丝零。自昭通府分运黄草坪，铜一百五十八万二千八百六十斤，内除折耗铜二千六百三十八斤一两六钱，实该铜一百五十八万二百二十一斤十四两四钱，每铜一百斤，搭运铜五斤，共搭运铜七万五千二百四十八斤十两六钱。自昭通府至黄草坪，计程三站半，每铜一百斤，每站节省脚价银一钱二分九厘二毫，共节省银三百四十两二钱七分四厘四毫五丝零。永善县接运黄草坪发运泸州铜一百五十八万二百二十一斤十四两四钱，内除折耗铜二千六百三十八斤一两六钱，实该铜一百五十七万七千五百八十三斤十二两八钱。每铜一百斤，搭运铜五斤，共该搭运铜七万五千一百二十三斤。由黄草坪至泸州，每铜一百斤，节省水脚等银九钱二分四厘二毫，共节省银六百九十四两二钱八分六厘七毫六丝六

忽。昭通府分运豆沙关，铜一百五十八万二千八百六十斤，内除折耗铜二千六百三十八斤一两六钱，实该铜一百五十八万二百二十一斤十四两四钱，每铜一百斤，搭运铜五斤，共搭运铜七万五千二百四十八斤十两六钱。自昭通府至豆沙关，计程六站，每铜一百斤，每站节省脚价银一钱二分九厘二毫，共节省银五百八十三两三钱二分七厘六毫三丝零。寻甸州一路承运京铜三百一十六万五千七百二十斤，运至威宁。每铜一百斤，搭运铜五斤，共该搭运铜一十五万七百四十八斤九两二钱。每铜一百斤，节省车脚九钱三分厘三毫三丝三忽，共节省银一千四百六两九钱八分六厘一毫九丝七忽零。威宁店接运铜三百一十六万五千七百二十斤，内除折耗铜一万五百五十二斤六两四钱，实该铜三百一十五万五千一百六十七斤九两六钱。每铜一百斤，搭运铜五斤，共该搭运铜一十五万二百四十六斤。自威宁至罗星渡，计程十站，每铜一百斤，每站节省脚价银一钱二分九厘二毫，共节省银一千九百四十一两一钱七分八厘三毫二丝。每铜一百斤，搭运铜五斤，如遇买补铜斤，每百斤亦照数搭运五斤，不给运脚，节省脚价银两，按数解贮粮道库内存贮。每年将节省银两数目报部查核。凡有公事，应行动用，先行报部给发，如有余剩，报部拨用，仍将动支银两报部核销。"

## 正额节省[1]

东川一路，自乾隆四年办运京铜起，由东川、鲁甸、奎乡运至四川永宁店交收。运员自永宁领铜，由泸州运京。计自东川至鲁甸，计程四站，每百斤销银五钱一分六厘八毫。自鲁甸至奎乡，计程四站，每百斤销银五钱一分六厘八毫。自奎乡至永宁，计程十二站，每百斤销银一两五钱五分四毫。自永宁至泸州，水程一站，每百斤销银九分。计共销水、陆运脚银二两六钱七分四厘。

七年，大关之盐井渡河道开通，将发运永宁铜三百一十六万五千七百二十斤，以半仍运永宁，其余一半铜一百五十余万斤，改由盐井渡，水运泸店交收。由东川至昭通，计程五站半，每百斤销银七钱一分六毫。自昭通至盐井渡，计程七站，每百斤销银九钱四厘四毫。自盐井渡至泸州，计程八站，每百斤销银七钱一分九厘。计共销水、陆运脚银二两三钱四分四厘。较由东川、鲁甸、奎乡至永宁，及永宁至泸州，支销银二两六钱七分四厘之数，每百斤节省银三钱三分，年约节省银五千二百余两，由大关同知领解。

十五年，永善县之金江下游黄草坪河道开通，将发运永宁铜一百五十余万斤，改由黄草坪水运泸店交收。自东川至昭通，计程五站半，每百斤销银七钱一分六毫。自昭通至黄草坪，计程三站半，每百斤销银四钱五分二厘二毫。自黄草坪至泸店，计程八站，每百斤销银九钱二分四厘二毫。计共销水、陆运脚银二两八分七厘。较由寻店、威宁至永宁，及自永宁至泸店，支销银二两七钱六分四厘之数，每百斤节省银六钱八分二厘，年约节省银一万七百余两，由永善县领解。

东川原运永宁铜斤，改由黄草坪一路发运。节省银两，只应按自东至永宁，及自永宁至（沪）[泸]所需运脚，比（教）[较]自东由奎乡至永宁所需运脚核算。从前比较，自寻甸由威宁至永宁，及永宁至（沪）[泸]所需运脚计算，是以至今寻照办理。

寻店一路，自乾隆四年办运京铜起，由寻甸、威宁至四川永宁店交收。运员自永宁领铜，由泸州运京。自寻店至威宁，车站十五站，每百斤支销运脚银一两。自威宁至永宁，计程十三站，每百斤支销运脚银一两六钱七分九厘六毫。自永宁至泸州，计程一站，每百斤支销水脚银九分。计共销水、陆运脚银二两七钱六分九厘六毫。

十年，镇雄州之罗星渡河道开通，将由威宁发运永宁铜三百一十六万余斤，改由罗星渡水运泸店交收。自寻店至威宁，车站十五站，每百斤支销运脚银一两。自威宁至罗星渡，计程十站，每百斤支销运脚银一两二钱九分二厘。自罗星渡至泸店，水程八站，每百斤支销运脚银二钱九分。计共销水、陆运脚银二两五钱八分二厘。较由寻店、威宁至永宁，及自永宁至泸店，支销银二两七钱六分九厘六毫之数，每百斤节省银一钱八分七厘六毫，年约节省银五千九百余（万）[两]，由镇雄州领解。

十六年，将寻店至威宁车站十五站道路改修平直，每百斤只给车脚银九钱三分三厘三毫三丝三忽。较原给银一两之数，每百斤节省银六分六厘六毫六丝六忽，年约节省银二千一百余两，由迤东道领解。

283

以上盐井渡、罗星渡、黄草坪、寻甸店四处，年约节省银二万二三千两不等，名为正额节省，除支放岁修盐井渡、罗星渡二处各滩工价，并威宁、镇雄二州加增运脚，及新增各长运官帮费等款银两外，余银尽数拨入陆运项下，以作下年发运京铜之用，按年造册报销。

## 注　释

[1]　正额节省：实际上是按照陆运里程计算的运输费用与水运的差价。主要是利用大关河（盐井渡）、南广河（罗星渡）、金沙江（黄草坪）新开辟的河道进行水路运输以后，较原来用马帮运输所节省的费用。《清高宗实录》卷三百三十九记："乾隆十四年己巳四月乙巳，云南巡抚图尔炳阿奏：'滇省加运京铜，前经升任抚臣张允随等，议给陆运脚价。嗣承运各官，以铜斤交接，须赁房收贮，添役稽查，无项可动。因于每百斤外加运五斤，即以此项节省脚价，供应各项之费。解贮粮道库，应用报明给发即盐井、罗星两渡，并金江水路各运，亦有此节省之项。第思此项节省，与其暗留外用，不如明定章程。查滇省从前各铜厂，除收正课外，每百斤又抽充公铜五斤，变价济用，奏明将每年动用数目，造册报销。今此项加运节省银两，亦应照五斤充公铜之例，仍留运铜公用，每年报部查销，如余听部拨用'。报闻，下部知之。"清代吴其濬《滇南矿厂图略》下卷《节第十一》记："凡寻甸一路，陆运至威宁，每铜三百斤节省银二钱原定自寻甸至威宁，车行十五站，每车装铜三百斤，脚银三两，续将车路改修平直，省行一站，每车脚银二两八钱，岁共节省银一万七百五十九两一钱二分一厘有奇。自威宁至罗星渡，每百斤节省银一钱八分七厘有奇原定自威宁至永宁，计程十三站，脚银五钱一分六厘八毫，续改运罗星渡计程十站，每百斤马脚银一钱二分九厘二毫，三站节省银三钱八分七厘六毫，除罗星渡至南广洞水脚银二钱外，实节省银一钱八分七厘有奇，岁共节省银五千九百一十九两九分四厘有奇。凡东川一路，自豆沙关水运盐井渡，转至泸州，每百斤节省银三钱三分原定陆运，续改水运，岁共节省银五千二百三两八钱五分有奇盐井渡运泸州，遇有客货船只，尽数雇募，每百斤除正额节省之外，有额外节省银九分四厘有奇，多寡无定。

永善县自黄草坪水运泸州,每百斤节省银六钱八分二厘原定陆运,续改水运,岁共节省银一万七百五十九两一钱二分一厘有奇遇有客货船只,雇运于正额节省之外,更有节省,多寡无定。凡各路请领运脚,仍按原站银数给发,俟运竣,节省扣明,另册造报。凡自各厂运店,及自各店运泸,并每铜百斤搭运五斤,不给脚价,节省银两,留充公用。"同治《钦定户部则例》卷三十六《钱法三·节省脚费》记:"解运京铜自寻甸一路运至威宁,每车装铜三百斤,节省银两钱。原定自寻甸运至威宁,车行十五站,每车装铜三百斤,给车脚银三两。继将车路改修平直,共十四站,省车行一站,每三百斤,给车脚银二两八钱,岁共节省银一万七百五十九两一钱二分一厘有奇。自威宁运至罗星渡,每百斤节省银一钱八分七厘有奇。原定自威宁运至永宁,计程十三站,继改运罗星渡,计程十站,每站每百斤给马脚银一钱二分九厘二毫,三站共节省银三钱八分七厘六毫,除罗星渡至南广洞水脚银二钱外,节省银一钱八分七厘有奇。岁共节省银五千九百一十九两九分四厘有奇。东川一路,自豆沙关水运盐井渡至泸州,每百斤节省银三钱三分。原定陆运,继改水运,岁共正额节省银五千二百三两八钱五分有奇。永善县运黄草坪水运泸州店,每百斤节省银六钱八分二厘。原定陆运,继改水运,岁共正额节省银一万七百五十九两一钱二分一厘有奇。凡各路请领路费,按原站银数给发,俟运竣,扣明节省,另册造报。"

## 额外节省[1]

昭通店分运大关一路京铜,自乾隆七年起,由盐井渡水运泸店京铜一百五十七万六千九百二十余斤,每百斤额给水脚、杂费等银七钱二分九厘。所需船只,如有雇募川省装运盐、米客货回空船只,顺便装载赴泸者,每百斤约节省水脚、杂费等银一钱八九分。按雇获客船装运铜数多寡计算,每年约节省银一千八九百两至二千余两不等。十七年,又将豆沙关河道开通。自豆沙关至盐井渡一站陆运铜斤,亦改作水运。每百斤只需水脚、杂费等银九钱九分九厘二毫四丝八忽零。于原给陆运一站运脚银一钱二分九厘二毫内计除外，计每百斤节省银二分九厘九毫五丝零，年共节省银四百七十三两三钱九厘。搭同盐井渡雇募客船节省银两，名为额外节省，一并拨入搭运节省项下。支放催盘费、卡书、工火、修理运铜道路及新增运员、湖北归州新滩剥费，并拨补各官无力完缴应赔部局、改煎低潮铁砂铜斤、火工、铅价等款外，余银报拨充饷，按年造册报销。

永善县由黄草坪水运泸店京铜，有雇获客船，长运至泸节省水脚，并锅圈岩、大汉漕二站节省船户食米，年共节省银一千七八百两。此项银两，系拨归陆运项下，以作下年发运京铜运脚[2]之用，按年入于陆运报销册内造报，送部查核。

## 注　释

[1]　额外节省：指正额节省之外出现的节省，其主要来源是后来利用新开通的豆沙关河道至盐井渡一站改作水运产生的差价，以及盐井渡、黄草坪低价雇募回程放空客船运铜产生的差价所节省的运输费用。乾隆《钦定户部鼓铸则例》卷一记："盐井渡雇船发运泸州铜斤，节省运脚银两，岁无定额。如雇盐、米客货船只装运铜斤转运泸州，每铜一百斤，除正额节省运脚银两外，有额外节省银九分四厘五毫零。其额外节省银两，每岁多寡无定。倘盐井渡盐、米客货船只到站数多，尽数雇运，则额外节省亦多。盐、米客货船只到站数少，则额外余息亦少。令承运官尽数雇募装运泸州，并将额外节省银两，据实造报。并取具承运官切实印结，送部查核。如有以多报少，及侵隐情弊，即行报部查参。黄草坪发运泸州铜斤，节省运脚银两，岁无定额。如发运之际，有客货船到黄草坪，令永善县知县尽数雇募装铜长运泸州，每铜一百斤，给水脚银六钱，食米三升。较之站运更属节省。至所需水脚食米，在于站船水脚银内扣除。其节省之项，应归入额外节省项下，按年解缴充公。统于运铜奏销并正额节省各报销册内，按年分别造册，报部查核。"同治《钦定户部则例》卷三十六《钱法三·节省脚费》记："盐井渡运泸州，遇有客货

船只，尽数雇募，每百斤除正额节省之外，有额外节省银九分四厘有奇，每岁多寡无定。永善县运黄草坪水运泸州店，遇有客货船只，雇运于正额节省之外，更属节省，每岁多寡无定。"

[2] 京铜运脚：京铜运输费用。同治《钦定户部则例》卷三十六《钱法三》记："京铜运脚：铜斤出厂运抵寻甸、东川后分运泸州运脚。寻甸一路，自寻甸至宣威六站半，给车脚银四钱四厘四毫四丝三忽；宣威至威宁八站半，给银五钱二分八厘八毫八丝七忽；威宁至罗星渡，每百斤每站给马脚银一钱二分九厘二毫；罗星渡至南广洞，每百斤五站，给水脚银二钱；南广洞至泸州，每百斤三站，给水脚银九分。东川一路，自东川至昭通，每百斤每站给马脚银一钱二分九厘二毫；昭通分半运豆沙关，每百斤每站给马脚银一钱二分九厘二毫；豆沙关额设站船，分运盘铜上载，每百斤给夫价银一分二厘，经过龙拱沱滩、盘铜至猪圈口滩，每百斤给夫价银二分。前赴盐井渡，每百斤增给水脚银一分，盐井渡水运赴泸州，雇夫收铜、过秤、贮堆、捆包，每百斤给夫价银一分；水次上载，每百斤给夫价银三厘；经过九龙潭卸载、盘铜至张家窝水次，每百斤给夫价银三分；水次上载，每百斤给夫价银三厘。以上夫价，每铜百斤共合银四分六厘。由九龙潭雇船上溯盐井渡水次，运铜抵九龙滩，每百斤共给船价神福银三钱三分五厘。由盐井渡径雇盐、米客船运铜抵九龙滩，每百斤共给船价神福银二钱八分。由叙州府南溪、江安等县雇船上溯张家窝水次，运铜抵泸州，每百斤共给船价神福银二钱二分。由张家窝径雇盐、米客船，运铜抵泸州，每百斤共给船价神福银二钱。又，昭通分半运黄草坪，每百斤每站给马脚银一钱二分九厘二毫。黄草坪水运赴泸，经过大雾基滩至窝圈岩滩二站，额设站船转运，每百斤给水脚银一钱四分四厘，食米一升七合一勺。大锅圈岩滩、大汉漕滩二站，每站每百斤给水脚银一钱四分四厘，不给食米。客船到站，尽雇长船运泸州，每运铜百斤，给水脚银六钱、食米三升。由新开滩雇船运抵泸州，每百斤给水脚银一钱，不给食米。……其威宁、镇雄二州运脚，自省城至威宁州计十站，自省城至镇雄州计十五站，每银一千两，每站给驮银、马脚银一钱三分四厘有奇，由迤东道、镇雄州按站支领。"

# 各店养廉[1]

东川府经管东川店，每年额运昭通京铜三百一十六万五千余斤，支销养廉银七百二十两。

昭通府经管昭通店，每年额运关、坪京铜三百一十六万四百余斤，支销养廉银七百二十两。

大关同知经管豆沙关店，每年额运泸州店京铜一百五十七万六千余斤，支销养廉银三百六十两。

永善县经管黄草坪店，每年额运泸州店京铜一百五十七万七千余斤，支销养廉银三百两。

迤东道经管寻甸店，每年额运威宁京铜三百一十六万五千余斤，支销养廉银四百八十两。

威宁州经管威宁店[2]，每年额运镇雄京铜三百一十五万五千余斤，支销养廉银三百两。

镇雄州经管镇雄店，每年额运泸州店京铜三百一十五万三千余斤，支销养廉银九百两。

泸州店委员经管泸店，收发京铜，每年支销养廉银一千二百两。

以上各店员支销运铜养廉银两，如额铜照数运足，其养廉即照数支销。如铜斤运不足额，即照实应铜数摊支，统于陆运项下发给，按年造册报销。其有额外多运者，亦只照原定养廉银数支销，并不加给。

# 注 释

[1] 各店养廉：各铜店工作人员的养廉银。《清高宗实录》卷一百七十六记："乾隆七年壬戌冬十月己亥，户部议准：'云南巡抚张允随奏称"滇省解运京铜，威宁、永宁二处铜店，各设收发官一员，应请每员月给养廉银一百两"'。从之。"乾隆《钦定户部鼓铸则例》卷一记："东川府一路京铜三百一十六万五千七百二十斤，委东川府知府为承运官，雇马

运至昭通，交昭通府接运。东川府知府每月给养廉银六十两，遇闰不准加给养廉。昭通府知府接运东川府运到铜三百一十六万五千七百二十斤，内分运一半，铜一百五十八万二千八百六十斤，运至豆沙关，交昭通府分防大关同知接收转运盐井渡，水运泸州店。又分运一半，铜一百五十八万二千八百六十斤，运至黄草坪，交永善县知县接收转运至泸州店。承运官昭通府知府每月给养廉银六十两，遇闰不准加给养廉。昭通府分防大关同知接运昭通府分运到一半，铜一百五十八万二千八百六十斤，由豆沙关转运盐井渡，设立站船，水运泸州店。承运官大关同知每月给养廉银三十两，遇闰不准加给养廉。永善县接运昭通府分运到一半，铜一百五十八万二千八百六十斤，由黄草坪设立站运至大雾基滩，站运至大锅圈岩滩，又站运至大汉漕滩，又站运至新开滩，又站运至泸州店。承运官永善县知县每月给养廉银三十两，协运官副官村县丞每月给养廉银二十两，照依领运铜斤开运之日起，交铜完日止，按日支给，总以六个月为限。寻甸一路京铜三百一十六万五千七百二十斤，委寻甸州知州为承运官，雇车发运至威宁店，交驻扎威宁店委员接收转运。承运官寻甸州知州每月给养廉银四十两，遇闰不准加给养廉。威宁接运寻甸州运到铜三百一十六万五千七百二十斤，由威宁发运罗星渡，水运至南广洞，转运泸州店。委官一员每月给养廉银一百两，遇闰不准加给养廉。"同治《钦定户部则例》卷三十六《钱法三》记："迤西迤东运铜：云南迤东各厂运交寻甸铜斤，责成迤东道承运，径交镇雄州按运。运官岁支银四百八十两，店费、工食，每月额支银四十四两。卡房书、巡工食，房租，灯油，纸笔等项银三十一两二钱，遇闰加增。以养廉、店费等项，由道赴司请领支发，按年造册报销。至运铜牛、马、车辆，令寻甸、宣威、沾益、平彝等州县协同雇募。铜斤经过处，亦令该地方官各就境内查催，毋许歧视。威宁州查催官一员，月支马脚盘费银三十两。威宁店委官一员，岁支银一千二百两。东川一路，东川、昭通二府知府，各岁支银七百二十两。大关同知，承运豆沙关，岁支银三百六十两。永善县知县，承运黄草坪，限六个月，月支银三十两。副官村县丞，月支银二十两，扣支六个月。黄草坪查催官一员，月支马脚盘费银三十两。泸州店委官一员，岁支银一千二百两。以上各官岁支养廉，遇闰不加。"

[2] 威宁店：乾隆《钦定户部鼓铸则例》卷一记："威宁店设书记一名，月给工伙银三两；搬铜夫十名，每名月给工伙银二两。遇闰准其照数支给。威宁店接运寻甸转运永宁店京铜三百一十六万五千七百二十斤，每铜三百斤额准折耗八两。自威宁店运铜至永宁，陆路计程十三站。每站每铜一百斤给马脚银一钱二分九厘二毫，共该马脚银五万三千一百七十一两四钱三分三厘一毫。今威宁改运至罗星渡，陆路计程十站。每站每铜一百斤给马脚银一钱二分九厘二毫，较威宁至永宁节省陆路三站，共该节省马脚银三钱八分七厘六毫。内除自罗星渡至南广洞计水程五站，每铜一百斤给水脚银二钱，实节省运脚银一钱八分七厘六毫。自南广洞转运至泸州，计水程三站，每铜一百斤给水脚银九分，共该水脚银二千八百三十九两六钱五分八厘四丝。每请领银一千两，自省雇马驮运至威宁，计程十站，每站给驮银马脚、盘费银一钱三分四厘三毫七丝五忽。统于运铜奏销并正额节省案内分别造册，报明户部核销。起运限期：寻甸州知州承运京铜三百一十六万五千七百二十斤，运至威宁，由罗星渡等两处，转运泸州店。自寻甸州车运至威宁，交威宁店黑盐井盐课司大使接运。由威宁马运至罗星渡，水运至南广洞，转运泸州店，统限一年。如有迟延，即将承运各员分别查处。"同治《钦定户部则例》卷三十五《钱法二》记："威宁州每年支养廉银三百两，镇雄州每年支养廉银九百两，遇闰不增。其役食项下除旧设威宁一店照额支给书役银二百七十六两外，添设镇雄、罗星渡、南广三店，每年给书役银四百一十八两八钱。"

# 各店店费[1]

下关店承运京铜，设立家人[2]一名，月给工伙银三两；书记[3]一名，月给工伙银三两；巡役[4]二名，每名月给工伙银一两五钱；搬夫二名，每名月给工伙银一两五钱；秤手一名，月给工伙银一两五钱；又月给房租银一两，灯油、纸笔银一两。自下关至楚雄，计程六站半，每站设催铜差二名，共十三名，每名月给工伙银一两。月共给银二十八两五钱。

楚雄店承运京铜，设立书记一名，月给工伙银三两。自楚雄至省城，计程六站。每站设催铜差二名，共十二名，每名月给工食银一两。月共给银十五两。

省城店承运京铜，设立书记一名，月给工伙银三两；自省城至寻店，计程四站，设立巡役二名，每名月给工伙银一两五钱。月共给银六两。

威宁州承运京铜，设立书记一名，月给工伙银三两；巡役十名，每名月给工伙银二两。月共给银二十三两。

大关同知经管豆沙关店承运京铜，设立书记一名，月给工伙银三两；秤手二名，每名月给工伙银二两。盐井渡店，设夫二名，看守铜斤，每名月给饭食银一两二钱。又于泸店租房[5]一所，交兑铜斤，月给房租银一两。月共给银十两四钱。

永善县经管黄草坪店接运京铜，因金江夏、秋两季，水势溜急，未能装运。俟江水归漕之时，定例于十月开运，次年四（年）【月】撤站。于黄草坪、雾基滩、锅圈岩、大汉漕、新开滩五处，每处设立书记一名，月给工伙银三两；搬夫十名，每名月给工伙银二两。月共给银二十三两。

（五）〖六〗处月共给银一百一十五两。[6]

泸州铜店接收兑发京铜，设立书记一名，月给工伙银三两；搬夫十二名，每名月给工伙银二两。月共给银二十七两。

以上七处工伙等银，俱系遇闰加增，小建不除，于陆运项下发给，按年造册报销。惟黄草坪五站工伙，遇闰不加。

又下关店收发采买铜斤，设立书记一名，月给工伙银三两；搬夫二名，每名月给工伙银二两。月共给银七两。

寻甸店承运京铜，设立家人一名，月给工伙银三两；书记一名，月给工伙银三两；巡役十名，每名月给工伙银二两；搬夫八名，每名月给工伙银二两。又月给灯油、纸笔银二两。月共给银四十四两。

东川店承运京铜，设立书记一名，月给工伙银三两；巡役八名，每名月给工伙银二两；搬夫五名，每名月给工伙银二两；又月给灯油、纸笔等银一十三两二钱八分。月共给银五十二两二钱八分。

以上三处工伙银，俱系遇闰加增，小建不除，于厂务项下发给，按年造册报销。

镇雄州承运京铜，设立书记一名，月给工伙银二两四钱；搬夫二名，每名月给工伙银一两八钱；巡役一名，月给工伙银一两八钱。又每月给房租银二两，灯油、纸笔银二两五钱。月共给银一十二两三钱。

罗星渡店接运京铜，设立书记一名，月给工伙银二两四钱；搬铜、打包夫四名，每名月给工伙银一两八钱；又月给房租银二两，灯油、纸笔银二两五钱。月共给银一十四两一钱。

广南店接运京铜，设立书记一名，月给工伙银二两四钱；搬夫二名，每名月给工伙银一两八钱；又月给房租银一两三钱三分三厘，灯油、纸笔银二两。月共给银九两三钱三分三厘。

以上三处书役工伙、灯油、纸笔等银，俱系遇闰加增，小建不除。惟房租一项，遇闰不加。于搭运节省项下发给，按年造册报销。

又泸州铜店，每年给房租银一百两，遇闰不加，于公件项下发给，按年造册报销泸店房租，每月原给银十二两，年共给银一百四十四两。前奉部咨，自嘉庆五年十二月二十四日起，每年约减银四十四两，只准给银一百两，遇闰摊支。

昭通店接收东店铜斤，分运关、坪二店交收。所有书、巡工伙银两，系该府自行酌给，并不动项支销。

## 注　释

[1]　各店店费：铜店各类雇员的食银。同治《钦定户部则例》卷三十五《钱法二》记："役食项下：威宁店书记一名，月支银三两；搬铜夫十名，每名月支银一两。豆沙关设站船七只，每只水手四名，每名月支银三两。龙拱沱滩书记一名，月支银三两；秤手二名，每名月支银二两。盐井渡看铜夫二名，每名月支银一两二钱。黄草坪以下大雾基滩、大锅圈岩滩、大汉漕滩、新开滩四站，每站设船三十只，每只水手四名，每只月支银两六钱。大锅圈岩滩以上两站，水手每只月支米一石五斗，以下两站不给。雾基滩、锅圈岩滩，每处渡船一只，每只月支银一十二两六钱，米一石五斗；停运看船水手，每船一名，月支银一两二钱，米二升。黄草坪至新开滩五处，每处书记一名，每名月支银三两，搬铜夫二名，每名月支银二两。泸州店书记一名，月支银三两；搬铜夫十二名，每名月支银二两。以上各

役工食,黄草坪至新开滩五处,役食扣支六个月,余役岁支,遇闰加给。"

[2] 家人:为清代特有名词,一般指旗人为家人,为自家人的意思,又俗称家丁。乾隆《钦定户部鼓铸则例》卷三记:"寨子厂坐落易门县地方,委易门县管理,每月给管厂家人一名饭食银三两。凤凰坡厂坐落路南州地方,委路南州管理,每月给管厂家人一名饭食银三两。红石岩厂坐落路南州地方,委路南州管理,每月给管厂家人一名饭食银三两。寻甸铜店委寻甸州管理,家人一名,月支工食银三两。"同治《钦定户部则例》卷三十五《钱法二·派官管厂》记:"坐厂家丁:凤凰坡厂、红石岩厂、寻甸店各一名,每名月支银三两。寨子山厂一名,月支银壹两伍钱。"这里家人系官府指定在下关店、寻甸店两大铜店中的负责人,铜店中的书记亦为铜店主持人,皆为不入流的吏员,其余巡役、催差、秤手、搬夫、看夫等,都是官府聘用的差役。官员携带家人数量为清代制度规定区分各级官员职分尊卑的一种级别标准。清代福格《听雨丛谈》卷四记:"满、汉官员准用家人数目:康熙二十五年,议准外任官员,除携带兄弟妻子外,汉督抚准带家人五十人,藩臬准带四十人,道府准[带]三十人,同通、州县准带二十人,州同以下杂职准带十人,妇女亦不得过此,厨役等不在此数。旗员外官蓄养家人,准照此例倍之。按此则仆从多寡,不以所司繁简而论,均以职分尊卑而定,以示等威也。"

[3] 书记:为官府衙门的衙役之一,在铜厂负责经理铜厂日常业务,登记收支账薄、编报各种册报,类似于现代企业中的财务主管兼办公室主任。由于清政府将铜厂按生产规模划分为三类,书记的设置数量也不同,一般大厂三名、中厂二名、小厂及铜店一名。所有小厂和部分中厂由于由地方官兼任的管厂官并不亲自到厂管理,由书记代行主管职责。清代吴其濬《滇南矿厂图略》上卷《役第十》记:"曰'书记',即胥吏。铜厂曰'经书''清书',掌铜银收支、存运之数;银厂曰'课书',掌银课收支、存解之数。均承行谕,帖告示,按月造送册报,随时禀陈事件,人须心地明白,算法精熟,务宜由署派轮,不可任厂保举。"

[4] 巡役:为官府衙门的衙役之一,在铜厂负责巡查炉座、于关口隘口设卡稽查透漏、盘诘奸匪,押运外运铜斤。乾隆《钦定户部鼓铸则例》卷五记:"巡役于要隘处所巡查透漏。……巡役四名,稽查各处隘口,盘诘

293

奸匪，押运铅斤等事。……巡役十名，稽查煎烧炉座并出入隘口，盘缉奸匪等事。"各厂巡役的设置数量按铜厂管理范围而定，集中生产的厂只设一名，子厂多以及矿区范围大的厂则按情况设置。乾隆《钦定户部鼓铸则例》卷四《养廉工食》记："青龙厂：巡役八名。汤丹厂：巡役二十三名。宁台山厂：巡役二十二名。凤凰坡厂：巡役一名。"清代吴其濬《滇南矿厂图略》上卷《役第十》记："曰"巡役"，铜厂以估色为重，催炭次之；银厂，生课以坐硐为重，熟课以察罩为重。至若察私，并资勤干，辨其劳逸，均其甘苦。"

[5] 泸店租房：在泸州铜店租房的费用。同治《钦定户部则例》卷三十五《钱法二》记："杂费项下：东川府岁修塘房银一十二两六钱。盐井渡买备筐篓，每只给银一分五厘。开运祭犒，给银七两八钱。盐井渡差役雇船押运，每次二名，每名给银七钱五分。九龙滩添换筐篓，每只给银一分五厘。张家窝租赁铜房，每间每月租银三钱。张家窝差役顾船押运，每次二名，每名给银一两五钱。泸州店租赁铜房，月给银一两。"

[6] "（五）〖六〗处"至"一十五两"：照合计数，六处实际共给银一百零五两九钱，比一百一十五两少九两一钱。

## 卡[1]书公费

汤丹、碌碌、大水、茂麓四厂，发运东店京铜，于腰篷子、杉木箐、尖山三处设卡[2]稽查。每卡设书记一名，巡役二名，于东川府衙门书、役内派拨，不给工食。外每卡每月给房租银三钱，灯油、纸笔等银五钱，三卡月共给银二两四钱。

汤丹厂分运寻店京铜，于松毛蓬、双箐、关坡、新村四处设卡[3]。每卡设巡役二名，于该厂原设巡役内派拨，不给工食。外每卡设书记一名，月给工食银三两，房租银三钱，灯油、纸笔银五钱，月共给银三两八钱，四卡月共给银一十五两二钱。

东川店发运昭通店京铜，于红石岩、大水塘二处设卡[4]稽查。每卡设书记一名，巡役二名。于东川府衙门书役内派拨，不给工食。外每卡月给房租银三钱，灯油、纸笔银五钱，月共给银八钱，二卡共给银一两六钱。

昭通府分运黄草坪京铜，于新店子[5]设立一卡；分运豆沙关京铜，于大岩硐[6]设立一卡。每卡设书记一名，巡役二名，于昭通府衙门书役内派拨，不给工食。外每卡月给房租银三钱，灯油、纸笔银五钱，月共给银八钱，二卡共给银一两六钱。

大关同知由盐井渡发运泸店京铜，于九龙潭、张家窝二处，设立二卡[7]。每卡设书记一名，月给工食银三两；巡役二名，每名月给工食银二两；房租银三钱，灯油、纸笔银五钱，月共给银七两八钱。二卡月共给银一十五两六钱。

寻店发运威宁京铜，于瓮得、阿黄、黑得、可渡四处设卡[8]。每卡设书记一名，月给工食银三两；巡役二名，每名月给工食银二两；房租银三钱；灯油、纸笔银五钱；月共给银七两八钱。四卡月共给银三十一两二钱。

威宁州发运镇雄京铜，于马柜、菩萨塘二处设卡[9]。每卡设立书记一名，月给工食银三两；巡役二名，每名月给工食银二两；房租银三钱；灯油、纸笔银五钱；月（给共）【共给】银七两八钱。二卡月共给银一十五两六钱。

镇雄州发运罗星渡京铜，于桃园地方[10]设卡，设书记一名，月给工食银三两；巡役二名，每名月给工食银二两；房租银三钱；灯油、纸笔银五钱。月共给银七两八钱。

以上各卡房租、灯油、纸笔等银，俱系遇闰加增，小建不除，于搭运节省项下发给，按年造册报销。

## 注　释

[1]　卡：清政府为防止运铜在途中丢失及运期延迟，保障运铜按时、足额运抵铜店，所设置的稽查关卡，卡一般位于铜运道路途中的两类关键地点，一类是人烟稀少、容易抛弃运铜的地方，如东川腰篷子、寻甸双箐、会泽红石岩等；一类是两个行政辖区的交界，两地官员都不愿管理的地方，如东川松毛蓬、沾益黑得、盐津张家窝等。按照本节记录的情况，清政府只是在寻甸以东、以北的地方设卡，这个区域以外并未专门设卡稽查。

[2] "腰篷子"至"三处设卡":三处关卡均位于东川铜运道路东道的半山腰,至今名称未改。腰篷子、杉木箐属今昆明市东川区拖布卡镇,均位于镇政府南部,如今都有公路通过。尖山村属今曲靖市会泽县金钟镇西部,位于尖山沟中通往小江公路的中途。

[3] "松毛蓬"至"四处设卡":四处关卡均位于东川铜运道路南道的中途。位于传统运道上的两处,至今名称未改。松毛蓬属今昆明市东川区乌龙镇南部,在与今昆明市寻甸县金源乡交界附近;双箐属今昆明市寻甸县甸沙乡,在金源乡至甸沙乡的中途。两处如今都有公路通过。其余两处关坡、新村,情况不详。

[4] "红石岩"至"二处设卡":二处卡均位于东川铜店向昭通铜店铜运道路的中途,至今名称未改,并都在今曲靖市会泽县东北方,红石岩属五星乡,大水塘属迤车镇。两处如今都有公路通过。

[5] 新店子:至今名称未改,位于今昭通市昭阳区西北部苏甲乡东南,距离乡政府公路里程为三公里。

[6] 大岩硐:至今名称未改,位于今昭通市昭阳区东北部盘河乡南部,距离乡政府公路里程为一公里。

[7] "九龙潭"至"二卡":九龙潭现在名称为石龙潭,位于昭通市盐津县北部普洱镇南部的大关河谷中,距离乡政府公路里程为三公里。张家窝现在名称为张窝,位于今昭通市水富县西部的太平乡东,距离乡政府公路里程为十公里。

[8] "瓮得"至"四处设卡":瓮得,今无此地名,按照清代设卡的惯例推测,应该在今曲靖市马龙县境内。阿黄现在名称为麻黄,位于今曲靖市城区北面火车站旁。黑得现在名称为小黑坡,位于今曲靖市沾益县北部的炎方乡北,距离乡政府公路里程为三公里,邻近宣威市。可渡至今名称未改,为今宣威市杨柳乡乡政府驻地。

[9] "马柜"至"二处设卡":马柜现在名称为妈姑,为今毕节市赫章县下辖的一个镇,位于县城西南,距离县城公路里程为二十二公里。菩萨塘现在名称未改,又名财神堂,位于今毕节市赫章县西北部的财神镇,距离县城公路里程为二十三公里。同治《钦定户部则例》卷三十六

《钱法三》记:"威宁、镇雄运铜:威宁州又于马柜、菩萨塘、桃园三处设卡稽查,每年给书役银二百八十两八钱,均于乾隆四十六年奏添。均遇闰加增,由该二州分界支销。内威宁一店,役食银二百七十六两;马柜、菩萨塘二卡,役食银一百八十七两二钱,由威宁州支领。镇雄、罗星波、南广三店,役食银四百二十八两八钱;桃园一卡,役食银九十三两六钱,由镇雄州支领。"

[10] 桃园地方:这是本节记录中唯一出现的非确切村寨名称。此卡当在清代镇雄州的北部(今昭通市威信县西北),今有个三桃乡,邻近云南、四川交界,此地条件符合清代设卡的惯例。

## 催铜盘费[1]

下关店承运京铜,自下关至楚雄,责成大理府同知查催,月给盘费银八两。自楚雄至省城,责成楚雄府司狱[2]查催,月给盘费银八两。自城至寻甸店,责成云南府通判查催,月给盘费银八两。遇闰加增,小建不除,于陆运项下发给,按年造册报销。

寻甸店承运京铜,自寻甸至宣威,责成寻甸州吏目[3]查催,月给盘费银五两。自宣威至可渡,责成宣威州吏目查催,月给盘费银五两。自可渡至威宁,责成可渡巡检[4]查催,月给盘费银五两。

威宁州承运京铜,自威宁至镇雄,责成彝良州同知催查,月给盘费银五两。

镇雄州承运京铜,自镇雄至罗星渡,责成母享巡役催查,月给盘费银五两。自罗星渡至泸店,责成威信州判催查,月给盘费银五两。

东川府承运京铜,自东川至以扯汛,责成待补巡检查催,月给盘费银六两。自以扯汛至昭通,责成待补巡检查催,月给盘费银九两。

昭通府承运京铜,由豆沙关、黄草坪两路分运,责成昭通府经历[5]查催,月给盘费银十五两。俱系遇闰加增,小建不除,于塔运节省项下发给,按年造册报销。

# 注 释

[1]　催铜盘费：盘费即路费、旅途费用。《文献通考·兵十二》记："更乞令沿路都统司分定驿程，各差素有心力将官一员，从各司量给盘费，责令与诸州军所委官同共提点。"《儒林外史·范进中举》记："范进因没有盘费，走去同丈人商议。"催铜盘费即发给催铜差役的路费。乾隆《钦定户部鼓铸则例》卷一记："东川、威宁查催官马脚：东川、昭通一路承运京铜，分运至黄草坪及盐井渡，设查催官一员。威宁一路承运京铜，分运至罗星渡，设查催官一员。均令其稽查脚户驮运铜斤沿途逗留及盗卖、遗失等事。每员每月给马脚、盘费银三十两，在于搭运节省项下动支，按年造册，报明户部核销。"

[2]　司狱：为明清两代提拿控管狱囚的职官。分别设置于刑部、都察院等执法部门，地方省、府、州亦置。明代省以上部门中的司狱为从九品，府、州司狱无品级。《明史》卷七十五《职官志四》记："承宣布政使司：左、右布政使各一人，从二品。……司狱司，司狱一人，从九品。……府：知府一人，正四品。……司狱司，司狱一人。"清代沿袭明制，不同之处为府、州司狱为从九品。

[3]　吏目：元朝始设，置于朝中部分部门中，为从九品。同时亦置于地方中州、下州，不入流。《元史》卷九十一《百官七》记："诸州：……参佐官：上州，知事、提控案牍各一员；中州，吏目、提控案牍各一员；下州，吏目一员或二员。"明清两代沿袭元制，不同的是朝中各部门吏目为从八品，州吏目为从九品。《清史稿》卷一百十六《职官三》记："州，知州一人。……其属：吏目一人。从九品。……吏目掌司奸盗、察狱囚、典簿录。"

[4]　巡检：所在官署名巡检司，官名巡检使，省称巡检。始设于五代后唐庄宗时。宋时于京师府界东、西两路，各置都同巡检二人，京城四门巡检各一人。又于沿边、沿江、沿海置巡检司，掌训练甲兵，巡逻州邑，职权颇重，后受所在县令节制。明清时，凡镇市、关隘要害处俱设巡检司，归县令管辖，一般秩正九品。《明史》卷七十五《职官四》记："巡检司。巡检、副巡检，俱从九品，主缉捕盗贼，盘诘奸伪。凡在外各府、州、县

关津要害处俱设,俾率徭役弓兵警备不虞。初,洪武二年,以广西地接瑶、僮,始于关隘冲要之处设巡检司,以警奸盗,后遂增置各处。十三年二月,特赐敕谕之,寻改为杂职。"

[5] 经历:元、明、清三代各府衙门职官,工作为掌理文案及处理日常事务。元、明、清各府经历,依据所属衙门级别的高低,品级在正五品至正八品之间。元朝始设置于朝廷中各部门及下至诸路总管府中,品级自从五品至从七品。明代扩大设置范围及机构,下至诸卫、诸府、宣慰使司、宣抚使司等,都各设有专门的经历司,各府经历级别比元代低半级,品级自正五品至从八品。清代沿袭,品级自正六品至正八品。明、清两代以参军为经历的别称。《清史稿》卷一百十六《职官三》记:"府:知府一人。……其属:经历司经历,正八品。"

# 各店逾折[1]

滇省东、寻两路各店,陆运京铜,除例准折耗之外,再有逾折,从前系每百斤缴价银九两二钱。于乾隆四十四年,经总督李奏明,将逾折之例,永行停止,不准再有开报。继因各店仍有逾折,嘉庆十三年,经总督伯、巡抚永会奏,嗣后威宁发运镇雄铜斤,每年准报逾折铜四千斤。镇雄发运泸店铜斤,每年准报逾折铜六千斤。昭通分运关、坪二店铜斤,每年准报逾折铜六千斤。大关、永善二处发运泸店铜斤,每年各准报逾折铜四千斤。每百斤缴价银十一两,完解司库,发厂买铜,补运各店。如有多报者,即行参办,奉部复准在案。

其迤西道经管下关店,承运宁台、大功、得宝坪三厂京铜,至寻店交收。并东川府经管东店,承运汤丹、碌碌、大水、茂麓等厂铜斤,至昭通交收。除例准折耗之外,如有例外逾折,均系自行补运足数,并无短少。

其迤东道经管寻甸店,接运宁台、大功、得宝坪、香树坡、双龙、凤凰坡、红石岩等厂京铜,自寻店至贵州威宁店交收。除例准折耗之外,如有逾折,于嘉庆十五年咨明户部,请每年以一万二千斤为定,每百斤缴价银十一两,解缴司库,发厂买铜补运。

## 注 释

[1] 各店逾折：乾隆《钦定户部鼓铸则例》卷一记："解运京铜每百斤，添余铜三斤，以二斤八两为长途运员备抵折耗及添补部秤。以八两为东川、寻甸至泸州水、陆道路之损折。如有逾折，以每百斤九两二钱之价，核计定限三个月内，照数买补，在于承运之员名下追缴。令厂员照数办交承运，本员领运还项。逾限不清，另案详揭。"清代吴其濬《滇南矿厂图略》下卷《耗第十》记："有逾折。例准路耗之外，复有短少谓之逾折，每年额定二万四千斤威店、官店、坪店各四千斤，昭店、镇店各六千斤。每百斤作价银一十一两，店员赔缴，转厂员买补。"同治《钦定户部则例》卷三十六《钱法三》记："京铜逾折限制：滇省各厂发运四川泸店京铜，除例准折耗之外，寻甸一路，每百斤准折耗一斤；东川一路，每百斤准折耗半斤。每年额定逾折铜二万四千斤。威宁、大关、永善三店，每年各额准报逾折铜四千斤。镇雄、昭通两店，每年各准报逾折铜六千斤。逾折铜斤，令承运各员每百斤赔缴银十一两，交厂员如数买补运泸。若额外多报者，即将该员参办。……滇省寻甸陆运威宁京铜，除每百斤例准折耗一斤之外，每年准报逾折铜一万二千斤。此项逾折铜斤，著落承运之员照数赔价买补，每百斤赔缴价银十一两，解交司库，仍交厂员如数买补运泸，倘有仍前多报，致逾酌定之数，即将承运各员严行参办。"

## 运泸沉铜[1]

镇雄州由罗星渡水运泸店京铜，遇有沉溺，委员勘明属实，一面咨明户部查考，一面饬行打捞，一年限满无获，着落承运之员赔补。每百斤添买路耗[2]铜八两，共计正、耗铜一百斤八两，于寻甸店拨卖，照汤丹厂价[3]，每百斤价七两四钱五分二厘核计。加以自厂至寻店运脚银四钱五分二厘，筐篓银一分六厘，并自寻店由威宁、镇雄、罗星渡至泸店，水、陆运脚，筐篓等银二两三钱三分四厘，共计每百斤应赔银一十两二钱九分一厘。按照沉失铜数核算，于承运之员名下着追，买铜补运交泸。

大关同知由盐井渡水运泸店京铜，遇有沉溺，委员勘明属实，一面咨明户部查考，一面饬行打捞。一年限满无获，着落承运之员赔补。每百斤添买路耗铜八两，共计正、耗铜一百斤八两，于东川店拨卖，照碌碌厂价，每百斤价银七两四钱五分二厘。加以自厂至东川运脚银四钱二厘，筐篓银一分六厘，并自东川至昭通，豆沙关至泸州，水、陆运脚，筐篓等银二两二钱二分一厘，共计每百斤应赔银一十两一钱二分八厘。按照沉失铜数核算，于承运之员名下着追，买铜补运交泸。

永善县由黄草坪、金江水运泸店京铜，遇有沉溺，委员勘明属实，一面咨明户部查考，一面饬行打捞。一年限满无获，如在题定十八险滩沉失之铜，饬取水摸甘结，并沿江文[武]员弁印结，详题豁免。所免铜斤，每百斤添买路耗铜八两，共计正、耗铜一百斤八两，于东川店拨卖，照碌碌厂价，每百斤价银七两四钱五分二厘核计。加以自东川由昭通、黄草坪至泸州店，水、陆运脚，筐篓等银二两一钱一分，共记每百斤合银九两五钱九分九厘。按所免铜数核算，于铜息银内动支，买铜补运交泸。其在次险滩沉溺铜斤，打捞一年，限满无获，着落承运之员赔补，照前核算。每百斤加以自碌碌厂至东运脚银四钱二厘，筐篓银一分六厘，共计应赔银一十两一分七厘。按照沉失铜数核计，于承运之员名下着追，买铜补运交泸。

再金江沉铜，无论次险、极险之滩，所有淹毙水手人等，俱每名给予恤赏银八两，在于运铜节省银内发给，该家属承领，入于陆运报销册内题销。其大关、镇雄二厅、州水运泸店京铜，如遇遭风坏船，沉溺铜斤，淹毙船户、水手。所有恤赏银两，系该厅、州自行捐给。

## 注 释

[1] 运泸沉铜：指由云南各铜店通过水路运往泸州过程中发生的毁船沉铜事故而沉溺的铜斤。这些河道，除金沙江外，皆风浪很小，落差较大，而流速较急。故在这些河道水运，船小载少，每批铜的数量有限，并且这些河道一般在枯水季节水位都比较低，沉铜能够全部打捞，因此沉铜由承运之员负责赔补，不连带其他官员受罚。

[2] 路耗：路途中的损耗。清代吴其濬《滇南矿厂图略》下卷《耗第十》记："有路耗。凡铜自厂至店，自店递至泸，陆运途长，载经屡换，既有磕碰，必致折耗。在例收耗铜内，分别给之，准于册内除算。

[3] 汤丹厂价：由于汤丹厂为第一大厂，清政府特别给予关照，对其生产的铜的收买价格亦高于其他各厂。《清高宗实录》卷四百六十一记："乾隆十九年甲戌四月辛丑，谕：'户部议驳爱必达等题请"增给汤丹等厂铜价"一折，自属按例。但该处铜厂，开采日久，硐深矿薄，食物昂贵，该督抚等，题请增价，亦系目击情形，随宜筹办，著加恩照请增之数，给与一半，余厂不得援以为例'。"《清高宗实录》卷八百三十七记："乾隆三十四年己丑六月甲戌，谕军机大臣等：'户部议驳明德奏"分赔铜斤"一折，已依议行矣。此项分拨各省铜斤，原在应运京铜数内截留，自应按照原议，分作二年补解京局。乃明德折内，并未将截留铜斤作何补运之处，详晰声明，已属含混。至原拨铜斤，既给自汤丹厂，即应照汤丹厂每百斤六两四钱之价，定数追赔。何以转照青龙等厂每百斤五两一钱有零者定价，致短赔银至二万七千四百余两之多。显系为属员等避重就轻，尤属非是。明德近来办事，顿不如前，朕屡加训饬，冀其悛改，何以办理此案，尚深染外省恶习，颠顸错谬若此。明德，著传旨严行申饬，仍照部驳情节，另行妥议速奏，并谕傅恒知之'。"

## 改煎低铜[1]

滇省委员解京铜内，奉部提出低潮铁砂铜斤[2]，在部改煎。将煎折铜斤，按照十成之数，咨滇着赔。所有应赔自八六至十成不足之十五色铜斤价脚，咨奉部复，动支铜息银两，买铜补运。

其应赔自八五以下，至七一、二及七成，或六八、九不足成色[3]之铜斤。所有应赔价脚银两，系照各厂发运铜数多寡分摊。各按厂价，加以自厂至泸、由泸至京水、陆运脚，一并核计，分作十股摊赔。炉户应赔五股，银两于请领工本内，每两扣收银二分。厂员应赔三股，银两按照运过铜数分赔，追缴转运。各店员并泸店委员，应赔一股，银两按照在任月日，及兑发铜数分赔着追。长运委员分赔一股,银两按照本运提出低潮铁砂铜数多寡,分赔追缴。

在滇者就近勒追,离滇者分咨旗籍任所着追,买铜运部、局交收。其咨追银两,即由各省就近报拨。如有无力完缴者,题请豁免,滇省照数在于京铜项下,作正开除,入于汇总报销册内造报。

又户、工部局改煎低潮铁砂铜斤,垫用火工、铅价银两,亦系查照摊赔煎折铜斤之例,分作十股摊赔。在滇各员应赔银两,就近着追。离滇各员应赔银两,分咨旗籍任所着追。其应解还部库借垫银两,系详咨直隶省,在于藩库照数动拨,就近分交户、工部局查收。滇省于每年题拨铜本案内核明,声请扣除。俟厂运各员应赔银两,追缴全完,收入领铜本项下支用。其咨追外省报拨银两,并无力完缴,题请豁免之银,俱在于搭运节省余存银内拨出,收入铜本项下支用。

## 注　释

[1]　改煎低铜:此条与下面"核减铜色"两条,实与陆运无关,而与京运有关,本应该放在卷三《京运》中。同治《钦定户部则例》卷三十四《钱法一》记:"煎炼低铜:宝泉局挑出各运铁砂低铜,户部派满、汉司员会同该局监督眼同运员在局设炉十二座,每炉煎炼铜四百斤……煎折铜斤行令滇省承办铜务各员,照数赔补,解部归还原款。"同书卷三十六《钱法三》记:"滇省运京铜斤,额数短少,责在运员,成色低潮,责在厂员。所有部、局挑出低铜,照旧煎炼,其不足成色及火工银两,令该省按股份分赔,不准提取余铜抽换。"

[2]　低潮铁砂铜斤:即因含有铁砂等成分较多而达不到户部规定成色的铜。《清仁宗实录》卷二百五十一记:"嘉庆十六年辛未十二月丙午,谕内阁:'桂芳等奏"滇铜成色低潮,请旨饬查"一折。滇省办运京铜,前经该部奏定,自甲子运为始,在滇镕炼纯净,不得搀杂潮砂充数,并鏨凿厂名,以凭稽考。今据户部查明滇省运员荆烜、楼锡裘、李成礼解到铜斤内,各有铁砂潮铜二三万斤不等。此项低铜系由何厂发运?何员

承办？此次该运员等呈出印册内，多有旧铜搭配，曾否报部有案？因何不照议镕煎？并錾凿厂名？著伯麟、孙玉庭据实确查明白回奏，如系厂、店及领运之员有通同朦混情弊，该管道府稽查不实，著查明将该行议处罚赔之处，一并参奏'。"《清文宗实录》卷五十七记："咸丰二年壬子三月辛未，谕内阁：'户部奏"滇省办铜，低潮过多，领运各员行走迟滞，请饬催查办"一折。云南省办运京铜，自应遵照定例，依限开船，乃近年在泸各运，无不以患病守水为词，任意耽延。且解局铜斤，低潮过多，铁砂尤甚，现在京局鼓铸急需，岂容解运迟滞，低潮搀杂，致有贻误。著云贵总督、云南巡抚，查照户部前奏章程，严饬厂、店各员，以及领运委员，务将所办铜斤，煎炼纯净，錾凿清楚，毋稍含混，并饬领运各员依限到泸，泸店委员随到随兑。倘仍前玩误，即著从严参办。该督等惟当实力整顿，剔除积弊，如铜斤成色不能纯净，起运不能迅速，即著该部查明，将该督抚，奏请一并议处'。"

[3] 成色：成，即十分之一。成色，指金属货币或器物中所含的金属纯度，即所含纯金属的比例，通常以每一千份中所占的份数来表示，泛指质量。语出《大明律·附例七》："凡收受诸色课程变卖物货，起解金银，须要足色。如成色不及分数，提调官吏人匠，各笞四十。"

# 核减铜色[1]

　　运员解部铜斤，自乾隆四年起，酌定九二成色，每百斤只算足色铜九十二斤，外加耗铜八斤[2]，共合十成足色铜一百斤。从前户、工部局收铜，估验成色，自八六、七及九成不等。其自八七、八至九二不足之色，应减铜色银两，奉部按起核明行知，在于每年所获铜息银内，扣除造报。计每年约减铜色银，自二万五六千两至三万余两不等。四十一年至五十一年，部局收铜，估验成色，自七六以至八五、六不等。五十二年至今，部局收铜[3]，均以八成验收。应减铜色银两，按起奉部，核明行知，在于铜息银内，扣减造报。每年约计核减铜色银三万五六千两至四万余两不等。所有核减铜色，俱毋庸买铜补运。

# 注　释

[1] 核减铜色：由于清政府的高压政策，为了完成生产任务，各铜厂生产的铜的质量不断下降。户部在《则例》中规定部局收铜，验收成色标准也不断降低。乾隆四年规定为九二成色，后来降低为八六成色，再降低为八三成色，乾隆五十二年规定为八成。验收成色标准的不断降低，是由双重舞弊造成的，一方面铜厂官员为完成生产任务，滥竽充数；一方面钱法堂的官员为多捞外快，故意压低铜色。双方各有欺瞒，最终祸害国家。乾隆《钦定户部鼓铸则例》卷一记："云南省每年解京铜斤，务挑一色九二净铜。每百斤加耗铜八斤，合作十成运送。倘运到铜斤不足九二成色，在于原价余息银内扣除解司归入铜本项下造报。其验出八成以下之铜，即将承办之员查参议处。并著落专管泸州店委员赔补。倘厂员不实力率炼净，以致低潮不堪配铸铜斤夹杂运解，即将厂员题参，交部议处。仍将短色分两铜斤，按数补解足额。"清代吴其濬《滇南矿厂图略》下卷《考第六》记："凡铜面上，錾明厂分、斤数、号数及炉户姓名。倘成色不及八五至九成以上者，部局拣出另煎。其亏折斤两，责令承办各员，如数赔补，仍按号行提炉户责惩。如有搀和铁砂，将黑厚板铜搪塞及运员含混接收，除驳回外，将厂运及督办各员交议。"同治《钦定户部则例》卷三十四《钱法一·低铜处分》记："云南办运京铜解交部局，如有验出不足八成低潮之铜，查系何厂，即作该厂厂亏分数，统以十分计算，按照铜厂不足月额之例议处。其店、运各员及督办府道，统以一起所解铜斤若干，作为十分，即以京局挑出低潮之铜，作为该员亏欠分数，各按分数议处。店员视厂员减一等，运员又减一等，该管府道又视运员议减一等。仍由户、工二部核明分数，知照吏部，分别议处。至户、工二局监督核验铜色，如有高下其手及有意刁难、徇私收受等弊，亦照例议处。"《大清律例·户律·钱法·条例 137.07》记："委解铜斤，照解饷之例，按运更换。如有递年长令管解者，将原委之上司交部议处。倘局内书役、炉头人等，于收铜之时任意轻重及勒索情弊，查明，按律治罪。失察之该管官，交部严加议处。"《清仁宗实录》卷三百三十一记：嘉"庆二十二年丁丑六月乙酉，谕："御史熊燀奏"请将滇省岁运京铜改镕大块，以免盗卖等弊"一折。京铜关系鼓铸，其运员中途盗卖、

船户偷窃、炉头夫役煎炼折耗等弊，自应加意厘剔。惟该省办运，向系篓装小块，若改镕三四十斤大块，其煎炼起运、有无糜费窒碍之处，著交伯麟、李尧栋详查利弊，悉心妥议具奏'。寻议：'滇省每年应运京铜七百万斤零，向例铜色八成以上，方准起运，今若改用足色块铜，必须再加镕炼，糜费逾多。且改煎尤须时日，恐误运限，应请仍照旧例办理。'得旨：'原不可行，仍照旧例。'"

[2] 耗铜八斤：嘉庆《大清会典事例》卷一百七十四《户部四十七·钱法》记："乾隆三年，又复准：各省承办云南铜，解部时，多系九成、九五，照成色核减，嗣后于正铜百斤之外，加给耗铜八斤，永为定例。"

[3] 收铜：光绪《大清会典事例》卷二百一十六《户部六十五·钱法》记："收铜：乾隆二十七年，奏准：云南省京铜抵通，定限两月全数进局。钱法侍郎抽验成色，限两月全收。如有秤头短少，勒限十日，令运员赴局补交，兑收足数，即行给发批回。如逾限不运局交纳者，即将该运员查参。四十六年，奏准：云南省办解京铜，无论蟹壳、版铜，部局兑收，查验成色不足八五以上者，拣出改煎。其亏折银两，责令承办各员赔补。嘉庆十九年，议准：云南省运京铜斤，额数短少，责在运员，成色低潮，责在厂员。所有部局挑出低铜，照旧煎炼，其不足成色及火工银两，令该省按股份分赔，不准提取余铜抽换。"清代严烺《重铜运以杜弊累疏》云："铜运抵大通桥时，令大通桥监督报明两道御史，酌限十日，或十五日，即令起运进局。仍咨户、工两局，知照两道御史，统于十日内传该运员眼同兑收，以杜胥吏任意需索，累月搁压之弊。"

# 附：清代昭通府旧志有关铜运的记录

清代昭通府是云南境内铜运的最后一段，也是最重要的一环。云南各地生产的铜，无论通过陆路、水路运输，最终都要通过昭通府境。三个接应滇铜陆运的水运码头中，豆沙关、黄草坪两处，就位于昭通府境内，另外一个罗星渡虽在四川境内，但陆运也必须通过昭通府境。

清代昭通府是云南铜运负担最重、责任最大的地方，因此地方志中留下了许多关于铜运的文字记录。其中以乾隆《恩安县志稿》卷五《铜运》最为详实，恩安县即今昭通市昭阳区，为清代昭通府治所在。另外昭通府下属有永善县，嘉庆《永善县志略》卷二《铜运》中，亦有金沙江铜运的的情况记录，虽文字不多，言简意赅，对金沙江的水运叙述得很充分。

由于清代昭通府未留下《昭通府志》，《恩安县志稿》《永善县志略》的文字就显得尤其可贵。

## 乾隆《恩安县志稿》卷五《铜运》：

查铜务之设，名虽运达于京师而利用前民，实转输于海内。昭郡属寮有五。承办铜政者，陆行则有鸟道崎岖，水运则多严滩险阻之患，贤师牧罔不殚心而毕虑。各大宪频加考核而督催，总期仰副一人溥惠之衷、理财之政而已。志《铜运》。

考：东川府汤丹等处厂办公铜斤，乾隆三年前原贮东川铜店，或委员运赴江、广发卖，或转运四川永宁、贵州威宁拨卖各省，粮道总理。乾隆三年，因议停采办洋铜，将洋铜课本，陆续赴滇办运。东川府于四年承运正、耗铜四百四十万斤，原走威宁。乾隆六年加运，共计铜六百三十三万零一千四百四十斤，遂定《分运章程》，对开三百一十六万五千七百二十斤。一由厂发运寻至威宁铜店，转运镇雄、南广一路；一由东川分运。每年正、加额铜三百一十六万五千七百二十斤。前经题请开修以吾道路，由牛栏江转运鲁甸，转运昭通之铜运，由此始也。

嗣因牛栏江大坡四十余里，滚跌损伤运铜马匹，乾隆十年详请，转改由合租江直运奎乡。十三年奉文，将东、昭年额京铜裁减一半，铜一百五十六万二千八百六十斤。次年复办如额，改由金沙江自小河、三江口水运对坪子，交昭通府属永善县接收转运。十四年，钦差九门提督舒黑德、湖广总督新柱查勘金沙江蜈蚣岭至黄草坪、老滩节次铜运实难，请将铜斤由厂陆运黄草坪，上船直运到新开滩平水处，以达泸州也。便自小江口起，至滥田坝一带，水运奏请停止。所有额铜仍改由鲁甸接收，直运黄草坪上船，转运泸州。自昭通至东川，计程二百九十里。

总计昭通接运东川之铜，除由东至昭虽折耗铜五千二百七十六斤三两外，每年实接运铜额三百一十六万零四百四十三斤十二两八钱。对半分运：一运所至属之大关，交大关同知称收，转运四川泸州装船；一运所至属之永善县，俟县称收，转运至四川泸州装船、汇齐，候上宪委员由川河押运进京。

昭通运至豆沙关，应运铜一百五十六万零二百二十斤十四两四钱，题定每铜三百斤，折耗铜十两，今改。藩宪查粮宪牌开：昭通运至豆沙关，每年折耗铜三千二百九十七斤十两，较前数多五斤十三两二钱，今依此数报销，每年实应交豆沙关铜一百五十七万六千九百二十四斤四两四钱。倘有逾折铜斤，粮宪处扣除本府养廉、赔补，其所扣逾折银，每斤照官价九分二厘一毫。

昭通运至黄草坪，题定每铜三百斤，折耗铜八两。每马计驮一百六十八斤，准折铜四两四钱七分九厘九毫，今作四两四钱八分算。查粮宪牌开：每年共准铜二千六百三十八斤三两二钱，依此报销。昭通每年实交黄草坪铜一百五十七万七千五百八十二斤十一两二钱。养廉内扣除逾期折铜价银，粮宪饬发有厂之会泽县等处，就近照数买发。本府仍自行催脚领运，补交具报。每应买逾折铜一百斤，再添余铜半斤，以作折耗。至于铜价银，亦在养廉总数内扣除。

每马原驮铜一百六十斤外，每百斤搭铜五斤，每马共搭铜八斤。将此项搭运省银两于请领价时具批扣解存粮宪库内，如遇运京之铜沉失，即在此项并铜息银内拨买补运。每年昭通共该搭运铜十五万零四百九十七斤五两二钱，分搭豆沙关、黄草坪二处。每处计搭运脚费算，每年节省银五百八十三两三钱二分七厘六毫三丝一忽七微。照黄草坪三站半脚费算，每年节省银三百四十两二钱七分四厘四毫五丝一忽八微二铁五渺。查粮宪牌开：节省银九百二十三两六钱零五厘八丝三忽五微二成五铁七渺，今依此批解。

关、坪二处连搭应运节省每年应领银一万九千三百九十五两六钱四分三厘六毫六微，作二季分领。关、坪二处，除遇搭运节省银作二季分领，实应领银九千二百三十六两零二分一厘二毫七丝九微四忽一成八渺二漠五沙。

每站每百斤给价银一钱二分九厘二毫，每驮重一百六十八斤，每站二钱一分七厘五丝六忽。昭至豆沙关计六站，每驮共银一两三钱一分零二厘三毫三丝六忽，每驮再去搭运八斤节省银六分二厘零一丝六忽，发实银一两二钱四分三毫二丝。昭至黄草坪计三站半，每驮共银七钱五分九厘六毫九丝六忽，每驮再去搭运八斤节省银三分六厘一毫七丝六忽，发实银七钱二分三厘五毫二丝。此即昭通运铜之备览也。

## 嘉庆《永善县志略》卷二《铜运》：

每年额运京铜一百五十七万七千五百八十三斤十二两八钱，继因江险滩多，随时改定，近年额拨仅一百二十余万斤不等。一自府城陆运黄草坪，每铜百斤给脚价银四钱五分二厘二毫，计三站半，每站合银一钱二分九厘二毫。一自黄草坪水运至雾基滩一站，雾基滩至锅圈崖一站，锅圈崖至大汉漕一站，大汉漕至新开滩一站，计四站，每铜百斤给水脚银一钱四分四厘，食米一升七合一勺零。一自新开滩运至泸州铜站交收，每铜百斤给水脚银一钱。一黄草坪、雾基、锅圈崖、大汉漕四处，每处雇留站船十五只，每只每月给盐菜银一两二钱，食米三斗。一雾基滩、锅圈崖二处，设渡船二只，每年每只给工价、盐菜银十二两，食米一石五斗。一承运官永善县知县，由黄草坪运至大汉漕，自开运起至撤站止，每月支养廉银三十两。协运官副官县丞，由大汉漕运至新开滩，自开运起至撤站止，每月支养廉银二十两。乾隆五十年，本府孙公详定专责永善县一手承运，赴泸交收协运，养廉银奉裁。一黄草坪、雾基、锅圈崖、大汉漕、新开难五处，每处设书记一名，每名每月给工食银三两；搬夫二名，每名每月给工食银二两。凡设派人等及应否盘拨，亦有水之平险，时之迟缓，随时增添者。

查金沙江历来不通舟楫，原无水运。自乾隆十二年奉上谕，查开通川河道，经总督庆复、巡抚张允随檄查，于乾隆六年，兴天地自然之利，开千古闭塞之江等事案内，将东川府巧家木租山厂木筒，发运泸州、重庆售卖，并议下运铜斤，上运油米，即于是年拨大碌厂铜斤试用。七年，题请开修，委楚雄府陈克复、丽江府樊好仁随同迤东道宋寿图为总理，东、昭二府为协理，带同候补人员徐雯、刘国祥等分段管修，八年工竣。遂分小江入口至黄草坪为江上游，由黄草坪以下抵泸为下游，各委正、副两员承办，定以额铜数目，俟江水归漕，即令开运，此水运之所由始也。至十四年，经钦差九门提督舒公赫德、湖广总督新公柱查勘水运，汤、大两厂陆运一站到象鼻岭小江口上船，到绿草滩上岸，起拨过蜈蚣滩上船，到横木滩上岸，陆运二站至对坪子滩上船，到滥田坝起拨三百步上船，直至永善之河口，转运黄草坪。因有蜈蚣、横木等滩险峻异常，不能飞越，又滥田坝无可开浚，三次起拨耗费人力，且沿江一带俱属披沙野夷出没之处，行者惮之，是以奏请停止上游水运，由厂陆运至黄草坪上船，直达泸州。

# 《云南铜志·局铸》题解

《云南铜志》卷五、卷六《局铸上》《局铸下》，内容为云南各地铸钱局的本末，包括设立、关闭的时间，铸钱局的规模，铸钱数量及相关技术要求、各项规定。

清政府大力发展矿业的目的，是增加国家财政收入。而在云南大力开采铜的目的，则是铸币，以适应国家日益扩大的经济规模，既满足朝廷正常运行与百姓日常生活的需要，又为清政府大量官员优厚的待遇和大量豢养的军队的兵饷等提供巨额财政来源。

因此在清朝的"三通"中（即《皇朝通典》《皇朝通志》《皇朝文献通考》）均专门列有《钱币》一篇，并且内容极其丰富。清政府于乾隆三十四年还专门制定了《钦定户部鼓铸则例》，对铸钱尤为重视。而在《户部则例》《大清会典》等当时的官方制度文件汇编中，均有《钱法》一类篇章，内容涉及到铜政的方方面面，并且极其细致、完整。

借助《局铸（上、下）》及相关资料的记录，对雍正、乾隆、嘉庆年间云南省及全国铸币的数量进行统计、分析，对于研究清朝全盛时期云南省及全国的总体经济规模以及国家金融状况大有帮助，因此本篇是不可多得的第一手资料。

通过对清朝这一历史时期的货币供给情况分析，不难推断出当时的总体经济规模；对于每个阶段货币供给情况的对比分析，不难推断出当时的经济发展速度。

# 云南铜志·卷五

## 局铸上

《说文》[1]曰:"古者货贝而宝龟。至周有泉,秦乃废贝行泉[2]。"滇自唐(宗)【宋】以前,皆用贝[3]。至元大德九年,始以钞、贝参用[4]。明嘉靖三十四年,诏滇岁铸钱三千三百余万串送部,云南之铸钱始此[5]。厥后或仍解京,或充黔饷,大抵民间犹用海贝[6],初不以此为重也。

国朝顺治十七年,云南设局开铸[7]。始停于康熙九年,再开[8]于二十一、四、七等年。以钱法壅贱[9],复行停止,中间兴废不一。至雍正元年,而《章程》始修[10]。夫滇产铜斤,运京师供采买,凡以为鼓铸也。则滇南本省之鼓铸,实收铜政之成。虽产铜之区,官钱而外,冶镕、炊炭,罔敢作奸,而增置损益,时有变通。固持筹者,当于开采、镕炼之外,更谋调剂云。志《局铸》。

### 注　释

[1]《说文》:即《说文解字》,为中国最早的字典,作者是东汉的经学家、文字学家许慎,该书成书于汉和帝永元十二年(100)到安帝建光元年(121)之间。许慎根据文字的形体,创立540个部首,将9353字分别归入540部,540部又据形系联归并为14大类。《说文》正文就按这14大类分为14卷,书末叙目别为一卷,全书共有15卷。许慎在《说文解字》

中系统地阐述了汉字的造字规律、古文字构成规则——六书，即"象形、指事、会意、形声、转注、假借"。象形、指事、会意、形声是造字法，转注、假借指的是后来衍生发展的文字的使用方式。许慎《说文解字·叙》记："《周礼》八岁入小学，保氏教国子，先以六书。"正文引文出《说文解字》卷六"贝部"之"贝"字条，原文为"古者货贝而宝龟，周而有泉，至秦废贝行钱。"

[2] 泉：帛币，古钱币名。《汉书·食货志》记："货泉径一寸，重五铢，右文曰货，左文曰泉，直一也。"郑玄注《周礼·外府》云："布，泉也。其藏曰泉，其行曰布。取名于水泉，其流行无不遍。"

[3] 用贝：清代倪蜕《滇云历年传》卷十二记："蜕按：滇省历古只用𧴩贝。元世祖时始用钞，十三年，赛典赤以云南未谙钞法，请从民便，交、会、贝子公私通行。成宗大德九年，仍给钞与贝参用。明嘉靖三十四年，云南始铸钱。扣留盐课二万作本，铸钱三万，余解户部。至万历四年，以巡抚御史言，开局鼓铸。而民间用𧴩如故，钱竟不行。遂以铸成之钱运充贵州兵饷，停罢铸局。时，万历八年也。自此终明之世，俱用𧴩。细考明三百年中，凡海滨地方，悉以用𧴩。至近京师如辽东亦然，不独滇省也。行筹数马，世轻世重，遵制合宜，便民而止，不必泥也。本朝初年，滇省为流遗占据，孙可望亦铸伪'兴朝钱'，禁民用贝。违其令者刖劓之，卒未通行。及至剪除扫荡之余，奉诏自顺治十七年开局铸钱，以利民用。于是𧴩、贝散为妇女巾领之饰，而贸迁交易，则惟钱是用矣。但云南地广人稀，行销颇少，不十年而钱多贯朽。以是康熙九年停局不铸。迨十二年逆贼吴三桂反，伪铸'利用钱'。逆孙世璠又铸'洪化'伪钱，而滇中之钱益杂。二十年，吴逆平，总督蔡毓荣请开鼓铸，设局于蒙自、禄丰、云南、大理等处。二十四年，又设临安一局。其时铜、铅富益，工匠众多。匪鹅伊英，窕而不咸。始立严令，苟不以千钱准银两者，以军法从事。已而，以银一两获钱三千余文矣。营兵脱帽之呼，站役去家而窜，钱多为害，竟至于斯！二十七年，总督范承勋始行奏罢，兵役再生。凡停局三十四、五年，而钱尚千七八百文易银一两，则是钱未尝少也。杨抚惑于群言，遂请开局。殊不知总其事者，铸出新钱，以一新易两旧。且论其大小，有三四旧而易一新者。又或准之以权衡，则倍称其数也。官则利矣。民何赖焉？迨后设法

313

流通粤、蜀，则又有运脚帮贴之苦累。苟其钱文足用，遵照康熙九年停罢，毋使壅贱至极可。"

[4] 钞、贝参用：雍正《云南通志》卷十一《课程志·钱法》记："元世祖至元十三年，云南行省赛典赤言：'云南贸易与中州不同，钞法实所未谙，莫若以交、钞、贝子公私通行，庶为民便'。从之。成宗大德九年，以钞给云南行省与贝参用，其贝非出本土者，同伪钞论。"

[5] 铸钱始此：《明世宗实录》卷四百二十一记："嘉靖三十四年四月戊寅，兵科给事中殷正茂言：'今财用不足，惟铸钱一事可助国计。但两京所铸以铜价太高，得不偿费。可采云南铜，自四川运至湖广岳州府城陵矶，其地商贾辏集，百物伙贱，且系南北适中之所，可开局铸造。其铜价傲运诸费宜以云南盐课、四川库藏给之。并设总督重臣注选主事专理，计岁费工本银不过三十九万余两，可得钱六万五千万文，值银九十三万余两余。工本外岁得利银五十三万有奇，足以少佐国家之急事'。下户部覆言：'城陵矶五方杂聚，于此开铸，恐奸诡易兴，云南地僻事简，即山鼓铸为便宜。敕云南抚臣以本省盐课二万金，今藩臣一人督造，转运太仓，行之果有成效，即尽留本省盐课，并行两广、福建、山东凡出铜地方如例遵行。'上从部议。……戊子，遣工部员外尚薰往云南铸钱。"《明世宗实录》卷四百六十一记："嘉靖三十七年七月，巡抚云南都御史王昺奏：'云南额派铸钱三千三百一万二千一百文，以盐课银二万两为工费。后因物料艰难，转输不便，盐银之外，又加赃罚银一万一千两，止铸钱二千八百七十四万七百文。费多入少，乞罢之。'疏入户部覆：'昺议是。'上以云南产铜不宜惜小费以亏国用，命给银铸钱如故。"清代倪蜕《滇云历年传》卷八记："嘉靖三十四年夏，诏云南铸'嘉靖通宝'钱。蜕按：云南夙行海贝，钱钞俱无所用。其上纳赋税，以金为则。用贝折兑。故从来未开鼓铸，宁以重价买肥。盖相传之旧，重改作也。今此开铸，解钱户部，是云南此时尚不用钱也。但云南去京师万里，运送殊艰。固不知当时设局何处，苟离水次稍远，则人夫之背负，牛马之驮载，必有不胜其劳惫者矣。嗟呼！"

[6] 海贝：生长于海洋沿岸的生物。天然海贝在中国新石器时代晚期就被当作货币用于商品交换，是中国最早的古代货币。由海贝串成的饰品，象征财富与地位。在古代，印度洋、太平洋沿岸的印度、缅甸、孟加拉、

泰国等国也都用海贝作为货币。在云南，唐代南诏国建立以后，海贝与盐块为南诏国的两大法定货币，唐代樊绰《云南志》卷七《物产篇》记："蛮法煮盐，咸有法令。颗盐每颗约一两、二两，有交易即以颗计之。"元代李京《云南志略·云南总叙》记："诸夷风俗：市井谓之街子，午前聚集，抵暮而罢。交易用贝子，俗呼为贼，以一为庄，四庄为手，四手为苗，五苗为索。"《皇朝文献通考》卷十三《钱币考一》记："元、明时云南行使䏡子，以之折赋，尚沿贝货之遗。"萧清《中国古代货币史》云："南诏国，除天然贝外，缯帛及盐也是重要的交换手段。但是，天然贝这种实物货币形态，在云南地区则始终都是居于主要的地位，而且这一事实，后来还一直延续下去，直到明代，在云南地区仍然盛行着以贝为币。"海贝在清初被大西农民政权禁止使用，盐币则一直使用到二十世纪五十年代，最终后被人民币取代。

[7] 开铸：《皇朝文献通考》卷十三《钱币考一》记："顺治十七年，复开各省、镇鼓铸，增置云南省局，定钱幕兼铸地名满、汉文，时定各局钱背分铸地名……并增置云南之云南府局，铸云字，皆满、汉文各一，满文在左，汉文在右，每文俱重一钱四分。……康熙二十一年，复开云南省城鼓铸，增置大理府、禄丰县、蒙自县局，钱幕俱铸云字。……二十四年，又开云南临安府鼓铸局，钱幕亦铸云字。"清代吴其濬《滇南矿厂图略》下卷《铸第十二》记："云南省开局铸钱，始于顺治十七年，旋停。康熙二十一年，复开，嗣后各属以次增置铸钱，分运各省。设于府者为大理、临安、曲靖、广西今直隶州、东川、顺宁，设于州者为沾益，设于县者为禄丰、蒙自，时置时停，惟省城、临安、大理、东川四局最久嘉庆四年，临安、广南、东川、楚雄、永昌设炉系因收买小钱改铸，铸竣即裁。"

[8] 再开：清代倪蜕《滇云历年传》卷十一记："（康熙）二十二年癸亥，议于云南、蒙自、大理设局铸钱。"康熙《云南通志》卷三《沿革大事考》记："康熙二十二年癸亥，议设鼓铸于云南、蒙自、大理等处，诏许之。"《皇朝通典》卷十《食货十·钱币》记："康熙二十一年，更令钱制：每文重一钱。时铜价昂贵，钱制厚重，民间多私销牟利。向定制钱千直银一两，今银一两仅得易钱八九百文。钱法侍郎陈廷敬上言更定钱制，每文止重一钱，既令私销者无厚利。且可多铸钱十六万千九百二十串，每年铸足四十

卯，按卯增铸。从之。其各省钱局俱令照新定钱式铸造，定以铜六铅四配铸。制钱之法，谨按钱国初铸，或听各关于铜额内兼办铅斤，或收用废钱、旧器分别生、熟铜配铸，至是始酌定成数，并令各省如式配铸。惟云南以铅矿未开，铜贱铅贵，准以铜八铅二配铸。"

[9] 钱法壅贱：由于云南缺乏使用铜币传统，清初未能推广，铜钱流通不畅，加上境内盛产铜、铅，私铸便利，造成币值低贱，铸局被迫关闭。清代吴大勋《滇南闻见录》上卷《私铸》记："东川一郡产铜甚广，不独诸大厂也。一切山箐之间，随处开挖可以获铜。东、曲两府，又俱有铅厂，收买甚便，故东、昭、曲靖之间为私铸之薮。深山密箐，人迹所罕到者，皆有私窝。虽严行禁捕，重加惩创，不能息。以致铜价日昂，钱价日贱，钱法杂滥日甚。"清代倪蜕《滇云历年传》卷十一记："（康熙）二十七年戊辰十月，总督范承勋奏钱法壅贱，请以全银支给，仍请停铸。"《皇朝通典》卷十《食货十·钱币》记："康熙二十七年，复定工部宝源监督，仍差满、汉司官各一人。停云南省各局，云南旧设炉四十八座，前已裁减二十四座，至是以钱法壅滞，从总督范承勋请，将云南省城、禄丰县、临安府城、蒙自县、大理府城五局概行停止。"乾隆年间，云南产铜旺盛，供铸充裕，银钱兑换价格波动不大。嘉庆末至道光年间，西方国家向中国倾销鸦片，造成中国的白银大量外流，最终再次导致钱法壅贱。清代叶梦珠《阅世篇》卷七《钱法》记："顺治通宝初颁，官实每千准银一两，然当钱法敝极之后，奉行甚难。……迨康熙初，始命京省各开局铸钱，钱背明著直省，字兼满、汉，体重工良，直出嘉、隆之上，但铜之精美远不及前，而价定每千值银一两，令民间完纳钱粮，大约十分之中，银居其七，以解边钱居其三，以备支放，编诸会计由单，当官收纳，于是钱价顿长，价至每千兑银九钱有奇，民间日用文作一厘，谓之厘钱，公私便之。至十二年甲寅四月，闻八闽之变，三吴钱价顿减，初犹五六钱一千，后直递减至三钱。积钱之家，坐而日困，典铺尤甚，有司虽严禁曲喻之而不可挽。十五年以后，封疆渐宁，钱价以次渐长，十七、八年之间，每千价银又兑至八钱七八分及九钱二三分，几乎厘钱矣。二十年以后，私铸复盛，钱复滥恶，每千所重，至恶者亦不过二三斤，价犹值银八钱外，其官局厘钱，每千价银几及一两，甚有一两另四分者，恐奸人收兑以为私铸之计。若不严禁私钱，将来钱法

之坏，有不可言者，当事所宜留心也。康熙二十三年甲子，上以私钱滥恶，疑钱局匠役私铸射利，特谕中外地方官严禁，如有仍行使用者，不论钱数多寡，重则枷号毕，流徙尚阳堡，官不觉察者同罪，现今贸易小钱，限一月内照铜价交于地方官收给。既而浙江武举朱士英开垆私铸，被参拿问，私钱顿贱，官钱每千几值纹银一两二钱矣。二十六年后，私钱复渐流行，制钱价遂递减。至二十八、九年间，每千不及值银一两。二十九年二月，私钱之禁复严，市中不复通用，积弊为之一洗，制钱每千价至纹银一两二三分，庶几复旧。"清代王庆云《石渠余记》卷五《纪银钱价值》记："自嘉庆末，年久而钱法日久而敝，而银之外泄亦日多，由是钱价一贱。近三十年即不复贵，至今日每两易钱二千，较昔钱价平时益倍之，较贵时几及三倍。"

[10]《章程》始修：清代倪蜕《滇云历年传》卷十二记："雍正元年五月，设宝云局于云南、临安、大理、沾益四处。议定共建炉四十七座，专委总理官一员。每炉工匠二十一名，月给工食银三十六两。每炉月制钱三卯，每卯钱用铜六百斤，铅四百斤，给铸炭一千六百斤，铸钱一百四千文。此从巡抚杨名时之奏也。"雍正《云南通志》卷十一《课程志·钱法》记："雍正元年，敬陈鼓铸等事，奉部议：查得康熙二十四年滇省铜价，每斤五分四厘，铅价每斤五分五厘，铜贱铅贵，是以二八配铸。今铜价每百斤九两二钱，铅价四两五钱，应照京局铜六、铅四配铸，毋得擅行增减。每铜、铅百斤止给工料钱一千八百二十文，每铜、铅百斤止准折耗九斤，具题到日，准其折耗支给。所需工本，应照该抚上年五月所题，动用银、铜厂课银九万余两，俟搭放兵饷易银，更番鼓铸。"《清史稿》卷一百二十四《食货五·钱法》记："官局用铜，自（康熙）四十四年兼采滇产。雍正元年，巡抚杨名时请岁运滇铜入京。廷议即山铸钱为便，因开云南大理、沾益四局，铸运京钱，幕文曰'云泉'。上以钱为国宝，更名'宝云'，并令直省局钱，幕首'宝'字，次省名，纯满文。其后运京钱，时铸时罢。"

# 云南省局[1]

云南省城钱局，自雍正元年十二月，设炉二十一座[2]。每炉每月鼓铸三卯[3]，以铜六铅四[4]配铸。每炉每卯正铸用铜六百斤，每百斤加耗铜十三斤，计加耗铜七十八斤，二共正、耗铜六百七十八斤。白铅[5]四百斤，不加耗。计正铸净铜、铅一千斤，每百斤给锉磨、折耗九斤，共折耗铜、铅九十斤，实铸净铜、铅九百一十斤。每钱一文，铸重[6]一钱四分，共铸钱一百零四串。内除支销炉匠工食钱十二串，物料钱六串二百文，实存净钱八十五串八百文。

又带铸用铜六十斤，每百斤加耗十三斤，计加耗铜七斤十二两八钱，二共正、耗铜六十七斤十二两八钱。白铅四十斤，不加耗。计带铸净铜、铅一百斤，给锉磨、折耗九斤，实铸净铜、铅九十一斤。每钱一文，铸重一钱四分，共铸钱十串四百文。不给工食，只给物料钱六百二十文，实存净钱九串七百八十文。

又外耗用铜五十四斤，每百斤加耗铜一十三斤，计加耗铜七斤零三钱二分，二共正、耗铜六十一斤三钱二分。白铅三十六斤，不加耗。计外耗净铜、铅九十斤，不给锉磨、折耗。每钱一文，铸重一钱四分，共铸钱十串二百八十五文七毫。不给工食、物料，只给局中官役廉、食等项钱四串五十七文七毫，实存净钱六串二百二十七文三毫。

计正铸、带铸、外耗三项，共用铜、铅一千九十一斤，共铸钱一百二十四串六百八十五文七毫。除支销工食、物料等项钱二十二串八百七十七文七毫[7]，实存净钱一百一串八百八文。二十一炉，年铸七百五十六卯，共钱七万六千九百余串，搭放兵饷[8]、廪糈[9]、驿堡、夫马、工料等项之用。每钱一串，扣收银一两，共扣收银七万六千九百余两。

又每年七百五十六卯，共用各厂正五十一万九千七百八十四斤，耗铜七万一百七十一斤十四两七钱二分。除耗铜不另给价外，每正铜百斤，价、脚银九两二钱，共该铜价银四万九千六百六十两一钱二分八厘。又用卑浙、块泽二厂[10]白铅三十五万九千八百五十六斤，每百斤给价银二两，脚银一两五钱，该价、脚银一万二千五百九十四两九钱六分。二共铜、铅价、脚银六万二千二百五十五两八分八厘。于前项扣获钱本银内计除外，每年共获铸息银一万四千六百四十余两。其每铸净铜一百斤，给炒费银三钱，系于铜息项下，动支给发。

雍正五年二月，添设炉四座，连原设二十一座，共计二十五座。年铸九百卯，仍以铜六铅四配铸。每钱一文，铸重一钱四分。年共铸钱九万一千六百余串。除归还铜、铅本、脚外，计获铸息银一万七千余两。

雍正十二年十一月，减发铜、铅，改为每钱一文，铸重一钱二，仍以铜六铅四配铸。每卯正铸、带铸、外耗，共用铜六百一十一斤十五两九钱九分八厘九毫二丝，白铅四百七斤十五两九钱九分九厘二毫八丝，年共铸钱九万一千六百二十余串。除归还铜、铅本、脚外，计获铸息银二万八千一百余两。

乾隆元年，改为每钱一串二百文扣收银一两，至今并无更易。又铅斤运脚，每百斤原给银一两五钱，改为给银七钱二分。又炉役工食并外耗开销，照旧发给。惟正铸物料，原给钱六串二百文，改为给发钱五串三百三十三文八毫。带铸物料，原给钱六百二十文，改为给钱五百三十三文二毫，至今亦无更易。年铸钱九万二千四百八十余串，除归还铜、铅本、脚外，计获铸息银一万六千四百余两。

乾隆五年十二月，添设炉十座，连原设二十五座，共计三十五炉。照前鼓铸。年铸一千二百六十卯，共铸钱一十二万九千四百八十余串。除归还铜、铅本、脚外，计获铸息银二万二千九百余两。

乾隆六年十二月，改为四色配铸[11]，每百斤用铜五十斤，白铅四十三斤八两，黑铅[12]三斤八两，锡三斤。黑铅每百斤价银[13]一两四钱八分，脚银七钱二分。锡每百斤价银二两九钱二分七厘，脚银七钱三分六毫七丝八忽。年共铸钱一十二万九千四百八十余串。除归还铜、铅本、脚外，计获铸息银三万一千余两。

乾隆十五年，减炉十座，酌留二十五座，照前配铸。年共铸钱九万二千四百八十余串[14]，除归还铜、铅本、脚外，计获铸息银二万二千二百余两。

乾隆十七年，将白铅运脚每百斤原给银七钱二分，改为给银四钱五分。黑铅每百斤原给脚银七钱二分，改为给银六钱二分。年铸钱九万二千四百八十余串，除归还铜、铅本、脚外，计获铸息银二万三千三百余两。

乾隆三十年五月起，每炉每卯正铸项下，加添米、炭价钱二串四百七十文。年铸钱九万二百余串，除归还铜、铅本、脚外，计获铸息银二万一千四百余两。

乾隆四十四年，减炉五座[15]，酌留二十座，照前配铸。年共铸钱七万二千二百余串，除归还铜、铅本、脚外，计获铸息银一万七千一百余两。

乾隆四十六年正月，将大理局八炉，移于省局添设。连原设二十座，共计二十八炉，照前鼓铸。应需铜斤，改为每百斤加耗铜十斤四两。计一千零八卯，年共铸钱十万一千九十余串。除归还铜、铅本、脚外，计获铸息银二万四千余两。至五十九年六月，将二十八炉全行裁撤。

嘉庆二年二月，复设炉二十八座[16]，以铜六铅四配铸。每钱一文，铸重一钱二分[17]。计一千零八卯，年共铸钱十万一千九十余串。除归还铜、铅本、脚外，计获铸息银一万七千四百余两。

嘉庆五年四月，改为三色配铸[18]，每百斤用铜五十二斤，白铅四十一斤八两，黑铅六斤八两。年共铸钱十万一千九十余串，除归还铜、铅本、脚外，计获铸息银二万三千二百余两。

嘉庆六年四月，改为三色配铸，每百斤用铜五十四斤，白铅四十二斤十二两，黑铅三斤四两。每炉每卯正铸用铜四百六十二斤十三两七钱一分四厘二毫零，每百斤加耗铜十斤四两，计加耗铜四十七斤七两八分五厘七毫零，二共正、耗铜五百一十斤四两七钱九分九厘九毫零。白铅三百六十六斤六两八钱五分七厘一毫零，黑铅二十七斤十三两七钱一分四厘二毫零，均不加耗。计正铸净铜、铅八百五十七斤二两二钱八分五厘七毫，每百斤给锉磨、折耗九斤，共折耗铜、铅七十七斤二两二钱八分五厘七毫，实铸净铜、铅七百八十斤。每钱一文，铸重一钱二分，共铸钱一百四串。内除支销匠役工食[19]钱一十二串，物料钱五串三百三十二文八毫零，加添米、炭价钱二串四百七十文，实存净钱八十四串一百九十七文一毫零。

又带铸用铜四十六斤四两五钱七分一厘三毫零，每百斤加耗铜十斤四两，计加耗铜四斤十一两九钱八厘五毫零，二共正、耗铜五十一斤四钱七分九厘九毫零。白铅三十六斤十两二钱八分五厘六毫零，黑铅二斤十二两五钱七分一厘四毫零，均不加耗。计带铸净铜、铅八十五斤十一两四钱二分八厘五毫，每百斤给挫磨、折耗九斤，共折耗铜、铅七斤十一两四钱二分八厘五毫，实铸净铜、铅七十八斤。每钱一文，铸重一钱二分，共铸十串四百文。不给工食，只给物料钱五百三十三文二毫零，实存净钱九串八百六十六文七毫零。

又外耗用铜四十一斤十两五钱一分三厘三毫零，每百斤加耗铜十斤四两，计加耗铜四斤四两三钱一分七厘六毫零，二共正、耗铜四十五斤十四两八钱三分九毫零。白铅三十二斤十五两六钱五分六厘四毫零，黑铅二斤八两一钱一分四厘二毫零，均不加耗。计外耗净铜、铅七十七斤二两二钱八分四厘，不给锉磨、折耗。每钱一文，铸重一钱二分，共铸钱一十串二百八十五文七毫。不给工食、物料，只给局中官役廉、食等项钱四串五十七文七毫，实存净钱六串二百二十八文。

计正铸、带铸、外耗三项，共用铜、铅一千一十九斤十五两九钱九分八厘二毫，共铸钱一百二十四串六百八十五文七毫。内除支销物料等项钱二十四串三百九十三文八毫零，实存净钱一百串二百九十二文。二十八炉，年计一千零八卯，共钱一十万一千九十四串一百九十二文，搭放厂本、运脚、养廉、鞭祭[20]、铺饩[21]、驿堡[22]等项之用。每钱一串二百文，扣收银一两，共扣收银八万四千二百四十五两一钱六分。

又每年一千八卯，共用各厂正铜五十五万五千二百六斤五两四钱二分，耗铜五万六千九百八斤十两四钱九[分]五厘五毫。除耗铜不另给价外，每正铜百斤，价、脚银九两二钱，共该铜价银五万一千七十八两九钱八分三厘。又用卑浙、块泽二厂白铅二十一万九千七百六十九斤二两八钱一分二厘，每百斤给价银一两八钱二分，脚银六钱三分，该价、脚银五千三百八十四两三钱四分五厘。又用者海厂[23]白铅二十一万九千七百六十九斤二两八钱一分二厘，每百斤给价银二两，脚银四钱五分，该价、脚银五千三百八十四两三钱四分五厘。用卑浙、块泽二厂黑铅三万三千四百一十五斤三两一钱四分一厘，每百斤给价银一两四钱八分，脚银六钱二分，该价、脚银七百一两七钱一分九厘。共用铜、铅价、脚银六万二千五百四十九两三钱九分二厘，于前项扣获钱本银内计除外，每年共获铸息银二万一千六百九十余两。

嘉庆九年，将需用铜斤改为每百斤拨用各厂八成，照旧加耗。又于下关店存贮宁台铜内，拨用二成，每百斤加局耗铜八斤，二共铜一百八斤。又每百斤加煎耗铜一十七斤八两，计加煎耗铜一十八斤十四两四钱。二共铜一百二十六斤十四两四钱。又每百斤，加民耗铜三斤二两，计加民耗铜三斤十五两四钱五分。总计每百斤，加局耗、煎耗、民耗铜三十斤十三两八钱五分。照各厂净铜之例,每百斤价、脚银九两二钱,至今循照办理。

## 注 释

[1] 云南省局:位于云南省城中,在今昆明市五华区钱局街(翠湖西面、云南陆军讲武堂西侧),街名即由此得来。雍正《云南通志》卷十八下《公署》记:"宝云钱局:在大西门内。"为清代云南省内最早的铸钱局,于顺治、康熙年间即设局铸钱,屡开屡闭。《清高宗实录》卷一千一百七十六记:"乾隆四十八年癸卯三月丁酉,谕军机大臣等:'据富纲等奏"省城宝云局请仍归臬司兼管"一折,自当照所请行,准令臬司管理,以专责成。至折内称"乾隆四十五年春间,经前任督抚臣,以臬司职任刑名,兼管驿站,且恐家人书役,夹带营私,奏准将宝云局改归云南府知府办理"等语。该省钱局鼓铸,虽系前任督臣李侍尧等奏准,改归云南府知府办理。但是年查办该省私铸钱文,系福康安、刘秉恬任内之事,何以覆奏折内,并未将改归知府管理未便之处,详悉声叙。而此次折内,又未声明从前筹议疏漏,并现在不敢回护前奏,稍为因循。著传谕刘秉恬,令其据实覆奏'。"同治《钦定户部则例》卷三十四《钱法一·监铸》记:"云南宝云局,藩、臬两司管理,粮、盐二道查验、收发,云南府知府监铸。"清道光六年,时任云贵总督吴振棫《养吉斋丛录》卷二十一记:"顺治元年,置户部宝泉局,铸'顺治通宝'钱。……云南亦开铸,背铸清、汉'云'字。康熙元年,停各省铸。"《朱批奏折》记:"户部尚书车克等谨题:'为画一制钱,疏通利源,以隆国宝,以裕国用事。……查臣部于去年十月内题有铸钱亏本一疏,酌定宝泉局与江南省各设炉一百座,其各省于布政司各设一局,每处设炉多不过五十座。顺治九年七月十一日具奏。'"雍正《云南通志·课程志·钱法》记:"云南府城旧设、新增,共炉二十五座,委监铸官一员,正额每炉三十六卯,二十五炉共实铸铜、铅八十一万九千斤,得钱九万三千六百千文。以钱一千作银一两,除去工本银八万二千二百六十两外,实获息钱一万一千三百四十千文。每年支放附近钱局之督抚两标、云南城守武定营钱二兵饷,滇阳、板桥、杨林、易隆、古城、马龙、南宁、三岔、

白水、平彝、炎方、松林、宣威、倘塘、沾益、可渡、七甸等驿，剑川等堡官廪，夫、马工食、草料钱，三钱四万五百一十八千六百二十八文。遵照部文易银作次年工本带铸，每炉三十六卯二十五炉，共实铸铜、铅八万一千九百斤，得钱九千三百六十千，以钱一千作银一两，除去工本银六千七百八十六两外，实获息钱二千五百七十四千文，以为添给解送邻省脚价之费。增铸、外耗，每炉三十六卯，二十五炉共只用铜、铅八万一千斤，无折耗，每炉每卯实铸得钱十千二百八十五文七毫一丝四忽零，共铸得钱九千二百五十七千一百四十三文。内除工本银五千六百零五两二钱外，实获息钱三千六百五十一串九百四十三文。遵奉部覆准，作局内炉役食米，添补灯油器具，官役养廉、工食等项之用。"《皇朝文献通考》卷十五《钱币考三》记："雍正元年，又开云南省城及临安府、大理府、沾益州鼓铸局，定铸幕俱铸满文。先是云南于康熙四十四年奏开青龙、金钗等铜厂，嗣以铜产日旺，巡抚杨名时奏请每年解京局铜一百万斤，以供鼓铸。经王大臣汇同户部议，言滇省采铜，渐次有效，与其解京多需脚费，不如即留滇开铸。其省城之云南府及临安府、大理府、沾益州四处相近铜厂，转运俱为便易，各令其开局。务选贤能道府官监理，其钱幕应俱用满文，拟令铸云泉字样。于康熙六十一年十二月得旨：'依议。其部议钱幕，清字铸"云泉"，见在京城二局，系"宝泉""宝源"字样。钱乃国家之宝，云南应铸"宝云"。以后他省铸钱，俱将宝字为首，次铸各本省一字。'至是，云南各局俱行开铸。复题定省城局炉二十一座、临安府局炉六座、大理府局炉五座、沾益州局炉十五座，遵照铜六、铅四配铸。铜价每百斤银九两二钱，铅价每百斤银四两五钱。每铸铜铅百斤，准耗九斤。给工食钱一千二百文，料价六百二十文。除铜、铅本及工料外，得息钱一千二百六十文。每年开铸三十六卯，遇闰加三卯，每炉一卯，用铜、铅千斤，计四十七炉，岁用铜、铅一百六十九万二千斤。于税铜之外，动支厂课银收买充用。俟铸出钱文，搭放兵饷，易银以为次年更铸工本。所需铅斤由黔省采买，至七年以议开罗平州之卑淛厂铅、平彝县之块泽厂铅，即由铅厂每百斤以价银二两收买供铸。臣等谨按钱局鼓铸，例给工料钱，是时京局每铜、铅百斤给工料钱一千九百五十九文，各省匠工、物料贵贱不一，是年云南定每百斤为一千八百二十文，嗣后贵州局、四川局亦照云南之例，各随价直核算。

奏定：其各省钱局例，有总理官以道府官为之，亦有委按察使司者；有监铸官以同知、通判为之，亦有委州县官者。随钱局之远近，与员缺之繁简，无一定之例也。"清代吴其濬《滇南矿厂图略》下卷《铸第十二》记："省城宝云局，按察使理之，以为巡察官，设炉二十八座，每炉每月三卯，年共计一千八卯。铸用正、耗铜六十二万三千五百六十斤十五两八钱二分五厘内，九成各厂正板铜四十九万九千六百八十五斤五两四钱二分，加耗铜五万一千二百一十七斤十一两九钱五分五厘；一成宁台正板铜五万五千五百二十一斤，加耗一万七千一百三十六斤十四两四钱五分应拨铜斤原无定厂，近以元江青龙厂，武定大宝、绿狮厂，罗次大美厂，宁州绿矿硐厂，定远秀春厂为专供；路南红坡、大兴、发古三厂，易门义都、万宝、香树坡三厂，楚雄马龙、寨子箐二厂，委员宁台厂为酌拨。白铅四十三万九千五百三十八斤五两二钱二分四厘会泽者海厂，平彝卑块厂，各半运供，黑铅三万三千四百一十五斤三两一钱四分二厘寻甸妥妥厂运供。每年正铸、带铸、外耗，共净铸正息钱一十万一千九十五千三百四十四文零。搭放迤西道云南各府属养廉、厂本一成、运脚半成、祭祀、铺工、饩粮、驿堡全放，每放钱一千二百文，易回银一两，共易银八万四千二百四十六两一钱二分。除铜本、脚银五万一千七十八两九钱八分零每正铜百斤银九两二钱，耗铜不给价、脚，白铅本、脚银一万七百六十八两六钱八分零，黑铅本、脚银七百一两七钱一分零，共除铸本银六万二千五百四十九两三钱八分零，实获铸息银二万一千九百九十六两七钱四分零支销宁台、大功、得宝坪、义都等厂水泄外，余银入册报拨。"

[2] 设炉二十一座：清代萧奭《永宪录》卷二记："雍正元年，广西道监察御史陈时夏请于滇省鼓铸制钱。疏言：滇省铜价每百斤约银十两，到京师款价六两五钱，较之浙江解铜每百斤价银十七两五钱，可以节省一两，与其运未铸之铜，不若解已成之钱，解铜之款价可以作解钱之款价，请发宝泉样钱就铜鼓铸，盖后设省城、临安、大理、沾益四局，按宝泉局钱，一面汉文年号通宝，二面满文宝泉二字，如铸于云南，其漫则曰宝云，一满一汉，字仿顺治，康熙钱有东、河、昌、蓟、宁、临、宣、苏、江、福、陕、原、同、广、南、云、桂、浙等汉字，雍正年后皆用满字，盖汉文由右而左，满文当由左而右，满文左居上也，印章亦然。"雍正《云南通志》卷十一《课程志·钱法》记："云南府城设炉二十一座，委监铸官一员，

每炉三十六卯，二十一炉共实铸铜、铅六十八万七千九百六十斤，得钱七万八千六百二十四千。以钱一千作银一两，除去工本银六万九千九十八两四钱外，实获息钱九千五百二十五千六百文。每年支放附近钱局之督抚两标、云南城守营钱二兵饷，滇阳、杨林、板桥各驿堡，安宁州等十三府、州、县二十一站各官廪食，夫、马工食、草料钱，三钱共三万五千九百一十三千七百六十八文。遵照部文易银作次年工本。"《清世宗实录》卷一百三十七记："雍正十一年癸丑十一月癸巳，谕内阁：'鼓铸钱文，专为便民利用，铜重则滋销毁，本轻则多私铸，原宜随时更定，筹画变通，斯可平钱价而杜诸弊。……现今五省采办洋铜，三省采办滇铜，朕思与其令三省办铜解部，莫若即令滇省就近铸钱，运至四川永宁县，由水路运赴汉口，搭附漕船解京，可省京铸之半，甚为便益'。"

[3] 三卯：卯，十二时辰之一，为早晨五时至七时，也泛指早晨。旧时官署例定在卯时开始办公时，进行点名报到等活动。这里指定时开炉炼铜铸钱，一个铸造周期以十日为一卯，一个月三十日即三卯。乾隆《东川府志》卷十三《鼓铸》记："附开东川旧局揸炉二十座，每十日为一卯。"《清高宗实录》卷七百三十二记："乾隆三十年乙酉三月丙子，户部议准、云贵总督刘藻疏称：'云南省、临二铸局，原定米、炭价不敷，炉户赔累，请照东川、大理例，每炉每卯，加钱四串。'从之。"

[4] 铜六铅四：清政府规定的铸钱合金比例，即铜占60%，铅锌占40%。除有特殊情况经清廷批准外，全国各省铸局均必须按此办理。清代张集馨《道咸宦海见闻录·道光二十八年》记："宝川局鼓铸制钱，每年十月开炉，二月停炉……所铸钱文，搭放文职养廉、各役工食。奉行已久，百弊丛生，钱色既粗糙不堪，掷地又复破碎，市场交易俱不用官钱，于圜法大有关系。查鼓铸定例，铜六铅四，蜀省铜质素坚，何致入手辄碎？因访得炉头，规费甚重，所领工本，不敷鼓铸，遂多搀黑铅，窃铜购卖，而钱法遂不可问。"

[5] 白铅：即锌，我国古人并不认识金属锌，而锌矿外观呈银白色，矿体又常与铅共生，故古人常将锌误认为铅的一种，即所谓白铅。清代吴其濬《滇南矿厂图略》下卷《金锡铅铁厂第三》记："有白铅，俗称倭铅，烧铅以瓦罐炉为四墙，矿、煤相和入于罐洼，其中排炉内仍用煤围之，以

鞴鼓风，每二罐或四罐称为一乔，为炉大小，视乔多寡。"

[6] 铸重：每一枚铸钱的重量。《清世祖实录》卷七十六记："顺治十年癸巳六月，户部会同九卿议奏：'疏通钱法，以后铸钱、务照定式，每文重一钱二分五厘，精工铸造背面铸一厘两字，每千文作银一两，严饬内外上下画一通行，如有不遵者，治以重罪。'"《清圣祖实录》卷八十五记："康熙十八年己未冬十月，户部等衙门会议钱法十二条：一、顺治钱，初重一钱，后改铸重一钱二分五厘，又改铸重一钱四分，今应仍铸一钱四分重之钱行使。"《清世宗实录》卷四十记："雍正四年，丙午春正月，户部等衙门议覆：'陕西道监察御史觉罗勒因特疏奏"欲杜私毁制钱之弊，必先于铜禁加严，康熙二十三年，大制钱改铸重一钱，彼时即有奸民私毁。迨四十一年，每文仍重一钱四分，而钱价益复昂贵，皆由私毁不绝，制钱日少故也。盖以银一两，兑大钱八百四十文，约重七斤有余，制造铜器可卖银二三两，即如烟袋一物，虽属微小，然用者甚多，毁钱十文制成烟袋一具，辄值百文有余，奸民图十倍之利，安得不毁……失察官员及买用之人，亦照例议处，则私毁之弊可息，而于钱法亦有裨益"'。从之。"

[7] "支销"至"七漠"：乾隆《钦定户部鼓铸则例》卷九《云南省》记："炉匠工食物料：省城局设炉二十五座，每炉每卯给炉匠工食钱一十二串，计三十六卯，共给炉匠工食钱一万八百串。又每炉每卯加添工食钱四串，除炒费项下动支钱一串五百三十文，每年共支钱一千三百七十七串文外，实加添钱二串四百七十文。每年共加添工食钱二千二百二十三串文。又每炉每卯给物料钱五串三百三十二文八毫五丝七忽一微三纤七尘四渺三漠零，二十五炉三十六卯，共给物料钱四千七百九十九串五百七十一文四毫二丝三忽六微九纤三尘七渺五漠。省城局带铸二十五座，每炉每卯给物料钱五百三十三文二毫八丝五忽六微八纤七尘一渺八漠，计三十六卯，共给物料钱四百七十九串九百五十七文一毫一丝八忽四微六纤八尘七渺五漠。鼓铸工本：滇省省城、临安二局正铸钱文，所需鼓铸工本银两，在于司库搭放兵饷钱易银内动支，铸出钱文搭放兵饷易出银两归还原项。如监铸官借端糜费钱、粮，该督抚不行参究，或被旁人首告，或经科道纠参，将该督抚一并严加议处。管理局务：省城局鼓铸钱文，委云南府同知赴局监铸，设巡察官一员，在于佐杂内拣选委用。临安局鼓铸钱文，委临安府

知府监铸。统委按察使管理钱局事务，责成布政使稽查督催。员役局费：省城局设炉二十五座，每年鼓铸三十六卯，外耗项下铸出钱文，除工本并节省铜、铅钱文外，获息钱三千六百五十一串九百三十文，全数给发局内，作为炉役食米，官役养廉、工食等项之用。"

[8] 搭放兵饷：用铸钱代替银两来支付军队兵饷。乾隆《钦定户部鼓铸则例》卷九《云南省》记："搭放兵饷：省城局每年铸获钱文搭放督抚两营、云南城守、武定奇兵等营兵饷，以银五钱五搭放。每钱一串，添放息钱二百文，作银一两，于本饷银内扣出归还原项。统造入鼓铸地丁兵饷各册内，报部查核。"《皇朝通典》卷十《食货十·钱币》记："雍正元年，更定兵饷搭放制钱之制：先是，户部给发兵饷，惟二月、八月银钱各半搭放，每逢放饷时，钱价渐平，过此仍贵。至是，从京畿道御史戴芝请，更定每两月一次，银八钱二兼放，军民便之。"《皇朝文献通考》卷十六《钱币考四》记："乾隆元年，又增定云南饷钱作银之数。奉上谕：'朕闻云南兵饷有搭放钱文之处，每制钱一千作饷银一两，而兵丁领钱千文，实不敷银一两之数，未免用度拮据。其应如何变通，办理以惠养滇省弁兵，着云南督抚妥议具奏。'寻议定：自乾隆二年为始，每钱一千二百文，作银一两配给。"康熙《云南通志》卷三《沿革大事考》记："康熙二十七年戊辰十月，总督范承勋因云南钱价壅贱，兵饷以银七钱三搭放未便，请以全银支给，诏许之。"《皇朝文献通考》卷十八《钱币考六》记："按云南省局铸出钱文，向例用银七钱三搭放兵饷，嗣以局钱壅滞，经前督吴达善等节次奏明，以银五钱五各半搭放。至三十八年，又因局钱积至十八万余串之多，复经督臣彰宝奏请，全数支给钱文。至是，仍循乾隆二十七、三十等年之例，各半搭给。寻于四十三年，督臣李侍尧又以钱价平贱，兵丁暗中亏折。奏请如钱价在一千二百文以内，照例搭放；如在一千二百文以外，悉给银两。"

[9] 廪糈：亦作"廪饩"。指由公家供给的粮食之类的生活物资。亦指科举时代由政府发给在学生员的膳食津贴。唐代杜牧《礼部尚书崔公行状》记："复建立儒宫，置博士，设生徒，廪饩必具，顽惰必迁。"《元史志》卷八十一《选举志一》记："而百官子弟之就学者，常不下二三百人，宜增其廪饩。"雍正《云南通志》卷十一《课程志·钱法》记："临安府

城旧设、新增，共炉十一座……实获息钱一千六百零六千八百五十五文。遵奉部覆准……自雍正七年起，通省各府、州、县，每年鞭春厉祭、铺兵工食、生员廪饩，俱以钱给，每年放给钱一万一十九千八十一文，易银一万一十九两八分一厘。"

[10] 卑浙、块泽二厂：均为铅锌矿厂，并都在清代曲靖府境内。卑浙厂位于罗平州的北部（今曲靖市罗平县富乐镇）；块泽厂位于平彝县南部（今曲靖市富源县富村镇）。由于历史上卑浙、块泽二厂的存在，现在罗平县和富源县各设有一个老厂乡。二厂相邻，隔块泽河相望，均自清雍正七年始开采。卑浙厂资源主要位于块泽河西老君台，现代勘探铅、锌矿总储量为30万吨；块泽厂资源主要位于块泽河东新君台，现代勘探铅锌矿总储量为10万吨。民国《云南矿产志略》第三章《锌矿》记："卑浙厂，又名富乐厂。地居罗平、平彝二县之间，位于罗平县北二十五公里。产矿地点，为老君台、一窝蜂、灯盏坪等处。"雍正《云南通志》卷十一《厂课》记："曲靖军民府·罗平州：卑浙倭铅厂，坐落罗平州地方；块泽倭铅厂：坐落平彝县地方。雍正七年，总督鄂尔泰、巡抚沈廷正题开。八年，题报：抽收课铅每年变价四五千两不等，每百斤抽收课铅十斤，无定额。"块泽厂资源有限，清代即已停产，1991年在此成立了富源铅锌矿。卑浙厂铅为清代罗平州唯一持续开采的矿产，1980年在此成立了罗平县富乐铅锌矿，2000年12月重组为云南罗平锌电股份有限公司。清代罗凤章《罗平州乡土志》卷十一《物产·矿物》记："铜铅：均出北路卑浙厂老君台，近则洞老山空，惟铅尚有设局兴办，运省行销。"《清高宗实录》卷一百五十七记："乾隆六年辛酉十二月庚戌，户部等部议准：'署云南总督、云南巡抚张允随奏称"省城、临安二局，鼓铸所用倭铅，向在曲靖府属之卑浙、块泽二厂收买，嗣因外省铅价日贱，变价之铅，久不销售，存厂铅足供二局二年之用，经臣题明封闭。今二局共添炉十五座，又开东川局二十座，应用之铅，已属加倍，存厂运局，不敷所需，请将卑浙、块泽二厂，仍行开采，所获铅斤，按例抽课，余铅收买供铸。又东川府属之者海地方亦产铅矿，距东局尤近，现今开采，如能旺盛，另疏具题"。请即将卑浙、块泽二厂仍旧开采'。从之。"《大清会典事例》卷一百七十四《户部四十七·钱法》记："雍正八年，复准：云南罗平州之卑浙、块泽二厂，产在深山，凡

米粮、什物、器具，较之他厂甚贵，又二厂每铅百斤约费工本一两七钱九分，交官得价银二两。若照例二八收课，每百斤只得八十斤之价，亏本一钱九分，人生畏阻，恐于鼓铸有妨。请仍照例议，每百斤收课十斤，如遇厂兴旺，商民云集之日，仍照旧例行。又，乾隆五年，题准：云南罗平州属卑浙、泽二厂，自停止官收以来，外省铅价日贱，既无客贩来厂收买，炉户运销变售殊难，暂行封闭。十六年，议准：云南省卑浙、块泽二厂煎出倭铅，每百斤抽正课十斤，报部充饷。又抽余课十斤，以五斤给为管厂官役廉、食，以五斤变价解司充公。"清代云南布政司《案册》记："年额办省局铅二十一万九千七百六十九斤二两八钱一分二厘，领工本银三千五百九十九两八钱一分六厘。每百两抽收余平银一两五钱，共收余平银五十三两九钱九分八厘。每百斤抽正课铅十斤，除尾零免课外，共抽正课铅二万一千九百七十六斤十四两六钱二分，该课银三百九十九两九钱八分，报部充饷，有闰照加。"乾隆《钦定户部鼓铸则例》卷四记："卑浙、块泽二厂抽收课铅：卑浙、块泽二厂每炼获白铅一百斤，抽正课铅十斤，运局供铸，变价银两解司报部，拨充兵饷。抽余课铅十斤，内充公铅五斤，变价解司充公，管厂官养廉铅二斤，在厂人役工食铅三斤。照厂价变卖，尽数通融，支给厂费。所办铅斤，先尽官买额数，运局鼓铸。其余所出铅斤，无论本省、邻省，准令厂民自行通商。仍照例抽收课、余铅斤。该布政使编发印票存厂，临时填给，不许票外夹带。如无印票私卖私运，一经拿获，铅斤入官，照律治罪。仍将每年煎获白铅，以及抽收课、余铅斤各数目，岁底汇册题销。卑浙、块泽二厂每炼获黑铅一百斤，抽正课黑铅十斤，解局供铸，余课铅五斤，变价解司充公。仍将每年煎获黑铅，抽收正、余各数，岁底造册题销。余铅价值：卑浙、块泽二厂收买白铅，每百斤给价银一两八钱二分，每发价银一百两，扣平余银一两五钱，解司充公。仍将给过银两，并扣收平余各数，按年造入矿厂奏销册内，报部核销。卑浙、块泽二厂黑铅，解供广西局鼓铸。每百斤价银一两四钱八分，所需价值银两，在于鼓铸工本银内动支，仍造入鼓铸奏销册内，报部核销。请领工本：卑浙、块泽二厂白铅，运供各局鼓铸。所需工本、脚价银两，在于司库铜息项下借动收买拨运，于鼓铸工本银内，照数归还原款。卑浙、块泽二厂收买黑铅，运供广西府钱局配铸。所需价、脚银两，在于该局请领鼓铸工本银内转发采办，按年清款。运局脚费：卑浙、块泽二厂铅斤，解运大理、广西二局鼓铸。自厂发运至大理局，计程二十一站，每站每百斤给运脚银九分。又自厂发运至广西局，计程六站，每站每百斤给运脚银八分三厘零。所需运脚银两，在于司库铜斤余息项下照数归还原项，造入鼓铸奏销册内，报部核销。卑浙、块泽二厂黑铅，自厂发运至广西局，计程六站，车马递运，每百斤给运脚银五分。所需运脚银两，在于鼓铸工本银内动支，仍造入鼓铸奏销册内，报部核销。养廉工食：卑浙、块泽二厂采获白铅，给发工本银两，并收买白铅，抽收课、余铅斤运局等事，令罗平州知州总理。倘有亏那侵隐情弊，据行指名题参。每厂各设家人一名，每月给工食银三两；厂书一名，每月给工食银一两九钱；课长三名，每名月给工食银一两九钱；巡役五名，每名月给工食银一两五钱；水火夫一名，月给工食银一两五钱。每月给灯油、纸笔银一两。"清代吴其濬《滇南矿厂图略》下卷《金锡铅铁厂第三》记：卑"浙厂，在罗平境；块泽厂，在平彝境，均平彝县知县理之。雍正七年开，今实办供省局白铅二十一万九千七百六十九斤零。课铅变解银三百九十九两九钱八分，公铅变解银一百九十九两九钱二厘，余平扣解银六十七两八钱八分六厘。通商课铅变解银一百三十五两七钱七分二厘，公铅变解银六十七两八钱八分六厘。闰加铅一万九千一百一十四斤，课、公变价，余平银。并加办供省局黑铅三万三千四百一十五斤，课、公铅变解银六十四两五钱。"

[11] 四色配铸：即以铜、黑铅、白铅（锌）、锡四种金属，按照一定比例配料熔炼为铜合金铸钱，以增强铜币的抗折、耐磨、抗腐蚀等性能。但是清代铸钱，一般仍以铜、铅、锌三种金属配铸为主，即三色配铸。同治《钦定户部则例》卷三十四《钱法一·配铸》记："鼓铸应配铜、铅成数，宝泉局铸供内廷钱文，以红铜六成白铅四成搭配。京局鼓铸每铸铜、铅百斤，内配用铜五十四斤、白铅四十二斤十二两、黑铅三斤四两三色鼓铸。……云南鼓铸钱文，均照京局之例一体配铸。"

[12] 黑铅：铅的一种，为中国古人对铅的认识。古人对铅的运用领域极其广泛，包括作金属用、炼丹、入药、做化妆品等。唐代马总《范子计然》卷下记："黑铅之错化成黄丹，丹再化之成水粉。"宋代范成大《桂海虞衡志·志金石》记："铅粉：桂州所作最有名，谓之桂粉。其粉以黑铅

著糟瓮罨化之。"《宋史》卷一百八十五《食货下七》记："(政和七年)十一月,尚书省言：'徐禋以东南黑铅留给鼓铸之余,悉造丹粉,鬻以济用'。诏诸路常平司以三十万输大观西库,余从所请。"清代吴其濬《滇南矿厂图略》下卷《金锡铅铁厂第三》记："有黑铅,俗称底母,炉与银厂同,定例每百斤抽课十斤,充公五斤,通商十斤。通商铅每百斤仍抽课十斤,充公五斤。课铅变价充饷,公铅变价充公,以支廉食,自一两八钱二分至二两余。"

[13]"黑铅"至"价银"：铸钱所用黑铅的价值,计入铸钱成本。《皇朝文献通考》卷十七《钱币考五》记："乾隆十八年,又议定云南各局配铸黑铅价直。云南巡抚爱必达奏言：'滇省黑铅出产衰旺不常,自鼓铸青钱以来,俱于各属地方零星购买,本无一定之厂,历来各局报销,每百斤匀算工本、脚费银二两二钱。今就现在情形核定,省城局黑铅,应用禄劝州甸尾厂所出,每百斤价银一两五钱,自厂至局运脚六钱。临安府局黑铅,应用建水州银厂所出,每百斤价银一两四钱八分,自厂至局运脚九分有奇。大理府局黑铅,应用顺宁府银厂所出,每百斤价银一两五分有奇,自厂至局运脚一两一钱四分有奇。广西府局黑铅,应用罗平州、平彝县白铅厂所出,每百斤价银一两四钱八分,自厂至局运脚五钱。东川新、旧两局黑铅,应用会泽县阿那多厂所出,每百斤价银一两六钱八分有奇,自厂至局运脚五钱一分有奇。饬令管厂各员按年据实报销。"清代吴其濬《滇南矿厂图略》下卷《金锡铅铁厂第三》记："铅每百斤工本银：白铅自一两二钱八分至二两,黑铅自一两四钱五分至一两六钱八分四厘。每工本银一百两,扣余平银一两五钱,亦充公,按年分册造报。"

[14]"年共铸钱"至"八十余串"：此书记载云南省局以二十五座炉四色配铸,年共铸钱九万二千四百八十余串。而按照乾隆《钦定户部鼓铸则例》卷九《云南省》所记："省城局设二十五座,每年鼓铸三十六卯,闰月加铸三卯。每百斤内用红铜五十斤,白铅四十三斤八两,黑铅三斤八两,锡三斤。……共配铸铜、铅、锡七十七万一千四百二十八斤九两一钱三分。每百斤除折耗九斤,该折耗铜、铅、锡六万九千四百二十八斤九两一钱三分,实铸净铜、铅、锡七十万二千斤。每钱一文,铸重一钱二分,共该铸获钱九万三千六百串。省城局带铸二十五炉,计三十六卯,闰月亦带铸三

331

卯。每炉每卯配用铜四十二斤十三两七钱一分四厘二毫五丝，白铅三十七斤四两五钱七分一厘三毫九丝七忽五微，黑铅二斤十五两九钱九分九厘九毫九丝七忽五微，板锡二斤九两一钱四分二厘八毫五丝五忽。……共配铸铜、铅、锡七万七千一百四十二斤十三两六钱五分。每百斤除折耗九斤，该折耗铜、铅、锡六千九百四十二斤十三两六钱五分，实铸净铜、铅、锡七万二百斤。每钱一文，铸重一钱二分，共该铸获钱九千三百六十串。省城局鼓铸外耗二十五炉三十六卯，闰月亦鼓铸外耗三卯。每炉每卯配用铜三十八斤九两一钱四分二厘，白铅三十三斤八两九钱一分三厘五毫四丝，黑铅二斤十一两一钱九分九厘九毫四丝，板锡二斤五两二分五厘五毫二丝。……共配铸铜、铅、锡六万九千四百二十八斤七两六钱。不准折耗。每钱一文，铸重一钱二分，共该铸获钱九千二百五十七串一百三十文。则每年正铸获钱九万三千六百串，连带铸、外耗共铸钱一十二万二千二百一十七串一百三十文。"

[15] 减炉五座：《皇朝通典》卷十《食货十·钱币》记："乾隆四十四年，裁云南省炉二十七座，以节省铜斤，拨供他省采办。"《皇朝文献通考》卷十八《钱币考六》记："乾隆四十四年，云贵总督李侍尧言：'滇省所筹铜数，只有一百九十余万斤，不敷各省采买。谨就三迤地势民情，悉心酌核，除省城、东川府需钱较多，未便议裁外，请于大理局减去一座，只留三座，将省局二十五炉内减去五座，移设大理'。"《大清会典事例》卷一百七十四《户部四十七·钱法》记："乾隆四十四年，题准：云南省城局留炉二十座。四十五年，奏准：云南裁去大理铸局，留省城、东川二局，设炉三十八座。又奏准：云南宝云局令按察使总理，云南府知府监铸。四十八年，奏准：云南宝云局照旧改归臬司兼管监铸。五十九年，奏准：停各省鼓铸。"

[16] 复设炉二十八座：道光《云南通志》卷七十六《食货志·矿厂志·钱法》记："省城设炉二十八座。原系按察司专管，嘉庆元年改为布政司、按察司同管。六年，遵照新定章程，三色配铸，每百斤用铜五十四斤、白铅四十二斤十二两、黑铅三斤四两。每炉卯正铸用铜四百六十二斤十三两七钱一分四厘零，每百斤加耗铜十斤四两，计加耗铜四十七斤七两八分五厘零，二共正、耗铜五百一十斤四两七钱九分九厘零。白铅三百六十六

斤六两八钱五分七厘零，黑铅二十七斤十三两七钱一分四厘零，均不加耗，计正铸净铜、铅八百五十七斤二两二钱八分五厘零。每百斤给错磨、折耗九斤，共折耗铜、铅斤十七斤二两二钱八分五厘零，实铸净铜、铅七百八十斤。每钱一文，铸重一钱二分，共铸钱一百四十。内除支销匠役工食钱一十二千，物料钱五千三百三十二文零，加添米、炭价钱二千四百七十文，实存净钱八十四千一百九十七文零。又带铸用铜四十六斤四两五钱七分一厘零，每百斤加耗铜十斤四两，计加耗铜四斤十一两九钱八厘二零，共正、耗铜五十一斤四钱七分九厘零。白铅三十六斤十两二钱八分五厘零，黑铅二斤十二两五钱三分一厘零，均不加耗，计带铸净铜、铅八十五斤十一两四钱二分八厘零。每百斤给错磨、折耗九斤，共折耗铜、铅七斤十一两四钱二分八厘零，实铸净铜、铅七十八斤。每钱一文，铸重一钱二分，共铸钱十千四百文，不给工食，止给物料钱五百三十三文零，实存净钱九千八百六十六文零。又外耗用铜四十一斤十两五钱一分三厘零，每百斤加耗铜十斤四两，计加耗铜四斤四两三钱一分七厘零，二共正、耗铜四十五斤十四两八钱三分零。白铅三十二斤十五两六钱五分六厘零，黑铅二斤八两一钱一分四厘零，均不加耗，计外耗净铜、铅七十七斤二两二钱八分三厘零。不给错磨、折耗。每钱一文，铸重一钱二分，共铸钱一十千二百八十五文零，不给工食、物料，只给局中官廉、役食钱四千五十七文零，实存净钱六千二百二十八文零。计正铸、带铸、外耗三项，共用铜、铅一千一十九斤十五两九钱九分八厘零，共铸钱一百二十四千六百八十五文零，内除支销物料等项钱二十四千三百九十二文零，实存净钱一百千二百九十三文零。二十八炉，年计一卯，共钱一十万一千九十五千三司十四文零，将各官养廉搭放一成，各厂工本、运脚搭放半成，鞭春、祭祀、铺工、饩粮、驿堡等项全数支给。每钱一千二百文扣收银一两，共扣收银八万四千二百四十六两一钱二分。又每年一十八卯，共用各厂正铜五十五万五千二百六斤五两二钱四分零，耗铜五万六千九百八斤十两，价、脚银九两二钱，共该铜价银五万一千七十八两九钱八分零，在于青龙、义都、大美、（德）【得】宝等厂运供。用白铅四十三万九千五百三十八斤五两五钱二分八厘，每百斤价、脚银二两四钱五分，该银一万七百六十八两六钱八分零。其铅在于卑、块、者海等厂各半运供。用黑铅三万三千四百一十五斤二两九钱九分零，每百斤价、脚银二两一钱，该银七百一两七钱一分零，在于妥妥厂办供。共用铜、铅价脚银六万二千五百四十九两三钱八分零，于前项扣获钱本银内计除外，共获铸息银二万一千六百九十六两七钱四分零。又每铸正铜百斤，例给炒铜工费三钱，在于铜务项下支给，作为本局添补炉役食米等项不敷之用。嘉庆九年，以需用之铜改为每百斤拨用各厂八成，照旧加耗；又于下关店存贮宁台厂铜内拨用二成。每百斤加局耗铜八斤，二共铜一百八斤。又每百斤加煎耗铜一十七斤八两，计加煎耗铜一十八斤十四两四钱，二共铜一百二十六斤十四两四钱。又每百斤加民耗铜三斤二两，计加民耗铜三斤十五两四钱五分。总计每百斤加局耗、煎耗、民耗铜三十斤十三两八钱五分，照各厂净铜之例，每百斤给价、脚银九两二钱。"

[17] 铸重一钱二分：清代铸钱之重量清代王庆云《石渠余记》卷五《纪制钱品式》记："雍正十二年，铜贵，钱本多亏，乃酌轻重之中，定一钱二分之制。自是以后，铸质虽有不同，而轻重颣若划一。"《皇朝文献通考》卷十五《钱币考三》记："雍正十二年，复定钱制每文重一钱二分。奉上谕：'鼓铸钱文，专为便民利用，铜重则滋销毁，本轻则多私铸，原宜随时更定筹画变通斯可，以平钱价，而杜诸弊。顺治元年，每文铸重一钱。二年，改铸一钱二分。十四年，加至一钱四分。康熙二十三年，因销毁弊多，仍改一钱。嗣因私铸竞起，于四十一年，又仍复一钱四分之制。迨后铜价加增，以致工本愈重。朕思钱重铜多徒滋销毁，且奸民不须重本，便可随时熔化，踩缉殊难。非若私铸，必须有力之人，兼设有炉座、器具，易于查拏者可比。若照顺治二年例，每文铸重一钱二分，在销毁者无利，而私铸者亦难，似属权衡得中，着九卿详议具奏。'……世宗宪皇帝因私销之弊，饬九卿议减分数，每文重一钱二分，所以调剂。夫铜贵钱重者，成效自有可观，固已不必屑屑于禁铜之末务矣。嗣后请弛铜禁，凡民间买卖，悉从其便。只于云南、江浙办铜之处，立官分职统计部用铜斤数目采办。如有余铜，任民贩卖，则鼓铸自得充裕，于国计民生均属有益。经九卿等遵旨议定：将收铜及禁铜之处，悉行停止。"

[18] 三色配铸：即用铜、铅、锌三种金属铸钱。清代吴其濬《滇南矿厂图略》下卷《铸第十二》记："三色配铸定于嘉庆六年，每百斤用铜五

十四斤，白铅四十二斤十二两，黑铅三斤四两。有正铸，每铜百斤加耗十斤四两嘉庆九年改定：各厂铜加耗照旧，宁台厂铜每百斤加局耗八斤，共一百八斤；每百斤加煎耗一十七斤八两，计加铜一十八斤十四两四钱，共铜一百二十六斤十四两四钱；每百斤加民耗三斤二两，计加铜三斤十五两四钱五分；总计正、耗铜一百三十斤十三两八钱五分。白、黑铅不加耗，每铜铅百斤给挫磨、折耗九斤。有带铸铜铅，加耗、不加耗及挫磨、折耗与正铸同；有外耗铜、铅，加耗、不加耗与带铸同，不给挫磨、折耗。"

[19] 支销匠役工食：支付铸钱监铸官员、铸钱工役的薪酬，在铸钱所产生的息钱内开支。同治《钦定户部则例》卷三十四《钱法一·局费》记："宝云、宝东二局监铸、员役薪工饭食，于外耗下所获息钱尽数派给。宝云局息钱四千九十串一百六十二文，宝东局息钱一千四百六十串七百七十二文。"

[20] 鞭祭：鞭春与厉祭的合并简称。鞭春，旧俗，州、县于立春日鞭打春牛，以祈丰年，也称"打春"。宋代孟元老《东京梦华录·立春》记："立春前一日，开封府进春牛入禁中鞭春。开封、祥符两县，置春牛于府前，至日绝早，府僚打春，如方州仪。"清代潘荣陛《帝京岁时纪胜·进春》记："立春日，各省会、府、州、县、卫遵制鞭春。"厉祭，祭祀孤魂。旧时各地都设有祭无祀鬼神的厉坛。《明史》卷五十《礼四》记："厉坛：泰厉坛祭无祀鬼神。"《管子·轻重甲》记："昔志之五吏五官无所食，君请立五厉之祭，祭尧之五吏。"《皇朝文献通考》卷十八《钱币考六》记："乾隆四十二年，署云贵总督图思德言：'滇省局存钱文自三十九年起至四十一年十月底止，仅存钱四千八百余串，自应仍照向例以三成搭放。但查省局原设炉二十五座，今又新添炉一座，约计每年铸获钱文，除驿站、鞭祭等项，及搭放三成兵饷外，尚余钱三万二千串有奇，别无需用，久贮易致贯朽。请自本年为始，俱以银钱对半搭放'。户部议如所请，从之。"

[21] 铺饩：铺为递铺，即驿站。《元史》卷一百一《兵四》记："设急递铺，以达四方文书之往来。"饩为官方供给的粮食。铺饩即驿站人员、铺兵的工食。雍正《云南通志》卷十一《课程志·钱法》记："临安府城旧设、新增，共炉十一座……实获息钱一千六百零六千八百五十五文。遵奉部覆准……自雍正七年起，通省各府、州、县，每年鞭春厉祭、铺兵工食、

生员廪饩，俱以钱给。"

[22] 驿堡：驿站和守堡。守堡为明代军制，为在要地筑堡守卫，由卫所百户担任官长，清代沿袭。《明史》卷三百十三《云南土司传》记："（洪武）二十七年，阿资复反。西平侯沐春及福率兵营于越州城北……初，曲靖土军千户阿保、张琳所守地，与越州接壤，部众多相与贸易。春使人结阿保等，觇阿资所在及其经行地，星列守堡，绝其粮道，贼益困。"《清史稿》卷二百三十一《金玉和传》记："太祖克开原……守堡百总戴一位降……收辽河诸城堡……守堡闵云龙、俞鸿渐、郑登、崔进忠、李诗、徐镇静、郑维翰、臧国祚、周元勋、王国泰，各以所守城堡来降。"康熙《云南通志》卷三《沿革大事考》记："康熙二十九年庚午二月，巡抚王继文因钱价壅贱，驿堡以全钱动放未便，请以银七钱三支给，诏许之。"雍正《云南通志》卷十一《课程志·钱法》记："云南府城旧设、新增，共炉二十五座……得钱九万三千六百千文。……每年支放附近钱局之督抚两标、云南城守、武定营钱二兵饷，滇阳、板桥、杨林、易隆、古城、马龙、南宁、三岔、白水、平彝、炎方、松林、宣威、倘塘、沾益、可渡、七甸等驿，剑川等堡官廪、夫、马工食、草料钱，三钱四万五百一十八千六百二十八文。"

[23] 者海厂：位于今曲靖市会泽县者海镇，开采历史悠久，为我国著名铅锌矿。资源主要位于会泽县的矿山、者海、五星等乡镇，现代勘探铅锌矿总储量为152.8万吨。1951年1月5日在此成立了会泽铅锌矿，2000年7月改制为云南驰宏锌锗股份有限公司，目前仍为我国重要的铅锌生产基地。《清高宗实录》卷二百六十九记："乾隆十一年丙寅六月十六日，户部议覆：'云南总督兼管巡抚事张允随疏称"东川府属之者海铅厂，矿砂旺盛，离东局止二站，开采供铸，脚价甚属节省，请照卑、块铅厂事例，收买抽课"，应如所请行，至所定运脚，查自厂至局，路止二站，因何每铅百斤给运脚银三钱，应令查明报部'。从之。"清代刘慰三《滇南志略》卷四《东川府》记："者海铅厂，（乾隆）二十四年题准采办铅斤，每百斤抽正课十斤，外收余铅五斤，以为管厂官役廉、食之用。五十九年，裁东川钱局，者海厂暂闭。奉部照旧开采，所出之铅，先尽官为收买，余无论本省、邻省，准其通商。"乾隆《钦定户部鼓铸则例》卷四记："者海厂抽收课铅：者海厂民每炼获白铅一百斤，外抽正课铅十斤，解局供铸，变价银

两解司报部酌拨。抽余课铅五斤，变价支给厂费。所办铅斤，先尽官买额数，运解鼓铸。其余所出铅斤，无论本省、邻省，准令厂民自行通商。仍照例抽收课、余铅斤。该布政使编发印票存厂，临时填给，不许票外夹带。如无印票私卖私运，一经拿获，铅斤入官，照律治罪。至厂内煎获铅斤，抽收课、余铅，以及收买铅斤给发价、脚，并稽查、弹压，令会泽县知县经理。该县如有亏那侵隐情弊，据行据实题参。仍将每年煎获白铅，收买铅斤并抽收课、余铅斤各数目，造入矿厂奏销册内，报部核销。余铅价值：者海厂收买厂余铅，每百斤给价银二两，买运供铸。仍将收买铅斤动给银两各数目，按年造入矿厂、鼓铸各奏销册内，报部核销。请领工本：者海厂白铅，运供东川局鼓铸。所需工本、脚价银两，在于东川局鼓铸工本银内动支收买，拨运供铸。运局脚费：者海厂课、余铅斤，发运钱局鼓铸。自厂发运至者海地方，计程二十一里。每铅五十斤，用背夫一名。每铅一百斤，给夫价银四分二厘。者海雇马驮运至三道沟一站，计程六十里。三道沟运至东川新、旧钱局一站，计程五十里，共计二站，每站每铅一百斤给驮运脚价银一钱二分九厘。所需运脚银两，在于东川局鼓铸工本银内动支办运。仍将动给运脚银两数目，造入矿厂、鼓铸各奏销册内，报部核销。养廉工食：者海厂管厂官每年应支养廉银两，在于抽收二斤养廉铅斤变价银内支给。管厂人役工食，统于抽收三斤工食铅斤变价银内支给。如有不敷，即在于管厂官养廉变价银内通融支给。仍造入矿厂奏销册内，报部核销。"清代吴其濬《滇南矿厂图略》下卷《金锡铅铁厂第三》记："者海厂，在会泽东南，铅矿出于矿山，银厂移矿就炭至者海烧炉，因名。会泽县知县理之。乾隆二年开办，供东川局铸，以裁局停。嘉庆八年复开，代建水县普马厂办供省局白铅二十一万九千七百六十九斤，抽课、充公、加闰与卑、块二厂同，惟变价每百斤银二两。二十二年，东局复开，兼办供东局白铅一十五万六千九百七十七斤零，闰加一万三千八十斤，课、公变价与省局同。"同治《钦定户部则例》卷三十五《钱法二·派官管厂》记："云南省者海铅厂事务，责成会泽县管理，东川府统率稽查，并令臬司督催办解。"《大清会典事例》卷一百七十四《户部四十七·钱法》记："乾隆二十四年，题准：云南东川府所属者海铅厂，每百斤抽正课十斤，外收余铅五斤，以为管厂官役廉、食之用。"清云南布政司《案册》记："乾隆五十九年，裁东川局，者海厂暂闭。奉部照旧开采，所出之铅先尽为官收买，余无论本省、邻省，准其通商。照普马厂例，每百斤抽课十斤，变价银二钱，解司充饷。又抽公、廉铅五斤，以为官役廉、食之需。又抽充公铅五斤，变价银一钱，归入司库闲款项下报销。其动发工本，亦照普马厂每百两收余平银一两五钱，通商铅亦准此。嘉庆二十二年，东川钱局复开，加办鼓铸白铅十五万六千九百七十七斤十五两七钱二分四厘，有闰加办白铅十七万五十九斤七两七钱一厘。工本、余平、课铅等俱同上。"

## 东川局[1]
## 旧局

东川旧局[2]，雍正十二年九月，设炉二十八座[3]。每炉每月鼓铸三卯，以铜六铅四配铸。每炉每卯正铸用铜五百一十四斤四两五钱七分一厘四毫零，每百斤加耗铜八斤，计加耗铜四十一斤二两二钱八分五厘七毫零，二共正、耗铜五百五十五斤六两八钱五分七厘一毫零。白铅三百四十二斤十三两七钱一分四厘二毫零，不加耗。计正铸净铜、铅八百五十七斤二两二钱八分五厘七毫，每百斤给锉磨、折耗九斤，共折耗铜、铅七十七斤二两二钱八分五厘七毫，实铸净铜、铅七百八十斤。每钱一文，铸重一钱二分，共铸钱一百零四串。内除支销匠役工食钱一十二串，物料钱五串三百三十二文八毫零，实存净钱八十六串六百六十七文一毫零。

又带铸用铜五十一斤六两八钱五分七厘一毫，每百斤加耗铜八斤，计加耗铜四十一两八钱二分八厘五毫零，共正、耗铜五十五斤八两六钱八分五厘六毫零。白铅三十四斤四两五钱七分一厘四毫，不加耗。计带铸净铜、铅八十五斤十一两四钱二分八厘五毫，每百斤给锉磨、折耗九斤，共折耗铜、铅七斤十一两四钱二分八厘五毫，实铸净铜、铅七十八斤。每钱一文，铸重一钱二分，共铸钱十串四百文。不给工食，只给物料钱五百三十三文二毫零，实存净钱九串八百六十六文七毫零。

又外耗用铜四十六斤四两五钱七分四毫，每百斤加耗铜八斤，计加耗铜三斤十一两二钱四分五厘六毫零，二共正、耗铜四十九斤十五两八钱一分六厘零。白铅三十斤十三两七钱一分三厘六毫,不加耗。计外耗净铜、铅七十七斤二两二钱八分四厘,不给锉磨、折耗。每钱一文,铸重一钱二分,共铸钱一十串二百八十五文七毫。不给工食、物料,只给局中官役廉、食等项钱四串九百四十七文四毫零,实存净钱五串三百三十八文二毫零。

计正铸、带铸、外耗三项,共用铜、铅一千一十九斤十五两九钱九分八厘二毫,共铸钱一百二十四串六百八十五文七毫。除支销工食、物料等项钱二十二串八百一十三文六毫[4],实存净钱一百一串八百七十二文一毫。二十八炉,年铸一千零八卯,共钱十万二千六百余串。每钱一串,合银一两,共合银十万二千六百余两。

又每年一千零八卯,共用各厂正铜六十一万六千八百九十五斤,耗铜四万九千三百五十一斤。除耗铜不另给价外,每正铜百斤,价、脚银九两二钱,共该铜价银五万六千七百五十四两三钱四分。又用卑浙、块泽二厂白铅四十一万一千二百六十三斤,每百斤给价银二两,脚银一两五钱,该价、脚银一万四千三百九十四两二钱。二共铜、铅价、脚银七万一千一百四十八两五钱四分,于前项扣获钱本银内计除外,每年共获铸息银三万一千四百余两。其每铸净铜一百斤,给炒费银三钱,系于铜息项下,动支发给。

乾隆元年三月,将二十八炉,全行裁撤[5]。

乾隆六年五月,复设炉二十座[6],年铸七百二十卯,改为四色配铸,每百斤用铜五十斤,白铅四十三斤八两,黑铅三斤八两,锡三斤。黑铅每百斤,给价银一两四钱八分,脚银七钱二分。锡每百斤,给价银二两九钱二分七厘,脚银一两四钱六分四毫零。又正铸项下,加添米、炭价钱二串四百七十文。又外耗项下,原给官役廉、食钱四串九百四十七文四毫零,改为给钱四串五十七文七毫。其余照旧办理。年共铸钱七万二千二百余串[7],除归还铜、铅本、脚外,计获铸息银一万三千六百余两。

乾隆(八十)[十八]年,将白铅运脚原给银一两五钱,改为给银三钱。年获铸息银一万七千四百余两。

乾隆三十九年二月,添炉五座,连原设二十座,共计二十五炉,照前鼓铸。年铸九百卯,共钱九万二百余串。除归还铜、铅本、脚外,计获铸息银二万一千八百余两。

乾隆四十四年三月，减炉九座[8]，酌留十六座，照前鼓铸。年铸五百七十六卯，年共钱五万七千七百余串。除归还铜、铅本、脚外，计获铸息银一万三千九百余两。

乾隆四十六年，减炉六座，酌留十座，照前鼓铸。年铸三百六十卯，年共钱三万六千一百余串。除归还铜、铅本、脚外，计获铸息银八千七百余两。至五十九年六月底，将十炉全行裁撤[9]。

嘉庆四年正月，因改铸收买小钱[10]，咨明户部，于东川府设炉六座，就近改铸东川、昭通二府属小钱，至五年铸竣，将炉裁撤。

**《铜政便览》增补：**[11]

（嘉庆）十五年五月，题请仍复炉十座，三色配铸，每百斤用铜五十四斤，白铅四十二斤十二两，黑铅三斤四两。每炉每卯正铸，用大风岭、紫牛坡、狮子尾三厂净铜二百三十一斤七两七钱三厘七毫零，用汤丹、碌碌、大水沟、茂麓四厂通商净铜二百三十一斤六两一分五毫零，二共铜四百六十二斤十三两七钱一分四厘二毫零。每百斤加耗铜八斤，计加耗铜三十七斤四钱五分七厘一毫。二共正、耗铜四百九十九斤十四两一钱七分一厘四毫零。白铅三百六十六斤六两八钱五分七厘一毫零，黑铅二十七斤十三两七钱一分四厘二毫零，均不加耗。计正铸净铜、铅八百五十七斤二两二钱八分五厘七毫，每百斤给锉磨、折耗九斤，共折耗铜、铅七十七斤二两二钱八分五厘七毫，实铸净铜、铅七百八十斤。每钱一文，铸重一钱二分，共铸钱一百零四串（文）。内除支销匠役工食钱一十一串，又物料钱五串三百三十二文八毫，加添米、炭钱二串四百七十文，实存净钱八十四串一百九十七文一毫零。

又带铸用大风、紫牛、狮子尾三厂净铜二十三斤二两三钱七分三毫零，用汤丹、碌碌、大水沟、茂麓四厂通商净铜二十二斤二两二钱一厘零，二共铜七十六斤四两五钱七分一厘三毫零。每百斤加耗八斤，计加耗铜三斤十一两二钱四分五厘七毫零。二共正、耗铜四十九斤十五两八钱一分七厘一毫零。白铅十六斤十两二钱八分五厘六毫零，黑铅二斤十二两五钱七分一厘四毫零，均不加耗。计带铸净铜、铅八十五斤十一两四钱二分八厘五毫，每百斤除锉磨、折耗九斤，共折耗铜、铅七斤十一两四钱二分八厘五毫，实铸净铜、铅七十八斤。每钱一文，铸重一钱二分，共铸钱十串四百文。不给工食，只给物料钱五百三十三文二毫零，实存净钱九串八百六十六文七毫零。

又外耗用大风、紫牛、狮子尾三厂净铜二十斤十三两三钱三分三厘三毫零，用汤丹、碌碌、大水、茂麓四厂通商净铜二十斤十三两一钱八分零，二共铜四十一斤十两五钱一分三厘三毫零。每百斤加耗八斤，计加耗三斤三两三钱二分一厘零。二共正、耗铜四十四斤十五两八钱三分四厘四毫零。白铅三十二斤十五两六钱五分六厘四毫零，黑铅二斤八两一钱一分四厘二毫零，均不加耗。计外耗净铜、铅七十七斤二两二钱八分四厘，不给锉磨、折耗。每钱一文，铸重一钱二分，共铸钱一十串二百八十五文七毫。不给工食，只给局中官役廉、食等项钱四串五十七文七毫，实存净钱八串二百二十八文。

计正铸、带铸、外耗三项，共用铜、铅一千一十九斤十五两九分八厘三毫，共铸钱一百二十四串六百八十五文七毫。内除支销工食、物料等项钱三十四串三百九十三文八毫零，实存净钱一百串二百九十一文八毫零。十炉年铸三十六卯，共钱三万六千一百五串七十文，搭放厂本、运脚、养廉等项之用。每钱一串二百文，扣收银一两，共扣收银三万零八十七两五钱五分八厘。

又每年三十六卯，共用各厂正铜二十一万四千一百五十一斤二钱六分二厘。内拨用大风岭厂铜七万二千斤，紫牛坡厂铜二万九千七百斤，狮子尾厂铜五千四百斤，三共铜十万七千一百斤。除耗铜七千九百三十三斤五两三钱三分三厘七毫不另给价外，实该净铜九万九千一百六十六斤十两六钱六分六厘三毫。每百斤给脚银九两二钱，共该脚、价银九千一百二十三两三钱三分三厘。

又用汤丹、碌碌、大水、茂麓四厂通商铜十万七千五十一斤二钱六分二厘，每百斤给价银七两。又自汤丹厂发运到局，每百斤需脚银二钱五分；碌碌厂发运到局，每百斤需脚银四钱；大水沟厂发运到局，每百斤需银四钱；茂麓厂由大水沟转运到局，每百斤需脚银八钱五分六厘五毫。各程站远近不一，脚银多少不等，牵扯折中合算，每百斤合给运脚银四钱七分六厘五毫。连铜价银七两，每百斤合价、脚银七两四钱七分八厘五毫，该银八千零三两六钱六分九厘。

又用者海厂白铅一十五万六千九百七十七斤十五两七钱二分三厘，每百斤给价银二两，脚银三钱，该银三千六百一十四钱九分四厘。用阿那多厂黑铅一万一千九百三十三斤十五两九钱七分九厘，每百斤给价银一两六钱八分四厘，脚银五钱一分六厘，该银二百六十二两五钱四分八厘。

三共铜、铅价、脚银二万一千两零四分四厘三毫，于前项扣获钱本银内计除外，每年共获铸息银九千八十余两，作为汤丹等厂提拉水泄工费之用。

## 注 释

[1] 东川局：东川铸钱，始于明代。与清代的管理体制不同，明代由朝廷派遣太监或官员直接管理铜的生产与铸钱，明代的东川府为土司府，不参与铜的生产与铸钱事务。并由于明政府实行"即山鼓铸"，铸局均在铜场附近。《明史》卷八十一《食货五·钱钞附铜场》记："至世宗嘉靖六年，大铸嘉靖钱。每文重一钱三分，且补铸累朝未铸者。三十二年，铸洪武至正德九号钱，每号百万锭，嘉靖钱千万锭，一锭五千文。……给事中殷正茂言：'两京铜价大高，铸钱得不偿费。宜采云南铜，运至岳州鼓铸，费工本银三十九万，可得钱六万五千万文，直银九十三万余两，足以少佐国家之急。'户部覆言：'云南地僻事简，即山鼓铸为便。'乃敕巡抚以盐课银二万两为工本。……铜场……而四川东川府会川卫山产青绿、银、铜……正德九年，军士周达请开云南诸银矿，因及铜、锡、青绿。诏可，遂次第开采。嘉靖、隆、万间，因鼓铸，屡开云南诸处铜场。"同治《钦定户部则例》卷三十四《钱法一·监铸》记："宝东局，归东川府知府委会泽县查验、收发，又于待补、者海二巡检内派委一员驻局巡察，两月一换，并令该管道按季亲往稽查。"

[2] 东川旧局：位于今云南省曲靖市会泽县城东直街，旧局与后来设立的新局相距不远。雍正《东川府志》卷上《钱局》记："宝云局：在东关。雍正十二年，知府崔乃镛建，坐南向北。"乾隆《东川府志》卷五《钱局》

记："宝云旧局：在府东门外向南城脚下数十步,北向。大门三间、二门一间、碳房三十间、大堂三间、钱房十二间、书房六间、厨房二间、巡检房三间、卡房四间、栅栏二间、巡检衙署一所、总门一间、炉神庙三间、炉房一百二十间、铁木匠房三间、了望楼一座。"《皇朝通典》卷十《食货十·钱币》记："雍正十年,时陕西钱价昂贵。户部议请云南岁铸钱十万串,发往易银还滇。寻从云南巡抚张允随奏请,开局于东川府,设炉二十八座,钱幕亦铸'宝云'二字,所铸钱发运陕西。……十三年,陕省钱价渐平,停云南东川府局拨运陕西钱。是时,民间多行使鞘边钱,定鞘边钱禁例及各官失察处分。"清代吴其濬《滇南矿厂图略》下卷《铸第十二》记："东川宝东局嘉庆二十二年复开,知府理之,以者海巡检、会泽县典史轮充巡察官。设炉十座,每炉每卯配铸铜、铅数目与省局同。每年用铜一十九万八千二百八十七斤收买汤丹等厂商铜供用,白铅一十五万六千九百七十七斤零者海厂办供,黑铅一万一千九百三十三斤零。每年正铸、带铸、外耗,共铸净正息钱三万六千一百五十七十文,搭放迤东道曲靖、东川、昭通三府属养廉等项,成数与省局同。每放钱一千二百文,易回银一两,共易银三万八十七两五钱五分,除铜本、脚银一万四千八百二十五两零正铜每百斤,价银七两四钱七分六厘五毫,耗不给价,白铅本、脚银三千六百一十两四钱九分三厘每百斤价银二两三钱,黑铅本、脚银二百六十二两二钱五分七厘每百斤价银二两二钱,共除铸本银一万八千六百九十八两四分零,实获铸息银一万一千三百八十九两五钱一分零支销汤丹、碌碌、大水沟、茂麓水泄外,余存。"乾隆《钦定户部鼓铸则例》卷十记："搭放兵饷：东川局每年铸获钱文搭放昭通一镇,东川、镇雄、寻沾三营官兵俸饷、马乾等银,以银、钱各半搭放。每钱一串,添放息钱二百文,作银一两,在于本饷银内按数扣收,归还鼓铸铜、铅、锡斤成本。旧局每年额铸不敷放饷钱文,即于新局余钱内动拨添济。仍将每年搭放兵饷钱文、易回银两各数目,造入鼓铸、兵马各册内,报部查核。"

[3] 设炉二十八座：清代倪蜕《滇云历年传》卷十二记："(雍正十二年)诏：'云南另设局,铸钱十万千文。俟陕西委员运领赴秦行用,陕西省向来行钱最高,每钱一千文需银一两二钱零。钱青绿中,而皆足陌。且器皿用铁多,故无毁钱制器之事,是以钱亦常存,愈加精美。至是,布政

司杨馝以陕西钱少，请云南岁铸钱十万串运陕西行用。从之。云南奉旨设局于东川府，就汤丹铜便，铸出钱文。陕西委官前来，三拨运去。一路既水、陆并险，每多损失。脚费重大，乃至陕西，而价已一两二钱不止。且云南沙水俱劣，匠役手拙，钱色不黄亮，磨锉又多燥涩。市里交易，多不用之。发给营站，悉属强受。于是督抚于次年即便咨题免铸，而云南、陕西俱多糜费矣。"《皇朝文献通考》卷十五《钱币考三》记："雍正十一年，又议开云南东川府局铸钱运往陕西。户部议言：'陕西钱价昂贵，应令云南岁铸钱十万串，发往易银还滇。其开铸钱局，令该抚相度水陆适中地方。'寻云南巡抚张允随奏请，开局于东川府，设炉二十八座，每年用铜、铅一百一十九万九千五百斤有奇，其铜即由东川府属之汤丹厂采用，其铅由曲靖府属之卑浙、块泽厂采用，钱幕亦铸'宝云'二字。定于十二年正月开铸，钱发运陕西，分头运、二运、三运，令陕西委员接解，每串合工本、脚费银一两一钱一分六厘有奇。"乾隆《东川府志》卷十三《鼓铸》记："雍正十二年，为运陕协饷钱文，东川府崔乃镛详请开设炉局二十八座，于九月二十一日鼓铸，起用炉头、匠役五百八十八名。至乾隆元年三月底停铸，统归广西府局办理，一应炉役，拨发广西。遗存炉房、器具，饬议变价在案。"

[4]"支销"至"六毫"：乾隆《钦定户部鼓铸则例》卷十记："炉匠工食物料：东川局设炉二十座，鼓铸三十六卯，每炉每卯给炉匠工食钱十二串，共给炉匠工食钱八千六百四十串。又每炉每卯加添工食钱四串，应加添工食钱二千八百八十串文。除每年动支炒费钱一千一百一串五百九十九文八毫七丝八忽五微外，实加添钱一千七百七十串八四百文一毫二丝一忽五微。又每炉每卯给物料钱五串三百三十二文八毫五丝七忽一微三纤七尘四渺三漠零，共给物料钱三千八百三十九串六百五十七文一毫三丝八忽九微四纤九尘六渺。带铸钱文每炉每卯给物料钱五百三十三文二毫八丝五忽六微八纤七尘一渺八漠。二十炉三十六卯，共给物料钱三百八十三串九百六十五文六毫九丝四忽七微六纤九尘六渺。鼓铸工本：东川局鼓铸钱文，收买铸铜、铅、锡斤银两，在于司库地丁银内动支，俟铸出钱文、易回银两，照数归还原项。管理局务：东川局鼓铸钱文，一切钱、粮委令东川府知府就近总理，设巡察官一员，在于佐杂内拣选委用，并令该管上司不时稽查。倘经管之员，有侵那、亏缺情弊，该督抚即行据实题参。员役局费：

东川局设炉二十座，每年鼓铸三十六卯，外耗项下铸出钱文，除工本并节省铜、铅钱文外，获息钱二千九百二十一串五百四十四文，全数给发局内，作为炉役食米、官役养廉、工食等项之用。仍将给过钱文，造入鼓铸奏销册内，送部查核。铜铅锡价脚：东川局鼓铸钱文，配用汤丹、大碌等厂铜，每毛铜一百斤加耗铜九斤毋庸给价外，每正铜百斤价银九两二钱。配用个旧厂板锡，每毛锡一百斤加耗锡六斤，每锡一百斤价银二两九钱二分七厘九毫二丝七忽九微二纤七尘九渺二漠。自厂运至东川局，计程十四站，每站每百斤给运脚银一钱四厘二毫五丝。该银一两四钱五分九厘五毫。"

[5] "二十八炉"至"裁撤"：《皇朝文献通考》卷十五《钱币考三》记："雍正十三年，停云南东川府局铸运陕西钱。陕西巡抚史贻直奏言：'陕省钱价已渐平减，且自陕至滇，路经八千余里，水陆艰难，每年委员领解，亦不能如期接济，请停领运。'经户部议如所请，停止东川局鼓铸。"《清高宗实录》卷二十一记："乾隆元年丙辰六月己卯，户部议覆：'云南巡抚张允随疏请"运京钱文，统于广西府建局鼓铸，东川钱局，截至乾隆元年春季停止"'。从之。"

[6] 复设炉二十座：《清高宗实录》卷一百三十一记："乾隆五年庚申十一月，云南总督公庆复又奏：'东川府汤丹铜厂，于乾隆二年停炉，现在工费浩繁，请酌设炉二十座，岁可铸青钱七万余串，就近拨用，较之省、临二局，可节运费'。奏入报闻。"《清高宗实录》卷一百三十三记："乾隆五年庚申十二月壬子，查东川开炉鼓铸，业经该督另折奏明，毋庸再议。"《皇朝通典》卷十《食货十·钱币》记："乾隆六年，复开云南东川府铸局，设炉二十座。"《清高宗实录》卷七百二十九记："乾隆三十年乙酉春正月，云贵总督刘藻等奏：'滇省汤丹、大碌等厂，加铜价后，每年办铜加多，嗣因积存余息，不敷添价之用，于东川新、旧两局，冬季三个月，每旬加铸半卯。近来汤丹、大碌等厂，日见丰旺，东川加卯，仍不敷用。应于东川二局，自三十年春季二月为始，按旬再各加半卯，同汤丹、大碌两厂炉户，每季多办铜八万六千七百余斤，于铜本内借支铸本，铸出钱文，照例扣解司库'。得旨：'如所议行。'"

[7] "年共铸钱"至"二百余串"：此书记东川局以二十座炉四色配铸，年共铸钱七万二千二百余串。而按照乾隆《钦定户部鼓铸则例》卷十记载：

345

"东川局鼓铸钱文：东川局设炉二十座，每年鼓铸三十六卯，闰月加铸三卯。每百斤内用红铜五十斤，白铅四十三斤八两，黑铅三斤八两，锡三斤。每炉每卯用红铜四百二十八斤九两一钱四分二厘八毫五丝，白铅三百七十二斤十三两七钱一分四厘二毫七丝九忽五微，黑铅二十九斤十五两九钱九分九厘九毫九丝九忽五微，板锡二十五斤十一两四钱二分八厘五毫七丝一忽。……共配铸铜、铅、锡六十一万七千一百四十二斤十三两七钱四厘。每百斤内除折耗九斤，该折耗铜、铅、锡五万五千五百四十二斤十三两七钱四厘外。实铸净铜、铅、锡五十六万一千六百斤。每钱一文，铸重一钱二分，共该铸获本息钱七万四千八百八十八串。东川局带铸二十炉，计三十六卯，闰月亦带铸三卯。每炉每卯配用铜四十二斤十三两七钱一分四厘二毫五丝，白铅三十七斤四两五钱七分一厘三毫九丝七忽五微，黑铅二斤十五两九钱九分九厘九毫九丝七忽五微，板锡二斤九两一钱四分二厘八毫五丝五忽。……共带铸铜、铅、锡六万一千七百一十四斤四两五钱二分，实铸净铜、铅、锡五万六千一百六十斤。每钱一文，铸重一钱二分，共该铸获钱七千四百八十八串。东川局鼓铸外耗二十炉三十六卯，闰月亦加铸外耗三卯。每炉每卯配用铜三十八斤九两一钱四分二厘，白铅三十三斤八两九钱一分三厘五毫四丝，黑铅二斤十一两一钱九分九厘九毫四丝，板锡二斤五两二分二厘五毫二丝。……共配铸铜、铅、锡五万五千五百四十二斤十二两四钱八分。每钱一文，铸重一钱二分，共该铸获钱七千四百五串七百四文。则每年正铸获钱七万四千八百八十八串，连带铸、外耗共铸钱八万九千七百八十一串七百四文。"

[8] 减炉九座：《皇朝通典》卷十《食货十·钱币》记："乾隆四十四年，以滇省铜斤不敷各省采买，将东川局二十炉内减去四座，移设广西，各加铸半卯。其临安、保山、曲靖三局复设十三座，尽数裁去。惟东川府需钱较多，仍令照旧鼓铸。……四十五年，以云南各厂采铜竭蹶，且距省稍远，稽察难周，其东川府只留十座，余六座并裁。"《大清会典事例》卷一百七十四《户部四十七·钱法》记："乾隆四十四年，奏准：云南裁去东川局复设各炉，并从前新增五炉。四十五年，奏准：云南裁去大理铸局，留省城、东川二局，设炉三十八座。又奏准：云南东川旧炉十六座，内酌留十炉，裁去炉六座。又奏准：东川局令该管道员稽查，东川府知府监铸。"

[9] 将十炉全行裁撤:《大清会典事例》卷一百七十四《户部四十七·钱法》记:"乾隆五十九年,奏准:停各省鼓铸。又,嘉庆元年,奏准:复开各省鼓铸。又题准:云南东川局暂缓开铸。"

[10] 小钱:即币值比较低的钱,相当于现在的辅币,有二当一及十当一等小钱。《宋史》卷一百八十《食货志二·钱币》记:"既而陕西都转运使张奎、知永兴军范雍请铸大铜钱与小钱兼行,大钱一当小钱十;又请因晋州积铁铸小钱。……(熙宁)八年,诏河东铸钱七十万缗外,增铸小钱三十万缗。……御史沈畸奏曰:'小钱便民久矣。……当十鼓铸,有数倍之息,虽日渐之,其势不可遏。'未几,诏当十钱止行于京师、陕西、河东、河北。俄并畿内用之,余路悉禁。期一季送官,偿以小钱,换纳到者输于元丰、崇宁库,而私钱亦限一季自致,计铜直增二分,偿以小钱,隐藏者论如法。寻诏郑州、西京亦听用折十钱,禁贸易为二价者。"《清史稿》卷一百二十四《钱法》记:"初户部以新铸钱足用,前代惟崇祯钱仍暂行,余准废铜输官,偿以直,并禁私铸及小钱、伪钱,更申旧钱禁。嗣以输官久不尽,通令天下,限三月期毕输,逾限行使,罪之。"《清仁宗实录》卷十记:"嘉庆元年丙辰冬十月乙亥,谕军机大臣等:'近年以来,各省小钱充斥,节经降旨谕令各督抚实力查禁收缴,而小钱仍未尽,且不肖吏胥等,往往藉查缴小钱为名,任意讹索,甚至暗中受贿,转将私铸私贩之人卖放,是欲除弊而反以滋弊,可见官为查办,仍属有名无实,况百姓商买行使之小钱,均系由他处辗转换杂而来,并非本人私行铸用,若不清其源而徒绝其流,于事终属无益,现在开炉伊始,正当肃清圜法之时,该督抚等务宜实心查察,如式鼓铸,勿令局员、工匠等偷减薄小,其山僻处所,有奸民私铸者,当督饬所属严拏治罪,俾官无小钱,民无私铸,弊源可以杜绝,其民闲行使,转可不必查禁,以免扰累,惟舟车装载成捆小钱,经过关口,仍应查拏究办,将此通谕知之'。"

[11] 增补:清云南布政司《案册》记:"嘉庆二十二年,复开东川府局鼓铸,设炉十座。"道光《云南通志》卷七六《食货志·矿厂五·钱法》记:"东川府设炉十座,知府专管。嘉庆二十一年十月,复设炉十座。凡正铸、带铸、外耗,一切铜、铅配铸成分,黑、白铅价、脚银两,物料,工食,官廉,役食,开除俱同省局。惟铜价、脚价银系全数采买商铜,每百

斤止给银七两四钱七分六厘五毫，每百斤止加耗铜八斤。十炉年计三百六十卯，共铸出本息钱四万四千八百八十六千八百五十二文。内除开支物料、工食、官廉、役食等项钱八千七百八十一千七百八十二文外，实得净钱三万六千一百五千七十文，搭放铜、铅厂本，京铜运脚等项之用。每钱一千二百文易银一两，易得银三万八十七两五分八厘零。每年三百六十卯，共用各厂正铜一十九万八千二百八十七斤十五两六钱五分，耗铜一万五千八百六十三斤六钱一分二厘。除耗铜不另给价外，每正铜百斤给价银七两四钱七分六厘五毫，共该铜价银一万四千八百二十五两零。收买汤丹等厂商铜，又用者海厂白铅一十五万六千九百七十七斤十五两七钱二分三厘，每百斤给价、脚银二两三钱，该银三千六百一十两四钱九分三厘零。用阿那多厂黑铅一万一千九百三十三斤十五两九钱七分九厘，每百斤价、脚银二两二钱，该银二百六十二两五钱四分七厘零。共用铜、铅价、脚银一万八千六百九十八两四分零，于前项扣获钱本银内计除外，每年实获铸息银一万一千三百八十九两五钱一分零。又每铸正铜百斤，例给炒铜工费银三钱，在于铜务项下支给，作为本局添补炉役食米等项不敷之用。"《清仁宗实录》卷一百四十三记："嘉庆十年乙丑五月甲申，又谕：'近年京师钱价昂贵，节经降旨，查禁私贩外出，并令户、工两局按卯鼓铸，毫无短缺，而价值仍未稍为平减，风闻各省钱局不能如数鼓铸，该督抚等并不实力查办，以致日形短绌。前于嘉庆五年间，曾经降旨谕令停铸省分概行复卯，其中有数省奏明不能遽复者，而每岁报部照旧鼓铸者居多，无如承办之员冀图偷减工本，并不遵照定例，妥为经理，名为开炉，而其实仍未复卯，各省商贾市易流通，专赖京局钱文以资转运，无怪乎局钱按卯鼓铸，而钱数不见其增，钱价不见其减也'。"《清宣宗实录》卷二百二十八记："道光十二年壬辰十二月，准云南东川钱局仍复卯额鼓铸，从总督阮元等请也。"《朱批奏折》记："户部谨奏：'为请旨饬查内廷积存铜器，暂行发交钱局，以资鼓铸事。……滇省铜苗本属不旺，复因刻下军务倥偬，运船经过之处，江路亦多梗塞，谅难如期解京。官民呈交铜斤，亦未能十分踊跃。倘将来钱局每月应用之铜，偶有短绌，万不能停炉而待。咸丰三年五月十三日奏。'"《朱批奏折》记："云贵总督、革职留任臣罗绕典，云南巡抚、革职留任臣吴振棫跪奏：'窃臣等于（咸丰三年）七月初三日接准户部咨称：本部具奏严催各省速立官钱局一折，钦奉上谕。……臣等查此案前准部咨，奏奉谕旨推行官票，加铸钱文，先经省、东二局添炉加铸，并令大理、曲靖、临安三府及宁台厂筹款设局，一体添铸，搭放兵饷、厂本等项。……目前虽经开铸，大局甫定，尚未能一律供支。惟附近省、东二局之歌营兵饷，现以二成搭放。至易门、路南、东川、宁台、平彝、会泽各厂，铜、铅本、脚以六成搭放，每银一两照市价给钱一千八百文，合算铸本尚无大亏。"

## 新　　局

东川新局[1]，于乾隆十八年，设炉五十座。每炉每月鼓铸三卯，铜、铅对配。每卯正铸用铜四百二十八斤九两一钱四分二厘八毫零，每百斤加耗铜八斤，计加耗铜三十四斤四两五钱七分一厘四毫零，二共正、耗铜四百六十二斤十三两七钱一分四厘二毫零。白铅三百七十二斤十三两七钱一分四厘二毫零，黑铅二十九斤十五两九钱九分九厘九毫零，均不加耗。净锡二十五斤十一两四钱二分八厘五毫零，每百斤加耗锡六斤，计加耗锡一斤八两六钱八分五厘七毫零，二共正、耗锡二十七斤四两一钱一分四厘二毫零。计正铸净铜、铅、锡八百五十七斤二两二钱八分五厘七毫，每百斤给锉磨、折耗九斤，共折耗铜、铅、锡七十七斤二两二钱八分五厘七毫，实铸净铜、铅、锡七百八十斤。每钱一文，铸重一钱二分，共铸钱一百零四串。内除支销匠役工食钱十二串，物料钱五串三百三十二文八毫零，加添米、炭价钱二串四百七十文，实存净钱八十四串一百九十七文一毫零。

又带铸用铜四十二斤十三两七钱一分四厘二毫零，每百斤加耗铜八斤，计加耗铜三斤六两八钱五分七厘一毫零，二共正、耗铜四十六斤四两五钱七分一厘三毫零。白铅三十七斤四两五钱七分一厘三毫零，黑铅二十五两九钱九分九厘九毫零，均不加耗。净锡二斤九两一钱四分二厘八毫零，每百斤加耗锡六斤，计加耗锡二两四钱六分八厘五毫零，二共正、耗锡二斤十一两六钱一分一厘四毫零。计带铸净铜、铅、锡八十五斤十一两四钱二分八厘五毫，每百斤给锉磨、折耗九斤，共折耗铜、铅、锡七斤十一两四钱二分八厘五毫，实铸净铜、铅、锡七十八斤。每钱一文，铸重一钱二分，共铸钱十串四百文。不给工食，只给物料钱五百三十三文二毫零，实存净钱九串八百六十六文七毫零。

又外耗用铜三十八斤九两一钱四分二厘，每百斤加耗铜八斤，计加耗铜三斤一两三钱七分一厘三毫零，二共正、耗铜四十一斤十两五钱一分三厘三毫零。白铅三十三斤八两九钱一分三厘五毫零，黑铅二斤十一两一钱九分九厘九毫零，均不加耗。净锡二斤五两二分八厘五毫零，每百斤加耗锡六斤，计加耗锡二两二钱二分一厘七毫零，二共正、耗锡二斤七两二钱五分二毫零。计外耗净铜、铅、锡七十七斤二两二钱八分四厘，不给锉磨、折耗。每钱一文，铸重一钱二分，共铸钱一十串二百八十五文七毫。不给工食、物料，只给局中官役廉、食等项钱四串零五十七文七毫，实存净钱六串二百二十八文。

计正铸、带铸、外耗三项，共用铜、铅、黑铅、锡一千零一十九斤十五两九钱九分八厘二毫，共铸钱一百二十四串六百八十五文七毫。除支销工食、物料等项钱二十四串三百九十三文七毫[2]，实存净钱一百串二百九十二文。计五十炉，年铸一千八百卯，年共铸钱一十八万五百二十五串六百文，搭放厂本、运脚等项之用。每钱一串二百文，扣收银一两，共扣收银一十五万四百三十八两。

又每年一千八百卯，共用铜九十一万七千九百九十九斤，耗铜七万三千四百三十九斤。除耗铜不另给价外，每正铜百斤，价、脚银九两二钱，该银八万四千四百五十五两九钱八厘。又用者海厂白铅七十九万八千六百五十九斤，每百斤价银二两，脚银三钱，该银一万八千三百六十九两一钱五分。又用阿那多厂[3]黑铅六万四千二百五十九斤，每百斤价银一两六钱八分四厘，脚银五钱一分六厘，该银一千四百一十三两六钱九分八厘。用个旧厂[4]净锡五万五千零七十九斤，每正、耗锡百斤，给价银二两九钱二分七厘，脚银一两四钱六分四毫零，该银二千五百六十一两五钱九分。四共铜、铅、锡斤价、脚银十万六千八百两三钱四分六厘，于前项扣获钱本银内计除外，每年共获铸息银四万三千六百余两。其每铸净铜一百斤，给炒费银三钱，系于铜息项下发给。

乾隆二十七年七月，减炉二十五座[5]，酌留二十五座，照前鼓铸。年铸九百卯，共钱九万二百余串[6]。除归还铜、铅本、脚外，计获铸息银二万一千八百余两。至三十五年，将二十五炉全行裁撤[7]。

乾隆四十二年五月，复设炉十五座[8]，照前鼓铸。年铸五百四十卯，共钱五万四千一百余串。除归还铜、铅本、脚外，计获铸息银一万三千余两。

乾隆四十二年八月，减炉七座，酌留八座，照前鼓铸。年铸二百八十八卯，共钱二万八千八百余串。除归还铜、铅本、脚外，计获铸息银六千九百余两。至四十四年二月，将八炉全行裁撤。

# 注 释

[1] 东川新局：位于云南省曲靖市会泽县东直街。乾隆《东川府志》卷五《钱局》记："宝云新局：在府城东南角，北向。照壁一座、大门三间、仪门三间，门内两旁环绕布列建盖炉房三百间、碳房十五间、巡栏、木铁匠役并清字匠房共十五间，仓房三间、大堂三间、铜铅钱库房十八间，局书房六间、了望楼四间、巡察衙署一所。"《皇朝文献通考》卷十七《钱币考五》记："乾隆十七年，又令云南东川府增设新局鼓铸。云南巡抚爱必达奏言：'滇省岁需官兵俸饷银九十万二百余两，向本省地丁、商税及他省分拨银两支给，而存留司库暨各府库者，仅五十万两有奇。倘有紧要需用，必待腹地各省协济。地处边远，缓不及事。见在各厂矿铜旺盛，铅、锡亦产自境内，不必外求。查汤丹、大碌等厂，皆在东川地方，出铜尤多。而每当发给工本之时，钱价顿贵，厂民称累。东川府旧已设炉二十座，专搭兵饷。应请就近增开新局，设炉五十座，亦开铸三十六卯，共用正额、带铸、外耗铜、铅、锡一百八十三万六千斤，铸青钱二十二万四千四百三十四串二百文有奇。除去工价等项，即以搭放铜、铅工本、脚价，每银一两，仍照兵饷例，以一千二百文发给。每年扣存息银四万三千两有奇，以备存贮。俟十年之后，合之原存之数，可得一百万两，庶库项日见充足。'户部议如所请，从之。……二十一年，又令云南东川府新局加卯鼓铸。云南巡抚郭一裕奏言：'滇省每年出铜千余万斤以供鼓铸，所获息银亦岁收二三十万两，留备一切公用，关系甚重。查迤东、迤西地方各小厂数十处，

产铜不一。惟东川府之汤丹、大碌二厂，岁办获铜七八百万斤，较他厂尤为紧要。近年以来，矿产渐远，物料加昂。前已议每百斤添给价银四钱五分，而厂民仍为竭蹶，应酌量调剂之法。请于东川府新局内，加铸十八卯，即令汤丹、大碌等处厂民，于常额之外，加办余铜，照厂价收买供用，岁可添钱十一万二千二百十七串有奇。核计铸出钱文，归还铸本之外，将息银增给各厂工本。以本厂铜斤加铸之余息，即为该厂添补工费之不足，既不至糜费正帑，而于铜务有益。'户部议如所请，从之。"《皇朝通典》卷十《食货十·钱币》记："乾隆十八年，复于云南东川府设炉二十座鼓铸，专搭兵饷。时东川产铜日盛，令就近增开新局，设炉五十座，亦开铸三十六卯，以备存贮。其搭放铜、铅工本、脚价，每银一两，仍照兵饷例以一千二百文发给。二十年，旋令云南东川府新局内加铸十八卯。"

[2] "支销"至"七毫"：乾隆《钦定户部鼓铸则例》卷十记："搭放铜本：东川新局鼓铸钱文搭放铜厂办铜工本，并放黑、白铅斤价、脚之用，每钱一串，添息钱二百文，作银一两，除归还工本外，获息银两解收司库，汇同封贮银两，以充备贮之用。仍将每年搭放钱文、易回银两，按年造册题销。炉匠工食物料：东川新局设炉二十五座，鼓铸三十六卯，每炉每卯给炉匠工食钱一十二串，共给炉匠工食钱一万八百串。又每炉每卯加添工食钱二串四百七十文一微六纤八尘七渺六漠，共加添工食钱二千二百二十三串文一毫五丝微一忽八微七纤。又每年动支炒费银一千三百七十六两九钱九分九厘五毫，以为添补炉役食米不敷之用。又每炉每卯给物料钱五串三十二文八毫五丝七忽一微三纤七尘四渺三漠，应给物料钱四千七百九十九串五百七十一文四毫二丝三忽六微八纤七尘。带铸钱文每炉每卯给物料钱五百三十三文二毫八丝五忽六微八纤七尘一渺八漠。二十五炉三十六卯，共给物料钱四百七十九串九百五十七文一毫一丝八忽四微六纤二尘。鼓铸工本：东川局新炉鼓铸钱文，需用铜、铅工本银两，在于司库铜斤余息银内借支，以供鼓铸。铸出钱文、易回银两，按数归还原借鼓铸工本款项。获息银两解收司库，源源接铸。仍将每年搭放钱文及易回银两各数目，按年造册题销。管理局务：东川局新炉鼓铸钱文，一切钱粮委令东川府知府就近总理，添设巡察官一员，在于佐杂内拣选委用。并令该管上司不时稽查。倘经管之员，有侵那、亏缺情弊，该督抚即行据实题参。员役局费：

东川新局设炉二十五座,每年鼓铸三十六卯,外耗项下铸出钱文,除工本并节省铜、铅钱文外,获息钱三千六百五十一串九百三十文,全数给发局内,作为炉役食米,官役养廉、工食等项之用。"

[3] 阿那多厂:清代史料没有详细记录阿那多铅厂,其位置也从未见于清代的各类《舆地图》。乾隆《东川府志》卷一《图说》记:"(由府治)小路沿阿那多直趋府治之东,是为者海。"则可知阿那多位于府治与者海之间。又同书卷十八《物产》有:"白铅:产者海。黑铅:产阿那多。"会泽县的铅锌矿主要分布在辖境中从东部的矿山、者海直到西部的五星一带,时至今日仍然在开采。《大清会典事例》卷一百七十四《户部四十七·钱法》记:"乾隆十九年议准:云南阿那多黑铅厂,准其开采。"清云南布政司《案册》记:"阿那多厂,坐落东川府地方,向供东川局鼓铸。乾隆五十九年,东川钱局停止,阿那多厂封闭。嘉庆二十二年十月初一日,东局复行鼓铸,阿那多厂仍旧开采。年办东川局正课、充公铅一万一千九百三十三斤十五两九钱七分九厘,内正黑铅一万三百七十七斤六两二钱四分三厘,课黑铅一千三十七斤十一两八钱二分四厘三毫,充公铅五百一十八斤三两九钱一分二厘,每百斤厂价银一两六钱八分四厘,课铅、充公铅共变价银二十六两二钱一分三厘,解司充饷,遇闰照加。"乾隆《钦定户部鼓铸则例》卷四记:"阿那多厂抽收课铅:阿那多厂民每炼获黑铅一百斤,抽正课黑铅十斤,解局鼓铸。余铅价值:抽余课铅五斤,变价解司充公。仍将每年煎获黑铅抽收课、余各数,岁底造册题销。请领工本:阿那多厂黑铅,解供东川局鼓铸。每百斤价银一两六钱八分四厘。所需价值银两,在于鼓铸工本银内动支,仍造入鼓铸奏销册内,报部核销。阿那多厂收买黑铅,运供东川局鼓铸。所需脚价银两,在于鼓铸工本银内动支,收买供铸。运局脚费:阿那多厂黑铅,自厂运至东川局,计程四站,每站每铅一百斤给运脚银一钱二分九厘,共给运脚银一分六厘。所需运脚银两,在于鼓铸工本银内动支。仍造入鼓铸奏销册内,报部核销。"乾隆《钦定户部鼓铸则例》卷十记:"东川局鼓铸钱文,配用阿那多厂黑铅,每百斤价银一两六钱八分四厘。自厂运送至局,计程四站,每站每百斤给运脚银一钱二分九厘二毫,该运脚银五钱一分六厘。"清代吴其濬《滇南矿厂图略》下卷《金锡铅铁厂第三》记:"阿那

多厂，会泽县知县理之。办供东局黑铅一万一千九百三十三斤零，每百斤抽正课铅十斤，闰加九百九十四斤零，课铅变价同白铅。"

[4] 个旧厂：个旧为锡、铜、银、铅混合矿床，因此亦出产铜，铜厂即金钗厂。现代勘探储量为锡182万吨、铜152万吨，以产锡最为著名，早在汉代以前即开始生产，至今仍为我国最大的锡产地，被称为锡都。此地1883年成立个旧厂务招商局，1906年8月成立个旧锡务股份公司，1940年成立云南锡业公司，后成为中华人民共和国第一个五年计划中的重点建设项目之一，2003年2月8日改制为云南锡业集团有限责任公司，至今仍为我国最重要的锡生产基地，锡产量占全国一半以上，也是世界锡行业排名第一的生产、加工企业。《汉书·地理志第八上》记："益州郡……贲古北采山出锡，西羊山出银、铅，南乌山出锡。"《后汉书·郡国五》记："益州郡……贲古：采山出铜、锡。羊山出银、铅。"正德《云南志》卷四记："临安府·土产：铜：宁州出。锡：蒙自个旧村出。"清代吴其濬《滇南矿厂图略》下卷《金锡铅铁厂第三》记："个旧厂，在蒙自猛梭寨。蒙自县知县理之。康熙四十六年开，每锡百斤抽课十斤，每百斤例价银四两三分六厘一毫，额锡价银四千两。布政司发给商票，每课锡九十斤为一块，二十四块为一合，每合纳课银四两五钱，税银三两五钱七分八厘，额课税银三千一百八十六两。"乾隆《钦定户部鼓铸则例》卷四记："个旧厂抽收课锡：滇省个旧厂出产锡斤，卖给商民二十四块为一票。每块重九十斤，共重二千一百六十斤。外加扶稍一条，重六十斤，共重二千二百二十斤。变价银六十五两，每百斤合银二两九钱二分七厘零。每锡十块之外，抽收锡一块。除额定锡价银四千两之外，抵补银厂缺额。各省商贩至厂采买炉民锡斤，运往浙江、湖广等省销售者，赴司请票发运。每锡一票，纳课银四两五钱，税银三两五钱七分八厘。商贩自厂买锡，运往滇省锡行销售者，赴司请票发运。每锡一票，纳课银三两，纳税银三两二钱二分八厘。商贩自省城锡行买锡，运往滇省境内附近府、州、县销售者，赴司请票发运。每锡一票，纳课银一两五钱，不纳税银。此项课税银两，除额定课银三千一百八十六两之外，余银尽数抵补银厂缺额。厂地抽收元锡，炉民扯炉一个，于煎炼锡内，窊锡一瓢，到成一元，每日送税呈验。如一月该炉呈验三十元内，抽分十元，炉户、店家分十元，仍于炉头所分之内，又抽一元，名曰样锡，

又名元锡。照数变价抵补银厂缺额。又扶稍小锡税，扶稍锡长条，每条重六十斤，元锡每元重十八斤，每于炉民发卖之时，按以扶稍一条，收买者纳税银三钱。每锡一元，收买者纳税银五十文。于锡面盖有税记斧印，并给出厂小票。厂民打成锡器，按以每斤收买者纳税银三文，亦给出厂照票，以便各卡盘诘。统入锡斤盈余银两项下，一并拨补银厂缺课，入册奏销。"乾隆《钦定户部鼓铸则例》卷九《云南省》记："滇省省城、临安二局鼓铸钱文，配用个旧厂板锡，外加耗锡六斤，每锡百斤价银二两九钱二分七厘九毫二丝七忽九微二纤七尘九渺二漠。自厂运至板枝花一站，板枝花至新房一站，新房至馆驿一站，馆驿至通海一站，通海至江川一站，江川至晋宁一站，晋宁至省城一站，省城局共程七站，每站每百斤发脚银一钱四厘二毫五丝，共给运脚银七钱二分九厘七毫五丝。自厂运至板枝花一站，板枝花至临安一站，临安局共程二站，每站每百斤发脚银一钱四厘二毫五丝，共该运脚银二钱八厘五毫。"

[5] 减炉二十五座：《清高宗实录》卷六百五十记："乾隆二十六年辛巳十二月，户部议准云南巡抚刘藻疏称：'东川新局正铸，已历九载，积息银至四十万余两。请自二十七年为始，酌减一半，合加铸半卯，凑五十炉'。从之。"《清高宗实录》卷七百三十二记："乾隆三十年乙酉三月丙子，户部议准：'云贵总督刘藻疏称"东川新局五十炉，每年应支炒铜工费，前因正铸内已全年支给，题明将加卯项下炒费节省，今正铸减半，将加卯抵补，所有炒费，应按年核增"'。从之。"

[6] 共钱九万二百余串：此书记东川局新炉以二十五座炉四色配铸，年共铸钱九万二百余串。而按照乾隆《钦定户部鼓铸则例》卷十记："东川局新炉鼓铸钱文：东川局新炉二十五座，每年鼓铸三十六卯，闰月加铸三卯。每炉每卯用红铜四百二十八斤九两一钱四分二厘八毫五丝，白铅三百七十二斤十三两七钱一分四厘二毫七丝九忽五微，黑铅二十九斤十五两九钱九分九厘九毫九丝九忽五微，板锡二十五斤十一两四钱二分八厘五毫七丝一忽。……共配铸红铜、铅、锡七十七万一千四百二十八斤九两一钱三分。每铜、铅、锡百斤除折耗九斤，共折耗铜、铅、锡六万九千四百二十八斤九两一钱四分一厘七毫，实铸净铜、铅、锡七十万二千斤。每钱一文，铸重一钱二分，共铸获本息钱九万三千六百串文。带铸二十五炉，计三十

六卯，闰月亦带铸三卯。每炉每卯配用铜四十二斤十三两七钱一分四厘二毫五丝，白铅三十七斤四两五钱七分一厘三毫九丝七忽五微，黑铅二斤十五两九钱九分九厘九毫九丝七忽五微，板锡二斤九两一钱四分二厘八毫五丝五忽。……共带铸红铜、白铅、黑铅、板锡七万七千一百四十二斤十三两六钱五分。每百斤内除折耗九斤，共折耗铜、铅、锡六千九百四十二斤十三两六钱五分，实铸铜、铅、锡七万二百斤。每钱一文，铸重一钱二分，应铸获本息钱九千三百六十串。鼓铸外耗二十五炉三十六卯，闰月亦鼓铸外耗三卯。每炉每卯配用铜三十八斤九两一钱四分二厘，白铅三十三斤八两九钱一分三厘五毫四丝，黑铅二斤十一两一钱九分九厘九毫四丝，板锡二斤五两二分五厘五毫二丝。……共铸外耗铜、铅、锡六万九千四百二十八斤七两六钱。不准折耗。每钱一文，铸重一钱二分，共该铸获钱九千二百五十七串一百三十文。则每年正铸获钱九万三千六百串，连带铸、外耗共铸钱一十一万二千二百一十七串一百三十文。"

[7]　将二十五炉全行裁撤：《皇朝文献通考》卷十八《钱币考六》记："乾隆三十五年，户部议查滇省办运京铜，每年六百二十九万余斤，该省鼓铸及各省采买共需铜五百余万斤。昨据该督彰宝以滇铜不敷，请暂停采买，经部议驳在案。今据该抚明德奏称：'云南钱价每银一两，易钱一千一二百文，市价已属太贱。向于六府设炉一百一十六座，实属过多。应将东川新设炉二十五座，大理、广西各十五座，临安、顺宁各八座，暂为裁减，岁可省铜一百四十五万余斤。再陕西、广西、贵州、湖北四省岁需滇铜额数，均属过多，亦可酌减铜五六十万斤。加以现在广开子厂，一二年间，外省委员，均可挨次领运，而铜斤亦可从此日加充裕。应如所奏办理。至称减炉七十一座，岁省白铅一百二十余万斤，黑铅十万余斤，板锡八万七千余斤，应运赴汉口，供各省采办之用'。从之。"

[8]　复设炉十五座：《皇朝文献通考》卷十八《钱币考六》记："乾隆四十一年，署云贵总督觉罗图思德等言：'滇省近年大小各厂，岁获铜一千二百三四十万斤，除京运、鼓铸，年需高铜九百余万斤，外其宁台、户蒜、金钗等厂，尚积存低铜五百余万斤，并收回一分通商一百二十余万斤，已足敷复炉加铸之用。请于东川局增炉十五座'。"

# 广西局[1]

广西府即今之广西州，于乾隆元年四月，设炉九十四座[2]。每炉每月鼓铸三卯，以铜六铅四配铸。每炉每卯正铸用铜五百一十四斤四两五钱七分一厘四毫二丝，每百斤加耗铜八斤，计加耗铜四十一斤二两二钱八分五厘七毫零，二共正、耗铜五百五十五斤六两八钱五分七厘一毫零。白铅三百四十二斤十三两七钱一分四厘二毫零，不加耗。计正铸净铜、铅八百五十七斤二两二钱八分五厘七毫，每百斤给锉磨、折耗九斤，共折耗铜、铅七十七斤二两二钱八分五厘七毫，实铸净铜、铅七百八十斤。每钱一文，铸重一钱二分，共铸钱一百串。内除支销匠役工食钱十二串，物料钱四串三百七十二文八毫零，实存净钱八十七串六百二十七文一毫零。

又带铸用铜五十一斤六两八钱五分七厘一毫，每百斤加耗铜八斤，计加耗铜四斤一两八钱二分八厘五毫零，二共正、耗铜五十五斤八两六钱八分五厘六毫零。白铅三十四斤四两五钱七分一厘四毫，不加耗。计带铸净铜、铅八十五斤十一两四钱二分八厘五毫，每百斤除锉磨、折耗九斤，共折耗铜、铅七斤十一两四钱二分八厘五毫，实铸净铜、铅七十八斤。每钱一文，铸重一钱二分，共铸钱十串四百文。不给工食，只给物料钱四百三十七文二毫，实存净钱九串九百六十二文七毫零。

又外耗用铜四十六斤四两五钱七分四毫，每百斤加耗铜八斤，计加耗铜三斤十一两二钱四分五厘六毫零，二共正、耗铜四十九斤十五两八钱一分六厘零。白铅三十斤十三两七钱一分三厘六毫，不加耗。计外耗净铜、铅七十七斤二两二钱八分四厘，不给锉磨、折耗。每钱一文，铸重一钱二分，共铸钱一十串二百八十五文七毫。不给工食、物料，只给局中官役廉、食等项钱五串二百五十五文九毫零，实存净钱五串二十九文七毫零。

计正铸、带铸、外耗三项，共用铜、铅一千零一十九斤十五两九钱九分八厘二毫，共铸钱一百二十四串六百八十五文七毫。除支销工食、物料等项钱二十二串六十六文一毫零[3]，实存净钱一百二串六百一十九文五毫零。九十四炉，年铸三千三百八十四卯，共钱三十四万七千二百六十四串六百六文一毫零。内除核减物料钱二千六百三十二串二百六十八文六毫零，添作运钱、官役盘费之用，实存钱三十四万四千六百三十二串三百三十七文五毫。委员由广西之得冲哨，及广南之板蚌、白色，解运至汉口。

又每年三千三百八十四卯，共用各厂正铜二百零七万一千零七斤零，耗铜一十六万五千六百八十斤零。除耗铜不另给价外，每正铜百斤，价、脚银九两二钱，共该铜价银一十九万五百三十二两七钱一分四厘零。又用卑浙、块泽二厂白铅一百三十八万六百七十一斤零，每百斤给价银二两，脚银五钱，计价、脚银三万四千五百一十六两七钱九分六厘。二共铜、铅价、脚银二十二万五千零四十九两五钱一分一厘。照协饷之例，按年酌拨，解滇应用。其每铸净铜一百斤，给炒费银三钱，系于铜（锡）[息]项下动支发给。

乾隆五年三月，将炉座全行裁撤[4]，铜斤解京交收。

乾隆十六年正月，复设炉一十五座[5]，年铸五百四十卯，改为四色配铸，每百斤用铜五十斤，白铅四十三斤八两，黑铅三斤八两，锡三斤。黑铅每百斤，价银一两四钱八分，脚银五钱。锡每百斤，价银二两九钱二分七厘，脚银六钱二分六厘四毫零。又原给炉匠工食钱一十二串，改为给钱一十二串五百文。正铸项下，原给物料钱四串三百七十二文八毫零，改为给钱三串二百二十文八毫零。带铸项下，原给物料钱四百三十七文二毫零，改为给钱三百二十二文零。外耗项下，原给官役廉、食等项钱五串二百五十五文九毫零，改为给钱四串零五十七文七毫。年共铸钱五万六千四百余串[6]，搭放兵饷每钱一串二百文[7]，扣收银一两。除归还铜、铅本、脚外，计获铸息银一万四千七百余两。

乾隆二十六年，将白铅工本银二两，改为给银一两八钱二分。年共铸钱五万六千四百余串。除归还铜、铅本[8]、脚外，计获铸息银一万五千一百余两。

乾隆三十一年，将白铅运脚给银五钱，改为给银二钱五分。年共铸钱五万六千四百余串，除归还铜、铅本、脚外，计获铸息银一万五千七百余两。

乾隆三十五年，将白铅运脚给银二钱五分，仍改为给银五钱。年共铸钱五万六千四百余串，除归还铜、铅本、脚外，计获铸息银一万五千一百余两。是年八月底，将十五炉全行裁撤[9]。

乾隆四十二年八月，复设炉八座[10]，照前鼓铸。年铸二百八十八卯，共铸钱三万一百余串。除归还铜、铅本、脚外，计获铸息银八千余两。

乾隆四十四年三月，减炉四座[11]，酌留四座，照前鼓铸。年铸一百四十四卯，共铸钱一万五千余串。除归还铜、铅本、脚外，计获铸息银四千余两。至四十五年底，将四炉全行裁撤[12]。

## 注 释

[1] 广西局：位于清代广西府城（今红河州泸西县城）中。乾隆《广西府志》卷《官署》记："巡道行署：雍正十三年，奉旨开设京局鼓铸，建道署，于北城内，大堂五间，进内二堂五间，东、西厢房翼之侧门一座，耳房四间。又进正堂五间，两翼厢房十间，东花厅一座，书房居其后，厨房一所。……规模宏敞，较府无备。"《广西府志》卷一《舆图》与《广西府治图》中，标注钱局位于广西府城西南部。

[2] 设炉九十四座：《清世宗实录》卷一百四十七记："雍正十二年甲寅九月乙未，命云南广西府开炉鼓铸，从云南巡抚张允随请也。"清代赵慎畛《榆巢杂识》上卷记："铸宝云钱：滇省鼓铸运京钱文，在广西府设炉开铸，需用铜、铅工本、脚费银二十八万七千余两。其钱上清文，篆'宝云'字样。此雍正十三年例。"清代倪蜕《滇云历年传》卷十二记："（雍正）十二年甲寅，诏：'云南建设铸局，鼓铸钱文解京'。议设局于广西府，岁铸钱三十六万余。由土黄水路历剥隘、百色至楚解京。然土黄之水终属难行，不得不兼陆运。而钱文终不能如京铸，似不若仍由黔、蜀径解铜斤赴京之为愈也。"《清高宗实录》卷四记："雍正十三年乙卯冬十月，又议准：'云南巡抚张允随疏"请鼓铸运京制钱，在广西府设炉开铸，需用铜、铅工本、脚费钱二十八万七千余两，暂于司库封存银内借支"，行令两淮盐政，于续收盐课银内，照数动拨，解滇还款，其钱上清文，即篆"宝云"字样'。从之。"《皇朝文献通考》卷十五《钱币考三》记："雍正十二年，又议开云南广西府局铸钱运京。寻云南巡抚张允随奏请开局于广西府，设炉九十四座，照旧例于正额外加带铸钱及外耗钱。每铜百斤，定价银九两二钱；铅百斤，厂价二两。由厂运至府城加脚价五钱。共用铜、铅三百四十五万一

359

千六百七十八斤,铸钱四十二万一千九百三十六串有奇,钱幕亦铸'宝云'二字。除工料并官役养廉、工食外,实得钱三十四万四千六百三十二串有奇。其运道自广西府城运至粤西思恩府属之百色地方,抵达汉口,每年八、九月内委员运至汉口交贮汉阳县库,听楚省转运到部。总计每钱一串,自广西府至京合银八钱三分八厘有奇。其广西府局,定于丙辰年(乾隆元年)四月开铸,丁巳年起解。"

[3] "支销"至"一毫零":乾隆《钦定户部鼓铸则例》卷十记:"搭放铜本:广西局积年支剩钱文搭放大铜厂办铜工本之用,每放钱一千二百文,作银一两,令粮储道于动放该厂工本银内照数扣解司库,归还鼓铸工本。仍造入鼓铸、铜厂奏销各册内,报部查核。炉匠工食物料:广西局设炉十五座,每年正铸三十六卯,每炉每卯给炉匠工食钱十二串五百文,共给炉匠工食钱六千七百五十串。又每年动支炒费银八百二十六两一钱九分九厘九毫八忽八微七纤五尘,以为添补炉役食米不敷之用。又每炉每卯给物料钱三串二百二十文八毫五丝七忽一微三纤七尘四渺三漠,共给物料钱一千七百三十九串二百六十二文八毫五丝五忽四微二渺。带铸钱文每炉每卯给物料钱三百二十二文八丝五忽七微一纤三尘九渺六漠。十五炉三十六卯,共给物料钱一百七十三串九百二十六文二毫八丝五忽五微四纤二漠。鼓铸工本:广西局每年鼓铸钱文,收买铜、铅、锡斤应需工本银两,在于司库地丁银内动支发给买供鼓铸,俟铸出钱文搭放兵饷、易出银两,照数归还原项。管理局务:广西局鼓铸钱文,一切钱、粮委令广西府知府总理,设巡察官一员,在于佐杂内拣选委用。并令该管上司不时稽查。倘经管之员,有侵那、亏缺情弊,该督抚即行据实题参。员役局费:广西局设炉十五座,每年鼓铸三十六卯,外耗项下铸出钱文,除工本并节省铜、铅钱文外,获息钱二千一百九十一串一百五十八文,全数给发局内,作为炉役食米,官役养廉、工食等项之用。仍将给过钱文,造入鼓铸奏销册内,送部查核。铜铅锡价脚:广西局鼓铸钱文,配用汤丹厂铜,每百斤外加耗铜九斤,每正铜百斤给价银九两二钱。配用卑浙、块泽二厂白铅,每百斤给价银一两八钱二分,黑铅每百斤给价银一两四钱八分。自厂运至钱局,计程六站,每站每百斤给运脚银五钱。买用个旧厂板锡,每百斤加耗锡六斤,每正锡百斤给价银二两九钱二分七厘九毫二丝七忽九微二纤七尘九渺二漠。自厂运至钱

局,计程六站,照金钗厂运铜之例,每站每百斤给运脚银一钱四厘二毫五丝,共给运脚银六钱二分五厘五毫。统造入鼓铸奏销册内,报部查核。"

[4] 将炉座全行裁撤:《皇朝文献通考》卷十六《钱币考四》记:"乾隆三年,又议停云南广西府局铸运京钱,令即以原铜解京。户部议言:'从前停止湖北、湖南、广东办铜,令云南铸钱运京,原因滇省就近矿厂,鼓铸便易。其起运钱文由四川之永宁县,即可从水路直达汉口附搭漕船解京。沿途水脚又多节省,是以定议举行。嗣因滇省附近四川地方无可建局,遂定于广西府开炉,即由广西府城陆运至府属板蚌地方下船,抵粤西之百色,中间山川修阻,水、陆艰难,牛、马、舟船需用既多,穷乡僻壤,雇觅不易,较之自永宁直达汉口,已属迥别。且因漕船不便搭解,复令楚省拨站船,及另募民船,应用一切水脚费繁,不如将铜斤直解京局供铸,更为便益。请以乾隆四年三月为始,停止广西局鼓铸,即令云南督抚照依原定一百六十六万三千二百斤,按年运解至京。'从之。"

[5] 复设炉一十五座:《皇朝通志》卷八十九《食货略九·钱币》记:"乾隆十五年,复开云南广西府局。"《清高宗实录》卷二百九十记:"乾隆十五年庚午六月丁酉,户部等部议覆:'调任云南巡抚图尔炳阿奏称"滇省省城、临安、东川、大理,现在分设四局,铸钱搭放附近兵饷,及驿堡夫役工食等项,甚属充裕,惟曲靖、开化、广南三镇营相距窎远,不能一体搭放,兵、民未免向隅。查广西府城,乃适中之地,而广罗协驻劄同城,若于广西府设炉一十五座,每年铸钱六万余串,曲靖、开化、广罗、广南镇标、协营兵饷,照银七钱三之例,每正钱一千文外,加息钱二百文,作银一两,按季搭放,每年除工本外,约获余息七千余两。再查广西府从前铸运京钱,俱有成规,今所需铜、铅、锡及价值、运脚,仍照前办理,炉房、器具等项,拆旧补新,毋庸动项",应如该抚所请,至铸局事务,如何委员总理巡察,及应用工料,铸出本息钱文,易银还项各事宜,应令新抚岳浚确查具题'。从之。"《皇朝文献通考》卷十七《钱币考五》记:"乾隆十五年,又开云南广西府局鼓铸。云南巡抚图尔炳阿奏言:'从前广西府铸运京钱,时虽未搭放兵饷,但支给一切工、料等项钱文,俱系就近行使,故制钱尚为充裕。迨停铸之后,迄今十载,钱价日昂。请复行开局设炉十五座,每年开铸三十六卯,所需铜斤,由东川属各厂拨往,照大理局鼓铸

之数，共用正额、带铸、外耗铜、铅、锡五十五万八百斤，铸青钱六万七千三百三十串二百文有奇。除去工、价等项，照银七钱三之例，配给曲靖、开化二镇标，广罗协广南营兵饷。'户部议如所请，从之。"

[6]"年共铸钱"至"四百余串"：此书记广西局以十五座炉四色配铸，年共铸钱五万六千四百余串。而按照乾隆《钦定户部鼓铸则例》卷十记："广西局鼓铸钱文：广西局设炉十五座，每年鼓铸三十六卯，遇闰加铸三卯。每炉每卯配用红铜四百二十八斤九两一钱四分二厘八毫五丝，白铅三百七十二斤十三两七钱一分四厘二毫七丝九忽五微，黑铅二十九斤十五两九钱九分九厘九毫九丝九忽五微，板锡二十五斤十一两四钱二分八厘五毫七丝一忽。……共配用红铜、白铅、黑铅、板锡四十六万二千八百五十七斤二两二钱七分八厘。每百斤内除折耗九斤，共折耗铜、铅、锡四万一千六百五十七斤二两二钱七分八厘。实铸净铜、铅、锡四十二万一千二百斤。每钱一文，铸重一钱二分，共该铸获钱五万六千一百六十串。带铸十五炉，每年三十六卯，闰月亦带铸三卯。每炉每卯配用铜四十二斤十三两七钱一分四厘二毫五丝，白铅三十七斤四两五钱七分一厘三毫九丝七忽五微，黑铅二斤十五两九钱九分九厘九毫九丝七忽五微，净锡二斤九两一钱四分二厘八毫五丝五忽。……共带铸红铜、白铅、黑铅、板锡四万六千二百八十五斤十一两三钱九分。每百斤内除折耗九斤，共折耗铜、铅、锡四千一百六十五斤十一两三钱九分。实铸净铜、铅、锡四万二千一百二十斤。每钱一文，铸重一钱二分，共该铸获本息钱五千一百一十六串文。鼓铸外耗十五炉三十六卯，闰月亦鼓铸外耗三卯。每炉每卯配用铜三十八斤九两一钱四分二厘，白铅三十三斤八两九钱一分三厘五毫四丝，黑铅二斤十一两一钱九分九厘九毫四丝，板锡二斤五两二分五厘五毫二丝。……共鼓铸外耗铜、铅、锡四万一千六百五十七斤一两三钱六分。每钱一文，铸重一钱二分，共该铸获本息钱五千五百五十四串二百七十八文。则每年正铸获钱五万六千一百六十串，连带铸、外耗共铸钱六万六千八百三十串二百七十八文。"

[7]"搭放兵饷"至"二百文"：乾隆《钦定户部鼓铸则例》卷十记："搭放兵饷：广西局每年铸获钱文搭放开化、曲靖、广罗、广南等镇协官兵饷，照依银七、钱三搭放。每钱一串，添放息钱二百文，作银一两，在于本饷银内按数扣收，归还鼓铸工本款项。统造入鼓铸、地丁、兵马奏销各

册内，报部查核。"

[8] 归还铜、铅本：《清高宗实录》卷五百七十五记："乾隆二十三年戊寅十一月，云南巡抚刘藻奏：'广西府局每岁铸钱六万七千三百三十余串，遇闰加增，除支销外，岁有余剩。乾隆十六年至二十二年，存钱一十一万九百六十二串，应易银归款。查大铜厂例支工本银甚多，其运铜至广西府局回脚，应令带钱至厂，以钱一千二百作银一两，支放工本，扣银解司库归款'。从之。"

[9] 将十五炉全行裁撤：《皇朝文献通考》卷十八《钱币考六》记："乾隆三十五年……将东川新设炉二十五座，大理、广西各十五座，临安、顺宁各八座，暂为裁减。"

[10] 复设炉八座：《皇朝文献通考》卷十八《钱币考六》记："乾隆四十一年，署云贵总督觉罗图思德等言：'滇省近年大小各厂，岁获铜一千二百三四十万斤，除京运、鼓铸，年需高铜九百余万斤，外其宁台、户蒜、金钗等厂，尚积存低铜五百余万斤，并收回一分通商一百二十余万斤，已足敷复炉加铸之用。请于东川局增炉十五座，曲靖府安炉十八座，广西州复炉十五座，保山局增炉四座，大理局增炉三座，省局添炉一座，共五十六炉，统成一百四十一炉。内东川先经加卯带铸之二十五炉，未便再议加卯。其余一百十六炉，每年每炉于正铸外，一律加铸三十六卯半，计可获息十六万四千八百两有奇。'"《清高宗实录》卷一千三十五记："乾隆四十二年丁酉六月丙辰，户部议准：'署云南巡抚图思德疏称"大理局增炉三座，加铸三十六半卯，存钱充裕，应以钱作银，加二成搭放兵饷，附近各厂工本，亦一律搭放，再有余钱，易银归款"'。从之。"

[11] 减炉四座：《皇朝通典》卷十《食货十·钱币》记："乾隆四十四年，减广西炉四座，以滇省近年出铜较少，止存炉十二座，其炉役工食，概给以银。"《大清会典事例》卷一百七十四《户部四十七·钱法》记："乾隆四十四年，奏准：大理、临安、曲靖、广西等四局各留炉八座。乾隆四十五年，奏准：广西、曲靖、临安、保山四局概行裁撤。"

[12] 将四炉全行裁撤：《皇朝文献通考》卷十八《钱币考六》记："乾隆四十五年，又以各厂采铜竭蹶，且距省稍远，稽察难周，其东川府只留十座，余六座与广西局炉四座一并裁撤。"

363

# 云南铜志·卷六

## 局铸下

### 顺宁局

顺宁局，乾隆二十九年正月初一日，设炉八座[1]。每炉每月鼓铸三卯，铜、铅对配。每卯正铸用宁台厂净铜四百二十八斤九两一钱四分二厘八毫零。每百斤加耗铜八斤，二共铜一百零八斤。又每百斤，照湖北省采买事例，加煎耗铜一十七斤八两，该加耗铜一十八斤十四两四钱。二共铜一百二十六斤十四两四钱。又每百斤加民耗铜三斤二两，该民耗铜三斤十五两四钱五分。通共每百斤，加局耗、煎耗、民耗铜三十斤十三两八钱五分。共计加耗铜一百三十二斤四两四钱九分九厘零，二共正、耗铜五百六十斤十三两六钱四分二厘零。白铅三百七十二斤十三两七钱一分四厘二毫零，黑铅二十九斤十五两九钱九分九厘九毫零，均不加耗。净锡二十五斤十一两四钱二分八厘五毫零，每百斤加耗锡六斤，计加耗锡一斤八两六钱八分五厘七毫零，二共正、耗锡二十七斤四两一钱一分四厘二毫零。计正铸净铜、铅、锡八百五十七斤二两二钱八分五厘七毫。每百斤给锉磨、折耗九斤，共折耗铜、铅、锡七十七斤二两二钱八分五厘七毫，实铸净铜、铅、锡七百八十斤。每钱一文，铸重一钱二分，共钱一百四串；内除支销匠役工食钱一十二串，物料钱五串三百三十二文八毫零，加添米、炭价钱二串四百七十文，实存净钱八十四串一百九十七文一毫零。

又带铸用铜四十二斤十三两七钱一分四厘二毫，每百斤照前加耗铜三十斤十三两八钱五分，计加耗铜一十三斤三两六钱四分九厘九毫零，二共正、耗铜五十六斤一两三钱六分四厘二毫零。白铅三十七斤四两五钱七分一厘三毫零，黑铅二斤十五两九钱九分九厘九毫零，均不加耗。净锡二斤九两一钱四分二厘八毫零，每百斤加耗锡六斤，计加耗锡二两四钱六分八厘五毫零，二共正、耗锡二斤十一两六钱一分一厘四毫零。计带铸净铜、铅、锡八十五斤十一两四钱二分八厘五毫，每百斤给锉磨、折耗九斤，共折耗铜、锡、铅七斤十一两四钱二分八厘五毫，实铸净铜、铅、锡七十八斤。每钱一文，铸重一钱二分，共铸钱十串四百文。不给工食，只给物料钱五百三十三文二毫零，实存净钱九串八百六十六文七毫零。

又外耗用铜三十八斤九两一钱四分二厘，照前每百斤，加耗铜三十斤十三两八钱五分，计加耗铜一十一斤十四两四钱八分四厘七毫零，二共正、耗铜五十斤七两六钱二分六厘七毫零。白铅三十三斤八两九钱一分三厘五毫零，黑铅二斤十一两一钱九分九厘九毫零，均不加耗。净锡二斤五两二分八厘五毫零，每百斤加耗锡六斤，计加耗锡二两二钱二分一厘七毫零，二共正、耗锡二斤七两二钱五分二毫零。计外耗净铜、铅、锡七十七斤二两二钱八分四厘，不给锉磨、折耗。每钱一文，铸重一钱二分，共铸钱一十串二百八十五文七毫。不给工食、物料，只给局中官役廉、食等项钱四串零五十七文七毫，实存净钱六串二百二十八文。

计正铸、带铸、外耗三项，共用铜、铅、锡一千零一十九[斤]十五两九钱九分八厘二毫，共铸钱一百二十四串六百八十五文七毫。除支销工食、物料等项钱二十四串三百九十三文七毫[2]，实存净钱一百串二百九十二文。计八炉年铸二百八十八卯，共钱二万八千八百八十四串九十六文[3]，搭放兵饷[4]、鞭祭、铺饷等项之用。每钱一串二百文，扣收银一两，共扣收银二万四千七十余两。

又每年二百八十八卯，共用铜一十四万六千八百七十九斤，耗铜四万五千三百三十五斤。除耗铜不另给价外，每正铜百斤，给价、脚银九两二钱，该银一万三千五百一十二两八钱六分八厘。又用卑浙、块泽二厂白铅一十二万七千七百八十五斤，每百斤给价银一两八钱二分，脚银二两四钱四分一毫零，该银五千四百四十三两八钱一厘。又用各厂黑铅一万二百八十一斤，每百斤给价银一两四钱八分，脚银七钱二分，该银二百二十六两一钱八分二厘。用个旧厂净锡八千八百一十二斤，每正、耗百斤，给价银二两九钱二分七厘,脚银二两四钱五分八毫零,该银五百零二两二钱七分一厘。四共铜、铅、锡斤价、脚银一万九千六百八十五两一钱二分二厘,于前项扣获钱本银内计除外,每[年]共获铸息银四千三百余两。其每铸净铜一百斤,给炒费银三钱,系于铜息项下发给。

至三十五年二月初二日,将八炉全行裁撤[5]。

## 注　释

[1]　设炉八座:《皇朝文献通考》卷十七《钱币考五》记:"乾隆二十九年,又开云南顺宁府鼓铸局。云贵总督吴达善奏言:'滇省办铜各厂除汤丹、大碌两大厂之外,其次即赖大兴、大铜二厂。自乾隆二十一年奏开之后,岁办获铜百余万斤,至三四百万斤不等,兼之铜质甚高,大兴厂添拨京局,大铜厂分供省局,每年二厂所余铜,仍以给各省配搭采买之需。但该二厂地势低洼,每被水淹,厂民以有亏资本,采办不前,应及时调剂。拟岁给官本八千两,以为宣泄积水备料兴工之用。查顺宁府之宁台山厂,并附近芦塘等处,近年矿砂旺盛,积铜甚多,若加耗煎净,尽堪适用。其鼓铸所需铅、锡,亦易拨运。请开局于顺宁府城,设炉八座,每年开铸三十六卯,并照东川新局之例,加铸十八卯,钱幕仍铸"宝云"二字,共用正额、带铸、外耗铜、铅、锡四十四万六百四十斤,铸青钱五万三千八百六十四串二百文有奇。除去工、价等项,就近配给永顺镇标官兵俸饷,并搭放顺宁、永昌二府公用,所余钱文,核计归还铸本,将息银八千八百余两,添补大兴、大铜厂经费。'户部议如所请,从之。……乾隆三十一年,减云南顺宁局加卯鼓铸,增省城、临安鼓铸卯期。云贵总督刘藻奏言:'大兴、大铜等厂,嶅硐日深,修费更多。经前督吴达善奏请,于顺宁府设炉八座,每旬每卯加铸半卯,支放兵饷。所获息钱归并大兴、大铜等厂,为工本经费。嗣虑两厂支给官本,归款无期。又请于大理局各炉内加卯鼓铸,获息清款。至宁台厂历年办获铜斤,止能供顺宁局正铸之用,其加卯鼓铸之铜,难以办供应。将三十一年顺宁局停止加卯鼓铸,其顺宁局每年正加各卯,原系拨还大兴、大铜等厂预支动工泄水之项,历年清还。惟现在三

十一年，所动兴工泄水原本八千两，本年正铸局钱，止得其半，不敷抵补，应于省城、临安等局酌量加卯筹办余息归补。'户部议如所请，从之。"

[2]"支销"至"七毫"：乾隆《钦定户部鼓铸则例》卷十记："炉匠工食物料：顺宁局设炉八座，鼓铸三十六卯，每炉每卯给炉匠工食钱一十二串，共给炉匠工食钱三千四百五十六串。又每炉每卯加添工食钱二串四百七十文，共加添工食钱七百一十一串三百六十文。又每年动支炒费银四百四十两六钱四分，以为添补炉役食米不敷价值之用。又每炉每卯给物料钱五串三百三十二文八毫五丝七忽一微三纤七尘四渺三漠，共给物料钱一千五百三十五串八百六十二文八毫五丝五忽五微八纤二尘。带铸钱文每炉每卯给物料钱五百三十三文二毫八丝五忽六微八纤七尘一渺八漠。计三十六卯，八炉三十六卯，共给物料钱一百五十三串五百八十六文二毫七丝七忽九微。鼓铸工本：顺宁局正铸钱文，每年应需铸本银两，在于司库铜本银内借支，俟铸出钱文搭放官兵俸饷、厂本等项，易回银两，照数归还原项。管理局务：顺宁局鼓铸钱文，委顺宁府知府就近总理铸务，设巡察官一员，在于佐杂内拣选委用。并令该管上司不时稽查。倘经管之员，有侵那、亏缺情弊，该督抚即行据实题参。员役局费：顺宁局设炉八座，鼓铸三十六卯，外耗项下铸出钱文，除工本并节省铜、铅钱文外，获息钱一千一百六十八串六百一十七文，全数给发局内，作为炉役食米，官役养廉、工食等项之用。仍将给过钱文，造入鼓铸奏销册内，送部查核。铜铅锡价脚：顺宁局鼓铸钱文，配用宁台厂铜斤，每毛铜一百斤加耗铜一十七斤八两，每正铜百斤价银九两二钱。配用个旧厂板锡，每百斤外加耗锡六斤，每锡百斤价银二两九钱二分七厘九毫二丝七忽九微二纤七尘九渺二漠。自厂运至顺宁局计程二十三站，每站每百斤给运脚银一钱四厘二毫五丝，共给运脚银二两四钱四分九厘八毫七丝五忽。配用卑、块厂白铅，每百斤价银一两八钱二分，自厂运至省城，每百斤给运脚银七钱二分。又自省运至顺宁局，计程十六站，每站每百斤给运脚银一钱四厘二毫五丝，共给运脚银一两七钱二分一毫二丝五忽。仍将用给银两，统造入鼓铸奏销册内，送部查核。"

[3]"共钱"至"六文"：此书记顺宁局以二十座炉四色配铸，年共铸钱二万八千八百八十四串九十六文。而按照乾隆《钦定户部鼓铸则例》卷十记："顺宁局鼓铸钱文：顺宁局设炉八座，每年鼓铸三十六卯，遇闰加铸

三卯。每百斤内用红铜五十斤，白铅四十三斤八两，黑铅三斤八两，锡三斤。每炉每卯用红铜四百二十八斤九两一钱四分二厘八毫五丝，白铅三百七十二斤十三两七钱一分四厘二毫七丝九忽五微，黑铅二十九斤十五两九钱九分九厘九毫九丝九忽五微，板锡二十五斤十一两四钱二分八厘五毫七丝一忽。……共配用正额铜、铅、锡二十四万六千八百五十七斤二两二钱八分一厘六毫。每百斤内除折耗九斤，共折耗铜、铅锡二万二百一十七斤二两二钱八分一厘六毫，实铸净铜、铅、锡二十二万四千六百四十斤。每钱一文，铸重一钱二分，共该铸获钱二万九千九百五十二串。带铸八炉，每年三十六卯，每炉每卯配用铜四十二斤十三两七钱一分四厘二毫五丝，白铅三十七斤四两五钱七分一厘三毫九丝七忽五微，黑铅二斤十五两九钱九分九厘九毫九丝七忽五微，板锡二斤九两一钱四分二厘八毫五丝五忽。……共应铸铜、铅、锡二万四千六百八十五斤十一两四钱八厘。每百斤内除折耗九斤，共折耗铜、铅、锡二千二百二十一斤十一两四钱八厘。实铸净铜、铅、锡二万二千四百六十四斤。每钱一文，铸重一钱二分，共铸钱二千九百九十五串二百文。鼓铸外耗八炉每年三十六卯，每炉每卯用红铜三十八斤九两一钱四分二厘，白铅三十三斤八两九钱一分三厘五毫四丝，黑铅二斤十一两一钱九分九厘九毫四丝，板锡二斤五两二分五厘五毫二丝。……共应铸铜、铅、锡二万二千二百一十七斤一两七钱九分二厘。每钱一文，铸重一钱二分，共铸钱二千九百六十二串二百八十一文六毫。则每年正铸获钱二万九千九百五十二串，连带铸、外耗共铸钱三万五千九百九串四百八十一文六毫。"

[4] 搭放兵饷：乾隆《钦定户部鼓铸则例》卷十记："搭放兵饷：顺宁局每年铸获钱文搭放永顺镇管兵饷，并铜厂工本及边郡就近放给永昌、顺宁二府属每年额设鞭春、祭祀、廪生饩粮、铺工等项之用。每钱一串二百文易银一两，易回银两，除还归工本外，余息银两照数存留归补大铜、大兴等厂每年调剂经费之用。按年分款报销。"

[5] 将八炉全行裁撤：《清高宗实录》卷八百六十六记："乾隆三十五年庚寅八月，户部议准：'原任云南巡抚明德奏称"云南钱价，每银一两，易钱一千一二百文，市价已属太贱，向于六府设炉一百十六座，岁用铜二百三十余万斤，实属过多。应将东川各设炉二十五座，大理、广西各设炉十五座，临安、

顺宁各设炉八座，暂为裁减，岁可省铜一百四十五万余斤'"。从之。"《皇朝通典》卷十《食货十·钱币》记："乾隆三十一年，裁减云南顺宁局加卯鼓铸，增省城临安鼓铸卯期。三十五年，减云南炉座。时云南钱值过贱，将东川新设炉二十五座，大理、广西各十五座，临安、顺宁各八座，均行裁减。"

## 永昌府

永昌府保山局[1]，于乾隆四十一年正月设炉八座[2]，每炉每月鼓铸三卯，铜、铅对配。每卯正铸用铜四百二十八斤九两一钱四分二厘八毫零，每百斤加耗铜二十四斤，计加耗铜一百零二斤十三两七钱一分四厘二毫零，二共正、耗铜五百三十一斤六两八钱五分七厘一毫零。白铅三百七十二斤十三两七钱一分四厘二毫零，黑铅二十九斤十五两九钱九分九厘九毫零，均不加耗。净锡二十五斤十一两四钱二分八厘五毫零，每百斤加耗锡六斤，计加耗锡一斤八两六钱八分五厘七毫零，二共正、耗锡二十七斤四两一钱一分四厘二毫零。计正铸净铜、铅、锡八百五十七斤二两二钱八分五厘七毫，每百斤给锉磨、折耗九斤，共折耗铜、铅、锡七十七斤二两二钱八分五厘七毫，实铸净铜、铅、锡七百八十斤。每钱一文，铸重一钱二分，共铸钱一百四串。内除支销匠役工食钱一十二串，物料钱五串三百三十二文八毫零，实存净钱八十（六）〖八〗串六百六十七文一毫零。

又带铸用铜四十二斤十三两七钱一分四厘二毫零，每百斤加耗铜二十四斤，计加耗铜十斤四两五钱七分一厘四毫零，二共正、耗铜五十三斤二两二钱八分五厘六毫零。白铅三十七斤四两五钱七分一厘三毫零，黑铅二斤十五两九钱九分九厘九毫零，均不加耗。净锡二斤九两一钱四分二厘八毫零，每百斤加耗锡六斤，计加耗锡二两四钱六分八厘五毫零，二共正、耗锡二斤十一两六钱一分一厘四毫零。计带铸净铜、铅、锡八十五斤十一两四钱二分八厘五毫，每百斤给锉磨、折耗九斤，共折耗铜、铅、锡七斤十一两四钱二分八厘五毫，实铸净铜、铅、锡七十八斤。每钱一文，铸重一钱二分，共铸钱十串四百文。不给工食，只给物料钱五百三十三文二毫零，实存净钱九串八百六十六文七毫零。

又外耗用铜三十八斤九两一钱四分二厘，每百斤加耗铜二十四斤，计加耗铜九斤四两一钱一分四厘，二共正、耗铜四十七斤十三两二钱五分六厘。白铅三十三斤八两九钱一分三厘五毫零，黑铅二斤十一两一钱九分九厘九毫零，均不加耗。净锡二斤五两二分八厘五毫零，每百斤加耗锡六斤，计加耗锡二两二钱二分一厘七毫零，二共正、耗锡二斤七两二钱五分零二毫零。计外耗净铜、铅、锡七十七斤二两二钱八分四厘，不给锉磨、折耗。每钱一文，铸重一钱二分，共铸钱一十串二百八十五文七毫。不给工食、物料，只给局中官役廉、食等项钱四串零五十七文七毫，实存净钱六串二百二十八文。

计正铸、带铸、外耗三项，共用铜、铅、黑铅、锡一千零一十九斤十五两九钱九分八厘二毫，共铸钱一百二十四串六百八十五文七毫。除支销工食、物料等项钱二十一串九百二十三文七毫，实存净钱一百二串七百六十二文。计八炉年铸二百八十八卯，共钱二万九千五百九十五串四百五十六文，搭放兵饷、鞭祭、铺饩等项之用。每钱一串二百文，扣收银一两，共扣收银二万四千六百余两。

又每年二百八十八卯，共用铜一十四万六千八百七十九斤，耗铜三万五千二百五十斤。除耗铜不另给价外，每正铜百斤，价、脚银九两二钱，该银一万三千五百一十二两八钱六分八厘。又用卑淛、块泽二厂白铅一十二万七千七百八十五斤，每百斤给价银一两八钱二分，脚银三两一钱一分七厘七毫零，该银六千三百零九两七钱四厘。又用各厂黑铅一万零二百八十一斤，每百斤给价银一两四钱八分，脚银七钱二分，该银二百二十六两一钱八分二厘。用个旧厂净锡八千八百一十二斤，每正、耗锡百斤，给价银二两九钱二分七厘，脚银三两一钱二分八厘四毫零，该脚、价银五百五十六两六钱七分一厘。四共铜、铅、黑铅、锡斤价、脚银二万零六百一十四两四钱二分五厘，于前项扣获钱本银内计除外，每年共获铸息银四千余两。其每铸净铜一百斤，给炒费银三钱，系于铜息项下发给。

乾隆四十二年正月，添炉四座[3]，连原设炉八座，共计一十二座，照前鼓铸。年铸四百三十二卯，共钱四万四千三百余串。除归还铜、铅本、脚外，计获铸息银六千余两。

乾隆四十二年八月，裁减二炉，酌留十炉，照前鼓铸。年铸三百六十卯，共钱三万六千九百余串。除归还铜、铅本、脚外，计获铸息银五千余两。至四十三年底，将十炉全行撤裁。

嘉庆四年，因改铸收买小钱，咨明户部，于永昌府设炉十座，就近改铸永昌府所属小钱。至嘉庆五年铸竣，将炉座裁撤[4]。

## 注 释

[1] 保山局：云南各府、州铸钱局的名字，都以府、州的名称命名，唯永昌府例外，永昌府铸钱局名为保山局。因此节题目若以保山局为名不符体例，而题为永昌府。

[2] 设炉八座：保山局于乾隆四十一年正月设炉八座，未见于其它资料。

[3] 添炉四座：《清高宗实录》卷一千三十五记："乾隆四十二年六月，户部议准：'署云南巡抚图思德疏称"保山局增炉四座，每年铸存钱一万四千余串，请以钱一串二百文，作银一两，对半搭放兵饷等项，即以易回银，还铜、锡、铅工本"'。从之。"《皇朝通志》卷八十九《食货略九·钱币》记："乾隆四十一年，以云南铜斤足敷加铸，复定东川局增炉十五座，……保山局增炉四座。"《皇朝文献通考》卷十八《钱币考六》记："乾隆四十一年，署云贵总督觉罗图思德等言：'滇省近年大小各厂，岁获铜一千二百三四十万斤，除京运、鼓铸，年需高铜九百余万斤，外其宁台、户蒜、金钗等厂，尚积存低铜五百余万斤，并收回一分通商一百二十余万斤，已足敷复炉加铸之用。请于东川局增炉十五座……保山局增炉四座'。"

[4] 将炉座裁撤：清云南布政司《案册》记："嘉庆四年，临安府设炉六座，广南府设炉六座，东川府设炉六座，大理府下关设炉一十二座，楚雄府设炉十座，永昌府设炉十座，就近收买小钱改铸，于五年、六年铸竣，节次裁撤。"

## 曲靖局

曲靖局，于乾隆四十二年四月设炉十八座[1]，每月每炉鼓铸三卯，铜、铅对配。每卯正铸用宁台厂净铜四百二十八斤九两一钱四分二厘八毫零。每百斤加耗铜八斤，二共铜一百零八斤。又每百斤照湖北省采买事例加煎耗铜一十七斤八两，该加煎耗铜一十八斤十四两四钱，二共铜一百二十六斤十四两四钱。又每百斤加民耗铜三斤二两，该民耗铜三斤十五两四钱五分。通共每百斤加局耗、煎耗、民耗铜三十斤十三两八钱五分，共该加耗铜一百三十二斤四两四钱九分九厘九毫零。二共正、耗铜五百六十斤十三两六钱四分二厘八毫零。白铅三百七十二斤十三两七钱一分四厘二毫零，黑铅二十九斤十五两九钱九分九厘九毫零，均不加耗。净锡二十五斤十一两四钱二分八厘五毫零，每百斤加耗锡六斤，计加耗锡一斤八两六钱八分五厘七毫零，二共正、耗锡二十七斤四两一钱一分四厘二毫零。计正铸净铜、铅、锡八百五十七斤二两二钱八分五厘七毫。每百斤给锉磨、折耗九斤，共折耗铜、铅、锡七十七斤二两二钱八分五厘七毫，实铸净铜、铅、锡七百八十斤。每钱一文，铸重一钱二分，共铸钱一百四串。内除支销匠役工食钱一十二串，物料钱五串三百三十二文八毫，实存净钱八十六串六百六十七文一毫零。

又带铸用铜四十二斤十三两七钱一分四厘二毫零，每百斤照前加耗铜三十斤十三两八钱五分，计加耗铜一十三斤三两六钱四分九厘九毫零，二共正、耗铜五十六斤一两三钱六分四厘二毫零。白铅三十七斤四两五钱七分一厘三毫零，黑铅二斤十五两九钱九分九厘九毫零，均不加耗。净锡二斤九两一钱四分二厘八毫零，每百斤加耗锡六斤，计加耗锡二两四钱六分八厘五毫零，二共正、耗锡二斤十一两六钱一分一厘四毫零。计带铸净铜、铅、锡八十五斤十一两四钱二分八厘五毫，每百斤给锉磨、折耗九斤，共折耗铜、铅、锡七斤十一两四钱二分八厘五毫，实铸净铜、铅、锡七十八斤。每钱一文，铸重一钱二分，共铸钱十串四百文。不给工食，只给物料钱五百三十三文二毫零，实存净钱九串八百六十六文七毫零。

又外耗用铜三十八斤九两一钱四分二厘，照前每百斤加耗铜三十斤十三两八钱五分，计加耗铜一十一斤十四两四钱八分四厘七毫零，二共正、耗铜五十斤七两六钱二分六厘七毫零。白铅三十三斤八两九钱一分三厘五毫零，黑铅二斤十一两一钱九分九厘九毫零，均不加耗。净锡二斤五两二分八厘五毫零，每百斤加耗锡六斤，计加耗锡二两二钱二分一厘七毫零，二共正、耗锡二斤七两二钱五分二毫零。计外耗净铜、铅、锡七十七斤二两二钱八分四厘，不给锉磨、折耗。每钱一文，铸重一钱二分，共铸钱十串二百八十五文七毫。不给工食、物料，只给局中官役廉、食等项钱四串五十七文七毫，实净存钱六串二百二十八文。

计正铸、带铸、外耗三项，共用铜、铅、黑铅、锡一千一十九斤十五两九钱九分八厘二毫，共铸钱一百二十四串六百八十五文七毫。除支销工食、物料等项钱二十一串九百二十三文七毫，实存净钱一百零二串七百六十二文。计一十八炉，年铸六百四十八卯，共钱六万六千五百余串，搭放厂本、运脚之用。每钱一串二百文，扣收银一两，共扣收银五万五千四百余两。

又每年六百四十八卯，用铜三十三万四百七十九斤，耗铜一十万二千零四斤。除耗铜不另给价外，每正铜百斤，给价、脚银九两二钱，共该铜价银三万四百四两。又用卑浙、块泽二厂白铅二十八万七千五百一十七斤，每百斤给价银一两八钱二分，脚银三钱一分五厘，该价、脚银六千一百三十八两。又用卑浙、块泽二厂黑铅二万三千一百三十三斤，每百斤给价银一两四钱八分，脚银五钱，该价、脚银四百五十八两。又用个旧厂净锡一万九千八百二十八斤，每正、耗锡百斤，给价银二两九钱二分七厘，脚银一两零四分三厘四毫二丝七忽九微二纤七尘九渺二漠，该价、脚银八百三十四两五钱四厘。四共铜、铅、锡斤价、脚银三万七千八百三十四两五钱四厘，于前项扣获钱本银内计除外，年共获铸息银一万七千六百余两。其每铸净铜一百斤，给炒费银三钱，系于铜息项下发给。

乾隆四十二年八月初一日，减炉十座，酌留八座，照前鼓铸。年铸二百八十八卯，共钱二万九千五百余串。除归还铜、铅本、脚外，计获铸息银七千八百余两。至四十四年二月底，将八炉全行裁撤[2]。

## 注　释

[1]　设炉十八座：《皇朝通志》卷八十九《食货略九·钱币》记："乾隆四十一年，以云南铜斤足敷加铸，复定东川局增炉十五座，曲靖府安炉

373

十八座。"《皇朝文献通考》卷十八《钱币考六》记："乾隆四十一年，署云贵总督觉罗图思德等言：'滇省近年大小各厂，岁获铜一千二百三四十万斤，除京运、鼓铸，年需高铜九百余万斤，外其宁台、户蒜、金钗等厂，尚积存低铜五百余万斤，并收回一分通商一百二十余万斤，已足敷复炉加铸之用。请于东川局增炉十五座，曲靖府安炉十八座'。"

[2] 将八炉全行裁撤：《皇朝通志》卷八十九《食货略九·钱币》记："乾隆四十四年，以滇省铜斤，不敷各省采买，其临安、保山、曲靖三局复设十三座，尽数裁去。"《皇朝文献通考》卷十八《钱币考六》记："乾隆四十四年，云贵总督李侍尧言：'滇省所筹铜数，只有一百九十余万斤，不敷各省采买。谨就三迤地势民情，悉心酌核，除省城、东川府需钱较多，未便议裁外……其临安、曲靖、保山三局复设十三座，尽数裁去，以节铜斤'。"

# 临安局[1]

临安局，于雍正元年十二月，设炉六座[2]，每炉每月鼓铸三卯，以铜六、铅四配铸。每卯正铸用铜六百斤，每百斤加耗铜十三斤，计加耗铜七十八斤，二共正、耗铜六百七十八斤。白铅四百斤，不加耗。计正铸净铜、铅一千斤，每百斤给锉磨、折耗九斤，共折耗铜、铅九十斤，实铸净铜、铅九百一十斤。每钱一文，铸重一钱四分，共铸钱一百零四串。内除支销炉匠工食钱一十二串，物料钱六串二百文，实存净钱八十五串八百文。

又带铸用铜六十斤，每百斤加耗铜十三斤，计加耗铜七斤十二两八钱，二共正、耗铜六十七斤十二两八钱。白铅四十斤，不加耗。计带铸净铜、铅一百斤，给锉磨、折耗九斤，实铸净铜、铅九十一斤。每钱一文，铸重一钱四分，共铸钱十串四百文。不给工食，只给物料钱六百二十文，实存净钱九串七百八十文。

又外耗用铜五十四斤，每百斤加耗铜一十三斤，计加耗铜七斤三钱二分，二共正、耗铜六十一斤三钱二分。白铅三十六斤，不加耗。计外耗净铜、铅九十斤，不给锉磨、折耗。每钱一文，铸重一钱四分，共铸钱十串二百八十五文七毫。不给工食、物料，只给局中官役廉、食等项钱四串五十七文七毫，实存净钱六串二百二十七文三毫。

计正铸、带铸、外耗三项，共用铜、铅一千九十一斤，共铸钱一百二十四串六百八十五文七毫。除支销工食、物料等项钱二十二串八百七十七文七毫[3]，实存净钱一百一串八百八文。计六炉年铸二百一十六卯，共钱二万一千九百余串，搭放兵饷[4]之用。每钱一串，扣收银一两，共扣收银二万一千九百余两。

又每年二百一十六卯，共用各厂正铜一十五万四千二百二十四斤，耗铜二万零四十九斤。除耗铜不另给价外，每正铜百斤，给价、脚银九两二钱，共该铜价银一万四千一百八十八两六钱八厘。又用卑浙、块泽二厂白铅一十万二千八百一十六斤，每百斤给价银二两，脚银一两五钱，该脚、价银三千五百九十八两五钱六分。二共铜、铅价、脚银一万七千七百八十七两一钱六分八厘，于前项扣获钱本银内计除外，每年共获铸息银四千二百余两。其每铸净铜一百斤，给炒费银三钱，系于铜息项下动支发给。

雍正五年二月，添设炉五座[5]，连原设六座，共计十一炉。年铸三百九十六卯，仍以铜六、铅四配铸。每钱一文，铸重一钱四分，年共铸钱四万三百一十余串。除归还铜、铅本、脚外，计获铸息银七千七百余两。

雍正十二年十一月，减发铜、铅，改为每钱一文，铸重一钱二分，仍以铜六、铅四配铸。每卯正铸、带铸、外耗，共用铜六百一十一斤十五两九钱九分八厘九毫二丝，白铅四百七斤十五两九钱九分九厘二毫八丝。年共铸钱四万三百一十余串。除归还铜、铅本、脚外，计获铸息银一万二千三百余两。

乾隆元年，改为每钱一串二百文，扣收银一两。又铅斤运脚，每百斤原给银一两五钱，改为给银一两。其炉役工食，并外耗支销，照旧发给。惟正铸物料，原给钱六串二百文，改为给钱五串三百三十二文八毫。带铸物料，原给钱六百二十文，改为给钱五百三十三文二毫。年共铸钱四万六百九十余串，除归还铜、铅本、脚外，计获铸息银六千七百六十余两。

乾隆五年十二月，添设炉五座，连原设十一座，共炉一十六座，照前鼓铸。年铸五百七十八卯，年共铸钱五万九千一百余串。除归还铜、铅本、脚外，计获铸息银九千八百余两。

乾隆六年十二月，改为四色配铸，每百斤用铜五十斤，白铅四十三斤八两，黑铅三斤八两，锡三斤。黑铅每百斤价银一两四钱八分，脚银七钱二分。锡每百斤价银二两九钱二分七厘，脚银二钱九厘四毫零，年共铸钱五万九千一百九十余串。除归还铜、铅本、脚外，计获铸息银一万三千五百九十余两。

乾隆十五年正月，减炉八座，酌留八座，照前鼓铸。年铸二百八十八卯，其白铅改用普马厂[6]铅斤，每百斤厂价银二两，脚银二钱七分二厘七毫。年共铸钱二万九千五百九十余串[7]。除归还铜、铅本、脚外，计获铸息七千七百二十余两。

乾隆十九年，将黑铅运脚每百斤原给银七钱二分，改为给银九分九毫，年共铸钱二万九千五百九十余串。除归还铜、铅本、脚外，计获铸息银七千七百九十余两。

乾隆三十年五月，每炉每卯正铸项下，加添米、炭价钱二串四百七十文，年共铸钱二万八千八百余串。除归还铜、铅本、脚外，计获铸息银七千一百余两。至三十五年八月，将八炉全行裁撤[8]。

乾隆四十一年正月，复设炉一十二座，照前鼓铸。年铸四百三十二卯，年共铸钱四万三千三百余串。除归还铜、铅本、脚外，计获铸息银一万七百九十余两。

乾隆四十二年八月，减炉四座，酌留炉八座，照前鼓铸。年共铸钱二万八千八百余串。除归还铜、铅本、脚外，计获铸息银七千一百余两。至四十四年二月底，将八炉全行裁撤。

嘉庆四年，因改铸收买小钱，咨明户部，于临安府支炉六座，就近改铸临安、普洱二府属小钱。于是年铸竣，即将炉座裁撤。

## 注　释

[1]　临安局：按照史料记录可知，临安府设局应在康熙二十四年，而非雍正元年。雍正《云南通志》卷十一《课程志·钱法》记："康熙二十四年，设临安铸局。二十七年，总督范承勋以云南钱法壅贱，奏罢之。"雍

正《云南通志》卷十八下《公署》记："建水州·宝云钱局：在城内武侯庙左。"雍正《云南通志·课程志·钱法》记：临安府城旧设新增，共炉十一座，委监铸官一员。正额每炉三十六卯，十一炉共实铸铜、铅三十六万三百六十斤，得钱四万一千一百八十四千，以钱一千作银一两，除去工本银三万六千一百九十四两四钱外，实获息钱四千九百八十九千六百文，每年支放附近钱局之临安镇钱、二兵饷钱七千五百九十六千四百七十五文。遵照部文，易银作次年工本。带铸每炉三十六卯，十一炉共实铸铜、铅三万六千三十六斤，得钱四千一百一十八千四百文，以钱一千作银一两，除去工本银二千九百八十五两八钱四分外，实获息钱一千一百三十二千五百六十文，以为添给解送邻省脚、价之费。增铸、外耗十一炉三十六卯，共用铜、铅三万五千六百四十斤，每炉每卯得钱十千二百八十五文七毫一丝四忽零，实共铸得钱四千零七十三千一百四十三文。内除去工本银二千四百六十六两二钱八分八厘外，实获息钱一千六百零六千八百五十五文。遵奉部覆，准作局内炉役食米、添补灯油器，其官役养廉、工食等项之用。自雍正七年起，通省各府、州、县每年鞭春厉祭、铺兵工食、生员廪饩俱以钱给，每年放给钱一万一十九千八十一文，易银一万一十九两八分一厘。"《清世宗实录》卷七十七记："雍正七年己酉春正月……广西水道，上通云南广南府属之剥隘，较他省挽运稍易。现今云南有余之铜，差员由广西运往汉口、镇江，若以此存于临安府，添炉鼓铸，运交粤西给发官俸、役食及驿站钱粮，计可岁销四万余串。再于兵饷搭放十分之一，可销三万余串，如搭放十分之二，可销六万余串。且前此运粤之二万串，系全数解交藩库，方领银回滇……行令云贵广西总督鄂尔泰，将滇省每年所有铜斤余出若干，临安一局约可添炉几座，或铸钱四万串，或可多铸之处酌量定议，委员解赴广西，照例每钱一串，易银一两领回。从之。"

[2] 设炉六座：《皇朝通典》卷十《食货十·钱币》记："雍正元年，增开云南鼓铸局四所。时云南产铜日多，足供鼓铸，其省城之云南府及临安府、大理府、沾益州四处，相近铜厂，转运为便，故各令开局鼓铸。省城局炉二十一座，临安府局炉六座，大理府局炉五座，沾益州局炉十五座。每年开铸三十六卯，遇闰加三卯。钱幕铸满文'宝云'字，嗣后他省铸钱俱用宝字为首，次铸本省一字。"雍正《云南通志》卷十一《课程志·钱法》

记："雍正元年，临安府城设炉六座，委监铸官一员。每炉三十六卯，六炉共实铸铜、铅一十九万六千五百六十斤，得钱二万二千四百六十四千，以钱一千作银一两，除去工本银一万九千七百四十二两四钱外，实获息钱二千七百二十一千六百文，每年支放附近钱局之临元镇钱、二兵饷钱七千七百千一百五十九文。遵照部文，易银作次年工本。"

[3] "支销"至"七毫"：乾隆《钦定户部鼓铸则例》卷九《云南省》记："炉匠工食物料：临安局设炉八座，每炉每卯给炉匠工食钱一十二串，计三十六卯，共给炉匠工食钱三千四百五十六串。又每炉每卯加添工食钱四串，除炒费项下动支钱一串五百三十文，每年共支钱四百四十串六百四十文外，实加添钱二串四百七十文。每年共加添工食钱七百一十一串三百六十文。又每炉每卯给物料钱五串三百三十二文八毫五丝七忽一微三纤七尘四渺三漠零。八炉三十六卯，共给物料钱一千五百三十五串八百六十二文八毫五丝五忽五微八纤二尘。临安局带铸八座，每炉每卯给物料钱五百三十三文二毫八丝五忽六微八纤七尘一渺八漠。计三十六卯，共给物料钱一百五十三串五百八十六文二毫七丝七忽九微一纤。员役局费：临安局设炉八座，每年鼓铸三十六卯，外耗项下铸出钱文，除工本并节省铜、铅钱文外，获息钱一千一百六十八串六百一十七文，全数给发局内，作为炉役食米，官役养廉、工食等项之用。铜铅锡价脚：临安局鼓铸钱文，配用本省厂铜，每铜百斤价银九两二钱。配用个旧厂板锡，外加耗锡六斤，每锡百斤价银二两九钱二分七厘九毫二丝七忽九微二纤七尘九渺二漠。自厂运至临安局计程三站，每站每百斤运脚银九分九毫，共该运脚银二钱七分二厘七毫。配用黑铅每百斤价银一两五钱，自厂运至省城局计程六站，每站每百斤运脚银一钱，共该运脚银六钱。配用黑铅每百斤价银一两四钱八分，自厂至临安局计程一站，每百斤运脚银九分九毫。仍将用给银两，统造入鼓铸奏销册内，报部查核。"

[4] 搭放兵饷：乾隆《钦定户部鼓铸则例》卷九《云南省》记："搭放兵饷：临安局每年铸获钱文，搭放临元镇营兵饷并廪生汔粮、驿堡铺兵工食及鞭春、祭祀等项，以银三、钱七搭放。每钱一串，添放息钱二百文，作银一两，于本饷银内扣出归还原项。"

[5] 添设炉五座：《清世宗实录》卷五十记："雍正四年丙午十一月，

户部议覆：'云贵总督鄂尔泰疏言"停止大理、沾益二局鼓铸，请于云南、临安二府，共加炉九座，鼓铸钱文，以四万串发运湖广、四川、江西、两广等处"，应如所请'。从之。"《清世宗实录》卷七十七记："雍正四年，户部议：'发云南所铸之钱二万串，到粤搭放兵饷，军民称便，但数止二万串，散之通省，寥寥无几。……行令云贵广西总督鄂尔泰，将滇省每年所有铜斤，余出若干，临安一局，约可添炉几座，或铸钱四万串，或可多铸之处酌量定议，委员解赴广西，照例每钱一串，易银一两领回'。从之。"《皇朝通典》卷十《食货十·钱币》记："乾隆五年，增云南炉局十座，及临安局炉五座，其钱照青钱式。又以云南改铸青钱，需用点锡，赴粤采买不易，准其以个旧厂版锡搭配鼓铸。"雍正《云南通志》卷十一《课程志·钱法》记："雍正五年，停沾益、大理两处铸钱，云南府城增炉四座，仍设监铸官一员；临安府城增炉五座，仍设监铸官一员。二处共合炉三十六座，鼓铸外增铸带铸制钱。……于五年正月三十日沾益、大理停铸。二月初一日，省城、临安添炉九座，开铸并带铸制钱。"

[6] 普马厂：位于临安府治（今红河州建水县）境内。乾隆十四年（1749）开始生产，由于资源有限，于开采六十年后，即嘉庆十三年（1808）封闭。嘉庆《临安府志》卷六《厂课》记："普马白铅厂，坐落建水县地方，距府城一站，省城五站。乾隆四十一年开采，移矿就煤，每年额办白铅二十二万三千六百二十四斤十二两。每出铅百斤，抽课二十斤。以十斤解司变价充饷，五斤解司变价充公，五斤作为管厂官役食银。余铅每百斤给价银二两收买，运供省局鼓铸，每百斤给脚银四钱五分。历系建水县经管，嗣于嘉庆三年正月奉文改委临安府管理。"《清高宗实录》卷三百四十四记："乾隆十四年己巳秋七月，户部议准：'云南巡抚图尔炳阿奏称"滇省临局鼓铸，需用白铅，向于卑、块二厂买运，查普马山铅厂，矿砂旺盛，距临局三站，每百斤需脚、价银二钱七分，较卑、块节省银七钱二分，应自庚午年始，照卑、块例，在普马山买铸"'。从之。"《清高宗实录》卷一千三十四记："乾隆四十二年丁酉六月，户部议准：'署云南巡抚图思德题称"建水县普马旧厂之大黑山，另开礦硐，铅砂丰旺，就近拨临安局鼓铸，价值运费，照旧厂章程办理"'。从之。"《皇朝文献通考》卷十七《钱币考五》记："乾隆二十一年，议定云南各局配铸白铅价直。先是，云南局白铅，

俱系卑浙、块泽二厂所出。乾隆十四年，以建水州新开普马山厂产有白铅，距省城、临安道路较近，奏定照例抽课收买，运供二局鼓铸。寻复议大理、广西二局，亦就近拨用，以省脚费。其旧厂每年但收买二十五万斤存贮，其余听商自行销售。至是厂民呈请每百斤减价一钱八分，仍照旧例拨用。经署巡抚郭一裕奏定：新、旧厂并行开采，除东川局向用卑浙、块泽厂铅外，嗣后省城、临安二局用普马厂铅，每百斤照例厂价二两；大理、广西二局用卑浙、块泽厂铅，每百斤厂价一两八钱二分，按额分运。"《军机处录副奏折》记："嘉庆十六年二月二十四日，云贵总督伯麟、云南巡抚孙玉庭奏：'为铅厂矿砂无出仰恳圣恩俯准封闭以归核实事。窃查临安府经管之普马白铅厂，因矿砂衰竭，砂丁星散，无从采办。节据该道府查勘属实，附近无子厂可开，出具印结，由藩司详请奏恳封闭前来。臣等伏查普马铅厂，前因开采年久，矿砂微薄，历系贴价、脚购买别厂商铅添补运供。……经据实详咨，将普马厂封闭……自嘉庆十三年起，全数归于者海厂代办'。"清云南布政司《案册》记："普马铅厂，坐落建水县地方。年办局铅二十一万九千七百六十九斤二两八钱一分二厘，有润办铅二十三万八千八十三斤四两三钱八分。嘉庆八年，厂铅不敷局铸，改令者海厂办铅一十八万八千八十三斤四两三钱八分，本厂办铅五万斤。十三年，全行封闭，局铅归者海厂代办。"乾隆《钦定户部鼓铸则例》卷四记："普马山厂抽收课铅：普马山厂民每炼获白铅一百斤，外抽正课铅十斤，运局供铸，变价银两解司报部，拨充兵饷。抽余课铅十斤，内充公铅五斤，变价充公。管厂官役养廉、工食铅五斤，照厂价变卖，尽数通融支给。所办铅斤，先尽官买额数，运局鼓铸。其余所出铅斤，无论本省、邻省，准令厂民自行通商。仍照例抽收课、余铅斤。该布政使编发印票存厂，临时填给，不许票外夹带。如无印票私卖私运，一经拿获，铅斤入官，照律治罪。至厂内煎获铅斤，抽收课、余铅，以及收买铅斤给发该州价、脚，并稽查、弹压一切厂务，令建水州知州经理。如有亏那、侵隐情弊，据行据实题参。仍将每年煎获白铅，收买铅斤并抽收课、余铅斤各数目，造入矿厂奏销册内，报部核销。余铅价值：普马山厂收买厂余铅，每百斤给价银二两。每发价银一百两，扣平余银一两五钱，解司充公。仍将收买铅斤给过银两，并扣收平余各数，按年造入矿厂奏销册内，报部核销。请领工本：普马山厂白铅，运供钱局鼓铸。所需工本、脚价银两，在于司库铜息项下借动，于鼓铸工本银内照数归还原款。运局脚费：普马山厂课、余铅斤，发运省城、临安二局鼓铸。自厂发运至省城钱局，计程五站，每站每铅一百斤给脚价银九分。又自厂发运至临安局，计程三站，每站每铅一百斤给脚价银九分九毫零。所需脚价银两，在于司库铜斤余息银内动支。仍将动给脚价银两数目，造入鼓铸奏销册内，报部核销。养廉工食：普马山厂管厂官每年应支养廉银两，在于抽收二斤养廉铅斤变价银内支给。管厂人役工食，统在于抽收三斤工食铅斤变价银内支给。如有不敷，即在于管厂官应支养廉铅斤变价银内通融支给。仍造入矿厂奏销册内，报部核销。"

[7]"年共铸钱"至"九十余串"：此书记临安局以八座炉四色配铸，年共铸钱二万九千五百九十余串。而按照乾隆《钦定户部鼓铸则例》卷九记："临安局设炉八座，每年鼓铸三十六卯，闰月加铸三卯。每百斤内用红铜五十斤，白铅四十三斤八两，黑铅三斤八两，锡三斤。……共配铸铜、铅、锡二十四万六千八百五十七斤二两二钱八分一厘六毫。每百斤折耗九斤，该折耗铜、铅、锡二万二百一十七斤二两二钱八分一厘六毫，实铸净铜、铅、锡二十二万四千六百四十斤。每钱一文，铸重一钱二分，共该铸获钱二万九千九百五十二串。临安局带铸八炉，计三十六卯，闰月亦带铸三卯。每炉每卯配用铜四十二斤十三两七钱一分四厘二毫五丝，白铅三十七斤四两五钱七分一厘三毫九丝七忽五微，黑铅二斤十五两九钱九分九厘九毫九丝七忽五微，板锡二斤九两一钱四分二厘八毫五丝五忽。……共配铸铜、铅、锡二万四千六百八十五斤十一两四钱八厘。每百斤除折耗九斤，该折耗铜、铅、锡二千二百二十一斤十一两四钱八厘。实铸净铜、铅、锡二万二千四百六十四斤。每钱一文，铸重一钱二分，共该铸获钱二千九百九十五串二百文。临安局鼓铸外耗八炉三十六卯，闰月亦鼓铸外耗三卯。每炉每卯配用铜三十八斤九两一钱四分二厘，白铅三十三斤八两九钱一分三厘五毫四丝，黑铅二斤十一两一钱九分九厘九毫四丝，板锡二斤五两二分五厘五毫二丝。……共配铸铜、铅、锡二万二千二百一十七斤一两七钱九分二厘。不准折耗。每钱一文，铸重一钱二分，共该铸获钱二千九百六十二串二百八十一文六毫。则每年正铸获钱二万九千九百五十二串，连带铸、外耗共铸钱三万五千九百九串三百三十文。"

[8] 将八炉全行裁撤：《皇朝通典》卷十《食货十·钱币》记："乾隆三十五年，减云南炉座。时云南钱值过贱，将东川新设炉二十五座，大理、广西各十五座，临安、顺宁各八座，均行裁减。"《皇朝通志》卷八十九《食货略九·钱币》记："乾隆三十五年，又以云南总督刘藻请，减云南顺宁府加卯鼓铸，增省城、临安鼓铸卯期。寻以铜斤不敷，将东川新设炉二十五座，大理、广西各十五座，临安、顺宁各八座，暂为裁减。"

## 沾益局[1]

沾益州，于雍正元年十二月二十日设炉十五座，每炉每月鼓铸三卯，铜六、铅四配铸。每炉每卯正铸用铜六百斤，每百斤加耗铜十三斤，计加耗铜七十八斤，二共正、耗铜六百七十八斤。白铅四百斤，不加耗。计正铸净铜、铅一千斤，每百斤给锉磨九斤，共折耗铜、铅九十斤，实铸净铜、铅九百一十斤。每钱一文，铸重一钱四分，共铸钱一百四串。内除支销炉匠工食钱十二串，物料钱六串二百文，实存净钱八十五串八百文。

又带铸用铜六十斤，每百斤加耗铜一十三斤，计加耗铜七斤十二两八钱，二共正、耗铜六十七斤十二两八钱。白铅四十斤，不加耗。计带铸净铜、铅一百斤，给锉磨、折耗九斤，实铸净铜、铅九十一斤。每钱一文，铸重一钱四分，共铸钱十串四百文。不给工食，只给物料钱六百二十文，实存净钱九串七百八十文。

又外耗用铜五十四斤，每百斤加耗铜一十三斤，计加耗铜七斤三钱二分，二共正、耗铜六十一斤三钱三分。白铅三十六斤，不加耗。计外耗净铜、铅九十斤，不给锉磨、折耗。每钱一文，铸重一钱四分，共铸钱十串二百八十五文七毫。不给工食、物料，只给局中官役廉、食等项钱四串五十七文七毫，实存净钱六串二百二十七文三毫。

计正铸、带铸、外耗三项，共用铜、铅一千九百一十一斤，共铸钱一百二十四串六百八十五文七毫。除支销工食、物料等项钱二十二串八百七十七文七毫，实存净钱一百一串八百八文。十五炉年铸五百四十卯，共钱五万四千九百七十六串三百二十文，搭放兵饷之用。每钱一串，扣收银一两，共扣收银五万四千九百七十六两三钱二分。

又每年五百四十卯，共用各厂正铜三十八万五千五百六十斤，加耗铜五万一百二十二斤十二两八钱不另给价外，每正铜百斤，价、脚银九两二钱，共该铜价银三万五千四百七十一两五钱二分。又用卑浙、块泽二厂白铅二十五万七千四十斤，每百斤给价银二两，脚银一两五钱，共该脚、价银八千九百九十六两四钱。二共铜、铅价、脚银四万四千四百六十七两九钱二分，于前项扣获钱本银内计除外，每年共获铸息银一万五百余两。其每铸净铜一百斤，给炒费银三钱，系于铜息项下动支发给。至雍正五年正月底，将十五炉全行裁撤[2]。

# 注　释

[1]　沾益局：雍正《云南通志》卷十八下《公署》记："沾益州·宝云钱局：在北门外，今停。"雍正《云南通志》卷十一《课程志·钱法》记："雍正元年，设鼓铸于云南府城、沾益州城、临安府城、大理府城，共建炉四十七座。……沾益州城设炉十五座，委监铸官一员，每炉三十六卯十五炉，共实铸铜、铅四十九万一千四百斤，得钱五万六千一百六十千，以钱一千作银一两，除去工本银四万九千三百五十六两外，实获息钱六千八百四千文，每年支放附近钱局之曲寻援剿左协寻沾营钱、二兵饷，易隆、马龙、沾益、白水、平彝、松林、炎方、倘塘各驿堡官夫廪食、马匹草料钱，三钱共二万二千六百一十三千四百四文。遵照部文，易银作次年工本。"

[2]　将十五炉裁撤：清代倪蜕《滇云历年传》卷十二记："（雍正）四年丙午，停沾益、大理两处铸钱，增云南炉四座、临安炉五座。"雍正《云南通志》卷十一《课程志·钱法》记："雍正五年，停沾益、大理两处铸钱。……四年三月，巡抚管总督事鄂尔泰题'为详筹钱法恳请暂停鼓铸事'，疏请暂停鼓铸，庶局钱不致日增，而无壅滞之患。……大理一局，去滇甚远；沾益一局，马脚必至省雇，往返多费。此二局似应减去。……疏入，报可。于五年正月三十日，沾益、大理停铸。"

# 大理局[1]

大理局，于雍正元年十二月设炉五座[2]，每炉每月鼓铸三卯，以铜六、铅四对铸。每卯正铸用铜六百斤，每百斤加耗铜十三斤，计加耗铜七十八斤，二共正、耗铜六百七十八斤。白铅四百斤，不加耗。计正铸净铜、铅一千斤，每百斤给锉磨、折耗九斤，共折耗铜、铅九十斤，实铸净铜、铅九百一十斤。每钱一文，铸重一钱四分，共铸钱一百零四串。内除支销炉匠工食钱十二串，物料钱六串二百文，实存净钱八十五串八百文。

又带铸用铜六十斤，每百斤加耗铜十三斤，计加耗铜七斤十二两八钱，二共正、耗铜六十七斤十二两八钱。白铅四十斤，不加耗。计带铸净铜、铅一百，给锉磨、折耗九斤，实铸净铜、铅九十一斤。每钱一文，铸重一钱四分，共铸钱十串四百文。不给工食，只给物料钱六百二十文，实存净钱九串七百八十文。

又外耗用铜五十四斤，每百斤加耗铜十三斤，计加耗铜七斤零二钱二分，二共正、耗铜六十一斤（三）〖二〗钱二分。白铅三十六斤，不加耗。计外耗净铜、铅九十斤，不给锉磨、折耗。每钱一文，铸重一钱四分，共铸钱十串二百八十五文七毫。不给工食、物料，只给局中官役廉、食等项钱四串零五十七文七毫，实存净钱六串二百二十七文三毫。

计正铸、带铸、外耗三项，共用铜、铅一千零九十一斤，共铸钱一百二十四串六百八十五文七毫。除支销工食、物料等项钱二十二串八百七十七文七毫[3]，实存净钱一百一串八百八文。计五炉年铸一百八十卯，共钱一万八千三百二十五串四百四十文，搭放兵饷[4]之用。每钱一串，扣收银一两，共扣收银一万八千三百二十五两四钱四分。

又每年一百八十卯，共用各厂正铜一十二万八千五百二十斤，耗铜一万六千六百七斤九两六钱。除耗铜不另给价外，每正铜百斤，价、脚银九两二钱，共该铜价银一万一千八百二十三两八钱四分。又【用】卑浙、块泽二厂白铅八万五千六百八十斤，每百斤给价银二两，脚银一两五钱，该价、脚银二千九百九十八两八钱。二共铜、铅价、脚银一万四千八百二十二两六钱四分，于前项扣获钱本银内计除外，每年共获铸息银三千五百两。其每铸净铜一百斤，给炒费银三钱，系于铜息项下动支发给。

雍正五年正月，将五炉全行裁撤。

乾隆九年十一月，复设炉十五座[5]，年铸五百四十卯，改为四色配铸，每百斤用铜五十斤，白铅四十三斤八两，黑铅三斤八两，锡三斤。白铅每百斤，价银二两，照旧发给。脚银原给银一两五钱，改为给银二两零七分五厘二毫五丝。黑铅每百斤价银一两零五分六厘，脚银一两一钱四分四厘。锡每百斤价银二两九钱二分七厘，脚银二两零八分五厘九毫零。又正铸项下，原给物料钱六串二百文，改为给钱五串三百三十二文八毫，加添米、炭价钱二串四百七十文。带铸项下，原给物料钱六百二十文，改为给钱五百三十三文二毫零。年共铸钱五万四千一百余串文[6]，除归还铜、铅本、脚外，计获铸息银八千七百余两。

乾隆二十四年正月，将白铅工本原给银二两，改为给银一两八钱二分，年共铸钱五万四千一百余串。除归还铜、铅本、脚外，计获铸息银九千一百余两。至三十五年八月，将十五炉全行裁撤[7]。

乾隆四十一年正月，复设炉十五座，照前鼓铸。年铸五百四十卯，共钱五万四千一百余串。除归还铜、铅本、脚外，计获铸息银九千一百余两。惟铜斤全系用宁台铜斤，每百斤加煎耗、民耗、局耗铜三十斤十三两八钱五分。每正铜百斤，价银九两二钱。

乾隆四十二年正月，添设炉三座，连原设炉十五座，共计一十八炉，照前鼓铸。年铸六百四十八卯，共钱六万四千九百余串。除归还铜、铅本、脚外，计获铸息银一万零九百余两。

乾隆四十二年八月，裁减十炉，酌留八炉，照前鼓铸。年铸二百八十八卯，共钱二万八千八百余串。除归还铜、铅本、脚外，计获铸息银四千八百八十余两。至四十五年，将八炉移于省局[8]，添设鼓铸。

嘉庆四年正月，因改铸收买小钱，咨明户部，于大理府下关地方，设炉二十二座，就近改铸大理、丽江、顺宁、镇沅、永北、蒙化、景东、威远等府、厅、州、县所属小钱。至七年铸竣，即将炉座裁撤。

## 注　释

[1] 大理局：雍正《云南通志》卷十八下《公署》记："大理府·宝

云钱局：在城西北，今停。"

[2] 设炉五座：按照史料记录可知，大理府设局，当在康熙二十一年，而非雍正元年。雍正《云南通志》卷十一《课程志·钱法》记："康熙二十一年，设鼓铸于云南、蒙自、禄丰、大理等处。二十七年，总督范承勋以云南钱法壅贱，奏罢之。雍正元年，设鼓铸于云南府城、沾益州城、临安府城、大理府城，共建炉四十七座。"雍正《云南通志》卷十一《课程志·钱法》记："大理府城设炉五座，委监铸官一员，每炉三十六卯，五炉共实铸铜、铅一十六万三千八百斤，得钱一万八千七百二十千。以钱一千作银一两，除去工本银一万六千四百五十二两外，实获息钱二千二百六十八千。每年支放附近钱局之提标、大理城守营钱二兵饷钱二万四千九十五千四百八十七文。遵照部文，易银作次年工本。"

[3] "支销"至"七毫"：乾隆《钦定户部鼓铸则例》卷十记："炉匠工食物料：大理局设炉十五座，每年正铸三十六卯，每炉每卯给炉匠工食钱十二串，共给炉匠工食钱六千四百八十串。又每炉每卯加添工食钱四串，共应加添工食钱二千一百六十串文。除每年动支炒费银八百二十六两一钱九分九厘九毫八忽八微七纤五尘，以为添补炉役食米不敷之用。又每炉每卯给物料钱五串三百三十二文八毫五丝七忽一微三纤七尘四渺三漠，共给物料钱二千八百七十九串七百四十二文八毫五丝五忽四微二渺。带铸钱文每炉每卯给物料钱五百三十三文二毫八丝五忽六微八纤七尘一渺八漠。十五炉三十六卯，共给物料钱二百八十七串九百七十四文二毫七丝一忽七纤七尘二渺。鼓铸工本：大理局鼓铸钱文，收买铜、铅、锡斤应需工本银两，在于司库地丁银内动支发给供铸，俟铸出钱文、搭放兵饷易出银两，照数归还原款，轮流作本。管理局务：大理局鼓铸钱文，收发一切钱粮，令迤西道就近总理，设巡察官一员，在于佐杂内拣选委用。并令该管上司不时稽查。倘经管之员，有侵那、亏缺情弊，该督抚即行据实题参。员役局费：大理局设炉十五座，鼓铸三十六卯，外耗项下铸出钱文，除工本并节省铜、铅钱文外，获息钱二千一百九十一串一百五十八文，全数给发局内，作为炉役食米，官役养廉、工食等项之用。仍将给过钱文，造入鼓铸奏销册内，送部查核。铜铅锡价脚：大理局鼓铸钱文，收买汤丹等厂铜，内汤丹厂、日见汛厂每毛铜百斤加耗铜八斤，宁台山厂每毛铜百斤加耗铜十一斤二两，

青阳、安库、香树坡等厂每毛铜百斤加耗铜十斤四两，每正铜百斤给价银九两二钱。买用卑浙、块泽二厂白铅，每百斤给价银一两八钱二分，自厂运至省城计程八站，每站每百斤给运脚银九分，共给银七钱二分。自省领运至局计程十三站，每站每百斤给运脚银一钱四厘二毫五丝，共银一两三钱五分五厘二毫五丝。共给运脚银二两七分五厘二毫五丝。买用北地坪厂黑铅，每百斤给价银一两，自厂运局计程十二站，每站每百斤照运铜之例，给运脚银一钱，共给运脚银一两二钱。买用个旧厂锡，每百斤照铜斤加耗之例，加耗锡六斤，给价银二两九钱二分七厘九毫二丝七忽九微二纤七尘九渺二漠。自厂运至省城计程七站，又自省运至局计程十三站，共计二十站，每站每百斤给运脚银一钱四厘二毫五丝，共银二两八分五厘。统造入鼓铸奏销册内，报部查核。"

[4] 搭放兵饷：乾隆《钦定户部鼓铸则例》卷十记："搭放兵饷：大理局每年铸获钱文搭放大理城守、丽鹤、剑川等镇、协官兵饷，以银七、钱三搭放。每钱一串，添放息钱二百文，作银一两，于本饷银内扣出归还原项。统造入鼓铸、地丁、兵马、奏销各册内，报部查核。"

[5] 复设炉十五座：《清高宗实录》卷二百七记："乾隆八年癸亥十二月辛未，户部议覆：'云南总督张允随疏称"滇省大理府，自雍正五年停止鼓铸，十余年来，迤西一带钱少，兵民零星交易不便。该地产有铜矿，应请设法开采，设炉十五座，每年需铜二十八万余斤，即以所出之铜供铸。不敷再将迤东各厂铜斤添拨，铅、锡等项，于各厂运往。统计每清钱一千文，约需工本六钱有零，每年可铸出钱六万余串，照例搭放兵饷。所需局房，旧地已改考棚，并择地建盖"，应如所请'。从之。"《清高宗实录》卷二百十五记："乾隆九年甲子四月，云南总督张允随奏：'大理府地方，前经奏请设炉开铸，岁需铜二十余万斤，因滇省旺厂，皆在迤东，若由迤东运往，未免多糜脚价。兹得迤西丽江府产有旺矿，试采颇多。又查顺宁府打盹山厂，前因知府张珠，经理不善，未能旺盛，今另委员设法调剂，较前大旺。二厂铜斤，尽可敷大理鼓铸之用'。得旨：'甚善之举，知道了。'"《皇朝通典》卷十《食货十·钱币》记："乾隆六年，开湖北宝武局鼓铸，及云南大理府铸局，各设炉十五座。"《皇朝文献通考》卷十六《钱币考四》记："乾隆六年，又开云南大理府局鼓铸。云南总督张允随奏言：'大理府

局自雍正四年停铸之后，迤西一带制钱渐少，兵民交易不便。查迤西地方俱产有铜矿，设法开采，自可多获铜斤。请复行开局设炉十五座，每年开铸三十六卯，所需铜斤，即于附近铜厂采用，如有不敷，再将迤东各厂添拨。其铅、锡等项，仍自迤东运往。共用正额、带铸、外耗铜、铅、锡五十五万八百斤，铸青钱六万七千三百三十串二百文有奇。除去工、价等项，照银七钱三之例配给提标，每百斤每站亦照云南运铜之例，给脚价银一钱二分九厘二毫。'"按：此两种不同记录中，《清高宗实录》及《云南铜志》记为乾隆九年，《皇朝文献通考》及《皇朝通典》记为乾隆六年，张允随在乾隆八年授云南总督，乾隆十二年授云贵总督，因此《清高宗实录》及《云南铜志》所记准确，《皇朝文献通考》及《皇朝通典》所记有误。

[6]"年共铸钱"至"一百余串文"：此书记大理局以十五座炉四色配铸，年共铸钱五万四千一百余串。而按照乾隆《钦定户部鼓铸则例》卷十记："大理局鼓铸钱文：大理局设炉十五座，每年鼓铸三十六卯，遇闰加铸三卯。每铸铜、铅、锡一百斤配用红铜五十斤，白铅四十三斤八两，黑铅三斤八两，板锡三斤。每炉每卯发正铸红铜四百二十八斤九两一钱四分二厘八毫五丝，白铅三百七十二斤十三两七钱一分四厘二毫七丝九忽五微，黑铅二十九斤十五两九钱九分九厘九毫九丝九忽五微，净锡二十五斤十一两四钱二分八厘五毫七丝一忽。……共正铸红铜、白铅、黑铅、板锡四十六万二千七百八十五十七斤二两二钱七分八厘。每百斤内除折耗九斤，共折耗铜、铅、锡四万一千六百五十七斤二两二钱七分八厘。实应正铸铜、铅、锡四十二万一千二百斤。每钱一文，铸重一钱二分，共该铸获本息钱五万六千一百六十串。带铸十五炉，每年三十六卯，闰月亦带铸三卯。……共带铸铜、铅、锡四万六千二百八十五斤十一两三钱九分。每百斤内除折耗九斤，共折耗铜、铅、锡四千一百六十五斤十一两三钱九分。实铸净铜、铅、锡四万二千一百二十斤。每钱一文，铸重一钱二分，共该铸获本息钱五千一百一十六串文。鼓铸外耗十五炉三十六卯，闰月亦鼓铸外耗三卯。每炉每卯配用红铜三十八斤九两一钱四分二厘，白铅三十三斤八两九钱一分三厘五毫四丝，黑铅二斤十一两一钱九分九厘九毫四丝，净锡二斤五两二分五厘五毫二丝。……共铸外耗铜、铅、锡四万一千六百五十七斤一两三钱六分。每钱一文，铸重一钱二分，共铸钱五千五百五十四串二百七十

八文。则每年正铸获钱五万六千一百六十串,连带铸、外耗共铸钱六万六千八百三十串二百七十八文。"

[7] 将十五炉全行裁撤:《皇朝文献通考》卷十八《钱币考六》记:"乾隆三十五年……将东川新设炉二十五座,大理、广西各十五座,临安、顺宁各八座,暂为裁减。"

[8] 将八炉移于省局:《皇朝文献通考》卷十八《钱币考六》记:"乾隆四十五年,又以各厂采铜竭蹶,且距省稍远,稽察难周,将大理府所设八炉遵旨移归省局。"《大清会典事例》卷一百七十四《户部四十七·钱法》记:"乾隆四十五年,奏准:云南裁去大理铸局,留省城、东川二局,设炉三十八座。又奏准:其大理局八炉移设省城。"

# 广南局[1]

广南府,向未设有局炉。嘉庆五年,因改铸收买小钱,咨明户部,于广南府设炉六座,就近改铸开化、广南二府属小钱。于是年铸竣,即将炉座裁撤。

## 注 释

[1] 广南局:清云南布政司《案册》记:"嘉庆四年,广南府设炉六座,就近收买小钱改铸,于五年、六年铸竣,节次裁撤。"

# 楚雄局[1]

楚雄府,向未设有炉座。嘉庆四年,因改铸收买小钱,咨明户部,于楚雄府设炉十座,就近改铸楚雄府属及黑、白、琅三井小钱。至五年铸竣,即将炉座裁撤。

## 注 释

[1] 楚雄局:清云南布政司《案册》记:"嘉庆四年,楚雄府设炉十座,就近收买小钱改铸,于五年、六年铸竣,节次裁撤。"

# 附：乾隆《东川府志》卷十三《鼓铸》

乾隆《东川府志》卷十三《鼓铸》为有清一代云南地方府、州、县《志》中，唯一详细记录本地铸钱局详细情况者，资料远比其他文献更为详尽。且乾隆《东川府志》成书于乾隆二十六年，是时东川铜的生产正处于高峰时期，铸钱局亦处于兴旺时期。附引是篇，冀以清代地方铸钱局最详尽资料，再现当年铸钱之历史情境。

## 乾隆《东川府志》卷十三《鼓铸》

滇中鼓铸，东郡为盛。虽曰产铜之区，自官铸而外，冶镕炊炭，罔敢作奸，岂非泉货流通，所以赡民用，而法度之立，惟国宝之是重乎。志《鼓铸》。

建设宝云局新、旧源流：

雍正十二年，为运陕协饷钱文，东川府崔乃镛详请开设炉局二十八座，于九月二十一日鼓铸，起用炉头、匠役五百八十八名。至乾隆元年三月底停铸，统归广西府局办理，一应炉役，拨发广西。遗存炉房、器具，饬议变价在案。

乾隆六年正月，议令旧局新开二十座，为酌济开河工匠之用。案奉前任公督院庆复谕：奉旨查通川河道，兹定开修东川府金沙江，业经奏明请，东川附近汤丹铜厂，原经设炉鼓铸，议停，今当钜工匠役毕集，仍行复设二十炉，其应修局房、炉座，速为修补等因。

本年十一月，接准复开炉座。奉前任督院张宪牌：东川开局鼓铸，照省、临二局，改铸青钱，照例于司库地丁银内借动铸本，俟铸出钱文，易银还项，全用汤丹等厂铜斤，委东川府就近管理。

八年闰四月，为酌请边营兵饷等事，经前任督院张接准，东川钱局铸出钱文，除江工搭放外，存局之钱日见增益，今复上游停修，应宜筹酌。查昭通、东川、镇雄、宣威等处，在在需钱，据各镇营请，将铸出钱文搭放兵饷，照省城各标、镇、协、营之例，银七钱三，每年扣除饷银归还鼓铸工本，实有羡余钱二万余串，于国计民生，均有裨益。

十一年十月初八日，请增各半搭放兵饷，前任督院张准部咨，将存局钱文，银、钱各半，搭放兵饷。

十七年五月二十六日，为筹边备贮，议开新局五十座。奉抚部院爱宪牌：接准部咨，称滇省岁需官、兵奉饷银九十万二百余两，除本省地丁等项支给外，每年尚须协济饷银二三十万不等，设有紧急之需，邻省同属边远，均资他省接济，无可拨协，是必缓不济事。查滇省各厂产铜旺盛，供铸京局外，尚有余铜一千八九百万之多，而铅、锡亦皆产自本省，现在两厂一届开课之期，钱价顿贵，厂民受亏，请于附近各厂之东川府，除旧设炉二十座，专搭放兵饷外，添设炉五十座，铸出本息钱，即以之搭放铜、铅工本、脚、价之用外，每年共获息银四万三千余两，以充备贮之项。开设十年，可得息银连原有之数，几及百万，足称有备无患，万一铜厂渐衰，再议停止，实于边地大有裨益。至需用工本，于铜息项下借动，约计二年半即可全数归还等因，准行在案。

十八年正月十一日，为接准新开五十座事宜，奉抚部院爱牌：开示新局，铸出钱文，除搭放各项外，所余息钱易银收贮司库，以充备贮之需，所用工本银两，应于司库铜息项下照数借支，续次还款，用铜照原指炉座汤丹厂运供，所有开设一切费用，应于该局存库息钱内动支置备，工竣据实报销，无庸另行动项，将来仍于旧局存钱鼓铸案内分晰报销。新设炉五十座，总理令东川府一并查察经管，应增巡察官一员，在于佐贰内捡选。凡该局鼓铸所需铜、铅脚、价，支给炉匠工、料等项，照例按季造报。

二十一年八月十四日，为再筹铜厂工本不敷，新局加铸半卯事宜，奉监临抚部院郭宪牌：准部咨前任抚部院爱请，滇省各铜厂每年办铜八九百万至一千余万，以供鼓铸，获铜息银二十五六万至三十余万，以资一切公用，为滇省第一要务，两迤地方诸厂出产零星，惟东川府之汤丹、大碌两厂办铜较多，尤为紧要。前因硐深矿薄，油、米价昂，每百斤给工价银五两一钱五分零，力难采办，陈请加工。蒙恩准加一半四钱二分零，厂民感奋多办铜斤，只因礁硐愈采愈深，物价愈用愈贵，若不亟为调剂，酌加工本，恐致有误，应请每百斤，再加银四钱二分零，以符原定六两之数。较之川、黔两省铜价，均属大有节省。但所知工本，不就本地通融酌办，未免有费公币，请于例给铜本内酌借，铸本即于东局原支五十炉内再行加铸一半，一体搭放。工本所需铜斤，饬令汤丹、大碌两厂加办，余铜照厂价收买。供铸所需铅、锡，仍照现在事例，就近买运，既不增添炉座一切杂费，亦多减省。核计铸出钱文，归还铸本之外，每年约可获息银三万七八千两，以之加给炉民工本，尚有盈余，一并归于铜息项下，造报备充公，用以本厂办铜。加铸之余银，为本厂添补工本之不足，既无糜费公币，而炉民获此接济，自必办铜加多，于鼓铸、铜息均有裨益。臣等饬令试办，实属可行，除将加卯鼓铸事宜，另行详议具题外，所有筹办铜厂缘由，理合会折习具奏等因。乾隆二十一年六月初六日，奉朱批："该部议奏，钦此。"钦遵于本月初七日抄出到部，查汤丹等厂原定每铜百斤实给银五两一钱五分零，前奉谕旨加给银四钱二分零，较之向例，已属宽裕。该督抚等复以硐深矿薄，食、物昂贵，仍请每百斤再给银四钱二分零，该督等目击矿厂情形，节次请增价值，其所议加卯鼓铸，以本厂余息为本厂添补工本之用，固属随时酌办，以公济公之道。惟查乾隆十七年，该抚奏准东川府添设炉五十座，加铸钱二十二万四千余串，搭放铜、铅工本、脚价，今若再加铸一半，计每岁共钱四十四万余串，窃恐该省地处边隅，现在钱价已平，将来鼓铸益多，钱价益贱，万一壅滞难行，转于商民无裨，相应请旨，饬下新任总督恒会同该抚郭再行确勘，将加卯鼓铸有无未便之处，妥议具奏，到日再议可也。乾隆二十一年六月二十四日奏，本日奉旨："依议，钦此"。

二十一年十一月，奉督院恒、抚院郭牌：准部咨为遵旨复奏事，臣等覆查汤丹、大碌等厂出势勘厚，矿砂尚多，并因工本未敷，不行设法接济，炉户、砂丁皆无产业之人，彼见无利可图，势必弃而他适，有误铜斤，殊多未便。但国家经费有常，又未便屡请以正项加增，前署督臣爱等所奏：以本厂加铸之余息，为本厂加铸之工本，诚如部议，随时酌办，以公济公之法，至钱文既多，切恐壅滞难行，亦势所应有之事。惟查东川钱局五十炉，原铸钱二十二万四千余串，今奏请照原定之数，只加铸一半，该钱一十一万余串，连前实共钱三十三万余串，尚非甚多。而铸出钱文内有支放匠役工食，物料及黑、白铅各厂脚价等项，均属分晰布散。况东川一带地方银、铜、铅、锡各厂，共计二十余处，一应炉户、砂丁及佣工、贸易之人聚积者，不下数十万众，凡买卖货物，均属零星交易，多用钱文，是以旧时钱价颇贵。自十七年添炉五十座以来，钱价渐次平减，今得再加铸一十一万余串，俾民间使行宽裕，是钱愈多，而与地方更为有益。且查各厂往来，皆四川、贵州、湖广、江西之人，彼赚有钱文，例准零星携带出境，邻省地方，更得籍以流通。所有加铸钱文，实无壅滞未便之处。臣等查勘既确，理便据实会奏，伏乞皇上天恩俯照，前署督臣爱等所奏，将汤丹、大碌等厂办铜加铸之余银，即为该厂添补工本之不足，庶厂民益加鼓舞，办铜自必益加矣，谨奏等因。于乾隆二十一年九月二十八日，奉朱批："该部议奏，钦此"。钦遵于闰九月初四日抄出到部，伏查汤丹等厂办铜节，经该督抚等具奏工本不敷，据前署督爱等又议以东川局加卯鼓铸，以余息添补工本。臣部因该省地处边隅，恐钱多壅滞，是以议令再行确勘妥议。今据该督恒等覆奏，加铸钱文实无壅滞之处，是各该厂加增价值，既系随时酌办，而该局加卯鼓铸，又属有裨商民，应如该督等所奏，准其在于东局加卯鼓铸，其所获余息内，每铜百斤酌增价银四钱二分零，仍令该督将加卯鼓铸事宜另行题明办理可也。

附开东川旧局支炉二十座，每十日为一卯，工本银两：

一、每年支领司库，铜、铅、黑、铅、锡斤工本银四万二千七百二十两一钱九分零，内分作二次支领，每次领银二万一千三百六十两九分五厘零。

一、每年解粮库铜价银三万三千七百八十二两三钱九分零，内分作二次批解，每次解银一万六千八百九十一两一钱九分零。

一、每年解司库锡价银六百八十三两七钱八分零，内分作二次批解，每次解银三百四十一两八钱九分零。

一、每年放锡斤、运脚银三百四十两八钱五分零,内分作二次发给,每次发银一百七十两四钱二分零。

一、每年放会泽县倭铅工本银七千三百四十七两六钱七分零,内分作二次发给,每次发银三千六百七十三两八钱三分零。

一、每年放会泽县黑铅工本银五百六十五两四钱八分零,内分作二次发给,每次发银二百八十二两七钱四分零。

以上共银四万二千七百二十两一钱九分零。

一、每炉每卯用正、带、外耗并炒耗五百五十斤十二两零,二十炉每卯该铜一万一千一十五斤十五两零,年计三十六卯,共用铜三十九万六千五百七十五斤十五两零。

一、每炉每卯用正、带、外耗并加给耗铅共铅四百四十七斤七两零,二十炉每卯该铅八千九百四十八斤十五两零,年计三十六卯,共用铅三十二万二千一百六十二斤十五两零。

一、每炉每卯用正、带、外耗黑铅三十五斤十一两零,二十炉每卯该铅七百一十三斤十五两零,年计三十六卯,共用黑铅二万五千七百三斤十五两零。

一、每炉每卯用正、带、外耗并加给折耗共锡三十三斤六两零,二十炉每卯该锡六百四十八斤十一两零,年计三十六卯,共用锡二万三千三百五十三斤十四两零。

一、每炉每卯用正、带炭一千五百八斤九两零,二十炉每卯该炭三万一百七十一斤六两零,年计三十六卯,共用炭一百八万六千一百七十一斤六两零,该钱四千一十八串八百三十四文。

一、每炉每卯用正、带罐一十四个零,二十炉每卯该罐二百八十三个零,年计三十六卯,共用罐一万一百八十二个零,该钱一百一串八百二十八文。

一、每炉每卯用正、带串绳二斤十二两,二十炉每卯用串绳五十五斤,年计三十六卯,共用串绳一千九百八十斤,该钱一百二串九百四十文。

一、每炉每卯应铸正、带、外耗本息钱一百二十四串六百八十五文七

395

毫，二十炉每卯共铸出钱二千四百九十三串七百一十四文，年计三十六卯，共铸出钱八万九千七百七十三串七百四文，内除外耗息钱二千九百二十一串五百四十四文，作为局内炉役食米，官役廉、食等项开销外，实存正、带本、息并外耗工本共钱八万六千八百五十二串一百六十文。

内：

一、每炉每卯应放正、带物料钱五串八百六十六文零，二十炉每卯该钱一百一十七串三百二十二文零，年计三十六卯，共钱四千二百二十三串六百二十二文。

一、每炉每卯应放匠役工食钱一十四串四百七十文，二十炉每卯共钱二百八十九串四百文，年计三十六卯，共钱一万四百一十八串四百文。

一、每年应放昭通镇官兵俸饷钱、五本息钱四万四千二百二十六串九百八十五文。

一、每年应放镇雄营官兵俸饷钱、五本息钱一万一千八百七十五串六百四十五文。

一、每年应放寻沾营官兵俸饷钱、五本息钱九千八百二十串三十三文。

一、每年应放东川营官兵俸饷钱、五本息钱一万四千三百六十三串七百五十四文。

以上共放钱九万四千九百二十八串四百三十九文，内除每年铸存正、带本、息并外耗工本，共钱八万六千八百五十二串一百六二文，尽数放给外，不敷放钱八千七十六串二百七十九文，详明于新局每年正铸余剩钱内拨补添放。

新局五十炉：

一、每年支领司库铜、锡工本银八万七千一十七两五钱八分零。

查此项工本银两，系两次出俱文领赴司请领，每次该银四万三千五百八两七钱九分零，于四十两月支领，将铜价银两解交粮道衙门，每铜百斤价银九两二钱，每次该铜从银四万二千二百二十七两九钱九分五毫零。其锡斤脚价一项，系解司库，每锡百斤价、脚银四两三钱八分七厘零，每次该银一千二百八十两七钱九分五厘零。又倭铅每百斤价、脚银二两三钱，该银九千一百八十四两五钱八分七厘零，黑铅每百斤价、脚银二两二钱，该银七百六两八钱五分九厘零。此二项工本银两，系在局内铸出钱文照以每钱一串二百文作银一两，会泽县出具文领赴司挂发本局，照挂发之数发给，该县承领，转发炉民煎铅、运局供铸。

一、每炉每卯用正额铜四百二十八斤九两一钱四分二厘八毫五丝，带铸铜四十二斤十三两七钱一分四厘二毫五丝外，耗铜三十八斤九两一钱四分二厘三，共该净铜五百九斤十五两九钱九分九厘一毫，每百斤外加炒耗八斤，该耗铜四十斤十二两七钱九分九厘九毫二丝八忽，二共正、耗铜五百五十斤十二两七钱九分九厘二丝八忽，五十炉每卯共铜二万七千五百三十九斤十五两零，年计三十六卯，共用毛铜九十九万一千四百三十九斤。

一、每炉每卯用正额倭铅三百七十二斤十三两七钱一分四厘二毫七丝九忽五微，带铸倭铅三十七斤四两五钱七分一厘三毫九丝七忽五微，外耗倭铅三十三斤八两九钱一分三厘五毫四丝三忽，共用倭铅四百四十三斤十一两一钱九分九厘二毫一丝七忽外，每卯加给耗铅三斤十二两二，共正、耗铅四百四十七斤七两一钱九分九厘二毫一丝七忽，五十炉每卯用倭铅二万二千三百七十二斤七两零，年计三十六卯，共用倭铅八十万五千四百九斤。

一、每炉每卯用正额黑铅二十九斤十五两九钱九分九厘九毫九丝九忽五微，带铸黑铅二斤十五两九钱九分九厘九毫九丝七忽五微，外耗黑铅二斤十一两一钱九分九厘九毫四丝三忽，共用黑铅三十五斤十一两一钱九分九厘九毫三丝七忽，五十炉每卯用黑铅一千七百八十四斤十五两零，年计三十六卯，共用黑铅六万四千二百五十九斤。

查此项黑铅炉内不能铸用，东局俱以倭铅抵放造册，仍以黑铅报销。

一、每炉每卯用正额净锡二十五斤十一两四钱二分八厘五毫七丝一忽，带铸净锡二斤九两一钱四分二厘八毫五丝五忽，外耗净锡二斤五两二分八厘五毫二丝，三共用净锡三十斤九两五钱九分九厘九毫四丝六忽，每百斤外加耗锡六斤，该耗锡一斤十三两三钱七分五厘九毫九丝六忽七微五纤，二共正、耗锡三十二斤六两九钱七分五厘九毫四丝二忽七微五纤，五十炉每卯用正、耗锡一千六百二十一斤十二两零，年计三十六卯，共用正、耗锡五万八千三百八十四斤。

以上每炉每卯需用正、带、外耗铜、铅、锡一千六十四斤八两七钱九分八厘一毫二丝八忽，并除外耗不给锉磨、折耗九斤外，其正、带二项每百斤准给锉磨、折耗九斤，并炒耗铜斤以及加给折耗铅、锡，共一百二十九斤六两五钱一分四厘一毫二丝八忽，实铸铜、铅、锡九百三十五斤二两二钱八分四厘。每钱一文，铸重一钱二分，共铸出本、息钱一百二十四串六百八十五文七毫，五十炉每卯收钱六千二百三十四串二百八十五文，年计三十六卯，共铸钱二十二万四千四百三十四串二百六十文。

内：

一、放汤丹厂，每月搭放铜斤工本钱四千串，年共钱四万八千串。

一、放大碌厂，每月搭放铜斤工本钱八千串，年共钱九万六千串。

查此项钱文，关汤、大两厂官出具文领赴粮道衙门挂发本局，厂员差役赴局支领回厂发给炉民，作为铜斤工本之用。其局放给钱文，系粮道应发厂本内扣解司库，抵还本局支领司库工本之款，以每钱一串二百文作银一两放给。

一、放会泽县，每年倭铅价、脚钱二万二千四十三串一十文零。

一、放会泽县，每年黑铅价、脚钱一千六百九十六串四百六十文零。

查此项黑、白铅斤价、脚钱文，系会泽县出具文领赴司挂发本局，该县差役赴局支领回厂，照以每钱一串二百文作银一两发给厂民，煎铅供铸。

一、每炉每卯匠役工食钱十二串，五十炉共钱六百串，年计三十六卯，共钱二万一千六百串。

一、放每炉每卯加添工食钱二串四百七十文零，五十炉共钱一百二十三串五百文零，年计三十六卯，共钱四千四百四十六串零。

一、每炉每卯用正额炭一千三百七十一斤六两八钱五分七厘一毫二丝，带铸炭一百三十七斤二两二钱八分五厘六毫，二共用炭一千五百八斤九两一钱四分二厘七毫二丝，五十炉每卯用炭七万五千四百二十八斤九两一钱三分六厘，年计三十六卯，共用炭二百七十一万五千四百二十八斤零，每百斤价钱三百七十文，该钱一万四十七串八十五文零。

一、每炉每卯用正额罐一十二个八分五厘七毫一丝四忽一微八纤四尘三渺七漠，带铸罐一个二分八厘五毫七丝一忽四微二纤一尘八渺七漠，二共用罐一十四个一分四厘二毫八丝五忽七微六尘二渺四漠，五十炉每卯用罐七百七个一分零，年计三十六卯，共用罐二万五千四百五十七个，每个价钱十文，该钱二百五十四串五百七十一文零。

一、每炉每卯用正额串绳二斤八两，带铸串绳四两，二共用串绳二斤十二两，五十炉每卯用串绳一百三十七斤八两，年计三十六卯，共用串绳四千九百五十斤，每斤价钱五十二文，该钱二百五十七串四百文

一、每年存剩钱文易银解司，共放钱一万二千七百八十五串八百七十四文。

查此项钱文，从前原系详为额运京铜添买牛、马、车辆等项之用，俟请领经费之日，照数扣解粮库，转解司库归款。嗣因旧局所积之钱，全数发厂易银归本，按年所铸钱文，不敷搭放昭通等镇营兵饷钱八千余串，是以将此项存剩钱详明，按年拨给钱八千余串，其余钱四千七百余串，仍作额运京铜添买各项之用，以每钱一串二百文合银一两扣解。再遇闰之年存剩钱一万五千八百二十九串六百四十五文，除拨饷钱八千余串外，其余钱亦为铜运添买牛、马之用。

以上共放钱二十一万七千一百三十串四百文外，实存外耗息钱七千三百三串八百六十文作为官役养廉、工食等项之用。

一、每炉用匠役二十一名，每名日给京斗仓米八合三勺，每炉每卯共米一石七斗四升三合，五十炉该给米八十七石一斗五升，年计三十六卯，共给米三千一百三十七石四斗，每米一石开销钱一串，该钱三千一百三十七串四百文。

一、总理，每月养廉钱二百串，年该钱二千四百串。

一、巡察官，每月养廉钱二十串，年该钱二百四十串。

一、钱房书办十五名，内稿经五名，每名月给工食钱二串四百文，共钱十二串；文书办十名，每名月给工食钱一串八百文，共钱十八串文。二共钱三十串文，年该钱三百六十串。

一、巡拦三十二名，每名月给工食钱一串五百文，共钱四十八串，年该钱五百七十六串。

一、水火夫二名，每名月给工食钱一串五百文，每月共钱三串文，年该钱三十六串。

一、钱房，每月纸张、笔墨钱七串五百文，年该钱九十串。

一、更夫十二名，每名月给工食钱六百文，共钱七串二百文，年该钱八十六串四百文。

一、铁、木匠五名，每名月给工食钱一串八百文，共钱九串文，年该钱一百八串。

一、每炉每卯添补灯油、器具钱五百文，五十炉年计三十六卯，该钱九百串。

一、清字匠四名，每月工价钱一十串三百三十三文，年该钱一百二十三串九百九十六文。

一、堆兵四堆，每月灯油钱四串文，年该钱四十八串。

一、正月初四日开炉，并三、九两月祀神，买备猪、羊钱四十五串。

一、局内每月给医药钱六串二百五十文，年该钱七十五串。

一、攒造每年奏销各册灯油、纸张、饭食钱三十串。

一、中秋年节犒赏堆兵钱三十串。

以上共放钱八千二百八十五串八百文，内除所收外耗息钱七千三百三串八百六十文外，不敷钱九百八十一串九百四十文，系本局樽节办理，通融弥补。

新局五十炉加铸半卯：

一、每年支领司库铜、铅工本银三万二千六百三十五两八分一厘零。

查此项工本银两，系按年于十月内同正铸下半分工本银两请领申解，其铜价银两系解交粮道衙门，每铜百斤价、脚银六两三钱二分五厘，该银三万一千三百五十四两二钱八分，其锡斤价、脚一项照正铸事例起解司库，每锡百斤价、脚银四两三钱八分七厘零，该银一千二百八十一两五钱九分四厘零。

至倭铅每百斤价、脚银二两三钱，该银九千一百六十四两五钱八分八厘零。黑铅每百斤价、脚银二两二钱，该银七百六两八钱四分零。此二项工本银两，照正铸事例以每钱一串二百文作银一两，于铸出钱文内发给，会泽县承领，采办铅斤运局供铸，不在请领前项工本内支领。

一、每炉每半卯用正、带、外耗并炒耗铜二百七十五斤六两三钱零，五十炉每半卯该铜一万三千七百六十九斤十五两零,年计三十六半卯,共用铜四十九万五千七百一十九斤。

一、每炉每半卯用正、带、外耗并加给耗铅二百二十三斤十一两五钱零,五十炉每半卯用倭铅一万一千一百八十六斤三两零,年计三十六半卯,共用倭铅三十九万九千三百二十九斤。

一、每炉每半卯用正、带、外耗黑铅一十七斤十三两五钱零,五十炉每半卯用黑铅八百九十二斤七两零,年计三十六半卯,共用黑铅三万二千一百二十九斤。

一、每炉每半卯用正、带、外耗并折耗锡一十六斤二两四钱零,五十炉每半卯用锡八百一十斤十三两零,年计三十六半卯,共用锡二万九千一百九十二斤。

以上每炉半卯,需用正、带、外耗铜、铅五百三十二斤四两三钱九分九厘六丝四忽,内照正铸事例,应给锉磨、折耗等项共八十五斤六两四钱八分四厘八毫六丝四忽,外实铸铜、铅、锡四百六十七斤九两一钱四分二厘,每钱一文铸重一钱二分,共铸出正、带、外耗本、息钱六十二串三百四十二文八毫五丝,五十炉每半卯共收钱三千一百一十七串一百四十二文五毫,年计三十六半卯,共铸出钱一十一万二千二百一十七串一百三十文。

内:

一、放每炉每半卯工食钱六串文,五十炉共钱三百串文,年计三十六半卯,共钱一万八百串。

一、放每炉每半卯加添工食钱一串二百三十五文零,五十炉共钱六十一串七百五十文零,年计三十六半卯,共钱二千二百二十三串。

一、每炉每半卯用正耗炭七百五十四斤四两零,五十炉每半卯共用炭三万七千一十四斤四两零,年计三十六半卯,共用炭一百三十五万七千七百一十四斤零,每百斤价钱三百七十文,该钱五千二十三串五百四十二文零。

一、每炉每半卯用正、带罐七个七分一厘四毫零,五十炉每半卯用罐三百五十三个五分七厘零,年计三十六半卯,共用罐一万二千七百二十八个零,每个价钱十文,该钱一百二十七串二百八十五文零。

一、每炉每半卯用正、带串绳一斤六两,五十炉每半卯用串绳六十八

401

斤十二两，年计三十六半卯，共用串绳二千四百七十五斤，每斤价钱五十二文，该钱一百二十八串七百文。

一、放会泽县支领倭铅价、脚钱一万一千二十一串五百六文零。

一、放会泽县支领黑铅价、脚钱八百四十八串二百三十一文零。

查此二项黑、白铅斤价、脚钱文，照正铸事例，会泽县出具支领，赴司挂发本局，以钱一串二百文作银一两，发给炉民煎铅供铸。

一、放易银钱归还借支司库工本钱三万九千一百六十二串九十八文零。

一、放汤丹、大碌等厂余息，加添铜价钱四万二千八百八十二串七百六十四文零。

查此项钱文俱归粮道挂发，运厂易银发给炉民，并移解归还工本之项，每钱一串二百文易银一两。

以上共放钱一十一万二千二百一十七串一百三十文。

# 云南铜志·卷七

## 采　买

滇铜供京运、局铸之外，其亟亟于筹拨催攒者，几以供采买而已。今天下十八省[1]，仰给于滇者（几九）〖凡十一〗。运员历万里之远，守候盘运，运费周章。又严之以限期，核之以报销，为法至密，而为例至周也。膺是役者，可不讲明切究之乎。志《采买》。

## 注　释

[1] 十八省：清代的版图，除边疆由各族王爷、将军、大臣驻扎的领地外，内地共设有十八省，为直隶、陕西、甘肃、河南、山西、山东、江苏、浙江、安徽、江西、湖南、湖北、福建、广东、广西、四川、贵州、云南，并设有直隶、陕甘、两江、湖广、闽浙、两广、四川、云贵八大总督领之。《清史稿》卷五十四《地理一》记："世祖入关翦寇，定鼎燕都，悉有中国一十八省之地，统御九有，以定一尊。……穆宗中兴以后，台湾、新疆改列行省；德宗嗣位，复将奉天、吉林、黑龙江改为东三省。"清末共有二十三省。而铸铜"仰给于滇者"，《铜政便览》作"凡十"，比《云南铜志》之"几九"多一省，为江苏、浙江、广西、广东、江西、陕西、福建、湖南、湖北等九省外，加贵州一省。而实际上除去云南本身之外，还应该加上京师——直隶省，则共有十一省。

# 采买例限[1]

各省委员赴滇，采买铜斤例限。于乾隆五十四年，经巡抚谭题准，以委员到滇兑收铜价之日起，藩司拨给铜斤定限一个月。委员办理文件，请领运脚，定限一个月。招雇牛、马运铜，十万斤者，定限一个月；二十万斤者，定限一个月十日；三十万斤者，定限一个月二十日；四十万至五十万斤者，定限二个月。

又各厂、店兑给铜斤数只一二千斤及八九千斤者，定限一日；如数在三四万及十余万斤者，照泸店每日兑发京铜一万四千七百余斤之例核扣。

又委员自省赴下关店领运铜斤，计程十二站半，定限十三日。又由下关运铜回省，一万斤以上者，定限十二日半；五万斤以上至十万斤者，加限十二日半。又中途雨水阻滞等事，宽限六日。

又委员赴易门县，领运义都、万宝二厂铜斤，计程六站，定限六日。又由厂运铜回省，一万斤以上者，定限六日；五万斤以上者，加限六日。又中途雨水阻滞等事，宽限四日。

又委员在省改煎宁台厂铜斤，建盖炉房，打造炉座，定限六十日；每改煎铜一万斤，定限十日。

江苏、浙江、广西、广东、江西、陕西、福建、湖南、湖北等九省[2]委员，领运上游各厂铜斤，由省城转运剥隘，计程二十四站[3]。运铜十万斤，自省至竹园村，计程八站，系用马运，定限八日；由竹园村至剥隘，计程十六站，系用牛运[4]，定限三十二日；往返转运，加限四十日；中途雨水阻滞，牛、马倒毙等事，宽限十日，共计九十日。运铜二十万斤者，定限一百二十；三十万斤者，定限一百五十日；四十万斤一百八十日。如拨给路南各厂铜斤，由竹园村赴凤凰坡、红石岩二厂领运，计程二站，定限二日；由厂运铜回竹园村，定限二日。赴红坡、大兴二厂领运，计程三站，定限三日；由厂运铜回竹园村，定限三日。赴发古厂领运，计程十五站，定限十五日；由厂运铜回竹园村，定限十五日。

又由剥隘赴文山县，领运笔邑、者囊二厂铜斤，自剥隘至开化府城，计程十三站，定限十三日。又自开化府至者囊厂，计程四站，定限四日；由厂运铜回开化府城，系用牛运，定限八日。又自开化府至笔邑厂，计程二站，定限二日；竜邑厂运铜回开化府，系用牛运，定限四日。又由开化府城转运该二厂铜斤至剥隘，系用牛运，定限二十六日。

由剥隘赴蒙自县店领运金钗厂铜斤，计程十七站，定限十七日。由蒙自县店运铜十万斤回剥隘，系用牛运，定限三十四日；往返轮运，加限三十四日；中途雨水阻滞、牛只倒毙等事，宽限七日，共计七十五日。运铜二十万斤者，定限一百日；三十万斤者，定限一百二十五日；四十万斤者，定限一百五十日。

又贵州委员，领运上游各厂铜斤，由省城转运平彝[5]，计程七站，系用牛运，每铜十万斤，定限十四；往返转运，加限十四日；中途雨水阻滞、牛只倒毙等事，宽限六日，共计三十四。运铜二十万斤者，定限四十五日；运铜三十万斤者，定限五十六日。如拨给路南各厂铜斤，由平彝赴凤凰坡领运，计程七站，定限七日；由厂运铜回平彝，系用牛运，定限十四日。赴红石岩厂领运，计程八站，定限八日；由厂运铜回平彝，定限十六日。赴红坡、大兴二厂领运，计程六站，定限六日；由厂运铜回平彝，定限十二日。赴发古厂领运，计程八站，定限八日；由厂运铜回平彝，定限十六日。

由平彝赴蒙自县店，兑领金钗厂铜斤，计程十五站半，定限十五日半；由县店运铜十万斤回平彝县，定限三十一日；往返轮运，加限三十一日；中途雨水阻滞、牛只倒毙等事，宽限七日，共计六十九日。运铜二十万斤者，定限九十二日。

均系按照酌拨厂分铜数多寡，核扣详咨。如有运至中途，时值五、六月雨水，栽插农忙，脚户归耕，及八、九月收获，不能趱运前进，例由地方官查明结报，随时详咨，展限两月。其运至中途，有患病等事，亦由地方官查明属实，取具医生甘结，加具印结申报，将患病及痊愈各日期，于扫帮文内声明，扣除详咨。

# 注　释

[1]　采买例限：清政府规定的各省到云南买铜时，各阶段的时间限制。《清高宗实录》卷七百七十四记："乾隆三十一年丙戌十二月庚子，户部议

覆：'大学士管云贵总督杨应琚等奏称"各省办运滇铜，委员解银到滇，向例随到随收，不出三日，或现有存厂铜，即可指拨，或现存无几，约计将来某厂可以办给，豫行办拨，总不出半月以内，仍请照旧办理，毋庸另立限期。至领给铜斤，如所拨俱系现铜，即可全数给领，若该厂铜数不敷，须就各子厂协拨，即须守候。委员在厂领铜，强兑查收，并觅雇脚户，催趱牛、马，均须时日，不能克定限期。应俟领足铜斤之日，催令陆续发运，即由该厂报明限期。至向来义都、金钗两厂，办供外省采买，应就该两厂至剥隘道里，核计程限。查义都厂铜俱系该厂运至省城，即在省店发给。自省城至剥隘，用牛、马运，按站应限四十日。惟所雇牛、马不能常运，须往返轮流，应加展四十日。沿途或有阻滞，再宽限十日，统计九十日。可运铜十万斤，至剥隘水次。如办运至二、三、四十万者，每十万加展三十日。金钗厂铜，在蒙自县给发，自蒙自县至剥隘，均系牛运，按站应限三十四日。又轮流转运，加展三十四日。沿途或有阻滞，再宽限七日，统计七十五日。可运铜十万斤，至剥隘水次。如办至二、三、四十万者，每十万加展二十五日。至铜数较多，两官分运者，各照该厂程限，分别扣算。如铜数减少，一官总运者，两厂分领，仍各照额定限，准其分扣。再驮铜牛、马，俱雇自四乡，如遇农忙、瘴盛，即无牛、马雇运，难以按程遄进，令委员及地方官查报【云】南督抚，咨明该省，准其停运展限"，均应如所请'。从之。"《清高宗实录》卷一千三百三十四记："乾隆五十四年己酉秋七月乙酉朔，定滇省厂员给领铜斤限期。军机大臣会同户部遵旨议奏：'各省委员采办滇铜，自起程及运铜回省，均有定限。惟到滇交价以后，至在滇开行以前，例无明文。请嗣后各省办铜，委员先后到滇者，尽先到之员给发。同时到者，尽远省之员给发。委员一到滇省，即将应办铜斤，指定厂所，何厂拨铜若干斤，应定限若干日，统计何年月日，可兑交委员领运，开单咨部存案。俟奏报开行时，将厂员给领有无逾限，于折内声叙，户部逐运查核。如厂员逾限不给，照"运员在途逾限"例议处。兑给铜斤，如有低潮，准该委员禀换。若因换铜误限，亦应将厂员照例议处。若委员并未禀换，至本省验明不足成色，即将委员查参。'从之。"清代吴其濬《滇南矿厂图略》下卷《采第十三》记："凡各省委员买铜，铜多路近及下游各厂，令委员赴厂领运如义都、青龙等厂；铜少路远各厂，令厂员运至云南府如大美、大宝、寨子箐、香树坡等厂、大理府如白羊等厂接收转发。马运者日行一站，牛运者日行半站。如牛、马僵毙，雨水阻滞，铜数一万斤以下，道理十站以内者，宽限二日；一万斤以上，十站以外者，宽限四日；五万斤以上，十站以外者，加限一倍，再加宽限六日，逾者吏议。……凡委员领运宁台厂铜，在省改煎，建房造炉，雇匠买炭，每运限六十日，每改煎铜一万斤，限十日，逾者吏议。凡委员在滇办文请领运脚、咨牌，每运限三十日，雇募牛、马。铜数十万斤者，限三十日；二十万斤者，限四十日；三十万斤者，限五十日；四十万斤至五十万斤以上者，限六十日，不得逾九十日之限。……凡兑铜四五千斤至一万四五千斤者，限一日兑竣；二三万斤以至十余万斤者递加，违者吏议。加展限期，按照铜数多寡、程途远近。如铜数在千斤，道途在十站以内者，宽限二日；一万斤以上，十站以外者，宽限四日；二三万斤以至五六万斤以上，十站以外者，宽限六日。"同治《钦定户部则例》卷三十七《钱法四·各省采买滇铜期限》记："各省委员在滇办理文件，请领运脚、咨牌，每运限一个月。雇募牛、马运铜，数在十万斤者，限三十日；二十万斤者，限四十日；三十万斤者，限五十日；四十万至五十万斤者，限六十日。连办理文件，请领运脚、咨牌，总不得逾九十日之限。各省委员赴滇采买铜斤，由司酌拨，以委员到滇兑收铜价银两之日起，核计所领高、低铜数，统于一月限内筹拨，毋致守候稽延。各铜厂拨给铜斤如数在四五千斤以至一万四五千斤者，定限一日兑竣；其在二三万以至十余万斤者，照此递加。倘厂、店各员不依限领运，即行照例分别查参。加展限期，按照铜数多寡，程途远近。如铜在数千斤，道途在十站以内者，酌加宽限二日；如铜在一万斤以上，道途在十站以外者，酌加宽限四日；如铜在二三万斤以至五万斤以上，道途在十站以外者，酌加宽限六日。于各省采买铜斤案内分晰声明。"

[2] 九省：清云南布政司《案册》记："以上九省由广南剥隘陆路运至百色，由百色水路分运各省。"

[3] 二十四站：由云南省城运至剥隘，计程二十四站。现在的广州至昆明高速公路，云南境内一段正是清代运铜道路，昆明至剥隘高速公路里程为575公里。按照清代驿站里程，通计共一千五百七十里。康熙《云南通志》卷五《疆域、邮旅附》记："云南省由路南州达广西南宁府路考：省

407

城九十里至汤池，汤池八十里至路南州，路南州七十里至发矣哨，发矣哨八十里至弥勒州，弥勒州七十里至竹园村，竹园村八十里至大百户，大百户八十里至阿小寨，阿小寨九十里至三乡城，三乡城七十里至弥勒湾，弥勒湾七十里至龙得村，龙得村九十里至密勒勒，密勒勒三十里至宝月关，宝月关七十里至阿用寨，阿用寨七十里至老太庄，老太庄九十里至花甲洞，花甲洞九十里至耿牙寨，耿牙寨八十里至高山公馆，高山公馆七十里至东坡，东坡七十里至归朝，归朝六十里至四亭，四亭四十里至者散（即者桑），者散四十里至者令，者令三十里至博隘，博隘有大江舟行四日达田州，又八日达南宁府。"

[4] 牛运：以牛来驮运铜锭。牛的负重能力胜于马匹，但是牛的行进速度比较慢，不及马匹的一半，因此牛运额定为每日行半站。由于大量马匹被用于京运，没有足够的马匹应役，外省采买只得以牛（包括耕牛）充役。《清高宗实录》卷八十一记："乾隆三年戊午十一月，云南总督庆复奏：'滇省本年四月至次年三月，共应铸钱三十四万四千六百余串，抚臣张允随以驮脚无多，势难钱、铜并运，奏请将运京钱文，分年带运。部议以京师钱价昂贵，仍令设法调剂，按期解部。查广西府至板蚌水次，向给运钱脚价，并不为少，但山路崎岖，瘴疠甚重，又无回头货物。且东川现在运铜，恐脚户不愿运钱，应请量为调剂，令脚户自行酌量。一年运钱若干，州县查明取保，将领运之银，全数给发，以便多买牛、马。并令近东川脚户领铜，近广西脚户领钱，以省往返之劳'。得旨：'如此办理甚妥。'"

[5] 平彝：今云南省曲靖市富源县的旧称。明初设平夷卫，清康熙三十四年废卫改县，名平彝县。1954年改富源县。位于云南与贵州交界处，自古为滇东门户，云南省从古至今最主要的交通道路——滇黔古道横贯东西。明代云南产铜未走水路，全部由滇黔古道陆运出省，平彝遂成为这条铜运道路的要津。明代王士性《广志绎》卷五《贵州》记："镇远，滇货所出，水、陆之会。滇产如铜、锡斤止值钱三十文，外省乃二三倍其值者。由滇运至镇远共二十余站，皆肩挑与马骡之负也。镇远则从舟下沅江，其至武陵又二十站……起镇远至武陵，下水半月，上水非一月不至。"滇铜由这条被称为"入黔旧路"的捷径运往内地，位于这条古道末端的镇远、武

陵（常德府治），因此成为了明代滇产铜、锡内销的集散地。位于这条古道中段的平彝成为了清代贵州采买滇铜的必经之地。

## 逾限处分[1]

各省委员赴滇采办铜斤，从前原定逾限一月以上者革职，带罪官解，完日开复。乾隆四十年内吏部奏准：各省派员赴滇、黔等省采办铜、铅、锡斤，如沿途无故迟延，逾限不及一月者免议，一月以上者罚俸一年，两月以上者降一级留任，三月以上者降一级调用，四月以上降二级[调用]，五月以上降三级调用，半年以上者革职。

## 注　释

[1]　逾限处分：各省赴滇买铜，超过规定期限的处罚。《清高宗实录》卷九百九十七记："乾隆四十年乙未十一月，吏部奏：'定例滇省解运京铜，自泸州领运，限九个月抵通，换船、换篓，限六十日，统计限十一个月。如逾限一月以上者，领解官革职，戴罪管解，委解上司，降三级留任，沿途催趱官员，照"催趱不力"例议处，悉按所过境内，违限日期多寡，分别罚俸、降调、革职。又例载"各省委员，赴云南等省采办铜、锡、铅斤，有无故迟延，逾限一月以上者，领解官革职，戴罪管解，完日开复各"等语。窃思运京铜斤，关系户、工二局鼓铸，固应上紧趱运，严定处分。而外省派赴滇、黔诸省，采办铜斤等项，亦均关紧要。若同属逾限，一月以上，一则议以革职，一则例准开复，未免轻重悬殊。再逾限之期，例文统言，一月以上，而凡不及一月，并两月以上至半年者，多寡不等，亦不应漫无区别。且运京铅、锡，与铜斤事同一例，原例内专言铜斤，不及铅、锡，立法亦未详备。今臣等悉心酌议，嗣后各省运京铜、锡、铅斤，除一切章程仍遵旧例办理，如正限之外，逾限不及一月者，降一级留任，委解上司照例罚俸一年。逾限一月以上者，降一级调用；两月以上者，降二级

调用；三月以上者，降三级调用；四月以上者，降四级调用；五月以上者，革职。委解上司仍各降三级留任。其各省派赴滇、黔等处，采办铜、锡、铅斤，如于采买完竣起运之后，沿途无故迟延逾限不及一月者，照旧例免议；一月以上者，罚俸一年；两月以上者，降一级留任；三月以上者，降一级调用；四月以上者，降二级调用；五月以上者，降三级调用；至半年以上者，革职。再查运京铜、铅有无违限，向俱于抵通后统行合计，应请嗣后运京铜、铅等项过境，如有无故迟延，不在例准扣限之内者，各督抚按照运员所迟月日，将催趱不力之各地方官职名咨部，俟该运员抵通后，移咨户、工二部，确核除运员逾违统限，例应议处者，沿途地方官，仍各按所过境内逾限日期多寡，分别罚俸、降调、革职外。至运员并未逾违统限，例得免议者，其中途所过省分，有逾程限，该地方官催趱不力，仍各予以处分。应令该督抚将铜、铅船只入境所过州、县各程限日期，逐一分晰核算，咨明户、工二部存案，遇有违限，咨参到部。如原限应行四日，而行至五日以上者，专催官罚俸一年，督催官罚俸半年；应行四日，而行至六日以上者，专催官降一级留任，督催官罚俸一年；应行四日，而行至八日以上者，专催官降二级留任，督催官罚俸二年；应行四日，而行至九日以上者，专催官降三级留任，督催官降一级留任。其余多寡程限不同，皆照此例核算。至已过州、县所违之程限，如入境后能为趱出者，该地方官，应酌予纪录一次；其有能上紧催趱，于未届正限之先即已出境者，亦准予纪录一次。以示鼓励，如此详悉定例，分别劝惩，则运员及沿途地方官，各知赶紧趱运，自不敢迁延从事'。从之。"《皇朝文献通考》卷十七《钱币考五》记："乾隆十四年，又奉上谕：'云、贵运送铜、铅一事，办理日久，诸弊丛生。经朕于营私亏缺之委员严加惩处，并令该部详议定例，沿途督抚自当实力遵办。但向来铜、铅运京，原有定例，委员往往逾违，及至抵京交部，又复挂欠累累，总由委员捏报事故，所至停滞，以便作弊。而各该省督抚，以事不关己，虽有催趱之例，不过行文查报了事。遂至委员任意朦混，肆无忌惮，不思铜、铅有资鼓铸，本属公事，凡运送船只，由该省起程，于何日出境之处，已传谕云贵督抚奏报。其沿途经过各省分督抚大吏，均有地方之责，云贵督抚既鞭长莫及，而各该督抚复视同膜外，殊非急公之道。嗣后铜、铅船只过境、出境日期，及委员到境有无事故，并守风、守冻缘由，俱应详查明确，随时具折奏闻。一面饬属督催，毋令仍蹈前辙。至运送官物其小者，仍照常办理。他省饷鞘、木植之类，悉宜留心查催，不得任其迟滞，致滋弊端。着一并传谕各督抚知之'。臣等谨按：'嗣后云、贵运解铜、铅，经户部定议抵通程限，并严定逾限处分。至领运各官起运日期及沿途过境、出境有无事故逗留，直省督抚俱遵例随时督催奏报。'"《皇朝文献通考》卷十八《钱币考六》记："乾隆四十一年，又户部议运京铜、铅，经吏部以运员开行以后，定有逾限处分。"《清高宗实录》卷一千十九记："乾隆四十一年丙申十月戊午，吏部奏：'铜船过境，催趱不力，以致逾限之山东临清州知州、奉旨以知府用李涛等，请分别降、革'。得旨：'铜、铅船只过境，地方官催趱不力，以致逾限，处分固所应得。但州县各官，俱有应办地方事务，如因命盗相验等案，迅速前往，不能亲身督催者，亦属事所常有，若概予实降实革，未免太重。嗣后运京铜、锡、铅斤，运员违逾统限，沿途催趱不力之地方官，应议降调者，改为降级留任；应议革职者，改为革职留任。此案议以降调之李涛等，即照此旨行。至例应降、革各员，业经加恩从宽留任。其降留、罚俸处分，应如何递减之处，仍著该部定议具奏。'寻议：'嗣后铜、铅过境逾限，其专催督催各员，罚俸处分，仍照旧例办理，其应降调者，改为降留，革职者改为革职留任。'从之。"

## 拨铜章程[1]

滇省拨给各省采买铜斤，于委员到滇之日，即将应买铜斤，指定厂所。何厂拨铜若干，系几成色，开单咨会各省验收。滇省饬令各厂员，按照部定成色[2]，秤交领运，俟兑领完竣，取具委员实收，及并无低潮、夹杂钤结备查。如委员漫不经心，并不查明成色，混行兑领，运至本省验收，有不足成色者，即令委员赔补，照例查参。至拨给铜斤，系按委员到滇之先后，挨次拨给。其有（不）同时并到者，按照各省程途远近，先给远省之员，拨给领运，历经遵照办理。

## 注 释

[1] 拨铜章程：同治《钦定户部则例》卷三十七《钱法四·各省买铜章程》记："各省委员赴云南采办铜斤，如委员先后到滇者，尽先到之员给发。同时并到者，按各省道里远近，先给远省之员。于委员到滇之日，即将应办铜斤，指定厂所。将何厂拨铜若干斤，应限若干日，统计何时全数兑交委员收领发运，开列清单，咨部候奏报。开行时，将厂给领有无逾违，于折内声叙。如厂员有逾限不给者，即在运员在途逾限之例一律议处，并查明各厂相去远近，按照厂分将兑给限期造册送照，以凭逐运查核。云南厂员兑给各省委员采买铜斤，务照部定成色，不准搀和低潮，倘有不足，准令该委员禀明另换。查验属实，即将厂员严参究办。若因换铜耽延限期，亦将厂员照例议处。如委员漫不经心，并未在滇禀换，回至本省验有不足成色，即令委员赔补，仍照例查参。"清代吴其濬《滇南矿厂图略》下卷《采第十三》记：凡滇省拨铜，以委员到滇兑收价银之日起，核计所领高、低铜数，统于一月限内筹拨，毋致稽候。……凡委员先后到滇者，先给先到之员，同时到者，先给远省之员。凡委员到滇之日，于铜厂派定后，将何厂拨、铜若干斤、相去远近、应限若干日、统计何时，全数兑交，造册咨部。候奏报开行时，将厂员给领有无逾违，专折声叙。凡厂员兑铜，按照部定成色，不准搀和低潮。如成色实有不足，准委员禀明另换，其厂员听究。因禀换而逾限，过在厂员，如并未禀换，经本省察验，成色不足，则委员赔补听议。凡委员运脚、盘费，本省照数发足，不准在滇借支。并饬各地方官会同运员，雇募牛只，樽节妥办，毋使脚户居奇，例外加增，致滋糜费。"

[2] 部定成色：由清廷户部在《则例》中规定的铜的成色，乾隆四年规定为九二成色，即每一百斤铜，含纯铜九十二斤，因此另外加有八斤耗铜。后来规定改为八三成色，即每一百斤铜，含纯铜八十三斤，外加耗铜十八斤。《清高宗实录》卷一千三百三十二记："乾隆五十四年己酉六月戊辰，谕曰：'惠龄奏湖北委员李英、汪景苏，接运已故委员周方炯、吕日永，领运乾隆四十一并四十九两年鼓铸滇铜回楚，每百斤煎炼实止得净铜七十斤，较部定八三成色折算，每百斤计折耗铜十八斤有零，

应著落原办及接运之员，分股赔补，于任所、原籍、分别咨追等语。所奏殊属不成事体……即令该省历任督抚暨该管道员分赔七成……迟逾十余年之久。而铜斤又不能照部定成色，且滇省各厂，俱有道府经管，亦难辞咎，并应著落滇省承办铜务厂员，及经管之道府分赔三成，以示惩儆而昭平允'。"《军机处录副奏折》记："嘉庆二十年四月十八日，云贵总督伯麟、云南巡抚臣孙玉庭奏：'为办铜工本查照部驳核实奏闻仰祈圣鉴事。……回龙厂向办各省采买铜斤，原定八二成色，每课、余铜百斤，例销工本银五两三钱三分三厘三毫零。自厂至下关店，运脚银一两六钱五分。今既改煎八六成色京铜，较原办采买铜色加高四色，一切人工、炭火、折耗等项，在在需费。"

## 雇募夫马[1]

各省委员赴滇采办铜斤应需夫马，从前俱系委员自行雇觅办运。乾隆三十七年，巡抚李条奏：各省委员赴滇，采办铜斤，系属隔省，未免呼应不灵，应责令地方官协同雇募，不得任听马柜、夫行高抬价值。如有勒掯刁难，贻误遄行，即将不行协雇之地方官及各委员遵照[运员无故耽延例附参]。此后各省委员赴滇采办铜斤，俱按起具详巡抚，发给协雇夫马牌一张，交委员祗领办运。仍饬行地方官，会同雇募。

## 注 释

[1] 雇募夫马：招募雇佣运铜的人力与马匹。《皇朝文献通考》卷十六《钱币考四》记："乾隆四年，又议定《云南运铜条例》时，云南巡抚张允随将起运事宜分别条款具奏，经大学士等议定：运脚之雇觅宜各定责成也。自威宁以下，即非滇省所辖，换马、换船处，领运官势难兼顾。且以滇省之员雇外省之脚，必致行户居奇高昂价直，嗣后令云南巡抚于铜斤起运之前，即预行咨明沿途督抚，遴选干员督同该处地方官，俟滇铜一到，

即协同领运官雇募船、马，催趱前进。如有迟误，分别查参。所需脚价，仍听云南领运官给发报销。至张家湾地方，为铜斤起运之所，应设立铜房一所，滇省预委驻府佐或州县一员、杂职一员总管，称收、转运至京交局。再设监督一员，由各部郎中、员外郎内拣派，驻扎张家湾，专司弹压稽查。铜斤一到，监督同转运京局之员，给发领运官回文，即将运到铜斤数目先行报部查核。"

## 寄存运脚

各省委员赴滇采办铜斤，备带运脚、杂费银两，从前系委员自行存贮寓所。乾隆三十七年，巡抚李咨奏：各省委员备带运脚，应解贮藩库。俟拨给铜斤之后，核明需用银数，陆续具领，申司发给委员，承领办运。历经循照办理。

## 借支运脚[1]

又各省委员赴滇采办铜斤，原带运脚银两，有全数发给者，亦有扣留一二成，俟办铜回省找领者，情形不一。其在滇借领银数，亦多寡无定。乾隆五十五年，署巡抚富咨准，各省委员在滇借领银两，按照铜数之多寡，程站之远近，自一千两以至二千两为度，此外不准多借。嘉庆三年，准户部咨，嗣后各省办铜委员在滇运脚银两，查明本省原咨。如声明运脚全数发给，滇省拨给铜斤亦无耽延者，概不准其借给。如实系本省未经发足，滇省拨铜，虽在限内，而运脚不敷办运，必应借给，滇省务须核明程站远近，铜数多寡，及各省历运准销成例，核计找领银数，切实借给，不得漫无区别。各省即于委员办竣报销时，将所借银两，照数扣抵。倘有未完，勒限三月全完。如有迟延，即行查参。所借银两，在于各上司名下摊完。如本省运脚既未发足，滇省拨铜又迟于例限，因而运脚不敷，不得不借，或致无着，应令滇省与本省，各半分赔，以昭平允。

## 注 释

[1] 借支运脚：同治《钦定户部则例》卷三十七《钱法四·各省买铜章程》记："各省委员赴滇采办铜斤，所需运脚银两，除贵州一省系接壤之区，向照部定价、脚发交，并无不敷，毋庸借给外。其余各省应用运脚银两，本省业经全数发给，滇省拨给铜斤，亦无耽延者，概不准在滇借给运脚。其本省运脚未经发足，滇省拨铜，虽在限内，而运脚不敷，必须借给者。滇省核明铜数多寡，程途远近，查照历运准销成例，核计找领银数，切实借给。倘遇无着，令本省着赔。本省运脚已经发足，滇省未能按限拨铜，耽延日久，因而运脚不敷，不得不借或致无着，令滇省着赔。本省运脚既未发足，滇省拨铜又迟逾限外，以致运脚不敷，在滇酌核借给者，遇有无着，滇省与委员之本省，各半分赔。各省委员办铜，所带运脚不敷，例应领借者，于委员回省报销时，即将在滇所借银两，如数扣抵。倘有未完，照京局短少铜斤之例，勒限三个月全完。如有迟延，即行查参。所借银两，在于催追不力之各上司名下摊完，解滇归款。"

## 报销运脚[1]

各省委员赴滇采买，拨给省城、迤西上游各厂铜斤，向系由滇省运至省城，在于省店兑发给领，运回供铸。乾隆三十七年，巡抚李奏准：将省店裁撤，令委员自赴厂、店领运。四十年，巡抚图咨奉户部复准，大美、大宝、香树、马龙、寨子箐等厂铜斤零星，令各厂员运至省城，交云南府收存，转发各省委员领运。其白羊、宁台等厂铜斤，运至下关收存，转发各省委员领运[2]。至附近省城铜多之义都、万宝、青龙，及下游各厂铜斤，仍令各省委员，自行雇脚，赴厂领运。上游自下关至省，并义、万等厂，自厂至省所需运脚银两，系由滇省发给，委员承领雇运，归入滇省铜厂《奏销案》内报销。其下游自省并自厂至剥隘，所需运脚银两，系委员于备带运脚内支用，归于各省报销。

# 注　释

[1]　报销运脚：清代吴其濬《滇南矿厂图略》下卷《采第十三》记："凡上游自厂至省，脚价归滇报销；其下游赴厂领运，脚价仍归各省报销。"同治《钦定户部则例》卷三十七《钱法四·各省铜斤运脚》记："各省买运云南厂铜运脚，由省店、寻甸店领运至竹园村，每站每百斤俱给银一钱；竹园村至剥隘，每站每百斤俱给银一钱二分九厘二毫。金钗厂自蒙自县领运至剥隘，每站每百斤俱给银一钱二分九厘二毫。宁台厂铜自大理府领运至云南省城，每站每百斤俱给银一钱四厘二毫。自剥隘以下，运回各本省，分别水、陆，按站核给。"《大清会典事例》卷一百七十六《户部四十九·钱法》记："乾隆十九年，又复准：广西、福建、江西、浙江、陕西等省，委员采买滇铜，自剥隘运至百色，每一百斤水脚银八分；自百色运至广西省城，每一百斤水脚银五钱九分七厘有奇，沿途杂费银九分七厘。运至福建省城，每一百斤水脚银一两一钱九分八厘有奇，杂费银六钱一分二厘有奇。运至江西省城，每一百斤水脚银六钱六分二厘有奇，沿途拨费银一钱零一厘，杂费银二钱六分有奇。运至浙江省城，每一百斤水脚银七钱七分四厘有奇，杂费银二钱八分七厘。运至陕西省城，每一百斤水、陆运脚银一两五钱二分一厘有奇，杂费银二钱八分八厘。"

[2]　转发各省委员领运：《清高宗实录》卷九百八十七记："乾隆四十年乙未七月壬申，户部议覆：'署云贵总督图思德咨称"各省委员采买滇铜，自行赴厂领运，厂地远近、多寡不一，或一员而领数厂之铜，辗转挽运，以致逐厂分扣限期，殊非省费速运之道。请将出铜较少之大美、香树坡、马龙、寨【子】等厂，令厂员将铜雇运省城，交云南府接收转发。其程站最远之得胜、白羊、日见汛等厂，令厂员将铜递行运交大理府收存转发。各省委员领运，各按铜数，总扣限期，毋须逐厂分扣，至义都、青龙两处，厂铜较多，及下游铜厂，程站较近，易于雇运者，仍令各省委员赴厂自行领运。所需运费，上游自厂至省，归滇报销，下游归各省报销"等语。应如所咨，并饬令各厂员，先期运往存贮，如各省委员已到，该处无铜可兑，即将办运迟误之厂员查参，并将各委员守候盘费著赔。至铜多路近各厂，外省委员自行赴领者，仍令该地方官，协同雇募，催趱起程'。从之。"

# 江苏采买[1]

江苏省，于乾隆五年委员赴滇，采买高铜三十万斤。每百斤外加余铜一斤。每正铜百斤，收价银一十一两[2]。七年，委员赴滇，买金钗厂低铜三十万斤，每百斤外加耗铜二十三斤、余铜一斤。每正铜百斤，收价银九两[3]。十二年，委员赴滇，买高铜十万斤、低铜十万斤。二十七年，委员赴滇，买高铜三十万斤、低铜三十万斤。三十一年，委员赴滇，买高铜三十万斤、低铜三十万斤。自四十二年至四十五年，委员赴滇，采买二次，每次买金钗厂低铜四十万斤。又自四十九年至嘉庆五年，委员赴滇，采买五次，每次买高铜五十万斤。照前每百斤加余铜一斤，并不加给耗铜。八年，委员赴滇，采买金钗厂低铜五十万斤。十三年，委员赴滇，买金钗厂低铜六十五万斤。照前加给耗、余铜斤，收价拨给领运[4]。

## 注 释

[1] 江苏采买：《清高宗实录》卷二百十五记："乾隆五年庚申九月癸未，户部议覆：'调任江苏巡抚张渠奏"江省开局鼓铸青钱应行事宜。一、宝苏局开铸钱文，请仍设炉十六座，一年二十八卯，每文重一钱二分，应用铜、铅八十三万八千六百余斤，铸钱十一万一千八百二十余串。一、江省钱价昂贵，民情望铸甚殷，应用铜、铅，挽运需时，请先开十二炉，俟铜、铅充裕之时，再开四炉以利民用。一、铸出钱文，必用磨锉渣末，请按炉分给铜、铅三百斤，永为底火，铸务告竣，如数归还。一、开铸之始，铸作器具，炉头无力垫办，请预先支给银两，陆续扣还。一、宝苏局房屋墙壁，多有倾塌，请动项修葺"。均应如所请'。得旨：'依议速行。'"《清高宗实录》卷一百五十七记："乾隆六年辛酉十二月，两江总督那苏图奏：'江省宝苏局鼓铸，先开炉十二座，今铜斤充足，拟于明年正月十五日为始，再开四座'，报闻。"《大清文献通考》记："总督郝玉麟奏言：'江省钱价日昂，若待商人自办之铜收买供铸，恐不能如期应用，请先动帑银十万两，委员采买滇铜，复开宝苏局。'"清代王昶《云南铜政全书》记："乾隆七年，

苏州巡抚陈宏谋疏买金钗厂铜三十万斤。十二年，苏州巡抚安定请买滇铜二十万斤，经云南巡抚图思德拨汤丹厂铜十万斤、金钗厂铜十万斤，令委员由剥隘一路运回。"清云南布政司《案册》记："嘉庆六年，定江苏省三年采买一次，每次应买正高铜一十七万斤，每百斤收价银一十一两。每百斤加余铜一斤，不收价。又买金钗厂正低铜五十二万斤，每百斤收价银九两。每百斤加耗铜二十三斤、余铜一斤，不收价。" 清代吴其濬《滇南矿厂图略》下卷《采第十三》记："江苏三年采买一次，每次正高铜一十七万斤，每百斤价银一十一两，每百斤余铜一斤，不收价。金钗厂正低铜五十二万斤，每百斤价银九两，加耗二十三斤，余铜一斤，不收价。"同治《钦定户部则例》卷三十七《钱法四》记："各省铜斤运脚：江苏省自剥隘至汉口，每百斤给银五钱三分五厘有奇。前赴苏州省城，每百斤给银二钱二分五厘五毫。各省运铜杂费：江苏省委员赴滇买铜，自起程至事竣，每日给饭食银四钱；跟役日给饭食银五分。每百斤给杂费银三钱四分。"《清高宗实录》卷七百七十一记："乾隆三十一年丙戌十月乙丑，户部议覆：'江苏巡抚明德奏称"奉准部议酌定采办铜、铅限期，请嗣后委员领银，自江苏至云南省城，定限一百八十二日，及领运铜斤，自广西全州以下至苏州，应行九十六日"等语，应如所请。至委员自云南领铜，运至剥隘地方，酌定限期之处，听云贵总督定议外，其自剥隘至百色，百色至全州，先据湖北巡抚定限九十四日，应令该抚遵照办理'。从之。"清代高晋《收小钱以供鼓铸疏》云："宝苏局鼓铸钱文，向以洋、滇二铜对搭配铸。而所办滇铜，必须往返三年，方能办到。现在局存滇铜，计至本年第十七卯，业已配用无存。其三十一年，赴滇采办铜六十万斤，接准云南抚臣咨会，业已办得金钗厂铜三十万斤，于上年十一月内起程在途。经布政使与臣相商，循照三年一次委员之例，详请动项赴滇采买。"《清高宗实录》卷八百八十一记："乾隆三十六年辛卯三月。是月，两江总督高晋、署江苏巡抚萨载奏：'宝苏局鼓铸定额，每年十六炉二十八卯，铸制钱九万五千三百三十七串有奇，计节年存剩，及小钱改铸钱文，现在存局各项余钱，共三十七万二千八百八十四串零，按岁支兵饷七万六千余串之数，将敷五年支放。如仍开十六炉，铸二十八卯，恐局钱愈积愈多，久必霉锈，请援从前减炉之例，于辛卯年起，暂减为八炉十卯。计现存铜、铅、点锡，除工料、折耗，岁可铸制钱三万四千余串，计岁支兵饷，不敷四万二千余串，即以小钱改铸钱凑放，仍敷九年之用。并可余存洋滇铜二百一万八千余斤，通彻计算，于铸务实有裨益'。得旨：'如所议行，咨部知之。'"

[2] 价银一十一两：同治《钦定户部则例》卷三十七《钱法四·各省采办铜价》记："江苏、江西、浙江、福建、湖北、陕西、广西、广东、贵州九省买运云南金钗厂低铜，每正铜百斤加耗铜二十三斤、余铜一斤，销价银九两。又各省买运云南各厂高铜，每正铜百斤：江苏、江西二省加耗四斤，浙江省加耗四斤六两七分三厘，福建省加耗四斤六两，湖北省加三斤，广东、广西二省加耗五斤，陕西不加耗铜，各省俱加余铜一斤，销价银一十一两。"

[3] 收价银九两：乾隆《钦定户部鼓铸则例》卷三记："苏州省每次委员赴云南采买铜四十万斤，内个旧、义都等小厂板铜运至省城，煎成蟹壳，照汤丹厂之价收买，每铜百斤外给余铜一斤。每正铜百斤给价银一十一两。又金钗厂铜，每百斤外加耗铜二十三斤、余铜一斤。每正铜百斤给价银九两。所需价值银两，在于钱本款内动支，统俟事竣之日，即将用过银两造册送部核销。"

[4] （江苏）领运：乾隆《钦定户部鼓铸则例》卷三记："苏州省委员领运大兴厂铜，自竹园村至剥隘，计程十六站，每站每百斤给运脚银一钱二分九厘二毫，共给运脚银二两六分七厘二毫。领运金钗厂铜，自蒙自县运至剥隘，计程十七站，每站每百斤给运脚银一钱二分九厘二毫，共给运脚银二两一钱九分六厘四毫。自剥隘运至汉口，每百斤给水脚银四钱五分五厘六毫七丝二忽八微。自汉口运至苏州府，每百斤给水脚银二钱二分五厘五毫。又每百斤给杂费等银三钱四分。又自起程之日起，至办竣日止，委官一员每日给饭食银四钱，跟役每名日支饭食银五分。均在于钱本银内动支，统俟事竣之日，即将用过运脚银两造册送部核销。"

# 江西采买[1]

江西省，于乾隆七年，在九江地方截留滇省解运京铜五十四万九千五百四斤。每百斤外加余铜一斤，运回江省供铸。每正铜百斤，缴价银一十一两。十年，委员赴滇买高铜二十八万八千斤，每百斤外加余铜一斤。十一年及十八年，委员赴滇采买二次，每次买高铜二十八万八千斤，均照前收价[2]。十九年，委员赴滇，买金钗厂低铜二十八万八千斤。每百斤外加耗铜二十三斤、余铜一斤。每正铜百斤，收价银九两。二十年及二十六年，委员赴滇，采买二次，每次买金钗厂低铜二十八万八千斤。二十七年，委员赴滇，买高铜十万斤。每百斤外加耗铜四斤、余铜一斤。又买金钗厂低铜二十八万八千斤。二十八年，委员赴滇，买高铜四万斤、低铜二十八万八千斤。二十九年，委员赴滇，买高铜八万斤、低铜二十三万八千斤。三十年，委员赴滇，买高铜十六万斤、低铜十二万八千斤。三十一年，委员赴滇，买高铜十万斤、低铜一十八万八千斤。三十二年，委员赴滇，买高铜十万斤、低铜一十八万八千斤。三十三年，委员赴滇，买高铜二十万斤、低铜八万八千斤。四十二年，委员赴滇，买高铜二十万斤、低铜八万八千斤。四十七年，委员赴滇，买高铜一十万三千六百八十斤、低铜一十八万四千三百二十斤。四十八年及嘉庆元年，委员赴滇，采买二次，每次买高铜一十万三千六百八十斤、低铜十八万四千三百二十斤。嘉庆二年，委员赴滇，买高铜五万三千六百八十斤、低铜二十三万四千三百二十斤。三年及十三年，委员赴滇，【采】买二次，每次买高铜五万三千六百八十斤、低铜二十三万四千三百二十斤。均照前加给耗、余铜斤，收价发给领运[3]。

## 注　释

[1]　江西采买：《清高宗实录》卷一百七十一记："乾隆七年壬戌七月丙子，江西巡抚陈宏谋奏请截留滇铜，以供鼓铸，并禁止私钱。得旨：'滇省铜斤，运京鼓铸，关系辇下钱法，甚为紧要，从无外省截留之例。但念江西钱文太少，钱价太昂，较他省为甚，只得为权宜之计。况目下户、工二部，现有余铜，足供鼓铸。著照陈宏谋所请，应解户、工二部滇铜，截留五十五万五千斤，以济该省之用。该省陆续赴滇采买，仍著

解京补项，他省不得援以为例，余著该部妥议具奏。'寻议：'据陈宏谋奏"江西久未开铸，民间俱用小广钱，又挽搭剪边、鹅眼、砂板等钱，奸徒贪利私铸，到处囤贩。惟有亟开鼓铸，制钱日充，私钱可以禁止。拟先行出示晓谕，定以三月之限，令将一应私铸钱，尽数缴官，给价收买，挽搭鼓铸。至小广钱，乃旧铸之钱，铜质原好，行用已久，仍听照常行使。而新钱广行之后，止将小广钱量为减价，不得与大制钱相等，则新旧、大小，原可兼用"，应如所请。'从之。"清代王昶《云南铜政全书》记："乾隆十一年，江西巡抚塞楞额请买滇铜二十八万八千斤，经云督张允随以丙寅年停运京铜拨给。"清云南布政司《案册》记："嘉庆六年，定江西省年半采买一次，每次应买正高铜五万三千六百八十斤，每百斤加耗铜四斤、余铜一斤。金钗厂正低铜二十二万四千三百二十斤，每百斤加耗铜二十三斤、余铜一斤。分别收价、不收价。正高铜每百斤收价银一十一两，正低铜每百斤收价银九两，耗铜、余铜不收价。" 清代吴其濬《滇南矿厂图略》下卷《采第十三》记："江西年半采买一次，每次运官一员，正高铜五万三千六百八十斤，每百斤加耗四斤，余铜一斤。金钗厂正低铜二十三万四千三百二十斤，每百斤加耗二十三斤，余铜一斤，分别收价、不收价，与江苏同。"同治《钦定户部则例》卷三十七《钱法四》记："各省铜斤运脚：江西省自剥隘至百色，每站每百斤给银四分。前赴南雄州，每百斤给银一钱二分。前赴南安府，每百斤给银一钱二分。前赴江西省城，每百里每百斤给银一分。百色起拨，每百斤给银三分。韶关起拨，每百斤给银四分。南安起拨，每百斤给银三分。各省运铜杂费：江西省赴云南买铜委员，自起程至事竣，每日给薪水银一钱；跟役日给饭食银六分。每百斤给杂费银二钱六分五毫。"《清高宗实录》卷一千七记："乾隆四十一年丙申四月辛酉，谕军机大臣等：'户部议覆海成"筹办滇铜"一折，已依议行矣。江西宝昌钱局，前因专用洋铜，价值过昂，酌用大兴厂铜酌铸，原期均匀牵算，本、息无亏。嗣因该省积铜甚多，户部议令数年之后，即行购办，以期接济，自应遵照办理。何以直至滇铜配用将竣，始议采办，是该抚办理此事，实属迟缓。其因何不早筹办缘由，著海成即行查明，据实明白回奏'。"

[2] 照前收价：乾隆《钦定户部鼓铸则例》卷三记："江西省每次委

员赴云南采买铜二十八万八千斤，内大兴厂铜每百斤外加耗铜四斤，如单铸云南铜，准给耗铜四斤，如配铸洋铜，将云南铜之耗只给一斤，其余三斤并洋铜每百斤外加耗铜二斤八两，秤头七两，均作盈余归公，余铜一斤。每正铜百斤价银一十一两。每年用大兴厂铜以十万斤为率，每委员赴云南一次，或买两年之铜，或买年半之铜，临时查勘咨明。于额买金钗厂铜二十八万八千斤之内如数扣除，听云南拨给应用。金钗厂铜每百斤外加耗铜二十三斤、余铜一斤。每正铜百斤价银九两。所需价值银两，在于司库地丁银内动支，统俟事竣之日，即将用过价值银两造册送部核销。"

[3]（江西）领运：乾隆《钦定户部鼓铸则例》卷三记："江西省委员领运大兴厂铜，自竹园村至剥隘，计程十六站，每站每百斤给运脚银一钱二分九厘二毫，共给运脚银二两六分七厘二毫。领运金钗厂铜，自蒙自县运至剥隘，计程十七站，每站每百斤给运脚银一钱二分九厘二毫，共给运脚银二两一钱九分六厘四毫。自剥隘运至百色，计水程二站，每站每百斤给水脚银四分，共给水脚银八分。自百色运至南雄府，计程二十五站，每站每百斤给水脚银一分五厘，共给水脚银三钱七分七厘二毫五丝。自南雄府过山运至南安府，计程一百二十里，每百斤给夫价银一钱二分。自南安府运至江西省城，计程一千一百里，每百里给水脚银一分，共给水脚银一钱一分。百色起剥，每百里给水脚银四分。南安起剥，每百里给水脚银三分一厘。又每百斤给杂费等银二钱六分五毫。又自起程之日起，至办竣日止，委员每日给饭食银一钱，跟役每名日支饭食银六分。均在于司库地丁银内动支，统俟事竣之日，即将用过价值银两造册送部核销。"

## 浙江采买[1]

浙江省，于乾隆五年，委员赴滇，采买正高铜六十万斤。每百斤外加余铜一斤。每正铜百斤，收价银一十一两[2]。十年，委员赴滇，买高铜四十七万八千三百七十斤，收价银九两二钱。十四年，委员赴滇，买高铜四十万斤，收价银一十一两。二十四年，委员赴滇，买高铜二十万斤，照前收价。又买金钗厂低铜二十万斤,每百斤外加耗铜二十三斤、余铜一斤。每正铜百斤,收价银九两。二十六年,委员赴滇,买低铜四十万斤。二十七年,委员赴滇,买高铜三十万斤。每百斤外加耗铜四斤六两、余铜一斤。又买低铜十万斤。三十一年,委员赴滇,买高铜十一万斤、低铜十一万斤。三十三年,委员赴滇,买高铜十万斤、低铜十万斤。三十四年,委员赴滇,买高铜二十万斤。自三十七年至四十二年,委员赴滇,采买四次,每次买高铜十万斤、低铜十万斤。自四十五年至四十九年,委员赴滇,采买四次,每次买高铜一十四万斤、低铜一十四万斤。五十一年,委员赴滇,买高铜一十九万斤、低铜一十四万斤。五十三年至嘉庆二年,委员赴滇,采买六次,每次买高铜十四万斤、低铜十四万斤。三年至五年,委员赴滇,采买三次,每次买高铜二十六万斤、低铜十四万斤。六年,委员赴滇,买高铜十四万斤、低铜二十六万斤。此后,按年委员赴滇,采买一次,每次买高铜二十万斤、低铜二十万斤。均照前加给耗、余铜斤,收价拨给领运[3]。

## 注 释

[1] 浙江采买:《清高宗实录》卷一百八记:"乾隆五年庚申春正月甲寅,谕军机大臣等:'浙江巡抚卢焯请动库银十万两,前赴滇省采买铜斤,运浙鼓铸。该部议以所买铜斤,与运京铜、铅,有无阻碍,应令卢焯会同庆复、张允随,妥议具题,到日再议。朕已降旨依议速行,但思浙省钱价昂贵,必因钱文缺少,民间需用孔急,是以卢焯有赴滇买铜之请,若事属可行,著庆复、张允随、卢焯等,一面即行办理,一面奏闻,俾得早资鼓铸,以利民用,不必俟具题交议,多稽时日也。尔等可寄信,与该督抚知之'。"清代王昶《云南铜政全书》记:"乾隆五年正月十二日,奉上谕:'浙江巡抚卢焯请动库银十万两,前赴滇省采买铜斤,运浙鼓铸'……闰六月,户部复准:'云南巡抚张允随疏称"浙省买铜六十万斤,分作两年,本年带运三十万斤,辛酉年带运三十万斤。饬令寻甸州、东川府递运永宁,浙省委员赍银来滇前往永宁领铜"'。七年,浙江巡抚常【安】疏称:'滇铜停办

已经两载，近滇省复开新礑，旺产铜斤，请购买六十万斤'。十三年，浙江巡抚硕色请买滇铜四十八万斤。云南巡抚图尔炳阿复：'前查滇省各厂设法通融，每省各酌卖铜二十万斤。今不能配拨四十八万斤，酌拨汤丹等厂铜二十万斤，自竹园村至剥隘运回。'"清云南布政司《案册》记："嘉庆六年，定浙江省每年采买一次，每次应买正高铜二十六万斤，每百斤加耗斤六两、余铜一斤；金钗厂正低铜十四万斤，每百斤加耗铜二十三斤、余铜一斤。分别收价、不收价。正高铜每百斤收价银一十一两，正低铜每百斤收价银九两，耗铜、余铜不收价。"清代吴其濬《滇南矿厂图略》下卷《采第十三》记："浙江每年采买一次，每次运官一员，正高铜二十六万斤，每百斤加耗四斤六两，余铜一斤。金钗厂正低铜十四万斤，每百斤加耗二十三斤，余铜一斤，分别收价、不收价，与江西同。"同治《钦定户部则例》卷三十七《钱法四》记："各省铜斤运脚：浙江省自剥隘至百色，每站每百斤给银四分。前赴汉口，每站每百斤给银四钱三分九厘一毫。前赴浙江省城，每百斤给银三分五厘。各省运铜杂费：浙江省委员赴云南买铜，自起程至事竣，每日给饭食银一钱；跟役日给饭食银六分。每百斤给杂费银二钱八分七厘有奇。"

[2] 收价银一十一两：乾隆《钦定户部鼓铸则例》卷三记："浙江省委员赴云南采买铜斤，内买大兴厂铜，每百斤外加耗铜四斤六两三钱其七分三厘四毫，余铜一斤。每正铜百斤价银一十一两。又金钗厂铜，每百斤外加耗铜二十三斤、余铜一斤。每正铜百斤价银九两。所需价值银两，在于鼓铸工本银内动支，统俟事竣之日，即将用过价值银两造册送部核销。"

[3] （浙江）领运：乾隆《钦定户部鼓铸则例》卷三记："浙江省委员领运大兴厂铜，自竹园村至剥隘，计程十六站，每站每百斤给运脚银一钱二分九厘二毫，共给运脚银二两六分七厘二毫。领运金钗厂铜，自蒙自县运至剥隘，计程十七站，每站每百斤给运脚银一钱二分九厘二毫，共给运脚银二两一钱九分六厘四毫。自剥隘运至百色，计水程二站，每站每百斤给水脚银四分，共给水脚银八分。自百色运至汉口，每百斤给水脚银四钱三分九厘一毫。自汉口运至浙江省城，每百斤给水脚银三钱五厘。又沿途杂费每百斤给银二钱八分七厘。自起程之日起，至办竣日止，委员每日给饭食银一钱，跟役每名日支饭食银六分。均在于鼓铸工本银内动支，统俟事竣之日，即将用过价值银两造册送部核销。"

## 福建采买[1]

福建省，于乾隆五年，委正、副运官各一员赴滇，采买高铜二十万斤。每百斤外加余铜一斤。每正铜百斤，收价银一十一两[2]。七年，委员赴滇，买金钗厂低铜二十五万斤。每百斤外加耗铜二十三斤、余铜一斤。每正铜百斤，收价银九两。九年，委员赴滇，买高铜五十万斤。十四年，委员赴滇，买高铜五十万斤、低铜十万斤。二十二年，委员赴滇，买高铜三十万斤，每百斤外加耗铜四斤六两；低铜三十万斤。二十五年，委员赴滇，买高铜三十万斤、低铜三十万斤。二十八年，委员赴滇，买高铜四十万斤、低铜二十万斤。此后，每三年委正、副运宫各一员赴滇，采买一次。正运每次买高铜四十万斤，副运每次买低铜二十万斤。均照前加给耗、余铜斤，收价拨给领运[3]。

## 注 释

[1] 福建采买：《清高宗实录》卷一百十九记："乾隆五年庚申六月戊戌，云南总督庆复、巡抚张允随奏：'前闽省请买滇铜二十万斤，江苏请买滇铜五十万斤。查滇省每年办运京铜，共七百三十余万斤，黔省每年办运京铅，一百八十三万斤，同路运送，驮脚每苦不敷。今江闽、两省，又共请买铜七十万斤，实难运济。查广南府与粤西接界，由粤西水路至粤东，可以直达福建，闽省所需铜，应于附近广西之开化府者囊厂铜内拨给，交广西收贮税所，俟办员到日领运回闽。仍分作两年，每年十万斤，方得从容。至江苏上通楚、蜀，应由威宁、镇雄两路，运赴永宁，交办员领运回苏。但铜斤现在不敷，实不能如江苏所请原数，请酌减二十万，给与三十万，亦分作两年运送'。得旨：'办理俱属妥协。知道了。'"《清高宗实录》卷八百四十九记："乾隆三十四年己丑十二月辛未，又议覆：'闽浙总督崔应阶奏称"闽省附近西洋处所，均不产铜，其东洋日本一带，闽商港路未熟，不能前往购买，宝福局鼓铸铜斤，仍须照旧例赴滇办运"，应如所请'，从之。"《清高宗实录》卷九百八十四记："乾隆四十年乙未六月甲申，户部

议准：'闽浙总督钟音疏称"宝福局铸钱，需铜六十万斤，请委员往滇省采买"，从之。"《大清文献通考》记："以闽省内地钱价日昂，巡抚王仕任奏请采买滇铜铜二十万斤，开局于省城福州府。"清代王昶《云南铜政全书》记："乾隆七年，福建请买金钗厂正、耗铜三十万七千五百斤，由百色运回。十一年，福建采买汤丹厂铜五十万斤。"清云南布政司《案册》记："嘉庆六年，定福建省三年采买一次，每次委正、副官各一员，正运官买正高铜四十二万斤，每百斤加耗斤六两、余铜一斤；副运官买金钗厂正低铜一十八万斤，每百斤加耗铜二十三斤、余铜一斤。分别收价、不收价。正高铜每百斤收价银一十一两，正低铜每百斤收价银九两，耗铜、余铜不收价。"清代吴其濬《滇南矿厂图略》下卷《采第十三》记："福建三年采买一次，每次正、副运官各一员。正运官正高铜四十二万斤，每百斤加耗四斤六两，余铜一斤。副运官金钗厂正低铜一十八万斤，每百斤加耗二十三斤，余铜一斤，分别收价、不收价，与浙江同。"同治《钦定户部则例》卷三十七《钱法四》记："各省买铜章程：福建宝福局鼓铸应需铜斤，自道光元年起算，嗣后每届三年，委员赴滇，采买一次，红铜五十二万一千余斤。每次于秋季委定人员，限年终到省承领价、脚银两，即行给咨起程，毋得借故迟延，致误铸务。各省铜斤运脚：福建省自剥隘至百色，每站每百斤给银四分。前赴汉口，每百斤给银四钱四分五厘七毫有奇。前赴福建省城，每百斤给水脚、起拨、搬夫价等银七钱五分二厘二毫。各省运铜杂费：福建省委员赴云南买铜，每百斤给官役骑驮、马匹脚价银一钱二分八厘五毫有奇，官役饭食银六钱一分二厘四毫有奇，房银五分一厘。"《清高宗实录》卷二百十五记："乾隆九年甲子四月庚午，户部议覆：'闽浙总督那苏图等奏"请将范毓馥办回滇铜，量匀二十万斤，运闽添铸"。查该省自乾隆六年十月开铸以来，采买滇省【者】囊、金钗二厂铜，并商人办回洋铜，共六十万余斤，按四炉核计，每年需十五万九千八百余斤。除已册报供铸外，应存铜三十余万斤，足敷两年之用，所请未便议行。至台湾兵饷钱，俱由省城鼓铸运往，今钱价既贵，自应酌量加炉鼓铸，以平钱价，应令该督作速报部，仍行令或饬经管海口各员，于商人自本办回洋铜，动项收买，抑或咨商云督，酌买滇铜接济'。从之。"《清宣宗实录》卷六十五记："道光四年甲申二月辛酉，又谕：'赵慎畛等奏请"暂停鼓铸"一折。闽省宝福局鼓铸钱文，系为搭放兵饷之用，据该督等查明现在市价银贵于钱，局铸成本、折耗甚多，其各州、厅、县捐款、津贴，需用铜、铅运费，办理亦多掣肘。且兵丁等领饷后，以钱易银，核计每两短钱二百余文，殊形支绌，自应量为调剂。著照所请，自道光四年夏季起，将局铸暂行停止，其应搭兵饷，亦自夏季起，停搭饷钱，统以银两全支。所有局内现存钱文，并本届委员所办，及旧存铜、铅，均著存贮局内，该督等察看情形，如钱价稍贵，即行奏明开铸，各营兵饷，仍照旧例搭放，该部知道'。"

[2] 收价一十一两：乾隆《钦定户部鼓铸则例》卷三记："福建省委员赴云南采买铜斤，内买大兴厂铜，每百斤外加耗铜四斤六两、余铜一斤。每正铜百斤价银一十一两。又金钗厂铜，每百斤外加耗铜二十三斤、余铜一斤。每正铜百斤价银九两。所需价值银两，在于司库地丁银内动支，统俟事竣之日，将用过价值银两造册送部核销。"

[3]（福建）领运：乾隆《钦定户部鼓铸则例》卷三记："福建省委员领运大（铜）【兴】厂铜，自竹园村至剥隘，计程十六站，每站每百斤给运脚银一钱二分九厘二毫，共给运脚银二两六分七厘二毫。领运金钗厂铜，自蒙自县运至剥隘，计程十七站，每站每百斤给运脚银一钱二分九厘二毫，共给运脚银二两一钱九分六厘四毫。自剥隘运至百色，计水程二站，每站每百斤给水脚银四分，共给水脚银八分。自百色运至汉口，每百斤给水脚银四钱四分五厘七毫三丝八微。汉口运至福建省城，每百斤给水脚、起剥、夫价等银七钱五分二厘二毫七丝二忽。又每百斤给官役骑驮、马匹脚价银一钱二分八厘五毫一忽八微。鞘旗布、神福、搬夫、杂费等银六钱一分二厘四毫四丝六忽七微，房租银五分一厘，官役饭食银一钱八分一厘九丝七忽五微。在于司库地丁银内动支，统俟事竣之日，即将用过运脚银两造册送部核销。"

# 湖北采买[1]

湖北省，于乾隆七年，委员赴滇，买金钗厂低铜二十五万八千九百八十四斤。每百斤外加耗铜二十三斤、余铜一斤。每正铜百斤，收价银九两[2]。十三年，委员赴滇，买高铜三十万斤。每百斤外加耗铜八斤、余铜一斤。每正铜百斤，收价银十一两。十五年，委员赴滇，买高铜二十万斤。每百斤外加耗【铜】三斤、余铜一斤。十七年，委员赴滇，买高铜三十万斤。十八年，委员赴滇，买高铜二十万斤。十九年，委员赴滇，买高铜五十万斤。二十年，委员赴滇，买高铜七万五千斤、低铜七万五千斤。二十一年，委员赴滇，买高铜一十七万五千斤、低铜一十七万五千斤。二十四年，委员赴滇，买高铜二十万斤、低铜二十万斤。二十七年，委员赴滇，买高铜一十五万斤。二十八年，委员赴滇，买高铜二十五万斤。二十九年，委员赴滇，买高铜二十六万一千五十八斤、低铜一十五万斤。三十年，委员赴滇，买高铜三十万斤、低铜二十四万斤。三十二年，委员赴滇，买高铜三十万斤、低铜二十万斤。三十三年，委员赴滇，买高铜三十万斤。三十五年，委员赴滇，买高铜十万斤。三十六年，委员赴滇，买高铜十万斤、低铜十万斤。三十九年，委员赴滇，买高铜三万六千八百六十一斤八两六钱、低铜一十八万斤。四十年，委员赴滇，买高铜九万六千六百九十七斤一两八钱、低铜一十八万斤。四十一年，委员赴滇，买高铜七万二千三百八十斤十二两三钱、低铜一十八万斤。四十二年，委员赴滇，买高铜十二万斤、低铜一十八万斤。四十六年，委员赴滇，买低铜二【十】二万二千一百一十六斤。四十九年，委员赴滇，买高铜二十万斤。自五十年至五十七年，委员赴滇，采买七次，每次买高铜二十万斤。嘉庆四年，委员赴滇，买高铜二十七万一百九十斤。六年，委员赴滇，买高铜二十八万一百九十斤。自八年至十年，委员赴滇，采买三次，每次买高铜二十一万四千三十八斤。十三年，委员赴滇，买高铜二十五万四千三十八斤。十五年，委员赴滇，买高铜二十二万四千三十八斤。照前加给耗、余铜斤，收价拨给领运[3]。

## 注　释

[1] 湖北采买：《清高宗实录》卷一百五十四记："乾隆六年辛酉十一月戊辰，户部议覆：'前湖北巡抚张渠奏称"楚省钱价昂贵，请采买滇铜开

炉鼓铸",经咨令自行咨商云南督抚妥议具奏。今湖北巡抚范璨奏称"调任云南总督庆复奏明：'有金钗厂铜，可以酌拨。'请湖北设炉二十座，每座每月铸钱三卯，委武昌府知府督理，武昌同知协办，巡查之员，临时酌委，按季轮换。每座一年需正、耗铜三十一万八千五百五十斤零，白、黑铅，点铜，如例配搭，应委府佐一员，杂职一员，同往采买。又滇省现买之铜，仅止一年不敷接济，金钗厂铜，新、旧各炉配铸外，可余铜一二十万斤。请将滇省每年余铜，留为楚北购买，庶得源源接济"，应如所请。并应行文钱法衙门，铸造青钱钱样，一面铸"乾隆通宝"汉（院）【字】，一面铸"宝武"清字，颁发该省，照式鼓铸'。从之。"清代王昶《云南铜政全书》记："乾隆五年，湖北巡抚张渠奏请采买滇铜，以资鼓铸。十二年，湖北巡抚开泰请复买滇铜，经云贵总督张允随以运贮剥隘一百万斤内酌卖三十万斤。"清云南布政司《案册》记："嘉庆六年，定湖北省每年采买一次，每次应买正高铜二十二万四千三十八斤，每百斤加耗铜四斤、余铜一斤。分别收价、不收价，与福建同。正高铜每百斤收价银一十一两，正低铜每百斤收价银九两，耗铜、余铜不收价。"清代吴其濬《滇南矿厂图略》下卷《采第十三》记："湖北每年采买一次，每次运官一员，正高铜二十二万四千三十八斤，每百斤加耗三斤，余铜一斤，分别收价、不收价，与福建同。"同治《钦定户部则例》卷三十七《钱法四》记："各省买铜章程：湖北宝武局鼓铸，每年应需采买汉口铜十万九百五十斤，专令盐登饬汉阳府知府共同办理，如有行户抬价居奇，即责成汉阳府知府稽查究治。各省铜斤运脚：湖北省自剥隘至百色，每站每百斤给银四分。前赴南宁，每百斤给银五分八厘。前赴苍梧，每百斤给银六分五厘。前赴桂林，每百斤给银一钱二厘。前赴湘潭，每百斤给银一钱一分。前赴湖北省城，每百斤给银四分。各省运铜杂费：湖北省委员赴云南买铜，自起程至事竣，正运官日给盘费银五钱，协运官日给盘费银三钱；跟役各日给饭食银四分。每百斤给杂费银三钱一分一厘有奇。"《大清会典事例》卷一百七十六《户部四十九·钱法》记："乾隆二十八年，复准：湖北省采买宁台厂铜，自大理府运至省城铜店，计程十三站，每站每百斤给运脚银一钱四厘二毫。自省至竹园村，每站百斤给运脚银一钱。竹园村至剥隘，每站每百斤给运脚银一钱二分九厘二毫。自剥隘至百色，每站百斤给运脚银四分。自百色至湖北省城，每百斤给水脚银三钱七分五厘有奇，杂费银三钱一分一厘有奇。"《清宣宗实录》卷二百三十三记："道光十三年癸巳三月壬申朔，谕内阁：'讷尔经额等奏"湖北宝武局鼓铸钱文，委员采办滇铜，因辗转改委羁迟，请照案暂时就近采买商铜济铸"一折。湖北宝武局每年鼓铸钱文，额配滇铜二十三万余斤，原应按年采买，交局济铸'。"《清宣宗实录》卷二百五十记："道光十四年甲午三月乙酉，谕内阁：'讷尔经额等奏"局铸额配滇铜，请照案就近购买"一折。湖北宝武局每年鼓铸钱文，额配滇铜向系按年委员赴滇买运，嗣因滇省产铜不旺，历经奏明凑买附近各口岸商铜，以资鼓铸。兹据查明，现在滇省产铜，仍不丰旺，两运委员，接续前往拨运，有需时日，自应通融筹办，俾局铸得以无误，著准其援照成案，将委员邓应黑应买宝武局道光十三年正、耗、余滇铜二十三万二千九百九十九斤零，即在本省附近口岸购买商铜'。"

[2] 收价银九两：乾隆《钦定户部鼓铸则例》卷三记："湖北省每年委员赴云南采买铜斤，内宁台山厂铜，每百斤加耗铜二十斤十两，内除三斤二两不给价外，尚领收买耗铜一十七斤八两，运至省店煎成净铜运回供铸。如用汉口、东洋、云南三处铜配铸，每云南铜百斤加耗一斤。汉口、云南二铜对配，每云南铜百斤加耗二斤。单用云南铜，每百斤加耗四斤。在云南每领铜百斤，加耗三斤，交委员领回存局，查明配铸铜数，分别扣算，据实造报。倘有余剩、色耗，作正数支销。外给余铜一斤。又金钗厂铜，每百斤外加耗铜二十三斤、余铜一斤。每正铜百斤，给价银九两。所需价值银两，在于司库地丁银并钱价银内动支，统俟事竣之日，即将用过银两造册送部核销。"

[3] （湖北）领运：乾隆《钦定户部鼓铸则例》卷三记："湖北省委员领运宁台山铜，自大理府至省店，计程十三站，每站每百斤给运脚银一钱四厘二毫五丝。又自省店运至竹园村，计程八站，每百斤给运脚银八钱。倘领运大兴厂铜，自竹园村至剥隘，计程十六站，每站每百斤给运脚银一钱二分九厘二毫，共给运脚银二两六分七厘二毫。又领运金钗厂铜，自蒙自县运至剥隘，计程十七站，每站每百斤给运脚银一钱二分九厘二毫，共给运脚银二两一钱九分六厘四毫。自剥隘运至百色，计水程二站，每站每百斤给水脚银四分，共给水脚银八分。自百色运至南宁，每百斤给水脚银

六分五厘。苍梧县运至桂林,每百斤给水脚银一钱二厘七毫。桂林运至湘潭县,每百斤给水脚银一钱一分。湘潭县运至湖北省城,每百斤给水脚银四分。又每百斤给沿途杂费银三钱一分一厘。自起程之日起,至办竣日止,正运委员每日给盘费、饭食银五钱,协运委员每日给盘费、饭食银三钱,跟役每名日支饭食银四分。均在于地丁银内动支,统俟事竣之日,即将用过运脚银两造册送部核销。"

## 湖南采买[1]

湖南省,于乾隆七年,委员赴滇,采买金钗厂低铜一十五万八千九百八十四斤。每百斤外加耗铜二十三斤、余铜一斤。每正铜百斤,收价银九两[2]。十六年,委员赴滇,买高铜一十万斤,每百斤外加余铜一斤。每正铜百斤,收价银一十一两。此后即停买,至嘉庆五年,委员赴滇,买高铜十万斤。每百斤外加耗铜三斤、余铜一斤。又买金钗厂低铜五万斤。七年,委员赴滇,买高铜二十二万斤、低铜一十二万斤。九年,委员赴滇,买高铜三十万四千斤、低铜一十七万六千斤。十一年,委员赴滇,买高铜二十八万斤、低铜一十六万斤。十三年,委员赴滇,买高铜十三万五千斤、低铜六万五千斤。均照前加给耗、余铜斤,收价拨给领运。

## 注 释

[1] 湖南采买:《清高宗实录》卷一百五十六记:"乾隆六年辛酉十二月癸巳,户部议覆:'湖南巡抚许容疏称"湖南各属,制钱缺少,价甚昂贵,长沙一带,多使小钱,难以遽禁。设局鼓铸,已经咨询云督庆复,奏明金钗厂铜可以拨铸,应设炉十二座,每座一年需正、耗铜三十一万八千五百五十斤零,红铜,白、黑铅,如例搭配,委府佐一员、杂职一员,往滇采买。并咨滇省将金钗厂每年储铜三十万斤,留为楚省源源接济之用",应如所请。并应行文钱法衙门式铸造青钱钱样,一面"乾隆通宝"汉字,一面

"宝南"清字，颁发该省照式鼓铸'。从之。"《清高宗实录》卷四百六十二记："乾隆十九年甲戌闰四月庚申，湖广总督开泰、湖南巡抚范时绶条奏宝南局添炉鼓铸各事宜：'一、添铸五炉，应照乾隆七年题定铜、铅、锡斤两配用。一、原设五炉，今添五炉，岁共需正、耗铜一十九万六千余斤，遇闰加增铜一万六千余斤，请将郴、桂两厂所产铜，除抽税外，余铜照部定价，动支地丁银收买。又岁需白铅一十六万余斤，遇闰加增一万三千余斤，除郴厂照旧收买税余供用外，应令桂厂委员，亦于税、余白铅内，照部定价请领地丁银收买。至运局水脚银，均照例于砂税内动支报销，铸出钱文，搭放兵饷及发局兑易，俱扣除成本，归还司库原款。一、宝南局自开铸以来，配用点锡，系动项采买，并郴、桂等处刨试存局税锡四万余斤搭用，皆照每百斤脚价银一十六两二钱合计成本，查前项锡，将次用完，今有存局郴州柿竹园锡矿所抽税锡，应请动用，查税锡每斤价银一钱五分七厘，水、陆脚费银一厘九毫零，应照每斤价、脚银一钱五分八厘零，合计成本造报。一、设炉十座，共岁需黑铅二万五千四百余斤，遇闰加增二千余斤，应将郴、桂两厂抽税黑铅，除领解颜料，并搭解京铅外，尽数解局备用。一、添设五炉，应照前议均摊，安设三炉，尚有二炉，须添盖房屋六间，又铜、铅库房，现止大堂东西各一间，不敷堆贮，应添建库房三间。一、定例每铸铜、铅、锡百斤，给工料钱一千六百二十九文，请照例办理。惟炉匠关系紧要，应饬局员遴选充役。一、鼓铸器用繁多，工匠无力措置，请照例动项代置，仍于各匠应得火工钱内，扣还归款。一、添设五炉，铸钱增倍，请按每饷银一两，搭钱一百文，除本年搭放兵饷外，余钱俟积有成数，发局兑易。再查局内旧存滇铜一十万斤，耗铜四百九十五斤十两，贮久难免锈蚀，请先行配用。查此项铜，原准滇省来咨，每百斤计价银一十一两，自寻甸运永宁，脚银二千一百七十三两三钱二分零，共价、脚银一万三千七百一十三两零，又自永宁委员接运回楚，水脚等银四百三十两七钱六分零，今请配搭供铸，应照原定每斤价银一钱一分，脚银三分一厘零，核算成本报销'。下部议行。"同治《钦定户部则例》卷三十七《钱法四》记："各省铜斤运脚：湖南省采买滇铜运脚，自剥隘至百色，水程二站，每站每百斤给银四分。至南宁，每百斤给银五分八厘。自南宁至苍梧，每百斤给银六分五厘。自苍梧至桂林府，每百斤给银一钱二厘七毫。自桂林至省城河下，每百斤给银一钱一分六厘三毫四丝六忽。各省运铜杂费：湖南省委员赴云南买铜，自起程至事竣，运官日给盘费银日给饭食银三钱；跟役日给饭食银四分。每办铜百斤，给杂费银二钱。"《清宣宗实录》卷二百三十四记："道光十三年癸巳三月辛卯，谕内阁：'吴荣光奏"铜、铅鼓铸钱文，足敷搭放兵饷，请缓买滇铜，并免补铸额卯"一折。湖南宝南局所铸钱文，向供搭放兵饷，道光四年因搭放不敷，量为变通，奏明钱价或有增长，即随时妥筹办理。兹据该抚查明，钱价较前有减无增，未便加数搭放，致绌兵丁生计。且钱局存钱，足供十余年兵饷之用，所请将道光三年至二十四年应买滇铜，停其采买，并将历年缺卯，及十三年至二十四年应铸额卯，一并免铸，俱著照所请办理。至道光二十五年应用铜斤，著于二十一年再行委员赴滇豫买，俾资接铸。'"

[2] 收价银九两：《清宣宗实录》卷一百二十六记："道光七年丁亥九月己未，湖南巡抚康绍镛奏：'宝南局采买滇铜，应需价值，及运脚银两，因地丁不敷，请于司库捐存通米经费银内暂行借给，俟地丁解收归还'。得旨：'转行遵照。'"清云南布政司《案册》记："嘉庆六年，定湖南省每年买一次，每次应买正高铜一十三万五千斤，每百斤加耗铜三斤、余铜一斤；金钗厂正低铜六万五千斤，每百斤加耗铜二十三斤、余铜一斤。分别收价、不收价。正高铜每百斤收价银一十一两，正低铜每百斤收价银九两，耗铜、余铜不收价。"清代吴其濬《滇南矿厂图略》下卷《采第十三》记："湖南每年采买一次，每次运官一员，正高铜十三万五千斤，每百斤加耗三斤，余铜一斤。金钗厂正低铜六万五千斤，每百斤加耗二十三斤，余铜一斤，分别收价、不收价，与湖北同。"

# 陕西采买[1]

陕西省，于乾隆十四年，委员赴滇，采买高铜二十万斤，每百斤外加余铜一斤。每正铜百斤，收银十一两。二十九年，委员赴滇，买高铜三十五万斤。三十年，委员赴滇，买高铜十五万斤，照前收价[2]。又买金钗厂低铜十五万斤，每百斤外加耗铜二十三斤、余铜一斤。每正铜百斤，收价银九两。三十一年，委员赴滇，买高铜二十万斤、低铜二十万斤。三十二年，委员赴滇，买高铜四十万斤。三十五年至三十七年，委员赴滇，采买三次，每次买高铜二十万斤、低铜一十五万斤。三十八年至四十二年，委员赴滇，采买三次，每次买高铜二十一万斤、低铜一十四万斤。四十三年至五十五年，委员赴滇，采买六次，每次买高铜二十四万五千斤、低铜十万五千斤。五十六年，委员赴滇，买高铜二十七万七千一十七斤、低铜一十三万二千九百八十三斤。五十九年，委员赴滇，买高铜二十四万五千斤、低铜一十万五千斤。嘉庆四年，委员赴滇，买高铜二十四万五千斤、低铜一十万五千斤。此后，按年委员赴滇，采买二次，每次买高铜二十四万五千斤、低铜一十万五千斤。均照前加给耗、余铜斤，收价拨给领运[3]。

## 注　释

[1]　陕西采买：《清高宗实录》卷三百四十三记："乾隆十四年己巳六月丙午，陕西巡抚陈宏谋奏：'陕省经大兵过后，钱价昂缺，前经奏明开炉试铸，照价酌减在案，自后陆续试铸，易银平价'。"清代王昶《云南铜政全书》记："乾隆十四年，陕西巡抚陈宏谋请买滇铜二十万斤，由剥隘运回。"清云南布政司《案册》记："嘉庆六年，定陕西省年半采买一次，每买正高铜二十四万五千斤，每百斤加余铜一斤；金钗厂正低铜一十万五千斤，每百斤加耗铜二十三斤、余铜一斤。分别收价、不收价。正高铜每百斤收价银一十一两，正低铜每百斤收价银九两，耗铜、余铜不收价。"清代吴其濬《滇南矿厂图略》下卷《采第十三》记："陕西年半采买一次，每次运官一员，正高铜二十四万五千斤，每百斤余铜一斤。金钗厂正低铜十万五千斤，每百斤加耗二十三斤，余铜一斤，分别收价、不收价，与湖南同。"同治《钦定户部则例》卷三十七《钱法四》记："各省铜斤运脚：陕西省自剥隘至百色，每站每百斤给银四分。前赴汉口，每百斤给水脚银四钱四分。前赴襄阳府，每百斤给银七分。前赴龙驹寨，每百斤给银四钱五分。前赴西安省城，每骡一头，驮铜一百五十斤，每头每百里给银二钱。各省运铜杂费：陕西省委员赴云南买铜，自起程至事竣，每日给口食银一钱九分二

厘，跟役日给饭食银三分八厘七毫。每百斤给杂费银二钱八分八厘。"《清高宗实录》卷八百六十六记："乾隆三十五年，庚寅八月，户部议准：'原任云南巡抚明德奏称"陕西岁需铜三十五万斤，今办至四十万斤，应将增办之数裁减，广西办铜四十六万斤，贵州办铜四十八万斤，湖北汉口为商铜聚集之所，今岁办滇铜五十万斤，均属过当，此四省可酌减铜五六十万斤，滇省现开子厂，岁获铜一千万余斤，除供京铜及本省外，可得余铜三百万斤，一二年间，外省委员，均可挨次领运"'。从之。"《清高宗实录》卷一千一百三十六记："乾隆四十六年辛丑秋七月戊申，谕军机大臣等：'据福康安等奏"陕省采买十一运铜斤，已于二月十五日扫帮出境。其第十二运铜斤，遵旨拨定狮子山等厂，一面飞咨毕沅，作速委员赴滇交兑"等语。前因毕沅奏，陕省铜斤，需用紧要，是以传谕福康安等，催令迅速趱办。今据奏十一运铜斤业已扫帮出境，即非滇省所能催促，自应毕沅委员在途赶紧趱运，以供陕省鼓铸。著传谕毕沅，即催令委员，加紧趱运毋迟。其十二运铜斤，既经滇省拨定，亦著毕沅即速委员赴滇交兑，速行运回应用'。"

[2] 照前收价：乾隆《钦定户部鼓铸则例》卷三记："陕西省每年委员赴云南买铜四十万斤，高、低各半配搭。内高铜二十万斤，每百斤外给余铜一斤，该余铜二千斤，共正、余铜二十万二千斤。每正、余铜百斤价银一十一两，共银二万二千两。又金钗厂铜二十万斤，每百斤外加耗铜二十三斤、余铜一斤，该耗、余铜四万八千斤，共正、余、耗铜二十四万八千斤。每正铜百斤价银九两，共银一万八千两。所需价值银两，在于司库地丁银内动支，统俟事竣之日，即将用过银两，造册送部核销。"

[3] （陕西）领运：乾隆《钦定户部鼓铸则例》卷三记："陕西省领运大兴厂铜，自竹园村至剥隘，每站每百斤给运脚银一钱二分九厘二毫，共给运脚银二两六分七厘二毫。领运金钗厂铜，自蒙自县运至剥隘，计程十七站，每站每百斤给运脚银一钱二分九厘二毫，共给运脚银二两一钱九分六厘四毫。自剥隘运至百色，计水程二站，每站每百斤给水脚银四分，共给水脚银八分。自百色运至汉口，每百斤给水脚银四钱四分五厘六毫七丝九忽。自汉口运至襄阳府，每百斤给水脚银七分。自襄阳府运至龙驹寨，每百斤给水脚银四钱五分。自龙驹寨至西安府，计陆路四百一十七里，每骡一头，驮铜一百五十斤，每百里给脚价银二钱，共给脚价银八钱三分四

厘。又每百斤给杂费等银二钱八分八厘。又自起程之日起，至办竣日止，委官一员，日给饭食银一钱九分二厘，跟役每名给饭食银三分八厘七毫。均在于地丁银内动支，统俟事竣之日，即将用过运脚银两造册送部核销。"

## 广东采买[1]

广东省，于乾隆十年，委员赴滇，采买高铜七万八千六百九斤。每百斤外加耗铜十斤四两、余铜一斤。每正铜百斤，收价银十一两[2]。又买金钗厂低铜七万五千斤，每百斤外加耗铜二十三斤、余铜一斤。每正铜百斤，收价银九两。十二年，委员赴滇，买高铜二十四万九十九斤。每百斤外加耗铜五斤、余铜一斤，照前收价。又买低铜一十五万九千九百斤。十六年，委员赴滇，买高铜四十万斤。十九年，滇、粤两省铜、盐互易[3]，递年轮委。粤省委员办运，则盐来铜去；滇省委员办运，则铜去盐来。自十九年至二十五年，粤省委员来滇，办运过三次。滇省委员，办运过二次。共五次，每次办运高铜十万斤。又自二十六年至五十八年，滇省委员，办运过十次。粤省委员，办运过十七次。共二十七次，每次办运高铜十万斤、低铜五万斤。又自嘉庆四年至六年，滇、粤两省办运过一次，每次办运高铜一十一万六千八百斤、低铜五万八千四百斤。自此以后，滇、粤两省按年轮委办运，每年办运高铜一十万一千二百二十七斤、低铜五万六百一十三斤。均照前加给耗、余铜斤，收价拨给领运[4]。

## 注 释

[1] 广东采买：《清高宗实录》卷二百四十二记："乾隆十年乙丑六月庚戌，户部议覆：'前署广东巡抚策楞疏称"粤东鼓铸钱文，部议令将现贮局铜，照例配搭铅、锡，先行开铸，其滇省有无余铜，可否通融卖给之处，并令咨商办理，嗣准云督张允随咨覆，节省者囊、金钗二厂铜斤，以资粤东鼓铸"'。"清代王昶《云南铜政全书》记："乾隆七年，广东按察使张嗣

昌奏请采买滇省者囊厂铜七万八千六百九斤、金钗厂铜七万五千斤，合之原贮粤东省局九万六千三百九十一斤零，共成二十五万斤，开炉鼓铸。十二年，广东巡抚奏准：请买滇铜四十万斤，经云贵总督张允随于剥隘贮铜一百万斤内拨铜二十四万斤，金钗、红坡厂拨铜十五万斤。"清云南布政司《案册》记："嘉庆六年，定广东省每年办运正高铜一十万一千二百二十七斤，每百斤加耗铜五斤、余铜一斤；金钗厂正低铜五万六百一十三斤，每百斤加耗铜二十三斤、余铜一斤。铜、盐互易。分别收价、不收价。正高铜每百斤收价银一十一两，正低铜每百斤收价银九两，耗铜、余铜不收价。"《清高宗实录》卷一千四百二十五记："乾隆五十八年癸丑三月，谕曰：'郭世勋奏"宝广局鼓铸，岁需滇铜十五万斤"'。"清代吴其濬《滇南矿厂图略》下卷《采第十三》记："广东每年正高铜一十万一千二百二十七斤，每百斤加耗五斤，余铜一斤。金钗厂正低铜五万六百一十三斤，每百斤加耗二十三斤，余铜一斤。各厂员运至剥隘，交广南府设店收贮，广东委员运盐至隘，易铜回粤，分别收价、不收价，与陕西同。……凡滇省厂员运粤铜至剥隘，高、低铜各提三块作为样铜，以二块存滇备察，二块交广南府比对，二块咨粤发局照样秤收。如有成色不足，察系何员接收，责令赔补。凡粤铜自滇至剥隘，脚价由滇垫发报销。自剥隘至粤省，脚价及官役养廉、杂费由粤造销，应还滇省脚价，除抵兑盐价水脚外，应找若干，按数报部酌拨。滇省垫发陆路运脚，除盐价、水脚拨抵外，不敷之数，准于屯丁银内动拨报销。"同治《钦定户部则例》卷三十七《钱法四》记：各"省买铜章程：粤省应需高铜十万七千三百斤零，按照八成色由万宝厂拨给；低铜六万二千七百六十斤零，按照七成色由金钗厂拨给。滇省按年委员运至剥隘，交广南府设店收储，咨会粤省委员接运回粤。……广东省以盐易铜，采买云南万宝厂高铜，每百斤加补色铜五斤、余铜一斤，销价银十一两。金钗厂低铜，每百斤加补色铜十三斤、余铜一斤，销价银九两。所需铜价即将盐价作抵，不敷铜价核数支销。各省铜斤运脚：广东省自剥隘至百色，每站每百斤给银四分。前赴广东省城，每站每百斤给银一分五厘。各省运铜杂费：广东省委员赴云南买铜，自起程至事竣，每日给饭食银二钱；跟役日给饭食银三分八厘七毫。解运铜价：自剥隘至云南省城，每站每百斤给脚价银一钱二分九厘二毫，每铜百斤，用筐篓一对，价银二分。"《清高宗实录》卷七百七十一记："乾隆三十一年丙戌十月乙卯，户部议覆：'署两广总督杨廷璋等奏称"奉准部议。酌定采办铜、铅限期，查广东委员，运盐至云南，办铜回广东，前请统限二十个月，以八个月运盐，十二个月运铜，今仍照定限办理。至采买白铅，原定限四个月，今改限一百日"，应如所请'。从之。"

[2] 收价银十一两：乾隆《钦定户部鼓铸则例》卷三记："广东省每年委员买云南铜十五万斤，内汤丹厂正铜十万斤，每百斤外加耗铜五斤、余铜一斤，该耗、余铜六千斤，共正、耗、余铜十万六千斤。每正铜百斤，价银一十一两，共银一万一千两。又金钗厂正铜五万斤，每百斤外加耗铜二十三斤、余铜一斤，该耗、余铜一万二千斤，共正、耗、余铜六万二千斤。每正铜百斤，价银九两，共银四千五百两。"

[3] 铜、盐互易：乾隆《钦定户部鼓铸则例》卷三记："滇省岁需广东盐二百二十万斤，盐、铜互易，免致各委专员赍价之烦。按年输值，各将盐、铜先期备足，委员随到随行，不得守候，以清年款。滇省岁买盐斤，以抵铜价，倘有不敷，轮值广东办运，则带解不敷铜价，并自带脚费，运铜回省。轮值云南办运，止须运铜而来，其不敷铜价，与垫用脚费，即交滇省委员带回。仍给与运盐脚费。委员、跟役费用，照盐、铜交收月日扣明抵兑。统俟运竣，两省各自造册题销。"《清高宗实录》卷九百五十四记："乾隆三十九年甲午三月壬戌，户部议准：'两广总督李侍尧奏称"粤东宝广局，岁需铜十五万五千五百余斤，向系滇、粤两省，盐、铜互易。嗣因滇省产铜不旺，采买维艰，奏准以收买古钱，镕铜九十一万七千余斤，通融鼓铸。惟此项铜止供四年六个月之需，自丙申年五月以后，仍需滇铜接济"，查滇省新开各子厂，近复旺盛，请仍照盐、铜互易章程，即于本年委员豫行办运'。从之。"《皇朝文献通考》卷十七《钱币考五》记："乾隆十八年，又议以广东盐斤与云南铜斤互易供铸。广东巡抚鹤年奏言：'粤东鼓铸岁需正、耗铜十四万一千二百六十四斤，见在虽有存局余铜，仍应每年办铜十万斤，以备接济。查滇省产盐不敷，亦岁需粤盐一百六十六万一千三百三十三斤，已咨商滇省，彼此抵换，可免委员赍价之烦。嗣后两省按年轮值，遇广东办铜之年，即运盐而往；遇云南办盐之年，即运铜而来。惟粤盐之价，较滇铜尚有不敷，仍扣算补足，实于公务有益。'

户部议如所请，从之。嗣后至二十五年，以存局铜斤将完，复议于盐、铜互易之外，每年再动帑添买滇铜五万斤应用。"

[4]（广东）领运：乾隆《钦定户部鼓铸则例》卷三记："广东省委员领运汤丹厂铜，自寻甸运至竹园村，计马行七站，每站每百斤给运脚银一钱，共给银七钱。如领运大兴厂铜，自竹园村至剥隘，计程十六站，每站每百斤给运脚银一钱二分九厘二毫，共给运脚银二两六分七厘二毫。领运金钗厂铜，自蒙自县运至剥隘，计程十七站，每站每百斤给运脚银一钱二分九厘二毫，共给运脚银二两一钱九分六厘四毫。自剥隘运至百色，计水程二站，每站每百斤给水脚银四分，共给水脚银八分。自百色运至广东省，计程二十五站一十五里，每站每百斤给水脚银一分五厘，共给水脚银三钱七分七厘二毫五丝。又每铜一百六十斤，用筐篓、木牌一对，每对价银二分。解送铜价、运脚等项银两，由剥隘至云南省，计程二十四站，每站每百斤给运脚银一钱二分九厘二毫，共给运脚银三两一钱八毫。自起程之日起，至办竣止，委员每日给饭食银二钱，跟役每名日给饭食银三分八厘七毫。每运铜一万斤，给官役脚费银十两，在于司库地丁银内动支，统俟运竣之日，即将用过运脚银两造册送部核销。"

# 广西采买[1]

广西省，于乾隆十一、十二、十三等年，委员赴滇，采买三次，每次买高铜一十五万斤，每百斤外加余铜一斤。每正铜百斤，收价银一十一两[2]。十四年，委员赴滇，买高铜二十五万三千四百二十五斤。每百斤外加耗铜五斤、余铜一斤。又带运前三次买过铜四十五万斤，应补耗铜二万二千五百斤。十五年，委员赴滇，买高铜二十五万三千四百二十五斤。十六年，委员赴滇，买高铜三十五万三千一百六十斤。十七、十八两年，委员赴滇，采买二次，每次买高铜三十九万二千四百斤。十九年，委员赴滇，买高铜三十五万三千一百六十斤。二十年，委员赴滇，买高铜一十四万二千四百斤，照前收价。又买金钗厂低铜二十五万斤，每百斤加耗铜二十三斤、余铜一斤。每正铜百斤，收价银九两。二十一年，委员赴滇，买高铜二十五万斤、低铜一十四万二千四百斤。二十二年至二十七年，委员赴滇，采买六次，每次买高铜一十九万六千二百斤、低铜一十九万六千二百斤。二十八年，委员赴滇，买高铜一十九万六千二百斤、低铜二十二万六千五百七十九斤零。二十九年至三十三年，委员赴滇，【采】买五次，每次买高铜一十九万六千二百斤、低铜二十万九千八百七十斤零。三十四年，委员赴滇，买高铜三十九万二千四百斤。三十六年，委员赴滇，买高铜一十五万五千三百二十五斤、低铜二十万九千八百七十斤九两。三十九年，委员赴滇，买高铜一十二万四千二百六十斤、低铜一十九万三千一百七十斤零。四十年，委员赴滇，买高铜九万四千二十七斤零、低铜一十九万三千一百七十斤零。四十二年，委员赴滇，买高铜一十二万五千五百六十七斤零、低铜二十四万四千七百五十六斤零。四十四年，委员赴滇，买高铜八万九千六百五十斤零、低铜一十三万七千九百一十三斤零。四十五年，委员赴滇，买高铜八万四千五百七十六斤、低铜十三万七千九百一十三斤零。四十六年，委员赴滇，买高铜九万二千四百二十四斤、低铜一十五万七百一十斤零。四十七、八两年，委员赴滇二次，每次买高铜八万四千五百七十六斤、低铜一十三万七千九百一十三斤零。四十九年，委员赴滇，买高铜九万二千四百二十四斤、低铜一十五万七百一十斤零。又买五十年分高铜八万四千五百七十六斤、低铜一十三万七千九百一十三斤零。五十一年，委员赴滇，买高铜九万二千四百二十四斤、低铜一十五万七百一十斤零。五十二、三两年，委员赴滇，采买二次，每次买高铜八万四千五百七十六斤、低铜一十三万七千九百一十三斤零。五十四年，委员赴滇，买高铜九万二千四百二十四斤、低铜一十五万七十一斤零。五十五、六两年，委员赴滇，采买二次，每次买高铜八万四千五百七十六斤、低铜一十三万七千九百一十三斤零。五十七年，委员赴滇，买高铜九万二千四百二十四斤、低铜一十五万七十一斤零。五十九年，委员赴滇，买高铜八万四千五百七十六斤、低铜十三万七千九百一十三斤零。嘉庆二年，委员赴滇，买高铜十一万三千一十一斤零、低铜一十八万四千二百八十一斤零。五年，委员赴滇，买高铜四万八百九斤零，低铜六万六千五百四十五斤零。七年，委员赴滇，采买二次，每次买高铜二十一万二千五百五十斤。九年至十二年，委员赴滇，采买二次，每次买高铜二十一万四千四十八斤。十三年至十五年，委员赴滇，买高铜二十一万二千五百五十斤。照前加给耗、余铜斤，收价拨给领运[3]。

## 注　释

[1]　广西采买：《清高宗实录》卷二百六十记："乾隆十一年丙寅三月戊辰，户部议准：'署广西巡抚托庸疏称"鼓铸青钱，所需铜斤、点锡等项，应遵题定之额配搭，所需耗铜，照依汤丹厂铜之例，每百斤补色八斤，核算加结，汇入各厂加耗项下动支。再粤西客铜，俱从滇南贩来，各商铜本需赀，应照时价，每斤给银一钱三分，与原议收买余铜十三两之价相符"，应照数动给'。从之。"清代王昶《云南铜政全书》记："乾隆十一年，两广总督策楞、广西巡抚鄂宝请采买滇铜四十五万斤。分作三年领运，每年买铜十五万斤。云督张允随议以乾隆十年由广南一路运铜一百万斤，供京局加卯鼓铸。嗣因京局减半停运，存贮剥隘内拨给。"清云南布政司《案册》记："嘉庆六年，定广西省每年采买一次，每次应买正高铜二十一万二千五百五十斤，每百斤加耗铜五斤、余铜一斤。分别收价、不收价。正高铜每百斤收价银一十一两，耗铜、余铜不收价。"清代吴其濬《滇南矿厂图略》下卷《采第十三》记："广西每年采买一次，每次运官一员，正高铜二十一万二千五百五十斤，每百斤加耗五斤，余铜一斤，分别收价、不收价，与广东同。"同治《钦定户部则例》卷三十七《钱法四》记："各省铜斤运脚：广西省自剥隘抬铜上船，每百斤给银五厘。前赴至百色，每站每百斤给银四分。前赴广西省城，每百斤给银二钱三分九厘一毫有奇。省城抬铜入局，每百斤给银三厘。各省运铜杂费：广西省委员赴云南买铜，自起程至事竣，每日给饭食银一钱；跟役日给饭食银四分。每百斤给杂费银九分七厘。"《清高宗实录》卷七百五十七记："乾隆三十一年丙戌三月庚寅，广西巡抚宋邦绥寻奏：'广西每年额办滇铜，连补色共四十六万余斤，数多，分八起运发，计云南剥隘地方起运，自百色至梧州府，系下水，自梧州至桂林府省城，系上水，共计程限七个月二十一日。倘遇船只不敷雇用及水涸难行，水涨不能赶运，准报明地方官，勘明结报咨部。如无故逗遛者查参，庶运员不

敢稽延，铜斤得以接济'，下部议行。"《清高宗实录》卷七百七十二记："乾隆三十一年丙戌十一月丙子，户部议覆：'广西巡抚宋邦绥奏称"奉准部议酌定采办铜、铅限期，自省城至梧州府，限十二日，梧州府至百色，限六十五日，百色至云南剥隘，限七日，剥隘至云南省城，限二十一日，领运铜斤，自百色至梧州府，限三十九日，换船雇载，展限十日，梧州府至省城，限二十一日"等语，应如所奏。至委员自云南领铜，运至剥隘地方，酌定限期之处，应听云贵总督定议外，又自剥隘运铜至百色，前经湖北省定限三十五日，今该省定限五十六日，殊觉太宽，应查照湖北定限办理'。从之。"

[2] 收价银一十一两：乾隆《钦定户部鼓铸则例》卷三记："广西省每年委员赴云南采买铜三十九万二千四百斤，内大铜厂铜一十九万六千二百斤，每百斤加耗铜五斤、余铜一斤，该耗、余铜一万一千七百七十二斤，共正、耗、余铜二十万七千九百七十二斤。每正铜百斤，价银一十一两，共银二万一千五百八十二两。又金钗厂铜一十九万六千二百斤，每百斤加耗铜二十三斤、余铜一斤，该耗、余铜四万七千八十八斤，共正、耗、余铜二十四万三千二百八十八斤。每正铜百斤，价银九两，共银一万七千六百五十八两。所需价值银两，在于鼓铸工本银内动支。又金钗厂铜低潮，多有亏折，每年添买金钗厂铜一万三千六百七十斤九两二分一厘二毫九丝九忽二微，外加耗铜三千一百四十四斤三两六钱七分四厘八毫九丝八忽八微。共需价、脚银一千六百五十五两六钱八分二厘七毫九丝，在于镕出黑铅变价银内支给，不敷银两，在于鼓铸余息银内动支，统俟事竣之日，即将用过价值银两造册送部核销。"

[3]（广西）领运：乾隆《钦定户部鼓铸则例》卷三记："广西省委员领运大铜厂铜，自竹园村至剥隘，计程十六站，每站每百斤给运脚银一钱二分九厘二毫，共给运脚银二两六分七厘二毫。领运金钗厂铜，自蒙自县雇夫挑铜出城，每百斤给挑脚银六厘。自蒙自县运至剥隘，计程十七站，共给运脚银二两一钱九分六厘四毫。剥隘抬铜上船，每百斤给银五厘。自剥隘运至百色，计水程二站，每站每百斤给水脚银四分，共给水脚银八分。自百色运至桂林，计程二十五站，每百斤给水脚银二钱三分九厘一毫一丝一忽。桂林河下抬铜上局，每百斤给银三厘。又沿途杂费等项，每百斤给

银九分七厘。自起程之日起，至办竣止，委员每日给饭食银一钱，跟役每名日给饭食银四分，在于鼓铸工本银内动支。统俟运竣之日，即将用过运脚银两造册送部核销。"

## 贵州采买[1]

贵州省，于雍正八年，委员赴滇，采买高铜五万八千余斤，每百斤收价银九两八钱。九、十两年，委员赴滇，采买二次，每次买高铜二十五万一千三百十四斤，每百斤收价[银]九两八钱[2]。十一年，委员赴滇，买高铜三十三万五千八十五斤。十二年至乾隆二年，委员赴滇，采买四次，每次买高铜一十六万七千五百四十三斤，每百斤收价银九两二钱。三、四两年，委员赴滇，采买二次，每次买高铜二十五万一千三百一十四斤。五年，委员赴滇，买高铜三十七万三千八百一十四斤。六、七两年，委员赴滇，采买两次，每次买高铜四十九万六千斤。八年，委员赴滇，买高铜三十万斤。九年，委员赴滇，买高铜三十七万八千四百斤。十年，委员赴滇，买高铜四十万斤。十一年，委员赴滇，买高铜五十四万斤。十二年，委员赴滇，买高铜四十六万六千五百五十一斤，每百斤外加耗、余铜十一斤。每正铜百斤，收价银九两二钱。十三年，委员赴滇，买高铜五十万二千五百斤。十四、十五两年，委员赴滇，买高铜四十六万六千五百五十斤。十六年至二十年，委员赴滇，采买五次，每次买高铜四十五万四百五十斤。二十六年，委员赴滇，买高铜二十二万斤，照前收价。又采买金钗厂低铜二十二万斤，每百斤外加耗铜二十三斤、余铜一斤。每正铜百斤，收价银九两。二十七年，委员赴滇，买高铜四十四万斤。二十八年，委员赴滇，买高铜二十二万斤。二十九年至三十一年，委员赴滇，采买三次，每次买高铜四十四万斤。三十二年，委员赴滇，买高铜四十八万斤。三十三年，委员赴滇，买高铜四十万斤。三十四年，委员赴滇，买高铜十七万斤、低铜十七万斤。三十五年，委员赴滇，买高铜四十四万斤。三十六年，委员赴滇，买高铜四十七万六千斤、低铜二十四万四千斤。三十七年，委员赴滇，买高铜二十三万八千斤。四十一、二两年，委员赴滇，采买二次，每次买高铜三十一万三千四百五斤零、低铜九万一千四百五十九斤零。四十三年，委员赴滇，买高铜三十万八千斤、低铜一十三万二千斤。四十四、五两年，委员赴滇，采买二次，每次买高铜二十一万三千四百五斤零、低铜九万一千四百五十九斤零。四十六年，委员赴滇，买高铜二十二万一千一百八十九斤零、低铜九万九千八十一斤零。四十七、八两年，委员赴滇，采买二次，每次买高铜二十一万三千四百五斤、低铜九万一千四百五十九斤零。四十九年，委员赴滇，买高铜二十三万一千一百八十九斤零、低铜九万九千八十一斤零。五十年，委员赴滇，买高铜二十一万三千四百五斤零、低铜九万一千四百五十九斤零。五十一年，委员赴滇，买高铜二十三万一千一百八十九斤零、低铜九万九千八十一斤零。五十二、三两年，委员赴滇，采买二次，每次买高铜二十一万三千四百五斤零、低铜九万一千四百五十九斤零。五十四年，委员赴滇，买高铜二十三万一千一百八十九斤零、低铜九万九千八十一斤零。五十五、六两年，委员赴滇，采买二次，每次买高铜二十一万三千四百五斤零、低铜九万一千四百五十九斤零。五十七年，委员赴滇，买高铜二十三万一千一百八十九斤零、低铜九万九千八十一斤零。五十八年，委员赴滇，买高铜二十一万三千四百五斤零、低铜九万一千四百五十九斤零。嘉庆二年，委员赴滇，买高铜二十七万一千八十七斤零、低铜一十四万三千二百七斤零。三、四两年，委员赴滇，采买二次，每次买高铜二十九万四百二十八斤零、低铜一十三万二千一百九十一斤零。五年，委员赴滇，买高铜三十一万六千一百三十二斤零、低铜一十四万三千二百七斤零。六年，委员赴滇，买高铜二十九万四百二十八斤零、低铜一十三万二千一百九十一斤零。七年，委员赴滇，买高铜二十五万九千五百八十三斤零、低铜一十一万八千九百七十二斤零。八年，委员赴滇，买高铜二十八万二千七百一十七斤零、低铜一十二万八千八百八十六斤零。九年，委员赴滇，买高铜二十五万九千五百八十三斤零、低铜一十一万八千九百七十二斤零。十年，委员赴滇，买高铜二十八万一千七百一十七斤、低铜一十二万八千八百八十六斤零。十一、十二两年，委员赴滇，采买二次，每次买高铜二十五万九千五百八十三斤零、低铜一十一万八千九百七十二斤零。十三年，委员赴滇，买高铜二十八万二千七百一十七斤零、低铜一十二万八千八百八十六斤零。十四、十五两年，委员赴滇，采买二次，每次买高铜二十五万九千五百八十三斤零、低铜一十一万八千九百七十二斤零。十六年,委员赴滇,买高铜二十八万二千七百一十七斤零、低铜一十二万八千八百八十六斤零。均照前加给耗、余铜斤,收价拨给领运[3]。

## 注 释

[1] 贵州采买:雍正五年,云贵总督鄂尔泰《议边疆事宜》记:"黔省鼓铸一条:臣查黔省地方,地瘠民贫,故分毫出入,必须较量。轻戥潮银,所在通行。若换制钱,必先加戥折色,甚以为苦。况凶苗杂错,见财即杀人,往来行客,尤未便带钱,故鼓铸之议不果行。至于黔省产铜,原不止威宁一府,即不须运云南铜,亦可以供铸。但开采矿厂,动聚千万人,油、米等项,定须预筹。……油、米价贱,开采不难,而铜课既多,钱本不重,然后开局鼓铸。官私通行,则钱可当银,民自乐利,庶几可以行远。为现今计,似犹未敢轻议也"。清代王昶《云南铜政全书》记:"乾隆七年,贵州巡抚张广泗咨买滇铜二十五万一千三百一十四斤,开局毕节鼓铸。二十五年,贵州巡抚周人骥请每岁酌买滇铜四十余万斤,经云南巡抚刘藻请,自辛巳年为始,每年酌拨路南州厂铜四十四万斤,加耗铜四万八千四百斤运黔鼓铸。"清云南布政司《案册》记:"嘉庆六年,定贵州省每年采买一次,每次应买铜三十六万三千八百六十七斤十五两六钱二分,每百斤加耗一十一斤。每正铜百斤收价九两二钱,耗铜不收价。由平彝运回黔省。" 清代吴其濬《滇南矿厂图略》下卷《采第十三》记:"贵州每年采买一次,每次运官一员,正高铜三十六万三千八百六十七斤十五两六钱二分,每百斤加耗一十一斤,每正铜百斤,收价九两二钱,耗铜不收价,由平彝陆运至黔。"同治《钦定户部则例》卷三十七《钱法四》记:"各省采办铜价:贵州省每正铜百斤加耗、余铜一十一斤,销价银九两二钱。各省铜斤运脚:贵州省采买云南各厂高铜,自厂至贵州省城,每站每百斤给银一钱二分五厘。筐、绳银一分二厘五毫零,运费银六分。采买金钗厂低铜,每百斤运费银七分。各省运铜杂费:贵州省买运云南铜斤,沿途杂费每百斤给银五分一厘。齐送铜价,每马一匹,驮银二鞘,每站给银二钱。"《大清会典事

例》卷一百七十六《户部四十九·钱法》记:"乾隆二十七年,题准:贵州省领云南大兴、金钗厂铜,自厂运至贵州,陆路每站每百斤给运脚银一钱二分五厘;水程四站,每百斤给银八分,筐绳银一分一厘,运费银四分。"《清高宗实录》卷九百十二记:"乾隆三十七年壬辰秋七月丙午,户部议覆:'云南巡抚李湖奏称"黔省赴滇采买铜斤,查汤丹、大碌等厂,专供京局。其余各厂,供本省鼓铸。及外省采买,第小厂每年只出铜数千斤至三五万斤不等。惟金钗一厂,可获铜一百数十万斤,缘成色稍低,每百斤加耗二十三斤,又补余铜一斤,例与高铜配给各省领运。黔省亦应一体办理,或铸钱色黯,可仿福建、广西等省,用白铅配铸,钱文一律光润,无庸另议提炼",应如所奏。再称"运铜脚费,自厂至省,归滇报销,自滇至黔,归黔报销",亦应如所奏。再"滇省铜厂散处,其中远厂,应于何处截算分销。近厂不经省城者,或可无庸在滇给费",应令该抚饬司查办'。从之。"

[2] 收价[银]九两八钱:乾隆《钦定户部鼓铸则例》卷三记:"黔省每年委员赴云南买铜四十四万斤。内大兴厂正铜二十二万斤,每百斤外加耗铜一十一斤,耗铜二万四千二百斤,正、耗共铜二十四万四千二百斤。除耗铜不收价值外,每正铜百斤价银九两二钱,共银二万二百四十两。又金钗厂正铜二十二万斤,每百斤外加耗、余铜二十四斤,耗、余铜五万二千八百斤,正、耗、余共铜二十七万二千八百斤。除耗、余铜不收价值外,每正铜百斤价银九两,共银一万九千八百两。委员预期采办,所有铜本等银,于司库制钱易银项下动支,统俟事竣之日,将用过银两造册送部核销。"

[3] (贵州)领运:乾隆《钦定户部鼓铸则例》卷三记:"黔省领运滇省大兴厂正耗铜二十四万四千二百斤。自厂运至贵州省局,计旱程十六站半,每站每百斤给脚价银一钱二分五厘;水程四站,每站每百斤给银二分,共银八分。每百斤给筐、绳银一分一厘,运费银四分。领运金钗厂正、耗铜二十七万二千八百斤。自蒙自县运至剥隘,计旱程十二站半,每站每百斤给脚价银一钱二分五厘。自剥隘运至贵州省局,水程四站,每站每百斤给银二分,共银八分。每百斤给筐、绳银一分一厘,运费银四分。又领铜价、水脚银五万二千余两,计装五十二鞘。每马一匹,驮银二鞘,共需马二十六匹。自贵州至云南一十八站,每马每站给银二钱,共给银马脚银九十三两六钱。统俟事竣之日,造册送部核销。"

# 云南铜志·卷八

## 志 余

《周礼》:"司会掌九式,以均节邦之财用。"[1]诚以国家经费有常,每以正供相需,量为出入者也。滇铜利用极天下,自厂地以迄采买,按类分诠,亦既无余矣。顾筹放工本,抽收税课,与夫接济、水泄、官房、工食等款,事属细微,每与铜政相维系焉。志《志余》。

### 注 释

[1] "《周礼》"至"财用":原文见《周礼·天官·冢宰第一》:"司会掌邦之六典、八法、八则之贰……以九式之法均节邦之财用。"

## 题拨铜本[1]

滇省办运京铜,应需铜本,前经总督尹、巡抚张奏准:自乾隆四年为始,每年拨解滇省铜本银一百万两。除支销外,余剩银两,作为下年工本、脚费之用。七年九月,巡抚张允随具奏:"四、五、六等年余剩铜本银九十万三千八百余两,并七年余剩银两,俟核明确数,截作八年办铜工本之用。其八年铜本,毋庸拨发。请将九年应需铜本银一百万两,预拨解滇支用。"准户部议复:"滇省四、五两年,办运铜四百万斤,每年只需工本银六十一万余两。至六年,加运铜一百七十万余斤连加耗铜六十二万七千四百四十斤,共合应运铜六百三十三万一千四百四十斤。每年亦只需工本银八十四五万两。自四年至七年，共存剩银一百六万一千余两。除作八年办铜工本银八十五万两外，余银二十一万余两，截作九年工本外，尚应补拨银六十四万两，以足八十五万两之数。"此后，至五十年止，每年只拨解滇省银八十五万两[2]。

继因筹办底铜，添拨迤西之宁台等厂铜斤济运，铜数较前加增，工本、脚费需用较多，经总督富、巡抚刘奏准：自五十一年为始，除原拨铜本银八十五万两之外，再加拨银[3]一十五万两，每年共拨解银一百万两。内除应解户、工部饭食银六万四千四百五十五两二钱，又拨解通州坐粮厅[4]车脚、吊载银四千九百七十四两一钱八分，又拨解正运四起运员自汉口至仪征水脚银一万四百三十四两，自仪至通州水脚银一万六千二百六两，共银九万六千六十五两三钱八分外，实拨解滇省银九十万三千九百三十四两六钱二分，至今循照办理。所有丙年铜本，先于甲年秋由司详请具题，听候部拨，委员解滇交收。

其支用银两，前于乾隆十七年奉准部咨，滇省办运京铜，用过铜本，水、陆运脚，杂费，官役养廉以及核减铜色等项银两，准其分案报销。仍俟各案报销核准之日，将实在用过价、脚银两，汇造总册，报部查核等因。

查每年应办京铜，除耗、余铜六十二万七千四百四十斤外，计正额铜五百七十万四千斤，每百斤九两二钱，应需价银五十二万四千余两。又东、寻两路，承运前项正、耗铜斤，至四川泸州店交收，应需运脚、养廉、店费、工伙等银二十八万数千两。又正、加各运委员，自泸领铜至京，应需水脚、杂费、养廉等项，除拨解汉口、仪征正运水脚之外，需银五万数千两。共银八十六万数千两。计余剩银三万数千两，存备接流[5]、采办铜斤、支销工本等项之用，按年造册题销[6]。俟正、加各运委员报销，奉部复准，即查照原拨银一百万两之数接流，汇造总册题销。

## 注　释

[1]　题拨铜本：由清廷户部每年一次性拨给云南办铜之工本、运费等资金，共银一百万两。《清高宗实录》卷三百五十六记："乾隆十五年庚午

春正月己酉，军机大臣等奏：'大学士张允随前奏滇省厂铜，较前多获二百余万斤，请拨银办贮，经传旨询问，今覆称"请仍照原议拨银一百万两，可多办铜一百余万斤"等语，查每年增铜至一百余万之多，恐采取太过，有伤铜苗，应毋庸议'。得旨：'是。'"《皇朝文献通考》卷十六《钱币考四》记："乾隆四年，又议定《云南运铜条例》时，云南巡抚张允随将起运事宜分别条款具奏，经大学士等议定：办铜之工本宜为协济也。汤丹等厂出铜甚多，每百斤需价银九两二钱，每年约需工本、厂费等项银五六十万两。其中拨运京铜四百余万斤，又约需脚价及官役盘费银十余万两。应令按年具题，就近拨给银一百万两，存贮司库，陆续动用报销。如有余剩，留作下年之用。"清代王庆云《石渠余记》卷五《纪铜政》记："每年预拨铜本一百万，每斤工本九分二厘，连厂费约需五六十万两，脚价、役食十余万，解司铜息二十余万。"清代吴其濬《滇南矿厂图略》下卷《帑第四》记："凡滇省办运京铜，岁拨帑银一百万两。内户、工二部正额铜，批饭食银六万四千四百五十五两二钱；户部加办铜，批饭食银二千三百一两八钱四分四厘。天津道库剥费银二千八百两，坐粮厅库正额铜斤，车脚、吊载银四千九百七十两一钱八分，加办铜斤车脚、吊载银一百七十九两九钱八分四厘；各运帮费银八千四百两，均由直隶司库分别拨解。自汉口至仪征，水脚银一万四百三十四两，由湖北司库拨支；自仪征至通州，水脚银一万六千二百六两，由江苏司库拨支。停止沿途借支增给经费银一万三千两道光八年，奏案分给正运四起，加运二起，支领正运每起该银二千五百两，加运每起该银一千五百两。由湖北、江宁二省司库，各半拨支直隶、湖北、江宁三省动拨帮费、经费银两。滇省仍于筹存各本款内，按年照数提入铜本项下，其余银八十三万七千二百五十二两七钱九分二厘该省题拨铜本时，再查明司库铜息并积存杂项银两，除留存备用外，余俱尽数拨抵铜本之用，不敷银两再行协拨供支，令协拨省分委员解交云南，铜本于前二年赶办，如丙年工本，滇省于甲年具题部中，即行核拨，于乙年夏季到滇，俾得及时采办，以免挪借嘉庆十八年，减银四万两。道光十九年复故。"同治《钦定户部则例》卷三十五《钱法二·铜本》记："滇省办运京铜，岁拨银一百万两，自嘉庆二十年起，每年减拨银四万两。道光十七年，奏准仍复原额。内除应解户、工部正项铜批饭食银六万四千四百五十五两二钱，加办铜批饭食银二千三百一两八钱四分四厘，应解天津道库拨费银二千八百两，应解坐粮厅库正额铜斤车脚、吊载银四千九百七十两一钱八分，加办铜斤车脚、吊载银一百七十九两九钱八分四厘，各运剥费银八千四百两，六共银八万三千一百七两二钱八厘，均由直隶司库分别拨解。又自汉口至仪征，运铜水脚银一万四百三十四两，由湖北司库拨给。又自仪征至通州，运铜水脚银一万六千二百六两，由江苏省司库拨给。又停止沿途借支之例，增给各运经费银一万三千两，由湖北、江宁二省司库各半拨给。其余银八十七万七千二百五十二两七钱九分二厘，按年奏请邻省协拨。如丙年铜本，滇省于甲年具奏，户部即行核拨，协拨省分作速委员起解，限于乙年春间到滇交兑。俾可及时发厂采办，免至挪借。"

[2] 八十五万两：《清高宗实录》卷一百八十六记："乾隆八年癸亥三月，户部议覆：'云南巡抚张允随疏称"历年办运京铜，核余剩银一百六万一千五十九两零，除抵乾隆八年工本银八十四五万两外，余银无几，不敷甲子年办解之用，请照例拨给"等语。该省办铜工本，每年只需银八十四万两，应照实用之数补拨，未便仍旧拨银一百万两，其甲子年工本，即照此例行'。从之。"乾隆《钦定户部鼓铸则例》卷一记："云南省办解正、加运京局铜斤，该抚每年题请预拨铜斤工本、运脚、养廉、杂费等项银八十五万两，于每年题拨时，查明司库实存铜息银若干两，除留存备公银五十万两外，如有余剩铜息银两，俱拨抵铜本之用。于疏内声明扣除，不敷银两，于各省拨解。内应解户、工二部宝泉、宝源二局官吏饭食等项银六万四千四百五十五两，通州车脚吊载银四千九百七十两三钱八分四毫。于每年请拨铜本银两疏内，将前项应解银两分晰声明户部，即令协拨省分，照数扣留。另行委员解赴仓场总督转饬坐粮厅兑收贮库，出具实收，报部存查。云南巡抚于各运铜斤起程时，备具文批给发运官，于抵通州之日，由坐粮厅按运支领，分解运用。至三正运自汉口至仪征，仪征至通州所需水脚银两，于题请协拨铜本省分，将三正运六起，每起自汉口至仪征需水脚银两一千七百三十九两，共银一万四百三十四两，解贮湖北武昌司库，以为自汉口至仪征之费。自仪征至通州每起所需水脚银两二千七百一两，共银一万二千二百六两，解交江南仪征县库，以为自仪征抵通州之费。亦铜运起程时，备具文批给发委员收执，到彼按运支领。其余银七十五万三千四百三十四两六钱一分九厘六毫，令协拨省分，限文到日，委

员于岁内解赴云南应用。正运六起，每起于委解时，在云南给发自泸州至汉口水脚银两二千零四十二两四钱，沿途杂费银一千零六十五两。加运二起，每起于委解时，在云南给发自泸州至汉口水脚银两二千六百一十两一钱八分七厘二毫，沿途杂费银一千四百两。又给银五百两，以备起剥、雇牵之用。统于铜斤运竣之日，即将实用银数，入册奏销，报明户部查核。经管人员倘有污那情弊，即行指名题参。"

[3] 加拨银：《清高宗实录》卷一千二百三十四记："乾隆五十年乙巳秋七月癸丑，云贵总督富纲等奏：'滇铜年额递增，运费较多，所拨铜本银八十五万两，不敷支放，请自五十一年为始，加拨一十五万两，并嗣后丙年京铜工本，滇省于甲年具题，部中即行核拨，务于乙年夏季到滇，以省借垫'。下部议行。"

[4] 坐粮厅：明清两代由户部派出、设置在通州的接受、转运漕运粮食的机构。清朝京运额铜，亦由大运河漕运，故亦由坐粮厅监管、转运。《明史》卷二百二十五《王国光传》记："万历元年，……军支粮通州者，候伺甚艰。(王)国光请遣(户)部郎一人司之，名坐粮厅，投牒验发，无过三日，诸军便之。"清朝京运额铜，亦由大运河漕运，故亦由坐粮厅监管、转运。乾隆《钦定户部鼓铸则例》卷一记："坐粮厅管理铜务：铜斤由通州五闸运京，令坐粮厅办理，其铜船过天津关，照依漕粮之例，令长运官将船只正、耗、余铜数目具报河路，行走先后缓急，俱著坐粮厅约束，外河酌派把总二员巡查，普济五闸酌派闸官协查。铜船转卫之后，承运官预将铜斤包捆坚固，开明包数，并将沿途有无折耗之处，一并报明坐粮厅转行报部查核。俟铜船一抵通州，坐粮厅率同委员即行点验明白，秉公擎秤，取具经纪，领状即将铜包堆入号房，令经纪严加看守，即用闸河剥船，陆续剥运大通桥。倘经纪犯有偷窃情弊，即将该经纪严加治罪，著落追赔。坐粮厅衙门设立办铜书吏一名，每年应给纸张、饭食银一百二两，在于滇省解到运铜脚价内动支，造入运铜册内报部查核。"《清高宗实录》卷一百四记："乾隆四年己未十一月甲寅，户部议覆：'云南巡抚张允随奏"滇省运铜至京，向于张家湾设局，请改设通州，由石路转运"等语。查由通至京四十里，不若经由水路，竟设局大通桥，其船只、夫役、水脚等项，应令直隶总督孙嘉淦、仓场侍郎塞尔赫等，详悉查奏，再行定议'。得旨：'依

议速行。'"《清高宗实录》卷一百三十一记："乾隆五年庚申十一月丙戌，户部议覆：'直隶总督孙嘉淦等疏称"滇省运铜至京，部议将铜房设于大通桥，由通州五闸转运，行令妥议具奏。查铜斤向在张家湾起岸，运赴京局，车脚每多未便，今若从通州水运，较张家湾陆运，实多节省"等语，应如所题。嗣后铜船一过津关，即令坐粮厅约束指引。俟到坝后，会同铜务监督，率委员齐赴坝口，眼同点验掣秤。令经纪用闸河剥船，运抵大通桥，转运至京。至所请外河派把总巡查，五闸派闸官协查，并该监督等移通居住之处，亦应如所题办理'。得旨：'依议速行。'"《大清会典事例》卷一百七十四《户部四十七·钱法》记："又议准：铜船运抵通州，运官开明包数，呈报坐粮厅点验，按数核给脚价，饬令经纪转运。由闸河拨运大通桥，大通桥监督点交车户运局，均令运官亲自管押。铜斤起运时，坐粮厅呈报户、工二部，仓场总督，崇文门。大通桥将起运公文给发运员收撤，亲诣崇文门投递，查验放行。"乾隆《钦定户部鼓铸则例》卷一记："滇省每年办解京铜运抵通州，由普济等五闸水、陆分运至京，令坐粮厅办理。俟铜斤掣验清楚之日，每日运铜十万斤为率。如前批未完，后批踵至，亦按日运铜十万斤……每闸需船三四只回环剥载，经纪一百二十五名轮派兼运，每百斤给吊载、剥运、船价银五厘。水运铜斤，经纪领铜落崖，每百斤给抗价银二厘。自石坝里河运至大通桥脚价，每百斤给银二分四厘。又普济等四闸水脚抗价，每百斤给银一分八毫。又大通桥水脚抗价，每百斤给银二厘七毫。又大通桥车户运局车脚，每百斤给银三分四厘，内车户津贴经纪银四厘，实给银三分。倘过闸河水涸、冰冻，仍雇车陆运至大通桥，每百斤给脚价银三分九厘五毫。在于滇省每年题请协拨铜本省分按数解交，坐粮厅按运动支拨给办运。坐粮厅按年入册，报部查核。"同治《钦定户部则例》卷三十六《钱法三·长运铜铅程限》记："铜船自天津过关以后，该运官预将船只铜包各数，及沿途有无沉溺、折损，具报通州坐粮厅，转报户、工两部。船抵通州坝口，该运官打包过秤毕，坐粮厅亲赴点验秤掣，饬令经纪领贮号房，陆续拨运。以十万斤为率起拨之初，一面知照大通桥接运，一面具报户、工部局，仓场侍郎，崇文门。铜运到通，大通桥监督加掣点交车户，由朝阳门陆运赴局。其坐粮厅具报崇文门公文，先交运官收执，起车时运官填日期亲投，听崇文门专差查验，给票放行。凡各运铜船抵通，各限两个月全数进局候兑。其坐粮厅、大通桥先后转运，仍责成运官管押。"《清史稿》卷一百二十七《河渠二·运河》记："乾隆二年，（马）起元又言：'通州至天津河路多淤浅，粮艘不便。'……应增置漕运通判一，驻张家湾，专司疏浚。……又普济寺等四闸属通州……庆丰等七闸属大兴……遇应开挑处，报坐粮厅核实修浚。"《皇朝文献通考》卷十六《钱币考四》记："乾隆六年，又移铜房于通州，令坐粮厅兼管铜务。先是，张家湾设立铜房，每铜船到湾，监督与云南委驻之转运官按数称收，一面给发回批，领运官即回滇报销，一面自张家湾转运至京局。至是，以张家湾地方湫隘，车辆稀少，且自湾起岸至京，计程六十余里，道路低洼，易于阻滞。户部议定：'将铜房移设通州，令坐粮厅兼管铜务。'嗣后，滇省径具批解局铜斤抵通州，交坐粮厅起运至大通桥，由大通桥监督接运至京。并令领运官自行管押赴局交收，倘有短少，亦令运官添补。其由部派往驻札张家湾监督一员即行停派，云南原委之转运官，亦裁去一员，止留杂职一员，移驻通州，协理投掣文批之事。至二十六年，复议铜斤至京，既有坐粮厅及大通桥监督为之转运，且领运官既押铜至局，则一应文批自应由运官办理，无庸更委一员承办，令云南将转运之杂职官一并撤回。……又定铜斤自通州运局限期，并预行拨解车价之例。户部奏言：'铜斤到通，交坐粮厅，由五牖运至东便门外，令大通桥监督，用车运局，统计应定限两月，全数进局。间值漕粮同时并到，及阴雨泥泞，实在不能依限到局。即令坐粮厅及大通桥监督，详报仓场侍郎查明咨部展限。至铜斤自滇至通一应水、陆脚费，系给发领运官随带应用，其自大通桥运局车价银，应令云南预行拨解坐粮厅存贮，以待临期按运给发。'从之。"

[5]　接流：接连不断的流传，即传递。此处指保证资金链不中断，不使铜的生产受到影响。

[6]　题销：《清宣宗实录》卷六十六记："道光四年甲申三月，谕内阁：'户部奏，查明积余铜本，截至嘉庆十六年底止，所存银两，将应抵不应抵各款，分晰开单具奏，著该督抚先行按照单开各款，遴委妥员，迅速清厘，以重帑项，并著嗣后将每年正、加六运所有一切价、脚等项银两，即照该年实发之数，入册开除，豫为题报。如各员名下，尚有应行找领追缴之款，俟该部核定之日，随时入于各年总运《奏销案》内，

453

分别收除。其二十三年以后，应行题销各案，即遵照此次奏定章程，勒限造报，趱符年限，至该省办存局铸，及各省采买铜斤，原抵积余铜本银四十九万二千余两，应将售获价银，按数仍归原款。该督等屡请免扣，并于道光二年咨部案内，复将归公、养廉、厂课、余息等项，牵并计入，并不截清款目。又原抵《考成册》造存银两，前准其于拨给铜本时，照数免扣。现查截至道光二年止，实存银四十六万五千余两，较前次准留之数，已盈余银二十二万余两，不得概行免扣。又该省追存金钗厂抵款银四千二百余两，亦应一并扣拨，前项铜本积存各款，先经该部奏准于题拨乙酉年《铜本案》内，先行酌提银二十二万五千余两。其余银两，著该督等确实查明，按年匀扣。滇省铜本自乙亥年起，每年除扣银四万两，计按年拨银九十六万两。其十七、十八、十九等年，每年尚拨银一百万两，按照每年余银之数，应存银十二万余两，并著该督等按年核查，将盈余实存银数，一体报部扣拨，以昭核实'。"

## 白铜税课[1]

定远县大茂岭白铜厂[2]，于乾隆四十六年开采，厂民自备工本煎办。每支炉一座，抽收炉墩铜课二两六钱六分六厘，每百斤折收银三钱，由定远县按年批解司库，年约收银十六七两，并无定额。其商民贩运白铜，由定远县填给引票，交商民执持，运至省店过秤，纳课销售。

元谋县税所[3]，收抽四川立马河厂运滇白铜。每商民贩运铜一码，计重一百七十斤，收税课银七钱。由元谋县按年批解司库，年约收银四五十两及六七十两不等，并无定额。该县税所，设立书、巡稽查，每年准支工食银一百六十五两六钱，遇闰加增，于厂务项下支销。嗣因课项渐少，将厂费扣除，于嘉庆十二年铜厂《奏销册》内声明，不准支销。其商民贩运白铜，由元谋县填给引票，交商民执持，运至省店过秤，纳课销售。

省店抽收[4]。商民贩运大茂岭、立马河等厂白铜，至省城销售。每铜一百一十斤，抽收课铜十斤，每斤折收银三钱，按季完解司库兑收，年约收银一千四五百两。

会泽县抽收[5]。商民贩运川厂白铜，由会泽县经过，查明领有宁远府印票者，每百斤收税银一两；如无印票者，每一百一十斤，抽课铜十斤，每斤折收银三钱，由会泽县按年批解司库，年约收银四十二三两及四十六七两不等，并无定额。其所收银两，同大茂岭、立马河、省店收获课银，一并入于铜厂《奏销余息册》内造报。

## 注　释

[1]　白铜税课：铜的本色为紫红色，是除黄金以外的另外一种非银白色的金属。白铜即银白色的铜，实为铜镍合金，比普通铜要求的生产条件高得多。东晋常璩《华阳国志》卷四《南中志》记"堂螂县（清代东川府），因山名也。出银、铅、白铜，杂药，有堂螂附子。"这是人类历史上第一次关于白铜生产的记录。《清高宗实录》卷二百四十二记："乾隆十年乙丑六月壬寅朔，户部议准：'四川巡抚纪山疏称"煎烂白铜，必需红铜有余，方可点拨。建昌红铜各厂，因油、米昂贵，夫役寥寥；迤北矿厂，上年四月水淹，出铜较减，每月所获，尚不足川省鼓铸之数，焉有余铜点化白铜，请将黎溪白铜厂，暂行封闭"'。从之。"清代吴大勋《滇南闻见录》下卷《物部》记："白铜，白铜另有一种矿砂，然必用红铜点成，故左近无红铜厂，不能开白铜厂也。闻川中多产白铜，然必携至滇中锻炼成铜，云滇中之水相宜，未知确否。"清代倪蜕《滇云历年传》卷十一》记："本朝自蔡毓荣于《筹滇疏》内四议理财，将金沙江金场，石羊南北衙银场，妈泰等白铜场，诸、州县铁场诸课定额，此为额课之始。"雍正《云南通志》卷十一《厂课》记："妈泰白铜厂，坐落定远县地方。康熙二十四年总督蔡毓荣题开，年抽课银二十四两，遇闰加银二两四钱，四十四年，总督贝和诺题明，年该课银三十八两。新开大姚县茂密白铜厂，发红铜到厂，卖给硐民，点出白铜，每一百一十斤抽收十斤，照定价，每斤三钱，变价以充正课外，所获余息尽数归公；无定额，铜多寡不一，每炉每日抽白铜二两六钱五分。"

[2]　大茂岭白铜厂：清云南布政司《案册》记："大茂岭白铜厂，坐落定远县地方。开采年分无考。收炉墩小课白铜，每百斤折收银三钱，年

455

解司库银十九两二钱。"清代吴其濬《滇南矿厂图略》下卷《金锡铅铁厂第三》记："凡商运定远大茂岭厂课白铜到省出售者,抽课变价银与川厂同道光二十三年,办价银四百二十两零。大茂岭厂,在定远县,在厂扯炉,抽小课,每斤变价同是年,变价银一十七两七钱。"清代刘慰三撰《滇南志略》卷二《大理府》记："大茂岭白铜厂,开采年分无考,收炉墩小课白铜,每百斤折收银三钱。年解司库银一十九两二钱,此厂商民以其铜运省,省城白铜店按以一百一十斤抽课十斤,解价变价银自四五百两至一千二百两不等。"

[3] 元谋县税所:清云南布政司《案册》记："元谋县抽收四川立马河厂运滇省白铜。每一百七十斤,收税课银三钱。年解司库银四十两及六七十两不等。"清代吴其濬《滇南矿厂图略》下卷《金锡铅铁厂第三》记:"凡商运四川立马河厂白铜到元谋县马街,每码收税银七钱,尽收尽解。"

[4] 省店抽收:清代吴其濬《滇南矿厂图略》下卷《金锡铅铁厂第三》记:"凡白铜,省店每一百一十斤抽课一斤,变价银三钱。凡商运四川立马河厂白铜到省出售者,按例抽课折征银两,尽收尽解。"

[5] 会泽县抽收:清代吴其濬《滇南矿厂图略》下卷《金锡铅铁厂第三》记:"凡商发川厂白铜到会泽县,领过四川宁远府税票者,每百斤收税银一两。无票者每一百一十斤抽课十斤,每斤折价银三钱道光二十二年分计白铜四千八百九十九斤,收税银四十八两九钱九分。"

## 铜厂额课

各铜厂应征课银,从前作何收解,无案可稽。惟雍正二年,总督高、巡抚杨[1]会奏铜厂利弊案内声明,康熙四十九年,征获银九千六百二十余两,此后即为定额。雍正四年,汤丹等厂归滇采办,每年增纳课银一千二百两,共合额征课银一万八百二十五两七钱九厘。按年于铜厂奏销余息银内拨出,收入石羊等银厂课款册内,汇造报拨充饷,至今并无增减。

## 注 释

[1] 巡抚杨：即时任云南巡抚杨名时。《清史列传》卷十四记："杨名时（1661~1737），字宾实，江南江阴人。康熙三十年进士，改庶吉士。三十三年，授检讨。三十九年，充日讲起居注官。四十一年正月，提督顺天学政。十一月，迁侍读。……五十三年正月，命入南书房行走。六月，充陕西乡试正考官。五十六年，授直隶巡道。五十八年，迁贵州布政使。五十九年，擢云南巡抚。……雍正三年九月，晋兵部尚书，仍管云南巡抚事。十月，授云贵总督，仍管云南巡抚事。……四年七月，转吏部尚书，寻命名时仍以总督管理巡抚事。……乾隆元年二月，特赐礼部尚书衔。……二年八月，名时寝疾，上遣太医诊视，日给参药。九月，卒。加赠太子太傅，入祀贤良祠。祭葬如例，谥文定。"

## 公廉铜斤

汤丹、碌碌、大水沟、茂麓、大风、紫牛、人老山、箭竹塘、乐马、梅子沱、小岩坊、长发坡、宁台、白羊、马龙、寨子箐、香树坡、义都、大美、大宝、凤凰坡、红石岩、红坡、大兴、青龙、竜邑、者囊等二十七厂，每厂民办获铜一百斤，内抽收公、廉、捐、耗铜四斤二两。内系归公铜二斤五两四钱五厘，年约收铜十万三千二三百斤。养廉铜十二两四钱六分九厘，年约收铜三万四千三四百斤。此二款铜斤，于铜厂《奏销册》内收造。所收铜斤，照各该厂余铜例价核计，按年拨归公件项下，备放各官养廉，及院司房承办铜务书、巡工食之用，年约收银九千六七百两。

又捐铜三两六钱五分七厘，年约收铜一万一千一二百斤。此款铜斤，亦于铜厂《奏销册》内收造，每百斤变价银九两二钱，按年拨入铜息项下，以备岁修金江之用，年约收银一千二三十两。

又耗铜十二两四钱六分九厘，年约收铜三万七八千斤不等。内除发运各店局、京铜，每百斤准销路耗铜八两，共应支销铜二万五六千斤不等。

余铜一万二三千斤，名为耗不尽铜，亦于铜厂《奏销册》内收造，每百斤变价银九两二钱，年约收银一千一二百两不等，按年拨入铜息支用。

乾隆二十五年，奏准：归公、养廉、折耗铜五斤内，以一斤备折耗，一斤为厂员养廉，三斤变价归公。又三百五十斤，收捐铜一斤，为岁修金江之用。三十八年，奏准通商之后。每厂民办交耗铜百斤，只扣收公、廉、捐、耗铜四斤二两。

## 铜息银两

滇省各铜厂，每年额运京铜六百三十余万斤，连带解铜二十余万斤，及本省局铸需用铜六十余万斤，俱系在于各厂办获铜内拨卖。每正铜百斤，收价银九两二钱。其耗、余铜斤，并不收价。又各省采买，每年需铜二百数十万斤，亦系在于各厂办获铜内拨卖。每正高铜百斤，收价银一十一两；正低铜百斤，收价银九两。耗、余铜斤，亦不收价。所收银两，按数入于铜厂《奏销册》内造报。至前项拨卖各款铜斤，除按照实发各厂例价，大厂每余铜百斤，给价银七两四钱五分二厘。中厂每余铜百斤，给价银六两九钱八分七厘。小厂每余铜百斤，给价银六两。金钗厂低铜，每百斤给价银四两六钱。以及各厂运铜至各店局，例给运脚，筐篓，领本，驼银，马脚，厂员，书，巡薪食一切厂费，及督抚、藩司并专管铜厂道府书、役工食，省局炒铜工费等项支销外，余剩银两，同省城白铜店，及定远、元谋、会泽三县抽收白铜税银，金钗厂小课，一并核计。内划除汤丹等厂每年额课银一万八百二十五两七钱九厘，归入各银厂抽获课银案内报销。又划除公、廉二款铜价，归入公件项下，支用报销。余银名为铜息，每年约有七八万以至十万余两不等。

内除每年各运官解京铜斤核减铜色银三万五六千两至四万余两不等，均于前项铜息银内划除外，余银全数拨入铜息项下。支放学院养廉及办理贡茶，应解兵部饭食，支发两院辕门各役工食，三善堂食米，各属监、遣等犯口粮，查办、灾赈官役饭食、纸笔，委解缘事官员运京盘费，各属岁修塘房，汤丹、碌碌、大水、茂麓四厂水泄，永善岁修金江工费，买补、豁免各运官沉失铜斤价、脚，及全数沉铜捞费，并买补部局煎炼提出铁砂、厚黑铜斤，自八六至十成不足赔色铜斤价、脚等项之用，按年造册咨销。

## 接济银两[1]

各厂采办铜斤，应需工本银两，从前俱系随时酌发。除工本之外，并无另有接济。乾隆四十三年，总督李具奏：厂地工本[2]，固须随时接济，亦不容籍口通融，任意多放。惟厂地距省，远近不一，如汤丹、宁台等厂，办铜较多，势须随时接济。若赴司请领，往返需时。查东、西二道驻扎地方，均与各厂相近。除各厂月额工本，仍由该管道府及直隶州，具文请领，藩司按照月额铜数，核实给领，不得多发存厂，以免滥放外，其随时接济银两，如迤东道所属厂分较多，应发银八万两。迤西道应发银四万两，分贮道库。凡所属铜厂，须本接济，就近酌发。其迤南道[3]驻扎普洱，所辖厂地，远于省城，仍由藩司查明酌发。至粮道专管厂地，该道与藩司同在省城，如必须接济，该道查明，向藩司领银转发。

所有各厂接济银两，即于月额工本内，按季分扣。嗣因各厂距道、府远近不一，厂中需银接济，不能如期到厂。经布政司谭于五十一年内详明，将各厂应需工本、脚费，及接济等项银两，由道府核实具领。将银两发交厂员承领，解厂收买办运。其分贮各道库银两，提还司库归款。现在各厂应需工本、脚费银两，俱系按照额办铜数，按季核实给发。

其接济一项，现只汤丹、碌碌、大水、茂麓等厂，每次酌发银三四万两。宁台厂，每次酌发银一二万两。万宝、金钗二厂，每次酌发银五六千两。具由司核实详明，给发承领。俟各该厂请领工本银两时，分为四季扣收，还款入于四季工本及《考成册》内，造报查核。

## 注　释

[1] 接济银两：清代吴其濬《滇南矿厂图略》下卷《帑第四》记："凡

滇厂距省远近不一，赴司请领工本，往返需时。迤东道库贮银八万两，迤西道库贮银四万两。凡所属铜厂需本接济，由道亲往查明发给现无分贮一款。迤南道所辖厂地，距道比省更远，仍由藩司酌发。粮道专辖厂地，移明藩库转发。此项接济银两，即于请领月额工本内，按季分扣，年清年款。倘道员滥行多发，致有欠本，即令道员赔偿。如系知府专管之厂，转禀请发，即著道府分赔。如藩司额外多发，以致厂员滥放无著，一律参赔，并将接季通报之，厂欠有无未完，分晰声造，按照盐课未完分数事例察参。"同治《钦定户部则例》卷三十五《钱法二·铜厂章程》记："滇省铜厂距省远近不一，接济工本赴司请领，往返需时。迤东道所属厂分较多，应发银八万两。迤西道应发银四万两，分贮道库。凡所属铜厂，须本接济，该道即亲往查明报拨。迤南道所辖厂地，远于省城，仍由藩司查明酌发。粮道专辖，亦有厂地，地与藩司同在省城，报明向藩司领银转发。所有接济银两，于请领月额工本内，按季分扣，年清年款。倘道员滥行多发，致有欠本，即令道员赔偿。如系知府专管之厂，转禀请发，着落道府分赔。如藩司额外多发，以致厂员滥放无着，一律参赔。"

[2] 厂地工本：官府预拨铜款，用于生产。《大清律例·户律·钱法·条例 118.03》记："云南等省铜厂经放预给工本银两，如课长、炉户有克扣分肥、侵吞入己情弊，审究确实，即照常人盗仓库钱粮例计赃科罪，将家产查封，变估抵补。仍责成该管之员实力稽查，倘该管各员徇隐不究，察出即行指名题参。"清代吴其濬《滇南矿厂图略》下卷《帑第四》记："凡铜厂工本，上月发本，下月即须收铜。若三月后不缴，该管道府勒令厂员陆续扣销，或将家产追变。统以一年为断，逾期不完，即著令厂员赔缴，将厂民审明定罪。倘事隔数年，忽有炉欠，即将厂员以侵亏科断，该管上司，照徇隐例议处。倘有炉户逃亡事故，令厂员随时通报，该管道府详查，如果属实，准以市平拨抵各厂借领工本银，每百两扣市平银一两，存贮司库，以为抵补厂欠之用。若再有不敷，即令经放之员赔补，毋许以厂欠推卸砂丁，藉为搪抵，并责成厂员慎选殷实之人充当。倘并无家产，任听滥充，如有欠缺，惟该员是问。"同治《钦定户部则例》卷三十五《钱法二·铜厂章程》记："铜厂工本，上月发本，下月即须收铜。若三月后不能清缴，该管道府勒令厂员向厂民陆续扣销，或将家产追变，统以一年为断。如逾期不完，即着

令厂员赔缴，将厂民审明定罪。"《清高宗实录》卷六百一十记："乾隆二十五年庚辰四月，云贵总督爱必达等奏：'滇省汤丹、大碌等铜厂，采办工本不敷，前经奏准，将东川钱局，每炉每旬加铸半卯，以所获息银，为该厂加价之用，今计老厂及各子厂年办铜斤，不下一千一百余万，东局加铸之息，尚不敷添价之用，可否将省城、临安二局，亦照东局每炉每旬加铸半卯，其铸本即于铜本项下借支。再查大铜、大兴新厂，出铜丰旺，发价采办时，即可以省、临二局所铸之钱搭放，将该新厂铜本，按数扣银归还铸款'。得旨：'如所议行。'"

[3] 迤南道：《清史稿》卷十三《高宗本纪四》记："（乾隆）三十一年……冬十月……壬戌，增设云南迤南道。"《大清一统志》卷三百六十八《云南省》记："分巡迤南兵备道，乾隆三十一年设，驻普洱府，辖普洱、镇沅、元江、临安四府、州。"

## 底本银两[1]

滇省各厂采办铜斤，从前俱系随时酌发工本收买。

乾隆二十二年，巡抚刘具奏，汤丹、碌碌二厂，请预放一季工本银两，于厂民每办铜一百斤之外，多办余铜五斤缴销。汤丹厂预放银两，限五年扣清。碌碌厂预放银两，限十年扣清。

三十六年，总督彰、巡抚诺[2]会奏：各厂预借两月底本银两，于交铜百斤之外，抽收铜五斤。计四十个月，即可扣收清楚，俟前借银两扣清之后，再行酌借。奉部复准。自后三十七年及四十一年两次，汤丹厂每次预借银三万三千七百六十七两零，碌碌厂每次预借银二万一千一百二十两，大水沟厂每次预借银八千四百二十六两零，茂麓厂每次预借银四千二百二十两零，俱照每百斤给银六两四钱之数核发。金钗厂每次预借银九千二百两，照每百斤给银四两六钱之数核发。

四十三年，总督李奏定：各厂年办额（办）铜数。所有汤丹厂底本银两，仍照原数，每次发给银三万三千七百六十七两零，碌碌厂只发给银一万三千二百六十九两零，大水沟厂发给银五千四百四十两，茂麓厂发给银二千九百八十六两零,仍系按照每百斤给银六两四钱之数核发。

宁台厂发给紫板铜底本银四千二百一十一两零,系按照每百斤给银五两一钱五分二厘五毫之数核发。蟹壳铜底本银二万九百六十一两,系按照每百斤给银六两二钱八分八厘三毫之数核发。

万宝厂发给银三千一百四十四两零,大功厂发给银四千一百九十二两零,俱系按照每百斤给银六两二钱八分八厘三毫之数核发。金钗厂发给银六千九百两,系按照每百斤给银四两六钱之数核发。

嗣碌碌厂四十六年,因磄硐覆压,经总督富、巡抚刘奏准:自四十六年起,减办额铜,每年只办铜八十二万三千九百余斤。其底本银两,每次只发给银八千七百八十九两零。

嘉庆四年,汤丹、碌碌、大水沟三厂,酌减额铜。汤丹厂每次只给银二万四千五百三十三两零,碌碌厂发给银六千六百一十三两零,大水沟厂发给银四千二百六十六两零。其余各厂,仍照旧发给,俱按四十个月之例扣收。俟扣收清楚,再行接续发给。又得宝坪厂,于十三年兼署巡抚伯咨准,照各厂之例,预借两月底本银两。

## 注　释

[1]　底本银两:清政府以预借名义发给厂民开办铜厂的资本,由生产出的铜抵价还款。如果厂民投产不顺利,生产不出铜来,或产铜不多,收不抵债,导致厂民逃亡,预借资本无法收回,即形成所谓厂欠。《清高宗实录》卷九百五十八记:"乾隆三十九年甲午五月,谕:'本月户、刑二部,议驳图思德奏"分赔炉户厂欠银两,不应节外重摊,徒致有名无实,令该抚通盘核计,酌筹办理"一折,所议是,已依议行矣。此项厂欠银,至七万八千五百余两之多,当日豫领工本时,自必实有其人,何至尽归无著。且各厂炉户,数甚纷烦,谅不能挨户遍给。其中必有承总之人,或什或百,分匀经管,自当择身家殷实者承充,何至尽归乌有。即如内地办理工程锅伙之类,皆有匠头、夫总,经手支发钱粮。岂有铜厂炉户,竟全无责成,而令乌合之众,赴厂自领之理。在当日承办之员,办理不善,固属咎无可

辞，而接任承追各员，并不实力严查，率以炉户逃亡无著为辞，致追项久悬不结，此皆存具文了事之心，因循不振，殊非核实办公之道。著传谕图思德，确查此项炉欠，原领共若干户，其籍贯住址，如何著落，并查当日作何承领，及有无经管承领之人，逐一彻底清查，据实奏覆。至查明后，应如何著追完项之处，并著妥议具奏'。"清代吴其濬《滇南矿厂图略》下卷《帑第四》记："凡滇厂采办已逾十年，硐穴深远，准豫借两月底本银两，每厂民办交铜百斤，带交余铜五斤，定限四十个月，扣交清楚。如炉户中有亏欠者，即著落经放厂员赔补归款。"

[2] 巡抚诺：即时任云南巡抚诺穆亲。《国朝耆献类征初编》卷二百九十四有传："诺穆亲（？~1795），纳喇氏，满洲正蓝旗人。由官学生考中翻译笔贴式。雍正十一年补中书科笔贴式。乾隆六年，中翻译科举人。十七年，中翻译科进士。十八年，调户部主事。……三十二年，调云南驿盐道。三十三年三月，擢云南按察使。三十五年七月，署云南巡抚。……三十六年三月，奏铜厂调剂各事宜：'一、滇省各厂宜带办余铜，以清预发工价；一、厂官预发工本银两，宜入交待，以严推诿；一、报闻新厂，宜将督办之地方官酌加奖励；一、厂员勤惰，宜责成该管道府稽查'。交部议，上谕曰：'户部等会议，诺穆亲调剂事宜各条已依议行'。……督彰宝议奏：'预借之数，仍以两月为止，每百斤仍照往例止扣五斤，其预借银两，令该管道府督率厂员查炉户中诚谨殷实之人……报结借给，分四年扣清。'下部议行。……七月奏：'滇省每年额运京铜，向因泸店存贮铜百万余斤，如运员抵泸时，铜未运到，先将存铜兑发。……今临安府属尖山厂见存板铜四十二万斤，每年约可办铜六七十万斤，成色颇高，请将此项板铜添拨一百万斤，陆续运往泸店，以备兑发。'……三十七年正月，谕来京陛见，时贵总督彰宝以诺穆亲才具未能开展入告。谕曰：'所奏甚是。……其才具自难胜封疆重寄。现已令其来京陛见，授李湖为云南巡抚。'二月又奏：'据管理义都厂官宜良县知县朱一深揭报上司同寅遇事需索，致亏所领工本银四万余两……义都厂每年所领工本银不过二万余两……应于屡任各员名下追赔归款。'……乾隆五十八年，调吏部右侍郎兼正红旗满洲副都统。五十九年，调镶白旗满洲副都统。六十年正月，赏给都统职衔，调刑部左侍郎并管右翼税务，旋擢镶蓝旗蒙古都统。十月，卒。"《清高宗实录》卷八百七

463

十六记：'乾隆三十六年辛卯春正月，户部等部议覆：'署云南巡抚诺穆亲奏调剂铜厂事宜"一、汤丹、大碌二厂，办供京铜，前抚臣刘藻奏准，豫放一季工本，每百斤扣收余铜五斤，近年厂员恐收铜未能全完，不敢将工本陆续豫发，厂民致多拮据，请嗣后酌准豫发两月工本。每百斤扣收余铜六斤，计三年内扣清豫发之项，下月仍照上月办铜数目给发等语。查各厂产铜无定，遇出铜较少仍如数扣收，即形竭蹶，厂民转得藉口拖延，应令该抚通盘筹画，另行具题。一、厂员新旧交代，有前任豫发工本，新任多不肯接受承催，而炉户从中射利，弊窦丛生。请嗣后责令新任一体催办，仍如本任例，核其已、未完各数，照盐课分别议作议处。一、滇省多产铜之处，地方官报开新厂，向无奖励，未免任意迁延。请嗣后于报开新厂内，有每年获铜二十万斤以上者，纪录一次；三十万斤以上者，纪录二次；四十万斤以上者，纪录三次；五十万斤以上者，加一级；八十万斤以上者，准奏请升用。如开厂年久无效，查明实系厂员玩忽，随时参处。一、厂员散在各属，离省窎远，惟该管道府耳目易周，请嗣后责成考核，去留改委，听其详办"。均应如所请'。从之。"

## 水泄工费[1]

各厂采办铜斤，并未酌给水泄银两。嗣因开采年久，磑硐深远。产矿之区，一至夏秋之际，即被水浸淹。厂民无力提拉宣泄，采取维艰。

所有义都厂水泄，经总督杨[2]、巡抚汤[3]奏准：于顺宁局铸息银内，自三十一年起，每年酌给银三千两。三十五年，顺宁局停铸，改于铜息银内动支。三十七年，巡抚李条奏，水泄银两，应按照实获铜数酌给，以免糜费。义都厂，每办铜一万斤，给予水泄银六十五两二钱一分七厘四毫。奉部复准，于省局铸息银内动支。

汤丹等厂水泄，经总督彰、巡抚李会奏，请自三十八年起，各按出铜多寡，酌给水泄银两。奉部议复，汤丹厂每办铜百斤，给银二钱。碌碌厂给银二钱二分二厘二毫二丝。大水沟、茂麓二厂，各给银二钱五分。均于铜息、铸息项下，各半动支。

大功厂水泄银，经总督李、巡抚裴奏请，自四十二年起，无论出铜多寡，每年酌给水泄银三千两。奉部复准，于各局铸息银内动支，现于省局铸息银内动给。

宁台厂水泄，经总督李、巡抚裴奏请，自四十二年起，每年酌给银五千两。奉部议令，按照该厂年办铜二百九十五万余斤核计，每百斤给银一钱六分九厘四毫九丝一忽五微二纤，于省局铸息项下动支。

得宝坪厂水泄，经兼署巡抚伯奏请，自嘉庆十二年起，每年酌给银二千三十两零。奉部议令，照该厂年办铜一百二十万斤核计，每百斤给银一钱六分九厘四毫九丝一忽五微二纤，于省局铸息项下动支。

历经遵照办理。

## 注 释

[1] 水泄工费：同治《钦定户部则例》卷三十五《钱法二·铜厂章程》记："云南省汤丹厂，每办铜百斤，准给水泄银二钱，于铸息项下动支。大水、茂麓二厂，每办铜百斤，准给水泄银二钱五分。碌碌厂每办铜百斤，准给水泄银二钱二分二厘二毫二丝。均于铜局余息、铜斤余息项下动支。大功厂每办铜百斤，准给水泄银七钱五分。宁台、得宝坪二厂，每办铜百斤，准给水泄银一钱六分九厘四毫九丝一忽五微二纤。义都厂每办铜百斤，准给水泄银六钱五分二厘一毫七丝四忽一微四纤。均于铸息项下动支。按办铜多寡，分晰支给。如有浮销，年终指名查参，年终报部核销。"光绪《大清会典事例》卷二百十五《户部六十四·钱法》记："道光十二年，奏准：云南省汤丹等四厂，因礌洞深远，矿路低洼，厂民无力宣泄，以致水淹之处时误攻采，每年给汤丹厂水泄银六千两，碌碌厂水泄银四千两，大水、茂麓二厂水泄银一千五百两。在铸钱余息并铜斤余息项下动支。……按该省节年铜厂奏销册造、支销水泄银数，照额办铜斤核算，汤丹厂每办铜百斤，给银二钱。碌碌厂每办铜百斤，给银二钱二分二厘二毫二丝。大水、茂麓二厂每办铜百斤，给银二钱五分。又大功山厂，每年酌给银三千两，按该省节年铜厂奏销册造、支销

水泄银数，照额办铜四十万斤核算，每百斤给银七钱五分。又宁台厂，每年酌给银五千两，按该省节年铜厂奏销册造、支销水泄银数，宁台厂、得宝坪厂照额办铜斤核算，每百斤给银一钱六分九厘四毫九丝一忽五微二纤零。义都厂照额办铜斤核算，每百斤给银六钱五分二厘一毫七丝四忽一微四纤。均在铸钱余息项下动支。"

[2] 总督杨：即时任云贵总督杨应琚。《清史稿》卷三百二十七《杨应琚传》记："杨应琚（1696～1766），字佩之，汉军正白旗人，广东巡抚文乾子。应琚起家任子。乾隆初，自员外郎出为河东道，调西宁道。巡抚黄廷桂荐其才，高宗曰：'若能进于诚而扩充之，正未可量也。'累迁至两广总督。……二十二年，移闽浙总督。二十三年，加太子太保。二十四年，移陕甘总督。……二十九年，移驻肃州，拜东阁大学士。三十一年，缅甸大入边，滇事棘。缅酋莽达拉自为木梳长所篡，击败贵家木邦，贵酋宫里雁奔孟连。时应琚子重穀为永昌知府，诱杀之，木酋亦走。缅益横，入犯思茅。上移应琚云贵总督视师。应琚至楚雄，缅人渐退，师乘间收复。应琚往孟良、整卖正经界，集流亡，厘户口，定赋税，而令召丙、叭先俸分据之，请赏给三品指挥使。上以为能，赐珍物，官其孙茂龄蓝翎侍卫。又使人诱致孟密、孟养、蛮暮令献地，实则地悬缅境，内附特空言。诸将希应琚指，争谓缅势孤，易攻取。应琚初犹弗听，曰：'吾官至一品，年逾七十，复何所求，而以贪功开边衅乎？'副将赵宏榜怂恿之，遂下道、镇、府、州合议，亦谓寇势大，边衅不可开，总兵乌尔登额阻尤力，应琚滋不怿。……且以应琚不胜任，召明瑞代统其军。明瑞至，首发其欺罔罪，谓误木缅别为一事尤妄诞，鄂宁亦纠其掩败为胜。应琚恐，乃上言大举征缅，调湖广、川、滇军五万，五路并进，请敕暹罗夹攻，朝论皆斥之。未几，诏逮问，赐死。重穀亦坐笞杀人，弃市。"《清高宗实录》卷七百六十四记："乾隆三十一年丙戌秋七月壬申，大学士管云贵总督杨应琚奏：'滇省矿厂甚多，各处聚集砂丁人等，不下数十万。每省流寓之人，闻风来至，以至米价日昂，请嗣后示以限制。将旧有之老厂、子厂，存留开采，只许在厂之周围四十里以内，开挖磄硐，其四十里以外，不准再开，庶客户、课长、砂丁人等，不致日渐加增。再现在滇省各厂，每年约可办获铜一千二三百万斤，内解赴京局，及本省鼓铸，并外省采买滇铜，共约需一千二

百余万斤,所余不过数十万斤,若外省尽数加买,势必入不敷出,请将各省采买滇铜,除乾隆十九年奏定之额,仍听按年买运外,如有请豫买一运,以及加买并借买数十万斤之处,概不准行,又旧厂既有界限,将来开采年久,难保无衰歇之处,更应留有余以补不足,查省城,临安,东川新、旧各局,除正铸之外,又经奏准加铸,将余息银两,为汤丹、大碌等厂加添铜价,及永顺、普洱防边之用,共岁需铜一百七十余万斤。今滇省正铸之卯,尽足敷搭放兵饷,接济民用。其加价一项,应即在外省采买滇铜盈余银两内拨用,本省加铸各项,亦可酌量停止。请将永顺等处防边经费所有加铸之卯,及东川新局加铸一项,仍行酌留。其余各局加铸,概行停止,即以所余之铜,留备将来不足之用'。得旨:'如所议行。'"

[3] 巡抚汤:即时任云南巡抚汤聘,著有《稼堂漫存稿》。《国朝耆献类征初编》卷一百七十七有传:"汤聘,浙江仁和人。乾隆元年进士,签分吏部,补考功司主事。荐擢郎中。十年十月,授陕西道监察御史。……十九年正月,特擢湖南布政使。……二十六年八月,授湖北巡抚。……二十七年八月,调江西巡抚。……二十八年五月,因失察革职,罚修孝感县城堤。二十九年十月工竣,授湖南按察使。三十年三月,擢陕西布政使。十一月,再擢湖北巡抚。三十一年二月,调云南巡抚。三十二年正月,(云南)总督杨应琚以失机获罪,上先命聘巡抚贵州。四月,汤聘自请严议,得旨:'汤聘本一庸懦书生,军旅非其所知。但伊驻扎永昌日久,目击杨应琚种种乖张欺饰,并未据实入告,徇隐之咎,断无可辞,著交部严加议处'。……寻拟斩。十月……命法司改入缓决,以昭平允。三十四年三月,故。"

## 领本马脚

迤东道,专管汤丹、碌碌、大水沟、茂麓、大风岭、紫牛坡、人老山、箭竹塘、双龙、梅子沱、乐马等十一厂。自寻甸州城至易隆一站,易隆至杨林一站,杨林至板桥一站,板桥至省城一站,共计四站。赴司请领工本、脚费银两,除扣钱本外,每千两每站给驼银、马脚、盘费等银一钱三分四厘,于厂务项下支销。

昭通府，专管长发坡、小岩坊二厂。自府城至响水一站，响水至乌蒙箐一站，乌蒙箐至威宁州城一站，威宁州至箐头铺一站，箐头铺至倘塘驿一站，倘塘驿至宣威州城一站，宣威州至炎方驿一站，炎方驿至沾益州城一站，沾益州至马龙州城一站，马龙州至易隆一站，易隆至杨林一站，杨林至板桥一站，板桥至省城一站，共计十三站。

澄江府，专管凤凰坡、红石岩、红坡、大兴、发古五厂。自府城至呈贡县城一站，呈贡县至省城一站，共计二站。

开化府，专管竜邑、者囊二厂。自府城至马塘一站，马塘至石榴红一站，石榴红至俾革竜一站，俾革竜至大江边一站，大江边至竹园村一站，竹园村至新哨一站，新哨至弥勒县城一站，弥勒县至平地哨一站，平地哨至蓑衣山一站，蓑衣山至北山一站，北山至宜良县城一站，宜良县至七甸一站，七甸至省城一站，共计十三站。

临安府，专管金钗、绿碛、鼎新三厂。自府城至馆驿一站，馆驿至通海县城一站，通海县至江川县城一站，江川县至晋宁州一站，晋宁州至呈贡县城一站，呈贡县至省城一站，共计六站。

迤西道，专管宁台、回龙、得宝坪三厂。自大理至省城，共计十三站。

大理府，专管大功、白羊二厂。赴省请领工本、脚费，与迤西道同。

楚雄府，专管香树坡、秀春二厂。自府城至省城，共计六站。

以上各道府，赴司请领工本、脚费银两，应需驼银、马脚、盘费等银，均照前支给报销。

狮子尾厂，系迤东道专管。请领工本、脚费银两，因离道署窎远，系厂员（经）【径】赴司请领，驼运[1]回厂，计程九站。

迤南道，专管青龙厂。请领工本、脚费银两，因离道署窎远，系厂员赴司请领驼运回厂，计程六站。

马龙、寨子二厂，系迤西道专管。请领工本、脚费银两，因离道署窎远，系厂员赴司请领。马龙厂距省十一站，寨子箐厂距省十三站。

粮储道，专管大宝厂。该道与藩司同城，该厂距省五站。

云南府，管义都、万宝二厂，距省六站。大美厂，距省三站。

以上各厂，赴司请领工本、脚费银两，均由厂员径赴司请领，驼运回厂。所需驼银、马脚、盘费等银，俱系在于各该厂脚费项下支销。

## 注 释

[1] 驼运：即驮运。为当时陆运铜最基本的方式。曲靖市会泽县乐业镇境内出土了一块当年被运户抛弃的铜锭，铜锭重三十五公斤，成长条型，颈部铸一凹口，方便绳索捆绑，两块为一驮，重七十公斤。由于清政府有额外"厂地搭运"，即"照汤丹等厂之例，每百斤搭运五斤，不给运脚。"因此每马所驮，实际为八十公斤，被称为一码。《皇朝文献通考》卷十八《钱币考六》记："近年马匹稀少，俱系雇夫背运，两夫背运一码，重一百六十斤，给脚银二两。"运输铜时，每一名马夫，负责驱赶、照料两匹马，若干马匹组织一支驮运队伍。清政府核定的驮运费用为每站每百斤给运脚银一钱二分九厘二毫。《军机处录副奏折》记："嘉庆二十年四月十八日，云贵总督伯麟、云南巡抚臣孙玉庭奏：'为办铜工本查照部驳核实奏闻仰祈圣鉴事。……回龙厂从前发运下关店采买局铸铜一百斤，给运脚银一两六钱五分，系雇牛运，日行半站，就有水草处所，打野牧放。且一人赶牛六七条，食料俱有节省，故每站每百斤给银一钱。今办运京铜，例有定限，即应随办随发，必须雇马驮运，日赶一站，又须到店住宿，方可买备草料，不能打野。受雇脚夫，昏则催赶行走，夜则铡草煮料，一人仅可赶马二匹，较之牛运人工、草料实有繁费。故通省运京铜斤，每站每百斤定给脚银一钱二分九厘二毫。即如宁台、香树坡二厂，京铜、采买、局铸三项兼运，其运脚亦系各照各例报销。今若将马运章程，照依牛运给发，脚户不敷费用，必致裹足不前，有误京运'。"

# 厂欠银两[1]

各厂办铜，炉户领欠工本银两。自雍正二年，总督高、巡抚杨查出，粮道李自康熙六十年至雍正元年二月，经放厂欠银一万二千一百五十一两，奏准于余息银内拨补。

雍正三年至乾隆三十一年，各厂详报无着厂欠，自数百两以至四五千及七八千两不等，俱于余息银内拨补。其有着厂欠，于考成实在项下声登，在于各炉户名下追收，归作办铜工本之用。

三十二年，巡抚明[2]查出，汤丹、碌碌、大水沟三厂，节年积欠银一十三万七千余两。奏明着落粮道罗[3]，及经管厂员汪大镛[4]、程之章[5]、陈昌元、孙焯等赔补。三十三、四、五、六等四年，每年详报无着厂欠银九千数百余两，亦系在于余息银内拨补。

三十七年，经总督彰奏请，将各厂请领工本银内，照军需之例，每百两扣收市平银一两，拨补逃亡无着厂欠，按年汇册详咨。其豁免之例，即自三十七年停止。

三十八年，巡抚李查出，汤丹、碌碌、大水沟、茂麓等四厂，三十四、五、六等年，积欠有着未完银一十三万九千余两，奏请以东川局加卯带铸获息银两弥补[6]。

四十一年，兼署巡抚图查出，汤丹、碌碌、大水、茂麓、宁台、大功、义都、万宝、金钗等厂，官借油、米、炭斤未完银十二万二千余两。又九渡箐等厂，未完工本银五万六千余两。奏准于大理、临安、省城等处，添设炉座，收回商铜，鼓铸获息弥补。

四十三年，总督李、巡抚裴查出，各厂截至四十二年底，积欠无着银二十七万六千余两。奏准：厂欠在销过铜价十一以外，银五万九千余两，着落经放之员赔缴。其厂欠在销过铜价十一以内，银一十八万余两，及产尽无追银三万余两，并三十八、四十两年，奏明以铸息弥补未完银八万四千余两，均蒙豁免[7]。又查出有着厂欠银二十七万二千余两，在于原欠各炉户名下，分别银数多寡，统限五年勒追。

四十九年，总督富、巡抚刘查出，各厂自四十三年至四十八年底，积欠无着厂欠银三十九万七千余两，奏准豁免[8]。又查出有着厂欠银一十二万二千余两，于原欠炉户名下，照前定限勒追。

五十五年，总督富、巡抚谭查出，各厂自四十九年至五十四年底，积欠无着厂欠银三十九万八千余两，奏准豁免[9]。又查出四十二、八两年，有着厂欠除追收外，未完银十一万九千余两。奏准在于督抚、藩司及经管厂务之道府养廉银内，摊扣拨补。又查出有着厂欠银一十二万九千余两，奏准于原欠各炉户名下，照前定限勒追。嗣汤丹等厂应追银两，各炉户无力完缴，于经放厂员东川府知府萧文言[10]名下追赔。因萧文言家产尽净，无力赔缴，照例题请豁免。

六十年，总督福、护巡抚费[11]查出，各厂自五十五年至五十九年底，积欠无着厂欠银三十六万四千余两，有着厂欠银一十三万二千余两。奏奉恩旨，全行豁免[12]。

嘉庆六年，总督琅[13]、巡抚初[14]查出，四十二、四十八及五十四、五十九等年，四次清查，册除各厂旧欠银二十七万三千余两。奏准：着落四次清查不实之总督分赔二股，巡抚分赔三股，布政司分赔五股。又查出各厂自乾隆六十年至嘉庆五年底，积欠无着厂欠银一十二万一千一两。奏准：着落总督分赔一股，巡抚分赔一股，布政司分赔二股，经放厂员分赔六股[15]。又查出有着厂欠银五万五百余两，奏准于原欠各炉户名下，定限二年勒追。并奏准各厂厂欠，按年截数查办，此后即按年清查一次。

七年，总督琅、巡抚永查出，各厂嘉庆六年经放无着厂欠银一万八千七百余两。奏准：全数于司库扣存市平银内拨补。其有着厂欠银一万一千九百余两，于原欠各炉户名下，定限一年勒追。

八年，总督琅、巡抚永查出，各厂七年经放无着厂欠银二万七千五百余两。奏准：将司库扣存市平银一万六百余两拨补外，不敷银一万六百余两，着落经放厂员赔缴。

十年，总督伯、巡抚永查出，各厂嘉庆八年经放无着厂欠银一万八千三百余两，除将司库扣存市平银六千八百余两拨补外，不敷银一万一千五百余两。九年无着厂欠银一万六千四百余两。除将司库扣存市平银三千七百余两拨补外，不敷银一万二千七百余两。着落总督分赔一股，布政司分赔一股，该管巡道分赔二股，厂员分赔六股。如系州县经管之厂，督抚分赔一股，布政司分赔一股，该管知府、直隶州分赔二股，厂员分赔六股。其八年有着厂欠银一万八千八百余两，九年有着厂欠银一万一千一百余两，均在于原欠各炉户名下，定限一年勒追。

自十年至十三年，各厂经放无着厂欠银两，除将司库扣存市平银两拨补外，不敷银两，声明请旨，俱奉部奏明，奉旨豁免。至有着厂欠银两，仍于原欠炉户名下，定限一年勒追。

十四年，有着、无着厂欠银两，亦经循照办理，于每年十月内具奏。再有着厂欠，旧例如炉户故绝、停歇，无可着追，即于经放之员名下追赔。

如经放之员家产尽绝，无力完缴，照例取具历过任所并无隐寄财产印结，由司加具总结，详咨原籍，题请豁免[16]。

## 注 释

[1] 厂欠银两：清代吴其浚《滇南矿厂图略》下卷《帑第四》记："凡铜厂无著厂欠银两，如实在厂衰矿薄，炉户故绝无追者，取具道府等印结，奏明办理。倘不应豁免者，督抚以下摊赔计督抚合赔一股，藩司分赔一股。如系知府、直隶州经管之厂，该管巡道分赔二股；如系州县经管之厂，该管知府、直隶州分赔二股。厂员均分赔六股。"《清宣宗实录》卷二百四十八记："道光十四年甲午春正月戊子，谕：'户部奏请严追厂欠等款应赔银两，云南省铜务项下厂欠银两，核计未完各官，共六十五员，节年应赔银数至四十一万九千余两之多。该部节次咨追，并未完解，殊属玩延。所有此项各员应赔银两，著各该旗籍任所，按照单开银数，速饬催追完缴，如再延宕，即将承追督催应议各员，据实参办。并著户部查明案由，按员分款行文著追，以清积欠'。"同治《钦定户部则例》卷三十五《钱法二·铜厂章程》记："云南各铜厂无着厂欠，如有实在厂衰矿薄，炉户故绝无追者，取具道府、藩司印加切结，临时奏明请旨办理。倘不应豁免，着落分赔，按督抚、藩司、道府、直隶州，分作十股摊。计督抚分赔一股。藩司、道府、直隶州分赔一股。如系知府、直隶州经营之厂，该管巡道分赔二股；如系州县经管之厂，该管知府、直隶州分赔二股。厂员均分赔六股。"光绪《东川府续志》卷一《循吏》记："李德生：字培阶，河南南阳县人，进士，道光二十三年知东川府事。性仁受教民勤俭，捐置义地。厂欠有逃亡者，禀请豁免，洞户子孙得以复业，为惠尤钜。"

[2] 巡抚明：即时任云南巡抚明德。《清史列传》卷二十三记："明德（？~1770），满洲正红旗人，姓辉和氏。雍正十二年，由笔帖式补太常寺博士。乾隆元年，授寺丞。二年，迁步军统领衙门员外郎。三年，调户部缎走库。五年，迁山东粮道。七年，授湖南按察使。……九年九月，授山东兖州府知府，十二年，调济南府。十三年，迁山东盐运使。十四年九月，

调甘肃安西道。十六年，迁湖北按察使。十九年，擢四川布政使。二十年，调甘肃布政使。……二十一年二月，授山西巡抚。……二十四年正月，授甘肃巡抚。……三十年正月，调江苏巡抚。……三十三年二月，调补云南巡抚。……九月，疏言：'滇省铜厂三十余，向系粮道专管。金、银、铅厂二十九，系布政司专管。而本地道府，无稽查责，耳目未周。请将各处厂务系州县管理者，责成本府专管，道员稽查；系厅员管理者，责成本道专管。统归布政使总理。粮道既不管铜厂，事务太简，将驿盐道所辖之云南、武定二府改归管理'。均如所请行。……三十五年，卒。"

[3] 粮道罗：即时任云南粮储水利盐法道罗源浩，《清史》无传，湖南长沙人，康熙五十二年生。中乾隆元年丙辰科二甲六十二名进士。乾隆十五年为御史，乾隆十七年以鸿胪寺卿外放为浙江金衢道。乾隆二十二年三月，调任云南粮储水利道，兼总管东川各厂厂务。乾隆二十八年，兼云南盐法道，并兼总管云南铜厂。乾隆三十三年，为云南巡抚明德参奏罢职。罗源浩管理云南铜厂，颇为尽心尽力的，然明德急功近利，追求政绩而苛求于人，故意夸大其词、捏造罪证，其行为就连乾隆皇帝都认为不妥。《军机处录副奏折》记："乾隆三十三年六月十五日，云南巡抚明德奏：'为特参废弛厂务之道员以肃铜政事。……现任粮储道罗源浩于乾隆二十二年到任接管厂务起，各厂出产铜斤旺盛，每年获铜一千二三百万斤，足敷应用。乃近今二三年内，出铜稀少，每年止获铜七八百万斤，不敷各省办运，以致上廑宸衷，将加运京铜截留，以供各省采办，通融拨补，出于圣恩一时之权宜，而接济无缺，必须有久远之长经。该道系总理厂务之员，虽近在永昌办理边务，但铜厂系其专管。岁获铜斤一有减少，即应上紧严查，乃各厂铜斤每年少至四五百万，该道尚不加意整顿。臣到任后，访问铜斤多有透漏之弊，实非各厂尽衰，屡次与之商议，该道耳已重听，精神衰惫，毫无成算，实难胜此要任。且现在各厂积欠铜本，如汤丹、大碌等厂，共银七万六千余两。经两司议详，其中有着者，勒令炉户照数办铜还款，如不能办铜，即口变家产；其银无着者，令经手放银之各厂官及管理铜务之粮道代赔。……又大碌厂前员有滥放工本银七万二千余两，现多无着……如此昏庸不职、废弛铜政之员，未便姑容，致滋贻误。相应参奏请旨，将粮储道罗源浩革职，以肃铜政'。"《清高宗实录》卷八百十四记："乾隆三

十三年戊子秋七月，又谕：'据明德奏，云南粮储道罗源浩总理铜厂，于各厂铜斤，多有透漏，并不加意严查，且于积欠铜本，又不实力著追，甚属昏庸不职。茯借补东川府汤丹通判程之章，废弛铜务，均请革职等语。罗源浩著革职，交与该督抚等，将折内情节，据实详悉究审。程之章亦著革职，其有无经手情弊，该督抚等一并究明查办'。"《清高宗实录》卷八百四十一记："乾隆三十四年八月，署云贵总督明德奏，参革粮道罗源浩，并厂员汪大镛、孙焯、程之章、陈昌元等，应赔汤丹、大碌二厂银两，均属拖延，请监禁著追。得旨：'外省监禁著追，有名无实，将此五人严拏，送交刑部治罪。'"《清高宗实录》卷八百七十九记："乾隆三十六年辛卯二月，又谕：'据阿桂等"查办罗源浩呈诉赔办铜斤各款奏到"一折，已批交在京军机大臣会同该部议奏，其"查办程之章等"一折，亦著一并会议，前因罗源浩等呈辨，恐其中或有屈抑，是以令阿桂、彰宝详晰查办，以定其是否应赔，今阿桂等所奏既历指罗源浩呈诉各款之不实而于应赔之项，则又请著落汪大镛名下追还，是阿桂等不论事理之是非，惟计调停完案，殊未允协此项银两，如果系汪大镛滥放，自当向其照例追缴，不应令罗源浩代赔过多。即明德从前办理未当，不妨明斥其非。伊身已故，岂能复加之罪，何必复为瞻徇依违。若罗源浩实属例所应赔，又不宜复向汪大镛是问。设虑欠项悬宕，责令代为赔抵，何以服汪大镛之心。朕办理庶务，一秉至公，从不肯令人有丝毫委屈，岂可不分曲直如阿桂之模棱了事耶？部中例案俱在，无难核办，其孰是孰非，大学士刘统勋曾经审办此案，于前后情节，知之甚悉，著即行详悉查明，会同妥议。至程之章、孙焯一案，阿桂等所议追赔划抵之处，亦意在帑不虚悬，于案情未为分晰，并著查明一并妥议具奏，将此传谕知之。罗源浩、陈昌元、程之章、孙焯承管铜厂，办理不善，以致积欠无著，赔项又不能依限清完，罪所应得，念其究未入己，且本年又系停勾，不妨缓至来年秋审，再为核办，俱仍著牢固监候'。"

[4] 汪大镛：浙江嘉兴秀水人，乾隆元年生。捐贡，乾隆二十六年由河工捐得同知，分发云南省曲靖府同知，后调任云南省景东府同知。乾隆三十二年十一月，解运京铜入京，由仓场侍郎双庆、罗源汉带领引见乾隆皇帝。是年，为云南巡抚明德查出对东川铜厂积欠银案负有责任。乾隆三

十四年八月，为署云贵总督明德参革，送交刑部治罪。

[5] 程之章：浙江仁和人，乾隆二十五年庚辰科二甲二十一名进士，撰有《云溪草堂文钞》十四卷。《军机处录副奏折》记："乾隆三十三年六月十五日，云南巡抚明德奏：'为特参废弛厂务劣员以肃铜政事。窃照滇省各厂铜斤，每年解运京局及本省鼓铸并外省办运，共需铜一千二百余万斤。因去岁获铜斤不敷，以致上廑宸衷，将加运京铜截留，以供拨济各省。是我皇上轸念群生，务俾国宝流通，以济民用。岂容不职之劣员，废弛厂务，致坏铜政。臣查滇省大小铜厂，虽有三十余处，而最旺者，则无如汤丹厂。乾隆二十九年，前督臣刘藻于兼摄巡抚任内，以该厂产铜日旺，厂众日增，请将澄江府通判裁汰，改设东川府分驻汤丹通判，管理该厂铜务并刑名事件。其缺归本省拣选调补，经部议准。嗣将委用直隶州知州程之章题请借补，于乾隆三十年七月初一日到任。是汤丹厂因矿厂大旺，始奏请特设专员管理，所获之铜斤，后较前加多。查乾隆二十八、九两年，各获铜四百二十九万斤至四百六十八万余斤。至三十年程之章到任接办，仅获铜三百七十八万余斤，三十一年仅获铜三百四十一万余斤，三十二年仅获铜三百四万余斤。逐年递减，岁获铜竟少至百余万斤之多。虽现在访无情弊，但该通判系因厂旺奏请特设之员，理宜奋勉急公，乃臣到任以来，每年逐渐短少，则其平日漫不经心，已可概见。如此废弛铜务之劣员，断难姑容，致滋贻误，相应参奏，请旨将汤丹厂通判程之章革职，以为玩误厂务者戒。除委员摘印署理，并确查该员经手铜本有无亏缺，及其中有情弊，另行参奏，并遴选干练妥员请补外，臣仅会同副将军公占、管云贵总督印务臣阿里衮合词参奏'。"《清高宗实录》卷八百二十四记："乾隆三十三年戊子十二月，又谕曰：'明德查奏罗源浩"应赔铜厂银两"一折内称"即系银内全完，仍不准其开复程之章等各员，如于一年完项，照例开复。而另片内又称，均俟交赔完日，方准回籍"等语……如不甚踊跃，即将伊监禁，著追事毕时再行奏请，治罪至程之章等均系专司铜务之人，任意滥放亏帑，亦有应得之罪，如拖延不完，并著监追，俟伊等交完官项之日，一并具奏请旨，著将此详谕明德知之'。"

[6] "三十八年"至"弥补"：《清高宗实录》卷九百三十记："乾隆三十八年癸巳闰三月戊辰，谕曰：'彰宝等"请将汤丹、碌碌等四厂欠项在于

应领工本内，每铜百斤扣银五钱等因"一折，经户部议驳，已如所议行矣。该督抚因炉户、厂丁等积欠较多，欲为筹一善后之计，俾得稍纾其力，宽裕办铜，其意未尝不善。但前据该督抚议定，各厂户每办铜百斤，扣收五斤，以抵豫放工本。核计每银百两，已扣五两，又领银百两，扣平一两，以抵无著欠项，尚且谓其无力攻采。今复每铜百斤，扣银五钱，合计每百两又扣银七两五钱，所扣愈多，则所得愈少，办铜更为拮据。而扣所得之数，完应追之项，何异剜肉补疮。旧欠虽完，新欠又积，适启炉户苟且迁延之病，久之并恐于铜务有碍。况该督抚既经厘定章程，设法整顿，此后所放工本，自可不至拖欠。何如将各厂积年旧欠，稍宽其期，或即将前项扣平银两，陆续弥补，或于此外另筹善法归还，俱无不可，何必为此移新掩旧之下策乎。再前岁滇省请开新厂，曾准照黔省以余铜一分，听厂户等自售，伊有利可图，办公得济，既已试行年余，成效若何？再此各厂之旁，亦俱有子厂可开，若查明堪供煎采，令厂户等添采矿铜，则利益更饶，办铜必更宽裕，又何虞旧欠之不能清额乎。著传谕彰宝、李湖，即速悉心熟筹，另行妥议具奏'。"《清高宗实录》卷九百三十八记："乾隆三十八年癸巳秋七月甲子，谕：'据彰宝等"筹议汤丹等四厂清厘积欠"一折，事属可行。前因该督抚等，请将汤丹等厂欠项，在于应领工本内，每百斤扣银五钱，经户部议驳，因谕彰宝等另筹妥议具奏。今据称新、旧各厂出产，通盘核算，无虑额铜缺少，请以余铜一分，听厂民通商自售，仍将多办铜斤，官为收买，于东川加卯带铸，既可将余息弥补积欠，而月给工本，多放钱文，以供厂用，于炉民生计，益得宽纾，自属调剂之善法，均著照所请行。该督抚务饬各厂员悉心经理妥办，并令该道府等，实力稽查，毋任影射滋弊，其官局加卯、带铸事宜，仍著彰宝等，详悉妥议具奏'。"《清高宗实录》卷九百七十五记："乾隆四十年乙未正月，云南巡抚李湖奏：'滇省汤丹、碌碌、大水、茂麓四厂，自乾隆三十七年清厘之后，各厂领本办铜，并无堕欠。惟前督臣彰宝、奏开九渡等新厂，系初辟山箐，寻砂挖硐，工费较大，现在逐款清查，使无悬宕。并将衰竭之厂，停采封闭，以免亏堕'，报闻。"

[7]"四十三年"至"豁免"：豁免即经过云南督抚查实，呈报户部核准，奏请皇帝下令豁免的厂欠银两。《清高宗实录》卷一千七十六记："乾

隆四十四年己亥二月戊午，又谕曰：'户部议覆李侍尧等奏"滇省裁减炉座，撙节铜斤"，并"查明各铜厂炉欠，将可否邀免之处"请旨二折。所有厂欠未完无著银八万四千三百余两，又厂欠经放之员产尽而上司亦无可著追银三万三千九百六十四两零，又销过铜价厂欠在十分之一以内银十八万二千九百九十七两零，俱著加恩豁免，余依议行。此次查办之后，期于彻底清厘，使将来新案年清年款，不许复有丝毫拖欠。该督抚务须董饬属员，实力整顿，一切那抵弥缝之弊，严行杜绝。如敢仍蹈前辙，除将厂员及该管之道府等，严行治罪外，惟该督抚是问'。"

[8] "四十九年"至"豁免"：《清高宗实录》卷一千二百八记："乾隆四十九年甲辰六月庚寅，谕：'户部会同福康安议覆云贵总督富纲等"查明通省厂欠"一折。请于各厂员、炉户名下，分别追赔，自系照例办理，第念滇省采办铜斤，不得不豫发工本，以资接济，炉户等系无业贫民，逋欠自所不免。从前李侍尧任内，查明实在厂欠确数，奏请办理，曾特降恩旨豁免银三十万余两。今据富纲等奏"四十三年以后，各厂亏欠五十余万两，系实欠在民，并非官为影射，自属实在情形，且该省办运铜斤，自辛丑赶运以来，每年依限扫帮，办理尚为妥速"，所有此次无著厂欠银三十九万余两，著加恩竟予豁免。其有著银十二万余两，著照所请，于各领户名下，照例著追'。"

[9] "五十五年"至"豁免"：《清高宗实录》卷一千三百七十二记："乾隆五十六年辛亥二月癸丑，又谕曰：'富纲奏"铜厂积欠实数，酌筹捐补"一折，内称"乾隆四十九年清查以后，截至五十四年年底止，办获铜七千余万斤，共长支工本银五十二万七千七百余两，俱系实欠在民，并无官亏影射、捏报等弊。此内有著银十二万九千三百余两，在原领该炉户名下勒限追完；其无著厂欠银三十九万八千四百余两，请于通省养廉内分年摊捐弥补。再从前两次清查有著厂欠，尚有未完银十一万九千二百余两，实俱无力完缴，亦应归入通省养廉内接续摊扣"等语。滇省采办铜斤，不得不豫发工本，以资接济。炉户等多系无业贫民，日积月累，逋欠自所不免。前于乾隆四十四年、四十九年，查明实在厂欠无著确数，曾降恩旨豁免。今据富纲奏"四十九年以后至五十四年厂欠无著银两，委系近年物价增昂，用费较多，致成积欠，并非厂员侵冒，自属实在情形。且该省办运铜斤，

每年依限扫帮，采办尚属妥速"，所有此次厂欠，除有著银十二万九千三百余两，仍令勒限追完外，其无著银三十九万八千四百余两，著即加恩豁免。至从前两次清查有著厂欠，尚未完银十一万九千二百余两，究系该省催追不力所致，所有此项银两，即著于该督抚、藩司及经管厂务之道府养廉内摊扣完补'。"

[10] 萧文言：江苏扬州府江都县人，乾隆三年生，贡生。乾隆二十九年遵豫工例（乾隆二十六年，河南水灾，清政府为筹集赈灾资金，开贡生、监生可以出资买官至道台、知府级之例，称豫工例）捐纳知州，九月派任广东德庆州知州。乾隆三十三年正月丁忧回籍，三十四正月服满，三十五年三月重新派任云南安宁州知州，并委托管理汤丹铜厂，因此兼任会泽县知县。乾隆四十二年，因其管辖范围发生私自铸钱之事，被处以失察罪降二级调用。云贵总督李侍尧因其办理铜务极为熟练，管理手段极其高明，奏请戴罪立功，保留代理会泽知县职，继续管理清代全国第一铜厂——汤丹厂。乾隆四十五年，云贵总督福康安、云南巡抚刘秉恬因萧文言办理铜务成绩斐然，功勋卓著，重新提请晋升其为新兴州（今玉溪市）知州。乾隆四十六年十月，再奏请晋升其为署东川府知府，以便管理东川所有铜厂。乾隆四十七年，萧文言主持在东川铜运要道普车河上修筑一座石桥，并立碑以记："普车河去中厂河八里，亦京铜、柴炭、米盐、琐屑往返必由之路。……创立石桥，高大坚固，利及无穷"。乾隆四十九年，东川府安插木邦土司线氏手下土目岩望逃跑回木邦（今缅甸掸邦），萧文言再度以监管失察被弹劾处罚，降一级调用。云贵总督富纲、云南巡抚刘秉恬以人才难得，再次联名奏请朝廷，让萧文言降级留任。"滇省岁运京铜，大半取资于东川各厂，而该府兼有承运之责，现任知府萧文言管办以来，一切料理裕如，吏民、炉户无不惮服。原管之汤丹厂额办铜三百十余万斤，每年有盈无绌，其碌碌、大水、茂麓三厂，从前额铜短少，自改归该员管办之后，亦俱如额办足。实因该员署理东川兼办厂运，一切呼应较灵，实为滇省办铜得力之员。"按照清朝制度规定：官员处分三年或者四年无过，可以获得开复，即官复原职。乾隆皇帝批复："但所请四年开复之处，未免过优，着改为八年无过开复。"乾隆五十二年十二月，萧文言降级期满，被重新任命为署东川府知府，同时又被追加处分为"革职，发往新疆效力赎罪"，实际

上其仍然继续留任。乾隆五十七年初，萧文言处分期满，被正式任命为东川府知府。乾隆六十年，清政府将东川府知府萧文言与永昌府知府屠述濂对调。萧文言办理铜务甚善而"获铜丰旺"，让"吏民、炉户无不悚服"的核心，是其"爱民若子，教士有方"，处处为下属、百姓着想。原来的东川铜运，官府历来强行征雇百姓马匹应役，而支给的单程运费又入不敷出，运户往往"弃铜潜逃"，嫁祸当地"乡民被害，畏之如虎"，弄得人人自危。萧文言"任事勇往""兴利除弊，知无不为"，定为由官方出钱购买马匹设立行户，由行户组织马帮进行运铜。同时为了解决"苦无回运货物，难给刍豆之资"的问题，奏请云南当局，令滇东北地区改食川盐，不再营销滇盐，使马帮回程驮运川盐，"上关国计，下利民生，一举而数善备焉"。因此老百姓对萧文言"人思其德，无不欲报以馨香"。萧文言虽然是通过买官出仕，经管东川铜厂二十七年，在能够"岁入陋规多至二三十万"的云南最有利可沾的位置，不仅没有成为千万巨富，且终身恪尽职守，未得到任何实惠，还被亏损赔偿连累得"家产尽净"，他的尽职换来的是云南铜的生产达到了鼎盛时期。乾隆时期云南年产铜一千二百万斤，东川占一半。萧文言不愧为功在千秋利在当时的清代云南铜务第一功臣，是难得的能吏、可贵的清官。清代檀萃《厂记》记："以办厂著名者，东川则萧君文言，顺宁则曹君湛，皆因办铜功，一进东川守，一进顺宁同知，大府倚之如左右手，谓之萧曹。……萧之盛先曹，曹没十余年，而萧仍如故，近始劾罢，而移永昌守。屠君于东川接办，则乙卯（乾隆六十年）春也。"《清高宗实录》卷一千一百四十三记："乾隆四十六年辛丑十月，吏部议覆：'云贵总督福康安等奏请"将滇省办铜出力厂员知县曹湛，赏给同知衔，知州萧文言、赏给知府衔"。查该员均有降调处分，应毋庸议。'得旨：'吏部议覆福康安等奏"请将办理厂务最为出力之曹湛、萧文言二员，不准加衔"一本，系属照例议驳，但念滇省铜务，关系紧要，近年福康安督率办理，稍有起色，庚子铜运，业已扫帮，辛丑京铜，亦渐可挽复旧限，是即该督等督率厂员，实力办理之效。兹既据奏称，该员等任事勇往，获铜丰旺，自应量加奖励。并非因福康安陈奏，破格施恩，况福康安现已调任四川，尤当令各厂员知所感奋。所有曹湛、萧文言，俱著照该督等所请，分别加衔。其曹湛一员，并准其以同知酌量补用，俟接办有人，再行送部引见。"

[11] 护巡抚费：即时任云南布政使、护理云南巡抚费淳。《清史稿》卷三百四十三《费淳传》记："费淳（1739~1811），字筠浦，浙江钱塘人。乾隆二十八年进士，授刑部主事。历郎中，充军机章京。出为江苏常州知府，父忧去。服阕，补山西太原，擢冀宁道。累迁云南布政使，有惠政。以母老乞终养，丧除，起故官。六十年，擢安徽巡抚，调江苏。……（嘉庆）八年，召授兵部尚书。……十二年，拜体仁阁大学士，管理工部，兼管户部三库。十四年，以库银被窃，镌秩留任。已，复坐失察工部书吏冒领三库银，诏切责，削官衔，左迁侍郎，调兵部。逾年，复授工部尚书。十六年，卒，复大学士，谥文恪，祀云南名宦。"

[12] "六十年"至"豁免"：《清高宗实录》一千四百七十二记："乾隆六十年乙卯闰二月丁亥，谕：'兹据福康安等奏"滇省钱粮，并无民欠，惟铜厂积年各户，共欠银四十九万七千七百余两"等语。此项铜厂欠款，固不在钱粮、民欠之例，但该炉户人等，食力营生，与齐民无异。此次特沛殊恩，将小民积欠，廓然一清，共遂含哺之乐。所有云南铜厂各炉户人等节年长支欠银四十九万七千七百四两零，亦著加恩一体豁免，以示逾格推恩至意'。谕军机大臣等：'据福康安等奏"滇省铜厂积欠"一折，已降旨加恩全行豁免矣。铜厂工本银两，均关帑项，不容丝毫拖欠，年清年款，乃因此项积欠银两，每逾数年即藉清查邀恩豁免。历任督抚及管厂各员，恃有恩免常例，遂任听炉户等递年积压，施欠不交，所办实属因循。兹当普免天下积欠，施恩锡庆之时，姑准所请，将厂欠一体豁免。著传谕福康安等，嗣后惟当认真查办，按年清款，倘再仍前拖欠，不能复思藉词宽免也'。"

[13] 总督琅：即时任云贵总督觉罗琅玕。《清史稿》卷三百五十八《觉罗琅玕传》卷三百五十八记："觉罗琅玕（？~1804），隶正蓝旗。捐纳笔帖式，累迁刑部郎中。超擢内阁学士，出为江苏按察使。乾隆五十年，召授刑部侍郎。逾年，授浙江巡抚。……五十六年，坐监修浙江海塘工程损坏，琅玕在任未亲勘，诏责赔修，应银二十二万七千有奇，免其半。……嘉庆二年，以三等侍卫充古城领队大臣，召授刑部侍郎。五年，授贵州巡抚。剿擒广顺等寨苗杨文泰等，诏嘉奖，加总督衔。未几，就擢云贵总督。六年，贵州石岘苗叛，巡抚伊桑阿赴铜仁剿治，未即平，诏琅玕往督师，

而调伊桑阿云南。伊桑阿因按察使常明攻克石岘有所擒获，遂谎奏亲往督战，苗皆归伏，军事已竣。及琅玕至，难民拥道诉其诬，遂督兵进剿，攻克上潮、下潮诸寨，始肃清。会初彭龄劾伊桑阿贪劣，下琅玕鞫实，上尤罪其欺罔，诛之。诏斥琅玕于伊桑阿未亲往石岘，避嫌瞻徇，降二品顶带。七年，维西夷恒乍绷与其党腊者布作乱，秃树、出亨附之。琅玕率总兵张玉龙入山剿捕，克阿喃多贼寨，进攻诸别古山，获秃树。玉龙克小维西夷人，缚腊者布献军前磔之。进攻康普，恒乍绷遁澜沧江外，获其孥。分兵攻吉尾、树苗，琅玕驻剑川，断贼后路，败之于通甸、小川，克回龙厂。寻围剿上江山箐贼，歼其渠，余众乞降。琅玕以恒乍绷势蹙，疏请撤兵，提督乌大经率兵二千驻防。贼诇官军已退，乘水涸潜渡，纠江内降僳，复肆劫掠。琅玕驰抵剑川，恒乍绷遁走。八年，上以首逆未获，命永保接办军务。琅玕已擒斩汉奸张有斌，临江扎筏，声言渡兵江外，僳僳震悚，诣军门乞降，琅玕令诱导诸寨擒贼自效。九月，恒乍绷潜匿山箐，官军搜获之，余党尽歼。事平，予议叙。琅玕以维西僻处边隅，各夷杂居江内外，稽察难周，疏请于维西、丽江等五路设头人，给顶带，约束夷众。又以维西南、北路及鹤丽镇、剑川诸汛皆要地，请裁马为步，添兵八百，分布要隘，边境遂安。九年，卒，谥恪勤。"

[14] 巡抚初：即时任云南巡抚初彭龄。《清史列传》卷三十四记："初彭龄（？~1825），字绍祖，山东莱阳人。乾隆三十六年，巡幸山东，召试，钦赐举人。四十五年，成进士，改翰林院庶吉士。四十六年，散馆授编修。五十年，大考二等。五十四年，授江南道监察御史。五十六年四月，劾协办大学士、吏部尚书彭元瑞于胞侄良彝为子顶买吏员，知情徇隐，又总理国子监事徇私，将其塔监生饶文震咨送武英殿校录，鞫实，降元瑞侍郎。五月，迁兵科给事中。五十七年，充广东乡试正考官。五十八年三月，转吏科掌印给事中。四月，迁光禄寺少卿。五月，提督湖北学政。六十年，差满回京。嘉庆元年四月，转通政司参议。……三年，提督福建学政。四年，擢兵部右侍郎，仍留学政任。三月，转左侍郎，召回京。夏，授云南巡抚。十月，上以前任总督富纲请罢官盐，改归民运民销，命彭龄筹议以闻。……六年三月，以亲老乞改京职，上允其请……八月，回京，署吏部右侍郎，旋署兵部右侍郎。九月，充顺天乡试副考官，补刑部右侍郎。七

481

年四月，充殿试读卷官。九月，署贵州巡抚，旋调署云南巡抚。十二月，劾布政使陈孝昇、迪西道萨荣安办理维西军务，冒销帑银，命兵部侍郎那彦宝、大理寺少卿章煦往谳，得实，治罪如律。八年正月，回京。……十一年二月，擢内阁学士，兼礼部侍郎衔。……道光元年正月，赏礼部侍郎衔，旋署左侍郎。七月，补右侍郎。八月，擢兵部尚书。十二月，调工部尚书。二年，充殿试读卷官，赐紫禁城骑马。三年八月，万寿圣节，赐十五老臣宴，绘图于万寿山玉澜堂，彭龄与焉。……四年，以年老休致，赏食半俸。五年，卒。寻赐祭葬。"

[15] 分赔六股：即清政府规定的厂欠四六分赔案例，由经放厂员赔银六成，各分管上司分赔四成。《清宣宗实录》卷六十九记："道光四年甲申六月己酉，谕内阁：'明山等奏"铜厂积年删减未报油、米、炭本等欠，请分别追赔"一折，滇省各厂向系豫发工本，历年厂欠，叠将有著无著银两分别豁免追赔。兹据奏称造报厂欠外，尚有借放油、米、炭本等欠，自嘉庆二十年至道光二年，共积至十余万两，虽系循照厂例借放，但不撙节支发，随时查扣，致成钜欠。经手厂员既属办理不善，该管各上司未能早为督饬追收，亦难卸责。著即查照从前滇省清查积欠四六分赔之案，分别追赔。所有前管汤丹厂员福珠理经放未完银七万二千七百余两，前管凤凰坡厂员李端元经放炉欠等款未完银二万六千六百余两，均属年久无可著追，即著该厂员赔银六成，各上司分赔四成。除各上司应赔四成银两，另行查明在任督管年月追赔外，其厂员福珠理应赔六成银四万三千六百余两，著予限五年，李端元应赔六成银一万五千九百余两，著予限三年，均勒令分年完缴，倘限满不完，即行分别开参追办。至前管汤丹厂员杨镐经放未完银三万七千七百四十余两，前管宁台厂员王栻经放未完银三万七千一百余两内，均有道光二年之款，尚属可追，著再予限二年令接任各厂员、代为追收。倘限满有无著之项，查明实数，亦即按四六分赔，将该厂员应赔六成银两，按照多寡，另行分限追缴。该员杨镐现补临安府同知，著先行送部引见，俟回滇限满，核其完欠若干，再行分别办理。王栻业升刑部员外郎，因铜未运竣，奏明开缺，现在经放银两，既令接任代追，铜斤亦将次运清，著运竣后，即饬令赴部候补。如限满有无著之款，咨部追缴，嗣后各厂按年查办炉欠，该督等饬属认真稽核，其有实应调剂接济厂民之项，

概令随时追收，以重帑项。至汤丹等厂，既有历年积欠，其余各厂，亦著该督等认真稽查，有无悬欠，另行核办，该部知道'。"

[16] 题请豁免：《清仁宗实录》卷二百五记："嘉庆十三年戊辰十二月庚戌，免云南各铜厂旧欠银。"《清仁宗实录》卷三百六十五记："嘉庆二十四年己卯十二月癸丑，免云南铜厂民欠工本银。"《清宣宗实录》卷十二记："道光元年辛巳春正月庚午，免云南各铜厂民欠无著工本银。"《清文宗实录》卷二十二记："道光三十年庚戌十一月癸丑，免云南铜厂民欠无著工本银。"《清实录》共记自嘉庆十三年至道光三十年之间，一共免除云南铜厂民欠无著工本银三十八次，其中嘉庆年间十次，道光年间二十八次。

# 修建官房[1]

汤丹厂，原建官房一所，计五十三间，准销工料银一千八百五十五两零，于耗铜变价及寻甸节省银内开销。乾隆六年，补修一次，准销银三百七十九两零。十二年，补修一次，准销银四百四十六两零。十七年，补修一次，准销银四百七十六两零。二十三年，补修一次，准销银一百一十两零。二十六年，补修一次，准销银二百四十八两零。三十年，补修一次，准销银二百二十八两零。三十四年，补修一次，准销银二百六十六两零。四十一年，补修一次，准销银三百六十一两零。四十八年，补修一次，准销银六百五十五两零。均于东、威搭运节省项下支销。

碌碌厂，原建官房一所，计六十六间，准销工料银九百一十八两零。乾隆二十六年，补修一次，准销银一百九十二两零。三十六年，补修一次，准销银四百一十六两零。五十七年，补修一次，准销银六百三十五两零。

大水沟厂，原建官房一所，计三十三间，准销工料银三百二十两零。乾隆三十年，补修一次，准销银二百四十两零。三十五年，补修一次，准销银三百三十九两零。四十年，补修一次，准销银三百六两零。

茂麓厂，原建官房一所，准销工料银三百三十八两零。乾隆四十年，补修一次，准销银二百七十六两零。

白羊厂，原建官房一所，计十四间，准销工料银二百四十九两零。

大功厂，原建官房一所，计二十四间，准销工料银四百九两零。

宁台厂，原建官房一所，计十五间，准销工料银三百三十二两零。

义都厂，原建官房一所，计三十二间，准销工料银三百三十七两零。

大兴厂，原建官房一所，计二十四间，准销工料银三百八两零。

以上各厂，建修官房，准销工料银两，均系在于东、威搭运节省项下支销。

发古厂，原建官房[2]一所，计十八间，准销工料银一百七十一两零，于金沙、乐马二厂归公银内支销。

## 注　释

[1]　修建官房：清政府的铜厂衙门、铜店衙门为了办事、堆贮额铜，以及铜运道路上设置汛塘，保护铜运安全，都需要修建房屋。《清高宗实录》卷二百十五记："乾隆九年甲子四月癸酉，议准：'云南总督张允随疏称"滇省镇雄、寻甸、鲁甸、恩安、会泽五厅州县，新添运铜道路，请建官厅塘房"'。从之。"乾隆《钦定户部鼓铸则例》卷一记："设立官兵塘坊：东川府每年承运京铜，由联升塘以抵法纳江底舒鹜末察拉至昭通府城一带道路之中，安设一塘，安兵四名；朵革（了）【丫】口安设一塘，安兵四名；鹦歌嘴安设一塘，安兵四名；法纳江边安设一塘，外委把总一员，目兵七名，防范稽查。每年岁修中寨等五塘、官厅塘房等银一十二两六钱，于铜运项下动支，仍将造入运铜奏销册内报部查核。岁修站房：东川府站运京铜，由联升塘、三家村、下寨、法纳江底舒鹜末察拉村，计七站，每站各建盖站房一所，共计三十四间，内建盖铜房、料房五间，书记、人役住房四间，牛、马棚场二十五间。每处酌给岁修银二十两，每年于运铜节省脚价项下共酌给银一百四十两，以为岁修站房之用。每岁令东川府知府详勘确估报修，工竣据实造册，咨送工部核销。如有余剩并核减银两，照数归还原款，仍将动用运铜节省脚价银两数目，造入运节省册内报部查核。"

[2]（发古厂）官房：《清高宗实录》卷一千二记："乾隆四十一年丙申二月乙卯，户部议准：'云南巡抚裴宗锡疏称"发古、万象等厂，兼办管

口、革浪河、茨营山等处铜斤，采获渐多，无从堆贮，请于发古厂建盖官房十二间，万象厂建盖官房十间'，从之。"

## 修理道路[1]

汤丹厂，自厂至东川府城，计陆路二站。经过道路、桥梁，如有坍塌倒坏，每补修一次，约需银五六百两。

碌碌厂，自厂至东川府城，计陆路三站半。经过道路、桥梁，如有坍塌倒坏，每修补一次，约需银三百八九十两。

大水沟厂，自厂至东川府城，计陆路三站半。经过道路、桥梁，如有坍塌倒坏，每补修一次，约需银三百四五十两。

茂麓厂，自厂至东川府城，计陆路七站半。经过道路、桥梁，如有坍塌倒坏，每补修一次，约需银三百二三十两。

大风岭厂，自厂至东川府城，计陆路六站。经过道路、桥梁，如有坍塌倒坏，每补修一次，约需银三百一二十两。

均系十五六年补修一次，于搭运节省项下发给。由该管之东川府承领补修，造册报销。

义都厂，自厂至省城，计陆路六站。经过道路、桥梁，如有坍塌倒坏，每十八九年补修一次，由该管之易门县领银承修[2]，每次约需银二百八九十两及三百两不等。亦系在于搭运节省项下发给，造册报销。

东川府承运昭通京铜，自东川府城起，至交界之江底止，计陆路三站半。经过道【路】、桥梁，如有坍塌倒坏，每五六年补修一次。由东川府领银承修，每次约需银七八百两不等。

昭通府承运京铜，自交界之江底起，至昭通府城止，计陆路二站。又自昭通至永善县经管之黄草坪，计陆路三站半。经过道路、桥梁，如有坍塌倒坏，每五六年补修一次，由昭通府领银承修，每次约需银八九百两不等。

又自昭通府城，至大关同知经管之豆沙关，计陆路六站。经过道路、桥梁，如有坍塌倒坏，每五六年补修一次。由大关同知领银承修，每次约需银八九百两不等。

迤东道由寻甸承运京铜，自寻甸至威宁州城，计车站十五站。经过道路、桥梁，如有坍塌倒坏，每五六年补修一次。由迤东道领银承修，每次约需银一千四五百两不等。

贵州威宁州承运京铜，自威宁至镇雄州城止，计陆路五站。经过道路、桥梁，如有坍塌倒坏，每五六年补修一次。由威宁州领银承修，每次约需银七八百两不等。

镇雄州承运京铜，自镇雄至雨洒河，计陆路二站。经过道路、桥梁，如有坍塌倒坏，每五六年补修一次。由镇雄州领银承修，每次约需银七八百两不等。

以上六处，补修运铜道路、桥梁，所需工料银两，系于搭运节省项下发给，造册报销。

镇雄州承运泸店京铜，自罗星渡至南广，均系水路，每年酌给修滩工费银三百两。

大关同知承运泸店京铜，自盐井渡至泸洲，均系水路，每年酌给修滩工费银三百两。

查镇雄、大关两处，酌给岁修银两，系乾隆十二年内，前总督张奏明，于正额节省银内酌给之项。历经遵照办理，按年造册报销。

永善县承运京铜，自黄草坪至泸洲，均系水路，每年酌给修滩工费银一千两。原系于捐铜变价银内动支，嗣因捐铜变价银两不敷支用，咨请在于铜息项下动支。奉部奏准：历经遵照办理，按年造册报销。

## 注　释

[1]　修理道路：铜运道路在负重马帮的反复践踏下，极容易损坏，因此必须随时进行修补，以保障铜运的畅通无阻。清代吴其濬《滇南矿厂图略》下卷《程第八》记："凡运铜陆路，险窄处岁修之。"乾隆《钦定户部鼓铸则例》卷一记："岁修道路：东川府城站运京铜道路，由联升塘、三家村、下寨、法纳江底舒鹫末察拉村至昭通府城，每年于运铜节省脚价项下酌留银三百两，以为岁修道路之用，工竣据实造册，咨送工

部核销。如有余剩并核减银两，照数归还原款，仍将动用运铜节省脚价银两数目，造入节省册内报部查核。"由于桥梁建造费用比较昂贵，却无法随坏随修（特别是木桥），因此铜运干道上的桥梁中，东川小江上的踏雪桥、宣威可渡河上的可渡桥，损坏以后都用船摆渡。雍正《东川府志》卷上《桥梁》记："小江桥：在府治西，系通汤丹厂要道，离城六十里。"乾隆《东川府志》卷五《桥梁》记："踏雪桥：在小江，长十二丈，阔一丈，木制。以石为墩，上覆板屋。乾隆二十年，知县执谦建。"因此两桥在光绪《东川府续志》卷一《津梁》中已消失而没有记载。清代黎恂《运铜纪程》记："道光二十年七月二十九日丁巳，山路陡峻，行五十里至可渡河，交贵州威宁州界。溪阔不过数丈，而水甚迅急，桥坏，以舟渡行者。"能够保留下来的桥梁，都成为了国家重点保护文物，如永平县的通京桥、禄丰县的星宿桥和宣威可渡关古驿道。清代的铜运厂运道路，大部分位于荒山野岭中，铜运终止后，很快就在风雨剥蚀下荒芜了，毫无遗迹可寻。店运道路，大部分位于主驿道上，现在全部改建成为了公路甚至是高速公路。

[2] 领银承修：运铜道路大修，费用支出巨大，官员必须上报经批准以后，领银承修。《清宣宗实录》卷三十五记："道光二年壬午五月丙子，修云南运铜桥、道，从巡抚韩克均请也。"同书卷七十八记："道光五年乙酉春正月丙午，修云南镇雄州运铜桥、道，从巡抚韩克均请也。"同书卷九十八记："道光六年丙戌五月丙戌，修云南宁台厂运铜道路桥梁，从署巡抚伊里布请也。"同书卷一百六十四记："道光十年庚寅春正月甲辰，修云南寻甸州至贵州威宁州运铜桥、道，从云南巡抚伊里布请也。"卷一百七十一记："道光十年庚寅秋七月壬申，修云南大关厅、镇雄州运铜桥、道，从巡抚伊里布请也。"

## 工食银两[1]

督院衙门，办理铜务经书，年支工食银八十两。
抚院衙门，办理铜务经书，年支工食银一百六十两。

布政司衙门，办理铜务经书，年支工食银八百五十九两二钱；又设立巡役，年支工食银一百八十二两四钱。

迤东道衙门，办理铜务经书，年支工食银一百六十两；又设立巡役，年支工食银九十一两二钱。

迤西道衙门，办理铜务经书，年支工食银二十两。

云南府衙门，办理铜务经书，年支工食银十九两二钱。

临安府衙门，办理铜务经书，年支工食银二十两。

澄江府衙门，办理铜务经书，年支工食银二十两。

均系遇闰加增，小建不除。

又藩司衙门，差遣巡役赴厂、店及沿途查催铜斤，盘费并年节犒赏等项，年支银四百四十六两，遇闰不加，小建不除，均于厂务项下支销。

## 注　释

[1] 工食银两：也叫工伙银或饭食银。清代地方各衙署中额设官役，均雇有差役，以处理日常事务及担负部分官府的差事，官府给予这些吏役额定的工价饭食银。《皇清文献通考》记："初定禄秩之时，吏役银、米皆有定额。"乾隆《钦定户部鼓铸则例》卷四记："督抚衙门各役稽查经管铜钱稿经二名，每名月支工食银二两七钱；书算三名，每名月支工食银二两二钱。每月给灯油、纸笔银三两。以上两衙门每月支银三十两，内于青龙、汤丹厂务项下支银二十两，鼓铸钱务项下支银十两。藩司衙门设稿经三名，每名月支工食银二两七钱；书算四名，每名月支工食银二两二钱。每月给灯油、纸笔银一十三两。每月共支银二十九两九钱，内于青龙、汤丹厂务项下支银一十九两九钱三分三厘四毫，鼓铸钱务项下支银九两九钱六分六厘六毫。总理铜务粮道衙门设稿经四名，每名月支工食银二两七钱；书算十四名，每名月支工食银二两二钱。每月给灯油、纸笔等项银三十两。设巡役十二名，每名月支工食银一两九钱。昆阳岸口挂号书记一名，月支工食银三两。差遣家人、书、巡不时盘查各厂工本铜斤，以及差催发运店局沿途未到铜斤，并护送工本盘费每年支

销银四百五十两。其支销实数年底据实入册奏销。寻甸铜店委员寻甸州管理，家人一名，月支工食银三两；书记一名，月支工食银三两；巡役十名，每名月支工食银二两。搬夫八名，每名月支工食银二两。每月给灯油、纸笔银二十四两。省城铜店看铜一名，月支工食银一两。督抚、藩司、粮道办铜书吏、厂差、秤手等役，每年给工伙银八百两，按年发给。均在于归公铜价银内动支，按年入册报销。"

# 参考文献

## 1. 官方档案、史料、方志类

[1] 宋濂等. 元史[M]. 北京：中华书局，1976.
[2] 张廷玉等. 明史[M]. 北京：中华书局，1974.
[3] 赵尔巽等. 清史稿[M]. 北京：中华书局，1977.
[4] 清史列传[M]. 北京：中华书局，1987.
[5] 李桓. 国朝耆献类征初编[M]. 台北：明文书局，1985.
[6] 李贤，万安等. 大明一统志[M]. 北京：中华书局，2009.
[7] 潘锡恩等.（嘉庆）大清一统志[M]. 上海：上海古籍出版社，2007.
[8] 明实录[M]. 台北：台湾中央研究院历史语言研究所，1962.
[9] 清实录[M]. 北京：中华书局，1986.
[10] 中国第一历史档案馆. 朱批奏折[M]. 北京：档案出版社，1985.
[11] 军机处录副奏折[M]. 中国第一历史档案馆藏.
[12] 皇朝通典[M]. 上海：商务印书馆，1936年.
[13] 皇朝通志[M]. 上海：商务印书馆，1936年.
[14] 皇朝文献通考[M]. 上海：商务印书馆，1936年.
[15] 清会典[M]. 北京：中华书局，1991.
[16] 钦定户部鼓铸则例[M]. 刊本. 1769（清乾隆三十四年）.
[17] 大清律例[M]. 刊本. 湖北：谳局，1873（清同治十一年）.
[18] 钦定户部则例[M]. 刊本. 1875（清同治十三年）.
[19] 昆冈等. 钦定大清会典事例[M]. 台北：新文丰出版公司，1976.
[20] 谢肇淛. 滇略[M]//永瑢，纪昀等. 文渊阁四库全书. 上海：上海古籍出版社，1987.

[21] 伯麟. 滇省舆地图说[M]. 北京：中国社会科学出版社，2009.
[22] 范承勋等.（康熙）云南通志[M]. 北京：北京图书馆出版社，1998.
[23] 鄂尔泰等.（雍正）云南通志[M]//永瑢，纪昀等. 文渊阁四库全书. 上海：上海古籍出版社，1987.
[24] 李诚等.（道光）云南通志[M]. 刻本. 昆明，1835（清道光十五年）.
[25] 崔乃镛.（雍正）东川府志[M]. 梁晓强，校注. 昆明：云南人民出版社，2006.
[26] 方桂等.（乾隆）东川府志[M]. 梁晓强，校注. 昆明：云南人民出版社，2006.
[27] 周埰等.（乾隆）广西府志[M]. 南京：凤凰出版社，2010.
[28] 史进爵等.（乾隆）路南州志[M]//刘世生. 云南石林旧志集成. 昆明：云南民族出版社，2009.
[29] 汪丙谦.（乾隆）恩安县志稿[M]//张宽寿. 昭通旧志汇编. 昆明：云南民族出版社，2006.
[30] 李熙龄等.（道光）广南府志[M]. 兰州：兰州大学出版社，2004.
[31] 江睿源等.（嘉庆）临安府志[M]. 南京：凤凰出版社，2010.
[32] 苏鸣鹤等.（嘉庆）楚雄县志[M]. 南京：凤凰出版社，2010.
[33] 张滇甲.（嘉庆）永善县志略[M]//张宽寿. 昭通旧志汇编. 昆明：云南民族出版社，2006.
[34] 刘毓珂等.（光绪）永昌府志[M]. 南京：凤凰出版社，2010.
[35] 刘慰三. 滇南志略[M]. 稿本. 云南省图书馆藏.
[36] 刘盛堂. 云南地志[M]. 石印本. 昆明：爱国小学堂，1908（清光绪三十四年）.
[37] 周钟岳，赵式铭等. 新纂云南通志[M]. 刻本. 昆明，1947.
[38] 朱人熙，袁见齐，郭令智. 云南矿产志略[M]. 印本. 昆明：云南大学，1940.
[39] 秦国经. 清代官员履历档案全编[M]. 上海：华东师范大学出版社，1997.

## 2. 个人著作、笔记类

[1] 范成大. 吴船录[M]. 上海：商务印书馆，1937.

[2] 宋应星. 天工开物[M]. 上海：上海古籍出版社，1993.

[3] 王圻. 三才图会[M]. 上海：上海古籍出版社，1988.

[4] 徐弘祖. 徐霞客游记[M]. 朱惠荣，校注. 昆明：云南人民出版社，1985.

[5] 杨慎. 滇程记[M]. 上海：商务印书馆，1936.

[6] 曹溶. 明漕运志[M]. 上海：商务印书馆，1936.

[7] 陈康祺. 郎潜纪闻[M]. 北京：中华书局，1984.

[8] 陈康祺. 郎潜纪闻二笔[M]. 北京：中华书局，1984.

[9] 福格. 听雨丛谈[M]. 北京：中华书局，1984.

[10] 菊如. 滇行纪略[M]. 北京：蝠池书院，2009.

[11] 黎恂. 运铜纪程[M]. 抄本. 贵州省图书馆藏，1932.

[12] 刘献廷. 广阳杂记[M]. 北京：中华书局，1957年版.

[13] 倪蜕. 滇云历年传[M]. 李埏，校点. 昆明：云南大学出版社，1992.

[14] 檀萃. 滇海虞衡志[M]. 宋文熙，校注. 昆明：云南大学出版社，1990.

[15] 王庆云. 石渠余记[M]. 北京：北京古籍出版社，1985.

[16] 王韬. 淞滨琐话[M]. 长沙：岳麓书社，1986.

[17] 吴大勋. 滇南闻见录[M]//方国瑜. 云南史料丛刊. 昆明：云南大学出版社，2001.

[18] 吴其浚. 滇南矿厂图略[M]. 刻本. 1844（清道光二十四年）.

[19] 萧奭. 永宪录[M]. 北京：中华书局，1959.

[20] 张鉴. 雷塘庵主弟子记[M]//《续修四库全书》编委会. 续修四库全书. 上海：上海古籍出版社，1995.

[21] 张集馨. 道咸宦海见闻录[M]. 北京：中华书局，1981.

[22] 张允随. 张允随奏稿[M]//方国瑜. 云南史料丛刊. 昆明：云南大学出版社，2001.

[23] 赵慎畛. 榆巢杂识[M]. 徐怀宝，点校. 北京：中华书局，2001.

[24] 郑端. 政学录[M]. 北京：中华书局，1985.